열린 사고와 표현

열린 사고와 표현

초판 발행 2017년 2월 25일
개정1판 2쇄 발행 2023년 2월 27일

편 저 자 김영주 김인선 김종기 서용태 손남훈
안현수 오현석 이상룡 이순욱 정대성
정은영 정훈식 조환규 차윤정 하상복

발 행 인 차정인
펴 낸 곳 부산대학교출판문화원
주소 – 부산광역시 금정구 부산대학로63번길 2
전화 – (051) 510-1932~3
전송 – (051) 512-7812
등록 – 제1983-000001호 1983. 11. 10.

* 잘못된 책은 구입한 서점에서 교환해 드립니다.

ISBN 978-89-7316-702-9 03800

※ 이 교재는 2020년 대학혁신지원사업비로 개발되었습니다.

열린 사고와 표현

김영주 이순욱
김인선 정대성
김종기 정은영
서용태 정훈식
손남훈 조환규
안현수 차윤정
오현석 하상복
이상룡 편저

부산대학교출판문화원

책을 내면서

이 책이 처음 출간된 지 4년이 지났다. 그동안 우리는 크고 작은 많은 변화들을 겪어왔다. 특히 코로나19로 인한 팬데믹pandemic은 짧은 시간에 세계를 공포와 혼란에 빠뜨리고 있다. 코로나19의 발생은 지금까지 우리가 당연하게 여긴 것들, 의심하지 않았던 것들에 대해 새롭게 돌아보는 계기가 되었다. 선진적이라 믿었던 서구 사회 및 그 시스템의 결점과 한계를 보며, 그들보다 못하다고 여긴 우리 사회의 돋보이는 방역 체계와 시민의 참여 의식은 얼마간의 위안과 자부심을 주었다. 백신 확보를 두고 벌어지는 선진국들의 자국중심주의와 특히, 미국에서 잘 드러난 인종적 혐오와 장벽을 목도하며 성숙한 시민사회의 가치를 고민하고 질문하게 되었다. 물론, 우리 속에서도 코로나19의 발생지나 전파와 관련해 유사한 혐오의 목소리가 적잖이 터져 나왔던 현실에서, 그 고민과 질문은 스스로를 향하는 것이기도 했다.

사실 코로나19는 우리 사회의 수면 아래 가라앉아 있던 다양한 갈등의 민낯을 드러내게 만들었다. 코로나19 확산의 원인을 두고 인종, 지역, 종교, 소수자에 대한 혐오 감정이 확산되었고 이념적 갈등의 폭발은 사회의 양극화를 부추기고 있다. 또한 준비 없이 맞이한 언택트un-contact 시대는 일상의 변화와 함께 새로운 차별을 만들어 내고 있다. 얼굴을 마주하고 표정을 살피며 관계 맺는 것을 당연한 소통방식으로 여겼던 사람들이, 이제는 비대면 소통을 선호하고 서로 간의 접촉을 피하게 되었다. 갑작스럽게 맞이한 언택트 시대는 양육 환경이나 물질적 기반의 차이에 따른 새로운 교육적 차별과 배제의 문제를 야기하고 있다. 코로나 이후 우리는, 과거의 일상으로 돌아갈 수 없다는 것을 알고 있다. 이렇게 새로운 변화는 우리를 혼란과 불안에 빠뜨리고 있다.

그렇다고 우리가 과거로부터 노정되어왔던 문제들로부터 자유로워진 것도 아니다. 택배기사의 과로사 사건, N번방 사건, 정인이 사건, 지하철 노인 폭행 사건, 엄마(아빠) 찬스의 논란 등은 지금까지 쌓여온 우리 사회의 고질적 병폐들이 여전히 개선되지 않고 있음을 분명하게 보여주고 있다.

뿐만 아니라 4차 산업혁명으로 인한 인간과 기술의 포스트휴먼적 융합 시대의 도래는 인간의 존재적 위기와 함께 전통적인 인간상의 유효성에 의문을 제기하고 있으며, 과도한 인간의 욕망으로 야기된 기후 변화와 생태계 파괴는 우리 시대 초미의 관심사가 되고 있지만, 아직 '지속 가능함'을 확신하기 어려운 상황이다.

그럼에도 불구하고, 여전히 우리는 길을 찾고 있다. 혼탁한 현재와 불안한 미래를 걷어내고 건강하고 성숙한 인간이 되는 길, 더불어 행복하게 살 수 있는 '민주시민사회'를 만들어갈 길을 찾고 있다. 그 길을 찾기 위해 우리는 생각하고, 질문하고, 소통하고 실천해야 한다. 인간과 우리가 살아가는 세상에 대한 이해를 바탕으로 깊이 생각하고 질문을 던져야 한다. 열린 마음으로 소통함으로써 깨달음을 확장하고 이해와 배려의 길을 열어낼 수 있어야 한다. 그리고 그 깨달음이 단순한 앎을 넘어 온몸에 체화될 수 있도록 끊임없이 실천해야 한다.

부산대학교 교양교육원에서는 2017년부터 '열린 사고와 표현' 강좌를 개설해 왔다. 이 강좌의 취지는 성숙한 민주시민사회 구성원의 자질 함양을 목표로, 토론하기와 글쓰기를 통해 생각하고 질문하는 능력, 소통하는 능력, 실천하는 능력을 기르고자 하는 것이다.

책은 크게 '이론편'과 '실전편'으로 구성되어 있다. 이론편에서는 글쓰기와 토론하기의 기본적인 능력을 기를 수 있도록 하였다. 실전편에서는 8개의 큰 주제를 두고 우리 시대의 문제의식을 담은 글을 배치했다. 특히 대학에 처음 입학한 효원인들이 사회를 바라보는 폭넓고 균형 잡힌 시각을 가질 수 있었으면 하는 바람을 담았다.

개정판 역시 초판의 취지를 살려 교수의 일방적 강의가 아니라, 교수와 학생들이 함께 수록된 글들을 읽고, 이해하고, 생각하고, 논제를 발굴하고, 토론하고, 글을 쓰는 일들을 수행할 수 있도록 구성하였다.

교재를 출판하며 많은 아쉬움이 남는다. 개정판을 내고자 했던 가장 큰 이유는 변화하는 세계 속에서, 좀 더 가까운 일상으로부터 생각의 싹을 틔우고 싶었기 때문이다. 하지만 학생들과 함께 읽고 싶었던 글들 가운데 저작권 문제로 포기할 수밖에 없었던 것들이 있어 아쉽다. 부족한 시간 속에서도 좋은 글들을 찾기 위해 주말을 반납한 채 주제와 관련한 텍스트들을 찾고, 읽고, 검토하고, 토론한 선생님들께 감사드린다.

2021년 2월

『열린 사고와 표현』 편저자를 대표하여

목 차

3장 토론의 기초와 실제

제2부 실전편

1장 대학과 대학문화

2장 민족과 세계

3장 민주주의와 인권

4장 21세기 자본주의와 노동

5장 젠더와 차별

6장 문화예술과 소비사회

7장 과학, 기술, 생태

8장 생명과 윤리

제 1 부

이론편

1 장

소통, 열린 사고, 표현

소통, 열린 사고, 표현

1. 소통이란 무엇인가

소통이 화두다. 우리는 불통의 시대를 살고 있다. 이는 말이 부족하기 때문이 아니다. 말은 넘쳐 나지만 듣는 귀가 없어서 일어나는 일이다. 제각기 자기 말만 하고 남의 말을 들어주지 않는다. 우리 사회는 상명하복의 사회이며, 이는 대학도 마찬가지다. 교수와 학생, 선배와 후배로 위계화되어 있으며, 학생은 교수에게, 후배는 선배에게 자기 말을 하지 못한다. 그런데도 소통을 즐겨 말하는 사람들은 지위가 높은 사람들이다. 그들이 말하는 소통의 실상은 지시이거나 명령이다. 생각의 다름은 인정되지 않는다. 사람들은 평등하지 않으며, 지위에 따라 표현의 자유는 달라진다. 대한민국은 불통의 나라다.

장자에 이런 이야기가 있다.

> 장자가 혜자와 더불어 호수가 봇둑 위를 거닐고 있었다. 장자가 말하였다. "피라미가 나와 유유히 헤엄치고 있군. 물고기는 즐거울 거야." 혜자가 말하였다. "자네는 물고기가 아닌데 어떻게 물고기가 즐거운 것을 아는가?"

혜자는 물고기가 헤엄치는 것을 볼 수는 있지만, 헤엄치는 물고기가 즐거워하는가는 알 수 없다고 말한 것이다. 대화는 계속된다.

> 장자가 말하였다. "자네는 내가 아닌데 어떻게 내가 물고기의 즐거움을 알지 못하는 것을 아는가?" 혜자가 말하였다. "나는 자네가 아니라서 본시 자네를 알지 못하네. 자네도 본시 물고기가 아니니 자네가 물고기의 즐거움을 알지 못한다는 것은 틀림없는 일이야."

장자는 혜자의 말을 받아 내가 물고기가 아니라서 물고기의 즐거움을 모른다고 하는데, 마찬가지로 자네는 내가 아닌데 내가 물고기의 즐거움을 모른다는 것을 어떻게 안다고 말하는가 묻는다. 혜자도 지지 않고 바로 그렇기 때문에 자네도 물고기의 즐거움을 안다고 말할 수 없다고 응수한다. 장자는 마지막으로 이렇게 말한다.

> 장자가 말했다. "얘기를 그 근본으로 되돌려 보세. 자네가 내가 어떻게 물고기의 즐거움을 아는가고 물었던 것은, 이미 내가 물고기의 즐거움을 알고 있음을 알았기 때문이었네. 그래서 나에게 그런 질문을 한 것이지. 나는 호숫가에서 물고기의 즐거움을 알고 있었던 것이네."[1)]

장자와 물고기는 서로 다른 존재이므로 장자는 물고기의 즐거움을 알 수 없다는 것이 혜자의 생각이다. 혜자는 자신의 생각을 더 밀고 나가 심지어 장자와 혜자도 서로 다른 존재이므로 혜자는 장자가 무엇을 아는 지도 알 수 없다고 말한다. 고양이와 놀던 몽테뉴도 내가 고양이를 데리고 노는 것일까, 고양이가 나를 데리고 노는 것일까 묻는다. "내가 고양이와 놀고 있으면서, 사실은 그 고양이가 나와 놀고 있는 것이 아니라는 걸 내가 어찌 알겠는가?"

장자는 자기와 다른 존재인 물고기의 즐거움을 어떻게 알게 되었을까? 장자는 "이 강가에 서서" 알게 되었다고 말하고 있다. 장자는 지금 물고기와 자신이 같은 존재라고 말하고 있는 것일까? 아닐 것이다. 장자는 물고기가 아니다. 그런데도 장자는 이 강가에 서서 물고기가 헤엄치는 것을 보고는 물고기가 즐겁게 헤엄친다는 것을 알 수 있다고 말하고 있다. 장자는 자신이 물고기와 소통할 수 있다고 말한 것이다. 장자는 물고기와 어떻게 소통할 수 있을까?

'소통'의 '소疏'는 '트일 소'로 물이 잘 흐르게 한다는 뜻이니 트니 통한다, 트이니 통한다는 말이다. 그리고 '소통'의 '통通'의 글자 중 하나인 '용甬'은 손잡이가 달린 종을 상형한 것으로 둥글고 속이 비어 있는 물건을 이르는 말이다. '소'와 '통'이 모두 트다, 비어 있다는 뜻을 담고 있으니, 소통이란 말에는 자신의 경계를 트고 비운다는 뜻이 함축되어 있다.

나를 비운다는 것은 무슨 말일까? 『논어』에 이런 말이 나온다.

> 공자께서는 다음의 네 가지를 근절하였다. 억측하지 않으셨고, 반드시 그렇다고 하지 않으셨고, 고집하지 않으셨고, 자기만을 내세우지 않으셨다.[2)]

억측하지 않고, 반드시 그렇다고 하지 않고, 고집하지 않고, 자기만을 내세우지 않는 것은 나를 비우는 것이다. 소통은 나를 비우는 자기 수양이다.

장자는 자신을 비워 자신을 허물어 버림으로써 물고기의 즐거움을 안 것이고, 혜자는 자신을 허물어 버리지 않았기에 자신이 물고기도 아니고 장자도 아니기 때문에 물고기의 즐거움을 알지 못하고 장자의 생각을 알지 못한다고 말했던 것이다. 그러나 몽테뉴는 고양이의 마음을 모르고 고양이는 몽테뉴의 마음을 모르지만 이 사실이 그들이 함께 노는 것을 방해하지 못하며, 장자와 물고기는 서로 다른 존재이지만 이 때문에 물고기가 즐겁게 놀고 있다는 것을 장자가 모르는 것은 아니다. 동일한 존재일 때에만, 하나일 때에만 소통이 되는 것이 아니다. 오히려 다르기 때문에 우리는 비로소 소통할 수 있다. 소통은 나를 허물고 비워 타자와 통하는 것을 말하는 것이다.

소통은 영어로 'communication'인데, 어원은 '공동체'라는 뜻의 라틴어 'commune'이니 '공동체 만들기'라는 뜻을 담고 있다. 그러니 communication도 나를 허물고 타자와 하나가 된다는 뜻을 담고 있다. 혹자는 이를 두고 공동체 내에서의 소통이라는 점에서 진정한 의미의 소통이라 할 수 없다고 하는데, 이는 공동체를 닫힌 것으로 보기 때문이다. 이러한 생각을 따르자면 공동체만 닫힌 것이 아니라 자아도 그러하니, 이는 곧 소통을 불가능하다고 보는 것이 된다. 그러나 자아를 허물 수 있다면 공동체도 허물 수 있는 것이다. 그렇게 하는 것이 소통이다.

소통을 한다는 것은 감정이입empathy하고, 공감sympathy한다는 말이다. 'empathy'는 타인의 고통 '안으로em' 들어가는 것이고, 'sympathy'는 타인의 고통을 '함께sym'하는 것이다. 흔히 '안으로', '함께'에 주목하지만 '고통'에 주목해야 한다. 이들 말에는 기쁨이나 즐거움을 함께한다기보다는 고통을 함께한다는 의미가 강하게 들어가 있다. 공감은 무엇보다도 다른 사람이 겪는 고통을 함께 느끼는 것을 뜻한다. 고통은 나눌 수 있지만 즐거움은 나눌 수 없다는 말이 있다. 기쁨과 달리 고통은 생명체의 생존과 밀접하게 연결되어 있다. 어떤 동물이든 위험을 감지하면 손상을 줄이려는 반사행동을 하는데, 고통을 느끼지 못한다면 생존할 수 없게 된다. 소통은 고통을 함께 느끼는 것이다. 고통을 함께 느끼는 것은 생존과 직결되어 있다. 소통은 생존의 문제다.

소통은 다른 사람의 고통 안으로 들어가고 다른 사람의 고통을 함께하는 것이다. 떨어져 있는 존재인 나와 너를 연결하는 것은 고통이다. 소통한다는 것은 존재가 하나가 되는 것도 아니고, 생각이 하나가 되는 것도 아니고, 심지어 기쁨을 함께하는 것도 아니다. 소통은 다른 사람의 고통을 함께하는 것이며, 이것이 부처가 말한 자비이고, 예수가 말한 사랑이고, 공자가 말한 인仁이다. '인仁'자는 '사람이 둘'이라는 뜻인데, '인'이 뭐냐고 묻자 공자는 "사람을 사랑하는 것愛人"이라고 대답한다. 맹자는 사람은 몸에 사지가 있는 것과 같이 네 가지 단서四端를 가지고 있는데, 그 첫 번째인 '측은해 하는 마음'을 인의 실마리라 말한다.

측은해 하는 마음은 다른 사람의 고통을 느낄 줄 아는 힘, 공감할 줄 아는 능력이다.

아리스토텔레스는 비극의 핵심을 공포와 연민이라고 말하는데, 이때의 연민은 비극의 주인공을 자신과 동일시할 때 생기는 감정을 말하는 것이니, 곧 감정이입이 된 상태를 의미한다. 아리스토텔레스가 말하는 연민은 결국 연대를 말한다. 그리스 비극은 그리스 민주주의의 전성기에 성행하였으며, 비극의 작가들은 동시에 당시 민주주의의 지도자였다. 이들은 비극이 시민들의 연대를 강화함으로써 민주주의가 지속될 수 있을 것이라고 생각했을 것이다.

민주주의는 지배자를 견제하기 위한 약자들의 연대에서 출발하였다. 연대는 민주주의의 핵심이다. 고대 그리스에서도 그러했고, 근대의 영국과 프랑스에서도 평민들의 연대를 통하여 시민혁명이 이루어졌다. 오늘날의 대의 민주주의는 지배자들을 통제하기에는 취약한 제도인데, 그 한계를 보완하는 한 방법이 데모, 즉 시위이다. 프랑스에서는 평균 하루 3건 이상의 시위가 일어난다고 하는데, 그들이 시위에 관대한 이유가 바로 연대의식이다. 공동체의 구성원들이 서로 연대할 때 구성원들 개개인의 문제는 우리 모두의 문제가 된다. 그것을 가능하게 하는 것, 결국 민주주의를 작동하게 하는 것이 소통이다. 소통은 나의 존재가, 나의 삶이 고립되어 있지 않다는 것을 보여준다.

민주주의는 자신의 권리만을 지키는 것이 아니라 타인의 권리가 부당하게 침해될 때도 참지 않을 때 가능한 것이 된다. 공동체의 일을 공동체 스스로 통제하기 위해서는 그 공동체 구성원 모두가 공동체의 일에 관여해야 하고, 그러기 위해서는 연대의식이 있어야 한다. 연대의식은 타인의 아픔에 공감할 때 일어난다. 그렇다면 부처건, 공자건, 예수건 이들이 꿈꾼 건 민주주의 아닐까? 인仁은 두 사람 사이에서 일어나는 사랑의 감정을 나타내니, 인은 곧 만물의 소통, 연대를 의미한다. 자비도 그러하고, 사랑도 그러하지 않겠는가?

주역에서 가장 흉한 괘는 비否괘인데, 세 개의 음陰이 아래에 있고 세 개의 양陽이 위에 있는 괘이다. 음이 아래에 있고 양이 위에 있으니 가장 좋은 괘로 생각될 수 있겠지만, 양은 올라가는 것이고 음은 내려가는 것이니 아래에 있는 음은 아래를 향하려 하고, 위에 있는 양은 위를 향하려 해서 음과 양이 서로 통하지 않음을 나타내고 있다. 비괘는 음과 양이 서로 만나지 못하는 불통의 시대이다. 반면에 가장 길한 태泰괘는 세 개의 음 아래에 세 개의 양이 있는 형상으로 음양이 서로 만나 소통하는 것을 상징한다. 천하의 사람들이 서로의 고통을 소통하는 시대, 태평의 시대다.

2. 소통은 어떻게 가능한가

우리는 다른 사람과 하나가 되고 싶어 한다. 플라톤의 『향연』에 다음과 같은 이야기가 나온다.

> 제우스께서 장고 끝에 다음과 같이 말씀하셨네. "인간들이 계속 살아남아 있되 못된 짓을 더는 못하도록 그들을 약하게 만들 방도가 있는 것 같소. 지금 나는 인간들 각자를 두 쪽으로 나눌 것인즉, 그렇게 되면 그들은 지금보다 더 약해질 뿐 아니라 수가 늘어나 우리에게는 더 쓸모 있게 될 것이오. 그리고 그들은 두 다리로 직립보행하게 될 것이오. 그러나 여전히 방종을 일삼으며 얌전하게 굴지 않는다 싶으면 나는 다시 그들 각자를 두 쪽으로 나눌 것인즉, 그렇게 되면 그들은 한 발로 깡충깡충 뛰며 돌아다니게 될 것이오." (…중략…)
>
> 그들의 본래 모습이 둘로 잘리자 각각의 반쪽은 다른 반쪽을 그리워하며 만나려 했네. 그래서 그들은 서로 부둥켜안고 한몸이 되기를 원했고, 서로 떨어져서는 아무것도 하려 하지 않았기에 결국 굶어 죽거나 무기력해져서 죽어가기 시작했네. 또한 두 반쪽 가운데 어느 하나가 반쪽을 남기고 죽으면 남은 반쪽은 또 다른 반쪽을 찾아내어 부둥켜안았는데, 자기가 만난 것이 전체가 여자였던 것의 반쪽(이것을 우리는 지금 여자라고 부르네)인지 아니면 전체가 남자였던 것의 반쪽인지는 개의치 않았네. 그렇게 그들은 멸망해가고 있었네.
>
> 그러자 제우스께서 그들을 불쌍히 여겨 다른 방도를 강구했으니, 그들의 음부를 앞으로 옮겨놓았던 것이네. 그때까지 그들은 음부도 바깥쪽에 있었으며, 서로 교합하여 씨를 뿌리고 자식을 낳는 게 아니라 매미처럼 땅속에 씨를 뿌렸으니 말일세. 그래서 제우스께서는 음부를 앞으로 옮겨놓아 남자에 의해 여자의 몸속에서 생식이 가능하도록 만드신 것이지. 이는 남자가 여자를 만나 포옹하면 자식을 낳아 종족을 유지할 수 있게 하고, 남자가 남자와 포옹하면 성욕이라도 충족시킴으로써 숨을 돌린 뒤 하던 일로 되돌아가고 다른 삶을 돌볼 수 있게 하려는 것이지. 그래서 인간들은 먼 옛날부터 서로 사랑하고 싶어 하는데, 이는 모든 인간에 내재하는 사랑이 둘을 하나로 만들고 인간의 상처를 치유함으로써 인간이 본성을 되찾게 해주기 때문이지.[3)]

사랑에 대한 이 이야기는 하나 됨의 사랑을 보여주는 전형으로 널리 알려져 있다. 우리는 원래 하나였기에 분리되어 있는 상태는 불완전하며, 완전한 상태로 되돌아가는 것, 그것이 사랑이라는 것이다. 사랑은 둘을 하나로 만드는 힘이며, 둘이 하나가 된다는 것은 완전하게 되는 것이다. 이제 하나가 아닌 것은 불완전한 것이 되고 차이가 있는 것은 사랑이 없는 것이 된다. 사랑은 서로를 소통하게 하는 힘이며, 한 몸이 되어야 진정한 소통이 이루어지는 것이라고 말한다.

그런데 소통을 이렇게 이해하는 한 소통은 불가능한 것이 된다. 모든 사랑은 불완전한 사랑이 된다. 우리는 도무지 한 몸이 될 수 없기 때문이다. 하나가 된다는 것은 물리적으로 다른 두 몸이 물리적으로 하나의 몸이 되는 것일 수 없다. 바로 이 점 때문에 정신적으로 하나가 된다는 것으로 이해하지만, 그것 역시 불가능하기는 마찬가지다. 사랑은 나를 버리고 너와 하나가 되는 것이 아니며, 너를 버리게 하여 나와 하나로 만드는 것일 수 없다.

우리는 몸짓이나 표정, 소리로 소통을 하기도 하지만, 무엇보다도 언어를 사용해서 소통한다. 그래서 인간의 소통을 특별히 뜻과 생각을 소통한다고 해서 '의사소통'이라 하고, 영어권에서도 의사소통을 'Human Communication'이라 하기도 한다. 이 '뜻과 생각'은 언어에 담겨 있다. 그런데 언어는 단순히 자신의 생각이나 감정을 표현하는 수단에 머무는 것이 아니다. 언어는 인간 경험의 조건이며, 이러한 조건 하에서 우리는 서로를 이해할 수 있다. 언어 없이는 우리는 자기 자신조차도 이해하지 못한다. 이런 점에서 사람은 언어의 주인이기도 하지만 언어에 의해 비로소 알려지는 존재이기도 하다. 언어를 의사소통의 도구로만 생각하지만, 사실 의사소통에는 더 깊은 차원이 있는 것이다. 사람이 언어로 소통하는 것이 아니라 언어로 소통해야 사람이다. 의사소통이 인간을 만든다. 언어는 어떻게 이런 역할을 할 수 있는가?

사자가 나타났을 때 원숭이들은 다른 원숭이에게 이를 알리기 위해 경고음을 보내고, 그 소리를 들은 다른 원숭이들은 가까운 나무 위로 올라 사자를 피한다. 원숭이뿐 아니라 모든 생물체들이 이런 방식으로 세계 속에 있는 대상과 측면들을 식별할 것이다. 생명체는 복잡한 식별 능력에 의해서 주변 환경에 반응하면서 생존한다. 그런데 해가 아니라 인공 빛을 따라 방향을 돌렸을 때 해바라기는 자신이 잘못을 범했다고 생각할까? 우리는 송아지를 보고 '강아지'라고 말하는 아이는 잘못을 범했다고 말한다. 개념을 사용하는 것은 식별 능력과 구별되며, 개념화를 식별 능력과 구별하는 것은 개념을 잘못 적용할 수 있는 가능성, 즉 잘못의 가능성이다. 아이가 '강아지'라는 낱말, 즉 믿음과 사유를 갖기 위해서는 세계의 대상과 측면들을 식별하는 것 이상의 것을 할 수 있어야 한다. 식별 능력이 개념화를 낳기 위해서는 무엇이 첨가되어야 할까?

데이빗슨은 *Subjective, Intersubjective, Objective*(Oxford: Clarendon Press, 2001)란 책에서 이 점을 논증하고 있다. 아이가 '강아지'란 낱말을 배우는 과정을 보자. 강아지가 앞에 있을 때 엄마가 아이에게 "강아지!"라고 말한다. 처음에 아이는 웅얼거리고, 어느 지점에서 '강아지'와 가까운 소리를 낸다. 아이에게 '강아지'란 낱말을 가르치기 위해서는 우리가 먼저 강아지가 비슷함을 발견해야 하고, 아이도 강아지가 비슷함을 발견해야 한다. 동시에 우리는 강아지가 있을 때의 아이의 반응이 우리의 반응과 비슷함을 발견해야 하고, 아이도 그러해야 한다. 그럴 때에만 우리는 아이의 반응이 강아지에 대한 반응이라 부를 수 있기 때문이다. 여기서 아이가 우리와 동일한 대상에 반응하고 있음을 아는 유일한 방법은 아이가 자신의 마음속에 우리와 동일한 대상을 가지고 있다는 것을 아는 것이다. 그리고 이 점은 아이에게도 마찬가지다.

아이가 우리와 동일한 대상에 반응하고 있음을 아는 유일한 방식은 아이가 우리와 동일한 대상에 대해 생각하고 있음을 아는 것이다. 이러한 관점의 수렴은 언어적 의사소통을 통해서만 발생할 수 있다. 아이와 우리가 이런 식으로 관련되어 있다는 것을 알기 위해서는 우리와 아이 간의 의사소통이 필요한 것이다. 아이는 단순히 비슷한 사물이 있을 때 비슷한 소리를 내는 것을 배우는 데 머물지 않는다. 그는 또한 그렇게 했을 때의 올바름과 그름의 대비와 함께 우리의 비슷한 소리를 해석하는 것도 배운다. 그렇기 때문에 아이는 낱말을 배울 때 단순히 낱말의 올바른 사용을 위한 우리의 기준을 배워서 흉내를 내는 것이 아니다. 언어 학습은 단순히 인과성의 문제가 아니다. 언어를 배운다는 것은 개의 훈련과 같은 것이 아니며, 인과적 성향의 습득에 불과한 것이 아니다. 아이의 낱말에 의미를 주는 것은 아이와 엄마 간의 언어적 의사소통이다. 다른 사람과 의사소통하지 않는다면 우리는 다른 사람이 나와 동일한 대상에 반응하고 있다는 점을 인식하지 못한다. 우리와 아이는 서로에게 말해야 하고, 서로에 의해 이해되어야 한다.

이리하여 데이빗슨은 화자의 의미는 화자와 대상, 청자와 대상, 그리고 화자와 청자 간의 '의사소통적 삼각 작용'의 산물이라고 말한다. 언어의 의미가 삼각 작용의 산물이라는 주장은 의미가 다른 사람의 경험에 근거한다는 것이다. 화자의 의미는 청자의 활동에 무겁게 의존한다. 의사소통에 의해 우리의 경험은 비로소 의미 있는 것일 수 있으며, 의사소통에 의해 우리는 비로소 세상을 이해할 수 있다. 데이빗슨은 인간이 세상과 맺는 관계, 다른 사람과 맺는 관계가 함께 발생하지 않으면 우리는 결코 세상을 알 수 없을 것이라고 말한다. 강아지를 '강아지'로 인식하기 위해서는 두 번째 사람, 즉 청자가 있어야 한다는 것이다. 그 두 번째 사람은 나와 마찬가지로 내가 보는 대상을 보고 있으며 나와 의사소통하고 있는 사람이다. 그럴 때 나는 강아지를 '강아지'로 인식할 수 있다. 나와 의사소통하는, 나의 곁에 서 있는 타인이 없으면 사유도 언어도 불가능하다고 데이빗슨은 말한다.

의미는 우리의 삶 저편에 우리와 무관한 어떤 실체로 따로 존재하는 것이 아니라 우리의 구체적인 삶 속에서 매 순간 형성되는 것이며, 다른 사람과의 상호작용 과정 속에서 비로소 창조되는 것이다. 우리의 뜻과 생각이 이처럼 공동의 차원에 있기 때문에 우리는 우리 자신을 다른 사람의 자리에 가상적으로 놓지 않고도 다른 사람의 뜻과 생각을 이해할 수 있는 것이다. 말을 듣는 사람은 역지사지의 방법으로 말하는 사람을 이해하는 것이 아니다. 말을 듣는 사람은 말하는 사람의 의미를 직접적으로 이해한다.

데이빗슨의 이러한 생각은 철학자의 공허한 사변이 아니다. 리졸라티와 시니갈리아의

『공감하는 뇌: 거울 뉴런과 철학』(울산대학교출판부, 2016)에 의하면 우리의 뇌에는 타인의 행동이나 감정을 보고서 이를 내가 겪는 일처럼 직접 이해하는 신경세포가 있다고 한다. 이들은 이러한 신경세포를 '거울 뉴런mirror neuron'이라고 부른다. 그렇다면 우리는 역지사지하지 않더라도 다른 사람을 이해하고 공감할 수 있는 능력을 타고난 존재이다. 우리는 거울에 비친 자신의 모습을 보듯이 다른 사람의 행동이나 감정을 보고 그것을 자신의 일처럼 느낄 수 있는 존재이다.

그렇다면 우리는 타인과 소통하기 위해 나를 버려야 하는 것은 아니다. 데이빗슨에 의하면 화자는 청자에 의해서만 비로소 화자가 될 수 있다. 청자와 의사소통하지 않는 사람은 화자일 수조차 없다. 그렇다면 나는 나 자신으로 머물 수 있어야 의사소통할 수 있다. 다른 사람과 의사소통하기 위해서는 나는 나로 머물러야 한다. 그렇기 때문에 의사소통은 또한 타자를 타자로 머물러 있도록 하는 것이다. 의사소통은 타자를 나로 통합시키는 것이 아니라 타자를 타자로 존재하게 하는 것이다. 의사소통 속에서 주체가 구성되고 타자가 구성되며, 의사소통을 통해 주체는 새로운 주체로 거듭나고 타자는 새로운 타자로 거듭난다. 의사소통은 주체와 타자, 양자의 변화를 낳는다. 우리는 타자와의 의사소통 속에서 새로운 사람이 된다.

타자를 향해 열려 있을 때 나는 나일 수 있다. 타자를 향해 열려 있다는 것은 나를 타자로 만드는 것이 아니며, 타자를 나로 만드는 것도 아니다. 의사소통하기 위해서는 다른 사람의 소리가 말로 들릴 때까지 계속해서 들어야 한다. 의사소통한다는 것은 다른 사람의 소리에 반응하는 것이 아니라 다른 사람의 말에 응답하는 것이다. 데이빗슨은 이러한 사람들의 공동체를 '언어 공동체'라 하지 않고 특별히 '스피치 공동체'라고 말한다. 그 공동체는 어떤 초월적인 공통 언어의 공유에 근거를 두고 있는 것이 아니다. 의사소통 공동체는 공통 언어 또는 신성이나 혈통과 같은 자연적인 질서에 기초를 둔 것이 아니라 자유롭고 평등한 사람들의 소통에 기초해서 세워진다. 소통은 타자를 나로 만드는 것이 아니라 그의 곁에 서는 것이다.

3. 소통은 왜 실패하는가

통증은 고통을 느끼는 증상이다. 신체 조직이 손상되거나 신경세포가 손상되면 우리는 고통을 느낀다. 통증은 생명체가 자신의 몸에서 일어나는 이상을 전달하는 반응이며, 이런 점에서 통증은 생명체가 스스로를 보호하기 위한 방어 수단이 된다. 그렇기 때문에 통증보다 무통증이 더 무섭다. 통증은 없으면 안 되는 것이다.

우리는 다른 사람의 고통을 보고서도 통증을 느낀다. 타인의 고통이 자신의 고통으로 즉각 전이된다. 공감 능력을 갖고 있기 때문에 인간은 이기심을 넘어설 수 있는 존재인 것이다. 그런데 다른 사람의 고통을 느끼지 못하는 사람들이 있다. 이런 사람들을 '사이코패스'라고 말한다. 한의학에서는 신체의 일부가 마비되는 것을 '불인不仁'이라고 하는데, 공자가 말한 인仁이 없는 사람은 말하자면 다른 사람의 고통을 느끼지 못하는 사람인 것이다. 인이 없는 사람은 공동체를 파괴한다.

우리는 언어로 의사소통을 하지만, 언어는 의사소통을 방해하기도 한다. 언어는 어떤 것을 무엇이라 규정하는데, 규정은 동시에 배제하는 것이기도 하기 때문이다. 어떤 것을 '꽃'이라 규정하는 것은 동시에 꽃이 아닌 다른 모든 것을 배제하는 것이다. 뿐만 아니라 '꽃'이란 말과 꽃이라 불리는 것도 같은 것일 수 없다. 이런 점에서 '꽃'이란 말은 꽃을 제대로 표현하지 못한다고 할 수 있다. 도道를 도라고 하면 더 이상 도가 아니라는 것이다. 언어에 집착하지 말라는 말은 이를 경계해서 나온 말이다. 손가락을 보지 말고 손가락이 가리키는 달을 보라는 것이다.

그런데 저 말은 달을 가리키는 손가락을 부정하는 것이 아니다. 우리는 손가락으로 달을 가리킬 수밖에 없는 존재이다. 그러니 저 말은 손가락만 보지 마라는 말이다. 손가락이 가리키는 달을 보는 것이 아니라 손가락만 보는 것, 그것은 집착인 것이고, 손가락이 가리키는 달을 보라는 것은 그 집착을 경계하는 말이다. 우리는 있는 것을 있는 그대로 볼 수 없다. 우리는 언어를 따라 있는 것을 보는 존재이다. 언어 없이도 생각할 수 있지 않은가 하고 반문할 수 있다. 그렇다면 "내일은 내일 해가 뜰 것이다."는 생각을 언어 없이 생각해 보라. 비트겐슈타인은 "개는 자기 주인이 문간에 있다고 믿는다. 그러나 개는 자기 주인이 모레 올 것이라고도 믿을 수 있는가?"고 묻는다.

사람들은 언어를 의사소통의 도구라고 말하는데, 이때의 '도구'는, 흔히 생각하는 것과는 달리, 세계를 여는 통로라는 의미로 이해해야 한다. 언어 속에서 우리의 경험은 비로소 질서를 갖게 되기 때문이다. 언어 없는 생각은 불가능하며, 생각은 생각을 하는 사람이 속해 있는 역사적, 사회적 영향 하에 있다. 인간은 언어를 사용하지만 동시에 언어에 의해 만들어진다. 언어는 우리 경험의 가능성의 조건이면서 동시에 그 한계의 조건이다.

의사소통을 통상 화자와 청자 사이의 메시지 전달로 정의하는데, 이렇게 정의하고 보면 의사소통의 성공을 위해서는 메시지 전달을 방해하는 요소가 제거되어야 한다고 생각하게 된다. 이해관계나 선입견에서 벗어나야 의사소통이 성공하게 된다는 것이다. 베이컨은 우리가 진리를 파악하는 것을 방해하는 편견을 '우상'이라 부르고 종족의 우상, 동굴의 우상, 시장의 우상, 극장의 우상이 있다고 말한다. 그러나 베이컨의 생각과 달리 우리의 선입견은 제거할 수 있는 것이 아니다. 우리는 선입견을 갖지 않을 수 없다. 우리는 선입견 없이는 아무것도 알지 못한다. 오히려 선입견이 있기 때문에 의사소통이 가능한 것이다. 문제는 선입견에서 벗어나는 것이 아니라 자신이 어떤 선입견을 갖고 있는지를 명확히 인식하는 것, 곧 선입견에 집착하지 않는 것이다.

의사소통에 관한 지금까지의 이론들은 의사소통하는 사람들 사이에 공유되는 어떤 공통의 규칙을 가정해 왔다. 이러한 이론을 따르면 타자는 나와 공통의 규칙들을 공유하지 않는 존재이다. 아직 언어를 배우지 않은 아이들, 나와 다른 언어를 사용하는 사람들은 나의 규칙을 공유하고 있지 않으니 이들과의 의사소통은 불가능하게 된다. 공통적인 것을 기반으로 하는 의사소통 이론은 의사소통의 불가능성을 함축하게 된다. 모든 의사소통은 불완전하게 된다.

비트겐슈타인은 의사소통이 일어나기 전에 존재하는 어떤 초월적인 공통의 규칙과 같은 것은 없다고 말한다. 선생은 아이에게 '더하기 2'의 규칙을 가르칠 때 '더하기 2'의 정의가 아니라 예들과 실습에 의해서 가르친다. 2 다음에 4가, 1000 다음에 1002가 오는 것을 가르친다. 즉, 2, 4, 6, 8, 10, …… 으로 계속하는 것을 가르친다. 선생은 아이에게 시험을 해 보이고, 아이는 선생을 따라한다. 그리고 선생은 그 과정에서 동의, 거부, 기대, 격려의 표명을 통해 아이에게 영향을 준다. 이것이 우리가 가르치는 방식이다. '더하기 2'의 정의가 아니라 수열을 계속하는 나의 행동을 보여주고 따라하게 한다. 이것이 가르침과 배움의 관계이며, 이 관계에서 중요한 것은 '더하기 2'의 정의가 아니라 더하기 2를 하는 우리의 행위와 실천이다. 우리는 아이에게 예들을 통해서 가르치는데, 이것은 어떤 인간적 부족함 때문이 아니다. 선생 역시 아이와 마찬가지로 2를 더하는 모든 예들을 넘어선 더 깊은 어떤 것을 아는 것이 아니기 때문이다.

통상 언어에 의한 의사소통을 위해서는 의미, 즉 정의의 일치가 필요하다고 생각하는데, 이는 의사소통 이전에 의사가 형성된다고 생각하는 것이며, 이러한 생각은 무한히 반복 가능한 단일한 의미의 존재를 가정한다. 이러한 가정에 따르면 의사소통은 어떤 신비로운 정신적 사건, 현상이 된다. 그런데 어떤 것이 언어이기 위해서는 올바른 언어 사용과 그른 언어 사용을 구별할 수 있어야 할 터인데, 의미가 정신적인 어떤 것이라면 그 올바름과 그름의 기준은 말하는 사람에게만 달려 있게 되고, 이 경우 올바르다고 믿는 것과 올바른 것이 동일한 것이 되어버리므로 여기에는 올바름도 그름도 없게 되어 버린다. 의사소통은 말하는 사람의 정신 속에서 일어나는 사건이어서는 안 되는 것이다.

비트겐슈타인은 "한 낱말의 의미는 언어에서의 그것의 사용이다."[4]고 말한다. 의미는 사용되기 전에 이미 우리의 정신 속에서 확정된 어떤 정신적 상태가 아니라 그 언어의 사용, 행위 속에서 드러나는 것인데, 그러한 행위의 일치 속에서 의사소통이 일어난다는 것이다. 아이에게 언어를 가르칠 때 우리는 우리의 머릿속에 있는 정신적 관념이 아니라 그 언어를 사용하는 실천을 가르친다. 영원히 지속하는 동일한 의미, 그런 것은 없다. 우리의 의사는 소통 속에서 형성되는 것이며, 소통 이전의 고정된 단일한 의미는 없다.

데이빗슨이 말했듯이 나, 너, 강아지의 관계는 삼각 작용 속에서 발생한다. 나의 강아지 지각과 너의 강아지 지각은 나와 너의 상호작용 속에서 발생한다. 이 관계는 일방적인 독백이 아니라 타자를 향해 열려 있다. 어떤 사람이 어떤 것을 말하기 위해서는 어떤 다른 사람이 있어야 한다. 소통은 서로 다른 사람들끼리 하는 것이다. 의사소통을 화자의 의미와 그에 대한 청자의 이해 사이의 일치로 생각하는, 의사소통 이전에 이미 확정된 의미를 교환한다는 의미에서의 의사소통은 없다.

그런데도 인간의 한계, 언어의 한계를 말하면서 의사소통의 불가능성을 말하는 사람들이 있다. 소통 불가능성이 인간의 조건에서 기인한다는 것이다. 이러한 사람들에 의하면 우리는 라이프니츠가 말한 "창 없는 단자"와 같은 존재들이 된다. 그러나 언어는 인간의 조건이다. 우리는 손가락으로 달을 가리켜야 하는 존재이고, 도道를 '도'라고 불러야 하는 존재이다. 프리모 레비는 『가라앉은 자와 구조된 자』에서 아우슈비츠 수용소의 체험을 통해 소통이 금지될 때 어떤 일이 벌어지는가를 증언한다.

> 이렇게 "말을 안 해주는 것"은 신속하고 파괴적인 효과를 나타냈다. 자신에게 말을 하지 않거나 발음도 분명치 않은 고함을 질러대는 사람에게는 감히 말을 붙이기가 어렵다. 만약 운 좋게도 누군가 같은 언어를 하는 사람이 곁에 있다면, 정말로 다행스러운 일이다. 자신의 느낌을 교환할 수 있고, 그와 상의하고 속 이야기를 할 수 있을 테니까. 만약 아무도 없다면, 며칠 지나지 않아 말은 말라버리고 말과 함께 생각도 말라버린다. 게다가 당장에 명령과 금지 사항들을 이해하지 못하고, 어떤 것들이 쓸데없고 조롱하는 지침인지, 또 어떤 것들이 핵심적인 지침인지 해독하지 못한다. 요컨대 텅 빈 공동 속에 있게 되며, 의사소통이 정보를 만든다는 것과 정보 없이는 살 수 없다는 것을 온몸으로 대가를 치르고 깨닫게 된다. 독일어를 모르는 포로들 대부분은, 그러니까 거의 모든 이탈리아인들은 도착한 지 10~15일 안에 죽었다. 언뜻 보기에는 굶주림과 추위, 피로, 병 때문인 것 같지만, 좀 더 조심스럽게 살펴보면 정보의 부족이 주된 이유였다. 만약 그들이 자신보다 먼저 들어온 동료들과 소통할 수 있었다면 좀 더 잘 대처할 수 있었을 것이다.[5]

의사소통은 불가능한 것이 아니라 금지되고 억압되는 것이다. 모든 인간은 말을 한다. 말을 하는 것, 그것은 인간의 조건이다. 우리는 생물학적으로 또 사회학적으로 의사소통에 대한 성향을, 특히 언어라는 고도로 진화되고 숭고한 형태의 의사소통의 성향을 갖고 있기 때문에 의사소통의 가능성을 부정하는 것은 거짓이다. 그렇기 때문에 의사소통의 불가능성을 말하는 것은 인간의 조건에 대한 부정일 뿐이다. 이러한 사실로부터 레비는 의사소통이 타인의 평화와 자기 자신의 평화에 기여하는 쉽고도 유용한 방식이라고 말한다. 신호의 부재인 침묵은 그 자체가 하나의 신호이기는 하지만 그것은 모호하고, 모호함은 불안과 의심을 낳기 때문이다. 레비에 의하면 우리에게 말을 금지하는 것, 그것은 우리가 더 이상 인간이 아니라는 하나의 신호다.

4. 열린 사고란 무엇인가

『장자』에 이런 이야기가 있다.

> 옛날에 한 마리의 새가 날아와 노나라 교외에 앉았었다. 노나라 임금은 그 새를 좋아해서 소와 양과 돼지를 잡아 그를 먹이고, 구소의 음악을 연주하여 그 새를 즐겁게 해 주었다. 그러나 새는 처음부터 근심하고 슬퍼하면서 눈이 어지러워져서 아무것도 먹고 마시지 못하였다. 이것은 자기 자신을 기르던 방법으로 새를 길렀기 때문인 것이다. 만약 새를 기르던 방법으로 새를 기르려 한다면 마땅히 깊은 숲 속에 살게 하고 강물과 호수 위에 떠다니게 하며, 그로 하여금 진흙 속의 미꾸라지를 잡아먹게 해야 하는 것이다. 그래서 넓은 땅에 편안히 지내게 해 주기만 하면 되는 것이다.[6)]

이 이야기는 소통의 부재가 낳은 비극이다. 나에게 좋은 것이 남에게도 좋은 것이 될 수는 없다. 내가 대접받고 싶은 것이 남들도 대접받고 싶은 것일 수는 없다. 노나라 군주는 "남에게 대접을 받고자 하는 대로 너희도 남을 대접하라."는 마태복음의 가르침을 충실히 따른 것으로 볼 수 있다. 그런데 이는 소통을 낳기보다는 갈등을 낳기 쉽다. 내가 원하니 다른 사람도 원한다고 생각할 경우 이는 폭력으로 작용할 가능성이 높기 때문이다. 『논어』에 이런 말이 있다.

> 자공이 여쭈었다. "한마디 말로써 평생토록 받들어 시행할 것이 있습니까?" 공자께서 말씀하였다. "그것은 서恕이다! 자기가 하고 싶지 않은 일을 남에게 시키지 말라."[7)]

서恕는 같을 '여如'자와 '심心'자로 이루어진 글자이다. 마음을 같게 하는 것은 자기가 원하는 것을 남에게 하는 것이 아니라 자기가 하고 싶지 않은 일을 남에게 시키지 않는 것이다. 자신이 원하지 않는 것을 남에게 하지 마라는 말은 자신이 원하는 것을 남에게 하라는 말이 아니다. 자신이 원하는 것을 남에게 하는 것, 그것은 소통이 아니다.

'차이'의 동의어는 '틀림'이 아니고 '다름'이다. 나와 남의 다름은 나와 남 사이에서 발생하는 것이다. 남이 나와 다를 뿐 아니라 나도 남과 다른 것이다. 내가 정상이고, 선이고 남은 거기서 벗어난 것, 틀린 것이 아니라는 말이다. 다름을 인정한다는 것은 다름을 인식한다는 것이고, 다름을 인식한다는 것은 나의 기준으로 남을 해석하는 것이 아니라 나와 남의 사이를 성찰한다는 말이다. 소통하기 위해서는 타자도 알아야 하고 자기도 알아야 한다.

자아가 없으면 소통도 없다. 공감은 타인의 아픔 속으로 들어가는 것이고, 역지사지는 다른 사람의 입장에 서는 것이다. 공감하기 위해서는 들어가는 내가 있어야 하고, 다시 나오는 내가 있어야 한다. 그것이 소통이다. 우리가 가 닿을 수 없는 타자는 없다. 그런 타자가 있다면 나라고 하는 것도 사실은 나조차도 가 닿을 수 없는 절대적 자아가 되어 버린다. 절대적 자아는 없으며, 마찬가지로 타자는 절대적 타자가 아니다. 우리가 타자와 만나는 순간, 그의 곁에 서는 순간 우리도 타자도 모두 자신이 아닌 것으로 변한다. 소통은 고착된 정체성을 가진 존재들 사이의 소통이 아니다. 타자와 대화하면서도 자아를 잃지 않기에 소통이다. 소통은 타자를 거부하는 것이 아니며, 타자에 압도되거나 함몰되는 것도 아니다.

남은 나와 다른 사람이면서 동시에 그 다름을 넘어서게 만드는 존재이다. 남과 소통함으로써 나는 소통 이전의 나와 다른 사람이 된다. 나를 나이게 하고, 나를 성장하게 하는 것은 남이다. 남은 나의 존재 조건이다. 막혀서 통하지 않음, 소통의 부재, 불통은 자아에 집착하기 때문에 일어나는 일이다. 소통은 자기성찰인 것이고, 번뇌 망상에서 벗어나는 과정이다. 의사소통은 나와 다른 사람을 이해하는 것이면서 동시에 이를 통해 나를 성찰하는 행위이다.

'장님 코끼리 만지기'란 이야기가 있다.

> 옛날 인도의 어떤 왕이 진리에 대해 말하다가 대신을 시켜 코끼리를 한 마리 몰고 오도록 했다. 그러고는 장님 여섯 명을 불러 손으로 코끼리를 만져 보고 각기 코끼리에 대해 말해 보도록 했다.
>
> 코끼리의 이빨을 만진 사람은 무같이 생겼다고 말했고, 귀를 만진 사람은 키 같이 생겼다고 말했으며, 머리를 만진 사람은 돌같이 생겼다고 했고, 코를 만진 사람은 절굿공이 같이 생겼다고 했으며, 다리를 만진 사람은 절구같이 생겼다고 했고, 등을 만진 사람은 평상같이 생겼다고 했고, 배를 만진 사람은 장독같이 생겼다고 했으며, 꼬리를 만진 사람은 밧줄같이 생겼다고 했다.
>
> 왕은 그들을 모두 물러가게 하고 신하들에게 말했다. "보아라. 코끼리는 하나이거늘

저 여섯 장님은 제각기 자기가 알고 있는 것만을 코끼리로 알고 있으면서도 조금도 부끄러워하지 않는구나. 진리를 아는 것도 또한 이와 같은 것이니라."[8)]

장님들이 서로 자기가 만진 모습이 코끼리라고 말할 때 서로 갈등하고 다투게 된다. 장님인 우리가 코끼리의 모습을 제대로 알 수 있는 방법은 나와 다른 부위를 만진 또 다른 장님들인 다른 사람들과 대화를 하는 것이다. 대화할 때에만 우리는 세계의 모습을 알 수 있다. 우리는 있는 그대로 보지 못한다. 그렇기 때문에 남의 말을 들어야 한다.

레비나스는 언어의 모형을 대화라고 말한다. 대화는 '부름과 응답'이다. 내가 이해할 수 없는 자의 부름과 그에 대한 응답이다. 그와 내가 공유하는 의미나 규칙의 체계는 없으며, 그는 끊임없이 새로운 의미와 표현을 나에게 주고 있다. 대화는 의식의 내부가 아니라 타자의 부름에서 시작된다. 의사소통은 의식의 소통이 아니며, 정신의 대화가 아니다. 그것은 의식의 내부가 아니라 타인의 부름에서 시작된다. 대화는 타자의 부름이고 나와 다른 이와의 만남이다.

손오공이 아무리 날뛰어봤자 부처님 손바닥 안에 있듯이, 우리는 모두 장님이다. 장님인 우리가 나의 한계를 벗어나는 길은 또 다른 장님인 남의 말을 듣는 데 있다. 남의 말을 듣지 않고 자신의 말만 고집할 때 그 사람은 언어에 갇힌 사람인 것이다. 우리는 모두 장님이며, 자의식을 버릴 수 없으며, 언어를 버릴 수 없다. 버려야 하는 것은 내가 본 것, 내가 말한 것, 자아가 아니다. 버려야 하는 것은 내가 본 것에 대한 나의 집착, 내가 말한 것에 대한 나의 집착, 자아에 대한 나의 집착이다. 버려야 하는 것은 집착이다.

생명체는 생명 유지에 가장 핵심적인 일을 할 때 가장 많은 에너지를 사용할 것인데, 인간의 경우에는 생각하는 일에 가장 많은 에너지를 쓴다. 생각한다는 것은 단편적인 정보를 습득하는 과정에서 일어나는 일이 아니다. "어제 경주에서 지진이 일어났다."와 같은 정보를 습득하기 위해서 생각하지는 않는다. 인간은 생각하는 동물이라고 하지만, 생각하지 않기 위해서 생각하는 동물이기도 하다. 우리는 일을 하는 데 숙련되기 위해 애쓰는데, 숙련되면 굳이 생각하지 않아도 그 일을 해낼 수 있기 때문이다. 익숙한 일을 할 때 우리는 아무 생각 없이 할 수 있다. 그런데 바로 이 때문에 지식은 소통을 막는 것이기도 하다. 자신이 가진 지식을 고집할 경우 생각은 닫히게 되고 불통하게 된다.

그렇기 때문에 생각하는 것은 힘든 일이다. 한나 아렌트는 아예 "위험한 사상은 없다. 생각하는 것 자체가 위험한 것이다."고 말한다. 생각한다는 것은 익숙한 것에 물음을 던지는 것이기 때문이다. 익숙한 일을 할 때 생각은 멈춘다. 한나 아렌트는 『예루살렘의 아이히만』(한길사, 2006)에서 유대인 학살에 앞장섰던 아이히만의 죄를 '생각하지 않은 죄'라고 말한다. 아이히만은 생각하는 데 실패했다. 이는 아이히만이 어떠한 의식적인 활동도 하지 않았다는 말이 아니라, 아이히만이 다른 사람의 고통을 이해하는 데 실패했다는 말이다. 그는 자신의 행위를 생각하는 데 실패했고, "그는 더 이상 '그 자신의 행위의 주인'이 아니었다." 아렌트는 이를 '악의 평범성'이라고 말한다. 악의 평범성은 생각하지 않음에서 나오는 것이며, 타고나는 것이 아니라 타인의 고통에 대한 감수성을 의도적으로 차단함으로써 만들어지는 악이다.

생각하는 일이 어려운 일이듯이 말을 듣는 것도 어려운 일이다. 말을 듣는 것은 말을 하는 것보다 더 어려운 일이다. 말을 듣기 위해서는 마음을 써야 한다. 말을 듣는 행위는 흘러가는 소리를 귀로 듣는 것이 아니다. 말을 듣는다는 것은 단순히 청각의 문제가 아니다. 미묘한 목소리의 차이와 떨림, 높낮이와 뉘앙스를 구별해내야 하고, 그 말을 하는 사람, 그 말이 놓인 맥락을 파악해야 한다. 말을 듣는 것은 의미와 연관된 사유 활동인데, 말의 의미는 기호에 내재하는 것이 아니라 기호의 외부, 즉 그 쓰임에 있다. 의미는 우리의 행위와 무관하게 주어져 있는 것이 아니라 특정한 시간과 공간 속에서 사람과 사람의 관계 속에서 생성되는 것이다.

언어에는 그것을 사용하는 사람들의 경험이 쌓여 있다. 언어를 배운다는 것은 그 경험을 배우는 것이다. 말과 글은 순수한 공간, 순수한 기억이 아니다. 그렇기 때문에 말은 사전적 의미만 알고 있으면 알아들을 수 있는 것이 아니다. 의미는 쓰임, 곧 그 말을 하는 사람들의 행위 속에서 만들어지며, 말을 듣기 위해서는 그 말을 하는 사람의 삶 속에서 만들어진 의미를 알아야 한다. 이 때문에 사람들은 남의 말을 듣기보다는 자신의 말을 하기를 좋아한다. 다른 사람이 말을 할 때 그 말을 듣기보다 자기가 할 말을 생각한다. 타인의 부름에 대한 응답은 그 사람의 인격을 드러낸다. 소통한다는 것은 말을 듣는 것이며, 그것은 마음을 써야 하는 일이다.

말은 다른 사람을 향해 열려 있다. 생각한다는 것은 다른 사람의 말을 듣는 것이다. 다른 사람의 말을 듣지 않으면 우리는 어떤 생각도 하지 못한다. 혼자서도 생각한다고 하지만 그 생각은 내 안의 또 다른 나를 경험하는 일이다. 생각은 다른 사람과의 대화를 통해 이루어지는 공적인 행위이다. 생각은 다른 사람은 이해할 수 없고, 오직 말하는 사람만이 알 수 있는 사적인 행위가 아니다. 의사소통을 청자와 화자 사이의 메시지 전달로 정의하고 선입견이나 편견과 같은 요소에서 벗어나야 의사소통에 성공한다고 생각하는 한, 그리고 그 선입견에서 벗어난 상태를 열린 생각으로 생각하는 한 의사소통은 성공하지 못한다. 열린 생각을 가져야 비로소 의사소통에 성공하는 것이 아니라 소통함으로써 생각이 열린다. 열린 생각과 소통은 함께 일어나는 사건이다.

5. 표현과 표절, 무엇이 다른가

사고 활동이 밖으로 드러나는 것을 '표현'이라 부른다. 표현은 표시가 아니다. 표현은 세계에 대한 특정한 해석을 포함하기 때문이다. 표현은 표상과도 다르다. 표현은 이 세계에 의미를 부여하는 행위이기 때문이다. 표현은 의사소통의 수단에 불과하고 표현에 앞서서 생각이 이루어진다고 생각하지만, 사고 능력과 표현 능력은 분리되어 있는 것이 아니다. 생각은 질서를 추구하는데, 그 질서는 언어적이게 마련이기 때문이다. 생각은 표현을 통해 이루어진다. 말은 사고의 표현일 뿐 아니라 사실은 사고 행위 그 자체이다. 생각하는 일과 생각을 표현하는 일은 다르지 않다.

인간이란 생각하는 존재이고 표현하는 존재이다. 말은 그 사람의 생각의 표현이며, 생각이 빈곤하면 말도 빈곤하다. 생각을 효과적으로 표현하는 것이 중요하다고 하지만, 사실은 표현을 통해 생각을 가다듬는다. 말을 하고 글을 쓰는 과정에서 생각은 뚜렷해지고 명확해진다. "머릿속에서 생각이 빙빙 도는데 뭐라 말로 표현하기가 어렵다."고 말하지만, 사실은 표현이 안 되는 것이 아니라 생각이 명확하지 않은 것이다. 글쓰기는 손가락으로 하는 사고활동이고, 말하기는 입으로 하는 사고활동이다. 말하기와 글쓰기는 사고를 표현하는 수단이 아니라 그 자체가 사고의 과정이다. 말과 글은 사고와 표현의 상호작용의 결과이다.

표현한다는 것은 소극적인 행위가 아니다. 그것은 읽기와 생각하기에 머무는 행위가 아니라 세상을 바꾸려는 적극적인 의지의 실현이다. 생각이 없으면 어떤 표현도 사람다움의 추구에 이를 수 없다. 이런 점에서 의사소통 교육은 사고력 교육에 그치는 것이 아니라 인격의 성장과 연결되어 있다. 읽기, 쓰기, 말하기, 듣기 등의 의사소통 교육은 사고력이나 문제해결 능력의 향상에 머무는 것이 아니라 다른 사람들과 소통함으로써 자아를 수양하는 과정이다. 우리는 사고와 표현을 통해 다른 사람과 만나며 그 만남으로부터 인격이 성숙해 간다. 의사소통은 수양의 문제다.

표절은 수양에 반한다. 남의 생각을 자신의 생각인 양 속이는 것이기 때문이다. 저작권 침해가 다른 사람의 재산권을 침해하는 법률적 문제라면, 표절은 윤리적 문제이다. 대한민국은 저작권 침해에 둔감하며, 표절에 관대한 나라다. 그럴만한 사정이 있다. 1970년대까지만 해도 팝송을 베끼거나 번안한 노래들이 많았다. 애국가조차도 표절 시비로부터 자유롭지 못하다. 대학교수들의 논문표절은 흔한 일이다. 표절 논란이 불거질 때면 당사자들이 가장 많이 하는 말이 '학계의 관행'이라는 말이다. 실제로 그러했다. 학문의 역사가 일천한 학계에서 해외의 연구 성과를 표절하는 일은 다반사였다. 오히려 권장되기도 하였다. 선진문물을 배우는 것이 시급한 시대였기 때문이다.

배우는 사람은 열심히 따라해야 한다. 모든 배움은 따라하기, 흉내내기였다. 따라함으로써 새로운 것을 만들 수 있는 것이다. 표절을 '창조의 원천'이라고 말하는 사람들이 있다. 그러나 표절은 따라하는 것이 아니라 베끼는 것이다. "하늘 아래 새로운 것은 없다."라고 한다. 지적 산물에 소유권을 주장하는 데는 정서적 거부가 있다. 세종대왕이 한글의 지적 재산권을 주장한다면 황당할 것이다. 계모설화는 세계 곳곳에 있다. 콩쥐팥쥐, 장화홍련, 신데렐라, 백설공주, 헨젤과 그레텔 등 전 세계에서 350편 정도 수집됐다고 한다. 그렇다고 콩쥐팥쥐가 신데렐라를 표절했다고, 또는 신데렐라가 콩쥐팥쥐를 표절했다고 말하지는 않는다. 지식은 인류 공통의 것이라는 믿음이 있다.

공자는 '술이부작述而不作'을 말한다. 술述하되, 지어내지 않는다는 말이다. 옛 성인들의 말씀을 전하여 설명하되, 함부로 지어내지 않는다는 것이다. 이러한 가르침을 따라 조선의 선비들은 주석을 달았다. 그런데 '술述'은 옛 성인들의 말씀을 설명하는 것이므로, '지어내지 않는다'는 것은 성인들의 말씀을 단순히 되풀이한다는 말이 아니라 진리에 어긋나는 말을 지어내지 않는다는 뜻이다. 그것은 견강부회하지 말라는 말이다. 술이부작은 옛 경서를 무비판적으로 받든다는 뜻이 아니라 텍스트에 대한 엄밀한 이해를 바탕으로 자신의 생각을 덧붙여 재해석하는 것을 말하는 것이다. 재해석이 덧붙여지고 덧붙여지면서 경전은 더욱 풍성해진다. '경학經學'은 한자문화권의 학문 방법이었다. 술이부작은 표절이 아니다. 어떤 텍스트를 보고 떠오른 생각마저 표절이라 하지는 않는다.

대한민국은 베끼는 나라에서 베껴지는 나라가 되었다. 디지털 시대에 표절은 더욱 심각한 문제가 되었다. 디지털 세상은 무한복제가 가능하기 때문이다. 디지털 세상은 지식의 독점을 무너뜨렸지만, 표절은 윤리적 문제이다. 표절은 다른 사람의 생각을 베끼는 것이다. 출전을 밝히면 표절이 아니게 되느냐 하면, 그 또한 아니다. 핵심 내용이나 글의 대부분이 남의 글을 베낀 것이라면 출전을 밝혀도 표절로 간주된다. 남의 글만 문제가 되는 것도 아니다. 이미 어딘가에 공표한 자신의 생각을 다른 곳에서 다시 공표한다면 그것도 표절이 된다. 납득하기가 쉽지는 않겠지만, 자기 표절도 표절이다.

미국처럼 자본주의가 발달한 사회는 표절에 아주 엄격하다. 어린 시절부터 학교에서 자기 생각을 말하도록 훈련받으며, 표절이 발각되면 해당 과제가 0점 처리되고, 교수의 경우에는 파면 당할 수 있다. 미국의 학교가 글쓰기 교육에 그토록 열심인 이면에는 이러한 속사정도 있는 것이다. 생각이, 그 생각이 누구의 생각이든, 세상에 공표되는 순간 하나의 상품이 되는 세상, 우리는 그런 세상에서 살고 있다. 우리는 표절에 민감해져야 한다.

2 장

글쓰기의 기초와 실제

1. 글쓰기의 기초
2. 글쓰기의 실제

1. 글쓰기의 기초

'글'의 사전적 의미는 "어떤 일이나 생각을 문자로 나타낸 기록"이다. 다시 말해 문자를 매개로 자신의 생각을 표현하는 것이다. 그렇기 때문에 문자를 알고 있는 사람 누구나 글을 쓸 수 있다. 그러나 문자를 알고 있는 사람 모두가 좋은 글을 쓸 수 있는 것은 아니다. 그래서 사람들은 흔히 글쓰기에는 천재적 영감이나 선천적 능력이 작용한다고 생각한다. 물론 시와 소설 같은 문학적 글쓰기에는 선척적인 능력이 필요하다. 하지만 대학, 더 나아가 사회생활에 필요한 글쓰기는 1퍼센트의 영감과 99퍼센트의 노력이 필요한 작업이다. 그래서 글쓰기 능력은 노력을 통해 향상될 수 있는 노동에 가깝다.

1) 좋은 글의 요건

좋은 글을 쓰기 위해 우리가 해야 할 가장 기본적인 노력은 많이 읽고[다독多讀] 많이 써보고[다작多作] 많이 생각하는 것[다상량多商量]으로 이를 삼다三多라고 하는데, 그 시작은 바로 독서이다. 세상 어디에도 책을 많이 읽지 않고 글을 잘 쓰게 된 사람은 없다. 다른 이가 쓴 좋은 글을 읽으며 우리는 작가가 어떤 구성으로 주제를 형상화했는지, 자신의 생각을 어떻게 표현했는지를 배울 수 있다. 또한 마음에 와 닿는 아름다운 구절을 필사하고 새로운 글에 적용시키며 자신만의 글쓰기 연습을 할 수도 있다. 또 그렇게 끊임없이 연습을 하다보면 글쓰기 실력뿐만 아니라 세상을 바라보는 시야가 넓어지고 사고가 깊어지는 것을 경험할 수 있다. 그런 의미에서 독서는 좋은 글을 쓰기 위해 거쳐야하는 일종의 수련 과정이다.

이러한 수련 과정을 거쳤다면 이제는 좋은 글을 쓰기 위해 노력해야 한다. 그렇다면 좋은 글은 과연 어떤 글일까? 독서의 가장 궁극적인 목적은 넓어진 시야와 깊어진 사고를 바탕으로 창의적이고 독창적인 생각을 이끌어 내는 데 있다. 그러므로 창의성이야말로 좋은 글의 필수적인 요소가 된다. 하지만 제도권 교육에서는 창의성이 무엇인지, 어떻게 창의적인 생각을 할 수 있는 지 가르쳐주지 않는다. 따라서 좋은 글을 쓰기 위해서는 창의적 생각이 무엇인지부터 짚고 넘어가야 한다.

(1) 창의적인 글

<파리의 연인>, <왕관을 쓰려는 자, 그 무게를 견뎌라-상속자들>, <시크릿가든>, <태양의 후예>, 그리고 <도깨비>까지 연이어 작품을 흥행시킨 김은숙은 우리나라의 대표적인 드라마 작가다. 소위 '흥행 보증수표'라 불리는 그녀이지만 불특정 다수를 만족시켜야 하는 드라마 장르의 한계 상, 기존의 드라마와 완벽하게 차별되는 주제와 내용만으로 집필할 수는 없었을 것이다. 위에 제시된 <시크릿가든>을 보자. 까칠한 백화점 사장인 '김주원'(현빈)과 가난한 스턴트우먼인 '길라임'(하지원)의 로맨스를 다룬 <시크릿가든>은 전형적인 '신데렐라 이야기'이다. '신데렐라 이야기'는 한국 드라마의 단골 소재이자 전 세계에 다양한 각편이 전해지는 설화로 이를 소재로 삼은 드라마 대본은 창의적인 글과는 거리가 멀다. 하지만 <시크릿가든>에 시청자들은 열광적으로 호응했고, 그 해 최고의 드라마라는 평가를 받았다. 결말이 뻔한 진부한 이야기에 사람들이 이처럼 열광했던 이유 중 하나는 기존의 드라마에서는 볼 수 없었던 캐릭터 때문이었다.

분홍 뻔뻔하게 돈 챙겨 가길래 자존심은 없어도 약속은 지키겠지 했더니, 너 대체 계속 내 아들 만나는 저의가 뭐야! 뼛속까지 거지 근성이라 쳐도, 아닌 척할 자존심도, 교양도, 염치도 없는 거야? 돈 받아갔으면 떨어지든가, 더 달래서 제대로 떨어지든가 해야지, 넌 상도덕도 없니?

라임 말씀이 너무 과하십니다.

분홍 그렇지! 내가 너무 말씀만 과하지! (하더니 물컵 집어 들어 라임에게 뿌리는데)

라임 (앗! 본능적으로 순발력 있게 물 피한. 허나 이내 앗! 실수했다 싶은…)

분홍 (당황한! 더 열 받아 부들부들 떠는데.)

라임 죄송합니다. 습관적으로 그만. (자기 앞의 물컵 밀며) 다시 가겠습니다.

분홍 뭐, 뭐 이런 게 다 있어? 어머, 뭐 이런 게! (하는데)

- 김은숙, <시크릿가든> 10회

<시크릿가든>은 '신데렐라' 이야기의 구조를 따르고 있지만, 드라마의 여주인공 '길라임'은 우리가 알고 있던 신데렐라와 전혀 다르다. 지금까지 '신데렐라 이야기'에 등장했던 여주인공은 왕자의 선택을 기다리거나 주변 사람에 휘둘려 자신의 삶을 선택하는 수동적인 인물로 그려졌다. 이에 비해 '길라임'은 자신의 삶을 스스로 선택하는 여성이다. '길라임'은 '주원'과 자신의 만남을 반대하는 주원의 어머니 앞에서도 당당하게 자신의 생각을 밝히고 자신의 사랑을 지켜나간다. 기존의 드라마에서는 볼 수 없었던 새로운 신데렐라의 탄생이었다. '까도남(까칠한 도시 남자의 줄임말)'으로 불리었던 '주원' 역시 우리가 알고 있던 '프린스 차밍'과는 거리가 먼 캐릭터였다. 어쩌면 <시크릿가든>은 등장인물이 가진 캐릭터에 대한 의구심 혹은 반감에서 시작되었을 지도 모른다. "신데렐라는 왜 자신의 삶에 당당하지 못한가?", "과연 신데렐라는 수동적인 여성이었을까?", "현실이라면 세상의 모든 걸 다 가진 프린스 차밍이 정말 성격까지 좋았을까?"라는 물음말이다. 앞에서 열거했던 김은숙 작가의 작품들이 너무나 뻔한 기본 얼개를 가지고 있음에도 불구하고 창의적이라고 평가 받는 이유는 다른 사람은 생각해 낼 수 없는, 세상에 존재하지 않는 무언가를 담고 있어서가 아니다. 일상적 소재나 일반적인 주제를 다루더라도 의문을 제기하는 과정을 거쳤다면 얼마든지 창의적인 글이 될 수 있다. 그런 의미에서 창의적인 글이란 거창한 창작을 의미하는 것이 아니다.

나는 지난 여름방학 식당에서 아르바이트를 하였다. 아르바이트를 시작하고 얼마 되지 않았을 때, 나는 한 손님의 계산을 돕고 있었다. 그런데 그 손님이 자신은 이 식당의 단골이라며 값을 깎아달라고 요구했다. 손님이 많은 바쁜 시간이었던 터라 사장님도 주방에 계셔서 도움을 요청할 수가 없었다. 나는 혼자 쩔쩔매며 그건 안 된다고 말했고, 손님은 너무 야박하다며 투덜거렸다. 나는 그저 죄송하다는 말밖에 할 수 없었다. 그런데 집에 돌아와 그 일을 떠올려보며 의문이 들었다. '그 일이 내가 죄송해야 할 일인가?'라는…. 나는 그 손님에게 어떠한 잘못도 하지 않았다. 그런데 나는 왜 그런 손님에게 늘 사과를 해야만 할까? 이는 흔히 '손님은 왕'이라고 하는 생각에서 비롯되었다.

생산의 궁극적인 목표는 소비이다. 또한 생산이 경제활동의 출발점이라면 소비는 종착점이라 할 수 있다. 종착점의 위치에 있는 소비자는 각기 다른 선호도와 기호를 보이며 그들의 요구에 의해 생산의 여부가 결정된다. 즉, 생산자가 소비자의 입맛을 맞출 수 있을 때 소비가 발생하는 것이다. 따라서 우리 사회에서는 '손님은 왕'이라는 것을 당연하고도 자연스럽게 생각한다. 그리고 그러한 생각은 가끔 생산자는 소비자를 위해 그 어떠한 요구도 들어줘야한다는 데까지 확대된다. 그렇게 소위 '진상손님'이 생겨나는 것이다. 검색 결과 편의점, 뷔페, 은행 등 거의 모든 서비스업 분야에서 다양한 진상손님들을 볼 수 있다고 한다.

그런데 '진상손님'이라는 키워드에 연관 검색어로 뜨는 것이 '감정노동'이다. 감정노동이란 실제 자신이 느끼는 감정과는 무관하게 직무를 행해야 하는 감정적 노동을 의미한다. 2013년 노동환경연구소의 '감정노동자의 건강실태조사'에 따르면 여성 감정노동자의 49%가 우울증을 겪고 있으며, 약 30%는 감정노동으로 인한 자살 충동을 느낀 적이 있다고 답했다. 그리고 이 중 4%가 실제 자살 시도를 한 것으로 조사되었다. 많은 사람들이 감정노동의 고통을 겪고 있는 것이다. 결국 우리가 당연하다고 여겼던 '손님은 왕'이라는 생각이 이런 불편한 상황을 만들었다고 할 수 있다. 만약 우리 앞에 있는 서비스 종사자를 누군가의 엄마, 아빠, 또는 동생이라고 생각한다면 그런 진상 짓은 못 할 것이다.

'손님은 왕'처럼 대접하겠다는 마음가짐은 생산자가 가져야할 가장 기초적이고 중요한 덕목이다. 그리고 그런 생각이 성공으로 연결되는 경우도 많다. 하지만 소비자로서의 우리는 '손님은 왕'이라는 사실에 아주 조심스럽게 접근해야 한다. 생산자 또한 감정을 가진 사람이기 때문이다. 따라서 우리는 '손님만 왕'이라는 이기적인 생각을 버리고 사람 대 사람으로 서로를 대해야 할 것이다.

- 학생 글, <손님은 왕일까?>

집안의 반대를 극복하고 열정적이고 성숙한 사랑을 했던 로미오와 줄리엣. 비극적인 결말을 맞은 그들의 사랑을 보며 많은 사람들이 '아름답다'고 말하지만, 만약 지금 그 나이 또래의 아이들이 감정을 앞세우며 집을 나갔다면 어른들 바로 이 단어를 떠올렸을 것이다. 중2병! 로미오와 줄리엣의 나이가 16살과 14살이었던 점을 고려해 본다면 그들의 사랑은 중2병에 걸린 사춘기 소년, 소녀의 치기어린 사랑쯤으로 무시되었으리라. 나 역시 남동생이 질풍노도의 시기를 보낼 당시, "역시 중2"라며 비웃곤 했다.

그런데 과연, 이러한 질풍노도의 시기를 겪는 청소년들을 단순히 '중2병'이라며 비난할 수 있는 것일까? 더 나아가 '중2병'이 실재하기는 것일까? 오늘날의 사회풍토는 사춘기를 겪는 청소년들 모두를 '중2병'이라고 진단하여 마냥 어리고 치기어리다고 해석한다. 또한 이러한 사회적 인식에 따라, 같은 시기를 겪으며 서로 격려해줘야 할 청소년들까지, 서로의 감정이나 행동을 희화화하여 바라보기도 한다. 어쩌면 사회가 점차 '중2병'을 만들어가고 몰아가는 분위기를 조성하고 있으며 청소년들의 '중2병'다운 반항심을 자극하는 것일지도 모른다.

- 학생 글, <우리가 만든 중2병>

이 두 글은 '발상의 전환'을 주제로 쓴 학생들의 글이다. 흔히 '발상의 전환'이라고 하면 '페니실린'과 같은 세상을 바꾼 위대한 발명이나 과학적 발견을 떠올리기 쉽다. 그러나 모든 사람들이 옳다고 여기는 상식이라는 것도 생각하기에 따라서는 그 가치나 의미가 얼마든지 바뀔 수 있다. 리츠칼튼 호텔의 창업자 세자르 리츠가 한 '손님은 왕'이란 말은 원래

'왕처럼 돈을 잘 쓰는 손님이 왕'이라는 의미였다. 그러나 우리나라에서는 이 의미가 변질되어 흔히 영업을 위해서는 손님의 모든 요구를 수용하고 감내해야 한다는 의미로 해석되고는 한다. 특히 서비스업에서는 이 말이 상식처럼 통용되고 있다. 그러나 아르바이트를 하며 진상손님을 맞닥트린 학생은 '손님은 왕'이라는 생각이 '과연 옳은 말인지?', '왜 그렇게 해야만 하는지?' 의문을 가졌다. 그리고 '손님은 왕'이라는 생각이 '손님만 왕'이라는 말과 동의어는 아니라는 점, 또 똑같은 말이 '왕인 손님'을 대접해야 하는 사람의 입장에서는 다른 의미로 와 닿을 수 있다는 사실을 깨닫고 이에 대한 조심스러운 접근이 필요하다고 결론 내렸다.

두 번째 글 역시 '중2병'을 바라보는 우리의 인식에 문제가 있음을 지적하고 있다. '중2병'은 중학교 2학년 나이 또래의 청소년들이 사춘기 자아 형성 과정에서 겪는 혼란, 또는 그로 인한 반항과 일탈 행위를 뜻한다. 쉽게 말해 사춘기 시절에 청소년이 겪을 법한 심리 상태를 반영한 용어라고 할 수 있다. 그런데 문제는 우리사회가 '중2병'을 너무 희화화하거나 단순화시키는 데 있다. 북한이 우리나라 중2를 무서워해서 쳐들어오지 않는다는 우스개 소리가 유행한 적이 있다. 또 <중2병>이라는 제목의 노래를 들어보면 개념 없거나 허세를 부리는 사람을 비꼬는 의미로 이 단어를 사용하고 있다. 글쓴이는 우리 사회가 사춘기 청소년이 겪는 혼란과 반항을 이해하고, 그들의 목소리에 귀 기울여야 함에도 오히려 그것이 아무 일도 아닌 양 치부하거나 이를 비꼬는, 잘못된 방식으로 '중2병'을 조장하고 있다고 문제를 제기하였다.

'진상손님'과 '중2병'은 우리 주변에서 흔히 경험할 수 있는 일이다. 그래서 글의 소재로만 본다면 참신하다 할 수 없다. 하지만 우리에게 익숙한 대상이라도 그것을 바라보는 시선이 새롭다면 그것은 창의적인 생각이고, 글의 결론이 설사 다른 사람과 동일할 지라도 무비판적으로 수용하지만 않았다면 그것 역시 창의적인 생각이다. 다시 말해 상식 혹은 고정관념에 대해 '왜', '정말', '과연'이라는 의문을 제기하는 행위 자체가 창의적인 생각이다. 결국 창의적인 글이란 세상에 존재하지 않는 무엇인가를 창조하는 것이 아니라, '왜 그런가?', '과연 그런가?', '정말 그런가?'라는 생각의 과정이 투영되어 있는 글이라 할 수 있다.

(2) 목적이 분명한 글

좋은 글을 쓰기 위해서는 글을 쓰는 목적이 확실해야 한다. 좋은 학점을 기대하며 리포트를 쓰고 자신의 가치를 널리 알리고자 하는 마음에 자기소개서를 쓰는 것처럼, 대부분의 사람들은 이루고자 하는 목적이 분명히 있을 때 주로 글을 쓴다.

① 정서의 표현: 문학

정서란 사람의 마음에 일어나는 여러 가지 감정이나 그러한 감정을 불러일으키는 기분, 분위기를 말한다. 그래서 정서를 표현하는 글은 필자가 일상에서 얻게 되는 감정, 생각이나 느낌을 진솔하게 표출한 글로, 독자들에게 즐거움과 감동을 줄 수 있다. 자신의 정서를 표현하기 위해 글을 쓸 때에는 경험에서 얻은 감정과 느낌을 과장이나 왜곡 없이 진정성 있게 표현해야 독자의 공감을 이끌어 낼 수 있다. 시, 소설, 수필, 희곡 등 여러 문학 장르 중에서 자신의 정서를 효과적으로 드러낼 수 있다고 생각하는 형식을 정해서 글쓰기에 반영하면 된다.

② 정보의 전달: 설명문

필자가 독자들에게 어떤 지식이나 정보를 전달하기 위해서 글을 쓰기도 한다. 정보를 전달하는 글을 쓰기 위해서는 우선 합리적이고 신뢰할 수 있는 자료를 수집해야 하며, 독자의 수준을 고려해서 정보를 재구성(선별, 분류, 재배열)하고 체계화는 과정이 필요하다. 그래야 정보를 효과적으로 독자에게 전달할 수 있다. 일반적으로 정보를 전달하는 글을 설명문이라고 하는데, 설명문은 정보의 대상을 소개하는 처음, 대상에 대해 자세하게 설명을 하는 중간, 설명한 내용을 간략히 요약하는 끝으로 구성한다.

③ 주장 혹은 설득: 논설문

주장·설득하는 글은 어떤 문제에 대한 필자의 의견을 제시하고 독자의 동의를 이끌어 내는 것을 목적으로 한다. 이를 위해서는 타당하고 합리적인 근거를 제시함으로써 신뢰성과 사실성을 확보하는 것이 가장 중요하다. 또한 필자의 주장과 근거가 잘 드러날 수 있도록 서론-본론-결론과 같은 논리적 구성을 갖추는 것이 필요하다.

(3) 글의 기본 형식을 지킨 글

창의적 생각과 뚜렷한 목적의식을 가졌다고 해서 누구나 좋은 글을 쓸 수 있는 것은 아니다. 좋은 글이 갖추어야할 기본 요건을 이해하고 이를 실제 글쓰기에 적용할 수 있어야만 하는데, 그 기본 요건이란 통일성, 일관성, 완결성을 말한다.

■ 통일성

한 편의 글에는 주제가 하나이어야 한다. 모든 문장이나 문단은 그 글의 주제와 연결되어 있어야 한다는 의미다. 그리고 내용 간의 의미적인 연결 역시 유기적이어야 한다. 그러므로 글의 전체적인 흐름과 관계없는 문장이나 문단은 통일성을 해치게 된다.

■ **일관성**

글의 시점, 어조, 문체 등은 유기적으로 조직되어 일률적이어야 한다. 이것은 문단이나 글을 이루고 있는 문장이 긴밀한 관계를 이루고 연결되어야 한다는 이야기이다.

■ **완결성**

주제(문)와 뒷받침 문장 혹은 문단이 본래의 의도와 감정과 뜻을 온전하게 전달할 수 있도록 연결되어야 한다. 뒷받침 문장이 아예 없거나 충분하지 않을 경우 글이 구현하고자 하는 중심생각을 제대로 이해할 수 없다.

굳이 통일성, 일관성, 완결성이라는 용어를 사용하지 않아도, 하나의 글에는 주제가 하나여야 하고, 글의 처음부터 끝까지 특유의 어조나 문체가 유지되어야 하며 주제와 상관없는 내용을 써서는 안 된다는 사실은 누구나 알고 있다. 하지만 정작 글을 쓰다보면 이런 기본적인 요소를 고려하기가 쉽지 않다.

우리 부모님은 내가 어렸을 때부터 맞벌이를 하셨다. 그래서 나와 형은 바쁘신 어머니를 도와 집안일을 해야만 했다. 부모님께 효도를 하겠다는 생각 때문이 아니라 우리집의 유별난 가훈 때문이었다.

"일하지 않는 자, 먹지도 말라!"

이게 우리집 가훈이다. 특히 어머니가 철저하게 교육시키셨는데, 저녁밥을 먹으려면 빨래를 개든가, 방 청소를 해야만 하는 식이었다. 아이스크림을 먹고 싶으면 설거지를 해야 했다. 그렇게 학창시절을 보내다보니 어느 순간 집안일을 엄마보다 더 잘 할 수 있었다. 그리고 대학 1학년 2학기에 휴학을 하고 군대에 갔다. 군대를 가보니 모든 일을 내가 알아서 해야만 했는데, 집안일을 꾸준히 했던 것이 큰 도움이 되었다. 그래서 우리집 가훈이 나쁜 것만은 아니라는 생각이 들었다.

하지만 가끔 중1때 친구집에 갔다가 느낀 충격은 잊을 수가 없다. 하루는 친구집에 가서 게임을 했는데 너무 게임에 빠져서 저녁 시간이 되었다. 친구 엄마는 피자를 시켜 주셨는데, 나는 그때 일을 하지 않았는데도 피자를 먹을 수 있다는 게 놀라웠다. 그래서 친구에게 우리집 이야기를 했더니 친구는 세상에 그런 집도 있냐면서 우리집이 이상한 거라고 말하며 웃었다. 그때 난 우리집이 평범한 집이 아니라는 걸 알았고, 어쩌면 우리 엄마가 계모일지도 모른다는 생각을 했다.

- 학생글, <'일하지 않는 자, 먹지도 말라'는 우리집 가훈>

이 글은 독특한 가훈과 그와 관련하여 발생한 경험 및 교훈을 중심제재로 삼고 있다. 마지막 문단은 재미있는 상황을 보여주지만 주제와 상관이 없는 내용으로, 글 전체의 흐름에 위배된다. 특히 마지막 문단의 첫 문장이 비문인 것도 사족처럼 붙어있는 그 문단의 어색함을 배가시키고 있다. 따라서 이 글은 주제와 상관없는 문단이 있어서 통일성을 해치며 갑자기 학창시절에 느낀 충격이 나와서 일관성에도 문제가 있다. 또 엄마가 계모일지도 모른다는 새로운 이야기로 글을 마무리함으로써 글이 완결되지 못하였다는 인상을 준다. 하지만 문제가 된 단락을 이 글의 중간부분에 나오는 학창시절과 연결시켜 자신 집안과의 비교지점으로 넣었다면 통일성 있는 글이 될 수 있다. 이처럼 동일한 내용이라도 글의 어느 부분에 넣느냐에 따라 기본 요건을 지킨 좋은 글이 될 수도, 그 반대의 결과를 가져올 수도 있음을 명심해야 한다.

이 외에도 좋은 글은 정확성, 명료성, 경제성, 진실성, 독창성 등을 담고 있어야 한다. 이 중 최근 대학생들의 글에서 가장 요구되는 항목은 진실성이라고 할 수 있다. 자료가 넘치는 정보화시대에 깊은 사고과정으로 형성되는 자신만의 생각을 좇기보다는 손쉽게 다른 사람의 글을 베껴와 거리낌 없이 사용한다. 이러한 과정에서 나와 남의 생각을 구별하지 못하는 사례가 빈번하게 발생하며 이것이 곧 표절문제로 연결되기도 한다.

2) 글쓰기의 과정

디지털 테크놀로지의 등장은 문화 환경의 급격한 변화를 가져왔는데, 글쓰기의 지형 또한 크게 달라질 수밖에 없었다. 이제 우리는 손쉽게 다른 사람이 쓴 글을 인터넷과 스마트폰을 이용하여 볼 수 있으며, 실시간으로 그 글에 댓글을 달아 공감을 표하거나 비판을 할 수 있게 되었다. 또 자신의 일상을 사진과 함께 글로 남길 수도, 또 사회적 이슈에 대해 자신의 견해를 공개적으로 밝히는 글을 쓸 수도 있다. 이처럼 우리는 끊임없이 누군가의 글을 보고 또 직접 쓰면서 때로는 작가로, 독자로, 그리고 비평가로 활약하며 일상적으로 글쓰기를 하고 있다. 인터넷 문화의 대중화와 SNS의 발달은 일반 사람들을 글쓰기의 주체로 호출하는 긍정적인 변화를 이끌어 낸 것이다.

하지만 인터넷이라는 가상공간이 아닌 현실에서 글쓰기 과제를 부여받게 된다면 상황은 또 달라질 것이다. 우리는 하얀 종이만 하염없이 노려본다거나 펜이 잘 나오지 않는다며 애꿎은 필기구를 탓할지도 모른다. 이는 하나의 대상에 대하여 진중하게 사고하는 글쓰기에 익숙하지 않아서이다. 정보화 사회에서는 검색창에 특정 단어만 쳐도 관련 정보가 주체할 수 없을 정도로 쏟아져 나온다. 그리고 이러한 정보를 '퍼' 날라 이리저리 짜깁기하고 내 생각 몇 마디만 붙이면 순식간에 기존의 것과는 다른 새로운 글이 완성된다. 이러한 문화 환경에 익숙한 우리들에게 자신의 생각이 온전히 드러난, 제대로 된 글을 쓰라고 하는 것 자체가 이미 고문이다. 그래서 글쓰기는 생각만 해도 머리가 아프고 막연히 피하고 싶은 고된 작업으로 인식되는 것이다. 하지만 그렇기에 우리는 자신의 글쓰기를 통해 현실세계에 적극적으로 개입하려고 하는 학문적 모험심을 발휘해야 한다. 또 자신의 생각이 분명하게 나타나는 존재양식으로서 글쓰기를 위해 치열하게 사고하고 글을 쓰는 상황에 계속 부딪쳐야 한다.

그러나 맨땅에 헤딩하듯 글쓰기에 부딪치다 보면 글쓰기의 두려움에서 벗어날 수 없다. 글쓰기 과정을 이해하면 어떻게 글을 써야하는지 알 수 있을 것이다. 일반적으로 글쓰기의 과정은 계획하기, 집필하기, 교정하기의 순서로 이루어진다. 그러나 한 번의 글쓰기 과정을 다 거쳤다고 하여 좋은 글을 쓸 수 있는 것은 아니다. 좋은 글을 쓰기 위해서는 계획하기, 집필하기, 교정하기의 과정이 순환적이고 반복적으로 이루어져야 한다. 소설가 헤밍웨이도 『무기여 잘 있거라』를 쓰면서 이 과정을 총 39번이나 반복했다. 그러나 헤밍웨이처럼 글을 전문적으로 쓰는 사람이 아니라면 한편의 글을 위해 글쓰기 과정을 무한히 반복하기는 쉽지 않다. 또한 막상 글을 쓰다보면 부분적인 내용에 몰두하여 전체적인 맥락을 잃어버리는 경우가 발생하기도 한다. 부분과 전체의 상호 관련 속에서 글을 쓰는 과정을 제대로 점검하지 못했기 때문이다. 그래서 글쓰기의 과정을 무한히 반복하지 않으면서 글의 흐름을 놓치지 않기 위해서는 계획하기 단계에 좀 더 많은 시간을 투자해야 한다. 계획하기 단계를 충실히 하면 집필하기나 교정하기 단계에서 겪게 되는 시행착오를 예방할 수 있다.

(1) 계획하기

좋은 글을 쓰기 위해서는 기초를 튼튼히 하는 것이 중요하다. 계획하기는 누구에게 무엇을 어떻게 말할 것인지 글쓰기의 토대를 준비하는 과정이다. 먼저 주제를 선정하고 그 주제를 잘 구현할 수 있는 소재를 찾아야 한다. 이렇게 무엇을 활용해서 어떤 내용을 쓸 것인지 정해졌다면 수집한 소재들을 분류하고 글의 구조를 만들어야 한다. 즉, '주제 선정-자료 수집-자료 분류, 글의 구성-개요쓰기'까지 마쳤다면 여러분은 글을 쓰기 위한 계획하기 단계를 잘 수행한 것이다.

① 주제의 선정

계획하기의 첫 번째 단계는 자신이 전하고자 하는 메시지, 곧 주제를 선정하는 것에서 시작된다. 글의 주제는 되도록 한정된 범위에서 구체적으로 잡아야 한다. 글을 잘 쓰고 싶은 욕심에 거창한 주제를 잡으면 피상적인 글을 쓸 가능성이 높다. 또 너무 광범위한 주제를 선정하다보면 자신의 생각은 소멸되고 그 분야의 권위자나 전문가의 견해를 추종하기 쉽다. 그렇게 쓴 글은 결국 내 글도, 그렇다고 남의 글도 아닌 어정쩡한 글이 되기 마련이다. 이때 자신이 선정하려는 주제가 본인에게 친숙하고 평소에 관심이 있었던 분야인지, 관련 연구가 지속적으로 이어져 자료가 풍부한지 등을 고려해야만 한다. 즉, 좋은 글을 쓰기 위해서는 자신이 무엇을 표현하고 싶은지, 또 무엇을 어떻게 변화시키고 싶은지를 명확하게 정하는 것이 중요하다.

> 겉으로 보기에 치밀하고 톱니바퀴처럼 돌아가는 듯한 절대권력의 시스템과 그 시스템을 지휘하는 리더들, 그들에게 복무하는 하수인들의 면면은 따지고 들어가면 별것 아닌 게 된다. 이 비논리적이며 충동적인 영화 속 지배권력 시스템은 판타지가 아닌 층위에서 대한민국의 실제 현실을 호출한다. 청와대를 비롯한 행정부, 삼성과 대한항공과 롯데 등의 재벌가에서 벌어지는 해프닝들이 <베테랑>이라는 허구의 판타지와 결합될 때 이 생글거리는 액션영화는 표층을 훑는 것만으로도 굳이 강박적으로 심층을 전제하지 않고도 권력과 정의의 대항관계를 만들어낸다. 유해진이 예민하게 연기한 최 상무는 이 대항관계의 균형추 역할을 한다. 그는 거의 노예나 다름없이 살았던 조태오의 경호원과 달리 상당한 대가를 받는 시종의 신분으로 자신의 존엄을 구차하게 자위하고 있었다. 그는 자신이 의탁한 권력이 지기야 하겠느냐는 확신 속에서 서도철 형사를 대하지만 영화의 말미에 그는 시종일관 당당한 서도철 형사에게 더 이상 깔보는 자세를 취하지 못한다. 최 상무는 심리적으로 권력자와 동일시하는 투사를 통해 자신을 보존하는 소시민적 노예근성을 시험하는 인물이기 때문에 그의 심리적 동요는 보는 이에게 통증을 준다.
>
> - 김영진, 「자의식 없는 메타포의 성취」, 『씨네 21』, 2015. 8. 18.

지난 2015년 8월 15일, 최동훈 감독의 <암살>이 천만 명이 넘는 관람객 수를 기록하며 2015년 첫 번째 '천만 영화' 탄생을 알렸다. 불과 2주 뒤인 8월 29일, 류승완 감독의 <베테랑>이 누적 관람객 천만 명을 돌파하며 또 다른 '천만 영화' 타이틀을 달았다. 한 달 사이에 무려 두 편의 영화가 천만 명의 관객을 동원한 것이다. 경쟁 작품이 같은 시기에 개봉해 나란히 천만의 고지를 밟은 것은 한국 영화 역사상 최초였다. 노련한 감독과 배우들, 사회고발 액션이라는 장르, 불꽃놀이처럼 터지는 카타르시스까지 두 영화는 흥행의 요소를 고루 잡은 '잘 만든 대중영화'였다. 무엇보다도 두 영화가 이야기의 핵심으로 삼았던 것은 '횡포와 착취를 일삼는 가진 자들에 대한 단죄'였고, 이는 각종 불미스러운 사건으로 연일 매스컴을 오르내리는 현실의 갑들에 지칠 대로 지쳐 있던 대중들의 열렬한 지지를 받았다. 그래서 <암살>과 <베테랑>이 나란히 천만 영화가 된 것은 어쩌면 예상할 수 있었던 결과였다. 하지만, 과연 천만 명이 훨씬 넘는 사람들을 극장 상영관 안으로 끌어들였던 티켓 파워의 원천이 오로지 배우나 감독, 각본과 같은 영화의 내부적 요소라고 이야기 할 수 있을까? '천만 명'이라는 스코어가 한국 영화의 새로운 흥행 척도로 등장한 지금, 천만 영화라는 상징적인 이름 뒤에 가려진 진짜 '천만 영화 등장의 이유'는 무엇일까?

1990년대부터 멀티플렉스를 잇달아 개관하며 영상 산업에 발을 담그기 시작했던 거대 자본의 대기업들이 본격적으로 영화판에 뛰어들기 시작한 것이다. 대기업들은 제작과 배급, 그리고 상영의 세 가지 요소가 일직선으로 연결되는 수직 계열화 전략을 채택했다. 그 말은 곧 대기업이 어떤 영화에 자본을 대면 감독 선정부터 각본 수정까지 제작 전반에 걸쳐 관여하는 것은 물론이고 그 영화에 대해 일방적으로 배급권을 독점한 뒤 자신들이 소유한 극장에서 해당 영화를 상영할 수 있다는 것이다. 한마디로 수직 계열화란 대형 멀티플렉스 극장을 점유한 대기업들이 자신들의 입맛대로 투자한 영화를 스크린에 마음대로 풀어놓을 수 있는, 상당히 기형적인 방식의 운영 구조이다. 이러한 운영 구조에서 바로 스크린 독과점이라는 문제도 함께 생겨났다. (…중략…)

대기업들은 흥행을 위해 수단과 방법을 가리지 않았다. 위험을 피하고자 검증된 배우만을 쓰고, 유명 감독들에게 흥행할 만한 시나리오를 의뢰하기 시작했다. 그에 더해 흥행에만 목을 매면서 새로운 시도는 사전에 거부당했고, 늘 흥행하던 액션과 스릴러, 코미디와 같은 장르에만 작품이 편중되었다. 2010년대 이후 이런 '한국영화 공식'에 따라 제작된 영화가 대기업을 등에 업고 흥행에 성공해 '천만 영화' 수식을 달게 되는 일은 더욱 잦아졌다. 하지만 웰메이드 영화 붐이었던 2000년대 초반에 비해 천만 관객 시대 이후 대기업이 관여한 한국의 초대형 흥행작은 각본이나 연출이 부실하다는 평을 피하지 못했고, 흥행은 했을지언정 해외 영화제에서도 러브콜을 받지 못했다. 결과적으로 한국 영화는 사방이 막힌 틀 속에 갇힌 모양새가 되었다.

- 학생글, <천만 영화의 그림자>

위의 예시는 2015년 '천만 영화'라는 타이틀을 거머쥔 <베테랑>을 보고 쓴 글로, 하나는 <베테랑>에 대한 영화비평이고, 다른 하나는 예술문화영상학과의 학생이 쓴 리포트이다. '<베테랑>, 말하지 않고도 말하는 이상의 것을 만들다'라는 부제가 붙었던 영화비평에서 저자는 이 영화를 '권력'과 '정의'의 길항관계를 강박적으로 전하려고 하지 않으면서도 대한민국의 실제 현실과 유사한 장면을 연출함으로써 그 숨은 의도를 충분히 전할 수 있었던 작품이라고 평가하였다. 하지만 이러한 긍정적인 평가는 단순히 관객들이 영화를 더 잘 이해할 수 있도록 정보를 주는 차원이거나 특정 영화를 보도록 유도하기 위함이 아니다. 그저 자신이 이해한 작품의 진정한 가치와 숨겨진 의미를 말하고 싶어 쓴 글이다. 이 글은 등장인물의 목소리로 전하지 않고도 자신의 의도를 장면 속에 녹여낸 감독의 탁월한 연출력에 대한 찬사라고 할 수 있다. 이 글의 저자는 독자에게 자신과 같은 생각을 해야만 한다고 강요하지 않는다. 영화를 이해하는 방식은 그 사람이 자란 환경, 견지한 세계관, 그리고 지금의 상황에 따라 얼마든지 다를 수 있기 때문이다. 이 글은 다만 자신의 생각을 온전히 자유롭게 표출한 글일 뿐이다.

반면에 학생의 글은 영화 <베테랑>의 천만 관객 동원을 통해 그 이면에 도사리고 있는 영화 산업 전반의 문제점에 대해 지적하고 있다. 대기업이 제작, 배급, 상영에 관여하면서 우리나라 영화 산업이 어떻게 왜곡되어 왔고, 그 왜곡이 한국 영화의 질적 하락에 어떤 영향을 미쳤는지를 밝혀 변화를 촉구하는 데 이 글의 목적이 있다. 그래서 이 글의 저자는 영화비평과는 달리 글을 읽은 사람들이 현실의 문제를 제대로 인지하여 자신의 생각에 동조하기를 원하고 있다.

동일한 대상을 두고 이렇게 성격이 다른 글이 나올 수 있었던 것은 각 저자의 글쓰기 목적이 달랐기 때문이다. 정보를 전달하는 글을 쓸 것인지, 설득하는 글을 쓸 것인지, 단지 자신의 정서를 반영한 글을 쓸 것인지 명확한 글쓰기 목적이 있다면 거기에 부합하는 구성을 취하고 문체를 사용하여 더 좋은 글을 쓸 수 있을 것이다.

② 소재의 선정

계획하기 단계의 두 번째는 글의 소재를 선정하는 것이다. 소재는 글로 쓸 실제 대상인데 그 소재가 많을수록 글쓰기가 한결 수월해진다. 예컨대 A4 용지 한 장 분량의 글을 쓰기 위해서 A4 용지 두 장을 쓸 수 있을 정도의 소재를 찾는다면 별 어려움 없이 글을 쓸 수 있을 것이다. 그래서 소재 발굴은 계획하기 단계에서 중요한 부분을 차지한다. 소재를 찾기 위한 좋은 방안으로는 발상과 자료 수집을 들 수 있다. 우선 발상은 주제와 관련하여 연상을 해보는 것으로, 발상의 가장 대표적인 방법이 바로 브레인스토밍brain storming이다. 브레인스토밍이란 자유로운 사고나 토론의 과정으로 창조적인 아이디어를 끌어내는 방법으로 알렉스 오스본Alex Osborn(1888~1966년)에 의해 연구되었다. 이 방법은 두뇌에서 폭풍이 휘몰아치듯 짧은 시간에 많은 양의 아이디어를 생산할 수 있는 기법으로, 그 전제는 사고의 양이 질을 결정한다는 점이다. 연상 작용을 통해 주제와 관련된 다양한 사물, 사건 등을 떠올리고 이를 목록별로 정리하고 발전시켜 최종적인 결과물을 얻는 방법이다.

그리고 글의 소재를 찾을 수 있는 또 다른 방법은 자료 수집이다. 혹자는 글은 머리에서 나오는 것이 아니라 자료에서 나온다고 할 정도로 자료 수집은 좋은 글을 쓰는 데 중요하다. 자료를 찾는 과정에서 글에서 사용할 직접적인 소재를 선정할 수도 있어, 발상 단계보다 훨씬 전문적이고 세분화된 소재를 찾기에 적합하다. 따라서 자료를 읽으면서 간단하게 글을 구성하는 작업도 가능하며 이것은 실제 글을 쓸 때 중요한 보조요소가 된다. 또한 자료를 찾다보면 발상의 단계에서 떠오르지 않던 아이디어와 새로운 주제가 떠오르기도 하므로, 자료 찾기는 글의 소재를 발굴하는 데 반드시 거쳐야 하는 과정이다. 최근에는 인터넷을 통해 다양한 정보가 공유되고 있어 자료 찾기가 더 수월해졌지만, 그만큼 출처가 불분명한 자료도 많이 유통되고 있어 상당한 주의가 필요하다.

■ 도서관 이용: 부산대학교 도서관 학부 신입생 도서관 이용교육 참조

■ 인터넷 자료 활용

인터넷 검색 포털 등을 활용하여 다양한 자료를 접할 수 있게 되었다. 인터넷 자료를 활용할 때는 자료의 신뢰성, 사실성, 정확성을 검증하여 이상이 없는 경우에만 사용해야 한다.

③ 항목의 분류와 글의 진행 방향 결정

소재가 수집되고 선택되었다면 글에서 이를 어떻게 배치해야 주제를 효과적으로 전달할 수 있을 지 고민해야 한다. 이를 위해서 소재를 비슷한 구성단계나 성격에 따라 삽입, 분류하는 작업이 필요하고 분류된 글감을 어떻게 배열할 지를 결정해야 한다. 항목을 분류하고 배열을 결정한다는 것은 곧 글의 진행 방향을 정한다는 의미인데, 이때 쓰고자 하는 글의 성격에 따라 분류해야 할 항목의 수와 배열이 달라지므로 이것까지 미리 고려하여야 한다. 분류된 항목을 배치 순서에 따라 정리하다보면 개념구조도를 구성할 수 있다. 개념구조도는 아이디어를 계층적인 순서대로 그려 넣은 것으로 계층구조에서 최상위 수준의 아이디어는 가장 포괄적인 아이디어를, 다른 모든 아이디어들은 최상위 수준의 아이디어를 보조하거나 그 부분을 이룬다. 개념구조도는 전체 논의를 시각화해서 전체 부분들이 서로 어떻게 구성되어 있는지를 볼 수 있게 해 줄 뿐만 아니라 새로운 아이디어를 생성할 수 있도록 도와주며, 추론을 통해 새로운 개념과 관계들을 추출하는 데 효과적이다. 그리고 이렇게 개념구조도를 작성하다보면 자연스럽게 개요 작성도 가능해진다.

④ 개요 작성과 글의 구성

개요란 글을 이루는 각 단락의 중심 내용과 세부 내용을 정리하여 글을 어떻게 시작하여 결론에 도달할 것인가의 과정을 미리 구상해 보는 작업이다. 그 과정을 간단히 제목의 형태로 정리하면 항목식 개요, 쓰고자 하는 내용을 문장으로 압축하여 제시하면 문장식 개요, 항목식 개요와 문장식 개요를 절충하여 하나의 구 형식으로 표현하면 요점식 개요라고 한다. 그런데 개요를 작성하기 위해서는 글의 구성을 먼저 고려해야 한다. 구성은 부분이나 요소들을 짜맞추어 전체를 이루게 하는 것으로, 글쓰기에서 구성은 주제를 형상화하기 위해 여러 요소들(글감, 문장, 문단 등)을 유기적으로 배열하거나 서술하는 것이다. 글쓰기에서 글의 주제가 결정되면 어떤 방식으로 전개할지가 가장 중요한 문제인데 글의 주제나 종류에 따라 글의 구성은 달라지며, 주제를 향해 각각의 내용을 어떻게 논리적이고 효율적으로 배치할 것인가가 결정되기 때문이다. 결국 구성은 글의 일정한 방향, 글의 흐름, 논리적 흐름, 주제를 구현하기 위해 일정한 방향으로 흘러가는 힘이라고 할 수 있다. 그래서 구성이 잘 된 글은 내용이 쉽게, 효과적으로 전달되며 글 쓴 목적이 쉽게 달성되고 오래 기억되지만, 그렇지 못한 글은 산만하여 내용이 분명하지 않은 글이 되므로 그만큼 구성이 중요하다.

글의 주제가 분명하게 드러나는 글을 쓰기 위해서는 시간의 흐름이나 공간의 이동에 따라 글을 구성하는 자연적 구성보다는 논리적 구성에 신경을 써야 한다. 특히 논리적 구성 중 단계적 구성은 글의 목적에 따라 달라지는데, 정보의 전달이나 주장·설득하는 글은 3단 구성을 취하고 정서를 표현하는 문학적인 글에는 그 종류에 따라 2단 구성(수필), 4단 구성(한시), 5단 구성(소설·희곡) 등으로 구성이 달라진다. 또 주제나 중심 내용을 어디에 두고 전개하느냐에 따라 두괄식(연역적) 구성, 미괄식(귀납적) 구성, 양괄식 구성으로 나눌 수 있다.

(2) 집필하기, 교정하기

집필하기와 교정하기에 대한 구체적은 내용은 3장 글쓰기의 실제에서 다룰 예정이므로 여기에서는 간략하게 정리한다. 집필하기는 작성한 개요를 바탕으로 실제로 글쓰기를 하는 단계이다. 독자들의 관심, 수준 등을 고려하여 주제를 효과적으로 전달할 수 있는 표현법, 서술 방식을 선택해야 한다. 또 글의 주제, 목적 등이 명확하게 드러날 수 있도록 해야 한다. 교정하기는 글을 쓰는 중에, 글을 쓴 후에 글의 내용, 구성, 어휘 등에 대한 수정을 하는 과정이다. 오류를 수정하여 완벽한 글을 만들기 위해 필자는 노력해야 한다.

2. 글쓰기의 실제

1) 학술적 글쓰기

(1) 학술적 글쓰기의 개념

학술활동에서 글쓰기는 무엇인가? 학술 연구자는 글을 쓰는 것을 본업으로 삼으므로 학술의 거의 모든 활동은 글쓰기로 귀결된다. 문헌연구, 실험과 답사, 통계와 조사 등이 학술활동의 과정으로 진행되지만, 그 최종결과는 글쓰기로 갈무리되며, 대개 논문이나 보고서로 제출된다. 물론 대학 밖에서 진행하는 학술활동은 다양한 형식과 방법으로 자유롭게 수행해도 무방하지만 대학에선 논문 또는 보고서라는 엄정한 형식을 갖출 것이 요구된다. 따라서 이 장에서 우리가 배울 학술적 글쓰기란 바로 논문이라는 형식의 글쓰기를 가리킨다. 논문은 무엇인가? 이는 사실상 학술적 글쓰기란 무엇인가라는 물음과 다르지 않다.

논문은 궁극적으로 새로운 지식을 논리적으로 확립하는 데 목적을 둔 글이다. 새로운 지식을 확립하기 위해서는 관찰을 통해 새롭게 발견한 사실이나 사물을 설명하거나, 기존 지식의 오류를 제기하는 새로운 주장을 타당한 논리와 근거를 동원하여 논증해야 한다. 그 과정에서 기성의 논리, 인식, 개념이 재인식되고, 새롭게 규정되거나 아예 새로운 논리, 인식, 개념이 만들어지는데, 이것이 타당성을 검증받으면 새로운 지식으로 공인된다. 이로 보면 논문의 생명력은 바로 독창성에 있음을 알 수 있다.

그러나 대학 학부과정에 재학하는 학생에게 독창성 있는 연구성과를 요구하는 것은 사실 쉬운 일이 아니다. 그래서 움베르트 에코는 오랜 시간 잘 다듬어진 생각의 결과로 나오는 박사논문과 별도로 연구 성과나 텍스트를 잘 정리한 논문도 좋은 논문이 될 수 있으며 이것이 대학생에게 필요한 글이라고 하였다.[1] 오해하지 말아야 할 것은 에코의 말이 단순히 남의 연구 성과를 정리하는 글이면 무방하다는 것이 아니라는 점이다. 궁극적 단계에서 독창적 연구방법을 통해 새로운 사실이나 주장을 제출하는 것을 목적으로 하면서 이 과정에서 깊은 문제의식을 동반한 비판적 독서의 과정이 바로 정리성 논문의 본뜻이다. 정리성 논문을 쓰는 과정에서 학생은 비판적 시각과 관련 텍스트를 정리하고 개관할 수 있는 능력을 키울 수 있다. 이러한 능력은 향후 독창적 연구를 진행하는 데 튼튼한 기초가 된다.

다만 주로 학기 중에 제출하는 리포트나 논문은 강좌에 따라 규모와 성격, 분량의 편차가 존재하지만, 담당교수의 평가를 거쳐 학점에 반영되는 까닭에 학생들로서는 민감하게 반응할 수밖에 없다. 학생들에게 부과되는 논문은 그 자체로서 학문공동체에 크게 기여할 수 있는 성과를 기대하기보다는 다양한 연습과 훈련의 장을 마련함으로써 학문적·지적 성장을 자극하고 유도하는 데 목적을 둔다.

(2) 학술적 글쓰기의 기본 요건

학술적 글쓰기의 궁극적인 목적은 학생들이 독자적으로 지식을 탐구하는 능력을 기르는 데 있다. 비록 이미 알려진 결과와 크게 다르지 않은 논문을 제출한다 해도 자신의 힘으로 문제를 해명했다는 데 의의가 있다. 이를 통해 자기를 점검하고 학문적으로 성장할 수 있는 반성적 성찰로 나아갈 수 있는 것이다.

요즘 대학사회에서 학생들이 기존의 자료를 적당히 발췌·조합하여 창의성 없이 논문을 쓰는 것은 큰 문젯거리다. 결코 정당화될 수는 없으나, 자료에 대한 과잉 해석이나 자의적 해석, 억지 논리가 엿보인다 해도 투철한 문제의식과 지적 모험심으로 충만한 논문이 오히려 아쉬울 지경이다.

논문은 보통의 글과는 달리 다음과 같은 몇 가지 요건을 지닌다.

■ 독창성

논문의 근본요건은 독창성에 있다. 상식이나 통념, 보편적 지식을 재확인하는 글은 결코 논문이 될 수 없다. 독창성은 자료, 방법론, 결론의 세 영역으로 나누어 설명할 수 있다. 이 세 가지 가운데 어느 하나라도 충족할 수 있어야 새롭다고 말할 수 있는 것이다. 방법론과 결론이 기존의 논의와 크게 다르지 않다 하더라도 자료가 새로운 논문은 연구대상을 확대했다는 점에서 기존의 연구 성과를 보완하는 가치가 있으며, 자료와 결론이 다르지 않더라도 방법론이 새롭다면 기존의 연구결과를 새로운 방법으로 재검토하고 그것의 적용가능성을 확인했다는 점에서 일정한 의의를 지닌다. 또한 자료와 방법론이 같더라도 결론이 다른 논문은 기존의 연구결과를 재검토하거나 수정하는 의의를 지닌다. 물론 독창성을 지닌 논문을 쓰기란 쉽지 않다. 그러나 시행착오를 거듭하고 학문적 모험을 두려워하지 않는 과정에서 지적 발전을 성취할 수 있는 것이다.

■ **실증성**

종교의 영역과는 달리 학문은 주관적 확신만으로 진리성을 입증할 수 없다. 입증할만한 증거가 부족한 견해는 하나의 가설에 불과할 따름이다. 따라서 논문을 쓰면서 증거 제시에 소홀하거나 증거의 신뢰도를 엄밀하게 검토하지 않은 것은 사상누각을 짓는 일과 크게 다르지 않다.

■ **논리성**

논문은 대체로 한두 가지의 간단한 증거에 기대 문제를 해명하기보다는 수많은 증거를 연관지어 분석함으로써 일정한 결론을 도출하는 추론과정을 동반한다. 이때 동일한 증거와 방법에 기반하더라도 논리적 전개의 합당성 여부에 따라 결과의 차이는 엄청나다. 같은 내용이라도 얼마나 논리정연하게 표현하는지에 따라 설득력이 달라진다. 논리적 비약이나 오류, 장황한 논의는 논문의 질을 떨어뜨리는 주된 요인이다.

(3) 학술적 글쓰기의 구성

논문은 서론, 본론, 결론의 삼단 구성으로 되는 것이 일반적이다. 서론에서는 문제를 제기하면서 연구의 목적, 범위, 필요성, 연구사, 배경, 관점과 방법론 등을 제시해야 한다. 본론에서는 제기한 문제에 대하여 충분한 논거를 들어서 논리적으로 설득해야 한다. 결론에서는 본론에서의 논의를 요약하고 이를 통해서 얻은 바를 간략하게 제시하며 마무리한다.

① 서론쓰기

글의 도입부에는 자신이 말하고자 하는 대상, 즉 화제가 제시되어야 한다. 예를 들어 소득양극화와 계급고착화를 의미하는 '수저계급론'에 관한 글을 쓴다고 가정한다면 글의 첫 부분은 핵심용어인 '수저계급론'에 대한 정의로 시작하는 것이 일반적이다.

> 수저계급론이란 개인의 노력보다는 부모로부터 물려받은 부에 따라 인간의 계급이 나뉜다는 자조적인 표현의 신조어이다. 수저계급론에서는 부모의 능력이나 가정 형편에 따라 금수저와 흙수저로 나누어지는데, 최근에는 다이아수저, 금수저, 은수저, 동수저, 흙수저로 더 세분화하기도 한다.

용어 정의로 글을 시작하면 저자가 말하고자 하는 대상인 '수저계급론'을 이해하는 데 도움이 된다. 그래서 글을 쓰는 사람 입장에서는 정의만큼 쓰기 쉽고도 효과적인 도입부는 없을 것이다. 하지만 용어 정의로 글을 시작하면 자칫 딱딱하고 재미없는 글이란 인상을 주기 쉽다. 자기만족을 위해 쓴 글을 제외한 나머지 글은 누군가에게 읽히는 것을 목적으로 쓰여 진다. 그래서 글의 도입부를 쓸 때에는 화제를 명확하게 제시하는 것도 중요하지만, 독자의 흥미를 유발할 수 있는 요소를 찾는 데도 집중해야 한다. 책의 내용을 인용하거나 다른 사물이나 상황에 비유하며 글을 시작해도 괜찮다. 그리고 우리 주변에서 일어나는 사건이나 자신의 일화도 좋은 도입부라 할 수 있다.

> 로스쿨 입학을 '현대판 음서제'라고 표현한 신문 기사를 본 적이 있다. 로스쿨에 지원한 일부 학생들이 부모의 스펙을 <자기소개서>에 적었고, 이 학생들이 합격하면서 부정입학 논란이 일어난 것이다. 이러한 사실이 밝혀졌음에도 해당 학교에서는 입학을 취소하지 않았고, 교육부의 제재 또한 미미했다. 정성평가의 특성상 그 학생들이 자신의 실력으로 들어온 것인지, 부모의 스펙으로 들어온 것인지 의심이 갈 수밖에 없는 상황이다. 그래서 로스쿨을 '금수저의 통로'라고 비판하는 사람도 상당하다.

우리 주변에서 일어나는 사건이라 함은 뉴스나 신문에 기사화될 만한 문제로 생각하기 쉽지만, 지금 우리 사회에서 유행하고 있는 현상, 예컨대 인기 있는 영화나 유행가 또는 유행어도 모두 해당한다. 제시된 사례에서는 로스쿨 부정입학 논란을 '현대판 음서제'로 규정한 신문기사 내용을 언급하며 수저계급론을 이야기하고 있다. 이러한 도입부는 '음서제'나 '로스쿨 부정입학'에 대해 이미 알고 있거나 정확하게는 모르지만 한번쯤 들어봤던 사람들의 흥미를 유발할 수 있다. 또한 고려·조선시대 계급의 세습을 위해 존재했던 음서제가 로스쿨 입학에서도 통용된다는 사실은 우리 사회에 계층의 차이를 넘어 계급의 고착화가 진행되고 있다는 의미를 내포하고 있다. 따라서 이러한 도입부를 바탕으로 부모의 재산에 따라 계급이 정해진다는 '수저계급론'을 그저 인터넷이나 SNS에서 떠도는 이야기 정도로 치부해서는 안 된다는 논의를 충분히 진행할 수 있게 된다. 이처럼 우리 주변에서 일어나는 사건으로 글을 시작하면 독자의 흥미 유발은 물론 화제가 뚜렷하게 제시될 수 있다.

한편 글의 처음을 격언이나 속담, 고사성어로 시작하는 것도 매우 유용한 방법 중 하나이다.

> 우리 속담에 '개천에서 용 난다'는 말이 있다. 미천한 집안이나 변변하지 못한 부모 밑에서도 훌륭한 인물, 성공한 자식이 태어날 수 있다는 의미이다. 하지만 요즘 사람들은 우리나라를 가리켜 개천에서 절대 용이 날 수 없는 사회라고 비판한다. 가난한 살림에 학자금 대출을 받아 대학을 오면 그 이자를 갚기 위해 열심히, 공부가 아닌 아르바이트를 해야 하고 그러다보면 부모님 도움으로 강의에만 집중할 수 있는 아이들보다 학점이 낮을 수밖에 없기 때문이다. 학점도 스펙인 사회에서 빈부의 차이는 곧 출발선의 차이를 뜻한다.

이 글 역시 빈부의 격차가 계층의 차이에 국한된 문제가 아니라는 점을 지적하고 있다. 차이가 있다면 앞의 글이 최근에 보도된 신문기사로 시작한 데 비해 이글은 속담으로 시작했다는 점이 다를 뿐이다. 주제와 관계된 속담이나 격언, 고사성어로 글을 시작하는 방법은 일석삼조의 효과가 있다. 첫째, 글의 분량을 어느 정도 확보할 수 있다. 속담이나 격어, 고사성어를 쓰면 그에 대한 설명이 반드시 있어야 한다. 격언이나 고사성어의 경우엔 누가, 언제, 어디서, 어떤 의미로 그런 말을 했는지까지 밝히는 경우가 많은데, 그렇게 설명하다 보면 자연스럽게 글의 분량이 늘어날 수밖에 없다. 둘째, 독자에게 글에 대한 신뢰성을 줄 수 있다. 제시된 속담, 격언, 고사성어가 저자의 의도를 정확하게 담고 있고, 이어진 글과 유기적으로 연결되고 있다 판단되면 독자는 도입부만을 보고도 나머지 글에 신뢰를 가지게 된다. 하지만 그렇지 않다면 오히려 글에 대한 신뢰감을 떨어뜨릴 수 있으므로 관용어의 뜻을 정확하게 알아보는 작업이 필요하다. 마지막으로 도입부에 제시된 속담, 격언, 고사성어는 글의 전개 방향을 알 수 있도록 도와준다. 특히 한문교육을 철저하게 받은 세대가 글의 예상 독자라면 제목과 관용구만 보고도 저자가 말하려는 대상이 무엇인지, 어떤 방식으로 글이 진행될지 예상 가능하다.

이외에도 주제를 강조하기 위해 설의법을 사용하거나 널리 알려진 명제문으로 글을 시작하는 방법 등이 있다. 제시한 도입부 쓰기 중 어느 것이 더 좋다고 말할 순 없다. 글을 쓰기 위해 수집하고 선정한 소재 중에서 주제를 가장 효과적으로 드러내면서 독자의 흥미를 끌 수 있는 것으로 선택하면 된다.

② 본론쓰기

본론은 본격적인 논의가 이루어지는 부분으로, 서론에서 제기한 문제를 해결해 나가는 과정이자 주장에 대한 근거를 쓰면서 결론으로 나가는 역할을 한다. 본론에서는 중심과제를 해명하고 자신의 생각이나 느낌, 의견에 대한 구체적인 근거를 제시하고 이를 종합해야 한다. 본론을 쓰는 방법은 주장하는 내용을 뒷받침하는 근거로서 예나 사실 등의 자료를 제시하는 방법, 자신과 다른 견해나 주장을 쓰고 자신과의 차이를 설명하는 방법, 원인을 분석하고 결과를 제시하는 방법, 현상이나 상황을 비판하고 해결책이나 주장을 제시하는 방법 등이 있다.

그런데 본론은 전체 글의 70~80%를 차지하는 중요한 부분이므로 일반적으로 2~3개의 장으로 구성된다. 그래서 문단 나누기가 필수적이다. 문단은 하나의 통일된 생각(중심생각)을 중심으로 뭉친 단위로, 중심문장과 뒷받침문장으로 구성된다. 중심문장은 문단의 중심생각을 드러내고 있는 문장이며 뒷받침문장은 중심문장을 도와 그 문단에서 말하고자 하는 바를 풍부하게 해 주는 문장으로, 보통 하나의 문단은 5~8개의 문장으로 이루어진다. 문단은 논의의 방향이나 생각이 바뀌는 지점에서 나누는데, 중심문장과 뒷받침 문장을 인위적으로 지정해서 나누겠다고 생각하면 오히려 글쓰기에 대한 부담이 늘어나므로 머릿속에 떠오르는 내용을 일단 모두 기술한 후, 교정단계에서 문단을 나누는 것도 좋은 방법이다.

③ 결론쓰기

결론은 지금까지 진행되었던 논의를 마무리하고 정리하는 부분으로 전체 글의 20%를 넘지 않는 정도가 적당하다. 혹 주어진 분량에 넘치거나 미치지 못하더라도 억지로 덧붙이거나 급하게 마무리해서는 안 된다는 점을 명심해야 한다. 가장 일반적인 결론쓰기 방법은 본론의 내용을 요약하면서 결론을 내리거나 본론의 내용을 요약하고 간략한 전망을 제시하는 것도 좋다. 또 자신이 주장한 것을 근거로 바람직한 대책이나 대안을 제시하고 자기가 주장한 주제나 대상에 대해 다가올 앞날을 전망하며 마무리하거나 본론에서 논의된 내용을 종합하면서 적절한 결론을 이끌어 낼 수도 있다. 이 외에 자신이 펼친 논지를 증명할 수 있는 말이나 글을 인용하면서 마무리하는 것도 유용한 결론쓰기 방법이 된다.

(4) 리포트의 일반적 형식

① 리포트 표지

[표지가 있는 경우]

REPORT

제목: 웹툰의 영화화, 효과와 한계

<목차>

1. 서론
2. 웹툰 원작 영화의 흥행요인 및 효과
3. 웹툰 원장 영화의 한계
4. 결론

담당과목: 열린 사고와 표현(001분반)
담당교수: ○○○
학　과: 국어국문학과
학　번: 2020011□□
성　명: 장○○
제출일자: 2020. 6. 10.

[표지가 없는 경우]

웹툰의 영화화, 효과와 한계

국어국문학과 2020011□□ 장○○

<목차>

1. 서론
2. 웹툰 원작 영화의 흥행요인 및 효과
3. 웹툰 원장 영화의 한계
4. 결론

1. 서론

웹툰이 영화와 드라마 장르의 핵심 소재로 떠오르고 있다. 최근 천만 관객을 돌파한 영화 <신과 함께>의 경우도 주호민의 웹툰 <신과 함께>를 바탕으로 만들어졌다.

(…하략…)

2. 웹툰 원작 영화의 흥행요인 및 효과

웹툰이 원작인 영화가 흥행을 하는 가장 큰 요인은 웹툰의 소비층이 영화의 관객층으로 이어질 가능성이 높기 때문이다.

② 장과 절의 구분

리포트는 조사나 연구, 실험 따위의 결과에 대한 글로서 소논문에 해당한다. 그래서 리포트를 쓰는 방식은 일반적으로 논문 쓰기 방식을 따른다. 따라서 여기에서는 논문 쓰기 방식을 통해 리포트 쓰기를 설명하기로 한다.

논문은 서론, 본론, 결론의 세 단위를 바탕으로 하되, 보다 세분한 장, 절, 항, 목의 여러 층위로 구성된다. 이들을 표시하는 기호는 통일성 있고 질서 있게 배열되어야 한다. 분류 기호를 사용하는 여러 가지 방식이 있으나 흔히 통용되는 몇 가지를 소개한다.

수문자식		숫자식	장절식
Ⅰ.	Ⅰ.	1.	제1편
1.	A.	1.1.	제1장
1)	1.	1.1.1	제1절
(1)	a.	1.1.1.1.	제1항
①	(1)	1.1.1.1.1.	제1목

단, 이때 분류 기호의 층위 중 하나를 뺄 수는 있으나, 그 층위를 뒤바꿀 수는 없으므로 조심해야 한다. 또 항목(상위항목, 하위항목)을 배열할 때에도 독립적이고 대등한 항목인지, 종속적인 항목인지의 층위를 잘 따져서 배열하는 것이 중요하다.

(5) 인용, 주석, 참고문헌

① 인용

논문에서는 자료나 남의 연구 성과를 인용하는 일이 많다. 인용이란 논문을 작성할 때 권위 있거나 탁월한 업적을 남긴 다른 사람의 글을 자신의 글 속에 빌려오는 것을 말한다. 적절한 인용은 자신의 견해를 뒷받침할 만한 근거로 작용하거나 다른 사람의 이론과 주장을 제시함으로써 논문의 구체성과 설득력을 높여 준다. 경우에 따라서는 서로가 공통되거나 상이한 이해를 인용, 제시함으로써 어떤 문제를 해명하기 위한 논의를 더욱 풍성하게 하기도 한다. 만일 자기 논문이 다른 사람의 글을 쓸어 모았다는 인상을 지우고 적절한 자료 제시, 창의적인 분석과 비판, 자료를 다루는 방법에서 참신한 공헌을 한 논문이라고 인정받기를 원한다면 남의 글을 인용하는 요령을 습득해야 한다. 때로는 하나의 핵심적인 인용이 장황한 서술보다 효과적일 때가 많다.

첫째, 인용은 적절한 방식으로 이루어져야 하며, 가능한 한 짧을수록 좋다. 만일 인용이 너무 길어 한 페이지를 훌쩍 넘긴다면 독자들은 인용이라는 사실을 잊고 글쓴이의 생각으로 오인할 수도 있다. 또한 인용이 너무 많으면 자신의 논문이 아니라 남의 주장과 자료들을 쓸어 모아 놓은 인상을 줌으로써 논문으로서의 가치를 잃게 된다. 따라서 가장 적절한 인용은 인용의 목적을 달성할 수 있는 최소한의 문장을 빼내는 데 있다고 하겠다.

둘째, 인용이 적절한 효과를 거두기 위해서는 인용되는 자료와 문헌이 충분한 가치를 지닌 것이어야 한다. 아무리 권위 있는 학자의 견해라 하더라도 해석이 타당하지 않거나 적절한 자리에 쓰이지 못하면 역효과를 초래하기 쉽다.

셋째, 인용을 할 때에는 가능한 한 일차적 전거典據를 이용해야 한다. 다만, 일차적 전거를 찾을 수 없는 경우에는 남이 인용한 것을 다시 인용하는 재인용의 방식을 취할 수밖에 없으며, 이 경우에도 재인용의 출처를 명시해야 한다. 읽지도 않은 원전을 마치 자기가 읽은 것처럼 뽐내려 해서는 안 된다.

인용을 하는 방법에는 직접 인용과 간접 인용의 두 가지 방식이 있으며, 반드시 주석을 달아서 출전을 명확하게 밝혀야 한다. 만약 남의 견해를 참고하여 논문에 이용하고도 그것을 명시하지 않는다면 학문의 윤리에서 벗어나는 일이다.

- **직접 인용**: 원문의 표현을 그대로 살리고자 할 때 사용한다. 인용되는 부분의 단어는 물론이고 맞춤법, 문장 부호, 문단 등을 원문대로 인용해야 한다. 비교적 짧은 내용을 인용할 경우에는 본문 안에서 인용 부호(“ ” 또는 < >) 속에 쓰는 것이 원칙이다. 그리고 긴 내용을 인용할 경우에는 본문과 구별되게 위 아래로 각각 한 줄씩 띄워서 배치한다. 이때에는 보통 “ ”표는 붙이지 않으며, 인용문의 활자를 본문보다 작게 하는 것이 관례이다. 한편 글쓴이가 어떤 부분을 강조하기 위해 시각적인 표시를 첨가했다면, 인용문 뒤에 ‘밑줄-글쓴이’ 혹은 ‘인용자 밑줄’ 등으로 표시해야 한다.
- **간접 인용**: 원문 그대로 인용하는 것이 지나치게 장황하거나 번거로울 때 사용한다. 원문의 내용을 압축하여 옮기는 방식을 취하되, 이 경우에도 본래의 의미가 왜곡되지 않도록 옮겨야 한다.

② 주석

학문적인 글쓰기는 인용한 모든 자료의 출처를 밝히기를 요구한다. 그것은 정직성에 관계될 뿐만 아니라, 그 사람의 학문이 인정받는 길이기도 하다. 논문에 자료나 연구 문헌을 인용하였을 때에는 주석註釋을 달아 이를 상세하게 밝혀야 한다. 주석은 본문에서 다루기 어려운 내용이나 자신이 참고한 자료의 근거를 제시하는 데 사용하는 논문 작성의 형식으로, 정확성과 효율성을 강조하는 근대학문의 실증주의와 합리적 사고가 반영된 지적 자산의 운용 체계에서 비롯된 것이다. 논문을 작성할 때에는 주장이나 견해에 대한 정당성의 근거로 인용한 자료를 적절하게 주석으로 처리하여 밝혀야 한다. 주석의 기능은 다음과 같다.

① 인용한 글의 출처를 밝히는 데 사용한다.
② 본문에서 다루는 주장의 근거를 뒷받침해 줄 수 있는 글을 소개할 때 사용한다.
③ 본문에서 다루고 있는 내용을 확장하여 생각할 수 있는 계기를 마련해 주기 위해 사용한다.
④ 본문에서 제기한 문제점을 부각시켜 논의하는 데 사용한다.

본문에 주의 번호를 적을 때는 인용된 내용의 끝에 반 칸 올려서 아라비아 숫자로 적는다. 이때 주 번호는 OO“[2)]”와 같이 반괄호로 표시한다. 어떤 문헌이 처음 인용될 때는 주 번호를 달고 그 출처를 상세하게 밝혀야 하나, 같은 문헌이 자주 인용될 때에는 정해진 약속에 따라 간략하게 표시할 수 있다. 주는 하나의 완전한 문장과 같이 취급하여 끝에 마침표를 찍어야 한다.

❖ 주석의 종류

◆ 위치에 따른 구분

논문의 주는 위치에 따라 각주와 미주, 본문주(내주)로 구분된다. 각주는 해당 주 번호가 있는 본문의 하단에 붙이는 것을 말하고, 미주는 논문 끝에 몰아서 주를 다는 것을 말한다. 본문주는 본문을 기술할 때 괄호를 이용하여 자료의 출처를 밝히는 것을 말한다. 본문주로 주석을 달았을 경우에는, 참고한 자료를 완전 주석의 형식으로 참고문헌 목록에 반드시 작성해야 한다.

가. 각주

예)

그래서 대부분의 경우 출판사 사주가 저작권을 가지게 되는 저작 겸 발행인[1)]이 되는 경우도 많았다. 하지만 사주와 저작 겸 발행자가 다른 경우도 존재[2)]했음을 볼 때 백악사의 주인이 조명희가 확실한 지는 다시 한 번 고민해야 할 부분이다. 백악사본의 인쇄를 맡은 경남인쇄주식회사는 1920년대 끊임없이 노동 분규가 발생했던 인쇄소[3)]이기도 하고 화재로 인해 인쇄업에 타격을 입기도 한 인쇄소이다. 그런데 조명희는 경남인쇄와 함께 1927년 하반기 부산지역 문예 잡지 창간을 시도[4)] 했다.

---

1) 남석순, 「1910년대 신소설의 저작권 연구-저작권의 혼란과 매매 관행의 원인을 중심으로-」, 『동양학』 43, 단국대학교 동양학연구원, 2008, 15~16쪽.
2) 유춘동, 「활자본 고소설의 출판과 유통에 대한 몇 가지 문제들 -원고/저본, 저작권, 판권지, 광고, 서적 목록을 중심으로」, 『한민족문화연구』 50, 한민족문화학회, 2015, 302쪽.
3) 정이근, <경남인쇄>, 『부산향토문화백과』, 2021, 7쪽.
4) 김도형, 『부산역사문화대전』, 2020, 24쪽

나. 미주

예)

미주

* 주석은 원텍스트의 체재를 고스란히 따르는 것을 원칙으로 삼았으나, 필요한 경우 편저자가 바꾼 부분도 여럿 있다.

제1부 1장

1) 장주, 김학주 옮김, 『장자』「추수」편, 연암서가, 2010.
2) 공자, 고전연구회 옮김, 『논어』「자한」편, 더클래식, 2012.
3) 플라톤, 천병희 옮김, 『향연』, 도서출판 숲, 2016, 62~64쪽.
4) 비트겐슈타인, 이영철 옮김, 『철학적 탐구』, 책세상, 2006, 43쪽.
5) 프리모 레비, 이소영 옮김, 『가라앉은 자와 구조된 자』, 돌베개, 2014, 110쪽.
6) 장주, 김학주 옮김, 『장자』「달생」편, 연암서가, 2010.
7) 공자, 고전연구회 옮김, 『논어』「위령공」, 더클래식, 2012.
8) 김성일, 『고사성어대사전』, 시대의창, 2013.

다. 본문주(내주)

예)

그래서 대부분의 경우 출판사 사주가 저작권을 가지게 되는 저작 겸 발행인(남석수, 2008, 15~16)이 되는 경우도 많았다. 하지만 사주와 저자 겸 발행자가 다른 경우도 존재(유춘동, 2015, 302)했음을 볼 때 백악사의 주인이 조명희가 확실한 지는 다시 한 번 고민해야 할 부분이다. 백악사본의 인쇄를 맡은 경남인쇄주식회사는 1920년대 끊임없이 노동 분규가 발생했던 인쇄소(정이근, 2021, 7)이기도 하고 화재로 인해 인쇄업에 타격을 입기도 한 인쇄소이다. 그런데 조명희는 경남인쇄와 함께 1927년 하반기 부산지역 문예 잡지 창간을 시도(김도형, 2020, 24) 했다.

◆ 형식에 따른 구분

주석은 주석을 다는 형식에 따라 완전주식과 약식주석으로 구분한다. 완전주석은 어떤 문헌이 처음 인용되었을 때 그 문헌을 식별하는 데 충분한 여러 사항을 빼지 않고 기록하는 방법이다. 약식주석은 일단 완전주석으로 소개된 문헌을 반복해서 주석할 때 일정한 부호나 생략된 방식으로 주석을 다는 것을 말한다.

가. 완전주석

이순욱, 「한국전쟁기 문단재편과 피난문단」, 『동남어문논집』 제24집, 동남어문학회, 2007, 173~205쪽.

이영미, 「비극적 현실을 나타내는 트로트의 리얼리티」, 『홍남부두의 금순이는 어디로 갔을까?』, 황금가지, 2002, 34~38쪽.

조희연, 『촛불은 민주주의다』, 해피스토리, 2008, 100~120쪽.

재레드 다이아몬드, 김진준 옮김, 『총, 균, 쇠: 무기 병균 금속은 인류의 운명을 어떻게 바꿨는가』, 문학사상, 2005, 105쪽.

Edward Sapir, *Language*, New York: Harcourt Co, 1921, p.25.

나. 약식주석

라틴어 약어
ibid.(ibidem): 상게서, 상게 논문, 위의 책, 위의 논문 op. cit.(opere citato): 전게서, 전게 논문, 앞의 책, 앞의 논문 loc. cit.(loco citato): 상동

1) Hong, Gildong, *Korean History*, New York: Hill, 1987a, p.32.

2) 양주동, 『여요전주』, 을유문화사, 1959, 100쪽.

3) 위의 책, 165쪽.

4) Hong, Gildong, op. cit., 1987a, p.43.

5) 양주동, 앞의 책, 1959, 113쪽.

③ 참고문헌

논문을 쓸 때 인용했거나 참고했던 모든 자료를 논문 뒤의 참고문헌 목록에 다시 정리하여 밝혀야 한다. 참고문헌의 작성 요령은 학문 분야에 따라 다를 수 있으나, 일반적으로 동양서와 서양서로 구분하여, 저자명을 기준으로 알파벳(가나다, abc) 순서로 배열한다. 신문이나 인터넷 검색 자료는 저서나 논문 뒤에 배열한다. 그리고 한적이나 문집 같은 분석 대상이 된 자료는 따로 구분해서 밝힌다.

<단행본 및 논문>

김현미, 「한국의 다문화담론」, 『제주인권회의 발표집』, 한국인권재단, 2008, 321~331쪽.
이기숙 외, 『결혼의 기술』, 신정, 2009.
존버거·장모르, 차미례 옮김, 『제7의 인간』, 눈빛, 2004.
Wellek Rene and Warren Austin, *Theory of Literature*, New York: Harcourt, 1956.

<신문 자료>

「박재동의 스케치」, 『한겨레』, 2007. 1. 12.
서경식, 「폭력의 증인 '재일조선인'이 여기 있소」, 『한겨레』, 2009. 9. 25.

<인터넷 검색 자료>

http://www.moonji.com/writer (검색일: 2020. 11. 13.)
http://news20.busan.com/news, 19면. (검색일: 2010. 10. 9.)

<자료>

『高麗史』 世家 靖宗 3년 3월 甲戌.
『三國史記』 新羅本紀 文武王 2년 6월조.
『正祖實錄』 9년(1785) 4월 戊子(또는 일자): 「掌令柳河源上疏」.

2) 비평적 글쓰기

비평批評의 어원을 고찰해보면 동양에서 '批'는 '손으로 치다擊, 밀다, 바로잡다, 판정하다, 서로 잇다, 약정하다'라는 의미가 있고 '評'은 '헤아리다, 공평하게 하다, 논평하다, 선악을 따지다, 고치다, 바로잡다, 판정하다'를 가리킨다. 서양에서 라틴어 'criticus'는 '심판관, 재판관, 심사원'이라는 뜻이고 희랍어 'krinein'은 '분할, 구분, 결정하다, 식별하다, 권위 있는 의견을 말하다'를 의미한다.[2] 따라서 비평批評, criticism은 텍스트에 대한 해석과 판단, 식별에 의한 평가 작용을 의미하는 말임을 확인할 수 있다. 텍스트의 성패에 대한 판별 뿐 아니라 정치와 사회적 맥락 속에서 이루어지는 텍스트의 위상을 평가하고 인간의 다양한 욕망에 대한 표현 양식들을 살핌으로써 궁극적으로 글쓰기를 행하는 자신의 본질이 무엇인지를 탐구하고 확인하는 것이 비평의 근본 목적이다.

비평의 대상은 문학 텍스트에만 국한되지 않는다. 드라마, 영화, 광고, 애니메이션, 게임

등 다양한 대중문화 텍스트뿐 아니라 사회의 다양한 현안과 역사적 행적들 또한 비평적 대상이 될 수 있다. 시사비평, 문화비평, 독서비평, 문학비평, 역사비평 등 그 종류가 다양할 수밖에 없는 이유도 여기에 있다. 그 중 이 절에서는 독서비평과 시사비평, 문화비평을 다루기로 한다.

(1) 독서비평

책을 읽고 그에 대해 가치 평가를 내리는 글쓰기 활동을 '독서비평', 줄여서 '서평'이라고 한다. 책에 대한 간략한 소개를 담은 리뷰review, 책을 읽고 감상을 쓴 독서감상문, 문학작품에 대한 전문가적 식견을 담은 문학비평 등이 여기에 해당한다. 독서비평은 책에 대한 자신의 의견을 구체적이고 설득력 있게 서술해야 하기 때문에 우선 책 내용에 대한 세밀한 파악이 이루어져야 한다. 또한 그 책과 관련하여 이미 제출된 여러 비평문도 살펴봄으로써 다른 이의 의견과 비슷하지는 않은지 검토하고 본인의 생각이 평범하거나 상식적인 수준에 머물지 않는지 점검하여야 한다. 아울러 책 내용에 담긴 장점과 단점, 성과와 한계도 명확한 기준 안에서 설득력 있게 제시되어야 한다. 독서의 진정한 목적이 자신의 삶에 대한 주체적인 자각과 통찰에 있다고 한다면, 독서비평은 책에 대한 가치 판단 수준에서 머무는 것이 아니라 독서와 글쓰기를 통한 자기 삶의 양식을 새롭게 계발하고 창안해내는 적극적인 의미도 지니고 있는 것이다. 따라서 독서비평은 책을 통해 자신을 돌이켜 보는 과정을 담은 거울과 같다고도 말할 수 있다.

▌예시글

"하지만 문제는 그런 게 아니야. 문제는 지금 이 자리에서 우리가 뭘 해야 하는가를 따져보는 거란 말이다. 우린 다행히도 그걸 알고 있거든. 이 모든 혼돈 속에서도 단 하나 확실한 게 있지. 그건 고도가 오기를 우린 기다리고 있다는 거야."

- 사무엘 베케트, 『고도를 기다리며』 중에서

시골길 위에서 끝없는 기다림을 기다리는 일

『고도를 기다리며』는 200페이지가 채 되지 않으며 총 2막으로 구성된 짧은 희곡이다. 하지만 책을 읽다 보면 내가 읽은 구절이 정말로 이게 맞나 싶은 생각으로 다시 이전의 구절로 돌아가게 되는 경우가 허다하다. 그래서 책을 덮기까지의 시간이 제법 걸린다. 제1막은 이렇게 시작된다. "시골길, 나무 한 그루가 서 있다."(p.9) 이 극의 배경을 직접 설명해 주는 부분은 이 문장이 처음이자 마지막이다. 추석이면 방문하는 나의 시골길은 황금빛으로 물든 벼 들판을 가로지르는 아늑한 풍경의 모습이다.

하지만 고도를 기다리는 시골길은 그렇지 않다. 나무도 한 그루밖에 없고, 2막이 올라가며 소개되길, 나무에는 잎이 조금 달려있다. 주인공 둘은 저녁부터 밤이 되어 잠을 자러 가기 전까지 이곳에만 머물러 있다. 따라서 공간적 배경과 시간적 배경을 고려해 극의 무대를 상상해볼 때, 황금빛보다는 황량하고 고요한 회색빛이 더 잘 어울리는 시골길이다. 그리고 그 나무 곁에서 '블라디미르'와 '에스트라공' 두 사람이 '고도'를 기다리고 있다. 고도가 무엇인지도, 언제 오는지도 모르면서 그것을 기다리는 동안 아무 의미 없는 대사와 동작을 주고받으며 시간을 보낸다. 이때 '포조'와 '럭키'가 등장한다. 포조는 럭키를 긴 밧줄에 매고 화난 듯 명령하며 난폭하게 끌고 다닌다. 그리고 네 사람은 이해할 수 없는 이야기를 계속해서 나눈다. 포조와 럭키가 퇴장한 뒤, '소년'이 나타나 '고도'가 오늘은 올 수 없을 것이라고 알려준다. 그러나 내일은 '고도'가 반드시 온다는 말을 덧붙인다. 결국, 두 사람은 계속해서 '고도'를 기다린다. 그리고 1막이 끝난다.

제2막은 이렇게 시작한다. "다음날. 같은 시간. 같은 장소."(p.95) 역시 1막과 똑같은 내용이 반복된다. 주인공 둘은 의미 없는 대화를 계속한다. 그러고 보니 그전엔 없던 잎이 나무에 돋아 있다. '정말 하루밖에 지나지 않은 것일까? 꿈을 꾸고 있는 것은 아닐까?' 극이 끝날 무렵 소년이 또다시 나타나서 '고도'는 오늘 밤에는 못 오지만 내일은 올 것이라고 말한다.

무의미한 인간 존재를 의미 있게 해주는 고도

블라디미르와 에스트라공은 똑같은 곳에 머물러 있으면서 아무것도 하지 않고 그저 고도를 기다린다. 처음부터 끝까지 언제 나타날지도 모르는 고도를 기다리며 이야기는 끝이 난다. 나는 이 두 주인공을 보면서 '도대체 이 사람들은 왜 사는 걸까? 무엇 때문에 무의미한 대사와 동작을 주고받는 걸까?'라는 물음을 계속하게 되었다. 무의미한 행동을 반복하는 인물들을 지켜보다 보면 그 답이 어렴풋이 보이기 시작한다. 두 인물 속에서 나의 모습도 보인다. 나의 모습만 보이는 것이 아니라 나의 주변 사람들의 모습도 보인다. 더 나아가 우리 인간의 모습을 생각하게 된다.

『고도를 기다리며』는 '부조리극'이다. 철학에서 부조리란, 의미를 전혀 찾을 수 없는 것을 말한다. 이후에도 나는 카뮈나 이오네스코를 통해 부조리란 무엇인가에 대한 질문을 계속해서 할 기회가 많았다. 아직도 부조리란 이렇다고 자신 있게 말할 수는 없지만, 사무엘 베케트는 부조리극이라는 형식을 통해 어쩌면 주인공들이 하는 행위가 무의미한 것이 아니라, 죽음이라는 부조리한 것을 마주하는 인간 존재 자체가 무의미하다는 사실과 무의미한 인간이 어떤 행동을 해도 그 행위가 무의미하게 보일 수밖에 없음을 표현하고 싶었던 것이 아닐까 생각한다.

이 책은 사무엘 베케트가 2차 세계대전 당시 겪은 피신 생활의 경험을 바탕으로 적은 것으로, 그가 숨어 살며 전쟁이 끝나기를 기다리던 자신의 상황을 인간의 삶 속에 있는 보편적인 기다림으로 작품화한 것이다. 전쟁의 상황 즉, 부조리한 세계에서 가치 기준을 상실한 인간의 모습을 사무엘 베케트는 두 주인공과 포조 그리고 럭키를 통해 드러내고 있다. 그들에게 있어서 '고도'는 그들의 존재를 의미 있게 해주는 것이다. '고도'는 인간의 존재를 의미 있게 해주는 것이다.

고도를 기다리고 있다는 것의 분명함

나무 한 그루 외에는 아무것도 없는 시골길 위에 블라디미르와 에스트라공이 있는 것처럼 나의 삶 또한 그들과 다르지 않다고 생각한다. 두 주인공이 무대에 서 있는 한, 그들은 무엇인가를 해야만 한다. 그것이 무의미한 대사와 행동일지라도 말이다. 그래서 그들은 무의미한 대사와 행동을 반복할 수밖에 없었고, 그 모습은 내가 삶을 살아가는 모습과도 매우 유사하다. 블라디미르와 에스트라공은 고도를 기다리고 있지만, 자신들이 왜 고도를 기다리고 있는지 알지 못한다. 나도 삶을 살아가고는 있지만, 어느 순간부터 왜 살아가야 하는지 알지 못하는 순간을 마주할 때가 있다. 막연한 무언가를 원하고 기다리며 그저 살아가지 싫을 때가 있다.

그러므로 나는 '기다림'의 상황으로부터 시작되어 다시 반복되는 이 '기다림'에서 중요한 것은 '무엇'을 기다리는가가 아니라 '어떻게' 기다리는가라 생각한다. 즉, 『고도를 기다리며』에서 중요한 것은 '고도가 무엇인가'를 찾아내는 것이 아니라 '기다림'이라는 것, 이 기다림을 '어떻게 기다릴 것'인가를 곰곰이 생각해보는 것이다. 모든 것이 불분명한 이 책에서 단 한 가지 분명한 것은 고도를 기다리고 있다는 것이다. 물론 주인공 둘이 선택한 '어떻게'의 방법은 그저 기다리는 것이었음에도 말이다.

고도는 신일 수도 있고, 꿈과 희망일 수도 있다. 자유일 수도 있을 것이고, 언제일지 모르지만 결국 언젠간 찾아오게 될 죽음일 수도 있다. 사무엘 베케트도 말했다. 고도는 다양하게 해석할 수 있고, 해석될 수 있다고. 하지만 '고도'가 무엇인가를 찾아내는 것보다 중요한 것은, 블라디미르와 에스트라공에게 고도가 필요했듯, 지금 나에게도 고도가 필요하다는 것이다. 그들에게 '고도'가 자신들의 존재를 의미 있게 하는 무엇이 되어주었던 것처럼 내게도 나의 존재를 의미 있게 해주는 '고도'가 존재한다.

- 학생글(우지은), 「나를 살아가게 하는 고도」

(2) 시사비평

시사비평은 동시대의 사회적 현안을 논평하는 글로 사설, 칼럼이 있고 매체에 따라 시론時論, 시평時評 등으로 세분하기도 한다. 다만 시사적인 쟁점과 현안을 비판적 시선으로 다루면서 동시대 독자들과의 교감을 이룬다는 점에서 이들을 모두 시사비평이라 할 수 있다.

시사비평은 사회적 의미를 담은 분명한 주제 의식과 참신한 시각을 독자에게 제공함으로써 생명력을 얻는다. 다만 사설이 주로 사회적인 이슈를 다루면서 의견을 개진하는 데 비해, 칼럼은 사설에 비해 다루려는 주제나 소재, 관점이 좀 더 다양하고 발랄한 것이 특징이다. 이는 사설이 주로 언론사의 주장과 편집방향을 대표하는 데 비해, 칼럼은 독자들에게 친숙하면서도 필자의 독창적인 시각을 좀 더 강조하여 매체의 편집방향과는 거리를 가질 수도 있기 때문이다. 그래서 사설은 다소 딱딱한 주제와 논조를 유지하는 경우가 많으며 칼럼은 친근하고 부드러운 성격을 많이 지닌다.

시사비평은 동시대 사회 문제를 다루기 때문에 여론 형성과 주도에 큰 영향력을 행사한다. 그러므로 글쓴이는 자신의 주관을 잃지 않으면서도 책임감 있는 글쓰기를 해야 하는 엄정한 윤리 의식을 갖추어야 한다.

▌예시글

2017년 10월, 영국에서 한국인 유학생이 길에서 폭행을 당한 사건이 있었다. 가해자는 10대 영국인 2명으로 지나가던 피해자를 샴페인 병으로 폭행하여 치아 1개가 부러지고 13개가 흔들리는 상해를 입혔다. 가해자가 병을 던진 이유는 단 하나, 피해자가 아시아인이기 때문이었다. 즉 인종이 다르다는 이유 하나만으로 폭행을 저지른 것이다. 이 사건은 특정 대상에 대한 혐오로 발생한 증오범죄다.

증오범죄는 편견이 동기로 작용했다는 점에서 다른 범죄와 구분되며, 이런 이유 때문에 편견범죄라 불리기도 한다. 증오범죄의 개념에 대해서는 다양한 의견이 존재한다. FBI는 증오범죄와 편견범죄를 동일시하며, 범죄자가 인종·종교·장애·성적 성향 또는 민족·출신 국가에 대한 전제적인 혹은 부분적인 편견, 제노포비아xenophobia에 의해 동기화되어 사람 또는 재산에 대해 불법적인 행위를 하는 것을 증오범죄로 정의한다. 미국의 「연방증오범죄통계법」은 인종, 종교, 성적 성향, 민족성, 출신 국가와 장애 등에 바탕을 둔 피해자에 대한 편견과 증오에 의해 부분적으로 또는 전적으로 동기화되는 범죄를 증오범죄라고 하며, 주로 사회적 약자에 대한 편견이 문제가 된다고 보았다.

이런 증오범죄는 특정 대상에 대한 혐오를 이유로 발생하기 때문에 합리적 사고로는 범죄의 이유나 목적을 파악하기 어렵다. 또한 그러한 감정적인 이유로 인해 발생하는 범죄이기 때문에 불필요하게 과도한 폭력이나 극단적인 잔인성이 표출될 수 있다. 이런 점에서 비합리성과 잔인성이 드러나게 된다. 증오범죄는 특정 집단이나 특정인으로 피해자가 확정되지 않으며 그렇기 때문에 혐오의 대상이 되는 특징을 가진 사람이면 누구든 그 피해 대상이 될 수 있다. 여기서 대량성, 무차별성이라는 증오범죄의 특성을 알 수 있다. 미국의 백인우월주의단체 KKK단의 경우처럼 세대를 이어서 범죄가 대물림될 수도 있으며, 비슷한 범죄가 일시에 확산되는 경향도 있기 때문에 지속성·모방성을 가진다. 또 증오범죄는 피해 집단이나 피해자가 다시 범죄자로 전환될 수 있기 때문에 보복 범죄를 유발한다.

그런데 증오범죄는 다민족·다문화적인 사회적 조건을 가졌거나 인종차별과 같은 역사적 배경을 지닌 국가에서 주로 논란이 되어 왔다. 불과 몇 십 년 전까지만 해도 우리나라는 다문화 사회로 보기 어려웠기에 이런 문제와 거리가 멀었다. 하지만 최근 이주민이 늘어남에 따라 우리나라 역시 다문화·다민족 사회로 들어서면서 증오범죄에서 자유롭지 못하게 되었다. 특정 인종, 특정 종교, 특정 성별, 신체적 특징 때문에 범죄의 대상이 되는 것은 인간의 보편적 가치에 어긋나는 일이며, 가해자는 강력히 처벌받아야 마땅하다.

하지만 우리나라에서는 아직 증오범죄라는 개념이 법적으로 정립되어 있지 않을 뿐만 아니라, 이를 특별히 처벌하기 위한 법적 장치도 마련되어 있지 않다. 한국형 증오범죄는 대상자를 특정하지 않는 경향을 보이며, 행위자가 가진 사회 전체에 대한 분노에 의하여 행해지는 사람에 대한 신체적 공격을 주된 요소로 삼는다. 이러한 성격 때문에 한국에서 증오범죄는 소위 말하는 '묻지마 범죄'로 인식되는 경향이 있다. 하지만 '묻지마 범죄'와 증오범죄는 개념적인 면에서 차이를 보인다. 증오범죄는 불특정인에게 폭력을 행한다는 점에서 '묻지마 범죄'와 비슷하지만 '묻지마 범죄'가 동기가 불분명한 반면 증오범죄는 감정적인 이유가 존재한다는 점에서 미묘한 차이점이 존재하기 때문이다. 그럼에도 불구하고 우리나라에는 증오범죄를 처벌하기 위한 특별법이 존재하지 않는다. 특정 집단에 대한 편견이라는 범행 동기가 형벌의 가중사유로 규정되어 있지 않다보니, 편견이 범죄의 중요한 동기인지 여부는 필수적으로 조사되지도 않는다.

우리 사회가 다양성을 추구하고 인정할수록 증오범죄는 점점 늘어날 것이다. 한 사람이 다른 사람을 해치는 것은 용서받을 수 없는 일이며, 특히 그것이 편견에 의한 혐오로 발생한 것이라면 더욱 용납되어서는 안 되는 일이다. 사람들이 증오범죄에 대해 경각심을 가지게 하고, 앞으로 우리 사회가 더욱 발전되기 위해서라도 증오범죄에 대한 법 제정이 반드시 필요하다.

- 학생글(김보은), 「우리나라의 증오범죄에 대한 법적 대응에 대하여」

(3) 문화비평

현대 사회는 다양한 문화콘텐츠가 넘쳐나는 시대다. 이를테면, 동영상 공유 사이트인 유튜브youtube에는 한 사람이 평생 걸려도 다 볼 수 없을 만큼의 영상이 올라와 있고 그 수는 앞으로도 더 늘어날 것이다. 문화비평은 이와 같이 수많은 문화콘텐츠 중 옥석을 가리고 거기에 나름의 가치를 부여하는 글쓰기 과정으로 이해될 수 있다.

인간은 문화적 활동을 통해 자신의 사회적 위치와 세계관, 행동 양식을 규정해가는 존재다. 그러하기에 문화콘텐츠는 단지 일방적으로 향유되는 방식으로만 끝나서는 안 된다. 나름의 적극적인 발화 행위를 통하여 사회적 양식으로서의 문화콘텐츠를 해석하고 평가

하는 것은 콘텐츠 홍수의 시대라 부를 수 있는 현대 사회에서 자아와 세계의 관계를 정립하고 능동적으로 세계에 참여할 수 있는 방법이 될 수 있다. 나아가 사회 전반에 나타나는 다양한 문화콘텐츠를 비판적 시선으로 견지함으로써 우리 사회에 윤리적인 문화 양식을 정립하는 데 도움이 될 수 있다. 풍부한 상상력과 문화적 감수성을 지니면서도 대상 텍스트에 대한 논리적이고도 비판적인 태도를 잃지 않을 때 문화비평은 새로운 문화의 창조로까지 부상할 수 있게 된다.

▌예시글

"바람이 분다 살아야겠다." 프랑스 작가 폴 발레리의 시 <해변의 묘지Le Cimetière marin>의 일부이다. 또한 이는 애니메이션 영화를 만드는 지브리 스튜디오의 거장 미야자키 하야오의 은퇴작, <바람이 분다>에서 인용된 글귀이기도 하다. 이 영화에서 이 구절은 주인공 '지로'가 자신의 꿈인 비행기를 만들어 나가는 과정에서 겪는 온갖 곡절 속에서도 꿈을 향해 나아가야겠다는 강한 의지와 염원을 대변하는 역할을 한다. 2013년에 개봉한 영화 <바람이 분다>는 발표 당시 아름다운 배경음악과 소리, 지브리 특유의 그림체와 함께 30년대 일본을 보여주는, 이전 작품에서는 볼 수 없었던 사실적이고 역사적인 내용을 다룬 영화였다. 때문에 일본에서는 매우 큰 관심을 모으며 이전 작품이 그래 왔듯이 영화관 킬러 타이틀로 활약하였지만, 한국 내에서의 반응은 그리 좋지 못했다. 실적은 저조했으며 이전 지브리 작품들과 달리 기억해주는 이도 많지 않았다. 이번 작품에서 큰 논란이 되었던 이유는 다름 아닌 전쟁 미화, 제국주의 찬양 때문이었다.

저주 받은 꿈, 미야자키가 사랑했던 비행기

미야자키 하야오의 작품에는 비행기가 정말 자주, 많이 나온다. <마녀 배달부 키키>, <천공의 성 라퓨타>, <하울의 움직이는 성> 등 그의 많은 유명한 작품 속에는 비행기 장면이 꼭 있으며, 비행기가 안 나온 작품을 찾는 것이 어려울 정도로 그의 비행기에 대한 애착이 묻어 나온다. 이러한 비행기 중에는 실제로 존재하는 것이 있는가 하면 미야자키 자신의 상상력에서 나온 허구의 비행기도 나온다. 그가 이토록 비행기를 사랑하는 데에는 남다른 이유가 있다. 바로 태평양 전쟁 발발 시기 공장장인 그의 아버지가 경영하고 있던 일제의 비행기 공장에서의 경험이다. 그의 아버지의 이름을 딴 '미야자키 비행기' 회사는 당시 전쟁에 이용되는 전투기를 제작, 납품하는 일을 하고 있었고 그런 아버지의 밑에서 보고 배우며 어린 시절의 미야자키 하야오에게 '비행기=아름다움'이 되었다. 그러나 그는 일본의 패전 후 전쟁이 왜 일어났는지, 그것이 어떠한 영향을 불러왔는지 차츰 알게 되었고 그것은 그가 생명의 소중함과 인간애에 대한 작품을 만들며 일본 우익 세력에 대항하는 반전反戰주의자로 살아가게 하는 큰 계기가 된다. 전쟁이 등장하는 그의 작품 속에서 무기와 화약들은 인간과 자연을 피폐하게 만드는 주원인으로 작용한다. 그러한 생명에 대한 경시와 인간의 오만함은 올바른 가치관을 갖춘, 또는 성장을 통해 그러한 가치관을 형성한 주인공에 의해 해결되며 이는 우리 인간 스스로가 자신의 잘못을 바로 고치는 주체가 되어야 함을 의미한다.

그런데 이번 작품은 그 양상이 이전 작품들과 사뭇 다르다. 주인공 지로가 일제강점기 때 크게 활약했던 경형 전투기인 '제로센'의 설계자이기 때문이다. 지금껏 전쟁의 피해자 또는 반대 입장의 인물을 다뤄 온 것과 달리 전쟁의 가담자 입장의 주인공을 내세운 것이다. 그렇다면 미야자키 하야오는 이번 작품을 통해 이전까지의 자신의 입장을 완전히 뒤집은 것일까. 그런 것은 아니다. 그는 <바람이 분다>의 작업 시기 그의 일상을 담은 다큐멘터리 영화 <꿈과 광기의 왕국>에서 "비행기 설계자나 기계를 설계한 사람들이 언제 얼마나 최선을 다해도 시대의 흐름 속에서 기계문명 같은 건 좋은 게 별로 없었어요. 저주 받은 꿈인 겁니다. … 영화라는 건 대단하다 …(고는 하지만) 영화가 정말 대단한 건지는 알 수 없는 거잖아요?"라는 말을 한다. 누구에게나 각자 추구하는 가치가 있지만 그것이 옳은 것이 아닐 때도 있다. 그에게 그것은 영화일 때도 있었고 비행기도 또한 그런 것 중에 하나다. 그는 그가 비행기를 사랑하는 것은 분명하지만 그가 반전주의자임에도 전쟁에 사용된 비행기를 사랑하고 있는 이 현실을 이해할 수 없다고 말한다. 어째서 자신과 같은 모순된 인물이 생긴 것인가에 대해 고민하며 자신은 이 영화를 기획하고 제작하였다고 고백한 것이다. 미야자키 하야오가 살아온 시대상 속에서 자신이 사랑할 수 밖에 없었던 수많은 아름다움 중의 하나인 비행기가 또한 자신이 인정하지 않는 전쟁의 무기로 사용되었음을 인지하고, 그것을 사랑하고 있는 자신의 모순이 있었음을 고백하는 것은 중요한 성찰이자 새로운 기점일 수 있다.

뛰어난 작가에게 부여되는 책임

그렇다면 미야자키 하야오의 고찰은 그의 은퇴작 <바람이 분다>에 생명 윤리라는 관점에서 올바른 의의를 지니게 해주었는가? 다시 말해 그는 기존의 일본 애니메이션의 고질적인 한계인 자기중심적 사고와 피해자 의식에서 벗어나 진정한 삶의 존엄성과 인류애를 보여 줄 수 있었는가? 이에 대해서는 안타깝지만 그가 가진 명성과 파급력에 비해 부족한 점이 많다고 해야 할 것이다.

<바람이 분다>는 작품의 줄거리로 본다면 많은 부분이 허구이지만, 작품 설정으로 본다면 역사적 사실에 기반해 있는 것이 사실이다. 작품의 주인공인 지로는 1900년대 일본에서 비행기 설계자로 활동하며 미쓰비시 중공업에서 '제로센'을 설계한 호리코시 지로라는 실존 인물이며 『제로센零戰 그 탄생과 영광의 기록』이라는 그의 저서도 그가 일본의 전쟁 가담자라는 것을 알게 해준다. 미야자키 본인은 되도록 자신처럼 꿈꾸었던 대상이 옳지 못한 것이어서 모순적이었을 것 같은 인물을 그 시대상에서 찾기 위해 노력했을 것이다. 그리고 전투기 설계가인 호리코시 지로를 알게 되었을 것이다. 하지만 호리코시 지로의 비행기 설계가 아름다운 꿈에 몸 바쳐 시작된 숭고한 일이었는지는 아무도 알 수

없다. 오히려 수많은 사람들에게 지울 수 없는 고통을 남겨 준 고성능 전투기를 설계한 설계가로 남아 있을 뿐이다.

그러나 이 영화를 보고 나온 일본 관객들이 기억하는 것은 시대의 혹한 속에서도 끝내 "살아야겠다."고 결심한 지로의 굳은 의지뿐이었다. 그의 행위로 말미암아 희생된 중국 남경의 시민이나, 가미카제 자살 특공의 제로센을 타고 사라져간 조선인의 모습은 아니었다. 뛰어난 작가에게는 책임이 있다. 한 사회의 가치관 형성에 깊은 기여를 하는 예술가가, 지식인이, 옳은 것과 그른 것이 무엇인지를 신중히 고찰하고 판단하는 것은, 그리고 그것을 올바로 전하는 것은 그 시대가 바른길을 가기 위한 중요한 거름이 된다. 미야자키의 고민은 이전의 일본 작가에게서는 보기 힘든 새로운 것이었다. 그러나 그것을 사람들과 함께 고민하는 데는 실패했다. 그는 자신의 모순이 실제로 어디에 기반하고 어떻게 해결되어야 하는지 모르는 채 그저 존재한다는 사실을 표현하는 데만 그친 것이다. 그렇기에 이 작품은 현 일본의 가치관을 크게 바꾸지 못했다.

- 학생글(황승찬), 미야자키 하야오의 <바람이 분다>가 놓친 "삶"의 가치
-전쟁 미화와 생명 윤리-」

❖ 참고자료: 주석 작성 방법

주석 작성 방식은 크게 동양서와 서양서, 한적·문집, 전자문헌으로 나누어 설명할 수 있다. 주석 양식은 하나로 통일되어 있는 것이 아니라 언어나 지역에 따라, 학문분야나 학술단체에 따라 차이가 있다.

◆ 동양어로 된 논저의 경우

가. 논문

① 필자명, 논문제목, 게재지명, 권호수, 발행처, 발행연도, 쪽수 순으로 표기한다.

② 논문은「 」, 게재지는『 』안에 표기한다.

③ 쪽수는 'p.', 'pp.', '면', '쪽'으로 표기한다.

④ 두 개 이상의 다른 논문을 인용할 경우에는 세미콜론(;)을 사용하여 구분하며, 동일저자의 다른 논문이라도 저자를 다시 명기한다.

⑤ 공동저자가 2인일 경우에는 저자를 모두 표기하되, 3인 이상일 경우, 첫 번째 인용에서 저자의 이름을 모두 제시하고, 두 번째 인용부터는 "○○○ 외"로 표기한다.

⑥ 미간행 논문 혹은 학술대회 발표 논문일 경우, 위의 방식을 따르되 기관, 장소, 날짜를 기재한다.

김영주, 「재만 조선인 시에 나타난 만주 체험의 복합성 연구」, 부산대학교 박사논문, 2012, 10쪽.

김인선, 「흑인노예의 자식 살해와 모성: 1856년 마가렛 가너 사건을 중심으로」, 『미국사연구』 39, 한국미국사학회, 2014.5, 1~38쪽.

김종기, 「헤겔모순론의 유물론적 독해를 위하여」, 『철학연구』 제58집, 대한철학회, 1996, 23~46쪽.

손남훈, 「'리얼'을 향한 르포르타주의 글쓰기」, 『오늘의 문예비평』 78, 산지니, 2010, 75~94쪽.

정은영, 「『日本錄』에 나타난 對日知識 생성 연구」, 『어문학』 제122집, 한국어문학회, 2013, 461~497쪽.

⑦ 신문, 잡지(월간, 주간)에 실린 기사의 경우, 게재지는 『 』 또는 ≪ ≫으로 표기하고 신문(잡지)명, 발행연월일 순으로 표기한다. 단 필자가 있거나 혹은 문건(기사)을 인용할 때에는 필자명, 문건(기사)명, 신문(잡지)명, 발행연월일, 면수 순으로 표기한다.

「한국 교육의 미래」, 『한겨레신문』, 2009. 9. 5, 20면.

金元周, 「女子教育의必要」, 『동아일보』, 1920. 4. 6, 4면.

별 뫼, 「중산계급의 장래」, 『개벽』 1926년 2월호, 21쪽.

나. 저서

① 저자명(편찬주제), 서명, 발행지, 발행처, 발표연대, 쪽수 순으로 표기한다.

② 서명은 『 』 안에 표기한다.

③ 발행지는 국내일 경우 생략할 수도 있다.

④ 쪽수는 'p.', 'pp.', '면', '쪽' 등으로 표시한다.

⑤ 두 개 이상의 다른 저서를 인용할 경우에는 세미콜론(;)을 사용하여 구분하며, 동일저자의 다른 저서라도 저자를 다시 명기한다.

⑥ 공동저자가 2인일 경우에는 저자를 모두 표기하되, 3인 이상일 경우 2~3인의 저자만 대표로 적고 나머지 저자는 "○○○ 외"로 처리한다.

강만길 엮음, 『밀양의 독립운동사』, 선인, 2003, 90쪽.

문강형준, 『혁명은 TV에 나오지 않는다』, 이매진, 2012, 127쪽.

박민영, 『낭만의 소멸』, 인물과사상사, 2014, p.53.

박용규, 『북으로 간 한글운동가 이극로 평전』, 차송, 2005, 15쪽.

박태일, 『한국 지역문학의 논리』, 청동거울, 2004, 34~39쪽.

우석훈, 『문화로 먹고살기』, 반비, 2011, pp.75~82.

정순기 외 여럿, 『조선어학회와 그 활동』, 한국문화사, 2001, 30쪽.

한글학회 부산지회 30돌 간행위원회 엮음, 『한글학회 부산지회 30돌』, 세종문화사, 1995.

베네딕트 앤더슨, 윤형숙 옮김, 『상상의 공동체』, 나남출판, 2002, p.32.

하루오 시라네·스즈키 토미 엮음, 왕숙영 옮김, 『창조된 고전』, 소명출판, 2002, p.193.

F.스콧 피츠제럴드, 김영하 옮김, 『위대한 개츠비』, 문학동네, 2009, pp.169~170.

다. 중복

① 바로 앞에 나온 논저를 다시 인용할 경우, "위의 논문", "위의 글", "위의 책"이라 표기한다.

② ①의 경우와 달리 앞에서 인용된 논저의 경우, "앞의 논문", "앞의 글", "앞의 책"이라 표기한다.

③ 같은 필자, 저자의 논저가 여럿일 경우, 저자를 표기하고, "앞의 논문(연도)"으로 표기한다. 같은 연도에 발행된 논저가 있을 경우 a, b, c 등으로 구분한다.

이주홍, 앞의 책, 1987, 43쪽.

김중하, 앞의 논문, 1999a, 23쪽.

◆ 서양어로 된 논저일 경우

가. 논문

① 필자명, 논문제목, 잡지명, 권수, 호수, 출판연도, 쪽수의 순으로 표기한다.

② 논문은 " ", 게재지는 이탤릭체로 표기한다.

③ 쪽수는 "p.", "pp." 로 표기한다.

④ 두 개 이상의 다른 논문을 인용할 경우에는 세미콜론(;)을 사용하여 구분하며, 동일저자의 다른 논문이라도 저자를 다시 명기한다.

⑤ 공동저자가 2인일 경우에는 저자를 모두 표기하되, 3인 이상일 경우 2~3인의 저자만 대표로 적고 나머지 저자는 "○○○, et al."로 처리한다.

Hong, Gildong, "History and the Issue of Korean Unification", *The Review of Korean Studies*, Vol. 20 No. 2, 1991, pp.40~50.

Hong, Gildong, "Korean Unification," Bruce Woo(ed.), *Korean History,* New York: Hill, 1984, p.32.

나. 저서

① 저자명, 서명, 출판지, 출판사, 출판연도, 쪽수의 순으로 작성한다.

② 서명은 이탤릭체로 표기한다.

③ 쪽수는 "p.", "pp."로 표기한다.

④ 두 개 이상의 다른 저서를 인용할 경우에는 세미콜론(;)을 사용하여 구분하며, 동일저자의 다른 저서라도 저자를 다시 명기한다.

⑤ 공동저자가 2인일 경우에는 저자를 모두 표기하되, 3인 이상일 경우 첫 번째 인용에서 저자의 이름을 모두 제시하고, 두 번째 인용부터는 "○○○, et al."로 표기한다.

Alex Preminger·T.V.F.Brogan, co-ed., *The Princeton Encyclopedia of Poetry and Poetics*, Princeton Universty Press, 1993, p.851.

Hong, Gildong, *Korean History*, New York: Hill, 1984, p.32.

다. 중복

① 바로 앞에 나온 논저를 다시 인용할 경우, "Ibid."(라틴어 ibidem = in the same place)의 생략형, 우리말로는 "위의 논문"이나 "위의 책"으로 표기한다.

② ①의 경우와 달리 앞에서 인용된 논저의 경우, "op. cit"(라틴어 opere citato = in the work cited)의 생략형, 우리말로는 "앞의 논문"이나 "앞의 책"으로 표기한다.

③ 같은 필자, 저자의 논저가 여럿일 경우, 저자를 표기하고, 앞의 논문(연도)으로 표기한다. 같은 연도에 발행된 논저가 있을 경우 a, b, c 등으로 구분한다.

Hong, Gildong, op. cit., 1987a, p.43.

◆ 한적漢籍·문집의 경우

연대기적chronology 성격을 갖는 1차 사료, 예컨대 『三國史記』, 『高麗史』, 『조선왕조실록』, 또는 『論語』와 같이 흔히 알려져 있고 판본이 여러 가지인 자료를 인용하여 본문에 주를 작성할 경우에는 (괄호) 안에 필자와 쪽수를 밝히는 방법을 사용하지 않는다. 예를 들어, (김부식, 『삼국사기』, 69쪽 또는 공자, 『논어』, 76쪽) 등의 방법을 쓰지 않는다.

한적·문집은 다음과 같이 작성한다.

『三國史記』 新羅本紀 文武王 2년 6월조.
『正祖實錄』 9년(1785) 4월 戊子(또는 일자): 「掌令柳河源上疏」.
『高麗史』 世家 靖宗 3년 3월 甲戌.
『高麗史』 志(1) 天文(1) 穆宗 12년 2월 己丑.
『論語』 學而篇.

◆ 전자문헌의 경우

대부분의 참고문헌은 출판일이 유일하지만 전자문헌은 수시로 새로운 내용이 업데이트 되므로 유일한 날짜가 존재하는 것은 아니다. 따라서 이러한 경우 접속한 일자를 출판 날짜로 기재한다. 전자문헌을 인용할 때 URL만을 기재하고 있지만 URL뿐만 아니라 해당 자료를 다른 방법으로 확인할 수 있는 정보(저자명이나 제목 등)도 기재하여 한다. 이렇게 함으로써 해당 주소로 접속이 되지 않을 경우 다른 검색엔진을 통해 그에 준하는 정보를 얻을 수 있기 때문이다.

http://news20.busan.com/news(검색일: 2010. 10. 9.)
정두나, 「민주화의 불꽃은 꺼지지 않는다」, 『부대신문』, 2020. 8. 31.
http://weekly.pusan.ac.kr/news/articleView.html?idxno=10386

3 장

토론의 기초와 실제

1. 토론의 기초
2. 토론의 실제

1. 토론의 기초

1) 토론의 정의

(1) 토론이란

우리 사회가 민주 사회로 진입하면서 토론의 필요성이 증대하고 있다. 그러나 그동안 민주적인 방식으로 갈등을 해결해 본 경험이 부족해서 토론을 통해 갈등을 해결하는 데 상당히 미숙하다. 토론은 어떤 공동체 내에서 공동의 관심사인 문제가 제기될 때 수행한다. 그 문제에 대해 구성원들이 함께 다양한 해결책을 제안, 비교, 비판 결정하는 과정이 토론이며, 이런 점에서 토론은 민주적인 의사결정의 방법이고 민주 사회의 토대가 된다.

토론은 일반적으로 토의와는 달리 일정한 형식과 절차에 따라 진행된다. 토론은 찬성과 반대로 나뉘는 주제에 대해 자신의 주장과 근거를 일정한 형식에 따라 전개하면서 상대방과 청중을 설득하는 과정이라고 정의할 수 있다.

토론에 대한 정의는 크게 두 가지의 함의를 바탕으로 한다. 첫째 토론은 하나의 사안에 대해서 다양한 견해가 존재할 수 있음을 전제로 한다. 모두가 동의할 수 있는 절대적 기준은 토론의 주제가 되지 못한다. 그리고 토론의 목적은 상대방, 그리고 청중을 설득하는 데 있다. 토론은 단순히 자신의 입장, 이를 뒷받침할 수 있는 근거를 통해 자신의 입장을 정당화하는 것에 머무르지 않는다. 다른 입장을 가진 상대방, 그리고 토론을 통해 찬성과 반대의 입장을 듣게 되는 청중들로 하여금 자신의 견해를 수용하게 만드는 것이 토론의 주요 목적이다. 따라서 토론에 있어서 자신의 주장과 이를 뒷받침할 수 있는 근거를 제시하는 일은 대단히 중요하다.[1] 토론은 순발력 있게 문제를 파고들면서 자신의 생각을 발표해야 하는 까닭에 분석력, 비판력, 논리력 등을 기를 수 있다. 이런 활동은 단편적이고 피상적인 지식에 바탕한 사고를 하는 것이 아니라 사물의 원리를 깊이 있게 통찰함으로써 비판적이고 종합적으로 사고하는 능력을 길러 준다. 토론을 통해서 막연하게 알았던 것이 토론을 준비하고, 대화를 나누게 되면서 문제의 근본적인 해결책을 생각하게 된다.[2)]

토론에는 통상 여럿이 참여하므로 토론 규칙을 지켜야 하며, 주장의 옳고 그름을 따지므로 상대 주장의 잘못을 살펴야 하고, 그러기 위해서는 상대의 말을 잘 들어야 한다. 그리고 공정한 토론을 위해 상대를 존중해야 한다. 그러기 위해서는 나만이 옳다는 생각을 버려야 한다. 나도 틀릴 수 있다는 것을 인정하는 데서 토론은 가능하다. 이것을 우리는 열린 생각이라고 부른다. 비록 토론을 통해 의견 일치에 도달하지 못한다 해도 다른 사람의 의견 내지 비판을 참조하여 이를 토대로 점점 더 나은 의견으로 개선해 나가려는 노력은 의미 있는 태도이다. 토론의 유용성은 사태에 대한 균형감 있는 판단, 다른 사람의 의견은 물론 자신의 의견에 대해서도 비판적인 태도를 취함으로써 해결해야 할 문제에 대해 개방적인 태도를 갖게 만들어 준다는 데 있다.[3)]

(2) 주장과 반론

토론은 주장과 반론으로 이루어진다. 토론에 참여하기 위해서는 주장과 반론을 할 줄 알아야 한다. 그런데 상대 주장의 논거에 대한 반론이 성공한다고 해서 주장의 거짓이 입증되는 것은 아니다. 기껏 제시된 논거에서 주장이 나오지 않음을 증명한 것일 뿐이다. 다른 논거를 통해서 동일한 주장을 할 수 있기 때문이다. 논리에 대한 반론도 마찬가지이다. 제시한 논거에서 주장을 이끌어내는 방식에 오류가 있다는 것이지 주장이 거짓임을 입증한 것은 아니다. 이처럼 토론에서 결정적으로 상대의 주장을 논박하기란 쉽지 않다. 더 이상 해소할 수 없는 불일치가 있는 것이다. 그것을 인정해야 한다. 그리고 그 인정이야말로 열린 생각의 핵심이다. 토론을 시작하려면 열린 생각이 있어야 하고, 토론이 끝나면 그 열린 생각은 심화된다.

흔히들 토론은 그저 자기가 아는 것을 말하면 된다고 생각한다. 그것은 발표일 뿐이다. 토론은 상대의 주장을 반론하고 자신의 주장을 옹호함으로써 이루어지므로 상대의 말을 잘 듣고 적절하게 대응할 수 있어야 한다. 토론에서는 말하기만큼 듣기가 중요하다. 그런데 사람은 자기가 듣고 싶은 것만을 듣는 경향이 있다. 특히 이런 경향은 토론 자리에서 더 심해지기도 하는데, 상대의 주장을 반론하고 자신의 주장을 변론하기 위해 자신이 반론하고 변론할 수 있는 것들만을 듣고자 하기 때문이다. 토론 참여자들이 이러한 경향성을 극복하지 못한다면 토론은 지루한 말다툼으로 전락하게 된다. 토론은 이러한 경향성을 극복하는 과정이기도 하다.

토론의 핵심은 반론에 있다. 적절한 반론은 더 나은 주장을 찾아가는 데 중요한 역할을 한다. 반론이 이러한 역할을 하기 위해서는, 토론 참여자들이 제기하는 반론들이 논리적이어야 하고 그 논거는 올바른 것이어야 한다. 그리고 반론을 통해 상대의 주장을 물리치는 것으로 그칠 것이 아니라 자기 주장의 정당성을 확보할 수 있어야 한다. 그렇기 때문에 자신의 주장과 반론의 일관성이 흐트러지지 않도록 주의해야 한다. 반론에 빠져 자신의 주장까지 무너뜨리면 곤란하기 때문이다. 자신의 주장에 필요한 자료뿐 아니라 상대의 주장을 반론하기 위해 자료들을 수집하고 분석해야 하며, 상대의 주장에 대한 반론뿐만 아니라 자신의 주장에 대한 상대의 예상 가능한 반론에 대해서도 대응책을 마련해야 한다. 토론에는 준비가 필요하다.

2) 논제 정하기

(1) 논제의 정의

토론을 진행하기 위해서는 먼저 논제를 선정하고 핵심 쟁점을 파악해야 한다. 그것에 대해 뒷받침할 수 있는 자료 조사까지 이루어져야 비로소 토론에 임할 수 있게 된다. 논제는 토론에서 논하고자 하는 제안이나 주장을 한 문장으로 표현한 것이다. 토론의 의도와 목적, 즉 주제가 드러나도록 토론거리를 잘 다듬은 것을 논제라고 한다. 토론의 첫 단계에서 논제를 선정한다는 것은 무엇에 대해서 토론할 것인지 결정하는 것이다. 그래서 논제로 표현한다는 것은 토론의 범위를 정하는 것이다. 논제는 'A는 B이다' 또는 'A는 B해야 한다'와 같이 주어와 술어가 들어간 명제 형식으로 표현하는 것이 원칙이다.

토론은 현재 상황에 대한 문제 인식에서 출발하기 때문에 논제는 토론을 하기 위해 찬성 측이 결론으로 내세우는 주장을 담아야 한다. 찬성 측은 현 상황에 문제가 있으니 이 상황을 바꿔야 한다는 입장을 진술문으로 표현한다. 따라서 논제를 올바르게 표현하기 위해서는 우선 주제로 다루고자 하는 사안이 현재 시행되고 있는지 없는지를 생각해야 한다. 예를 들어 대체복무제를 주제로 다루고자 한다면 지금 현재 대체복무제가 실시되고 있는지 알아보는 것이 우선이다. 현재 시행되고 있다면 논제를 '대체복무제를 폐지해야 한다'로 표현해야 한다. 논제에 찬성하는 측, 즉 현재 상황의 변화를 바라는 쪽이 찬성 측이고 논제에 대해 반대하는 쪽, 즉 현 상황의 유지에 찬성하는 측은 반대 측이다.

또한 찬성 측과 반대 측의 주장을 정확히 담아내려면 논제는 긍정의 서술문으로 표현해야 한다. 논제를 명사형(기본소득제)으로 표현할 경우 대상만 적시했을 뿐 주제가 명확하지 않으며, 의문문(기본소득제는 타당한가?)일 경우 주제에 대한 입장과 판단이 담기지 않을 수 있다. 부정문(기본소득제도를 금지해서는 안 된다)으로 논제를 정했을 경우 찬성 측은 자신의 논지를 전개해 나가는 과정에서 '안 된다'라는 표현과 '찬성한다'라는 표현을 함께 써야 하기에 자신은 물론 청중의 입장에서도 혼란을 줄 수 있는 탓에 논제는 긍정문으로 표현해야 한다.

끝으로 찬성 측과 반대 측 어느 한편에 유리하게 작용하는 표현은 논제에서 배제해야 한다. 예를 들어 '야만적인 낙태를 금지해야 한다'와 같이 야만적이라는 단어는 이미 가치 판단을 내포하고 있기에 적절하지 않다. 또한 부정적인 이미지가 있는 '낙태'보다는 '임신중단'이라는 표현을 사용하는 것이 바람직하다. 이처럼 논제에 가치중립적인 표현을 사용하는 것은 공정한 토론을 위해 필수적이다.4)

(2) 논제의 유형

논제를 이해하기 위해서는 논제의 유형을 알아야 한다. 논제의 유형마다 특성이 다르고, 그에 따라 토론이 상이하게 전개되기 때문이다. 논제는 주된 내용에 따라 사실 논제, 가치 논제, 정책 논제로 분류된다. 동일한 주제라 해도 접근 방식에 따라 사실 논제, 가치 논제, 정책 논제가 될 수 있다. 예를 들어 '공공의료 확대'라는 주제가 '공공의료 확대는 국민건강보험 재정을 위협한다', '공공의료 확대는 바람직하다', '공공의료체계를 확대해야 한다'라는 논제로 다뤄진다면 각각 사실 논제, 가치 논제, 정책 논제가 된다. 그러나 세 가지 유형의 논제는 각각 단독으로만 다뤄지는 것이 아니라 때로 복합적으로 다뤄지기도 한다. 예를 들면 가치 논제나 정책 논제를 다룰 때 사실 여부 판단이 논제의 일부가 되기도 하고, 정책 토론에서 가치 판단과 사실 여부가 동시에 거론될 수도 있다.

① 사실 논제

사실 논제는 사실의 진위 여부를 다루는 논제이다. 찬성 측과 반대 측이 참이냐 거짓이냐로 양립 가능한 사실에 대하여 입증하고 반박하는 상황에 초점을 둔다. 사실 여부를 두고 검사와 변호사가 법정에서 벌이는 공방이 대표적인 사례일 수 있다. '전자발찌 제도는 이중 처벌에 해당된다', '원자력 발전은 친환경 에너지다', '유전자 조작 식품은 식량 문제 해결에 필요하다', '범죄 재연 방송은 동일 수법의 범행을 부추긴다' 등이 있다. 어느 측이든 간에 자신의 주장이 옳다는 것을 사실과의 일치 여부에 따라 입증해야 한다. 따라서 사실 논제로 토론할 경우 주된 판단 기준은 주장을 뒷받침하는 사실적 증거의 진실성 여부, 즉 사실과의 일치 여부에 달려 있다.

사실 논제는 그 주장의 시점에 따라 과거의 사실, 현재의 사실로 나눌 수 있다. 과거의 사실에 초점을 맞춘 사실 논제로는 '케네디 대통령 암살은 리 하비 오스왈드의 단독 범행이었다'와 같이 아직 결론이 내려지지 않은 과거의 역사를 주제로 공방을 벌일 수 있다. 또한 '중대재해기업 처벌법은 경영 활동을 위축시킨다'와 같이 현재 사실에 대한 논제나 '코로나 백신이 개발되면 코로나가 극복될 것이다'와 같이 미래의 사실을 논제 삼아 공방을 벌일 수 있다.

사실 논제로 토론을 진행할 경우 믿을 만한 정보를 바탕으로 사실 관계를 입증하면서 자신의 주장을 펼쳐야 한다. 전문가의 의견, 목격자의 증언, 과학적 통계 자료 및 연구 결과를 근거로 제시해야 하기에 어려움이 있을 수 있다.

② 가치 논제

가치 논제는 어떠한 가치를 중시할 것인지를 논하는 논제이다. '가치 판단이 옳다 그르다', '바람직하다 바람직하지 않다', '가치가 있다 없다'를 가려서 어떤 가치를 더 우선으로 둘 지를 토론하는 것이 관건이다. 이 토론에서는 찬성 측과 반대 측이 자신의 가치를 우선으로 보는 것이 더 바람직함을 설득해야 한다. '가짜뉴스 검열은 바람직하다', '성적 우수 장학금보다 재정 보조 장학금이 가치 있다', '자녀 체벌은 교육적으로 필요하다', '학벌이 차별의 조건이 되는 것은 정당하다' 등의 예가 있다. 가치 논제는 가치관과 사고 방식의 차이를 논하는 주제로 쟁점은 진위나 사실 여부가 아니라 가치 선택의 문제다. 가치 판단의 기준을 상대와 공유하면서 특정 가치가 다른 가치보다 더 중요하다는 점을 증명해야 한다.

가치 논제의 경우 가치가 있는가 없는가와 같이 특정 주제에 대한 가치 판단을 대립의 축으로 삼기 때문에 아무리 충분한 근거를 가지고 주장을 하고 반박을 해도 서로 가치관이 다르지 않다는 것만 확인할 뿐 접점을 찾지 못하는 경우가 많다. 그러나 어떤 가치를 강요하거나 주입하려는 것이 아니라 다양한 갈등 상황에서 스스로 합리적인 판단을 할 수 있도록 사고력을 기르는 데 목적이 있기에 해답을 내리지 못했다고 해도 충분한 의미가 있다. 가치 논제로 토론을 한 경우 승패를 판가름할 때는 어느 편이 논제에 대해 쟁점을 명확히 파악하고 적절한 근거 자료를 제시했는지, 논제에 대해 충분한 이해를 바탕으로 설득력 있는 주장을 펼쳤는지를 기준으로 삼는다.

③ 정책 논제

정책 논제는 새로운 정책을 계획하는 단계에서 이를 도입할 것인지 여부를 논의하는 논제다. 특정 문제를 해결하기 위한 구체적인 방안이 무엇인지 또는 정해진 입장에 대한 구체적인 실행을 어떻게 할 것인지를 주로 다룬다. '가짜뉴스를 규제해야 한다', '동성결혼을 합법화해야 한다', '기본소득제도를 도입해야 한다', '국회의원 국민소환제를 도입해야 한다', '철도를 민영화해야 한다' 등이 있다. 국회나 기업체, 조직에서 발전 방향을 놓고 진행되는 대부분의 토론이 정책 논제에 대한 공방이다. '00정책을 도입해야 한다'와 같은 방안이 현재 갈등을 해결할 수 있는지, 이 방안의 실행 가능성은 있는지, 이 방안을 실행하는 데 긍정적인 영향과 부정적인 영향은 무엇인지 등을 논의하고, 이를 종합하여 이 방안을 실행할지 말지를 최종 판단해야 한다.

정책 논제는 우리 사회 구성원의 다수가 행복할 수 있는 바람직한 방향을 묻는 토론이다. 따라서 정책 논제는 반드시 현 상황에 대한 변화를 제안하는 찬성 측 입장을 담아 표현해야 한다. 현재 시행하고 있는 정책에 문제가 있음을 지적하고 새로운 정책이 필요하다는 주장을 제기함으로써 토론이 성립하기 때문이다. 이렇게 현재 상황을 변화시키려는 목적에서 시작한 토론은 현재의 문제를 좀 더 잘 이해하고 구체적 대안과 방법을 모색하여 합리적으로 판단할 기회를 제공하기도 한다.

논제의 유형을 분류하는 것보다 실제로 더 중요한 것은 논제에서 다루고자 하는 핵심 문제가 무엇인지 정확히 파악하는 작업이다. 왜냐하면 사실 논제, 가치 논제, 정책 논제가 경계를 넘어 복합적으로 다루어지는 경우가 많기 때문이다. 예를 들어 '원자력 발전소 가동을 중단해야 한다'와 같은 논제의 경우 '원자력 발전소는 위험하다'는 사실 판단과 '원자력 발전은 바람직하지 않다'는 가치 판단, '발전소 가동을 중단해야 한다'라는 정책 판단이 복합적으로 얽혀있다. 이와 같이 쟁점이 치열한 논제일수록 사실, 가치, 정책에 대한 판단이 복잡하게 얽혀 논쟁이 이루어지는 것을 알 수 있다. 중요한 사안을 둘러싸고 서로 다른 사실 인식과 가치 판단을 가진 사람들이 견해를 달리하고 대립하기 때문에 이것은 지극히 자연스러운 현상이다.

(3) 논제의 요건

토론의 논제를 발굴하는 작업은 매우 중요하다. 그러나 적절한 논제를 만드는 과정이 쉽지 않다. 토론하기 좋은 논제를 만들 때 고려해야 할 원칙들을 살펴보고 이를 참고해 논제를 발굴하자. 첫째, 좋은 논제는 찬성 측과 반대 측의 분명한 대립구도가 형성된 긍정문이어야 한다. '100분 토론'과 같은 텔레비전 토론 프로그램에서 흔히 사용하는 열린 질문 형식의 논제는 쟁점을 선명하게 부각하기보다 다양한 의견 제시를 도와주는 역할을 한다. 그래서 '00, 무엇이 문제인가,' '00, 해결방안은 무엇인가'와 같은 열린 질문 형식의 논제는 문제의 핵심을 건드리지 못한 채 갈팡질팡하는 토의식 논의로 전개될 우려가 크다. 따라서 논제는 찬성 측과 반대 측의 대립축이 분명해야 하고, 찬성 측 입장이 반영된 문장으로 제시되어야 한다.

둘째, 논제는 하나의 중심 생각을 담고 있어야 한다. 토론에서 두 가지 이상의 논제를 다루게 될 경우 토론의 초점이 흐려지기 쉽다. 토론에서 하나의 주장만을 다룬다고 해서 토론이 단조로워지거나 내용이 부족해질 거라고 우려할 필요는 없다. 하나의 주장이 설득력을 얻으려면 수많은 하위 주장, 이유, 근거가 뒷받침되어야 한다. 오히려 주제가 분산될 경우 하나의 주제에 대한 심도 있는 논의를 제약할 수 있다. 따라서 논제가 다루는 중심 과제는 하나여야 하며, 단문으로 명확하게 제시되어야 한다.

셋째, 논제는 토론하고자 하는 내용을 구체적이고 분명하게 담아야 한다. 토론은 한정된 시간 동안 진행되기 때문에 몇 가지 쟁점에 초점을 두어야 효율적으로 진행이 가능하다. 논제에 사용된 용어 중 불명료한 것이 있다면 토론하기 전 찬성 측과 반대 측은 해석이나 정의에 대해 의견 일치를 보아야 한다. 그렇지 않으면 쟁점이 형성되지 않거나 찬반 양측의 입장이 명확히 구분되지 않아 시간 낭비를 하는 경우가 생긴다. 이처럼 논제는 쟁점이 잘 형성될 수 있는 내용으로 구체적으로 입증 가능한 과제를 담아야 할 것이다.

넷째, 논제는 시의성을 지녀야 한다. 논제를 설정할 때 잊지 말아야 할 것은 토론의 목적이 현실의 문제점을 개선하려는 데 있을 뿐만 아니라 토론 과정을 통해 현실의 문제를 정확히 인식하고자 하는 교육적 효과에 있다는 사실이다. 따라서 논제에는 현 상황을 바람직한 방향으로 변화시키려는 사회 구성원으로서의 의도가 반영되어야 한다. 이런 논제로 진행하는 토론은 현재 우리나라에서 쟁점이 되는 주요 사안을 논의하고 이해하는 의미 있는 활동이 될 것이다.

다섯째, 논제는 공정성을 유지해야 한다. 찬성 측이나 반대 측 어느 한편에 유리하게 작용하는 표현은 배제해야 한다. 토론에서 가장 중요한 원칙은 찬성과 반대라는 입장에 상관없이 공정하고 평등한 기회가 부여된다는 점이다. 따라서 논제를 만들 때는 중립적인 입장을 유지할 수 있도록 최대한 노력해야 한다. 더불어 찬성과 반대의 논거가 풍부하고 양측 논거의 비중이 균등한 논제를 채택해야 한다.

3) 토론의 구성과 평가

토론은 통상 입론, 심문, 반론으로 구성된다. 입론은 논제에 대한 자신의 주장과 근거를 제시하여 그 주장을 정당화하는 과정이며 토론의 첫 발언에 해당한다. '정해진 논제에 대해 자기팀의 생각을 말한다'는 의미에서 발제라고 표현하기도 하며, 입론에서 펼쳐진 논점을 토대로 토론이 진행되기 때문에 토론자의 입장이 충분히 드러나야 하며, 이런 이유

로 입론을 입장표명이라고도 한다.[5]

입론을 할 때에는 토론의 배경과 쟁점, 핵심 개념의 정의 등을 먼저 말하는 것이 바람직하다. 토론자는 입론을 통해 이 논제를 토론해야 할 이유에 대해 납득할 수 있도록 소개할 필요가 있다. 이는 논제의 배경에 관련된다. 이는 이 토론이 필요하다는 점을 밝히는 과정이다. 또한 핵심 개념에 대한 정의가 필요한 이유는 그것에 대한 정의 자체가 곧 자기 팀의 주장을 받쳐주는 기초가 되기 때문이다. 그런 뒤 자신의 논지를 뒷받침하는 논거들을 체계적으로 제시한다. 이때 논거들은 모두 참이어야 하고 필요한 논거여야 하고, 또 충분해야 한다. 그리고 각각의 논거들도 필요하다면 다시 적절한 증거와 설명에 의해 뒷받침되어야 한다.

심문은 상대방 토론자의 의견을 검증하고 논리적인 오류를 찾아내는 과정이며, 이를 통해서 토론의 흐름을 주도할 수 있는 중요한 과정이다. 심문에서 상대방의 입론을 비판적으로 듣고, 이를 분석한 후 상대방이 제시한 논거들의 타당성을 따져볼 수 있다.[6] 토론은 동일한 논제를 두고 논란을 벌이는 것이므로 각자가 구사하고 있는 용어나 개념의 의미가 다르면 토론이 겉돌게 된다. 심문 과정에서 이에 대한 일치와 차이를 확인해야 하고, 앞으로의 토론 진행을 원활하게 하기 위해서는 상대 주장의 의미와 쟁점을 분명히 해두어야 한다. 이러한 심문 과정을 통해서 상대방의 주요 주장을 검증하여 토론의 질을 높일 수 있다.

심문은 자신의 논거를 상대방에게 설득할 수 있는 기회가 되거나, 상대팀이 쟁점을 벗어나는 것을 방지할 수 있는 효과가 있다. 심문을 할 때 단순히 상대방의 입장을 확인하는 질문을 피해야 한다. 또한 질문은 쟁점에 한정해 질문하여야 한다. 질문 내용이 방만하다면 상대방으로 하여금 자신의 주장을 한 번 더 청중에게 설명하는 기회를 드러낼 수 있기 때문이다. 반대로 심문받는 입장에서 염두에 두어야 할 점도 있다. 상대방의 질문에 답변을 할 때는 본인이 제시한 입론에 바탕을 두고 답변해야 한다. 또한 상대방의 질문에 대해서 최대한 성실하게 대답해야 한다. 심문은 본격적인 반론을 위한 선행 작업의 성격을 띠고 있다. 그러므로 심문 과정에서 따질 것과 반론에서 다룰 내용을 잘 선별하는 것이 중요하다.

반론은 상대의 논지의 허점을 보여주면서 자신의 주장을 강화하는 작업이다. 반론에서 상대방이 내세운 논점이 논제에서 벗어나지 않는지를 검토할 필요가 있다. 만약 상대측이 내세운 논점이 논제에서 벗어나 있다면, 그것을 분명히 추궁해야 한다. 그리고 반론에서 상대방 논지의 근거가 타당한지 따져보아야 한다. 이를 위해서는 상대 논증의 사실성, 논리성, 유관성, 충분성 등을 살펴보아야 한다. 사실성을 따지는 것은 논거들의 진위 여부, 또는 수용 가능성 여부 등을 살펴보는 것을 말한다. 논리성은 논거로부터 논지가 나오는 추론상의 과정을 살펴보는 것과 상대의 논리를 따를 때 발생할 수 있는 문제점을 살펴보는 작업을 말한다. 유관성은 논거와 논지의 연관성을 따지는 것이며, 충분성을 살펴보는 것은 논거의 불충분성을 지적하는 것을 말한다.

토론을 평가할 때는 논증력, 비판력, 표현력, 윤리성에 초점을 맞춘다. 논증력을 평가한다는 것은 주장과 논거가 명확한가, 논거는 적절한가, 논거는 충분한가, 일관되게 주장하는가, 논리적으로 전개하는가 등을 평가하는 것을 말하고, 비판력을 평가한다는 것은 상대 주장과 논거를 잘 이해하는가, 상대 논거의 문제점을 잘 지적하는가, 반론은 적절한가, 상대의 반론에 대해 잘 변론하는가 등을 평가하는 것을 말한다. 표현력은 정확하게 전달하는가, 설득력 있게 전달하는가, 목소리, 억양, 시선, 동작 처리가 적절한가 등을 말하고, 윤리성은 규칙을 준수하고 있는가, 상대 의견을 존중하고 경청하는가, 상대의 말을 중간에 자르지 않는가, 감정적인 대응을 삼가는가 등을 말한다.

4) 토론의 유형

(1) 교육 토론과 자유 토론

토론은 크게 자유 토론과 교육 토론으로 구분된다. 자유 토론과 교육 토론의 가장 큰 차이점은 엄격하게 규정된 규칙을 따르느냐 그렇지 않느냐에 있다. 자유 토론은 약식의 형태를 취하거나 형식이 없는 토론이다. 교육 토론이 발언 시간까지 엄격히 정해진 것과 달리, 자유 토론은 발언 시간이 비교적 자유롭다. 또한 자유 토론은 토론자의 발언에 제약이 적다는 특징이 있다. 토론자가 발언 순서와 시간에 구애 없이 자신이 하고 싶은 말을 할 수 있다. 그래서 수준 높은 토론자가 토론에 임할 경우 깊이 있는 생각을 청중에게 전달할 수 있다는 장점이 있다. 그러나 한 토론자의 발언 기회는 상대 토론자 발언 기회의 상실로 이어진다는 점에서 단점이 되기도 한다. 또 자유 토론은 토론의 유연성이 높다는 점이 특징이다. 교육 토론에서는 주장, 반론, 교차조사를 정해진 시간과 순서에 따라 진행해야 하지만 자유 토론은 그런 제약이 없다. 그러나 유연성이 높다는 것은 동시에 청중이 토론을 이해하기 어렵게 만드는 요소가 되기도 한다. 서로 주장을 펼치다 갑자기 화제가 전환되는 등의 상황이 벌어지면 전체 토론의 균형이 무너지기 쉽다. 이런 이유로 자유 토론이 성공적으로 진행되려면 수준 높은 토론자와 사회자가 필요하다. 사회자는 핵심 쟁점이 충분히 논의될 수 있도록 이끌고 복잡한 내용은 정리하여 청중에게 제시하며 발언이 한쪽에 편중되는 것을 막는 조정자 역할을 수행해야 한다.

교육 토론은 발언 시간, 순서가 규칙으로 명확히 정해진 토론이다. 엄격한 규정에 따라야 하기에 사회자를 따로 두지 않고도 찬성 측과 반대 측 토론자가 공평하게 발언할 기회를 보장받는다. 교육 토론에서는 해당 발언 순서마다 토론자가 수행할 역할이 정해져 있다. 교육 토론이란 명칭은 토론을 배우고 훈련할 수 있는 교육 목적의 형식을 지향하기 때문에 붙인 이름이다. 토론자는 누구나 자신의 의견을 제시하고 상대방의 의견을 반박할 기회를 보장받는다. 또한 개인의 의견이나 신념에 상관없이 찬성 측과 반대 측 중 어느 한 쪽의 입장에서 오직 논제에만 집중해 대결해야 한다. 그리고 정해진 규칙에 따라 말할 내용을 마련하면 되기 때문에 미리 토론을 준비하고 연습할 수 있다. 교육 토론을 수행함으로써 참가자는 의견을 합리적으로 교환하는 방식을 배우고 문제 해결을 위해 유연한 태도가 필요함을 배울 수 있다.

교육 토론은 형식에 따라 교차질문형 토론CEDA, 칼 포퍼식 토론, 링컨-더글러스 토론, 의회형 토론 등으로 구분된다. 수업의 상황에 따라 이 유형 가운데 하나를 선택한 후 시간, 목적, 참여 인원 등을 고려해 다양하게 적용할 수 있다. 실제로 학교 수업과 토론대회에서는 교차질문형 토론과 칼 포퍼식 토론을 가장 많이 활용하고 있기에 두 가지 유형에 대해서만 다루고자 한다.

① 교차질문형 토론CEDA

교차질문형 토론은 법정에서 진행하는 반대심문을 첨가한 것으로 핵심 쟁점에 초점을 맞추어 토론을 진행한다. 이 방식은 기존 토론 형식이 주장과 반박만으로 이루어져 있어 토론자들이 각자 자신의 주장만 내세우고 상대방 주장에 대해서 들으려 하지 않는 문제점을 보완하고자 1971년 미국 교차질문형토론협회Cross Examination Debate Association가 상호 질문을 가미해 만든 토론 형식이다.

특징은 기존 토론 형식과 달리 입론이 끝날 때마다 질문하는 시간을 편성한다. 먼저 각 팀에서 제한 시간 안에 자신들의 입장을 발표하고 난 뒤 규칙에 따라 반대심문을 한다. 반대심문이 끝나면 각각 자기 팀의 입장을 최종적으로 정리하여 요약 발표한다. 찬성 측은 핵심 사항이나 사실에 대해 짧게 묻고 반대 측은 '예', '아니오'라고 대답해야 한다. 이를 통해 찬성 측과 반대 측이 상호 교차해서 상대방이 주장한 내용에 대해 확인하고 검증하고 반박할 기회를 갖는다. 청문회나 법정토론을 떠올리면 이해하기 쉽다. 사회자는 질문과 응답의 적절성을 판단하고 제재를 가한다.

참가자들은 미리 토론 주제를 전달받고 찬성과 반대 입장을 모두 준비해서 찬반의 역할을 번갈아 수행한다. 똑같은 주제이지만 만나는 상대 팀에 따라 쟁점과 논점이 달라지며 찬성의 역할이냐 반대의 역할이냐에 따라 제시할 증거나 논증도 달라진다. 이것을 반복적으로 학습하면서 쟁점에 대한 이해의 폭을 넓히고 한층 수준 높은 토론을 경험하도록 하는 것이 교차질문형 토론의 장점이다.

② 칼 포퍼식 토론

칼 포퍼식 토론은 철학자 칼 포퍼(Karl Popper, 1902~1994)의 정신을 기리고 토론 문화 확산을 위해 창안된 토론 방식이다. 칼 포퍼의 정신은 비판적 합리주의로 대변되는데, 지속적인 비판적 논의가 오류를 개선하며 점진적으로 진리에 다가가도록 돕는다고 믿었다. 간단히 말해 인간은 항상 틀릴 수 있기 때문에 비판에 대해 열린 마음을 가지고 의식적으로 오류를 계속 교정해 나가면서 배우고자 하는 태도를 강조한 것이다.

칼 포퍼식 토론은 3명이 한 팀으로 구성되며 찬성 측과 반대 측이 각각 한 번의 입론과 두 번의 반론을 하는데, 입론과 첫 번째 반론에 대해 상대팀이 질문하는 시간이 이어진다. 이 토론은 팀원 간 의사소통이 특히 중요하다. 찬반 양측의 토론자 중 첫 번째 반론을 담당하는 토론자는 다른 두 토론자와 달리 단 한 번의 발언 기회가 있기 때문에 상대적으로 상대측 토론자의 발언을 듣는 시간이 많다. 상대측 주장에 대해 검증하고 반박할 수 있도록 팀원을 도와주고 조력하는 역할이 필요하다. 또한 입론에 비해 반론과 심문 시간을 많이 편성해 놓은 것은 자기 팀 주장에 집중하기보다 상대 팀 주장을 잘 듣고 철저히 검증하는 데 중점을 두었다는 의미이기도 하다.

2. 토론의 실제

1) 토론 준비

다음 사례는 학생의 '안락사(존엄사), 어떻게 볼 것인가?'에 대해 토론을 하기 위한 준비 과정이다.

(1) 발상과 생성

발상은 말하는 이가 듣는 이에게 말하고자 하는 주제를 결정짓는 단계를 말하며, 생성은 관련 자료를 수집, 검토, 선별하여 주제를 뒷받침할 수 있는 효과적인 정보들을 구성할 수 있도록 생각의 단위들을 구체화시켜 나가는 단계를 말한다.

① 가주제: 안락사(존엄사), 어떻게 볼 것인가?

② 문제의식(쟁점)

㉠ 안락사, 본인의 자율적 선택인가 타율적인가?

㉡ 안락사, 환자의 고통을 덜어주는 치료 행위인가 타자에 의한 자살인가?

㉢ 안락사, 환자의 의사표현이 불가능한 상황에서의 추정 동의는 정당한가?

㉣ 안락사, 환자의 고통경감을 위한 올바른 수단인가 생명권의 박탈에 불과한가?

③ 사실 논거

㉠ 한국에서 10개월 가까이 인공호흡기에 의존해 연명하고 있는 환자(76세, 여성)에게서 법원이 환자의 연명치료 수단인 인공호흡기를 제거해 달라는 환자 가족들의 요청을 받아 들여 병원은 인공호흡기 제거를 요구하는 가족들의 요청에 응할 의무가 있다고 판결을 내렸다.

㉡ 인공호흡기만 제거했던 캐런 퀸란은 존엄사 시행 뒤에도 무려 9년이나 더 살았다. 퀸란은 1975년 친구 생일파티에서 놀다가 혼수상태에 빠져 식물인간이 됐다. 6개월 입원 뒤 의사가 소생불가 진단을 내리자 퀸란 부모는 인공호흡기 제거를 요청하며 소송을 냈다. 하급법원에서는 인공호흡기 제거가 살인행위라며 기각했지만, 뉴저지주 대법원은 의사와 병원 동의를 전제로 인공호흡기 제거를 허가했다. 이에 따라 1976년 인공호흡기가 제거됐지만, 퀸란은 9년 동안 혼수상태로 살아 있다가 1985년 폐렴을 제대로 치료하지 않아 감염 합병증으로 사망했다.

㉢ 식물인간인 아들의 인공호흡기를 강제로 떼어내 숨지게 한 50대 아버지에 대한 기사

㉣ 1930년, 조직화된 안락사 운동에 활기를 불어넣었다. '안나 베커'는 전직 간호사로서, 몇 년 전 교통사고로 심한 부상을 입고 심한 고통으로 하루하루를 살아가고 있었다. 이에 카운티 의학 협회에 편지를 보내 "저는 죽고 싶습니다. 능력 있는 의사라면 내가 한 시간 동안 당하는 고통보다 훨씬 적은 고통으로 저를 죽여 줄 수 있을 겁니다."라는 의견을 적어 보냈다. 소원은 이루어지지 않았지만, 이후 적극적인 안락사 찬성 운동이 활발히 전개되었다.

㉤ 2년 전 5살 때부터 백혈병을 앓아오던 영국의 13살 소녀 한나가 존엄하게 죽을 권리를 달라며 심장이식수술을 거절하며 호소한 사건이 있었다. 영국은 안락사를 법으로 금지하고 있지만, 소녀의 강한 의지에 소송을 철회했다. 영국의 환자들은 '공격적인 치료'를 거부할 수 있고 자신의 생명이 위험해지거나 자기의사를 말할 수 없게 되는 상황에 대비해 치료 거부 의사를 밝히는 '사망유언'을 선택할 수 있다. 법으로는 안락사를 금지하고 있지만 사회적으로는 용인되는 분위기이다.

㉥ 미국 연방 대법원은 올해 15년간 식물인간으로 살아오던 테리 시아보의 급식 튜브를 다시 연결시켜 달라는 부모의 청원을 기각했다. 의료진은 1~2주 안에 죽음을 맞을 것이라고 보았다. 남편 측에서는 의식이 있을 때 인위적으로 생명을 연장하고 싶지 않다는 뜻을 분명히 밝혀왔다며 안락사를 주장했지만 그녀의 부모들은 반사적인 두뇌활동만 할 뿐인 그녀의 상태로 미루어 보아 회복이 불가능하다는 의료진의 말에도 "딸의 의식이 돌아올 수 있다."며 안락사를 반대했다. 후에 정치적인 개입 등의 문제가 있었지만, 다시 급식튜브를 꽂게 되었다.

㉦ 대법원이 제시한 존엄사의 허용기준은 의식의 회복 가능성이 없을 것, 생명과 관련된 중요한 생체 기능의 상실이 회복 불가능 할 것, 신체 상태에 비춰 짧은 기간 내 사망 할 수 있음이 명백할 것, 환자의 '연명치료 중단 의사'가 있을 것, 이 네 가지 조건을 모두 충족시키는 한에서 존엄사를 허용하고 있다.

④ 핵심용어 정리

㉠ 안락사: 생존의 가능성이 없는 병자의 고통을 덜어주기 위하여 인위적으로 죽음에 이르게 하는 일

㉡ 적극적 안락사: 죽음에 임박한 환자의 격심한 고통을 제거하기 위해 직접 그의 생

명을 박탈하는 안락사
ⓒ 소극적 안락사: 생명 연장적 치료를 하지 않거나 생명 유지 장치를 중단하는 것
ⓔ 추정 동의: 환자가 스스로 안락사에 대한 결정을 내릴 수 없는 상태일 경우 가족과 지인들이 환자의 평소 안락사에 대한 인식을 바탕으로 안락사 시행을 결정하는 것

첫째, 토론에서 주제 설정은 주장하고자 하는 바를 명확하게 준비하는 첫 단계이다. 가주제는 '안락사(존엄사), 어떻게 볼 것인가?'이다. 가주제는 말하는 이가 새로 가공해야 하는 진주제의 방향성을 제시하는 것이다. 위 사례에서 제시된 가주제는 의료적 행위의 일환으로 행해지는 안락사(존엄사) 시행을 어떻게 볼 것인가에 초점을 맞추도록 주제 범위를 제한하고 있다.

'안락사(존엄사), 어떻게 볼 것인가?'는 생명 윤리적 관점, 법적 관점, 의료적 관점, 사회적 관점 등 다양한 관점에서 논의될 수 있다. 따라서 말하는 이는 자신의 관점과 주장이 명확하게 제시될 수 있도록 가주제를 한정하여 진주제를 도출해 내야 한다. 그런데도 위 사례에서는 가주제를 그대로 차용하고 있어 발표자의 주제 의식이 분명하게 드러나지 않고 있다. 서론에서 도출한 "안락사(존엄사)를 시행해야 한다."는 주제 의식 역시 피상적이다. 존엄사 시행 현황을 염두에 둘 때, 존엄사를 시행해야 한다는 주장은 더 세분화하여 논의되어야 한다. 소극적으로는 존엄사 시행을 사회적으로 용인하자는 입장으로 그 의미가 한정될 수 있고, 적극적으로는 존엄사 시행을 사회적 용인을 넘어서 법제화해야 한다는 입장으로 그 의미가 확대 될 수 있다. 따라서 말하는 이는 존엄사 시행을 사회적으로 용인하자는 입장을 취할 것인지, 미국의 '자연사법Natural Death Act'과 '존엄사법The Oregon Death with Dignity Law', 프랑스의 '인생의 마지막에 대한 법안'과 같이 우리나라에서도 안락사 시행을 법제화해야 한다는 입장을 취할 것인지 그 경계를 명확히 제시해야 한다. 법적 제재를 가하지 않는 것과 합법적인 행위로 명문화한다는 것은 법적 차원에서는 분명 차이가 있다. 실제 우리나라에서 존엄사와 관련된 법적 공방의 핵심은 그것의 시행 여부가 아니라 존엄사가 법적 판단에 의거하기보다 환자와 가족, 의료진의 합리적 결정 과정에 따라 시행해야 한다는 데 있었다는 사실을 간과해서는 안 된다.

둘째, 주제를 설정한 후에는 설정한 주제를 심화시키고 주제를 뒷받침할 수 있는 근거들을 효율적으로 마련하기 위해 토론문의 골격을 구성하는 주요 생각의 집합들을 정리해야 한다.

주제를 잘 드러내기 위해 사고의 범주와 설득의 수단을 발견해 가는 과정을 거쳐야 한다. 그런데 학생들의 말하기 준비 과정에서는 주제를 심화시키기 위한 과정이 생략되어 있다. 대신 주제를 심화시키기 위한 일환으로 쟁점 분석을 시도하였다. 쟁점 분석은 청중의 반응을 예견하고 이에 적절하게 대응하기 위한 준비 과정이다. 이러한 쟁점 분석과정

은 토론에서 상대의 반론에 적극적으로 대응할 수 있는 전략적 방안으로 활용될 수 있다. 앞에서 학생들이 도출한 네 가지 쟁점은 성격을 고려할 때 두 유형으로 나눌 수 있다. ㉠과 ㉢은 안락사 시행의 주체 및 방법적 정당성 여부와 관련된 쟁점이며, ㉡과 ㉣은 안락사의 의료적 행위로서의 정당성 여부와 관련된 쟁점이다.

문제는 주제를 '안락사(존엄사)를 시행해야 한다.'로 한정할 때, ㉢을 제외하고는 모두 주제와 무관하다는 점이다. 존엄사는 환자가 질병으로 인해 돌이킬 수 없는 죽음의 상황에 임박했을 때 자연적인 죽음을 맞이할 수 있도록 무의미한 연명 치료를 중단하는 것이다. 즉, 존엄사는 고통 경감을 위한 치료적 행위가 아니라 자연적인 죽음을 맞이하도록 치료를 중단하는 행위이다. 따라서 존엄사가 과연 치료 행위일 수 있는가에 대한 논의는 애초부터 무의미한 것이 된다. 또한, 돌이킬 수 없는 죽음에 임박한 상황이란 환자의 의식이 없는 뇌사 상태나 의식은 있으되 활동을 전혀 할 수 없는 식물인간 상태를 지칭하는 것으로 환자의 자율적 선택 여부 역시 쟁점이 되지 못한다. 환자의 존엄사 시행에 대한 자율적 선택 여부는 환자의 사전 행위나 언사에서 유추할 수 있는 '추정 동의'와 환자가 의식이 있는 상태에서 작성한 '의료 유언장'의 정당성 여부와 관련하여 부분적으로 논의될 수 있는 사안일 뿐이다.

학생들이 분석한 쟁점은 상당부분 주제를 벗어나 있다. 학생들이 쟁점을 제대로 분석하지 못한 이유는 두 가지다. 하나는 토론하고자 하는 주제를 명확히 인지하지 못했기 때문이고, 다른 하나는 주제를 구성하고 있는 하위 범주들에 대한 사전 조사 과정이 미비하여 하위범주들에 대한 체계적인 인식이 제대로 이루어지지 않았기 때문이다.

"안락사(존엄사)를 시행해야 한다."는 주제를 구성하고 있는 하위 범주들에 대한 인식을 심화시키기 위해서는 안락사(존엄사) 시행의 인권적·의료적 타당성 여부를 중점 사안으로 설정하여 시행의 정당성을 호소하는 것이 적합하다.

범주	내용
존재와 비존재	존엄사를 실질적으로 시행하고 있는가?
공간적 속성	존엄사를 시행하고 있는 나라는 어디인가?
시간적 속성	존엄사는 언제부터 시행되었으며, 존엄사 시행의 전망은 어떠한가?
움직임과 행동	존엄사의 시행 절차와 방법은 어떠한가?
본질과 정의	존엄사를 시행하는 목적은 무엇인가?
변이성	존엄사 시행에 대한 사회적 인식은 어떻게 변화해 왔는가?
위력	존엄사 시행의 파급적 효과는 무엇이며, 그 정도는 어떠한가?
요망성	현재 시행되고 있는 존엄사는 과연 바람직한가? 바람직하지 않다면 바람직한 방향으로 나아갈 수 있는 가능성은 있는가? 그 방법적 대안은 무엇인가?
실현 가능성	존엄사는 목적에 맞게 시행될 수 있는가?

주제와 관련한 주요 쟁점은 '본질과 정의', '변이성', '위력', '요망성', '실현 가능성' 등의 사고 범주에서 도출할 수 있다. '본질과 정의', '요망성'에서는 안락사의 윤리적·법적 정당성 여부가, '변이성'에서는 존엄사 시행에 대한 사회적 합의의 정도가 쟁점이 될 수 있다. 또한 '움직임과 행동', '실현 가능성'에서는 시행 절차의 정당성 여부와 오·남용될 가능성과 그로 인한 사회적 파장에 대한 이견이 주요 쟁점이 될 수 있을 것이다.

반면, '안락사(존엄사) 시행'을 정책적 대안으로 제시하고자 한다면 다음과 같은 내용을 검토해 볼 필요가 있다.

범주	내용
문제	존엄사를 시행해야 하는가?
심각성과 본질성	존엄사 시행을 합법화해야 할 필요성은 무엇인가?
해결력	존엄사를 합법화했을 경우 어떠한 긍정적 효과를 얻을 수 있을 것인가?
실현가능성	존엄사는 그 본의에 맞게 실현될 수 있을 것인가? 실현 가능한 방법은 어떠한 것인가?
부작용	존엄사를 합법화했을 때 나타나는 부작용은 무엇인가? 부작용을 막을 수 있는 해결책은 있는가?

대안 제시 과정에서 도출할 수 있는 쟁점은 앞의 과정에서 도출한 쟁점과 더불어 법조계와 의료계의 역할 분담의 경계와 책임성 여부를 가리는 기준 설정의 경계이다.

셋째, 자신의 견해를 뒷받침할 수 있는 논거들을 적절한 기준에 의해 선별한 뒤 논의 전개에 따라 적절하게 운용해야 한다. 그런데 학생들이 논거로 활용하기 위해 수집한 '사실 논거' 중 일부는 주제를 벗어나 있다. 사례 ④는 적극적 안락사와 관련된 논거들로 주제와 무관하다. 사례 ⑦과 사례 ①에서 언급한 대법원 판결문은 '소견 논거'다. 주제에 의거해 볼 때 학생들은 사실 논거와 더불어 이러한 소견 논거들을 수집하는 데 역점을 두어야 했다. 예컨대, '자기 결정권'의 법적 근거가 되는 헌법 제10조(모든 국민은 인간으로서의 존엄과 가치를 가지며 행복을 추구할 권리를 가진다.)와 법적 해석에 대한 이견들, ⑦의 대법원 판결문에 부가된 대법원의 시행 방법에 대한 권고 사항(연명 치료 중단은 반드시 법원의 중재를 구해서 결정해야 한다. 향후 비슷한 사례에서는 무의미한 연명 치료 중단은 법원을 거치지 않고 병원 내 윤리위원들을 거치는 것이 바람직하다.) 등에 대한 자료들에 대한 조사가 부가되어야 한다. 이 외에 언론 매체에서 시행한 존엄사 시행에 대한 설문조사 결과, 의료계에서 제시하고 있는 '존엄사 관리 지침', '사전 의료 지시서(의료 유언장)', '공정한 존엄사 판결위원회', '윤리위원회' 등 역시 중요한 논거들로 활용될 수 있다.

넷째, 핵심 용어에 대한 개념 정의를 사전에 파악해 두는 것 또한 토론 준비과정에서 중요하다. 위 사례에서 학생들은 주요 개념으로 '안락사', '적극적 안락사', '소극적 안락사', '추정 동의'에 주목하였다. 그런데 정작 중요한 '존엄사'에 대한 개념 정의는 배제되어 있다.

(2) 배열과 조직

배열은 자신이 말하고자 하는 내용을 논리적으로 조직하기 위해 정보들을 적절하게 배치하는 과정이다. 곧 무엇을 어떻게 말할 것인가에 대한 계획을 구체적으로 수립하는 과정이라 할 수 있다. 반면 조직 단계는 말의 흐름과 짜임새를 고려해 정보들을 체계적으로 구성하는 과정으로 콘텐츠의 골격을 완성하는 과정이라 할 수 있다. 배열과 조직 단계는 실제 토론 준비 과정에서 순차적으로 진행되기도 하며 동시에 수행되기도 한다. 따라서 배열과 조직 단계는 정보를 효과적으로 구성하는 과정이라는 측면에서 동일한 개념이라 할 수 있다.

배열과 조직 단계에서는 정보들을 어떻게 적절하게 배열하여 주제를 구체화시킬 것인지를 모색하면서 전체 얼개를 작성해야 한다. 이때 주제의 일관성, 정보의 통일성, 배열의 논리성이 잘 드러나도록 조직해야 한다.

토론에 앞서 말하고자 하는 내용의 전체 얼개를 구성하도록 권고하나, 실제로는 잘 이루어지지 않고 있다. 다음 사례는 학생들이 작성한 토론 준비문을 토대로 분석한 개요서이다.

[사례]

주제: 안락사(존엄사) 시행은 허용되어야 한다.

Ⅰ. 서론
1. 안락사, 적극적 안락사, 소극적 안락사, 추정 동의 개념
2. 안락사 시행을 허용해야 한다.

Ⅱ. 본론
1. 환자는 도덕적·법률적으로 의학적 치료를 거부할 권리가 있다.
2. 안락사는 참을 수 없는 고통에 직면한 말기 환자에 대한 치료 행위다.
3. 안락사에 대한 사회적 통념이 안락사 허용 쪽으로 기울고 있다.
4. 안락사는 환자보호자가 받을 정신적, 경제적 부담을 줄일 수 있다.
5. 절차적 정당성을 확보한다면 안락사는 허용될 수 있다.
6. 치료가 무의미한 경우에는 안락사가 시행되어야 한다.
7. 인간적 존엄이 없는 상태의 유지는 오히려 인간의 존엄성을 거스르는 행위다.

Ⅲ. 결론

본론의 1, 2, 6은 적극적 안락사에 대한 논의로 주제에서 벗어나 있다. 주제와 관련해서 1에서는 '자기 결정권'이 아닌 '추정 동의'에 대한 논의를 해야 한다. 정작 서론에서 추정 동의에 대한 개념 정의를 하고서도 본론에서는 전혀 언급이 없다.

본론의 3, 4는 주제와 관련하여 중요한 논의임에도 불구하고 주장을 뒷받침할 수 있는 근거를 전혀 제시하지 못하고 있다. 3의 경우, 언론 매체와 연구 기관에서 일반 시민을 대상으로 시행한 '안락사 시행에 대한 찬반 여론 조사' 결과를 공포한 바 있고, 의료계에서 현실적인 존엄사 시행 지침 방안들을 제시한 바 있기에 좀 더 관심을 가지고 근거를 찾고자 했다면 가능한 일이었다. 4 역시 언론 매체에서 환자 가족들의 고충을 다각적으로 소개한 바 있다.

본론 5에서는 말하는 이의 주장이 한걸음 유보되었다. 안락사 시행의 방법적 정당성을 일관되게 주장해야 함에도 불구하고 안락사 시행 절차상의 문제점을 스스로 인정하고 있다. 의료계와 법조계에서 안락사의 오남용을 막기 위해 마련한 시행지침서에 대한 조사가 이루어지지 않은 결과다. 본론 5는 본론 1에 대한 구체적 실천방안을 제시하고자 하였다. 본론 5는 존엄사 시행 여부에 대한 찬반 견해들이 충돌하는 주 쟁점 사안이다. 따라서 말하는 이는 자신의 주장을 강화하기 위해서 의료계에서 제시하고 있는 '사전 의료 지시서', '소비자 중심의 의료 환경 변화'를 논거로 제시해야 한다.

본론 7에서 말하는 이는 존엄사에 대해 윤리적 관점에서 그 타당성을 제기하고자 하였다. 관련 소견 논거를 적절히 활용해 논리적으로 제시되어야 할 부분임에도 불구하고 피상적인 견해 제시에 머무르고 있다.

이상으로 학생들의 정보 배열은 일정한 기준 없이 산발적으로 이루어져 있음을 알 수 있다. 학생들이 설정한 주제와 관련해 활용할 수 있는 정보와 배열은 6, 3, 5, 7 순으로(혹은 7, 3, 6, 5 순으로) 가닥을 잡고 존엄사 시행의 정도(허용 혹은 법제화), 존엄사 시행의 오용, 악용 가능성과 그 해결책에 대한 정보들을 부가하여 배열해야 할 것이다.

토론문 도입부는 청중의 관심을 유도하고 말하고자 하는 목적을 분명히 전달할 수 있도록 구성되어야 한다. 그런데 위 사례에서는 주요 개념을 소개하는데 머물고 있다. 청중에게 흥미를 유발할 수 있는 관련 사례를 간단히 소개하거나, 주제 선정의 주변적 배경이나 발표 의도 등을 부가하여 구성하는 것이 좋다.

토론문 종결부는 본론의 내용을 요약 정리하는 한편, 주장하고자 한 바 의도를 청중에게 마지막으로 각인시킬 수 있도록 구성되어야 한다. 따라서 위 사례와 같이 본론의 내용을 요약하는 것에 한정하여 마무리할 것이 아니라, 향후 발전적 대안과 전망을 제시하거나, 주장하고자 한 의도를 환기시키며 공감적 연대를 호소하는 방식을 적절하게 추가하여 인상적으로 구성하는 것이 좋다.

(3) 입론 쓰기

토론 준비의 마지막 단계는 배열된 정보를 효과적으로 전달하기 위한 언어적 표현 단계이다. 말은 글과 달리 시간적 제약이 따르기 때문에 정보 전달에 일정한 한계를 갖는다. 듣는 이의 이해 속도가 전달되고 있는 말의 속도를 따라가지 못하더라도 듣는 이는 말을 되돌려 들을 수 없다. 따라서 토론에서는 듣는 이가 전달되는 내용을 잘 파악할 수 있도록 배려해야 한다.

토론에서 전달하고자 하는 바를 명료하게 전달하기 위해서는 간결하고 쉬운 문장으로 표현해야 하며 문장이 지나치게 길지 않도록 유의해야 한다. 쉬운 문장으로 표현해야 한다는 것은 도식적이고 정형화된 표현을 의미하는 것이 아니다. 말하는 이의 개성과 사고가 집약된 독창적인 표현을 하기 위해 지속적으로 노력해야 한다.

글이 표현의 정확성을 강조한다면, 말은 표현의 정확성보다 전체 맥락을 중요시한다. 말하는 과정에서 일부 문장이 문법에 어긋나고 문장 간의 연결이 논리적이지 못하더라도 청중들은 표현되는 전체 맥락을 중심으로 메시지를 수용한다. 따라서 토론에서는 각 단락의 조화가 각 개별 문장의 완벽성보다 더 중요하게 다루어져야 한다. 뿐만 아니라, 정보를 전환하고자 할 경우 청중들이 그 흐름을 잘 파악할 수 있도록 정보 간의 연계성을 미리 제시해야 하며, 정보의 한 덩어리가 객관적 사실과 주관적 의견이 결합되어 있을 경우 사실과 의견의 관계가 잘 드러나도록 분명하게 표현해야 한다.

[사례]
주제: 안락사(존엄사), 시행해야 한다.

안녕하십니까? 기조 발언에 들어가기 전에 용어 정의를 내리겠습니다. 안락사란 생존의 가능성이 없는 병자의 고통을 덜어주기 위하여 인위적으로 죽음에 이르게 하는 일을 말합니다. 안락사에는 적극적 안락사와 소극적 안락사가 있습니다. 적극적 안락사란 시기에 임박한 환자의 격심한 고통을 제거하기 위해 직접 그의 생명을 박탈하는 안락사를 말합니다. 또 소극적 안락사란 생명 연장적 치료를 하지 않거나 생명 유지 장치를 중단하는 것을 말합니다. 마지막으로 추정 동의란 환자가 스스로 안락사에 대한 결정을 내릴 수 없는 상태일 경우 가족과 지인들이 환자의 평소 안락사에 대한 인식을 바탕으로 안락사 시행을 결정하는 것을 말합니다.

2009년 한국에서 첫 존엄사 시행이 이루어졌습니다. 한국인들의 존엄사에 대한 관심이 날로 높아지고 있습니다. 시대가 변함에 따라 유교사상을 가진 한국에서도 안락사에 대한 인식이 긍정적으로 변하고 있습니다. 이에 존엄사에 대한 찬성 의견을 알아보겠습니다.

첫 번째로 인간은 '자기 결정권'을 가지고 있습니다. 자기 결정권이란 대한민국 헌법상의 권리로 일정한 사적 사항에 관하여 스스로 결정할 수 있는 자의적 권리를 의미하는 것입니다. 환자들은 도덕적·법률적으로 의학적 치료를 거부할 권리가 있습니다. 권리의식의 성장으로 인해 인간은 삶과 죽음에 대한 권리를 주장하여 죽을 권리가 있으며, 안락사를 선택할 권리도 있다고 여깁니다. 비록 그 결정이 어리석은 결정이라 하더라도 환자의 권리는 존중되어야 합니다.

두 번째로 안락사는 치료행위 중 하나입니다. 안락사의 주목적은 환자의 고통 경감에 있고 환자가 참을 수 없는 고통에 직면한 경우 환자는 삶과 죽음이 아닌 고통으로부터 자유로운 죽음과 고통에 찬 죽음이냐의 선택이므로 적극적 안락사는 그러한 상황에서의 치료행위가 될 수 있습니다. 또한 고통 때문에 인간으로서 존엄성을 거스르는 극단적 결정을 피할 수 있도록 도와야하며 안락사는 말기 환자가 의식을 가지고 죽음을 맞아들일 수 있도록 돕기 위한 최소한의 노력입니다. 안락사는 최후의 치료수단입니다. 진통제나 명상 등은 호전 가능성이 있는 환자에게 해당되는 것입니다. 그런 기본적인 치료들이 더 이상 그 효능을 발휘하지 못하게 되었을 때 안락사는 불치의 말기 안락사 환자들에게 대안적 치료의 하나로 제안될 수 있습니다.

세 번째로 안락사에 대한 사회적 통념이 찬성 쪽으로 기울고 있습니다. 모든 인간은 합리적으로 사고할 수 있는 능력을 지니고 있습니다. 각자의 능력을 통해 도출된 합리적 의견이 안락사 허용 쪽으로 기울고 있다는 것은 안락사가 가지는 이점의 합리성(가족들의 경제적 부담 해결, 환자의 고통해소, 병원의 관리문제 해결)이 충분하다는 것을 의미하므로 충분히 고려될 가치가 있습니다.

네 번째로 환자보호자가 받을 정신적, 경제적 부담을 줄일 수 있습니다. 고통스러워하는 환자를 지켜볼 수밖에 없는 가족들은 심적으로 부담을 느끼게 됩니다. 또 의미 없는 치료가 계속되다 환자가 사망하게 된다면 환자 가족들은 큰 경제적 부담까지 가지게 됩니다.

다섯 번째로 절차적 정당성을 확보한다면 안락사는 허용될 수 있습니다. 의사가 환자의 극심한 고통상태를 확인하는 진단을 내리고 환자가 자신의 상태를 알고 안락사 희망의사를 말하며 병원의 생명윤리위원회에서 안락사시술에 대해 의견교환을 펼치며 의사는 안락사 여부와 시술방법 선택에 대해 협의하고, 환자에게 의사번복의 기회를 주고, 의사에 의해 의학적 인도적 방법으로 시술하여 모든 과정은 기록에 남깁니다.

여섯 번째로 치료가 무의미한 경우에는 안락사가 시행되어야 합니다. 치료가 무의미한 정도에 이르렀을 경우 말기 환자에게 가해지는 연명 장치들이 오히려 환자에게 고통만 가중시키고 그 고통의 시간이 연속되는 죽음의 과정으로 환자 자신에게는 오히려 비인간적이며, 인간으로서의 진정한 품위를 상실케 합니다. 적극적 안락사는 죽음의 인도적 행위입니다. 죽음의 순간에 임박한 불치병 환자의 경우 생명의 시간적 단축은 의미가 없으며, 고통을 줄이기 위한 직접적 생명 단축도 좋은 목적에서는 시행될 수 있습니다.

일곱 번째로 인간적 존엄이 없는 상태의 유지는 오히려 인간의 존엄성을 거스르는 행위입니다. 인간은 자유 의지와 이성을 지닌 인격체로서 자기의 생존 또는 행위의 의미를 이해하고 자유로이 자기 나름대로의 생존 방법을 택할 수 있다는 데 인간으로서의 의미를 갖습니다. 따라서 만일 그러한 능력이 없고 인격의 표지는 찾아 볼 수 없는, 단순한 생물학적 생명만을 지닌 식물인간과 같은 존재라면 인간의 외형을 지녔으나 특별한 가치는 부여하기 어렵고, 인간적인 존엄을 가졌다고 할 수 없기 때문에 그러한 상태를 계속 유지하는 것이 오히려 인간으로서의 존엄성을 거스르는 것입니다.

마지막으로 저희의 입장을 정리하면 환자의 자기 결정권에 대한 권리, 안락사를 치료 행위의 하나로 보는 것, 안락사의 사회적 통념이 긍정적으로 바뀌고 있다는 점, 환자 보호자가 받은 정신적, 경제적 부담을 줄일 수 있다는 점, 말기 환자의 무의미한 치료에 대한 하나의 해결책으로 안락사는 죽음의 인도적 행위라는 점, 인간의 존엄성을 해치지 않는다는 점을 들어 안락사 시행을 찬성한다는 입장입니다.

위 토론문은 소주제들을 개괄식으로 나열하고 있다. 토론에서 자신이 말하고자 하는 바를 질서정연하게 제시하기 위해서는 개괄식이 효과적일 수 있다. 그러나 말하고자 하는 정보를 개괄식으로 나열할 경우 정보들 간의 관계가 분명하게 전달되기 힘들고, 다소 도식적인 느낌을 주어 청중의 관심을 지속시키는 데는 일정한 한계가 있다. 따라서 토론문에서는 자신의 생각을 담은 핵심문장을 단락 첫 문장에 배치하는 두괄식 표현이 효과적이다.

위 토론문의 가장 큰 문제점은 중요한 논거가 정확하게 표현, 전달되지 못하고 있고, 사실과 의견이 뒤섞여 표현되어 있다는 점이다. 서론에서 "2009년 한국에서 첫 존엄사 시행이 이루어졌습니다."라 하였다. 그런데, 사실상 우리나라에서 존엄사가 처음으로 시행된 시기가 2009년도인지는 명확하지 않다. 단지 2009년에 처음으로 대법원에서 존엄사 시행이 합법적임을 판결하였다는 사실을 확인할 수 있을 뿐이다. 대법원에서 존엄사를 합법적인 행위로 인정한 시점을 존엄사 시행 원년으로 제시하고자 했다면 그 근거를 상세히 제시해야 한다. 또한, 서론 말미에서 "시대가 변함에 따라 유교사상을 가진 한국에서도 안락사에 대한 인식이 긍정적으로 변하고 있습니다."라는 발언에서도 유교사상이 존엄사를 인정하지 않는다는 근거 제시가 전혀 없다.

본론의 첫 번째 주장에서 말하는 이는 "자기 결정권이란 대한민국 헌법상의 권리로 일정한 사적 사항에 관하여 스스로 결정할 수 있는 자의적 권리를 의미하는 것입니다."라 하였는데, 논거로 제시한 헌법상의 권리 조항을 정확하게 명시해야 함에도 불구하고 전혀 언급하지 않았나. 또한 존엄사 시행의 주 논거로 제기한 '자기 결정권'은 헌법 10조의 법적 해석에서 유추된 권리로 아직 논란이 되고 있는 부분이므로 마치 헌법에 명시된 권리로 단정하여 표현해서는 안 되는 사안이다.

두 번째 주장에서는 "안락사는 치료 행위 중 하나입니다."라 주장하였다. 그런데 말하는 이가 이 대목에서 제기한 치료에 대한 개념은 여섯 번째 주장에서 제기한 치료 개념과 다르게 설정되어 있다. 이 경우 주장에 앞서 치료의 개념에 대해 먼저 설명하거나 오해의 여지가 없도록 부가 설명을 하며 신중하게 전달해야 한다.

말하는 이는 세 번째로 "안락사에 대한 사회적 통념이 찬성 쪽으로 기울고 있습니다."라 주장하였다. 그런데 자신의 주장을 뒷받침할 수 있는 근거를 전혀 제시하지 않았다. 더구나 말미에서 안락사 시행에 대한 긍정적 여론을 "안락사가 가지는 이점의 합리성이 충분하다."고 판단할 수 있는 근거라 하였는데, 대상에 대한 사회적 합의가 대상의 합리성을 가리는 기준이 될 수는 없다.

또한 "절차적 정당성을 확보한다면 안락사는 허용될 수 있습니다."라 주장하였다. 그런데 이후 전개되는 내용은 안락사의 절차 과정을 소개하는 것으로 논의가 제한되어 있다. 사실 논거에 대한 비판적 분석이 뒤따라야 함에도 불구하고 전혀 제시하지 못한 것이다. 또한 절차적 정당성 확보를 위한 구체적 대안을 제시해야 함에도 불구하고 역시 제시하지 못하고 있다.

토론의 결론은 본론에서 제시한 소주제들을 재확인하는 방식으로 구성되어 있다. 이 경우 각 문장을 동일한 표현방식으로 구성하여 일정한 리듬을 가지고 반복되도록 하는 것이 더 효과적일 수 있다. 예컨대, "이상으로 저는 환자는 존엄사의 주체로 엄연히 자기 결정권을 가지고 있다는 점, 안락사는 명백한 치료 행위의 하나라는 점, 안락사에 대한 사회적 통념이 긍정적으로 변화하고 있다는 점, 안락사는 환자 보호자의 정신적, 경제적 부담을 줄일 수 있다는 점, 안락사는 죽음으로 인도하는 대안적 치료 행위라는 점, 안락사는 결코 인간의 존엄성을 해치지 않는다는 점을 들어 안락사를 시행해야 한다는 주장을 펼쳤습니다."와 같이 표현할 수 있다. 이 경우 반복된 리듬을 종결할 수 있는 마무리 발언이 필요한데, 안락사 시행의 의의나 안락사 시행의 당위성을 피력하면서 청중의 공감을 이끌어 낼 수 있도록 정서적으로 호소하는 것도 한 방법이다.

2) 토론하기

토론의 형식은 다양하다. 교육적 목적에 따라 다양한 유형 가운데 하나를 활용할 수 있는데, 이 자리에서는 부산대학교 독서토론대회 형식인 칼 포퍼 토론 형식을 제시하였다. 이 형식으로 진행된 제3회 부산대학교 독서토론대회 준결승전 토론을 수록하여 토론 절차와 방법에 대한 이해를 도모하고자 한다. 대상도서는 스타인 베블런의 『유한계급론』(우물이 있는 집, 2012)이다.

칼 포퍼 토론 형식

찬성 측(긍정)			반대 측(부정)		
갑	을	병	갑	을	병
①입론 (5분)					
				②심문 (4분)	
			③입론 (5분)		
	④심문 (4분)				
숙의 시간(4분)					
		⑤반론 (5분)			
			⑥심문 (4분)		
					⑦반론 (5분)
⑧심문 (4분)					
숙의 시간(4분)					
				⑨반론 (최종발언) (5분)	
	⑩반론 (최종발언) (5분)				

- 논제: 자본주의 사회에서 유한계급은 부정적인 존재인가?
- 찬성 측: 프론티어
- 반대 측: 리딩 닥터스

사회자: 안녕하십니까? 이번 토론의 논제는 '자본주의 사회에서 유한계급은 부정적인 존재인가?'입니다. 찬성 측의 팀 이름은 프론티어이며, 반대 측의 팀 이름은 리딩 닥터스입니다. 토론 방식은 부산대학교 제3회 독서토론대회 토론 모형이며, 발언 시간은 찬성 측 각각 5-4-5-4-5분, 반대 측 각각 4-5-4-5-5분입니다. 숙의 시간은 2회 4분씩입니다. 그럼 지금부터 토론을 시작하겠습니다. 찬성 측 갑 토론자께서는 입론을 준비해 주시기 바랍니다. 준비되셨습니까? (네) 좋습니다. 발언 시간은 5분입니다. 그럼 자리에 일어서서 시작해 주십시오.	
찬성 측 입론 **찬성 갑**: 저희는 유한계급이 자본주의에 부정적인 영향을 끼친다고 생각합니다. 그 이유는 유한계급의 존재 및 그들의 행동 양식이 경제학적, 사회학적으로 옳지 못하기 때문입니다. 먼저 논의에 앞서 자본주의 사회 안에서 베블런이 정의한 유한계급을 다시 살펴볼 필요가 있습니다. ① <u>베블런의 유한계급은 '생산적 노동을 멀리하고, 예술, 오락 등 비생산적 분야에 몰두한 사람들, 전통적으로 스포츠종사자, 종교인, 자본가'들을 일컬었습니다.</u> 하지만 베블런이 정의한 유한계급은 정의할 당시의 산업 구조와 현재 자본주의 아래의 산업 구조와 너무 다르기 때문에 유한계급의 정의 역시 다시 내려져야 한다고 생각합니다. 예를 들어서 베블런이 비생산적이라고 이야기했던 예술, 오락, 스포츠 등의 분야는 현재 다양한 콘텐츠들이 보급되고 다양한 시각이 생기면서 더 이상 비생산적이지 않습니다. 이러한 관점에서 다시 베블런의 유한계급에 대해 생각해보면, ② <u>저희 조는 유한계급의 개념을 '생산적인 노동을 하지 않고 자본에 의한 자본의 증식만을 하는 자본가들'로 정의하였습니다. 예를 들면 어떤 정당한 선의의 정당한 자본가들에 대해서는 그들이 유한계급이라고 생각하지 않았고, 예를 들면 부동산 투기나 금융 시장에서 일명 '돈놀이'하는 그런 세력들을 '유한계급'이라고 정의하였습니다.</u>	기조 발언 ① 핵심 개념 정의: 개념 정의와 함께 토론의 배경과 쟁점을 제시해야 한다. ② 핵심 개념의 재정의: 베블런의 '유한계급'에 대한 견해를 자의적으로 재해석했다. 유한계급을 부정적 존재로 재정의한 뒤 논지를 전개하고 있다.

③ 이런 정의 아래 유한계급의 존재는 경제학적으로 사회적 효용을 떨어뜨립니다. 쉽게 말해 유한계급의 자원소비는 독점적인 행태라고 볼 수 있습니다. 베블런에 따르면 유한계급의 부는 소수의 기업인이 사회 전체가 공동으로 소유해야 할 기술의 혜택을 독점함으로써 이윤을 축적하게 되고, 그로부터 그들의 부가 비롯된다고 합니다. 이는 현대적 관점에서도 유의미합니다. 자본가들은 지적재산권, 특허권 등 그들의 부를 독점적으로 유지할 수 있는 법을 이용하여 이윤을 축적하고, 소비하고 있습니다. 또한 앞서 말씀드린 바와 같이 금융 자본의 질서를 깨뜨리고 부동산 투기와 같은 것들을 하며 자본주의의 선순환을 흩트리고 있습니다.	③ 논거 1
④ 둘째는 유한계급의 존재와 그들의 행위가 건전한 자본주의와 일반 개인들의 근로 의욕을 저하시킨다는 것입니다. 예를 들어 미국의 서브프라임 모기지, 우리나라의 IMF 금융 위기 등인데요. 먼저 미국의 서브프라임 모기지 사태란 신용등급이 낮은 저소득층에게 주택자금을 빌려주는 담보대출로 인해 벌어진 금융 위기를 의미합니다. 그리고 이는 금융 소득, 이른바 '돈놀이' 즉 유한계급의 무리한 투기와 탐욕으로 인해 엄청나게 많은 수의 개인들이 피해를 입었던 사례라고 할 수 있습니다. 또한 토마 피케티가 『21세기 자본』에서 저술한 바와 같이 21세기는 자본에 의한 수익이 노동에 의한 수익보다 월등히 높기 때문에 이러한 점이 계속된다면 개인들의 정당한 근로 의욕과 같은 자본주의의 바람직한 면이 훼손될 수 있다고 할 수 있습니다.	④ 논거 2
⑤ 그리고 마지막으로 유한계급의 존재는 과도한 사치적, 모방적 소비를 유도하게 됩니다. 유한계급의 끊임없이 소비를 유도하며, 그들의 과시적 소비는 현대 사회에 이르러서도 자행되고 있으며 인간의 본능적 욕구인 모방욕을 불러일으킵니다. 이것은 일종의 부정적인 '밴드웨건 효과'라고 할 수 있습니다. 단적인 예로 우리나라의 경우 이런 명품 시장이 국가적 규모는 전세계 8위, 도시로 따지면 서울은 6위입니다. 이는 1인당 평균 월급이 200만원이 채 되지 않는 우리나라에서 이런 과소비가 이루어지고 있다는 것이 과연 긍정적으로 볼 수 있는가 하는 의문이 생깁니다.	⑤ 논거 3
⑥ 그럼에도 불구하고 매체에서 소개되는 유한계급의 과시적 소비행태를 따라, 본인의 역량 이상의 모방적 소비를 하고 있는 이 상황에서, 이러한 점을 악용해 기	⑥ 하위 논거: 모방적 과소비가 어떠한 문제점을 낳는지 지적해야 한다.

업이 소비를 부추기기 위해 매년 광고에 지출하는 예산을 증가시키고 이에 따라 광고시장의 규모는 매해 커져갑니다. 이러한 부분으로 볼 때 개인의 소비만을 증가시켜 자본주의 사회를 발전시키는 것이 올바른 것인가 하는 의문도 듭니다. ⑦ 그러므로 유한계급이 현대 자본주의 사회에 미치는 영향이 긍정적인 것보다 부정적인 것이 더 크므로 자본주의 사회에서 유한계급은 부정적인 존재라고 생각합니다. 이상입니다.	⑦ 소결
사회자: 네, 수고하셨습니다. 4분 37초 발언하셨습니다. 다음은 반대 측을 토론자께서 심문을 준비해 주시기 바랍니다. 준비되셨습니까? (네) 좋습니다. 발언 시간은 4분입니다. 그럼 시작해 주십시오.	
반대 측 심문 **반대 을**: ① 네 우선 찬성 측 입론 잘 들었습니다. 그럼 이제부터 반대 측 심문 시작하겠습니다. 우선 처음으로 유한계급의 정의를 다시 내린다고 하셨는데, 예술 오락이 비생산적인 활동이 아니고, 현재 그것으로 인해 많은 산업이 창출되고 있기 때문에 더 이상 유한계급이 아니라고 한 것이 맞나요? **찬성 갑**: 네, 맞습니다. **반대 을**: 그럼 그림을 그리는 것과 음악을 만드는 것 자체는 생산적이라고 인정하시나요? **찬성 갑**: 생산적인 활동일 수도 있고, 지금 사회에서는 생산적인 활동과 비생산적인 활동의 경계가 모호하기 때문에 어떤 목적을 갖고 행하느냐에 따라서 달라질 수 있다고 생각합니다. **반대 을**: 근데 제가 질문 드리는 것은 예를 들어 농부가 쌀을 직접 경작을 하면 쌀이라는 재화가 나오지 않습니까? 그런데, 유한계급의 정의 자체는 현대에 와서 바뀐 것이 아니라고 생각합니다. ② 예술과 오락 같은 것은 그 자체로는 의미가 없지만 그 자체가 산업이 되었을 때 가치를 가지는 것은 맞습니다. 그리고 그 보급에 영향을 끼친 것이 유한계급이라는 것에 동의하시나요? **찬성 갑**: 유한계급이 행하는 것이 어떤 행위까지를 포괄하는 개념인지? **반대 을**: 예를 들어 르네상스 시대에서 후원을 하는 것으로	① 유한계급 재정의에 대한 심문 ② 논거 1에 대한 심문

문화가 보급이 많이 되었지 않습니까? 그 주체가 유한계급이라는 데에 동의하시나요?	
찬성 갑: 예, 일부 그런 영향이 있을 수 있다고 생각합니다.	
반대 을: 다음 질문 드리겠습니다. ③ 아까 투기나 돈놀이 등을 말씀하셨는데, 그것이 과연 유한계급의 특징일까요? 아니면 부도덕한 계급의 특징일까요?	③ 논거 2에 대한 심문
찬성 갑: 유한계급의 부도덕의 특징이라고 할 수 있죠.	
반대 을: ④ 네, 그러면 유한계급 중에 부도덕한 사람들만의 특징이라고 할 수 있습니다. 따라서 일반화의 오류가 있다고 생각되는데요.	④ 반대 을의 발언 대신 유한계급의 도덕의 특징이 무엇인지를 심문하는 것이 찬성 팀의 유한계급에 대한 재정의를 반박하는 데 더 효과적이다.
찬성 갑: 그런데 저희가 아까 규정지은 유한계급이라는 게 어떤 선의의 자본가까지 포함하지 않았기 때문에…….	
반대 을: ⑤ 네, 거기까지 듣겠습니다.	⑤ 반대 을의 발언은 자신에게 주어진 심문 시간을 충분히 활용하기 위해 찬성 갑의 답변 시간을 적절히 제어한 사례다.
찬성 갑: 네, 알겠습니다.	
반대 을: 근데 유한계급은 무조건 부정적인 존재라고 무조건 부도덕한 존재라고 책에서 언급하지 않았습니다. 오히려 도박 같은 경우는 유한계급이 아닌 일반 서민들도 하고 있는데, 그것 역시 부도덕한 서민들의 특징일 뿐입니다. 근데 또한 아까 서브프라임 모기지에 대해 말씀하셨는데, 그것이 유한계급의 결과라고 보시나요? 아니면 일반 사람들이 선택을 잘못한 거라고 보시나요?	
찬성 갑: 유한계급이 그런 결과를 이끌어나가고 선동해나갔다는 것은 사실적으로 증명되어 부인하기 힘든 사실 아닌가요?	
반대 을: 네, 그럼 다음 질문 드리겠습니다. 사치 모방적 소비와 광고에 대해서 말씀을 하셨는데, 그것을 비판적으로 받아들이지 못하는 것은 광고의 문제일까요? 아니면 그것을 제대로 받아들이지 못한 합리적 소비자가 되지 못한 사람들의 문제일까요?	
찬성 갑: 현대 사회에 와서 무조건 개인의 합리성만을 이야기하기에는 이 사회의 구조나 시스템에서 그런 것들의 본말을 흐리는 경우가 많기 때문에 이것은 양측 모두에 책임이 있다고 생각합니다.	
반대 을: ⑥ 네, 알겠습니다. 그리고 아까 밴드웨건 효과에 대해 말씀하셨는데, 그 효과에 반대되는 언더도그효과에 대해 아시나요?	⑥ 반대 을의 질문은 심문의 의도를 명확히 드러내지 못한 사례다. 이 질문의 내용을 심문과 반론에서 제대로 활용하지 못했다.
찬성 갑: 네, 알고 있습니다.	
반대 을: ⑦ 네, 알겠습니다. 다음 질문 드리겠습니다. 유한	⑦ 논거 3에 대한 심문

계급이 독서토론, 세미나 활동, 인문학 등에 영향을 끼쳤다는 사실을 인정하시나요? **찬성 갑**: 네, 인정합니다. **반대 을**: 그럼 우리가 지금 진행하고 있는 독서토론 역시 유한계급에서 비롯된 산물이라는 것도 인정하시나요? **찬성 갑**: 그 모든 것들이 유한계급에 의한 산물이고, 모든 것들이 유한계급의 긍정적인 측면이라고 한정짓기에는 어렵다고 생각합니다. **반대 을**: 네, 알겠습니다. 그렇다면, 독서토론은 과연 과시적인 활동일까요? **찬성 갑**: 그 목적에 따라서 다르겠죠? **반대 을**: 네, 알겠습니다. 남들과 다른 생각으로 부를 이룩한 사람들은 유한계급이라는 이름만으로 비판받아야 할까요? **찬성 갑**: 앞서 말했듯이, 선의의 어떤 정당한 자신의 노동을 투여해서 자본을 이룬 자본가들을 의미하는 게 아니기 때문에 이 질문에는 그렇게 답변을 드릴 것 같습니다. **반대 을**: 네, 알겠습니다. 대한민국의 명품 소비가 8위인 것으로 말씀하셨는데, 그 통계 자료의 명품 소비층이 전 국민을 대상으로 한 것입니까? **찬성 갑**: ⑧ 명품 소비하는 대상을 주체한 것으로 알고 있습니다. **반대 을**: 네. 그럼 아까 비교적으로 GDP를 언급하셨는데, 평균 GDP 측정도 전 국민으로 대상한 것이 맞습니까? **찬성 갑**: 네, 맞습니다. **반대 을**: 네, 여기서 베블런이 대학을 실용적이지 않다고 비판하고 있는데, 과연 대학 역시 유한계급의 산물이라고 인정하시나요? **찬성 갑**: 네, 일부는 맞다고 생각합니다. **반대 을**: 네, 과시는 상대적일 수 있음을 인정하시나요? **찬성 갑**: ⑨ (사회자에게) 발언시간 끝난 것으로 알고 있는데, 답변을 어떻게 해야 하나요? **사회자**: 네, 끝내시면 됩니다. **찬성 갑**: 네, 알겠습니다.	⑧ 찬성 갑의 답변은 자신들의 논거에 대한 사실 관계의 이해가 부족하다는 점을 드러내고 있다. ⑨ 심문에 대한 유연한 대처 방식이다.
사회자: 네, 수고하셨습니다. 지금 4분 19초 발언을 했습니다. 다음은 반대 측 갑 토론자께서 입론을 준비해 주시기 바랍니다. 준비되셨습니까? **반대 갑**: 네, 준비됐습니다. **사회자**: 좋습니다. 발언 시간은 5분입니다. 그럼 시작해 주십시오.	

반대 측 입론	기조 발언
반대 갑: 네, 반대 측 입론 시작하겠습니다. 자본주의 사회에서 유한계급은 부정적인 존재인가에 반대 입장입니다. ① 유한계급은 베블런이 유한계급론에서 명명한 것으로 생산적인 활동을 멀리하고, 예술, 오락 등 비생산적인 것에만 탐닉하는 사람이라고 할 수 있겠습니다. 1900년대의 정의를 2016년의 현대자본주의 사회에 재해석하면, 현대 사회의 유한계급은 자본을 축적한 부자입니다. 빚이 웬수다, 부잣집 개가 죽으면 문상객이 줄을 잇고, 부자가 죽으면 개도 안 간다, 즉 우리나라는 자본을 축적한 사람들에 대해서 안 좋은 시각을 주로 품고 있습니다. 하지만 저희는 현대 자본주의 사회에서 유한계급이 부정적인 존재가 아니라고 강력히 주장합니다. 저희는 크게 경제적, 미학적, 구조적 측면에서 이 문제를 보았습니다.	① 유한계급의 정의
② 첫째, 경제에 긍정적인 영향을 줄 수 있습니다. 먼저 유한계급의 큰 소비는 큰 규모의 자본을 순환하도록 할 수 있습니다. 고인 물은 썩듯이, 돈이 고이면 경제가 죽습니다. 1930년대 대공황의 가장 큰 원인은 수요의 포화, 즉 소비가 없었기 때문입니다. 유한계급의 소비는 사회 다방면에서 소비를 주도하며, 공급자가 더 나은 재화와 서비스를 개발하도록 자극하는 역할을 합니다. 재화와 서비스가 혁신적이어야 유한계급이 새로운 소비를 하기 때문입니다. 또한 우리나라의 기업 사회의 대표적 유한계급이라고 할 수 있는 대기업집단, 혹은 재벌층 등은 일자리 창출 등의 경제적으로 직접적인 도움을 줍니다. 이에 따른 근거자료를 들겠습니다. 전국경제인연합회가 제공한 자료에 의하면, 우리나라 기업 수의 비율은 대기업 0.1%, 중소기업 99.9%입니다. 하지만 이런 비율에도 불구하고, 각 기업의 종사자 비율은 대기업은 24%, 중소기업 76%입니다. 이 중에서 1인 기업을 제외하면 종사자 비율은 32대 68로 대기업이 대기업 수에 비해 종사자 비율이 매우 높습니다. 결론적으로 우리나라 기업 중 0.1%밖에 되지 않는 기업 중에서 24%, 많게는 32%까지 종사자 비율을 차지하고 있다는 것은 일자리 창출, 그리고 소득 재분배에 핵심적인 역할을 담당하고 있습니다. 이는 경제에 부정적인 역할이 아니라, 우리 경제 순환의 핵심을 담당함으로써, 경제 활성화에 도움	② 논거 1

을 줄 수 있습니다. 물론 임금이나 구조조정 등에 대한 규제가 필요합니다. 규제의 주체는 정부이므로, 불법적인 행위가 아니라면 이윤을 남기기 위해 설립된 단체인 기업 즉 유한계급을 탓할 수가 없습니다. 자본주의 사회에서 이윤을 남기기 위해 자유로운 경제활동을 하는 기업, 또 그 산물인 유한계급은 사회와 경제의 구조 안에서 자신의 역할을 다하고 있습니다.	
③ 둘째로, 사회를 다채롭게 하는 기반이 유한계급입니다. 먼저 비생산적 여가 활동인 예술, 예를 들면 음악, 미술, 건축, 문화, 스포츠, 학문, 아까 말씀하셨던 대학, 그리고 예절까지 주류 문화를 유한계급 상류층에서 형성했습니다. 그리고 아까 말씀하신 대로 아래층에서는 모방합니다. 다음으로, 사회 기반을 구성하는 정치, 종교 즉 정치와 종교가 사회 기반인 이유는 정치와 종교가 사회 기반인 이유는 정치와 종교의 합일을 통해서 사회가 발전한 국가들의 역사로 알 수 있습니다. 책에서 언급된 비생산적 활동, 독서모임, 철학, 고등교육, 스포츠, 예의범절, 문화예술 이것은 21세기 현재 더 이상 유한계급의 전유물이 아닙니다. 우리도 원한다면 여가활동을 할 수 있고, 즐기고 문화예술을 향유할 수 있습니다. 그 보편화 과정은 유한계급이 없었다면, 유한계급이 아니었다면 불가능했을 것입니다. 삶의 질을 높이고 우리 삶을 풍요롭게 만들었던 것이 유한계급의 제공이라고 할 수 있습니다. 예술의 꽃이라고 불리는 르네상스 시대에 유한계급인 귀족층의 예술가의 스폰서 역할을 하지 않았다면 예술의 꽃을 피울 수 없었을 것입니다. 이 덕분에 미켈란젤로, 라파엘로와 같은 예술가의 수많은 명작이 나올 수 있었습니다. 즉 사회 전체를 통합하는 기능은 유한계급으로부터 시작되었다고 생각합니다.	③ 논거 2
④ 마지막 주장입니다. 자본주의 사회의 구성원입니다. 유한계급이 자본주의 사회의 구성원이라는 것에 대해 설명해 드리겠습니다. 자본주의의 사전적 정의는 '이윤 추구를 목적으로 하는 자본이 지배하는 경제체제'입니다. 특히 베버에 의하면 근대 자본주의는 직업으로서 합법적 이윤을 조직적, 합리적으로 구축하는 정신적 태도입니다. 자본주의 경제의 가장 큰 장점이 무엇이라고 생각하십니까? 그것은 바로 경제 활동에 자유가 있다는 점입니다. 이러한 배경에서 봤을 때, 자본주의 경제의 구성원의 일부인 유한계급, 자본주의의 당당한, 당연한	④ 논거 3

결과인 유한계급이 부정적 역할을 한다고 볼 수는 없습니다. 부의 평등한 분배가 가능할까요? 공산주의 체제는 초창기 이상적인 경제체제로 여겨졌지만 현실적으로 불가능함을 역사가 증명합니다. ⑤ 결론입니다. 저희는 크게 경제적, 미학적, 구조적 측면으로 자본주의 사회에서 유한계급의 존재를 바라보았습니다. 첫째 유한계급은 경제적으로 긍정적인 영향을 끼쳤습니다. 둘째, 우리 사회의 예술, 문화, 스포츠, 학문 등 보편화의 리더의 역할을 합니다. 그리고 마지막으로 자본주의 사회의 구성원으로 사회 구조를 유지시켜 줍니다. 우리 자본주의 사회는 무한경쟁 사회로 삭막하고 여유가 없습니다. 조금이나마 숨을 돌릴 수 있는 여유의 기회는 유한계급이 있기에 사회가 유지됩니다. 감사합니다.	⑤ 소결
사회자: 네, 수고하셨습니다. 5분 14초 발언하셨습니다. 다음은 찬성 측 을께서 심문을 준비해 주시겠습니다. 준비되셨습니까? 좋습니다. 발언 시간은 4분입니다. 그럼 시작해 주십시오.	
찬성 측 심문 **찬성 을**: 네, 찬성 측에서 반론하겠습니다. 반대 측 입론 우선 먼저 잘 들었습니다. 크게 세 가지 정도로 말씀해주셨는데요, 하나하나 질문을 드릴게요. ① 우선, 경제학적인 차원에서 '돈이 고인다.' 이런 수요의 포화로 인해서 대공황도 발생했었다고 하셨습니다. 그럼 수요를 늘려야 자본주의가 발전할 수 있다고 생각하십니까? **반대 갑**: 그것은 상황마다 다르다고 생각하는데, 저희가 주장하는 것은 수요를 늘려야지 자본이 된다 이런 상관관계가 있다는 것이 아니라, 유한계급이 수요를 늘릴 수 있다는 데에 도움을 줄 수 있다는 것입니다. **찬성 을**: 네, 그럼 그것에 대해 질문을 드릴게요. 경제학적으로 '총수요'라고 하는 것은 민간소비, 민간투자, 정부지출 그리고 순수출 이렇게 네 가지로 구성이 되어있습니다. 이 중에 제일 큰 것은 민간소비입니다. 그리고 민간소비는 한마디로 사람들이 돈을 소비하는 것을 말합니다. 그리고 그것은 경제학적으로 '한계소비성향'이라고 말합니다. 한계소비성향의 경우, 저소득층이나 중산층의 한계소비성향이 고소득층보다 훨씬 큽니다. 그것에 대해 인정하십니까?	① 논거 1에 대한 심문

반대 갑: 한계소비성향에 대해 다시 한 번 설명해주시겠습니까? **찬성 을**: 네, 한 마디로 아주 간단하게 비교하면 저소득층이 한 달에 월급을 100만원 받으면 거의 다 쓰는 데 비해 고소득층은 한 달에 100억을 번다고 해서 그것을 다 쓰는 것이 아니라는 거죠. 그렇다면 한계소비성향은 어디가 더 큰 것이라고 생각하세요? **반대 갑**: 수입이 적을수록 클 경향이 나타날 수 있지만, 일반화시키기는 위험하다고 생각합니다. **찬성 을**: 네, 이것은 일반화시키고 아니고의 문제가 아니라, 피케티 등의 많은 경제학자들에 의해 이미 증명이 된 것입니다.	
② 그리고 둘째로, 예술이나 문화 등 미학적 측면에서 유한계급의 긍정적 측면을 말씀해주셨는데, 상층에서 문화예술들을 형성하고 만들고, 하층에서 모방하기 때문에 그것이 사회 전체적으로 도움된다고 하셨습니다. 맞습니까? **반대 갑**: 네. 맞습니다.	② 논거 2에 대한 심문
찬성 을: ③ 그럼 여기서 모방이라고 하는 것이 반드시 항상 사회 전체의 공공선에 도움이 된다고 생각하십니까? **반대 갑**: 아닙니다. **찬성 을**: ④ 그러면 그렇게 말씀하셨으면, 상층에서는 문화예술 부분을 형성하고, 하층에서 그것을 모방하는데, 그럼 이것이 유한계급이 어떤 긍정적인 영향을 끼친다고 생각하시나요? **반대 갑**: 말씀하시는 부분을 제가 조금 더 정확하게 여쭤보고 싶은데, 유한계급이 모방을 유도한다는 점에서는 인정하셨는데, 유도하는 부분이 긍정적인 부분이 있을 수도 있고, 부정적인 부분이 있을 수 있다 이렇게 말씀드립니다.	③ 이후의 반론에서 제시한 논점에 입각하여 볼 때, 적절한 심문 내용이 아니다. 반론에서는 유한계급의 예술 탐닉이 당시 하층 계급의 착취라는 점을 지적하였는데 이 점을 제대로 부각하지 못했다. ④ 상대에게 설명을 요구하는 심문 방식은 적절하지 않다.
찬성 을: ⑤ 네. 저희는 모방하게 하는 그런 유한계급의 그러한 행태가 사회 전체적으로 볼 때는 공공선에 부합하지 않을 수 있다, 부정적인 영향을 끼칠 수 있다, 그렇게 말씀을 드리는 겁니다. ⑥ 세 번째 질문 드리겠습니다. 자본주의의 구성이 이윤을 목적으로 하는, 부를 창출하는 사람들에 의해서 굴러간다고 말씀하셨습니다. 그렇다면 우리나라의 재벌의 대부분은 재벌 2, 3세들이 많기 때문에 상속받아서 자본을 창출하는 경우가 많습니다. 그럼 이런 경우에도 유한계급들이 우리 한국사회에 도움이 된다고, 긍정적이라고 생각하십니까?	⑤ 주장에 대한 논거를 제시하지 않았다. 긍정적인 영향과 부정적인 영향이 다 있다는 점을 드러낸다고 해서 상대의 주장이 무너지지는 않는다는 점을 간과하고 있다. ⑥ 논거 3에 대한 심문: 재벌 2, 3세의 상속 문제를 유한계급 일반의 문제로 확대 해석하고 있다.

반대 갑: 긍정적인 파트도 있고, 부정적인 파트도 있습니다. 그런데……. **찬성 을**: 그럼 그러한 것들이 생산적인 활동이라고 생각하십니까? 상속받아서 자본으로 자본을 창출하는 행위들이? **반대 갑**: 생산적이라는 정의를 어떻게 내리고 계십니까? **찬성 을**: 자본에 의해 자본을 증식하는 것이 아니라 기업이라면 투자나 제품 개발을 통해 하는 것이 생산적이라 할 수 있겠죠. 그것이 건전한 경영이라고 이것은 경영학 교과서에 나오는 얘기입니다. 네 감사합니다.	
사회자: 네, 수고하셨습니다. 4분 8초 발언하셨습니다. 지금부터 4분간 숙의 시간을 갖겠습니다. 다음 토론자들은 팀 의견을 모아 발표를 준비해 주시기 바랍니다. 숙의 시간이 끝났습니다. 다음은 찬성 측 병 토론자께서 반론을 준비해 주시기 바랍니다. 준비되셨습니까? **찬성 병**: 네, 준비되었습니다. **사회자**: 좋습니다. 발언시간은 5분입니다. 그럼 시작해 주십시오.	
찬성 측 반론 **찬성 병**: 네, 저희 팀의 반론을 시작하겠습니다. 우선 반대 측에서는 크게 3가지 이유를 들어서 유한계급이 필요하다고 하셨습니다. ① 첫째로, 유한계급은 경제에 긍정적인 영향을 줄 수 있다고 말씀하셨습니다. 그리고 말씀하시면서 돈이 고이면 돈이 죽게 되고, 경제가 죽어버린다고 말씀하셨지요. 그러나 저희가 말하고자 하는 유한계급과는, 전혀 다른 포커스를 맞추고 계십니다. 저희가 기존 논지에서 말씀드렸다시피, 저희가 말하는 유한계급은 생산적인 데에 돈을 투자하고 사회의 부에 기여하고 생산 활동에 종사하는 사람들이 아닙니다. 저희가 말하고자 하는 유한계급이란 돈이 돈을 벌고, 그 사람이 생산적인 활동을 하지 않았음에도 불로소득을 얻을 수 있는 그런 계층을 말하고 있습니다. 따라서 예시로 든 대기업이 고용을 창출하고, 일부 자본가들이 경제를 더 활성화 한다는 주장은 저희도 수긍을 합니다. 그 사람들이 유한계급이 아니기 때문이죠. 저희가 말하는 유한계급은, 오히려 말씀하셨던 것처럼 돈을 고이게 하고 돈을 은행에 쌓아놓고 돈을 쓰지 않아서 오히려 경제 전체를 굳게 만드는 그런 계급을 말합니다. 따라서 첫째 논제에서는 저희와 포커스가 맞지 않은 것 같습니다.	① 반대 측 논거 1에 대한 반론

② 둘째로, 유한계급이 미술, 여가, 예술 등 주류 문화를 형성하고 리드했다고 말씀하고 계십니다. 그것은 사실입니다. 과거에 중세 유럽에서 유한계급들이 예술, 문화를 향유했던 건 사실이죠. 그러나 지금에서 우리가 예술과 문화를 보고 있는 입장에서 말하니까 그게 긍정적으로 보이는 것이지, 과연 그 시대에 그 당시에 살던 사람들 입장에서, 그 사회의 하층민들에게 자기가 가지고 있는 재산을 나누어주거나 부를 늘릴 생각을 하지 않고 예술에만 투자했다면, 그건 정말 부정적인 것이죠. 우리는 그 당시의 사람들 입장에서 볼 필요가 있습니다. 베블런이 지적했던 것도 바로 그 점이구요. 따라서 두 번째 말씀하셨던, '예술이나 미술, 여가에 기여했기 때문에 유한계급의 활동은 자본주의 존속에 긍정적이다'는 것에는 동의하기 어렵습니다.	② 반대 측 논거 2에 대한 반론
③ 셋째, 자본주의에서의 가장 큰 장점은 경제활동이 자유롭다는 것을 말씀하셨습니다. 맞습니다. 자본주의는 개인이 경제활동을 가장 능동적으로 할 수 있을 때 가장 빛을 발합니다. 그런데, 지금 우리 유한계급이 과연 그걸 장려할 수 있는 계층이라 할 수 있습니까? 토마 피케티 교수를 아까 말씀드렸는데, 이 사람이 말하기를 21세기 자본주의에서는 자본이 자본을 낳는 속도가 일반사람들이 일을 해서 버는 속도보다 너무 빠르기 때문에, 사람들의 노동의욕을 저하시키고 또 빈부격차를 더욱 더 증대시킨다고 말하고 있죠? 그리고 토마 피케티 교수의 주장에 따르면 이런 것들은 사회 전체적으로 정치적이나 경제적으로 부정적인 영향을 낳게 되고 따라서 자본주의의 존속에도 부정적인 결과를 낳게 됩니다. 왜냐하면 애초에 일하는 사람들이 더 위로 올라갈 가능성이 없다면 일하지 않을 테니까요. 저희가 말씀드리고 싶은 것은 바로 그 점입니다. 유한계급은 결코 자본주의의 경제 활동을 자유롭게 만들지 않습니다. 왜냐하면 이 사람들은 생산적인 활동에 참여하지 않고, 이 사람들이 가지고 있는 부는 사회로 능동적으로 흘러가지 않으니까요. 이 사람들이 가지고 있는 부는 어디까지나 명품이나 자신들의 과시적 소비를 위해 쓰일 뿐이고, 이것이 낙수효과를 통해서 하층민들도 누릴 수 있다고 말씀하시고 싶은지 모르겠지만, 최근의 경제 연구에서 낙수효과 및 고소득층의 소비가 저소득층의 부 향상으로 이어진다는 증거가 없다는 것이 밝혀지고 있습니다. 따라서 저희	③ 반대 측 논거 3에 대한 반론

는 유한계급의 소비가 일반 노동자 계층, 평범한 계층에게 도움이 된다라고 말씀하신 걸 이해하기 어렵습니다. 저희가 한 번 더 말씀드리고 싶은 것은, 저희가 말하고자 하는 유한계급이 모든 자본가 계층을 통칭하는 것은 아닙니다. 21세기 자본주의 사회에서 분명히 생산에 기여하는 자본가는 많이 있고 우리도 그 혜택을 받고 있죠. 이 부분은 인정합니다. 하지만 그럼에도 불구하고 일부 계층은 아예 생산에 참여하지도 않으면서 정말 돈으로 돈을 굴리고 또는 투기적인 활동, 은행이자로 살아가는 사람들은 긍정적이라고 볼 수는 없지 않겠습니까? 최근에 일례로 사례를 봐도, 시국에 뜨고 있는 최순실 사태, 저는 이런 사람들이 유한계급의 표본이라고 생각합니다. 생산적인 활동을 하지 않고, 말 그대로 국가의 부를 좀먹고 있는 상태인거죠. 따라서 저희는 유한계급이 자본주의 성장에 도움이 되지 않을뿐더러, 자본주의의 가장 근본적인 바탕이 되는 일반 중산층이나 평민 계층에 대해서 상당히 부정적인 영향을 미친다고 생각합니다. 많은 자본주의 최근 동향 연구에서 자본주의의 기반은 일반 국민 계층이라는 것을 증명하고 있습니다. 이 사람들이 소비를 잘할 수 있고 생산에 참여할 수 있어야 자본주의가 존속할 수 있다는 것이죠. 그런 의미에서 전혀 생산에 참여하지 않는 부정적인 존재인 유한계급이 자본주의 존속에 도움이 된다고 말할 수 없습니다. 이상으로 저희의 발언을 마치도록 하겠습니다.	
사회자: 네. 수고하셨습니다. 4분 32초 발언하셨습니다. 다음은 반대 측 갑 토론자께서 심문을 준비해 주시기 바랍니다. 준비 되셨습니까? (네) 좋습니다. 발언시간은 4분입니다. 그럼 시작해 주십시오.	
반대 측 심문 **반대 갑**: 찬성 측 반론 잘 들었습니다. ① 저희가 여쭤 보고 싶은 것은 유한계급이 유한계급을 낳는가입니다. 모든 유한계급이 유한계급이 됩니까? 비유한계급은 유한계급이 될 수 있습니까? **찬성 병**: 유한계급에서, 유한계급을 낳는다는 것이 저희는 압도적으로 많다고 보고 있습니다. **반대 갑**: 그런 증거자료가 있으십니까?	① 찬성 측 반론 1에 대한 심문: 찬성 측 반론을 심문해야 하는데 입론을 심문하고 있다. 게다가 심문이 장황하다.

찬성 병: 왜냐하면, 우리나라 자료를 보게 되면 우리나라 국내 100대 대기업 중에 현재 다음카카오를 제외한 99개 기업은 상속에 의해 이루어진 기업입니다. 그런 경향은 과거보다 더욱더 진행되고 있고, 일부 서유럽 국가에서 증명되고 있죠. 따라서 상속이란 제도가 존재하는 한, 유한계급은 유한계급을 낳게 됩니다.

반대 갑: 우리나라 100대 기업에 대한 출처를 알 수 있습니까?

찬성 병: 지금 당장 출처를 말씀드리긴 그렇지만…….

반대 갑: 저희가 갖고 있는 자료에 의하면 그렇다면, 우리나라 100대 기업 중에 99개가 상속 기업이다, 그 자료는 한국경제진흥협회에서 나온 것으로 알고 있고요. 그런데 상속이 된다는 게, 무엇이 상속이 되는 것인지 알고 계십니까?

찬성 병: 정확하게 말하면, 그 기업의 오너, 경영권이겠죠.

반대 갑: 경영권이, 99%가 된다고 말씀을 하셨는데 우리나라 외에 다른 나라에서는 몇 %나 될 거라고 생각하시나요?

찬성 병: 중국 같은 경우는 매우 적구요, 미국이나 일본 같은 다른 자본주의 국가에서도 우리나라보다는 훨씬 적은 것으로 알고 있습니다.

반대 갑: 그런 부분에 대해서는, 충분히 비유한계급에서 유한계급이 나올 수 있다는 것을 인정하시죠?

찬성 병: 하지만 그럼에도 불구하고, 일본 같은 경우에도 30% 정도 밖에…….

반대 갑: 네, 거기까지 듣겠습니다. 저희가 얘기하고 싶은 것은 비유한계급에서 유한계급이 될 수 있다는 것입니다. 그런데 유한계급이 돈을 쌓는다, 이게 과연 부정적인 것일까요? 자기가 충분히 노력을 해서, 예를 들어 주식투자에 성공하여 개인 투자자가 유한계급이 된다면 여기에 대해서 비판 받아야 합니까?

찬성 병: 저희는 정당한 투자를 해서 번 돈 자체를 비난하지 않습니다.

반대 갑: 저희는 그것에 대해서 물어보고 싶습니다. 정당한 투자로 번 그 사람들이 유한계급이 될 수 있다고 말씀하셨잖아요?

찬성 병: 예, 유한계급이 될 수는 있습니다.

반대 갑: 그러면 그 사람들에 대해서 비판이 불가능하지 않습니까?

찬성 병: 왜 비판이 불가능 하죠? 자본주의 사회에서는 돈을 쌓아둔 만큼 돈을 풀어야 되는 것 아닌가요?	
반대 갑: 제가 이야기 하고 싶은 부분은, 유한계급이 된 이후에 돈을 쌓은 방식에 따라 비판이 가능하다고 하시는 거잖아요?	
찬성 병: 그렇죠.	
반대 갑: 네. 유한계급 중에서 축적한 자본을 비도덕적으로 사용하는 유한계급은 비판이 가능합니다. 하지만, 축적 이후에 금전적인 부분에 대해서 도덕적으로 사용하고 사회에 환원을 한다면 그 유한계급은 긍정적인, 아니면 부정적인 영향을 끼치지 않을 수 있다고 인정하십니까?	
찬성 병: 저희는 애초에 그 부분을 유한계급이라고 보지 않습니다. 자본가가 돈을 쌓은 이후에도 긍정적으로 사용한다면 유한계급이라고 할 수 없겠죠.	
반대 갑: 방금 전에 언급하실 때, 비유한계급에서 유한계급이 될 수 있다고 하셨는데, 지금은 그 발언이랑 모순되고 계십니다. 이 모순되는 부분에 대해서, 다음 토론자께서 설명해 주시면 좋겠습니다. ② 빈부격차가 증가한다고 하셨습니다. 맞습니까?	② 찬성 측 반론 3에 대한 심문
찬성 병: 예.	
반대 갑: 이는 신자유주의의 결과물인 것을 인정 하십니까?	
찬성 병: 신자유주의의 결과물로 영향을 받을 수는 있지만, 단정하기는 어렵습니다.	
반대 갑: ③ 그렇다면 어떻게 빈부격차가 줄어들까요?	③ 논제의 범위를 벗어난 질문
찬성 병: ④ 제가 그걸 안다면 정책을 제가 세우고 있겠죠. 하지만 국가의 개입을 통해서, 소득세 같은…….	④ 토론에서 피해야 할 응답 태도
반대 갑: 그렇다면 예를 들어 세금을 50%이상 떼는 등, ⑤ 독일과 같은 경우를 보면 유한계급이 사회에 50%이상을 환원하고 있는데 기꺼이 세금을 낼 의향이 있다면, 독일에 있는 이러한 유한계급은 모두 긍정적입니까?	⑤ 유한계급과 고소득자를 혼동한 사례
찬성 병: 아뇨, 당연히 그렇지 않습니다.	
반대 갑: 네, 긍정적인 유한계급도 부정적인 유한계급도 있을 수 있겠죠. 그래서 저희가 주장하는 부분이 뭐냐면 유한계급이 각 나라마다 조금씩 다르고, 비율도 다르고, 형태도 다릅니다. 말씀하신대로, 부패하고 타락한 방법으로 자본을 이용하는 유한계급도 있습니다. 맞습니다. 사라져야 합니다. 하지만, 스스로 만약에 비유한 계급이 노력을 하여 유한계급이 된다면, 돈을 효율적으로 사용하는 유한계급이 된다는 것입니다. 독일 같은 국가에서	

의 유한계급은 부정적인 존재가 아니며, 그렇다고 긍정적인 존재라고 말씀드리는 것은 아닙니다만, 부정적인 존재가 아닐 수 도 있다는 것입니다. 네, 이상 저희 질의를 마치겠습니다.	
사회자: 수고하셨습니다. 4분 2초 발언하셨습니다. 다음은 병 토론자께서 반론을 준비해 주시기 바랍니다. 준비되셨습니까? (네) 좋습니다. 발언시간은 5분입니다. 시작해 주십시오.	
반대 측 반론 **반대 병**: 반대 측 반론을 시작하겠습니다. ① 먼저 유한계급에 정의를 내리는 과정에서 혼란이 있었던 것 같은데, 책에 의한 정의에 의하면 비생산적인 활동을 영위하는 생산적이지 않은 활동을 하는 그룹을 유한계급이라고 하고 있습니다. 그에 앞서 '생산적'이라는 단어를 혼용하시는 것 같습니다. 앞에, 자본에 의한 자본의 생성을 비생산적이라고 하셨고, 노동으로 자본을 생산하는 것을 생산적이라고 하셨습니다. 하지만 유한계급에서의 생산성은 자본을 생산하는 그 자체가 아니라, 무엇을 이용하여 자본을 생성하는 가라는 것이 핵심입니다. 그 시대에서의 생산성이 1차적인 자원을 이용해서 자본을 생산하는 것이 생산성이라 할 수 있는데, 이 부분을 현대로 그대로 끌고 오기는 어렵지만, 아까 자본 생산을 생산적이라고 말을 하셨기 때문에, 저희는 이 용어의 혼용을 피해 주시면 좋겠습니다. 유한계급은 비생산적인 활동을 영위하는 여유 있는 계층입니다. 이 정의를 너무 부정한 투기를 하는, 비도덕적/부도덕적인 그 계층만을 유한계급으로 정의하기에는 매우 편협합니다. 유한계급론에서의 유한계급은 비생산적인 여가활동이 핵심입니다. 부동산 투기 같은 부도덕한 활동을 하는 것이 유한계급이라고 정의되지 않았습니다. ② 아까 언급하신 부분을 설명해 드리겠습니다. 부의 재분배를 언급 하셨는데, 자본주의 사회 특성상 부의 불평등은 당연히 일어납니다. 하지만 이 현상을 유한계급이 이 상황을 만든 핵심 원인이라고 주장하기는 어렵습니다. 우리나라의 예를 들어보면, 정부의 소득 재분배율이 매우 낮습니다. OECD 국가의 평균이 37%면 우리나라	 ① 반론 1 ② 반론 2

가 칠레 다음으로 낮은데 칠레가 0.9%입니다. 이것은 정부의 문제이지 유한계급의 문제가 아닙니다. 앞서 말씀드린 것처럼, 유한계급은 자신의 노력으로 자본을 축적한 신흥 유한계급도 포함이 되기 때문에, 비판의 범위가 매우 모호해집니다. 즉, 부동산 투기 같은 부도덕적인 행태를 유한계급으로 한정할 것이 아니라, 부도덕한 경제행위를 하는 그 사람, 개인의 문제입니다. 이것을 일반화하지 않았으면 하는 게 저희 측 주장합니다.	
③ 또한, 아까 '밴드웨건 효과'를 언급하셨죠? 그 반대인 '언더도그 효과' 또한 있습니다. 사실 효과라는 것이 매우 결과론적인 해석입니다. 밴드웨건 효과가 유한계급에 의한 효과이기 때문에 부정적이라는 결론은 너무 성급한 결론인 것 같습니다.	③ 반론 3
④ 또한, '과시' 이야기를 하셨는데 이 또한 매우 상대적입니다. 고소득층과 저소득층을 이야기 하셨는데 저희는 고소득층이 유한계급이라고 한 적이 없습니다. 비생산적 여가활동을 하는 집단을 유한계급이라고 하였고, 그 계층의 일부를 고소득층에서 찾으려 하기 때문에 고소득층을 언급을 한 것이고, 저소득층이라고 해서 유한계급이 될 수 없냐, 아닙니다. 저소득층 또한 비생산적 여가활동을 하면 정의에 입각해서 어느 정도 유한계급이라고 할 수 있습니다. 과시가 상대적이라는 것 역시 많은 예시가 있습니다. 이번 여름에 빌게이츠가 요트로 몇십억을 사용했다는 것은, 월급이 이삼백만원인 사람이 껌 한통을 사는 것과 같습니다. 과연 빌게이츠가 자신의 소비를 과시하기 위해서 하는 것일까요? 아니면 여가를 즐기는 것일까요? 이 부분을 보고 유한계급이 부정적이다, 빌게이츠는 자전거를 타야한다는 주장으로 들립니다. 즉, 과시는 상대적인 부분으로 놔둬야 할 것 같습니다.	④ 반론 4
⑤ 그리고 찬성 측에서는 문화공급의 차원에서 유한계급이 많은 역할을 했다고 인정하셨습니다. 저희는 또한 유발 하리리의 『사피엔스』를 언급하고 싶은데, 홉스가 정리한 자연의 상태에서 인간이 문화를 발전시키기 위해서는, 분명 부의 축적이 필요합니다. 그 결과로 유한계급도 생성이 되고, 유한계급이 문화를 공급하는데 많은 영향을 주었습니다. 이는 유한계급이 부정적이지 않음을 보여줍니다. 이상 발표를 마치겠습니다.	⑤ 반론 5: 반론이 아니라 입론의 내용을 되풀이하고 있을 뿐이다.

사회자: 수고하셨습니다. 5분 5초 발언하였습니다. 다음은 찬성 측 갑 토론자께서 심문을 준비해 주시기 바랍니다. 준비되었습니까? 좋습니다. 발언시간은 4분입니다. 그럼 시작해 주십시오.	
찬성 측 심문 **찬성 갑**: 네, 반론 잘 들었습니다. ① 첫 번째 질문하고 싶은 게, 지금 저희가 다루고 있는 주제는 유한계급이 필요한가가 아니라 유한계급이 자본주의사회에서 필요한가를 묻고 있죠? **반대 병**: 네, 맞습니다. **찬성 갑**: 아까 유한계급이 주된 것이 예술, 오락, 비생산적 분야에 몰두하고 좀 더 치중되었다고 말씀하셨는데……. **반대 병**: 치중되어 있다가 무슨 말이죠? **찬성 갑**: 아까 그쪽이 좀 더 포커스를 생산성보다는 비생산적인 활동, 예술, 오락, 문화……. **반대 병**: 아, '치중해 있다'고 한 적이 없습니다. **찬성 갑**: 그럼 유한계급을 정의할 때, 물론 베블런이 정의할 때, 생산적 노동을 멀리하고 예술을 하는 등 비생산활동에 몰두하는 사람이라는 점에는 동의하십니까? **반대 병**: 네. **찬성 갑**: ② 자본주의 사회에서 '생산적이다'에 대해 말씀드릴게요. 앞서 말씀드렸지만, 저희는 '생산적이다'라는 표현을 쓴 적이 없고, 생산적 노동이라는 표현을 사용했습니다. 아까 자본과 자본가 그것은 생산적 노동에 의한다라고 했습니다. 그것은 생산적이다라는 의미와는 다소 차이가 있다고 볼 수 있고, 아까 비유한계급에서 유한계급이 나올 수 있는 것에 대해 해명해달라고 말씀하셨는데, 비유한계급이 자본가가 될 수 있고 유한계급이 될 수 있죠. 유한계급이 된다는 것은 자본주의사회에서 부정적이기 때문에 지탄받아야하지만, 비유한계급, 즉 개인이라고 말할 수 있죠. 이런 사람들이 정당한 경제행위를 통해 자본가가 되어서 선량한 자본행위를 한다면, 이는 우리사회에 필요하다고 생각합니다. 그리고 질문을 드리자면, 베블런이 책을 쓰던 당시 미국으로 돌아가 보면, 왜 이런 책을 썼는지 생각해볼 필요가 있다고 생각합니다. 자본주의 사회에서 생산적 활동을 하지 않는다는 것은 선한 걸까요? 악한 걸까요?	① 이하 찬성 측 심문들은 반대 측 반론에 대한 타당한 심문이라고 보기 어려움. ② 찬성 측은 반대 측 주장에 대한 심문을 하지 않고 자신들의 개념 설명을 하고 있다.

반대 병: 선하고 악하다고 정의할 수 있는 문제가 아니라고 생각합니다. **찬성 갑**: 아까 대기업이 이런 노동적, 일자리를 창출하고 소득재분배에 영향을 미친다고 말씀하셨는데, 이는 일부 긍정적인 부분에 맞추어져있지 않나 생각합니다. 예를 들어, 우리나라 대표적인 대기업인 삼성과 현대를 들겠습니다. 삼성과 현대가 일자리를 창출하는 것도 맞고, 소득재분배에 기여하는 것도 상당하죠. 하지만 이것은 저희가 말하는 긍정적인 부분입니다. 과연 긍정적인 측면만 있는가? 투기 등이 자행되고 있다는 것을 인정하십니까? **반대 병**: 일부 유한계급……. **찬성 갑**: 인정하시는지, 안 하시는지만 묻고 있습니다. **반대 병**: 유합계급의 것이라고 인정하지 않습니다. **찬성 갑**: 유한계급이 아니라 삼성과 현대 같은 그 대기업들도……. **반대 병**: 대기업에서 일부 일어나는 것은 인정합니다. 저희도 언급했구요. **찬성 갑**: 네, 저희는 그런 행위들에 대해서 유한계급이라고 지탄하는 것입니다. 앞서 말씀드렸지만, 현대 사회에서는 생산적 활동, 비생산적활동, 선과 악의 경계가 모호하기 때문에, 대기업을 긍정적인 영향을 주는 자본가로도 볼 수 있지만, 한편으로는 유한계급으로도 볼 수 있는 것이죠. 저희가 말씀드리는 것은 유한계급 측면에서 충분히 비판받아야하고, 이런 요소는 자본주의 사회에서 해악이 된다고 말씀드리는 것입니다. 그리고 한 가지 더 질문을 드리자면, 베블런이 왜 긍정적인 계층에 대해, 이 당시 시대상에 비추어서 보았을 때, 비판했던 세력이 어떤 세력이라고 생각하십니까?	
반대 병: ③ 설명해 주십시오. **찬성 갑**: 이 당시 미국사회를 보면, 엄청난 물질만능주의가 팽배해있는 시대 속에서, 자신의 이익만 행한 채, 생산적 노동, 그러니깐 사회적으로 긍정적인 파급효과를 가지지 않는 활동들, 그런 대상을 비판하고자 유한계급을 쓴 것으로 알고 있습니다. 과연 이런 행위가 자본주의 사회에서 필요할까요? **반대 병**: 필요하다기 보다는, 자본주의 사회의 구성의 행태라고 보고…….	③ 토론기술로 활용 가능하지만 적합한 대응방식은 아니다.

찬성 갑: 그런 구성의 행태가 반복된다면, 결국 자본주의가 붕괴되죠. 왜냐면 개인과 자본가의 차이가 심해지니깐. **반대 병**: 글쎄요. 유한계급을 너무 일반화하는 게 아닐까 생각이 듭니다. **찬성 갑**: 이만 질문 마치겠습니다. 감사합니다.	
사회자: 수고하셨습니다. 4분 2초 발언하셨습니다. 지금부터 4분간 숙의 시간을 가지겠습니다. 각 팀의 을 토론자께서는 팀의 의견을 모아 발표를 준비해 주시기 바랍니다. **사회자**: 숙의 시간이 끝났습니다. 다음은 반대 측 을 토론자께서 반론(최종발언)을 정리해 주시기 바랍니다. 준비되셨습니까. 좋습니다. 시간은 5분입니다. 그럼 시작해 주십시오.	
반대 측 반론(최종발언) **반대 을**: 마지막으로 반대 측 반론을 정리해 드리겠습니다. 저희가 우선 가장 크게 하고 싶은 말은 경제학자가 가진 생각의 힘은 옳고 그름을 떠나 일반적으로 이해되는 것보다 훨씬 강력합니다. 베블런의 생각이 오늘날의 사회 인식을 만든 것은 아닐까요? 유한계급을 적으로 돌리는 것, 어떤 지적인 영향력으로부터 완전히 자유롭다고 믿는 실무적 인간도 죽은 경제학자의 노예인 경우가 많습니다. 옳고 그름의 위험한 것은 사상이지, 기득권이 아닙니다. 그래서 찬성 측께서는 여기서 영향을 많이 받아서 유한계급을 단지 부정적으로 한정하시는 경우가 굉장히 많은 것 같습니다. 실제로 갑 토론자께서는 유한계급을 부정적 자본가라고 말씀하셨고, 병 토론자께서는 비유한계급도 유한계급이 될 수 있어서 그냥 자본가가 유한계급인데 그 유한계급 중에 긍정적인 것과 부정적인 것이 존재한다고 말씀을 하셨습니다. 저희는 여기서 깊은 토론을 하고 싶었는데 더 하지 못한 것 같아 아쉽고요. ① 아까 유한계급이 돈의 흐름을 막는 사람이라고 말씀하셨는데, 이것은 유한계급의 가장 큰 특징을 간과하신 것이라고 생각합니다. 베블런에 따르면 유한계급의 가장 큰 특징 중에 하나는 과소비입니다. 과소비가 과연 돈을 고여 있게 하는 것일까요? 그리고 저희는 기회비용에 대해서 말씀드리고 싶습니다. 자본주의의 정의에 따르면 사람들은 경제적으로 자	① 찬성 측 반론 1에 대한 반론

유롭게 활동할 권리가 있습니다. 그리고 자신의 기회비용에 따라서 자신이 쓰고 싶은 분야가 있으면 그렇게 쓸 수 있는 자유도 있고요. 그럼 만약에 제가 밥을 굶고 명품 백을 산다고 해도 제 자유이고 행복을 위한 일인데, 과연 사람들은 그것에 대해 비판을 할 수 있을까 저는 의문이 듭니다.	
② 그리고 피케티라는 경제학자에 의하면, 자본수익률과 경제성장률이 같아야 불평등이 일어나지 않는다고 했습니다. 하지만 맨큐에 의하면 자본수익률은 경제성장률보다 높을 수밖에 없습니다. 자본수익이 노동소득과 같다면 과연 누가 위험을 무릅쓰고 투자를 할 것이라고 생각하십니까? 따라서 유한계급을 완전히 부정적인 존재로 보는 것은 옳지 않다고 생각합니다. 실제, 찬성 측에서는 계속 기업과 자본이 자본을 낳는다는 식으로 말씀을 하셨는데, 기업도 실패하는 경우가 굉장히 많습니다. 실제로 이번에 삼성의 갤럭시 노트만 봐도, 굉장히 많은 자본이 들어갔고 개발을 했는데 결국 문제가 생겨서 소비자들이 외면하고, 또 그것으로 인해 많은 피해를 입지 않았습니까? 기업은 그 위험을 감수하고 투자를 하는 것이고, 그 투자로 인해서 얻는 것입니다. 그리고 또 저희가 말씀드리고 싶은 게, 찬성 측에서 말씀해주신 몇몇 자료들의 출처가 부족해서 저희는 좀 아쉽게 생각했고요.	② 찬성 측 반론 3에 대한 반론
③ 그 다음에 유한계급의 특성 중의 하나가 인문학을 발전시켰다는 것인데 인문학은 그냥 보기에는 굉장히 비생산적으로 보이지만 실제 사회에서 굉장히 생산적으로 여겨지는 활동들이 많습니다. 성 프란시스 대학이라고 노숙자들을 위한 인문학 대학이 있습니다. 이것은 노숙자들에게 인문학을 가르치는 제도인데, 실제 수료하지 않은 노숙인 중에 3 퍼센트 정도만 재취업이 가능하다고 합니다. 하지만 성 프란시스 대학 수료 노숙인 중에 거의 절반 이상이 재취업에 성공했고, 보금자리를 찾은 노숙인은 거의 80 퍼센트에 이른다고 합니다. 유한계급으로 인해 발전한 인문학이 우리 사회에 실제로 영향을 줄 수 있는 것입니다. 또한 저희가 말씀드리고 싶은 것 중에, 대학생에 대한 문제도 있는데, 대학생 역시 저희가 공부하는 것은, 학	③ 찬성 측 반론 2에 대한 반론

문을 공부하는 것은 생산적 활동이 아니고 비생산활동이라고 볼 수 있습니다. 물론 독서모임, 철학 세미나, 스포츠, 예술, 동아리 활동 역시 다 그렇지요. 찬성 측의 정의가 아닌 베블런의 정의에 따르면 저희는 대학생이야말로 최고의 유한계급이라고 생각합니다. 하지만 저희는 학문을 배우면서 지식을 깨치고, 그래서 더 나은 사회를 위해 노력을 합니다. 따라서 자본주의 사회에서 유한계급을 부정적이라고 말하는 것은, 어떻게 보면 누워서 침 뱉기 꼴이라고도 할 수 있지 않을까요? ④ 그리고 아까 유한계급이 되는 방법에서 계속 정당성을 말씀하셨는데, 상속 역시 법에 규정된 정당한 수단입니다. 상속이 부정적인 방법이라면 법으로 다 제한을 하고 잡아가고 막을 것이지 왜 살려 뒀다고 생각하십니까? 그리고 아까 계속 한국의 예시만 드시고 전 세계적 예시를 들지 않으셨는데, 그것 역시 문제라고 생각합니다. ⑤ 이상 결론 내리겠습니다. 저희는 크게 경제적, 미학적 그리고 구조적 측면으로 자본주의 사회에서 유한계급의 존재를 바라보았습니다. 유한계급은 경제적으로 긍정적인 영향을 끼쳤고, 예술, 문화, 스포츠 등의 보편화에 리더의 역할을 했으며, 자본주의 사회의 구성원으로 사회구조를 유지시켰습니다. 우리 자본주의 사회는 무한경쟁 사회로, 삭막하고 여유가 없습니다. 하지만 이 가운데 조금이나마 숨을 돌릴 수 있는 여유의 기회를 유한계급이 제공했다고 생각했습니다. 정당화된 원리에 의해 잘못된 것을 고쳐 나가는 사회가 바로 유한계급뿐만 아니라 비유한 계급이 모두 함께 발전해 나가는 과정이라고 생각합니다. 감사합니다.	④ 찬성 측 제1차 심문 3에 대한 반론 ⑤ 요약
사회자: 네, 수고하셨습니다. 5분 4초 발언하셨습니다. 다음은 찬성 측 을 토론자께서 반론(최종발언)을 정리해 주시기 바랍니다. 준비되셨습니까? (네) 좋습니다. 발언시간은 5분입니다. 그럼 시작해 주십시오.	
찬성 측 반론(최종발언) **찬성 을**: 먼저 반대 측의 반론을 잘 들었습니다. 저희가 이제 반론을 정리해드리겠습니다. 우선 저도 사실 토론하면서 가장 아쉬웠던 점이 유한계급이라고 하는 어떤 그런 것에 대한 정의가 굉장히 서로 혼선이 있었던 것 같아요. 그래서 저는, 저희는 이제 이렇게 생각합니다. 사실 이	토론 과정에서 논의한 내용들을 효과적으로 담지 못해 자신들의 논지를 강화하지 못했다.

제 베블런의 유한계급론은 1899년에 발간된 책입니다. 그리고 현재는 2016년이죠. 100년도 더 지났어요. 그리고 저희가 이제 우리가 논의하고자 하는 것은 경제 및 기업 어떤 사회에 관한 부분입니다. 특히 이제 경제적인 어떤 사회구조가 100년 사이에 굉장히 많이 급격하게 변했습니다. 그래서 이 베블런의 정의를 그냥 문자 그대로 반영하는 것은 적합하지 않다고 생각합니다. 그래서 저희는 이런 어떤 베블런이 정의한 유한계급을 현대사회에 맞게, 그리고 저희 논제도 뭐라고 써 있습니까. 자본주의 사회에서 이 유한계급이라는 것이 어떤 영향을 끼치는가, 부정적인 영향을 끼치는지 아닌지에 대해서 얘기하고 있습니다. 그렇게 볼 때, 문자 그대로 받아들이는 것은 좀 적합하지 않다고 보고요, 다만 우리가 이 책을 기반으로 하는 거니까 베블런이 정의한 것의 핵심만 가져갔으면 좋겠습니다.

저희가 생각한 핵심은 베블런이 정의한 비생산적인 활동으로 어떤 자본을 창출하는 사람들을 유한계급이라고 정의했습니다. 아까 말씀하신, 뭐 르네상스시기를 이끌어가던 메디치 가문이나 그런 유한계급들은 사실 지금 와서 재평가 될 수도 있어요. 왜냐하면 지금 와서 어떤 생산적인 활동을 했으니까. 근데 베블런이 정의한 건 그런 사람들이 아니라 비생산적인 활동으로 자본을 창출한다라고 해야 되겠고요. 그래서 그것에서 벗어나면 안 된다고 생각하고요. 그리고 아까 대학생 얘기 해주셔서, 저희도 이제 대학생이니까 얘기해드릴게요. 대학생이 유한계급이다. 그래요 이것도 1899년도에는 대학생이 유한계급이었을 수 있어요. 그리고 아까 2번 토론자분께서 그 이제 유한계급이라는 것은 무엇으로 생산하느냐가 가장 중요하다고 하셨지 않습니까. 그런데 현대사회에서는 대학에서 배우는 지식들이 과거처럼 1899년도에서처럼 비생산적으로 보이는, 뭐 신학이나 어떤 법학이나 그런 것이 아니라 굉장히 생산적인 학문들도 많이 배웁니다. 뭐 그런 것들로 미루어 봤을 때, 자본주의 그리고 현대의 시점에서 봤을 때 대학생이란 것은 그냥 유한계급이라고 할 순 없겠죠.

네, 그래서 정리를 이제 할게요. 저희가 그래서 말씀드리고 싶은 것은 유한계급이라고 하는 것은 비생산적인 것으로 자본을 창출하는 그런 계층을 말하는 겁니다. 그래서 그러한 것이 이제 사회에 부정적 영향을 끼치는가

에 대해서 얘기하는 건데, 우선 아까 경제학적으로 말씀 드렸어요. 사실 이제 고전 경제학. 고전 경제학의 가장 큰 메인스트림이라고 할 수 있는 것은 낙수효과, 트리플 다운이라고 할 수 있는 낙수효과로 경제를 발전 어렵게 한다라고 생각합니다. 시키고 자본을 발전시킨다는 거예요. 하지만 그런 것들은 이미 여러 학자들에 의해서, 새로운 이론들에 의해서 비판되었습니다. 그리고 자본주의, 혹은 신자유주의의 어떤 더더욱 그런 것들을 강화하는 그런 체제들의 모순점과 단점이 나타났고요. 그래서 그런 것들을 저희는 이제 비생산적인 방법으로 자본을 창출하는 유한계급들이 그런 것들에 더욱 부정적 역할을 끼친다. 그래서 자본주의의 존속을 더네. 그리고 두 번째로 아까 굉장히 반대 측에서 부정적인 영향들을 유한계급이나 어떤 비생산적인 자본가들에서 만이 아니라 그것을 수용하는, 어떤 개인의 차원에서 책임이 크다라고 말씀하셨는데요. 사실 현대사회에서는요, 현대사회에서는 사회가 개인에게 영향을 끼치는 것이 굉장히 큽니다. 아까 뭐 과시적 소비에 대해서도 잠깐 얘기해 주신 것 같아서 잠깐 정리해드릴게요. 과시적 소비가 개인의 만족과 효용을 높이면 긍정적인 것이다. 뭐 그렇게 말씀하셨는데요, 프랑스의 사회학자 피에르 부르디외가 『구별짓기』라는 저서에서 '아비투스'라는 개념을 만들었습니다. 아비투스라는 개념을 제시했는데, 이 아비투스라는 개념은 개인이 가지고 있는 취향이라는 것이 선천적으로 타고난 것이 아니라 후천적으로, 사회적 영향을 굉장히 많이 받는다는 거예요. 그 말은 이제 개인이 사회의 영향을 굉장히 많이 받는다는 거죠. 그러니 개인이 그런 것에 대해서 책임을 져야 하는 것도 있겠지만 그것보다 훨씬 더 사회가 가진 힘이 크다라고 저희가 말씀드릴 수 있습니다. 마지막으로 마무리하면서 정리해드릴게요. 저희는 먼저 유한계급에 대한 정의가 아쉬웠고, 그래서 그런 비생산적으로 활동하면서 자본을 창출하는 유한계급이 현대사회에서 명백하게 부정적 영향을 많이 주고 있다. 네 여기까지 정리하겠습니다. 감사합니다.	
사회자: 네, 수고하셨습니다. 4분 55초 발언하셨습니다. 이상으로 토론을 마치겠습니다. 토론에 참여한 모든 분들에게 큰 박수 부탁드립니다.	

❖ 참고자료: 토론에서 쉽게 범할 수 있는 추론적 오류들

오류란 바르지 못한 논리적 과정 및 결과로 발생하는 추리나 판단을 의미한다. 논리학적으로 그것은 추론 또는 논증을 할 때 범하는 어떤 실수나 반칙을 의미한다. 추론자는 잘못된 지식이나 믿음을 가졌거나 올바른 추론능력의 부족으로 자신도 모르게 오류를 범하기도 하고, 또 논증자는 자신이 원하는 방향으로 다른 사람을 설득하거나 속이기 위해 고의로 오류를 범하기도 한다.[7] 그래서 오류란 올바르지 못한 논리적 과정을 발생시킨다. 즉 전제가 받아들일 만하지 않거나, 전제가 결론과 관련이 없거나, 전제가 충분히 결론을 뒷받침해 주지 못하는 논증을 말한다. 대부분의 오류는 잘못된 사고 과정에 기인한다. 그러한 오류로 말미암아 합리적인 대화와 토론에 문제가 발생한다. 오류에 대한 학습은 현재 우리가 사용하는 말과 글에 있는 오류를 발견하고 바로잡아 비판적이고 합리적인 사고를 기르는 데 효과적이다. 그리고 오류를 유형별로 구분하고 각각의 이름을 붙여 익혀두면 잘못된 논변을 피하는데 도움이 된다. 이곳에서는 토론 과정에서 자주 발생하는 오류의 종류와 사례만 간단히 살펴보자.

① 논점 일탈의 오류

어떤 전제로부터 논의의 맥락상 전혀 관계가 없는 결론을 이끌어 낼 때 발생하는 오류를 논점 일탈의 오류라고 한다. 어떤 주장에 대한 근거가 그 주장을 뒷받침하는 논점이 되지 못하는 경우이다.

예) 사회자: 우리 사회는 저출산 문제가 심각합니다. 저출산 문제를 해결하기 위한 구체적 방안에 대해 김 후보님 말씀해 주시기를 바랍니다.

김후보: 맞습니다. 우리나라의 경우 2011년 65세 이상 인구의 비율이 11.4%이며, 향후 고령화 속도가 더욱 빨라져 2026년에는 초고령 사회에 진입할 것으로 보입니다. 정부는 빠른 시일 내 고령화 사회에 대한 대비책을 마련해야 합니다.

② 우물에 독뿌리는 오류(원천 봉쇄의 오류)

어떤 주장에 대한 반론이 일어날 수 있는 유일한 원천(우물)을 비판함(독뿌림)으로써 반론의 제기 자체를 못하게 하여 자신의 논지를 관철시키고자 하는 불공정한 전략이다. 예를 들어 토론을 시작할 때 어떤 사람이 "나의 주장을 반박하는 사람은 나의 주장을 제대로 이해하지 못하는 사람이거나 불온한 의도를 가진 사람이다."라고 말했다고 하자. 그러면 다른 토론자는 그의 주장을 비판할 수 없을 것이다. 이런 주장을 하는 사람은 결국 토론을 하지 말고 일방적으로 내 주장을 받아들이라는 독단적인 사람인 것이다.

예) 오늘 정부의 핵심 관료가 서울 집값을 잡기 위해 '부동산 매매 거래 허가제'라는 정책을 실시할 수 있다고 발표했다. 그러자 다수의 시민 단체의 사람들이 이 정책에 반대하는 사람들에게 다음과 같은 성명서를 발표했다. "이 정책에 반대하는 사람은 무주택자의 아픔을 모르고 현재 기득권의 배를 불려주는 사회적 불의에 동조하는 자들이다."

③ 원인 오판의 오류

사실상 존재하지 않는 인과관계를 설정해 전제에서 결론을 도출할 때 범하게 되는 오류이다. 두 사건은 단지 우연히 시간적으로 선후 관계에 있거나 단순한 상관관계에 지나지 않음에도 마치 두 사건이 인과관계가 있는 것처럼 잘못 추측하는 것이 바로 원인 오판의 오류이다.

예) 범죄정책연구원의 조사에 따르면 성폭행 살인범 100명을 조사했는데, 그들 중 90%이상이 음란물을 자주 봤다고 한다. 그래서 범죄정책연구원은 음란물의 시청이 성폭행 살인의 결정적인 원인이라고 간주하여, 음란물을 전면적으로 금지해야 한다고 권고했다.

④ 허수아비 공격의 오류

허수아비 공격의 오류는 상대방이 들고 나온 원래 주장을 쉽게 공격 가능한 다른 주장으로 바꾼 뒤 이를 공격하는 것을 말한다. 이렇게 바뀐 주장을 '허수아비'라고 가정하고, 이를 공격하는 방식을 허수아비 공격이라고 한다.

예) 도시개발 찬성자: 우리는 이 도시를 거대한 관광도시로 만들어야 지역 경제를 살릴 수 있습니다.

반대자: 당신은 이 도시에 돈 많은 사람들이 드나드는 골프장을 만들어 생태계를 파괴하자는 말입니까?

⑤ 성급한 일반화의 오류

다양한 경우들 속에서 공통점을 추출해서 하나의 원리를 만들지 않고, 성급하게 원리를 만들어 낼 경우를 성급한 일반화의 오류라 한다. 즉 너무 적은 사례로부터 일반화된 결론을 도출할 때 발생하는 오류이다.

예) 미국 콜로라도주의 수도 덴버에서 코로나19 대응을 무시하고 시위를 벌이고 있다. 미국인들은 전부 무식하고 멍청하다.

⑥ 정황에 호소하는 오류

주장 그 자체를 평가하는 것이 아니라, 주장하는 사람이 처한 정황이나 상황을 근거로 주장을 비판할 때 발생하는 오류이다. 즉, 그 사람의 주변 정황이나 상황을 이유로 그 주장이나 행위가 잘못된 것이라고 비판할 때 발생한다. 이러한 정황에는 직책, 직업, 처지 등이 있다.

예) 김종국 의원은 대북 지원을 더 많이 해야 한다고 주장하지만, 저는 이 주장에 동의하지 않는다. 왜냐하면 그는 북한에 협조적인 정책을 삼는 ○○당 소속 의원이기 때문이다.

제 2 부

실전편

1 장

대학과 대학문화

1. 대학과 학문하기
2. 대학의 붕괴
3. 청년과 대학문화

비대면의 시대가 도래했다. 수천 년 동안 대학은 교사와 학생이 학문을 두고 직접 만나는 상아탑으로서 자리매김해왔다. 근래에 견고한 대학의 기능에 점차 균열이 생기고는 있었지만 이처럼 급속하게 대학과 청년을 관통할 무언가를 찾기 쉽지 않은 상황이 오리라고는 아무도 예상하지 못했다. 이제 정말 '대학은 무엇인가?'에 대한 고민이 필요한 시점이 되었다. 더 이상 늦출 수는 없다.

청년들은 대학을 선택하고 입학하는 과정에서 나름의 생각을 가지고 대학에 들어온다. 거창한 '큰 학문'의 꿈에서부터, 고등학교 성적에 따랐다는 솔직한 고백, 사회에서 길게 살아남기 위해 취업을 목표로 한 통과의례라는 현실인식까지 다양한 결이 존재한다. 현재 대한민국의 대다수 청년들은 대학을 입학하지만 그들이 기대했던 대학과 현실적인 대학의 괴리감 속에서 대학에 대한 회의와 고민이 가득 차 있다. 대학이 그들의 꿈을 이루어주거나, 실현시켜 줄 희망이 쉽사리 보이지 않는 상황이 계속되면서 대학의 무용론이 고개를 드는 것이 현재 대학의 솔직한 자화상이다. 그럼에도, 아니 그래서 더더욱 우리는 대학의 현실과 그 작동 원리를 알아야 한다. 그래야 대학의 무너진 꿈과 희망을 다시 살려낼 수 있기 때문이다.

우리 현대사에서 대학은 '민주화의 진원지이자 요새'였다. 4·19부터 부마항쟁, 6월 항쟁 등 매 순간 대학의 청년들은 광장을 향해 달렸다. 자본과 권력의 엄정한 감시자, 판정관이 되었다. 하지만 지금 대학은 어떤 모습인가? 취업에 성공하는 고급인력을 길러내야 할 책무가 대학에 부과되었다. 학문의 상아탑은 취업의 모래탑이 되어버린 지 오래이다. 이처럼 대학에 이윤 추구 정책과 학생 취업의 공포가 스며들기 시작하면서 대학은 이윤공장이 되어버렸다.

대학은 어디로 가야 하는가? 과거에도 그랬지만 이 질문의 주체는 대학이 아니다. 대학은 청년들이 나아가는 길을 지켜주는 보루가 될 뿐이다. 청년들이 교문 너머 세계에 대해 비판적 지성으로서 기능할 때 대학은 그 존재가 더욱 빛이 나게 되는 것이다. 그래서 대학을 알아야 한다.

1절의 '대학과 학문하기'는 대학 공부를 넘어 '배움' 자체 혹은 '학문하기'가 무엇을 의미하는지, 특히 이 땅의 우리에게 대학 공부란 무엇인가라는 질문을 먼저 던진다. 대학의 학문은 단순하게 고루하거나 고착화된 학문이 아니라 이 사회를 위한 존재하는 학문임을 다시 한 번 되새기는 절이다. 그런데 전통적 학문의 역할과 기능에 대한 고민을 해야 할 시기가 우리 눈앞에 왔다. 비대면 시대로 이미 접어든 우리 사회에서 학문의 위상과 형태는 급속도로 변하는 중이지만 그 본질은 여전히 유효하다. 2절은 학령인구의 감소, 수도권 대학 집중, 자본주의에 종속된 대학이 출현하면서 현실화되고 있는 '대학의 붕괴'를 다루고 있다. '학문은 순수해야 하는가?'라는 질문에 대한 답은 쉽사리 하기 어렵다. 하지만 지금 시대에 학문과 이윤 추구는 서로 상반된 관계가 아니라 상호보완적 관계로 나아가야 한다. 대학 붕괴와 기업화는 동시에 진행된 몰락의 쌍두마차로 한반도를 넘어 세계 곳곳에서 횡행하는 보편적 현상이다. 이제는 이를 뛰어 넘어 대학의 자율성과 공공성 및 교육 이상의 회복을 위한 방안을 모색할뿐더러 지역과 대학의 균형발전 가능성도 검토해야할 시점이다. '청년과 대학문화'를 다룬 3절에서는 진리와 정의의 열정으로 불타는 청년으로서의 대학생들이 사회적으로 지녔던 과거의 대항문화로서의 대학문화를 살피고 있다. 특히 독일의 6·8혁명과 민주화운동은 대학생들이 사회의 모순과 병폐에 끊임없이 맞서 싸워 왔음을 보여준다. 부산대학교는 독재정권에 투쟁했던 부마민주항쟁의 시작점으로 당시 부산대 학생들은 수많은 희생에도 교문 밖으로 진출하여 민주화의 도화선 역할을 자처했다. 이와 같이 당시 청년들에게 흐르던 민주화에 대한 열정은 이 시대에 청년들이 추구하고 있는 부조리함으로부터의 탈피와 거부 의식에 맞닿아 있다.

대학은 청년들의 공간이다. 청년들이 날고뛰는 공간이 되어야 한다. 대학이 붕괴되어 가는 불안의 경계에 그들은 청년답게, 그들의 꿈과 문화를 지켜나갈 존재들이다.

"사람답게 살아가라. 비록 고통스러울지라도 불의와 타협한다거나 굴복해서는 안된다. 그것은 사람이 갈 길이 아니다."(요산 김정한, 「산거족」)

1. 대학과 학문하기

1) 역사와 이념에서 본 대학의 본질

모든 개념은 시간을 품고 있듯이, 대학 또한 그것이 출현하기 시작했던 기원전 6세기 즈음부터 근대를 거쳐 오늘에 이르기까지 세계와 자신을 인식해가는 인간의 정신사적 변화를 함축하며 정치공동체를 탄생시키고 그 발전과 쇠락을 이끄는 사회 전체의 역동적인 변화와 함께 형성되었다. 그렇기에 대학의 역사는 단순히 장소성topos으로서의 대상적 공간이나 하나의 결과물로 화석화된 대학 제도의 시간적 병렬로 환원될 수 없다. 인간의 정신사적 활동의 표현으로서 대학의 역사란 세계를 인식할 수 있는 인간의 '앎'이란 무엇이며 그러한 앎을 추구하는 것으로서 '학문'이란 무엇인가, 그래서 '세계'란 무엇이며 그 세계 속에서 인식하고 체험함으로써 사람들에게 공유된 '문화' 혹은 '에토스ethos'란 무엇인가, 나아가 그런 공유된 감정과 앎을 통해 만들어지는 공간이자 활동으로서 '공동체' 혹은 '정치'란 무엇인가를 묻는 정치적이고도 철학적인 논쟁이었다고 할 수 있다. 즉 이러한 일련의 질문 속에서 성립된 '안다는 것', '학문다움', '공동의 것'에 대한 시대적 척도의 표현이자 이를 추구해가는 인간 스스로의 지적 실천의 과정인 것이다. 그러므로 대학의 문제는 인간이 만들어가는 공동체와 정치의 문제이며 그 속에서 향유하고 성립되는 자유와 문화의 문제이며 그에 대해 고민하는 인간의 지적 활동 속에 성립된 지식·학문의 문제이자 이를 추구하는 인간을 육성하는 교육의 문제, 이 모든 것이다. 오늘날 대학의 위기가 우리 시대가 만들어 낸 정치의 현 주소인 자본주의, 국가, 이데올로기/문화와 긴밀히 관련되어 있고 그 위기로 인한 인간의 고독과 불안, 자유와 공동체의 상실, 그리고 정치의 상실과 연관되어 있는 것은 바로 그 때문이다. 대학university의 기원은 일반적으로 중세 수도원을 모태로 성직자를 양성하는 교육기관이 발전한 13세기 파리대학과 볼로냐대학에서 찾아지거나 13세기부터 15세기까지 자유도시를 기반으로 발전한 학생들의 직능 조합universitas과 교사의 조합collegium에서 출발한다고 파악되지만,[1] 최초의 고등교육 기관은 이보다 훨씬 더 거슬러 기원전 6세기 피타고라스 학원에 기원하며, 피타고라스 학원은 시인이자 현인이었던 탈레스와 그의 제자들인 이오니아학파를 터전으로 성립되었다고 전해진다.[2] 최초의 교육기관인 피타고라스 학원에서는 일단의 추종자들이 일정한 수련기간 동안 함께 모여 공동의 배움을 행했는데, 이는 삶의 필수성과 세속적 이해에 구속되지 않고 인간, 자연, 세계에 대해 물음을 던지고 답하는 공간이 형성되었음을 뜻한다. 탈레스는 "물이 만물의 근원"이라 언명했으며 "이 세계는 살아있으며 신들로 가득하다"고 주장했는데, 이는 당시까지 일반적인 설명의 방식이던 신화나 직관이 아니라 추론과 논증이 수반된 총체적 사고를 보여주는 새로운 인간 사고의 표현이라고 평가된다. 추론과 논증이라는 사고 행위 그 핵심에는 탈레스 당대에는 희랍인들이 'historie'라 부른 '연구'라는 행위가 있는데, 자연을 총체적이며 체계적으로 이해하기 위한 이러한 정신 행위를 이후 피타고라스는 새로이 이름하여 철학적 탐구, 즉 'philosophia'라 불렀다. 그것은 직접적인 실용성을 목적으로 자연의 특정 부분에 대해 탐색하는 기술적인 태도와 구분되며, 자연과 인간에 대한 직관적 성찰인 시인詩人들의 활동과도 구분되는 정신활동이었던 것이다.[3] 나아가 '추론'과 '논증'을 행하는 '연구'라는 사고 작용은 한 개인의 감상이나 판단에서 끝나는 것이 아니라 그것이 맞느냐 틀리냐의 판단을 요청 하였기에 '비판'과 '논박'의 정신적 상호작용과 교류가 생겨나게 되었고,[4] 이에 따라 집합적 연구와 교육으로서 고등교육기관이 등장하게 되었다. 바로 이점이야말로 왜 대학이라는 고등교육기관이 단순히 직능의 전수나 기존에 확립된 지식의 전달과는 전혀 다른 차원의 교육을 행하는 곳인지를 이해하게 해준다.[5] 또한 '만물의 근원은 무엇인가'를 묻는 탈레스의 질문은 우리가 경험하는 모든 개별적인 사건들과 다기한 현상들이 하나의 근원적 통일성 속에서 설명될 수 있다는 인식을 전제하지 않고서는 제기될 수 없었다. 각각의 경험을 이해하는 것만으로는 자신을 온전히 알 수 없다는 생각, 경험하는 여러 가지 일들은 서로 관련 속에 있기에 전체적인 안목으로 보아야만 그 본질과 의미를 이해할 수 있다는 인식으로부터 철학적 탐구/연구라 부를 수 있는 사고 행위가 생겨나고, 현실에 긴박된 이해관계와 권력으로부터 벗어 난 자유롭고 독자적인 탐구와 논쟁의 공간이 요청되었던 것이다.[6] 이렇듯 대학의 역사를 통해 알 수 있는 교육과 연구의 본질은 우리 대학 교육의 목적과 척도에 근본적인 물음을 던져준다. 고등교육의 본질이 단순히 직능의 전수나 지식의 전달에 있지 않다면, 논증과 추론에 대한 자유로운 비판과 상호 교류가 이루어지는 대신 취업준비 기술과 지식암기 훈련이 이루어지는 우리의 대학을 어떻게 직능학교나 훈련소가 아닌 고등교육기관으로서의 '대학'이라 부를 수 있겠는가? 또한 대학의 기원에서 엿볼 수 있는 대학의 본질과 이념은 오늘날의 대학을 지배하는 '수월성'과 '효용성'의 이데올로기를 다시 한 번 돌아보게 해준다. 아무리 많은 연구 성과를 내고 취업을 달성한다 해도 그것이 우리 삶의 전체적인 이해에 바탕한 성취가 되지 못한다면, 과연 우리는 그것만으로 자신의 이해와 행복이라는 '효용'에 도달할 수 있겠는가?

박주원, 「폐허의 대학을 넘어서- 대학의 본질과 문화론적 의미」, 『대학: 담론과 쟁점』 (1), 한국대학학회, 2016, 18~31쪽.

2) 이 땅에서 학문하기

1. "태초에 말씀이 있었다."라는 성경 구절을 패러디하자면, 이 땅에는 "태초에 배움이 있었다." 그것은 2,500년간 동양인의 삶을 규정했던 『논어』의 첫마디가 "배우고 때로 익히면學而時習"으로 시작하는 데서 오롯하게 드러난다. 그러나 신화학자 조지프 켐벨이 적절히 지적한 대로, 동양 학문의 특징은 아무리 현자라도 질문을 받지 않으면 가르쳐주지 않는다는 것이다. 그러므로 배움 앞에는 이미 배우려는 자의 질문이 전제되어 있다. 『중용』의 표현을 빌리자면 "물어서 배움道問學"의 길이 우리 학문의 특징이었다.

우리가 서양의 사이언스science를 학문이라고 번역하여 '학문의 전당'이라느니 '학문을 연찬硏鑽한다'느니 하는 말로 쓰고 있지만, 원래 우리의 사이언스는 '배워서 묻는學-問' 길이 아니라 '질문을 가지고 배우는問-學' 길이었다.

이런 점에 비추어보면 아무래도 서양의 사이언스는 문학問學적이기보다는 학문學問적이다. 서양 근대의 학문이란, 주관과는 멀리 떨어져 존재하는 객관적 진리가 있어 그 진리의 말씀을 획득한 모세가 이 땅에서 그것을 선포하는 것이니, 우리는 우선 배우고 나서야 그 까닭을 물을 수 있는 것이다. 이렇게 진리의 실체를 상정하여 그것을 배우지 않고서는 질문할 수 없는 구조를 갖춘 서구의 학문관은 필연적으로 계몽주의라는 학문 철학을 낳고 만다.

그리고 그 계몽주의의 강력한 힘은 이 땅에 군함과 대포로 상징되는 폭력으로, 양의학과 새로운 건축술로 상징되는 지식으로, 전기와 전차 또는 양옥과 수세식 변기로 상징되는 편리함으로 등장하였던 바다. 이렇게 그들의 학문은 우리에게 폭력과 편리함으로 등장하였던 것이다. 모세가 시나이 산에서 말씀을 얻어 등장하였듯이.

2. 그러니 우리는 달마가 동쪽으로 간 까닭은 잘 몰라도 유길준이 서쪽으로 간 까닭은 짐작할 수 있다. 그 스스로 말했듯, 그는 서쪽으로 '보고 들으러西遊見聞' 간 것이었다. 그 제

목에서부터 알 수 있듯 그의 책은 놀라움과 가벼움으로 가득 차 있다. 그는 이 땅의 몽매한 백성들에게 그가 본 새 세계를 영탄조의 탄식으로 소개하기에 급급하다. 그의 조급한 계몽의 열정 앞에 서구적 근대성에 담긴 역사적 사상적 정치적 내력은 방기되거나 무시되었다.

그 이후 이 땅을 계몽하려는 학문의 모세들은 윤치호, 서재필, 이승만 등의 이름으로 등장하였다. 그들의 가르침의 방식은 한결같이 이 땅의 몽매한 백성들이 보편적 서구의 진리(말씀)를 배우게 하려는 것이었다. 그러나 그들의 소개 글은 서구 근대에 감동된 독후감이었지, 질문을 던진 평론은 아니었다. 그럼에도 불구하고 그들은 그 서구에 대한 배움學을 통해 언젠가는 우리 자신의 질문問을 갖게 되리라는 낙관을 갖고 있었다.

그러나 안타깝게도, '질문하기'는 저만치 있는데 배울 것은 왜 그다지도 많았을까. 실증주의, 행태주의, 신행태주의, 종속이론, 마르크시즘, 네오마르크시즘, 구조주의, 신구조주의, 형식주의, 신비평, 해체주의……. 아! 지독히도 깊고 넓은 학문의 세계여. 우리는 누구처럼 '넓고 넓은 학문의 바닷가에서 조개 줍는 한 소년'에 불과하였단 말인가.

따라서 배움學을 통해 언젠가는 질문問을 갖고 말리라는 낙관은 끊임없이 우리를 배반하거나 불임으로 끝나고 말았고, 오늘도 우리는 내내 그들의 학문을 북극성으로 삼아 끊임없이 배우고 또 배우고 있는 중이다. 그리고 기껏 그들의 렌즈를 가져와서 우리를 비추고만 있는 것이다. 그러나 이 땅의 불행은 그들의 렌즈로도 제대로 파악해낼 수 없는 점에 있었으니, 이를테면 서구의 갖가지 정치이론으로도 이 땅의 정치적 삶은 제대로 설명되지 못하였으며, 온 세계가 대통령제 아니면 내각제로 잘도 운영되는데, 이 땅은 이 둘을 이리저리 돌려 써보고 섞어 써 봐도 제대로 된 정치판을 만들지 못하는 것이었다. 그러니 이 땅은 보편으로, 진리로, 합리로 설명되지 않는 특수하고, 비과학적이며, 비합리적인 곳이다. 내내 '전근대적' '봉건적'이라는 수식어를 달고 다니는 것도 그런 까닭에서였다.

그러나 이 땅이 잘못이었을까. 아니면 이 땅을 비춘 렌즈가 잘못이었을까. 애초에 우리 근대 학문의 비극은 유길준의 책 제목에서 오롯하듯 '보고 듣고자見聞' 했던 데서 잉태된 것인지도 모른다. 우리는 그들의 학문에 대고 우리의 문젯거리를 질문하지 못하고 그들의 학문 앞에 지레 무릎을 꿇고 배우고자 하였다. 요컨대 우리가 그들을 배우고자 한 까닭에는 그들 학문의 힘을 증거하는 군함과 전차의 상징성에 짓눌린 정치적인 특성을 갖는 것이었다. 이 놀라움에서 비롯된 무릎 꿇기로 말미암아 우리의 실제 삶은 방기되었다. 그러므로 우리 근대는 서구의 그것과는 달리 내내 해체당하거나 또는 스스로 해체하는 과정이었다. 즉 서구 근대가 통합의 역사라면, 우리 근대는 해체의 역사였다.

그런데 오늘날 서구가 자신들의 근대를 해체하고자 하니, 우리는 또다시 그 가볍고 경쾌한 이름들, 데리다, 푸코, 라캉 등을 들여와 낭자히 이 땅을 해체하고자 한다. 우리는 여태 해체하거나 해체당하여 분열된 땅덩이조차 맞추지 못한 채로 있는데 우리는 또 이들을 따라 해체하고자 한다. 무엇을? 진정 우리가 해체해야 할 것이라면 학문의 길이요, 건설해야 할 것은 문학의 길이다. 즉 배워서 묻기를 부수고 물어서 배우는 길을 수립해야 한다.

3. 물어서 배우는 문-학의 첫걸음은 질문하는 나를 낯설게 바라보는 것敬이다. 문-학의 핵심은 스승이 앞서지 않고 배우고자 하는 이가 앞선다는 데 있다. 학문의 주체는 질문하는 '나'이며 나의 질문이 세계의 질문이 된다. 목소리를 높이자면, 객관적인 진리는 없다. 오로지 치열한 주관의 뒤 끝에 슬쩍 그림자처럼 따라 붙는 것이 객관이라고 할까.

그래서 나는 일본의 젊은 불교학자 마쓰모토의 다음과 같은 주장에 전적으로 찬동한다. "학문이란 근본적으로 주관적인 것이라고 생각한다. '이해한다'는 거의 최종적으로 주관적이며 계시적이라고 한다면, '텍스트를 읽는다.'는 것은 본질적으로 또 전면적으로 주관적이라고 해야만 한다."[7)]

역시 이런 맥락에서야 당나라 유학자 한유韓愈가 「사설師說」에서 지적한 바, "가르쳐 주는 자가 스승이다."라는 말을 평심하게 받아들일 수 있다. 우리의 근대학문을 스승을 찾아가 '보고 듣고자' 하였던 것에 비유할 수 있다면, 한유의 주장은 나의 질문을 해결해 주는 자가 — 그것이 스쳐가는 바람이거나 떨어지는 오동잎이라고 할지라도 — 나의 스승이라는 것이다.

그리하여 우리 근대 학문의 두 번째 비극은 배우고자 하는 '나'가 사라지고 어떤 스승이나 학교의 존재가 앞으로 나섬으로써 학문이 정치적으로 타락하고 말았던 데 있다. 어느덧 학자는 모세가 되어 저 멀리서 말씀을 가지고 와서 계몽하였으며, 그 말씀의 정통성은 말하는 그 학자로부터가 아니라 그 노트의 출처로부터 찾아졌다. 그러므로 학문은 지식-정치학적 구도 속의 현상이 되고 말았다.

4. 그러면 지금 이 땅에서 '학문하기'란 무엇인가. 그것은 이른바 학문하는 '나'를 질문하는 것이다. 배우기를 잠시 멈추고 그 배움에 대해 질문하는 것이다. 질문은 나로부터 시작하여 우리에게로 나아가는 것이니만큼, 저 멀리서 말씀으로 등장하는 것이 아니라 이 땅의 삶에서 부대끼면서 그 분비물로 형성되는 것이다. 그 질문이 진실될 때 이미 배우기의 절반은 끝났다고 해도 과언이 아닐 것이다. 내 귀가 밝다면 고요한 이 공간에서도 소리를 얻어들을 수 있듯, 나의 질문이 절실하면 스승은 만나게 마련이다.

그러나 나의 무릎을 꿇릴 수 있는 자가 스승이지, 강단에 서 있는 자라고 해서 다 스승은 아니다. 스승이라는 이름을 가진 자 앞에 무릎 꿇을 요량으로 엉금엉금 기어가서는 절대로 참다운 학문은 얻지 못한다. 다시 말해 눈에 핏발을 세우고 덤비는 제자의 무릎을 쳐서 앉힐 수 있는 자가 스승이다. 그런 스승과 절치부심 스승의 뒤통수를 치고야 말겠다는 제자의 덤비기가 아우러지는 곳이 학문하는 자리인 것이다.

그러니 이제 밖으로 떠돌면서 기껏 '보고 들음見聞'으로써 학문을 삼으려는 자세에서 벗어나 노자가 말한 바 "문밖을 나서지 않아도 천하의 이치를 안다不出戶, 知天下."라는 금언을 옷깃에 새길 때가 되었지 싶다. 지금 이 자리의 '참되고 절실한 질문切問'(『논어』)을 갖는 것, 그것이 학문의 첫걸음이라고 생각하기 때문이다.

배병삼, 『풀숲을 쳐 뱀이 놀라게 하다』, 문학동네, 2004, 247~253쪽.

3) 이론과 실천의 통일

子曰 學而不思則罔 思而不學則殆 —「爲政」

"학學하되 사思하지 않으면 어둡고, 사思하되 학學하지 않으면 위태롭다." 이 정도의 번역으로는 그 뜻을 짐작하기가 어렵지요. 짐작하기가 어려운 까닭은 학學과 사思의 뜻이 불분명하기 때문입니다. 앞에서 화이부동을 설명하면서 대비에 대하여 이야기했습니다. 이 구절도 완벽한 대비 형식의 진술입니다. 따라서 학과 사를 대對로 읽는 것이 핵심입니다.

일반적으로 학은 배움learning이나 이론적 탐구라는 의미로 통용됩니다. 그런데 사를 생각thought 또는 사색思索으로 읽을 경우 학과 사가 대를 이루지 못합니다. 다 같이 정신 영역에 관한 것을 의미하기 때문이지요. 사는 생각이나 사색의 의미가 아니라 실천의 의미로 읽어야 합니다. 그것이 무리라고 한다면 경험적 사고로 읽어야 한다고 생각합니다. 글자의 구성도 '전田+심心'입니다. 밭의 마음입니다. 밭의 마음이 곧 사思입니다. 밭이란 노동하는 곳입니다. 실천의 현장입니다.

이러한 풀이에 대하여 전문 연구자의 반론이 있습니다. 사思의 전田은 어린아이의 두개골에 있는 봉합 부분 즉 숨구멍을 의미한다는 설명입니다. 따라서 두뇌와 마음 심心을 합한 것이 사思라는 것입니다. 총聰 자의 오른쪽 글자가 바로 사思의 원 글자에 해당한다는 대단히 자상한 전거를 제시해주고 있습니다.

물론 전문 연구자가 아닌 나로서는 확인하기 어렵습니다. 그러나 학과 사의 대비가 이 구절의 핵심적 진술 구조라고 생각하지요. 그리고 인간의 사고가 두뇌에서 이루어진다는 것이 밝혀진 것은 적어도 일본의 경우 메이지유신 이후라는 사실입니다. 그때까지는 사고가 가슴에서 이루어지는 것으로 알았던 것이지요. 그래서 가슴에 두 손을 얹고 생각하라고 했던 것입니다.

내가 이야기하고 싶은 요지는 적어도 사가 관념적 사고의 의미는 아니라는 것이지요. 학이 보편적 사고라면 사는 분명 자신의 경험을 중심으로 하는 과거의 실천이나 그 기억 또는 주관적 관점을 뜻하는 것이라고 읽어야 옳다고 생각하는 것이지요.

더구나 내게는 이 '학이불사즉망學而不思則罔'에 관한 추억이 있습니다. 할아버님께서 언젠가 어린 손자인 나를 앉혀놓고 이 구절을 설명하셨습니다. 한 시간쯤 책을 읽고 나서는 반드시 30분 정도는 생각을 해야 된다는 것이었습니다. 책을 덮고 읽은 것을 다시 생각하면서 머릿속에서 정리해야 한다는 것이었습니다. 그래야 어둡지[罔] 않게 된다는 것이 할아버님의 해석이었습니다. 돌이켜보면 그동안 할아버님의 그런 말씀이 생각나서 자주 그렇게 하기도 했습니다. 읽은 것을 다시 생각하면 내용의 핵심을 간추려보게 되기도 하고 또 글 전체의 구성을 이해하게 되기도 하였습니다.

그런데 내가 감옥에 앉아 책을 읽으면서 깨닫게 됩니다. 책을 읽어도 도대체 머리에 남는 것이 없었어요. 심지어 어떤 책을 30~40페이지쯤 읽고 나서야 그 책은 전에 읽은 것이란 걸 알게 됩니다. 감옥에서 책 읽는 것이란 그저 무릎 위에 책 한 권 달랑 올려놓고 읽는 것입니다. 독서는 독서 이후와 완벽하게 단절된 그저 독서일 뿐입니다. 실천과 유리된 관념의 소요逍遙일 뿐입니다. 책을 덮고 읽은 것을 다시 생각하고 정리해봐도 마찬가지였습니다. 책을 읽는 것[學]이나 책을 덮고 생각하는 것[思]은 같은 것을 반복하는 의미 이상일 수가 없었습니다. 나는 할아버님의 해석이 잘못이었다는 것을 깨닫게 됩니다. 그래서 위에서 이야기했듯이 사思를 경험과 실천의 의미로 읽는 것이 옳다고 생각합니다. 더구나 분명한 것은 학과 사를 대對로 읽어야 한다는 사실입니다.

경험과 실천의 가장 결정적인 특징은 현장성現場性입니다. 그리고 모든 현장은 구체적이고 조건적이며 우연적입니다. 한마디로 특수한 것입니다. 따라서 경험지經驗知는 보편적인 것이 아닙니다. 학學이 보편적인 것generalism임에 비하여 사思는 특수한 것specialism입니다. 따라서 '학이불사즉망'의 의미는 현실적 조건이 사상捨象된 보편주의적 이론은 현실에 어둡다는 의미입니다. 반대로 '사이불학즉태思而不學則殆'는 특수한 경험적 지식을 보편화하는 것은 위험하다는 뜻이 됩니다. 학교 연구실에서 학문에만 몰두하는 교수가 현실에 어두운 것이 사실입니다. 반대로 자기 경험을 유일한 잣대로 삼거나 보편적인 것으로 전제하고 일을 처리하면 위험한 것이지요. 일반적으로 자신의 경험에서 이론을 이끌어내는 사람들, 즉 대부분의 현장 활동가들은 대난히 완고합니다. 사기 경험만을 고집합니다. 생산직 기술자들도 마찬가지입니다. 장인匠人적인 자존심으로 자기 방식을 고집합니다. 경험적 지식은 매우 완고합니다. 따라서 경험주의를 주관주의라고 합니다. 『감옥으로부터의 사색』에 이 문제와 관련된 내용이 있습니다.

자기의 경험적 사실을 곧 보편적 진리로 믿는 완강한 고집에서 나는 오히려 그 정수精髓의 형태는 아니라 하더라도 신의와 주체성의 일면을 발견합니다. (…중략…) 경험이 비록 일면적이고 주관적이라는 한계를 갖는 것이긴 하나, 아직도 가치중립이라는 '인텔리의 안경'을 채 벗어버리지 못하고 있는 나는, 경험을 인식의 기초로 삼고 있는 사람들의 공고한 신념이 부러우며, 경험이라는 대지에 튼튼히 발 딛고 있는 그 생각의 '확실함'을 배우고 싶습니다. (…중략…) 경험 고집은 주체적 실천의 가장 믿음직한 원동력이 되기 때문입니다. 몸소 겪었다는 사실이 안겨주는 확실함과 애착은 어떠한 경우에도 쉬이 포기할 수 없는 저마다의 '진실'이 되기 때문입니다.

그러나 그렇다고 하더라도 우리는 주관주의를 경계해야 합니다. 세상이란 참으로 다양한 내용을 가지고 있습니다. 대동大同은 멀고 소이小異는 가깝지요. 자기의 처지에 눈이 달려 있기 때문에 누구나 자신의 시각과 이해관계에 매몰되기 쉽지요. 따라서 사회적 관점을 갖기 위해서는 학學과 사思를 적절히 배합하는 자세를 키워가야 합니다.

공자가 이 구절에서 이야기하려고 한 것이 바로 그러한 것입니다. 이론과 실천의 통일입니다. 현실적 조건에 대한 고려가 있어야 함은 물론이며 동시에 특수한 경험에 매몰되지 않는 이론적 사고의 필요성에 대해서도 이야기하고 있는 것입니다. 우연과 필연의 변증법적 통일에 관한 인식이기도 합니다. 「학이」편에 '학즉불고學則不固'란 구절이 바로 이것을 설명하고 있습니다. 배우면 완고하지 않게 된다는 것이지요. 학學이 협소한 경험의 울타리를 벗어나게 해주기 때문이라는 것이지요. 학이란 하나의 사물이나 하나의 현상이 맺고 있는 관계성을 깨닫는 것입니다. 자기 경험에 갇혀서 그것이 맺고 있는 관계성을 읽지 못할 때 완고해지는 것입니다.

크게 생각하면 공부란 것이 바로 관계성에 대한 자각과 성찰이라고 할 수 있습니다. 앞에서도 이야기했습니다만 작은 것은 큰 것이 단지 작게 나타난 것일 뿐임을 깨닫는 것이 학이고 배움이고 교육이지요. 우리는 그 작은 것의 시공적 관계성을 깨달아야 하는 것이지요. 빙산의 몸체를 깨달아야 하고 그 이전과 그 이후의 전 과정 속에 그것을 놓을 수 있어야 하는 것이지요. 온고溫故와 지신知新을 아울러야 하는 것이지요. 남이 나를 알아주지 않는 것을 탓하는 것이 이를테면 존재론적 사고라고 한다면, 관계론적 사고는 내가 남을 알지 못하는 것을 근심하는 것[不患人之不知己 患不知人也]이라 할 것입니다.

지금까지는 학學이 객관주의적이고 사思가 주관주의적이라고 설명했습니다만 반드시 그러한 것은 아니라고 생각합니다. 오히려 반대 측면도 있다고 생각합니다. 학이 주관적이고 사가 객관적인 경우도 얼마든지 있습니다. 이 이야기는 매우 사소한 일화입니다만 우리 집에 전기 공사를 할 때의 일입니다. 나도 전기 수리공을 도우면서 한나절을 같이 일한 적이 있었어요. 그때의 그 전기 수리공과 주고받은 대화 내용입니다. 집에 책이 많은 걸 보고 그 수리공이 내게 학교 선생이냐고 물었어요. 그렇다고 대답했더니 그의 말인즉 선생은 참 좋겠다고 부러워했어요. 그런데 그가 부러워하는 이유가 무척 철학적이었습니다. 그가 부럽다고 하는 이유는 선생에게는 방학이 있다거나 칠판에 쓰는 것이 전기 배선 작업보다 힘이 덜 든다는 것이 아니었어요. "책상에서는 한 가지이지만 실제로 일해보면 열 가지도 넘는다"는 것이 그 이유였어요. 교실보다는 현실이 훨씬 더 복잡하다는 것이지요.

그가 주장하는 바는 요컨대 이론은 주관적이고 실천은 결코 주관적일 수가 없다는 것이었습니다. 관념적일 수 없다는 것이지요. 그가 이야기한 것은 어쩌면 단순하다, 복잡하다는 정도의 일상적 대화였습니다만 곰곰이 생각해보면 그 내용은 매우 철학적인 것이지요. 그는 마치 확인 사살하듯이 못 박았어요.

"머리는 하나지만 손은 손가락이 열 개나 되잖아요."

내가 반론을 폈지요.

"머리는 하나지만 머리에는 머리카락이 얼마나 많은데요?"

그의 대답은 칼로 자르듯 명쾌했습니다.

"머리카락이요? 그건 아무 소용없어요. 모양이지요. 귀찮기만 하지요."

그렇습니다. 생각하면 머리카락이란 이런저런 모양을 내면서 결국 '자기自己'를 디자인하고 합리화하는 것에 지나지 않는지도 모릅니다. 그 수리공도 모자를 쓰고 있었어요.

신영복, 『강의』, 돌베개, 2004, 179~184쪽.

4) 코로나19 시대, '온라인 강의'가 던져준 고민과 단상

2020년 1학기가 거의 끝나간다. 남은 것은 짧아진 방학밖에 없지만, 긴 안도의 한숨이 나온다. 얼마나 정신없는 시간을 보냈는지, 정도의 차이만 있지 대학 성원 모두에게 잊을 수 없는 경험이었으리라. 하지만 이 유례없는 시간을 어쨌든 큰 문제없이 마쳐 다행이라는 마음 너머로 적잖은 생각과 걱정이 밀려든다.

'코로나19의 탄생'은 기원전BC과 기원후AD를 가른 것과 같은 역사적 기념비가 될 듯하다. 아니 이미 되었다. 다만, 예수 탄생의 의미가 나중에 인지되고 역사적인 분기점이 되었다면, 코로나 바이러스는 태어나자마자 이미 불멸의 존재로 받아들여지고 있다. 그래서 이제부터 세상은 코로나19 이전BC과 이후AC로 나뉠 것이라고 당연시한다.

대학 풍속도 역시 그렇다. 사이버 대학만이 아니라 모든 대학에서 온라인으로만 가르치고 배우는 길이 열렸다. 물론, 등록금 반환 요구 등을 겪은 대학으로서는 사정이 허락한다면 '대면수업'부터 권고할 수 있겠지만, 학생들의 셈법도 간단치는 않다. 원격수업의 질을 말하며 등록금을 돌려달라더니, 교양과목은 오히려 온라인수업을 선호한다니 고개가 갸웃거려진다.

가르치는 쪽도 그렇다. 처음에는 당황의 연속이었다. 컴맹인 분들은 더했고, 강의 녹화법과 실시간 화상수업 기술을 배우느라 진땀깨나 흘렸다. 강의 준비시간이 몇 배나 든다는 볼멘소리가 여기저기서 나왔다. 학기가 끝나갈 즈음 다른 목소리도 들린다. 라이브 강의에 필요한 기술도 시행착오를 거치며 거의 터득했고, 연구실에 편하게 앉아서 강의하니 나쁘지 않다. 카메라에 혼잣말하는 면벽수도승의 느낌을 넘어 장점이 눈에 보인다. 대세가 온라인이라는데, 그 대열에 들어선 느낌도 나쁘지 않다.

대학에서 온라인 원격수업의 보편화는 양날의 검이다. 대학별 강의의 특권적 성격이 약화되고 교육 기회가 확대되며 교육의 양과 질이 보편화할 수도 있다. 하지만 오히려 국내 대학과 대학교육이 위기에 처할 수도 있다. 온라인 강의 시스템이 구축되고 인터넷망으로 연결된 이상, 해외 명문대학이 세계적인 석학의 온라인 강의를 앞세워 치고 들어올 수도 있을 것이다. 대면 실험이나 실습이 필요하지 않은 인문학이 더 타격을 받으리라는 진단도 적지 않다. 그렇지만 대학의 장기적 비용 절감과 수업의 편의성이라는 유혹과 매력을 무시하기 어렵다. 카페에서나 침대에서 온라인 수업을 누리는 학생들은 이미 '뉴노멀'에 가깝다. 물리적 제약이 적으니 편의성이 뛰어나고, 강의에 유용한 관련 '기술'도 계속해서 발전할 것이다.

사실, 코로나19의 폭발 속에 대면수업이 불가능해지자 대학이 맨 먼저 발 벗고 나선 부분도 '기술적인 시스템' 구축이었다. 처음엔 혼선과 시행착오가 있었지만, 동분서주한 결과 화상 라이브강의 시스템은 결국 정착되었다. 대학으로서는 우선순위가 분명했겠지만 이 과정에서 차별이 존재했다. 무엇보다 강의실이 사라진 비전임 교수와 학생들은 최신 기기든 수업공간이든 알아서 각자도생해야 했다. 이런 상황은 온라인 강의라는 새로운 시스템의 구축 및 운용과 관련해서 차후로도 반드시 짚어야 할 부분을 보여준다.

여하튼 대학들은 다음 학기도 온라인 강의를 영위할 시스템을 탄탄히 갖추기 시작했다. 교육부가 온라인 강의 비율의 제한을 대학 자율로 파격 완화함으로써 추진력도 달았다. 그렇지만 기술적·구조적 문제가 다 해결된다 해도 '대학에서 온라인 강의는 도대체 무엇인가'라는 질문은 여전히 남아있다.

이번 학기 강의를 온라인으로 하며 처음 느낀 점은 '낯섦'이었다. 기술적 어려움도 있었지만, 얼굴도 마주하지 않고 컴퓨터 화면에다 얘기하는 것이 참으로 어색했다. 다양한 소통과 피드백을 시도해보았지만 피상적이었다. 학생들 숫자가 많은 과목은 그런 구색조차 맞추기 어려웠다. 일방향적이고 그래서 일방적인 강의로 흘러가며 계속 낯설고 소외감을 느꼈다. 그것은 '우리가 아는 세상'이 아니었다. 강의 도중 학생들의 반응과 호응, 눈빛과 표정을 보며 즉흥적으로 분위기를 바꾸거나 때론 썰렁한 농담으로 주위를 환기시키는 일도 시도하기 어려웠다. 적응의 문제가 아니었다. 온라인 강의를 위한 기술을 습득하고 강의에 전혀 문제가 없는 상황이 지속되어도 마찬가지였다. 그것은 지식만 전달하는 온라인 창고로 굳어질 소지가 큰 '낯선 세상'이었다.

오히려 이번 기회에 코로나19 이전부터 대학들이 간간이 영위한 온라인 강의들이 얼마나 문제였는지가 생생히 드러났고, 순전히 경비 절감의 차원에서 이루어졌음이 더 명백해졌다. 또한 소수의 인원이 참여한다면 모를까 현실 온라인 강의는 피드백이나 토론 같이 기존 강의의 질을 높이는 방향에 역행하는 점도 분명해졌다. 마찬가지로 석학이나 유명인사의 온라인 강의만으로는 대학 강의를 대체할 수 없다. 사실 그런 류의 '명강의'는 더더욱 일 방향적인 배움이다. 지금도 유튜브에는 유명 강연이 넘쳐난다. 하지만 이런 강의는 본질상 혼자 하는 명저 읽기와 별반 다르지 않다. 어떤 공간 속에서 눈빛과 호흡을 주고받는 소통과 교류의 장으로서의 강의와는 다르기 때문이다.

무엇보다 대면 강의는 정도의 차이에도 불구하고, 한 학기 동안 점점 무르익어 가는 '관계 맺기'의 과정이기도 하다. 첫 시간의 다소 쑥스러운 인사에서부터 시작해, 배움을 매개로 한 소통과 교류를 통해 차츰 쌓여가는 친밀과 신뢰의 과정이기 때문이다. 학생들의 얼굴을 보고 숨소리를 들으며 같은 공간에서 호흡하며 맺어가는 관계가 강의라면, 온라인 수업은 그런 세계를 벗어나는 일이다. 편리함을 얻지만, 감정과 느낌이 묻어나는 참 공부의 본령을 앗아가는 일인 것이다. 코로나19의 시대, 이 예외적인 위기의 시대에 피할 수는 없다고 하더라도, 온라인 강의에 알게 모르게 젖어가는 우리를 다시금 돌아봐야 한다. 살아 숨 쉬며 부대끼는 소통과 배움이야말로 '호모 아카데미쿠스'라는 존재의 본질이기 때문이다. 그것이 우리가 삶으로 아는 세상, 인간이 더불어 사는 세상이므로.

정대성, 「코로나19 시대, '온라인 강의'가 던져준 고민과 단상」, 『대학지성 In & Out』, 2020. 7. 27.

2. 대학의 붕괴

1) 진리의 상아탑과 대학의 기업화

어떤 의미에서 이제 대학은 죽었다. 한때 진리의 상아탑이라고 불리던 대학은 더 이상 진리 탐구의 전당으로서 기능하고 있지 않다.

(1) 상아탑의 의미

원래 상아탑象牙塔, Ivory Tower은 구약 성경에 들어있는 「아가」의 다음과 같은 표현에 연원한다. "목은 상아 망대 같구나Your neck is like an ivory tower."(여기에서 한글 번역은 개역개정판을 사용하였고, 영어 번역은 NIV를 인용하였다) 솔로몬의 작품으로 알려진 아가雅歌, Song of Songs는 노래로 연인을 찬미하며, 사랑을 예찬한다.

이후 그 연인의 자리에 성녀 마리아가 놓이게 되었다. 상아탑이 마리아를 가리키는 별명epithet으로 사용된 것이다. 성적 은유가 종교적 맥락으로 확장되어 활용된 셈이다. 한데 지금에 와서는 왜 대학을 가리키는 의미로 사용되고 있다. 상아탑 속에서 살아가는 학자들이라는 표현으로 잘 드러나듯이 현실로부터 분리된 관념적인 성향을 지적하는 것이다.

이는 프랑스 근대 비평의 아버지로 불리는 샤를 생트뵈브Charles Augustin Saint-Beuve (1804~1869년)가 시인 알프레드 드 비니Alfred de Vigny(1797~1863년)에 대해 비판할 때에 사용하던 표현(tour d'ivoire)에 연원한다. 비니가 상아탑 안에서 살았다는 그의 언급은 현실 참여적이던 빅토르 위고의 작품 세계와 달리 예술지상주의적이던 그의 작품 성향에 대한 지적인 동시에 낙향하여 고립을 자처한 그의 후반 생애에 대한 지적이기도 하다.

하지만 왜 상아탑이라는 표현을 사용하는 지에 대해서는 그 맥락에 대한 이해가 필요하다. 문자 그대로 보면, 상아탑은 상아象牙, 즉 코끼리의 어금니로 쌓은 탑이다. 간단히 말하면, 코끼리 무덤이다. 코끼리가 죽을 때가 되면 선조가 대대로 묻혀있는 무덤에 홀로 찾아가서 죽음을 맞이한다고 한다. 이 코끼리 무덤에는 상아가 무더기로 쌓여있다는 것이다.

물론 이것은 거짓이다. 코끼리는 결코 코끼리무덤에 찾아가 홀로 죽지도 않고, 가족들이 애도하며 주검 근처를 배회한다. 이는 필경 사냥 금지령에도 불구하고 코끼리를 죽이고 상아를 갈취한 밀렵꾼들의 주장에 기인한 것일 터이다. 그 많은 상아 획득의 출처가 코끼리 사냥이 아니라 코끼리 무덤이라는 것이다.

상아가 쌓여 있다는 코끼리무덤 신화의 주장을 염두에 두어야 상아탑의 의미가 제대로 이해될 수 있다. 여기서 우리가 주목해야 할 부분은 코끼리가 무덤에 들어가면 밖으로 다시 나오지 않고, 그대로 죽음을 맞이한다는 것이다. 현실로부터 유리된 장소를 가리키는 다소 부정적인 함의를 지닌 은유로 상아탑이 사용되는 연원이 바로 여기에 있다.

(2) 진리의 상아탑과 대학의 자율성

이러한 부정적 함의를 제외한다면, 근대의 대학은 분명 상아탑이다. 대학과 교수의 자율성이 존중되었기 때문이다. 특히 이것은 독일의 근대화를 주도한 독일의 대학이 잘 보여준다. 독일의 교수들은 모두 공무원이고, 국가가 그들의 자율성을 보장한다. 독일이 학문의 강국이 된 것은 특정한 이념에 휘말리지 않도록 순수한 지적 독립을 보장받았던 결과이다.

이러한 독일 대학의 자율성은 학생의 경우에도 마찬가지로 적용된다. 입학도 자유롭고 학비는 무료이기에 원하면 누구나 대학생이 될 수 있다. 학비를 염려하지 않고 순수한 학문적 관심만으로 공부할 수가 있는 것이다. 더욱이 고등학교 성적이 평생을 좌우하지 않는다. 뒤늦게 지적 능력이 개화하더라도 얼마든지 능력을 발휘할 기회가 학생에게 주어지는 것이다.

이는 원래 교육학자 빌헬름 폰 훔볼트가 추구한 근대 대학의 이상을 따른 결과이다. 그의 논고인『인간교육론』(책세상)을 보면, 국가는 대학에 대한 간섭은 가능한 줄이고 대학에 대한 지원은 가능한 늘려야 한다고 주장한다. 이를 통해서 인류의 보편적 가치에 부합하는 대학이 만들어진다면, 이게 곧 선진 국가를 만드는 든든한 반석이 될 수 있다는 것이다.

한 동안은 이러한 대학 자율성의 이상이 한국 대학에서도 추구되었다. 이러한 군사 독재정권과의 오랜 싸움은 그러한 자율성에 대한 추구의 강력한 증거이다. 더욱이 한국 사회의 교수에 대한 사회적 존경이 유독 드높았다. 그만큼 기대치가 높다는 뜻이 될 것이다. 이는 대학 교수가 국가를 지도해야 한다는 훔볼트의 생각과 궤를 같이 한다.

(3) 대학의 기업화

하지만 현재는 이러한 자율성을 더 이상 기대하기가 어렵게 되었다. 지금의 대학은 오히려 기업을 모델로 삼아서 적극적으로 시장의 흐름을 따라가고 있다. 진리를 탐구하는 대신에 상품을 생산하고 있는 것이다. 한 면으로 기업이 기대하는 연구를 내놓는 것이며, 다른 한 면으로 기업이 요구하는 인력을 양성하는 것이다(교육도 상품이고, 학생이 고객이다).

그러니까 대학은 더 이상 상아탑이 아니다. 이제 대학은 기업이 되었다. 최근에 번역 소개된 빌 리딩스 교수의 『폐허의 대학』(책과함께)에서 주장하는 것이 바로 대학이 기업이라는 것이다. 그가 보기에 대학 순위를 매기는 데에 활용되는 수월성의 척도야말로 이것을 증명하고 있다. 원서가 출간된 지가 무려 이십여 년이 된 걸 감안하면 놀라울 정도로 그대로다.

이는 비단 남의 나라 얘기가 아니다. 한국의 경우에도 대학의 위계화가 급속하게 진행되었다. 원래 서울 소재 극소수의 명문대학과 지방 국립대학이라는 이원화 체제가 지방의 균형 발전과도 맞물려있었다. 하지만 IMF 이후로 그러한 이원화 구도가 급격히 무너졌다. 서울과 지방의 대학 간의 양극화가 극도로 심화되고 있다.

지금은 사실상 거의 모든 우수한 학생이 죄다 서울 소재 대학으로 몰리고 있다. 지방 대학은 신입생을 채우는 것도 문제가 되고 있다. 지방 대학의 교수들은 고등학교를 순회하며 신입생의 유치에 목숨을 걸다시피 한다. 이러한 급속한 위계화에 맞추어 사실상 모든 대학이 기업화되고 있다. 지금 대학이 가장 주목하는 것은 앞에서 지적한 교육 상품이다.

교육의 결실은 취업이다. 이제 대학의 존재 의의는 학생들의 취업 알선에 있다. 기업은 대학에게 취업 학원이 되라고 다그치며, 심지어 기업이 인수한 모 대학은 학부에서 회계를 교양 필수 과목으로 지정했다(이런 상황 속에서 학생들은 영혼이라도 팔아 취업하려고 한다). 모든 대학이 이렇게 취업을 우선하는 교육 기업이 되었고, 이는 대학의 서열화와 직결된다.

(4) 정부의 대학 구조조정 강행

정작 문제는 정부가 이러한 경향을 강제한다는 것이다. 지난 8월 31일에 발표된 대학구조개혁평가 결과는 많은 이들에게 충격을 주었다. 서울 소재 주요 대학에 유리한 방향으로 평가가 진행되었다는 지적이 나오고 있다. 심지어 9월 10일 교육부 국정감사에서까지 교육부의 대학 구조개혁 평가 발표에 대해 문제점이 많다고 비판이 제기될 정도였다.

배재정 국회의원(새정치연합)에 따르면, 4년제 일반대학을 중심으로 볼 때에 수도권 대학 57곳 가운데 20곳이 A등급을 받았고, 지역 대학은 101곳 가운데 14곳만 A등급을 받아서 2.5배나 차이가 난다는 것이다. 수도권 대학과 구별되는 지역대학의 고유한 역할이 평가 지표에 반영되지 못했기 때문에 서울 소재 상위권 대학에 더욱 힘을 실어준 셈이라는 것이다.

더욱이 배 의원에 따르면, 취업에 유리한 학과만 남겨두고 그렇지 못한 학과는 정리하도록 하는 것에 대학구조조정의 목적이 있다. 결국 이로 인해 기초학문과 순수학문이 그 자리를 잃어버리게 될 것이라고 설 자리가 사라지게 되리라는 것이다. 등급을 결정하는 정성평가 항목에서 평가 기준, 내용, 결과가 전부 비공개된 것도 문제라는 점을 지적했다.

실상을 살펴보면, 더욱 서울 소재 대학에 유리하게 구성되어 있다. 구조개혁위원회가 제안한 36개의 평가항목 가운데 교육부는 18개만 받아들였는데, 세부적으로 따져봐야 할 것이다. 가령 기숙사 운영 항목의 경우, 수도권 대학의 기숙사 여건이 지방 대학에 비해 미비하기에 상대적으로 낮은 점수를 받을 수 있다는 이유로 평가항목에서 제외되었다고 한다.

이와 같이 여러 사항들을 고려해 본다면, 이번 대학 구조개혁 평가에 대한 문제제기는 지극히 정당하다. 애초에 정부가 이렇게 인위적으로 개입한 것이 문제다. 어차피 대학 생태계는 인구 급감 등의 사회적 구조의 변화와 함께 자연스럽게 조절될 수밖에 없다. 아니, 정확하게 말하자면 정부가 개입하지 않아야 정상적인 조율 과정이 진행될 수 있다.

오히려 정부의 이러한 통제로 인해 그러한 자가 조정을 기대하기가 어려워지고, 왜곡된 서열화만 증폭되고 있다. 사회적 안전망이 두텁게 깔린 복지강국은 대학 간의 차별을 견제한다. 한국은 거꾸로 가고 있다. 서울과 지역 간의 균등한 발전을 위해서라도 대학의 균형을 고려해야 할 터인데, 도리어 서울권에 지원을 집중하고 있으니 상황은 악화될 수밖에 없다.

(5) 다시 상아탑으로

이렇게 정부가 대학의 위계화를 강제하고, 또한 기업이 대학으로 하여금 취업학원의 역할을 하라고 강요하는 상황은 잘못된 것이다. 그렇기에 이를 비판하는 것은 정당하며, 또한 대학의 정상화를 위해서는 반드시 필요하다. 하지만 그것으로 충분한 것도 아니다. 정부와 기업이라고 하는 바깥의 적을 비판하는 것으로 대학이 바로 서는 것은 아니다.

문제의 다른 한 측면에는 대학 자신도 들어간다. 대학이 스스로 상아탑의 고고함을 버리고 시장의 흐름에 뛰어들었다는 것을 부인할 수가 없다. 가령 무의미한 영어 수업의 강행이 교수의 연구나 학생의 교육에 어떠한 도움이 되는 것인가? 아무런 도움도 되지 않는다. 그저 외부의 대학 서열 평가에서 높은 점수를 받겠다는 목적 외에는 아무 의미도 없다.

따라서 대학의 위기와 관련하여 외부에 탓을 돌리기 전에 먼저 내부에서 변화가 시작되어야 한다. 대학은 이제 자신의 본령을 되찾아야 한다. 다시 진리의 상아탑이 되어야 한다. 세상에 흔들리지 않고 세상을 이끌어야 한다. 학자들 또한 다시금 그 상아탑 속에서 살아야 한다. 학자가 시장을 기웃거리는 것부터가 이상한 것이다. 진리는 시장과 타협하지 않는다.

교육 또한 타협의 대상이 아니다. 정상적인 대학은 연구, 즉 진리 탐구와 더불어 학생 교육을 수행해야 한다. 대학 교육의 목표는 학생의 취업을 알선하는 것에 있지 않고, 학생을 인재로 양육하는 것에 있다. 새롭게 교양 학부대학Liberal Arts College의 이상을 회복해야 한다. 고루하게 들리지만, 이러한 정체성 회복에 대학 정상화의 해답이 있다.

이원석, 「진리의 상아탑과 대학의 기업화」, 『투데이신문』, 2015. 9. 11.

2) 대학 자본주의와 대학 공공성의 소멸

대학 자본주의 체제를 대학 구성원이 구현해야 하는 현실로, 또는 피할 수 없는 대세로 받아들이지 않기 위해서는 대학이 추구하는 지식 자체에 대한 성찰이 필요하다. 흔히 대학의 공공성에 근거하여 대학의 기업화나 상업화를 비판하지만 대학의 공공성 이전에 대학이 추구하는 지식의 본질을 먼저 고려할 필요가 있다는 것이다. 대학 자본주의 체제 역시 대학이 추구하는 지식과 이를 전달하는 교육을 수익 창출의 근간으로 삼고 있기 때문이다. 사회 구성원 모두를 위하여 대학이 존재하고 또 대학이 정상적인 역할을 할 때 사회 구성원 모두에게 도움이 된다는 뜻의 대학의 공공성은 중요하고 또 사회 구성원들에게 설득력이 있겠지만 대학의 공공성은 대학이 추구하는 지식에서 파생되는 것이기 때문에 지식 자체가 그 본질 상 자본주의 체제에서의 상품이 될 수 없음을 주장하는 것이 더 필요한 일이라 할 수 있다. 사회 구성원 전체가 대학의 지식의 수혜자이기 때문에 대학의 지식이 사적 소유가 되지도 말아야 하고 상품도 되지 말아야한다고 주장한다면 사회는 결국 개인들의 총합이며 개인들 각자가 자신의 인적 자본을 축적하기 위하여, 구체적으로 학생의 경우는 취업 준비를 시켜주는 대학 교육이 미래를 위한 투자이기 때문에 비싼 수업료가 미래를 위한 현재의 투자라는 관념을 인정하는 주장이 되고 만다. 사실 지식 자체를 추구하는 것이 대학의 역할이라는 칸트식 대학론이나 도덕적 사회적 책임감을 주입하기 위하여 지식이 존재하고 전승된다는 한나 아렌트Hannah Arendt식 주장이 과거의 지식 공공성의 개념이며 현재는 개인 차원의 인적 자본 개발이 대학의 공공성이라는 주장Williams 1-12을 만날 때 시대의 변화를 인식하고 대세에 따라가야 한다는 역사주의적 관점의 위험성을 확인하게 된다.

대학 자본주의는 대학 교육과 대학에서 생산되는 지식을 상품으로 설정함으로써 이루어지는 경제활동이다. 따라서 대학 자본주의를 비판하기 위해서는 대학 자본주의가 전제하는 지식의 상품성을 반박하여야 한다. 경제학에서 재화(효용이 있는 유무형의 물질)는 경합성과 배제성에 근거하여 사유재private goods, 자연독점재 또는 클럽재natural monopolies or club goods, 공유재common resources, 공공재public goods로 나눈다.[8)] 사유재는 된장찌개와 같이 내가 먹어버리면 그것이 없어져서 다른 사람은 먹을 수 없기 때문에 된장찌개가 주는 효용성을 두고 내가 다른 사람과 경쟁하는 관계가 형성된다. 이를 두고 된장찌개는 경합성이 있다고 한다. 또한 내가 그 된장찌개를 차지하면 다른 사람은 그 된장찌개를 차지할 수 없기 때문에 그 된장찌개에 대한 나의 소유는 다른 사람의 소유를 배제한다. 이는 된장찌개의 배제성에 해당한다. 사유재는 경합성과 배제성을 갖는 재화로서 상품성이 가장 높다고 할 수 있다. 자연독점재클럽재는 전화 회사의 설비같이 내가 전화를 할 때 다른 사람이 전화 쓰는 것을 방해하지 않으므로 경합성은 없는, 그렇지만 전화 회사의 서비스에 가입하지 않으면 그 전화회사의 설비를 이용할 수 없기 때문에 배제성이 있는 재화이다. 공유재는 바다의 어장과 같이 내가 어떤 물고기를 잡아버리면 다른 사람은 그 물고기를 잡을 수 없기 때문에 경합성이 있는, 그렇지만 누구나 물고기를 잡을 수 있기 때문에 배제성은 없는 재화이다. 공공재는 공중파 방송과 같이 한 사람의 청취가 다른 사람의 청취 몫을 줄이지 않기 때문에 경합성이 없으며 누구나 청취할 수 있기 때문에 배제성도 없는 재화다.

경합성과 배제성에 근거하여 재하를 분류하는 방식은 절대적이지는 않다. 사유재인 학용품을 교육기관에서 학생들에게 충분히 지급할 때 그 학용품은 경합성과 배제성이 소거되어 공공재가 된다. 공공재인 도로를 사용하는 사람들에게 통행료를 부과하면 자연독점재가 되어 버린다. 재화의 속성을 말해주는 경합성과 배제성은 고정되어 있지 않고 조건에 따라 변할 수 있다는 것이다.

대학에서 생산되는 지식은 원리상 공공재이다. 어떤 지식을 내가 습득해도 다른 사람의 습득하는 지식의 몫을 줄이지 않기 때문에 경합성이 없고 또 지식 습득을 특정인이나 집단에게만 허용할 수는 없기 때문에 경합성도 없다. 이것이 지식의 근본적 속성이다. 더구나 지식은 공공성이 확보될수록, 즉 배제성을 제한할수록 지식의 양은 늘어나는 특성이 있는 재화이다. 많은 사람이 지식 활동에 제한 없이 참여하면서 그 지식을 활용하면 지식 자체가 확대되기 때문이다. 따라서 공공재로서의 대학의 지식을 유지하고 발전시키기 위해서는 지식의 공공성을 담보할 수 있는 기구에 의해 공급되고 관리되어야 한다. 초창기 대학의 역사에서 교황 알렉산더 3세가 지식은 하느님이 주신 선물이기 때문에 매매의 대상이 될 수 없다고 천명하면서 대학의 재정을 교회가 부담하겠다고 할 때 당시 사회의 공적 기구는 교회였으며 이 공적 기구가 공공재로서의 대학의 지식을 책임지고 있었다고 할 수 있다. 근대 이후의 사회에서 공적 기구는 국가이다. 공공재인 국방이나 치안이 국가가 책임지는 것과 마찬가지로, 그리고 공공재를 개인에 귀속시키거나 시장의 원리에 맡기면 공공성이 유지되지 않는 것과 마찬가지로, 지식 역시 국가에 의해 유지되고 지원되어야 한다. 개인이 내는 수업료나 시장의 흐름에 따라 재정적 지원이 대학에 유입되면 공공재로서의 지식의 속성이 유지될 수 없기 때문에 대학의 재정은 정부에 의해 이루어져야 한다.[9] 정부는 원칙적으로 모든 사회 구성원을 대표하며 원칙적으로 모든 사회 구성원의 이익을 위하여 존재하는 기구이기 때문에 지식의 공공성을 담보할 수 있는 거의 유일한 공적 기구라고 할 수 있다. 공공성이 없는 조직이나 개인이 대학의 지식 생산이나 유통에 개입하게 되면 공공재로서의 지식의 내재적 특성이 훼손되면서 지식의 본질이 위협받게 된다.

지식의 공공재적 성격을 유지하기 위하여 정부가 대학을 보호하면서 재정적 지원을 하여야 하는 이유는 공공재로서의 지식의 내재적 속성이 훼손되지 않기 위해서이기도 하지만 현실적으로 더 중요한 이유는 지식의 외부 효과externality 때문이다. 경제학에서 외부 효과는 해당 경제 행위의 당사자가 아닌 제3자에게 미치는 부정적 또는 긍정적 효과를 뜻한다.[10] 지식 그 자체에 대한 욕구에 의해 추동되는 지식 추구 행위는 부정적 효과를 가져올 수도 있다. 파우스트의 전설에서 파우스트가 악마와 거래하면서까지 지식을 추구함으로써 자신을 파멸시키는 것은 중세 기독교 세계의 기준으로는 끝없는 지식 추구가 신의 영역을 침범해버리는 부정적 외부 효과를 보여주고 있다고 이해할 수 있다. 대학에서 추구하는 지식이 대학 밖의 세계로 파급되었을 때의 부정적 효과를 통제하기 위하여 국가는 법률 등의 제어 장치를 두고 있지만 대학 지식의 긍정적 외부 효과, 즉 대학의 사회적 유용성이 매우 크기 때문에 대부분의 근대 국가는 대학을 보호하면서 대학에 대한 재정적 지원을 책임지고 있다. 지식의 발전에는 한계가 없다는 사실과 마찬가지로 지식의 사회적 유용성 역시 무한하다고 할 수 있다. 대학의 지식과 그 지식을 전달하는 교육에서 파급되는 중요한 사회적 유용성 중 일부를 다음과 같이 예시할 수 있을 것이다.

우선 대학의 지식과 대학 교육은 국가의 구성원인 국민을 양성하는 데 기여한다. 근대 국가의 주권은 국민에게 있다. 따라서 이상적인 국가는 이상적인 국민의 총합이다. 한국의 고등교육법에 대학의 목적으로 "대학은 인격을 도야陶冶하고, 국가와 인류사회의 발전에 필요한 심오한 학술이론과 그 응용방법을 가르치고 연구하며, 국가와 인류사회에 이바지함을 목적으로 한다"라고 규정할 때 언급되는 "인격을 도야하고"의 대상이 대학 교육의 당사자인 교수와 학생이지만 인격 도야를 이룬 교양인이 국가와 인류사회에 이바지함을 고등교육법은 원칙적으로 밝히고 있다. 근대국가의 국가구성 원리인 국민국가민족국가 the nation-state에서 국민국가의 기반은 국민민족 nation이기 때문에 지적 도덕적 성숙을 이룬 교양인이 국가를 이루는 국민이 될 때 그 국가는 이상적인 국가가 된다는 것이다. 이런 이유로 국가 운영을 책임지는 정부는 국가를 위하여 대학을 보호하고 대학을 지원하여야 한다.

다음으로 대학의 지식은 전 사회로 파급되면서 전 사회적 지식이 된다. 대학의 지식이 사회적 지식이 되는 첫 단계는 제도교육일 것이다. 제도 교육을 담당하는 초중등 교육 기관의 교사들은 대학 교육을 받은 사람들이다. 그들이 대학 교육을 받을 때에는 대학의 지식 생산과 유통의 당사자가 되지만 그들이 대학을 벗어나서 다른 교육기관에서 교육 주체가 되어 학생들을 교육할 때 그들의 지식은 대학 지식의 관점에서 볼 때 외부 효과로 작용한다. 사회적 지식은 교사가 아닌 사람들에 의해서도 전달된다. 일반적으로 사회적 지식은 대학 교육을 받은 지식인들이 주도하면서 전달하고 확산된다. 이런 뜻에서 대학 교육과 지식의 외부 효과는 사회적 지식의 확대 재생산에 기여한다.

대학의 지식이 대학 외부로 확산될 때 사회 경제적 발전에 기여한다는 점도 대학 지식의 긍정적 외부 효과로 언급될 수 있다. 대학의 지식은 산업의 발전에 이용된다. 대학의 지식은 산업의 발전뿐 아니라 각 개인의 더 나은 삶을 영위하는 지적 기술적 자산의 바탕이 된다.

또한 대학의 지식은 사회가 공유할 수 있는 가치 형성에 이바지함으로써 사회 안정에 기여한다. 사회가 공유하는 가치가 없다면 그 사회는 혼란에 처할 수밖에 없다. 낮은 차원에서는 바른생활이라고 불릴 수 있는 일상의 규범이 있어야 사회적 일상생활이 유지된다. 보다 높은 차원에서는 정치, 사회, 경제, 문화 등의 영역에서 그 국가 또는 사회가 지향하는 가치를 공유하기 위한 논의의 장이 유지되기 위해서 필요한 것이 사회적 지식이다. 그런 사회적 지식은 대학에서 생산된다.

대학 자본주의 체제는 위의 예시 중 세 번째인 사회 경제적 발전을 위하여 대학의 지식이 기여하는 외적 효과에 집중한다. 그러나 대학 지식의 긍정적 외부 효과는 지식의 공공성이다. 대학 지식의 외적 효과가 경제발전에 이바지한다 하더라도 공공성을 위한 경제 발전은 원칙적으로 사회구성원 전체를 위한 경제 발전이다. 그러나 대학 자본주의 체제가 지향하는 경제 발전은 대학의 지식의 독점 체제를 지향하면서 지식을 자본의 이익을 위하여 전용하는 방식으로서의 경제 발전이며 구체적으로 말한다면 기업의 수익을 위한 경제 발전이거나 기업화된 대학의 수익을 위한 경제 발전이다.

대학 자본주의 체제는 공공재로서의 지식을 상품화할 수 있는 자연독점재로 변환시킴으로써 지식의 공공성을 위협한다. 지식은 사용한다 하여도 소진되지 않기 때문에 경합성을 갖지 않는다. 지식을 상품화하는 방식은 지식에 대한 접근성을 제한하여 배제성이 작동하도록 함으로써 이루어진다. 즉 공공재인 지식을 자연독점재로 변환시킨다는 것이다. 미국의 베이-돌 법이나 한국의 기술이전촉진법은 대학의 연구결과물인 지식에 대해 특허권을 허용함으로써 해당 지식의 접근성을 제한한다. 해당 지식을 필요로 하는 개인이나 기업이 그에 대한 접근을 위해서는 돈을 지불해야 하기 때문에 그 지식은 상품이 되며 상품이 갖는 특성으로 말미암아 지식의 유통과 확산은 제한된다. 지식의 근본 속성이 왜곡되는 것이다. 대학의 연구 결과물이 경제 발전에 이바지하게 해야 한다는 명분을 내세우는 산학협력은 사실상 대학의 공적 지식을 특정 기업에 소유권을 부여함으로써 지식의 확산을 방해할 뿐만 아니라 다른 기업이나 다른 분야의 경제 발전조차 가로막는 결과를 낳는다. 대학의 교육 대상인 학생을 상대로 이루어지는 대학 자본주의 체제인 수업료 부과제도는 수업료를 부과할 수 있는 학생들만을 대학의 지식에 접근할 수 있도록 함으로써 그 외의 학생이나 사회 구성원을 대학의 지식으로부터 배제시키는 작용을 한다. 교육을 받는 것이 아니라 지식 상품을 구매하는 소비자가 된 학생들은 그들이 구매한 지식 상품을 미래를 위한 투자 자본으로 생각한다. 이른바 대학 교육을 통하여 인적 자본이 형성되는 것이다. 투자의 속성이 투자 대비 수익의 극대화를 지향하기 때문에 투자의 대상이 될 수 있는 대학의 지식은 경영학이나 공학 분야 등 산업에서 활용됨으로써 수익이 산출되는 지식이다. 수익이 제한되거나 수익을 창출하는 것이 목적이 되기 어려운 철학이나 수학 등 기본 학문은 현재의 교육 소비자이며 미래의 인적자본 투자가인 학생들에게 선택의 대상이 되지 않으며 결국 기본 학문은 대학에서 고사된다. 비경합성과 비배제성을 가장 큰 특징이 되는 기본 지식은 대학의 근간이 되는 지식이지만 대학 자본주의 체제에서 기피학문이 됨으로써 대학에서 퇴출될 위험에 항상 노출되어 있다. 대학 자본주의 체제에서 공공재적 특성을 가장 잘 유지하는 철학, 수학 등 다른 지식의 근본이 되는 원리적 지식은 상품성이 낮기 때문에 가치가 없는 것으로 판단하여 대학의 지식 생산 공정에서 배제하려 한다. 반면 공공성이 상대적으로 낮은 반면 상품성은 높은 (예를 들어 특허권이나 실용신안권으로 이어지는) 산업이나 금융 지식은 대학 자본주의 체제에서 집중 육성 대상이 된다. 대학 자본주의는 지식의 본질 자체를 부정하며 지식 생산의 기반을 흔든다.

대학 자본주의 체제가 공고해질수록 대학 지식의 긍정적 외부 효과 역시 위축된다. 대학 자본주의 체제의 발전적 형태가 초국가적 초민족적 대학 자본주의임을 생각해보면 대학의 인재 양성 목표가 국민국가민족국가의 교양 있는 시민 양성이라는 목적을 달성하지 못한다. 초국가적 대학 자본주의 체제에서 양성되는 인재는 인적 자본으로서 기업 자본의 이익에 복무하는 노동력이거나 투자가로서의 개인이다. 대학에서 양성되는 피교육자의 자질은 인적 자본을 이루는 지식, 기술력 등의 총합 이상이 아니기 때문이다. 투자 대비 수익, 최소 비용 최대 효과 등 경영 원리가 지배하는 대학 자본주의 체제에서는 대학의 지식은 보편적인 사회적 지식으로 파급되지 않는다. 지식에 배제성이 작동하기 때문이다. 상품으로 변한 지식은 이제 그 지식 상품을 구매할 수 있는 자들에게만 제한적으로 공급된다. 표면적으로는 대학 교육을 받은 사람이 많아지겠지만 대학 교육 이수자의 지식은 보편적 지식이 아니라 인적 자본의 구성 요소가 되는 기술, 정보, 또는 업무 지침 등으로 제한된다. 대학은 더 이상 사회가 공유할 수 있는 가치를 제공하지 않는다. 대학에 의해 제공되는 가치는 투자 규모와 수익 규모로 재단되는 기업적 가치가 압도한다. 대학자본주의 체제에서 공공재로서의 지식은 존재하지 않는다. 학문의 자유도 존재하지 않으며 대학의 자치도 존재하지 않는다. 대학 자본주의 체제에서 대학은 파멸의 길로 내닫는다.

고부응, 「대학 자본주의와 대학 공공성의 소멸」, 『비평과이론』 제21권, 한국비평이론학회, 2016, 52~58쪽.

3) 지역과 대학의 선순환 균형 발전

(1) 대학의 세계적 보편성의 지역적 실현: 공공재, 공공선 및 공공 영역

① 대학의 목적과 역할

대학의 공적 역할은 교수, 학생, 직원 등 구성원들이 연구와 교육, 그리고 사회적 활동을 수행함으로써 세계적 지역적 차원의 공공성을 높이는 것이다. 지식과 담론의 유지와 확산, 새로운 지식과 담론의 창출을 통해 대학은 한 지역이나 나라를 넘어서 선 인류에세 공공성을 확산하고 세계시민의 보편적 형성에 기여한다. 대학의 공공성은 공공재, 공공담론과 가치 그리고 공공영역의 생성과 확장으로 설명될 수 있다. 다시 말해 대학은 공공재 public goods를 생산하고 인류와 세계, 그리고 자신이 속한 사회의 가치와 담론을 제공하여 공공선public good을 촉진 확대하고 이를 통해 시민사회(시장을 포함한)와 국가 내에서 공공영역을 활성화하는데, 이는 곧 인간의 세계성과 보편성을 고양하는 길이기도 하다.

우리 시대의 가장 유력한 담론의 하나였던 신고전학파 경제학에서 공공재란 배제성과 경합성이 없는 재화나 서비스를 말한다. 대학에서 교수와 학자들이 창출하는 기초과학과 인문사회과학의 상당수 지식은 보편적 지식과 진리의 가설로서 그 사용을 배제하거나 어떤 사람이 활용하더라고 그 지식의 소비가 다른 사람의 소비를 줄이지 않는다는 의미에서 공공재이다. 양식과 양심을 가진 대졸자나 연구자가 사회에 미치는 긍정적 영향은 계량하기 어렵지만 매우 크다. 사회 구성원 대부분이 그들이 주는 외부 효과의 혜택을 받을 수 있기 때문에 이를 공공재라 할 수 있다.

공공선을 규정하기란 매우 어렵고 관점에 따라 다른 정의를 내릴 수 있다. 그렇지만 기본적으로는 집합적 활동과 모두가 접근 가능한 혜택이나 자원 및 사회의 민주화나 개인적 발달의 과정, 그리고 개방적이고 평등 지향적이며 개인보다 큰 공동체(지역, 나라, 세계)에 책임감 있게 기여하는 일과 연계되어 있다. 대학이 추구하는 공공선은 사회의 가치와 양심을 지키며 권력을 비판하고 가려진 약자를 보호하며 가능한 한 진리를 수호하는 담론들을 제기하는 기능이며 공적 가치를 생성하는 능력이다. 대학은 학생들이 비판적 양식을 기르며, 나 자신뿐 아니라 타인과 사회와 세계를 생각하고 배려하되 논리와 근거를 갖도록 하며, 세계를 포괄적으로 해석하는 능력을 가지고 경합하는 담론들을 이해하도록 한다. 그리하여 교육받은 이들이 보다 좋은 사회를 위해 노력하는 책임감을 갖도록 하는 것이다.

대학의 공공재와 공공선을 추구하는 노력, 즉 공적 담론과 공적 가치를 생성하려는 노력은 어떤 공동체와 연계되는 구체적인 사회적 정치적 공간, 즉 대학의 공공영역public sphere을 형성하는 역할과 관련이 깊다. 논의, 비판, 논쟁, 여론 또는 견해들을 비롯한 담론들이 형성되는 공간으로서의 공공영역은 현재 시민사회와 대학 등으로 확장되고 있다. 하버마스가 말하는 공공영역은, 권력과 일정한 관계를 가지면서도 국가와 독립된 비판의 역량을 유지하며 국가와 사회에 새로운 대안들을 제안한다. 대학은 담론을 통하여 국가에 대해 비판적 기능을 수행하는 동시에, 보다 다원적인 대안들을 제안함으로 공공성을 확대하는 데 기여한다. 과거 공공영역이 동질성과 개방성을 유지하지 못해 지속되지 못했다면, 대학은 보다 넓은 가치, 세계관, 이해, 프로젝트, 학문분야를 내포함으로써 이질성과 다양성을 허용할 수 있는 역량을 지니고 있다. 무엇보다도 대학은 상이한 견해와 입장이 공존하는 이성적이고 과학적인 담론의 장을 구성한다.[11] 마진슨Simon Marginson의 표현에 따르면 특히 대학은 하나의 '우산 공공영역umbrella public sphere'이다. 즉 대학은 "공공선과 공공재와 관련이 있는 프로젝트들의 거처"로서의 역할을 수행한다.[12] 대학은 이 과정에서 민주주의의 활성화에 필요한 민주적 의사소통구조를 제시할 수 있다. TV, 신문, 인터넷, 기타 의사소통적 구조들은 복잡한 이해관계 때문에 불평등하고 편파적일 수 있지만, 대학은 이해관계와 정부로부터 자유로운 구조를 제시함으로써 공공성을 확장하는 공공영역이라고 할 수 있다.

② 대학의 부문별 이질성: 역할분담과 서열

대학들의 성격구분은 있지만 그 경계는 모호해졌다. 대학은 연구 중심의 연구중심대학과 학부교육 중심의 교육중심대학, 그리고 산업에서 필요한 중간수준의 숙련과 기술을 제공하는 산업대학 및 전문대학으로 대개 나뉜다. 하지만 이런 구분은 상상 속에서 일어난다. 실재 대부분의 대학의 교수들은 자신들이 연구중심교수라고 생각하며 대학의 평가도 이를 기준으로 한다. 산업대학과 전문대학조차 일반대학이 되고 심지어 연구중심 대학의 위상을 가지려고 한다. 취업을 무엇보다 강조하는 대학들에서도 연구가 중심의제가 되는데 그 연구가 실제 학생들의 미래나 시장과 어떤 연관을 갖는지는 불분명하고 모호하다. 앞서 이야기한 공공재, 공공선 및 공론장으로서의 역할과 어떤 관계가 있는지도 불투명하다.

다른 한편, 학부교육은 충실히 이루어지지 않고 학생들이 바라는 취업성과는 매우 낮은 수준이며, 숙련과 기술을 제공하는 역할도 매우 제한적이다. 대학들은 입학생들의 자질과 사회적 평가기준 그리고 수입을 결정하는 학생 수라는 시장변수에 매우 민감하다. 서열이 고착된 것도 문제지만 더 큰 문제는 이것이 대학의 특성과 무관하게 대학들의 명성만으로 정해진다는 것이다. 마진슨도 지적하다시피 대학의 지위서열과 경쟁은 대학의 공공성에 대한 매우 큰 위협이다. 특히, 대학 자체가 상업적인 경제기구일 때 이것은 매우 위협적인 것이 된다. 한국의 경우 서울소재 대학과 비수도권 대학의 서열화는 심각하다. 개방적이고 평등한 네트워크와 동료적 관계가 형성되고 대학체제가 민주적 협력적일 때, 대학의 지식창출은 비로소 국가를 넘어서는 세계적인 공공성을 실현하는 것이다.

대학들의 서열화는 어떤 의미에서는 고등교육 내 활력의 원천이 될 수도 있지만, 경직되는 경우에는 활력을 제약한다. 중요한 것은 대학의 특성에 따라 그 특성에 맞는 품질을 유지하는 것이다. 학생들은 입학 당시 자질과 특성, 배경이 서로 다르고 대학도 추구하는 교육목표가 서로 다른데, 이런 이질성과 다양성은 오히려 건강한 대학생태계를 이룰 수 있는 조건이 된다. 그러나 이 같은 대학생태계를 이루기 위해서는 각 부문에서 수준 높은 교육이 유지되어야 한다. 역시 대학교육의 질이 관건인 것이다.

③ 대학의 지리적 공간성과 공공성

특히 대학들은 서로 다른 지리적 공간에 자리 잡고 있기 때문에 지역이라는 구체적인 공간에서 공공영역을 구축한다. 이를 통해 지식과 현실을 매개하고 세계와 지역을 연계한다. 대학은 구체적인 공간 내에서 시장과 국가, 국가와 시민사회, 민주주의와 시장을 산학협력, 공적 토론, 연구와 교육을 통해 연계시키며 담론의 의미를 지역적 차원에서 생성하며 재생산한다. 지역마다 서로 다른 부문의 대학들이 역할을 분담하고 서로 다른 커뮤니티와 연계함으로써 서로 다른 공공영역을 구성하지만, 전체적으로 지역에서 가장 중요한 공적 영역을 위한 공간을 구성한다. 대학에서 각 학과별로 이루어지는 세미나, 콜로끼움, 대학생들의 인문교육, 지역사회와 연계된 다양한 인문사회 프로젝트 등이 그것이다. 그러나 한국 대학들은 대학공간이라는 구체적인 지역적 구체성을 확보하지 못하고 전국적인 혹은 세계적인 대학서열이라는 추상적 위상에 연연해왔다. 또한 정부는 지역과 계층의 통합적 발전이라는 기초 위에서 대학의 발전을 기획하고 지지하지 못함으로써 대학들을 지역사회와 격리시켰다.

대학의 발전이 지역 산업과 지역의 민주적 역량의 형성에 기여하는 공공재와 공공선 그리고 이를 위한 공공영역의 확대와 발전으로 이어지는 선순환 관계를 갖지 못함으로써 한국의 대학들은 스스로 그 사회적 역할을 축소시켜왔고 그 결과 중앙정부의 일방적 구조조정 앞에 어떤 시민사회와 지역도 대학을 적극적으로 옹호하고 나서지 않고 있다.

(2) 균형발전과 대학의 역할

① 사회적 민주화와 경제적 선진화

민주화 이후 대의제 민주정치는 우리 사회에 자리 잡았다. 지금은 경제민주화와 사회권의 확립을 통한 복지국가의 건설이 민주주의의 중요한 화두가 되고 있다. 진보와 보수 양측은 각각 독과점과 힘이 집중된 재벌기업 개혁을 위한 경제민주화와 세계화시대의 선진화를 담론으로 내세운다. 경제민주화는 공정한 경제를 지향하고 경쟁시장의 원리를 인정한다는 의미에서는 경제적 선진화 담론과 일정한 관계를 맺고 있는 한편, 경제적 사회적 위험으로부터의 보호와 경제적 불평등의 해소를 목표로 한다는 의미에서는 사회적 민주화 즉 복지와 관련이 있다. 이에 반해 선진화 담론은 한국사회의 각종 부조리 척결을 내세우며 사회의 합리성과 함께 시장 및 경제영역의 합리성을 추구하고 사회안전망을 강조함으로써 경제민주화를 보완하고 있다.

대학과 관련된 사회적 민주화의 중요한 의제는 지나치게 높은 등록금에 대한 인하운동으로서의 반값등록금 투쟁과 서열이 없는 통합된 국공립대학체제의 형성이었다. 국공립대학 중심 체제를 형성해야 한다는 주장은 계층 간 지역 간의 양질의 대학교육에 대한 접근기회를 공평하게 한 점에서 매우 중요한 의제이고 담론이지만, 한국대학의 현실에서는 당위적인 주장 차원에 머물렀다.

② 지역발전과 대학 역할 모델

최근의 한 연구는 대학이 전통적 교육과 연구를 넘어서 지역발전에 기여하는 방식을 몇 가지 모형으로 나누고 있다. 즉 대학의 지식을 상업화함으로써 지역발전에 기여하는 기업가적 대학모형, 대학을 다른 파트너기업들과 함께 클러스트를 형성하는 지역혁신체제의 인프라로 보는 지역혁신모형, 대학이 생성하는 지식의 근본적인 변화(통학문적 통섭적인 특성)로 구체적인 사회문제 해결에 기여하려고 하는 대학모형, 대학이 지역의 산업과 사회를 향한 활동과 지역의 정체성 형성에 참여해야 한다는 참여적 대학모형이 그것이다.[13] 후자의 두 개의 모형이 지역사회와 좀 더 밀접한 연계를 가지고 있지만, 모두 지역사회와 경제의 발전에 기여하는 역할을 강조함으로써 대학의 지역성을 경제적 측면에서 중시하고 있다. 즉 대학의 균형발전이 지역의 균형발전에 기여하거나 그에 의존할 수 있다는 것이다.

따라서 수도권 중심의 대학서열과 이에 따른 역량의 집중은 경제적 의미에서 독점이

비효율적인 것처럼 매우 위험하다. 이에 대응하기 위한 국가차원의 전략도 대학과 지역의 균형발전으로 전환되어야 한다. 지역 안에 사회, 환경, 산업 및 정치문제를 대학의 구성원들이 보편적 차원에서 다룰 수 있는 공간, 즉 대학이 있다는 것은 세계와 지역을 연계하는 계기가 지역에 존재한다는 것이며, 세계시민사회와 지역의 시민사회를 연계하는 공론장이 열리는 것이며, 세계적 쟁점과 담론이 지역의 구체적 맥락과 조건에 뿌리 내리기를 실험하는 것이다. 세계시민의 형성이 지역 시민의 형성과 매개되고 연계된다. 대학의 균형발전 없이는 시장의 확산과 발전을 통한 풍요를 꿈꾸는 보수주의 정치세력의 선진화 담론도, 민주주의를 강조하여 사회적 평등성과 시민권과 시민적 자유를 강조하는 진보주의 정치세력의 사회민주화 담론도 실현될 수 없다.

한편 한국 대학의 계층별 불균형은 재정통계만 보아도 확인할 수 있다. 무엇보다 고등교육에 대한 투자 자체가 OECD 평균(GDP 대비 1.1%)에 현저히 미치지 못할뿐더러(0.7%) 실제적인 교육비의 많은 부분을 OECD 평균(GDP의 0.5%)보다 거의 네 배 가까이 학생들이 부담하고 있다(1.9%). 투자의 분포도 계층별 균형과는 거리가 멀다. 특히 사회경제적으로 불리한 계층 출신이 집중되어 있는 전문대학 교육은 거의 전적으로 사립대학에 의존하고 전문대 운영비의 대부분은 학생들의 등록금이다.

③ 한국 대학의 불균형 발전, 사회적 민주화와 선진화의 걸림돌

한국대학의 수도권 중심 발전은 국토의 불균형발전의 결과이지만 이제 지식과 아이디어, 담론과 협치가 중요한 시대에 국가발전을 가로막고 있다. 지역대학들은 산학협력의 중심역할을 수행하기도 어렵고 지역혁신을 위한 핵심적인 인프라가 되기도 어렵다. 지역의 문화와 사회 그리고 민주주의에 기여하는 것도 제한적일 뿐 아니라 오히려 서울중심주의적인 사고로 지역의 자치와 분권의 역량을 형성하는 것을 방해하고 있다. 미국의 토지교부Land grant에 기초한 주립대학의 분산적 발전이나 일본의 제국대학의 균형적 발전, 그리고 유럽 대학들이 지자체에 뿌리 내린 전통들은 대학의 지역적 발전이 사회의 균형을 견인하거나 최소한 불균형한 발전의 방지책이 될 수 있음을 보여준다. 대학의 불균형 발전은 국가 불균형 발전으로부터 생겨났지만, 서열에 기초한 불균형 대학의 현재 체제는 '선진화'의 장애요인이며, '사회민주화'의 걸림돌이다. 지역과 지역의 연구 및 담론 역량인 대학의 발전 없이는 한국 사회의 전진과 진보는 불가능에 가깝다. 균형적인 대학발전과 분권과 지역자치가 함께 가야하는 이유이다.

대학들과 지역들이 게임에 참여하고 있는 이 기울어진 운동장을 바로잡는 것이 국가의 역할이다. 특히 지방대학들이 위기에 처한 지금이야말로 이를 바로잡아야 할 결정적인 국면이다. 균형발전은 의도적이고 계획적인 개입과 사회적 합의가 필요하다. 지역에 기반을 둔 거점 국립대학들을 균형 있게 발전시키면 서열화 독점화된 수도권 소재 사립대학 중심 체제에 대한 해독제가 될 것이다. 계층고착을 부추기는 낭비적 사교육비 20조원을 고려하여, 조세를 통한 수입을 확대하고 이 수준만큼의 재정지원을 비수도권 국립대학에 집중 투자하는 데서 출발해야 한다. 이것을 통해 지역균형 대학체제가 갖추어지면 이를 사립대학들과 연계하여 지역별로 새롭고 건강한 공적 대학생태계를 구축하게 될 것이다. 이 과정에서 미국의 커뮤니티 칼리지처럼 학비가 거의 없이 개방성과 연계성을 가진 전문대학들이 생겨나고 높은 수준의 기술숙련을 가능하게해 주는 산업대학들이 더 필요할 것이다.

장수명, 「지역과 대학의 선순환 균형 발전」, 『담론과 쟁점』 통권 제1호,
한국대학학회, 2016, 46~53쪽.

4) 어느 기업가의 방문

20년 전에는 대학의 화두가 민주화였지만 이제는 경쟁력이다.
2007년, 총장 선출 방식을 간선제로 바꾸면서 고려대 관계자가 한 말[14)]

학생 사회 일각에서 총장 직선제라는 화두가 던져진 뒤 불과 반년이 지나지 않아 중앙대는 총장 임명제를 실시하는 대학이 됐다. 2008년 5월, 두산그룹이 학교법인 중앙대학교를 인수하면서 그 첫 번째 조건으로 내건 것이 총장 임명제였다. 박용성 이사장이 내건 명분은 경쟁력 있는 대학 개혁과 추진력이었다. "대학 발전 계획과 개혁을 시행하기 위해서는 무엇보다 추진력 있는 총장이 필요하다는 교내 여론을 수렴해 총장 선출 방식을 기존의 직선제가 아닌, 법인 정관에 명시된 대로 임명제로 전환하겠다"는 것이었다.[15)] 소위 민주 정부 10년이 지나고 CEO 대통령이 집권하면서 민주주의가 밥 먹여 주었느냐는 시대의 질문은 대학을 빗겨 가지 않았다. 직선제라는 허울뿐인 민주주의가 대학을 어떻게 만들었는지에 대한 조롱이었다. 대학에서 민주주의는 분열만 야기하고, 과도한 주인 의식만을 양산하는 비효율적이고 무능력한 제도로 선언되었다.

법인이 임명하는 추진력 있는 총장이 필요하다는 교내 여론이 어디에서 나왔는지 출처는 분명하지 않았다. 총학생회 이승선 비대위원장은 총장 임명제의 도입은 오랜 시간 대학 사회가 축적해 온 민주화의 성과를 스스로 허무는 처사라는 성명을 냈고, 교수협의회 강내희 회장은 "박용성 이사장의 '이사장 주인론'과 '기업식 운영론'은 대학의 민주주의와 이념, 그리고 학문의 고유성과 자율성을 부정하고 유린하는 위험천만한 주장"이라고

성토했다.[16] 아직 대학 사회는 비판의 목소리가 살아 있었고, 총장 임명제를 반대하는 여론은 힘을 얻고 있었다.

> 운영진과 이사회가 대학을 성과에 따라 생산하고, 등급을 매기고, 기준 단위에 따라 사고 파는 상품으로 변질시키려 한다.
>
> - 소스타인 베블런[17]

두산이 재단을 인수한 이후 얼마 지나지 않아 선상에서의 보합제와 비슷한 연봉제 시행 소식이 들려왔다. 선원들이 기여 비율에 따라 제각각 성과급을 받는 것처럼 교수들도 S, A, B, C등급으로 평가 받고 그에 따라 성과급을 받게 하겠다는 것이었다.[18]

연봉제 도입 소식에 교수 사회는 반발했다. 문과대 교수들은 성명을 내고 "성과급형 연봉제가 대학의 중장기 발전이나 교육기관으로서 대학의 특성, 지식인이자 교육자라는 교수의 특수성을 무시한 채 교수를 일반 기업의 사원 다루듯 인사관리의 대상으로만 인식하고 있다"고 비판했다. 교수 사회의 반대에도 성과급형 연봉제는 예정대로 시행됐고, 급기야 최상위 S등급을 받는 교수들의 명단이 중앙인 커뮤니티에 공개되었다. 교수들에게 등급과 가격표가 매겨지고 그것이 언론에까지 공개되면서 여론 재판이 시작되었다. 죄목은 '철밥통'이었다.[19]

재단의 방침에 쓴소리를 하던 교수들은 하나둘 고립돼 갔다. 급기야 박용성 이사장은 두산중공업 창원 공장에서 열린 전체 교수회의 자리에서 '누구든지 두산의 대학 개혁에 발목을 잡겠다고 나서면 그 손목을 자르고 가겠다'라고 말해 교수들을 공개적으로 겁박하기까지 했다.[20] 교수가 하나의 독립된 연구 기관으로서 신분을 보장받는 것도 이제 다 옛말이 되어 버렸고, 재단과 교수의 관계는 선주와 선원 같은 주종 관계가 됐다. 성과급제의 시행 목적도 사실 "더 잡으면 더 번다"는 간단한 셈법에 입각해 있다는 점에서 어획량을 최고 덕목으로 하는 선상과 다르지 않았다.

"더 잡으면 더 번다"라는 기업의 지도 이념이 "의에 죽고 참에 살자"는 교훈을 압도하는 이곳을 '대학'이라고 말할 수 있는 것일까? 대학이 창출해 내는 가치를 정량적으로밖에 파악하지 못하는 기업의 관점에서 정의니 민주주의니 하는 것들, 금고에 저장할 수 없고 그물에 걸리지 않는 것들은 온통 무가치한 것으로 평가받게 되었다. '자본주의는 어디서나 통한다'는 박용성 이사장의 지론답게 두산의 대학 개혁은 캠퍼스에 어군 탐지기를 설치하고 투망 시스템을 장착하는 것으로 귀결됐다. 생선을 찍어 내는 공장, 쌍끌이 어선에서처럼 이제 대학은 논문과 학위를 찍어 내는 공장이 되었으며, 쌍끌이 어선이 공판장에서 비싸게 팔리는 고기에 몰두하듯이 이제 대학에서도 시장에서 잘 팔리는 응용 학문만이 대접받게 됐다.

총장 임명제의 시행으로 민주주의의 상징이 훼손됐다면, 일상의 민주주의가 무너진 곳은 중앙대 커뮤니티, '중앙인'이었다. 두산은 중앙대 인수 초기 학생들과의 소통을 다짐하며 중앙인 커뮤니티cauin.com라는 웹 게시판을 만들었다. 박용성 이사장이 직접 게시판을 모니터링한다는 말에 학생들의 관심도 뜨거웠다. 하루에 수십 건의 글들이 올라왔고 시간이 지나면서 중앙인은 중앙대의 명실상부한 인터넷 소통의 장으로 자리매김하게 됐다.

물론 반발이 전혀 없던 것은 아니었다. 두산을 찬양하는 내용으로 도배된 중앙인 커뮤니티의 여론 조작 가능성을 제기하며 몇몇 공대생들이 모여 카우인넷cauin.net을 만들었다. 하지만 학교 홈페이지와 연동되지 않는 구조인데다 재단이 학생들의 개인 정보를 틀어쥐고 있으면서 게시판 운영에 기본적인 정보조차 제공하지 않는 상황에서 카우인넷의 활성화는 불가능한 일이었다. 결국 카우인넷은 대안 여론의 장을 형성하겠다는 당초 목표를 달성하지 못하고 폐쇄되었다.

대부분의 대학에서 인터넷 커뮤니티는 학생들에 의해 자생적으로 만들어져 관리되었다. 교수와 학생이 공동관리위원회를 꾸려 운영하는 것도 예외적일 만큼 학생들의 커뮤니티는 학생들이 스스로 관리하는 것이 절대적인 추세였다. 문제는 학생들의 민주주의 공론장을 사내 게시판 정도로 여기는 두산의 시각이었다. 두산그룹 홍보국 출신 인사가 중앙대 홍보실장으로 지명됐고 그에게 게시판 통제의 전권이 위임됐다. 이에 따라 두산 재단과 대학 본부를 성토하는 목소리는 철저히 배제됐고 게시판은 두산그룹에 대한 기대와 박용성 회장을 칭송하는 글로 도배됐다. 공론장이 폐쇄되고 두산의 홍보 게시판이 그 자리를 대신한 것이다. 두산은 게시판 신탁통치의 이유로 "학생들 스스로 관리할 역량의 부족"을 들었다. 준비가 안 된 학생들이 게시판을 관리하면 혼란을 빚을 거라는 이야기였다.

물론 게시판 이용이 폭증하면서 그만큼 관리의 필요성이 커진 것도 사실이었다. 게시판에 게재된 내용 가운데 명백히 유해한 것들은 신속하게 차단할 필요도 있었다. 그렇다고 게시자의 인권과 표현의 자유를 희생시킬 수는 없는 노릇이었다. 만약 어떤 게시물에 대해 관리자가 임시로 비공개 처리를 했다 하더라도, 사후에는 게시판 관리위원회를 통해 해당 게시물의 유해성 여부를 재검토하고 비공개 조치를 해제할 것인가, 게시물을 영구 삭제할 것인가를 결정해야 한다. 또 문제가 되는 게시물을 게재한 자를 징계하기 위해서는 문제의 소지가 있는 부분을 적시하고 당사자에게 소명의 기회를 제공하는 게 당연하고 상식적인 처사였다.

그러나 두산의 검열 방침은 언제나 상식 위에 군림했다. 게시물은 영구 삭제되었고, 해당 글을 게시한 사람에 대해서도 아이디를 영구 박탈하는 조치가 이루어졌다. 사후적으로 어떤 이유로 아이디가 박탈됐는지 언제까지 박탈될 것인지에 대한 통보 역시 전혀 없었다. 어느 날 하루아침에 아이디가 사라지는 방식이라 소명의 기회는 애초에 기대조차 할 수 없었다. 게다가 이 모든 조치와 그에 수반되는 가치 평가는 사실상 홍보실장 단 한 사람에 의해 이루어졌다. 그렇게 두산 재단을 비판하던 학생 수십 명이 아이디를 영구 박탈당했다. 아이디 박탈의 부당함을 위해 친구의 아이디를 빌려 글을 올리면 친구의 아이디도 박탈되는 수난을 겪어야 했다.

2010년 7월, 두산중공업 직원에 의한 학생 사찰을 규탄하는 기자회견 자리에서 홍보실장은 "중앙대에 두산중공업 소속 직원이 파견 나와 있는 것은 학교 경비를 줄여 학생들에게 이득이 되도록 하기 위한 것"이라고 했다. 교비로 인건비가 지급돼야 할 인원을 줄여줬으니 이 또한 두산의 배려라는 것이었다. 하지만 얼마 후 학교법인의 업무를 전담하는 직원의 경우 인건비는 반드시 학교법인이 부담해야 하는데, 이를 불법적으로 학생 부담으로 돌린 대학들 명단에 중앙대가 포함되어 있다는 기사가 보도되었다.[21]

게시판이 안정되면 학생들과 함께 관리하는 방향으로 가겠다던 홍보실의 약속은 여전히 지켜지지 않고 있으며, 학과 구조 조정과 관련해 반대의 목소리를 냈던 학생들의 삭제된 아이디 역시 회복되지 못하고 있다. 퇴학 처분과 비슷한 시기에 단행된 '독문과 영수'라는 아이디에 대한 박탈 처분도 이듬해 퇴학 처분이 법원으로부터 무효화된 이후에도 해제되지 않은 채 지금까지 계속되고 있다.

> '중대 애들은 뽑아 놓으니 숫자는 좀 알더라'라고 평가받는 게 내 목표다.
>
> \- 박용성, 2008년 『월간조선』과의 인터뷰 중에서[22]

> 국내 대학 어디도 돈이 중요하다는 걸 가르치는 곳이 없습니다. 심지어 경제학과마저 그렇습니다. 그러니 자꾸 기업가와 부자를 적대시하는 풍조가 생기는 겁니다. 대학이 학생들에게 제대로 가르쳐줘야 합니다. 우선 1학년 필수 교양으로 기업가 정신 과목을 개설하고 창업 관련 교과목도 대폭 늘릴 계획입니다. 대학원에도 창업 트랙을 개설하고요. 21세기 지식 기반 사회는 경영학과 이공계가 이끌고 인문학은 뒷받침하면서 만들어지는 겁니다. 인문학 열풍이 불고 있지만 인문학이 중심인 건 아니죠.
>
> \- 유기풍 서강대 총장, 2013년 『한국일보』와의 인터뷰 중에서[23]

박용성 이사장의 의지로 교양 필수 수업에 회계학이 도입됐다. 이제 인문대 학생들도, 예술대 학생들도 회계학 수업을 듣지 않으면 졸업을 할 수 없게 된 것이다. 날이 갈수록 높아만 가는 청년 실업률 앞에 학생들의 불안감을 교묘히 파고든 박용성 이사장의 생각은 적중했다. 학생들에게 '회계와 사회'는 취업 시장에서 돋보이는 중앙대만의 특화된 무기처럼 받아들여졌다. '두비어천가' 일색의 중앙인 커뮤니티에서도 회계학 수업의 교양 필수 지정은 두산의 획기적인 대학 개혁의 상징으로 포장됐고, 재단이 손수 마련해 준 보양식을 감사히 받아들여야 한다는 여론이 지배적이었다. '회계와 사회' 기말 고사를 대비한 특강 일정을 알리는 안내문까지 건물 구석구석에 나붙었다. 물론 '회계와 사회' 시간에 배우는 내용에는 자본주의사회를 살아가는 대학생이라면 알아 둘만한 '교양'적인 요소도 있었다. 2012년도 2학기 '회계와 사회' 시험 문제는 다음과 같았다.

> ㈜한국전자 사장님은 공인회계사의 감사를 받았다. 사장님이 개인적으로 회사를 운영함으로써 회사에 막대한 손해를 끼쳤다는 공인회계사의 지적을 받고 화를 내면서 내가 만든 회사인데 내 맘대로 하면 된다고 했다. 이중에서 옳은 것은?
> 정답: ④ 주식회사의 주인은 주주이기 때문에 사장이라 하더라도 자기 맘대로 할 수 없다.

아마도 출제자는 우회적으로 재단을 풍자하고자 했는지도 모르겠다. 하지만 현실은 오답에 더 가까웠다. "② 자기가 만든 회사이기 때문에 아무런 문제가 되지 않는다." 강의실에서는 교과서를 가르쳤지만 강의실 밖에서 우리는 또 다른 현실을 배워야 했다. 국가 신용도를 떨어뜨리고 국민 경제에 악영향을 끼치고 주주들에게 막대한 손실을 입힌 두산가의 용감한 형제들에게는 법적으로 사회적으로나 사실상 그 어떤 제재도 가해지지 않았다. 박용만 회장은 회사 설명회를 하며 대학을 돌아다니고 있었고, 박용성 이사장은 올림픽 선수단 단장으로 버젓이 스타디움에 입장했다.

> 지금의 교양과목도 필요 없다고 본다. 현재 대학 교양과목은 구청 문화센터 수준이다. 이런 걸 대학이 가르칠 필요가 없다.[24)]

박용성 이사장의 지시에 따라 기존의 교양과목들도 혁신적으로 바뀌었다. '회계와 사회'가 교양 필수 과목으로 지정된 것 외에도 두산은 실용적인 교양 교육을 강화하기 위해 교양학부 내에 '교양교육연구소'를 설치해 교안을 일원화하는 등 기존 교양 커리큘럼의 '문제점'을 바로잡았다. 간혹 두산이 만든 파워포인트 교안에 제시된 교양 과제는 너무 실용적인 나머지 학생들을 깜짝 놀라게 하기도 했다.

> [조별 실습 과제] 두산그룹의 브랜드 이미지를 고취시키기 위한 창의적 아이디어를 바탕으로 제안서를 작성하라.

두산은 실용적이게도 중앙대에서 꿩도 먹고, 알도 먹었다.

노영수, 『어느 기업가의 방문』, 후마니타스, 2014, 106~114쪽.

3. 청년과 대학문화

1) 오늘 나는 대학을 그만둔다. 아니 거부한다!

오늘 나는 대학을 그만둔다, 아니 거부한다! G세대로 '빛나거나' 88만원 세대로 '빛내거나', 그 양극화의 틈새에서 불안한 줄타기를 하는 20대. 그저 무언가 잘못된 것 같지만 어쩔 수 없다는 불안과 좌절감에 앞만 보고 달려야 하는 20대. 그 20대의 한 가운데에서 다른 길은 이것밖에 없다는 마지막 남은 믿음으로.

이제 나의 이야기를 시작하겠다. 이것은 나의 이야기이지만 나만의 이야기는 아닐 것이다. 나는 25년 동안 경주마처럼 길고 긴 트랙을 질주해왔다. 우수한 경주마로, 함께 트랙을 질주하는 무수한 친구들을 제치고 넘어뜨린 것을 기뻐하면서. 나를 앞질러 달려가는 친구들 때문에 불안해하면서. 그렇게 소위 '명문대 입학'이라는 첫 관문을 통과했다. 그런데 이상하다. 더 거세게 나를 채찍질해봐도 다리 힘이 빠지고 심장이 뛰지 않는다. 지금 나는 멈춰 서서 이 경주 트랙을 바라보고 있다. 저 끝에는 무엇이 있을까? '취업'이라는 두 번째 관문을 통과시켜 줄 자격증 꾸러미가 보인다. 너의 자격증 앞에 나의 자격증이 우월하고 또 다른 너의 자격증 앞에 나의 자격증이 무력하고, 그리하여 새로운 자격증을 향한 경쟁 질주가 다시 시작될 것이다. 이제서야 나는 알아차렸다. 내가 달리고 있는 곳이 끝이 없는 트랙임을. 앞서 간다 해도 영원히 초원으로는 도달할 수 없는 트랙임을.

이제 나의 적들의 이야기를 시작하겠다. 이 또한 나의 적이지만 나만의 적은 아닐 것이다. 이름만 남은 '자격증 장사 브로커'가 된 대학, 그것이 이 시대 대학의 진실임을 마주하고 있다. 대학은 글로벌 자본과 대기업에 가장 효율적으로 '부품'을 공급하는 하청업체가 되어 내 이마에 바코드를 새긴다. 국가는 다시 대학의 하청업체가 되어, 의무교육이라는 이름으로 12년간 규격화된 인간제품을 만들어 올려 보낸다. 기업은 더 비싼 가격표를 가진 자만이 피라미드 위쪽에 접근할 수 있도록 온갖 새로운 자격증을 요구한다. 이 변화 빠른 시대에 10년을 채 써먹을 수 없어 낡아 버려지는 우리들은 또 대학원에, 유학에, 전문과정에 돌입한다. 고비용 저수익의 악순환은 영영 끝나지 않는다. '세계를 무대로 너의 능력만큼 자유하리라'는 세계화, 민주화, 개인화의 넘치는 자유의 시대는 곧 자격증의 시대가 되어버렸다. 졸업장도 없는 인생이 무엇을 할 수 있는가? 자격증도 없는 인생이 무엇을 할 수 있는가? 학습된 두려움과 불안은 다시 우리를 그 앞에 무릎 꿇린다.

생각할 틈도, 돌아볼 틈도 주지 않겠다는 듯이 또 다른 거짓 희망이 날아든다. 교육이 문제다, 대학이 문제다라고 말하는 생각 있는 이들조차 우리에게 이렇게 말한다. "성공해서 세상을 바꾸는 '룰러'가 되어라", "네가 하고 싶은 것을 해. 나는 너를 응원한다", "너희의 권리를 주장해. 짱돌이라도 들고 나서!" 그리고 칼날처럼 덧붙여지는 한 줄, "그래도 대학은 나와야지" 그 결과가 무엇인지는 모두가 알고 있으면서도.

큰 배움도 큰 물음도 없는 '대학大學' 없는 대학에서, 나는 누구인지, 왜 사는지, 무엇이 진리인지 물을 수 없었다. 우정도 낭만도 사제 간의 믿음도 찾을 수 없었다. 가장 순수한 시절 불의에 대한 저항도 꿈꿀 수 없었다. 아니, 이런 건 잊은 지 오래여도 좋다. 그런데 이 모두를 포기하고 바쳐 돌아온 결과는 정녕 무엇이었는가. 우리들 20대는 끝없는 투자 대비 수익이 나오지 않는 '적자세대'가 되어 부모 앞에 죄송하다. 젊은 놈이 제 손으로 자기 밥을 벌지 못해 무력하다. 스무 살이 되어서도 내가 뭘 하고 싶은지 모르고 꿈을 찾는 게 꿈이어서 억울하다. 이대로 언제까지 쫓아가야 하는지 불안하기만 한 우리 젊음이 서글프다.

나는 대학과 기업과 국가, 그리고 대학에서 답을 찾으라는 그들의 큰 탓을 묻는다. 깊은 분노로. 그러나 동시에 그들의 유지자가 되었던 내 작은 탓을 묻는다. 깊은 슬픔으로. '공부만 잘하면' 모든 것을 용서받고, 경쟁에서 이기는 능력만을 키우며 나를 값비싼 상품으로 가공해온 내가, 이 체제를 떠받치고 있었음을 고백할 수밖에 없다. 이 시대에 가장 위악한 것 중에 하나가 졸업장 인생인 나, 나 자신임을 고백할 수밖에 없다.

그리하여 오늘 나는 대학을 그만둔다. 아니, 거부한다! 더 많이 쌓기만 하다가 내 삶이 한번 다 꽃피지도 못하고 시들어 버리기 전에. 쓸모 있는 상품으로 '간택'되지 않고 쓸모

없는 인간의 길을 '선택'하기 위해. 이제 나에게는 이것들을 가질 자유보다는 이것들로부터의 자유가 더 필요하다. 자유의 대가로 나는 길을 잃을 것이고 도전에 부딪힐 것이고 상처 받을 것이다. 그러나 그것만이 삶이기에, 삶의 목적인 삶 그 자체를 지금 바로 살기 위해 나는 탈주하고 저항하련다. 생각한 대로 말하고, 말한 대로 행동하고, 행동한 대로 살아내겠다는 용기를 내련다.

학비 마련을 위해 고된 노동을 하고 계신 부모님이 눈앞을 가린다. '죄송합니다. 이때를 잃어버리면 평생 나를 찾지 못하고 살 것만 같습니다.' 많은 말들을 눈물로 삼키며 봄이 오는 하늘을 향해 깊고 크게 숨을 쉰다.

이제 대학과 자본의 이 거대한 탑에서 내 몫의 돌멩이 하나가 빠진다. 탑은 끄떡없을 것이다. 그러나 작지만 균열은 시작되었다. 동시에 대학을 버리고 진정한 大學生의 첫발을 내딛는 한 인간이 태어난다. 이제 내가 거부한 것들과의 다음 싸움을 앞에 두고 나는 말한다.

그래, "누가 더 강한지는 두고 볼 일이다."

2010년 3월 10일 김예슬

김예슬, 『오늘 나는 대학을 그만둔다, 아니 거부한다』, 느린걸음, 2010, 11~15쪽.

2) 그들 앞에 펼쳐진 새로운 세상

(1) 에스컬레이터 대신 놓인 유리계단

한국은 1960년 이후 세계 평균 경제성장률을 훨씬 웃도는 고도성장을 이룩해왔다. 이와 같은 사회에서 성장한 세대에게는 사회에 성공적으로 안착할 수 있는 환경이 조성되었다. 그들은 당시 현대, 삼성, 대우, LG와 같은 굴지의 기업에 평사원으로 고용됨으로써 이 직업 세계에 올라탔다. 그리고 업무 경력이 쌓이면서 조직 내 사다리를 한 단계씩 올라가게 되고, 평사원이라는 직급은 새로 회사에 입사한 야심만만한 대학 졸업생들에게 내주게 되는 나름의 선순환 구조가 작동했다.

이러한 과정은 마치 끊임없이 자동으로 올라가는 에스컬레이터 같았다. 이 에스컬레이터에 올라타기만 하면, 큰 문제없이 직장 생활을 하는 한 점점 더 높은 자리로 올라가면서 매 단계마다 더 많은 권한과 직업 안정성을 부여받았던 것이다. 암묵적으로 55세 정도가 되면 마침내 에스컬레이터에서 내려오게 되었고, 맡고 있던 고위 임원 자리를 후배 중간

관리자들이 차지하게 되었다. 그런 뒤에는 회사와 정부가 제공하는 연금을 받으며 안락한 은퇴 생활로 접어들었다.

하지만 1997년 외환위기를 기점으로 자동으로 움직이던 에스컬레이터의 전기 공급은 끊겼고, 졸지에 멈춰버린 에스컬레이터에 남게 된 자들은 이제 자기의 힘으로 종착지까지 올라가야 했다. 이제 그들이 올라서 있는 곳은 에스컬레이터가 아니다. 언제든 깨질 수 있는 난간 없는 유리계단이다. 오늘도 이러한 직업 세상에 있는 많은 수의 사람들이 구멍으로 빠지고, 옆으로 밀려나서 떨어진다. 두렵다. 하지만 방법은 없다. 위만 보고 더 힘차게 달려 올라가는 방법뿐이다. (…중략…)

(2) 9급 공무원을 원하는 세대가 된 90년대생

70년대생들이 IMF 외환위기 시절 정리해고를 당하고 취업의 직격탄을 맞은 모습을 본 80년대생들이 선택한 길은 '자기 계발'이었다. 사회와 기업이라는 울타리가 사라진 현실 속에서 믿을 수 있는 것은 결국 자기 자신밖에 없었고, 자신의 조직 내 경쟁력을 높이기 위한 노력이 시작되었다. 토익은 필수가 되었고, 취업 5종 세트가 등장하였다. 자기 계발이라는 단어는 사회적인 유행어가 되었다. 80년대생들의 자기 계발에는 안정적인 조직 생활이 전제가 되어 있었다. 비록 사오정(45세면 정년퇴직)이나 오륙도(56세까지 직장을 다니면 도둑놈)라는 신조어가 생겨나긴 했지만, 어찌 되었든 취업 후 한동안은 안정적인 생활이 가능했던 것이다.

하지만 2008년 발생한 글로벌 금융위기는 이러한 안정성조차 사라지게 만들었다. 이는 1997년에 발생한 IMF 외환위기와 다르게 구조조정에 있어서 일종의 성역을 날려버렸다. 기존의 구조조정이 기업 내에서 임금 수준이 높은 임원과 중간관리자에 한정되었던 것에 반해, 2008년 금융위기 이후 발생한 구조조정은 사원을 포함한 전 직급이 대상이 된 것이다. 이러한 상황에서 자기 계발은 더 이상 빛을 볼 수 없었다.

[각 세대별 특징 비교]

세대	70년대생	80년대생	90년대생
뜻	1997년 IMF 직격탄을 맞은 세대	2008년 글로벌 금융위기 영향 세대	9급 공무원을 원하게 된 90년대생
입사 형태	신입공채 위주	신입 공채 + 경력	경력 위주
구조조정 형태	일시 구조조정 (중간관리자 이상)	수시 구조조정 (사원급 포함 전 직급 대상)	상시 구조조정 및 정규직의 비정규직화

90년대생들은 이렇게 80년대생들이 수시로 진행되는 구조조정의 공포에 떠는 모습을 보았다. 이럴 때 과연 어떤 선택이 가장 합리적일까? 아마도 상시 구조조정의 공포에서 벗어날 수 있고, 향후의 불확실성을 최대한 피할 수 있는, 즉 인생의 기회비용을 최소화하는 선택일 것이다. 그리고 그것은 연공서열과 정년이 보장되는 공기업 혹은 공무원에 올인하는 일이었다.

이러한 새로운 세대의 합리적인 선택은 각종 조사에서도 확인할 수 있다. 먼저 '직업을 선택할 때 가장 중요하게 고려하는 요소'가 변화했다. 여성가족부에서 실시한 '2017년 청소년종합실태결과'에 따르면, 전국 5,086가구의 만 9~24세 청소년 7,676명을 면접하는 방식으로 치러진 조사에서 청소년의 '진로 및 직업관' 영역에서 변화가 두드러졌다.

만 13~18세 청소년들의 직업 선택 기준은 '청소년 가치관 조사'가 시작된 2008년 이래 일관되게 '능력'과 '적성'이 우선순위를 차지했다. 능력과 적성을 빼면 청소년들은 그동안 직업 선택의 중요한 기준으로 '경제적 수입'을 먼저 꼽았지만, 이 조사에서는 '직업 안정성'이라고 답한 청소년이 더 많은 것으로 나타났다. 5년 전인 2012년 '청소년 가치관 조사'에서 '안정성'을 1순위로 꼽은 청소년(중·고등학생)은 5.5 퍼센트에 불과했는데, 2017년 조사에서는 13.6 퍼센트로 증가했다. 반면 '경제적 수입'을 1순위로 꼽은 청소년은 2012년 조사에서 14.0 퍼센트였으나 이번 조사에서는 9.8 퍼센트까지 떨어졌다.[25)]

> "월급이 많고 적음은 그다지 중요한 것 같지는 않아요. 그 월급을 언제까지 받을 수 있느냐가 중요한 것 아닌가요? 대기업을 다니는 선배들이 '굵지 않더라도 길게 다니는 게 꿈'이라고 말하는 것을 정말 많이 봤어요. 어차피 사기업을 가서 불안에 떠느니, 굵진 않지만 길게 벌 수 있는 공무원의 길을 택하겠어요."
>
> - 2년째 9급 공무원을 준비하고 있는 김모 씨(1992년생)

김모 씨는 대기업을 들어간 지 얼마 안 되는 선배들이 '길게 다니는 것이 꿈'이라고 말하는 것을 목격하고 기존에 꾸었던 대기업 마케터의 꿈을 접었다고 했다. 꿈도 좋지만 그렇게 쉽게 사라질 꿈이라면 차라리 꾸지 않겠다는 게 그녀의 설명이다.

기간제 일자리는 물론 노동법의 규율에서 벗어난 각종 특수 고용 형태 일자리가 넘쳐나는 세상이 된 지 오래다. 전체 노동자의 46 퍼센트가 비정규직인 기형적 고용 구조는 일상이 됐다. 지금 산업계를 지배하는 이데올로기는 일은 시키되 고용 책임은 지지 않으려는 '유노동 무책임'이다. 그러니 1990년대 출생 취업 준비생들이 직업을 고를 때 안정성을 가장 큰 가치로 꼽지 않는다면 되레 이상한 일이다. 그래서 이들에게 가장 합리적인 선택은 직업 안정성이 높은 공무원이나 공기업 같은 국가기관이다.

게다가 최근 조사에 따르면, 공무원은 정년이 보장된 덕에 생애소득이 높아서, 기존의 인식과는 다르게 오히려 대기업보다 많은 소득을 기대할 수 있는 것으로 나타났다. 한국경제연구원에 따르면 재학 중 공무원 시험에 합격한 사람은 퇴직할 때까지 사기업 취업자보다 최소 3억 3,605만 원에서 최대 7억 8,058만원까지 더 많은 누계 소득을 기대할 수 있는 것으로 조사됐다. 조사에 따르면 공무원의 임금인상률은 연평균 7퍼센트대 수준으로 대기업의 6.2퍼센트보다 높고, 공무원 퇴임 연령 역시 평균 56~59세로 대기업 평균인 52세보다 높다.[26] 이제 공무원은 '가늘고 길게'가 아니라 '굵고 길게'가 된 것이다.

무엇보다도 공무원은 구조조정의 공포가 없다. 한국 정부가 수립된 1953년도 이래로 단 한 번도 공무원 구조조정을 진행한 적은 없다. 정부가 가장 모범적인 고용주인 셈이다. 공무원으로서 특별한 결격 사유가 생기지 않는 한 직장을 잃을 걱정을 없는 것이다. 그 공포에서의 해방은 현대 사회에서 최소한의 '먹고살 걱정'은 하지 않아도 됨을 의미한다.

> "공무원연금이 어떻게 개혁이 되든 관계없이 저는 계속 이 길을 걸을 겁니다. 공무원들은 퇴직금도 없고 그 대신 연금으로만 연명하는 것인데, 이를 개혁하겠다는 정부의 방침이 어이가 없기는 하지만, 정부의 정책에 관계없이 저는 하던 공부를 계속할 뿐이지요."
>
> - 공시생 김모 씨

지금까지 공시족들이 공무원을 안정적으로 바라봤던 이유 중 하나는 공무원연금이었다. 물론 국민연금보다 먼저 잔고가 바닥났고 세금으로 그 부족분을 메우고 있긴 하지만 말이다. 그래서 정부가 바뀔 때마다 추진만 되던 공무원연금 개혁은 2016년 마침내 시행되어 공무원 보험료율은 14퍼센트(본인 부담 7퍼센트)에서 18퍼센트(본인 부담 9퍼센트)로 인상되었고, 지급률은 1.9퍼센트에서 1.7퍼센트로 인하되었다. 이는 국민연금의 보험료율 9퍼센트(본인 부담 4.5퍼센트), 지급률 1.0퍼센트와 비교해볼 때 수익률에서는 국민연금보다도 낮아졌다는 것을 의미한다. 또한 국민연금과 달리 공무원연금은 소득재분배 요소가 없었으나 2016년부터 바뀐 공무원연금은 소득재분배 요소가 있다. 하지만 앞선 김모 씨의 인터뷰 내용과 같이, 지금의 많은 공시족들이 이 문제로 인하여 공무원을 향한 길을 포기할 가능성을 그렇게 높아 보이지 않는다.

임홍택, 『90년생이 온다』, 웨일북, 2019, 21~31쪽.

3) 민주화와 학생운동: 부마민주항쟁

우리나라는 조선후기 내적인 근대화를 달성하기 전에 일본에 의한 강제개항과 식민지화를 경험하게 되었다. 식민지 조선의 민중들은 일본 제국주의로부터 독립과 근대화를 함께 추구해야 했다. 특히 학생들은 근대적인 교육이나 경험을 통해 식민지 조선이 당면한 현실을 극복하는 중요 세력으로 급부상했다. 식민지시대 조선에는 경성제국대학(현 서울대학교) 이외에는 정규 대학이 없었다. 이 무렵의 학생은 대부분 중등학생이었다. 학생들은 학내문제뿐만 아니라 민족적인 현안에도 적극 나섰다. 1929년 광주에서 시작된 광주학생의거는 대표적인 사건이었다.

1945년 해방과 함께 일본 제국주의로부터 독립하였으나, 남북분단, 한국전쟁은 반공국가의 형성과 절대 빈곤을 초래해 정치적·사회적 민주주의를 억압하는 기제가 되었다. 이 시기 국민들의 민주화 열망은 권위주의 정권의 폭력정치로 위축되었다. 하지만 학생들은 가라앉았던 시민의식을 일깨우고 비민주적인 독재정치에 저항하는 선봉이 되었다. 1960년 장기집권을 노리던 이승만 체제가 기획한 3.15부정선거를 규탄하면서 시작된 4.19혁명은 그 대표적인 예라 할 수 있다. 마산상고의 김주열 학생을 비롯해 전국의 많은 학생들이 민주하를 요구하면서 국가권력에 맞서 목숨을 잃었다. 4.19혁명은 부정선거에서 출발했지만, 그동안 막혀있던 다양한 민주주의에 대한 욕망이 발산되는 계기가 되었다. 노동운동, 교육운동, 무엇보다 금기시되었던 통일운동을 촉발하였다. 하지만 1961년 5.16 군사쿠데타는 우리 사회가 추구하고 있던 민주화 열망을 되돌려 놓았다. 박정희정권의 폭압정치에 대응하여 학생들은 한일회담 반대투쟁(1964~1965년), 장기집권을 꿈구며 기획했던 6.8 부정선거 규탄투쟁(1967년), 3선개헌반대투쟁(1969년) 등을 주도하였다. 학생이 중심이 된 반정부투쟁을 의식한 박정희정권은 1972년 10월유신을 내세워 저항세력의 억압장치인 '긴급조치권'과 장기 독재체제 구축으로 대응하였다. 1979년 부마항쟁은 지극히 억압된 사회구조 속에서 권위주의 정권에 도전한 학생들의 민주화운동이었다.

1979년 10월 16일부터 20일 사이에 진행된 '부마민주항쟁'은 부산, 마산 시민들이 독재정권에 반대하며 나선 투쟁이다. 당시 전국적으로 경제위기와 불평등이 심화되면서 시민들의 저항이 폭발하고 있었으며, 독재정권의 정치적 탄압은 역으로 저항세력을 규합하는 계기로 작용하였다.

부마항쟁은 부산대학교에서 시작되었다. 부산대학교는 당시 유신정부의 지원을 많이 받고, 저항도 하지 않는다는 이유로 소위 '유신대학'으로 불리어, 학생들의 자괴감이 컸다. 1979년 10월 15일 반정부 시위가 처음으로 시도되었으나, 학생들의 호응이 없었다. 다음날인 16일 정광민 등이 중심이 된 학생들은 도서관 앞에서 유신철폐와 독재타도를 외치며 경찰의 경계망을 뚫고 시내로 나가 항쟁을 이끌었다. 어떤 학생은 걸어서, 어떤 학생은 버스를 타고 시내로 향했다.

부산의 중심지 남포동에 모인 시위대에는 인근의 고신대와 동아대 학생들, 시민들이 동참하면서 시민항쟁으로 확대됐다. 시위대는 시내 여기저기를 돌아다니면서 독재타도를 외쳤다. 경찰과 물리적인 충돌도 일어났으며, 독재권력의 상징인 공공시설들이 시민들에 의해 파괴되기도 했다. 부상자와 경찰에 연행된 시민도 적지 않았다. 시민들의 저항은 17일에도 계속되었다. 이날의 시위에는 학생보다 시민들의 참여가 많았다. 대기업에 종사하는 노동자뿐만 아니라 식품 접객업소 종업원, 양복점 직원, 가구점 종사원, 구두닦이, 자유노동자, 운전사 등 더욱 다양한 계층의 시민들이 시위에 참여하였다. 부마항쟁이 학생들의 선도로 시작되어 부산 시민의 항쟁으로 발전하였다.

시민들의 저항을 감당할 수 없었던 국가는 18일 0시 부산에 비상계엄령을 선포하였다. 거리에는 계엄 포고문이 붙고, 대학에는 휴교령이 내렸다. 모든 종류의 단체 활동은 금지되었다. 부산대학교와 동아대학교 정문에는 탱크와 군인이 주둔하였고, 학생은 출입이 제한되었다. 무장한 군인들이 전 시내를 장악한 살벌한 분위기 속에서도 시민들의 저항은 계속되었다. 이 과정에서 경찰의 폭력에 많은 부상자가 속출했다. 부산의 항쟁은 18일 이후 축소되었으나, 이웃한 마산으로 옮겨 계속되었다. 부마항쟁은 권력 내부의 갈등을 초래하여 박정희 대통령이 저격당하는 10·26 사태를 낳게 하면서 결국, 유신체제가 붕괴되는 계기가 되었다.

부마항쟁은 부산 학생과 시민들에게 독재정권을 붕괴시켰다는 자신감을 제공했다. 그 정신은 1980년 광주민주항쟁을 짓밟고 권력을 장악한 신군부의 폭압적인 탄압을 받으면서도 우리 사회의 민주화를 위한 토대를 다지는 기회를 제공했다. 학생들의 노력은 1987년 6월 항쟁으로 이어졌고, 대통령 직선제라는 절차적 민주화를 이끌어 내었다. 한국 역사에서 학생운동은 주권자인 국민들의 정치적 의사가 부정한 방법이 아닌 공정성이 보장되며, 그 결과 선출된 지도자가 법에 따라 국가를 통치하는 민주주적인 제도의 형성을 추구하였다.

차철욱, 「민주화의 성지-갯가 사람들의 저항정신」, 『부산학시민총서 부산을 알다』,
부산발전연구원 부산학연구센터, 2015, 212~217쪽.

4) 68혁명, 다른 세상은 가능하다. 상상력에 권력을!

"우리 모두 세상을 바꾸려 한다."
비틀스 <혁명>(Revolution, 1968)

'68혁명'이나 '68운동'이라 불리는 역사적 사건이 50주년을 맞았다. '68'이 무엇인가. 그 혁명과 운동의 이름이 된 1968년의 한복판에서 비틀스도 "우리 모두 세상을 바꾸려 한다"고 거침없이 노래했다. 뉴욕 근교 우드스탁의 무대에서 50만 명을 앞에 두고 지미 헨드릭스가 베트남전을 비판하며 미국국가國歌를 기관총과 포탄의 기타소리로 난도질하던 열정과 분노의 나날이었다. 68은 동에서 서로, 남에서 북으로, 아메리카에서 아시아로, 그야말로 온 세상이 변화와 변혁의 열기로 들끓던 놀라운 시절의 이름이었다. 그래서 발발 이후 50년의 타임라인을 따라 세상을 바꾸려는 사람들에게 지금도 '상상력의 원천'으로 기억되는 역사적 사건이다. 온갖 불의와 억압에 저항해 궐기한 당대의 목소리와 함성이 오늘날까지 거대한 울림으로 이어져 온 때문이다.

또한 68은 역사가 되자마자 끊임없이 현재로 호명되어 논쟁과 대립의 장으로 변모하곤 했다. 68은 치열한 해석투쟁의 격전지로 연신 되살아나는 '역사 아닌 역사'였다. 68은 그런 이름이었다. 그리하여 68은 '끝나지 않은 역사'의 이름인 것이다.

68의 중심으로 꼽히는 당시 서구사회는 우리가 생각하는 것보다 훨씬 더 어두웠다. 독일의 경우 만20세가 넘은 여성이라도 혼자 사는 집에 남성이 방문해 밤 10시까지 돌아가지 않으면 방을 빼야 했고, 그런 상황을 용인한 집주인도 고소를 감수해야 했다. 프랑스에서 여성은 남편의 동의 없이 은행계좌조차 개설하기 어려웠으며, 스위스는 알다시피 1971년에야 여성에게 투표권이 주어졌다.

하지만 이런 이야기는 빙산의 일각일 뿐, 1960년대의 서구사회는 상상 이상으로 덜 '문명적'이었고 생각보다 더 모순으로 가득 차 있었다. 비단 남녀문제를 떠나 1960년대의 서구는 한편으로 개혁과 자유화가 서서히 물밑에서 진행되었지만, 또 한편에서는 권위적인 사회 그물망이 여전히 개인의 자유를 얽매고 정치적 불의나 억압이 국내외적으로 횡행하는 곳이었다. 베트남에서는 미국이 수행하는 전쟁이 벌어지고 있었고, 전쟁반대의 목소리는 미국을 넘어 유럽으로 퍼져나갔다. 물론 베트남전 반대를 빼면 저항의 이유는 나라마다 제각각이었지만, 저항의 목소리는 거대하게 하나로 울려 퍼졌다.

과거의 그 현장으로 돌아가 당대를 수놓은 대사건의 지형도부터 간략히 그려보자. 세계를 뒤흔든 그 저항의 지도는 실로 국제적이었다. 유럽과 미국, 동유럽과 아시아 및 중남미를 망라해 수많은 나라의 격동이 파노마라처럼 펼쳐진다. 지구촌은 파리와 베를린, 뉴욕,

런던을 넘어 로마, 프라하, 샌프란시스코, 도쿄, 멕시코시티까지 시위와 집회, 바리케이드와 가두투쟁이 뒤섞인 저항과 반란으로 소용돌이친다. 파리를 중심으로 프랑스는 학생과 노동자의 빛나는 연대가 1천만에 육박하는 노동자들의 사상 유례 없는 대파업으로 번져 간다. 독일이 바이마르공화국 이후 처음으로 바리케이드 투쟁에 휘말리는가 하면, 미국에서는 머리에 꽃을 인 히피가 코앞 군인의 총신에 평화의 꽃을 심는다. 체코 시민들이 '프라하의 봄'을 지키려 소련 탱크에 용감히 맞서는 동안, 전투적 학생시위가 일본열도를 휘감고 중국대륙은 서구 청년학생들에게 지대한 영향을 끼친 문화대혁명의 광풍에 휩싸인다. 멕시코올림픽 시상대 위에서는 흑인 육상선수가 검은 장갑을 낀 주먹을 치켜드는 블랙파워식 인사로 미국의 인종차별을 만방에 고발한다. 이렇게 시위와 저항과 반란의 대장정은 지구촌 곳곳을 휩쓸고 휘돌았다.

역사가 에릭 홉스봄Eric Hobsbawm도 말하듯 68은 미국과 프랑스·이탈리아·서독 같은 서유럽에서 한껏 꽃피었지만 동유럽의 체코와 유고를 넘어 '지구적 규모'로 뻗어나간 운동이었다. 즉 서유럽에서 동유럽으로, 북반구에서 남반구로 혹은 그 반대로 확장하고 팽창해 나가 프랑스 5월혁명과 프라하의 봄에서 정점을 찍은 20세기 최초의 '전지구적 운동'에 다름 아니었다. 이러한 규모에 걸맞게 68은 '저항의 세계화'의 출발점이기도 했다. 쿠바혁명과 베트남혁명 같은 제3세계의 혁명은 잠자던 서유럽 1세계에서 변혁의 욕구를 일깨웠고, 서유럽의 저항은 다시금 억압된 동유럽 2세계 청년들을 잠에서 깨어나도록 했다. 대서양 건너 미국의 민권운동과 반전운동은 유럽으로 건너와 시위대를 일으켰고, 냉전도시 베를린의 저항은 파리의 봉기를 고무하고 일본 학생운동의 시위전술과 헬멧은 유럽과 미국 청년들에게 재빠르게 수용되었다. 서유럽의 함성은 철의 장막에 숨막힌 동유럽에서 봄의 노래를 꽃피웠고, 중국의 문화혁명 열풍은 유럽과 미국 학생들의 환호성을 불러냈다.

특히 베트남전에 분노한 시위와 저항은 말 그대로 '저항의 세계화'의 증좌였다. 1968년 벽두를 열어젖힌 '베를린국제베트남회의'에 유럽과 아메리카, 제3세계를 망라한 세계 곳곳의 활동가들이 참석해 베트남전 비판을 한목소리로 외쳤고, 냉전도시 서베를린을 가로지르는 거대한 시위행진은 '68의 정신'을 일으키며 궐기정서를 한껏 드높였다. 파리와 런던의 저항청년들도 독일 활동가들을 초청해 토론과 시위에서 어깨를 결었고, 68년 4월 독일 68의 아이콘 루디 두치케Rudi Dutschke가 총에 맞자 세계 곳곳에서 연대 저항시위가 벌어지며 운동진영의 국제적 연대를 만방에 고한다. 거꾸로 베를린 청년들도 '동백림사건'으로 인한 한국학생들의 강제압송에 항의하거나 이란과 콩고 독재자의 방문에 반대하는 시위를 조직하고 전쟁과 기아로 고통받는 비아프라Biafra를 위해 모금활동을 벌였다.

그것은 인류사 처음으로 경험한 '연대의 세계화'였다. 각국 활동가들의 실질적인 교류와 연결도 빈번해, 가령 같은 해 6월 영국 BBC 프로그램 <반란의 대학생Students in Revolt>을 통해 유럽과 미국·일본의 학생들이 한자리에 모였다. 또한 유럽 활동가들은 거듭 미국을 방문하고 유럽대륙 내에서도 전지역을 막론하고 초대와 방문 같은 교류가 빈발했으며, 프랑스와 스페인의 활동가들은 문화혁명의 현장을 목격하기 위해 곧장 중국으로 날아갔다. 이를 통해 68은 나라마다 다른 정치상황과 특수성에도 불구하고 서로 영향을 주고받으며 공통점을 가진 거대한 형상을 이루어 나갔다. 특히 유럽 활동가들은 스스로 '동일한 국제혁명운동의 일부'라고 자각했다. 그것은 일종의 연대의지와 동질감이 빚어낸 '상상 가능한 혁명적 공동체'이자 '저항과 연대의 세계화'였다.

나아가 68은 기존 혁명이나 격변과는 양상이나 성격이 사뭇 달랐다. 68은 '새로운 문화혁명'이었다. 베트남전과 인종차별이 횡행하는 기성 정치, 권위주의와 구태에 물든 기성 제도에 맞서는 거리의 저항과 시위가 하나의 얼굴이었다면, 새로운 삶과 정치를 일상생활 속에서 실험하는 다채로운 문화적 기획과 행사는 68의 또 다른 얼굴이었다. 그래서 반전 시위가 록 콘서트와 어우러지고 거리연극이 거리시위와 뒤섞인다. 수많은 토론과 논쟁이 대학 안팎에서 조직되며 이른바 '목소리의 전장'이 펼쳐진다. 전쟁 대신 사랑을 외치며 새롭고 수평적인 주거를 꿈꾸던 젊은이들은 다른 삶을 추구하는 공동체를 일구어내며 낡은 생활방식에 강력한 도전장을 내민다.

68의 반란은 정당과 의회의 범위를 훌쩍 뛰어넘었다. 그래서 학교와 법정, 관청과 감옥을 망라하는 거대한 진격이자 돌격으로, 교육과 정치뿐 아니라 남녀의 교제방식과 주거 및 삶의 양식까지 가로지르며 기존의 모든 것을 뒤흔들었기에 변화의 장이 따로 없었다. 저항의 거리가 때론 계몽의 극장이 되고 엄숙한 법정이 순식간에 선동과 토론의 현장으로 뒤바뀌었다. 연극과 영화와 음악도 거센 변화의 바람에 내던져지는가 하면, 운동 내부 남성의 권위주의와 독단에 환멸을 느껴 새로운 여성운동의 깃발도 우뚝 솟아났다. 이렇게 만화경처럼 다면적인 68의 해방적 기획은 정치와 삶이 서로 어깨를 겯고 문화와 정치가 하나로 만나는 일이었다. 그것은 다름 아닌 일상적 삶의 영역에서 정치의 의미를 새로이 일깨우는 '일상의 혁명'일 뿐만 아니라, 개인적 해방과 집단적 해방을 동시에 겨냥한 '새로운 변혁'이었다. 그것은 정치와 경제, 사회와 문화, 일상과 삶의 모든 영역을 아우르는 '혁명적 기획'이었다.

삶의 지평을 전방위로 가로지르는 이러한 68이 내뿜은 영향력은 다양한 방식으로 인정된다. 역사가 잉그리트 길혀홀타이Ingrid Gilcher-Holtey는 "기존 지배질서에 맞서 내항구상을 보유한 최후의 저항운동"이라고 평가하고, 노르베르트 프라이Norbert Frei도 68의 파괴력과 여파가 너무 거대해 "그 무엇도 68을 비켜가지 못하고 이후 모든 것이 변했다"고 진단한다. 68의 아우라는 물론 철학자들에게도 예외가 아니었다. 세계적인 저항의 소용

돌이에 깊은 인상을 받은 한나 아렌트Hannah Arendt는 자기 세대가 1848년 혁명에서 배웠듯 "다음 세기의 아이들은 1968년에서 배울 것으로 보인다"고 갈파했다. 또한 아렌트의 '권력과 폭력' 연구가 68의 폭력논쟁에서 촉발되었음은 주지의 사실이고, 미셸 푸코Michel Foucault가 '미시권력'을 통해 권력 개념을 재규정한 것 역시 68의 영향력 속에서 이루어진 작업임이 누차 공언되었다. (…중략…)

68은 일상의 억압과 세계의 불의에 대한 침묵보다 분노와 저항이, 변화 가능성에 대한 의심보다 기대와 희망이 앞서간 시대의 격변이었다. 그래서 68은 정의와 평등, 자기결정의 이름으로 불의와 억압, 권위와 위계에 도전한 세계적 반란이었다. 이를 통해 68은 다른 삶, 더 나은 삶을 위한 새로운 지평선을 열어젖혔다. 68은 더 나은 세상과 피억압자의 해방과 자유, 모든 이의 사회참여와 더 많은 민주주의, 탈권위와 정치의 투명성을 요구했다. 60년대에 서구사회가 더 유연하고 일상문화가 더 개방적으로 되었다면 68의 궐기 때문일 것이다.

그런 맥락에서 움베르토 에코Umberto Eco는 68이 "적어도 유럽에서는 우리가 서로간에 행동하고 관계 맺는 모든 방식을 심대하게 바꿔놓았다. 사장과 노동자, 교사와 학생, 심지어는 부모와 자녀의 관계조차도 개방되었다. 이들 관계는 더 이상 예전 같을 수 없을 것"이라고 갈파했다. 나아가 새로운 여성운동과 소수자운동, 생태운동, 평화운동 같은 신사회운동은 68이라는 거목의 아름드리에서 뻗어나온 가지로, 좋건 싫건 68의 거대한 폭발에서 자양분을 얻었다. (…중략…)

68이란 수많은 사람들이 "정치·사회적 권력으로 향하는 통상적인 진입로를 벗겨내면 자갈 아래 해변이 있다고 확신한 시기"로 일컬어진다. 이 말은 프랑스 68의 유명한 슬로건인 "보도블록 아래는 해변이 있다"는 말로 이어진다. 보도블록이 다름 아닌 "정치·사회적 권력의 통상적인 진입로"를 의미하고, 그 밑의 모래가 바로 "해변"이라는 것이다. 이는 "상상력에 권력을!"이라는 68의 가장 유명한 슬로건이 구체화되고 생동한 설명으로도 볼 수 있다. 여기서 물론 보도블록이 이른바 해변이라는 '자유'를 누르고 있는 상징인 동시에 체제를 향해 던지는 '투석의 무기고'라는 이중적인 의미도 중요하다. 하지만 그 보도블록 아래의 모래를 푸른 자유와 생명의 상징인 해변으로 연결하는 발상은 다름 아닌 '상상력의 해방'에 걸맞은 일이다. '권력의 진입로'인 보도블록을 벗겨내면 바로 거기, '자유로의 입구'인 해변이 있다고 생각하자는 외침이다. 즉 '권력과 권위와 억압'은 '자유의 해변'과 등을 맞대고 바로 그 너머에 있는 셈이므로 '새로운 세상'을 상상하는 일은 어렵지 않다는 말과도 상통하는 것이다.

우리는 이런 '68의 상상력'이 월가 점령시위 같은 다양한 사회운동에서 '다른 세상'을 외치고 '더 나은 세상'을 갈구하는 목소리로 맥을 이어가며 여전히 영향력을 내뿜고 있음을 지금도 생생히 목도하고 있다. 그래서 68의 아우라는 정치, 경제, 사회뿐 아니라 삶의 전 영역을 관통하는 '상상력의 보고'로 읽힐 수 있고, 다시금 현실의 준거로 소환될 수 있는 것이다.

이는 다른 세상의 가능성에 대한 희망과 기대가 거리의 함성과 확신으로 번져간 빛나는 순간을 의미하는 것으로, 오늘날 우리의 정치상황에도 일정한 유비가 가능한 지점이다. 주지하듯 '국정농단'이라는 이름의 헌정사상 유례없는 독단과 독선을 아우른 '권력과 정치의 사유화'가 결국 '평화 촛불혁명'이라는 광장과 거리의 함성을 앞세운 '의회 외부적인 정치'를 통해 비판되고 심판받았다. 그 과정 자체가 바로 다른 세상을 상상하는 희망이 거리의 함성으로 피어나는 시간이었음이다. 한반도를 '촛불의 횃불'로 종횡무진 수놓은 눈부신 '시민적 궐기'가 없었다면 탄핵의 깃발은 고사하고 살아 있는 권력에 대한 과감한 비판의 목소리도 높이기 어려웠을 것임을 부정하기 어렵다.

실제로 촛불은 1968년 미국의 민권운동에서 처음 시위수단으로 사용되었다. 어둠을 밝히는 수단이던 촛불이 저항을 발하고 정의를 밝히는 상징으로 주먹과 나란히 솟아오른 것이다. 68의 핵심이 지구촌 곳곳을 수놓은 '의회 외부'에서의 저항과 분노였고, 실제 독일 68의 핵심 조직은 스스로 의회외부저항운동APO이라 칭했다. 그러한 68의 궐기와 비판정신은 오늘날의 우리에게도 면면히 이어지고 있다. 우리 촛불혁명의 바탕과 정신은 그래서 50년 전 68에서부터 질게 불어온 것인지도 모른다. (…중략…)

혁명이란 개념을 정치적 전복이나 체제의 전환과 긴밀히 연결하려는 발상법에서 한 발 물러서면, 68은 '진정한' 혁명이었다. 일상을 포함하는 사회 모든 영역의 위계와 권위에 도전해 새로운 삶의 편재를 꿈꾼 혁명이되, 결코 끝나지 않은 '혁명의 혁명'이었다. 68은 비록 완성되지 못했지만, 모순과 불의 및 불평등에 맞서는 궐기 속에서 삶의 조건과 지형을 뒤흔들어 새로운 사회의 지평으로 한 걸음 훌쩍 나아간 격변이었다. 그것은 지금도 여전히 지속해야 하는 '끝나지 않은 혁명'이다. 역사의 상상력이 빚은 '미래형의 역사'다. 그래서 삶의 조건이 우리를 뒤흔들어 일으킬 때, 역사의 이름으로 다시금 외칠 것이다.

"다른 세상은 가능하다! 상상력에 권력을!"

- 정대성, 『68혁명, 상상력이 빚은 저항의 역사』, 도서출판 당대, 2019, 7~13, 259~274쪽.

5) 빼앗긴 주인의 권리를 되찾기 위해

(1) 조교도 총장을 할 수 있는 대학

일반적으로 민주주의라고 하면 한 사회구성체의 작동원리 전체를 포괄한다고 생각하지만, 조금 다른 층위들을 세분해서 살펴보면 민주주의라는 현상을 더 의미 있게 분석할 수 있습니다. 이제부터 이를 정치 민주화, 사회 민주화, 경제 민주화, 문화 민주화 이렇게 네 영역으로 구분해서 살펴보도록 하겠습니다.

대한민국은 정치 민주화가 상당히 잘 이루어진 나라라고 할 수 있습니다. 전 세계가 찬탄할 정도로 훌륭한 민주화를 이뤘습니다. 이것을 압축적으로 보여준 것이 지난 2016년 촛불시위고요. 여기에는 의문의 여지가 없습니다.

그러나 사회 민주화는 어떨까요? 사회 민주화가 과연 무엇인가에 대해서는 여러 관점에서 이야기할 수 있겠지만 일반적으로 말하자면 사회 각 영역에서 개별 조직 내의 구성원들이 어느 정도까지 자치적인 운영을 하고, 자율적인 결정을 하느냐 하는 정도를 뜻한다고 할 수 있습니다. (…중략…)

사회 민주화와 관련해서 독일 베를린 자유대학 총장 선출의 사례를 들어보겠습니다. 베를린 자유대학은 아주 진보적인 기풍으로 유명한 대학입니다. 이 대학은 1969년까지는 학장제 대학이었습니다. 총장이 없었지요. 그러다가 1969년에 처음으로 총장제가 도입되었는데, 그 첫 총장이 바로 롤프 크라이비히Rolf Kreibich입니다. 이 인물의 사례를 보면 사회 민주화가 무엇을 뜻하는지 금방 알 수 있습니다.

민주주의는 기본적으로 구성원들의 자치에 의해서 이루어지는 것이라고 말씀드렸습니다. 구성원들의 의사가 어떻게 민주적으로 모아지는가 하는 것, 즉 조직의 지배구조가 어떻게 조직 내부에서 형성되는가 하는 것이 사회 민주화의 요체입니다. 간단히 말하면 사회 민주화의 기본 원리는 '구성원들의 자치'입니다.

독일도 사실은 1968년 이전까지는 사회 민주화를 제대로 이루지 못했습니다. 68혁명 이전 독일 대학은 유럽에서 가장 보수적인 대학에 속했습니다. 당시 독일 대학은 '정교수 대학Ordinarienuniversität'이라고 불렸습니다. 정교수가 중심이 되어 운영되는 대학이었기에, 정교수들의 권력은 막강했습니다. 당시 정교수는 과거 봉건시대에 존재했던 제후나 영주 못지않은 정도의 절대적인 권력을 행사했지요. 그러니 모든 면에서 엄청나게 권위주의적인 행태를 보였습니다.

그런 대학이 68혁명 이후에 완전히 바뀌게 됩니다. 68혁명을 통해서 학생들은 대학의 급진적인 민주화를 요구했습니다. 대학의 구성원인 3주체, 즉 교수, 학생, 조교/강사가 권력을 균등하게 3분의 1씩 나누어 가져야 한다고 주장했지요. 이것을 '3분할 원칙Drittelpariätsprinzip'이라고 합니다.

우리는 대학의 구성원이라고 하면, 교수와 학생을 곧장 떠올리지만 강사와 조교에 대해서는 선뜻 생각하지 못합니다. 하지만 강사와 조교 없이 대학이 돌아갈 수 있을까요? 강사와 조교를 독일에서는 '학문 중간층wissenschaftlicher Mittelbau'이라고 합니다. 학문 세계의 가운데에서 교수와 학생을 매개해 주는 사람들이지요. 대학에서 행정을 담당하는 이들은 사무직 노동조합으로 별도로 조직되어 있었습니다. 그들은 대학이라는 '학문공동체'의 일원은 아니라고 보는 것이지요.

아무튼 교수와 학생, 학문 중간층, 이렇게 세 그룹이 대학 운영에 대한 어떤 결정을 할 때 33.3 퍼센트씩의 지분을 동등하게 나누어 가지고 참여합니다. 대학 운영과 관련해서 많은 안건들이 있지만 그중에서도 제일 중요한 것은 바로 총장 선출이지요. 어떤 인물이 총장이 되느냐에 따라서 대학 운영의 방향이 정해지는 것이니까요.

그렇다면 여기서 사립대학일 경우 설립자나 이사장의 역할에 대해 궁금할 수 있습니다. 잠깐 답을 드리자면 독일은 사실상 사립대학이 거의 없습니다. 98 퍼센트의 대학이 국립대입니다. 이에 비해 한국은 사립대학이 기형적으로 많습니다. 한국은 사립대학의 비율이 87 퍼센트로 세계에서 사립대학의 비중이 가장 높은 나라입니다. 세계에서 가장 기형적인 고등교육체제를 가진 나라라고 해도 과언이 아닙니다.

사립대학 하면 제일 먼저 떠오르는 나라가 미국이겠지요. 그러나 미국조차도 실제 사립대학 비율이 20 퍼센트를 넘지 않습니다. 하버드, 예일, 스탠퍼드, 프린스턴, 브라운 등 '사립대학의 천국'이라고 불리는 미국에서도 대다수 대학들은 주립이나 공립의 칼리지College들입니다.

그에 비해 한국은 사립대학이 너무도 압도적인 비중을 차지하고 있는데, 이는 정부가 고등교육을 완전히 방치해 왔고, 지금도 방치하고 있기 때문입니다. 사립대학의 비율이 극단적으로 높은 우리와는 달리 독일은 대부분 국립대라서 설립자나 이사장의 입김은 걱정할 필요가 없습니다.

다시 베를린 자유대학 이야기로 돌아가 보지요. 베를린 자유대학에서 대학의 세 주체가 3분의 1씩 권한을 나눠 가진 후 치러진 선거의 결과는 어땠을까요? 1969년 롤프 크라이비히라는 조교가 후보로 나왔습니다. 크라이비히는 당시 석사를 마치고 한 연구소의 조교로 있던 인물이었습니다. 그러니까 총장 선거에서 교수 대표와 조교 대표가 맞붙게 된 것이지요. 여기서 학생들의 전폭적인 지지를 등에 업은 크라이비히가 58 퍼센트를 얻어 42 퍼센트를 얻은 교수를 누르고 초대 총장에 오릅니다. 조교가 총장이 되다니 한국에서는 상상도 할 수 없는 일이지요. 그는 4년 후에도 입후보해서 다시 당선됩니다. 그래서

8년 동안 총장직을 수행하지요.

그는 일을 썩 잘한 모양입니다. 이후의 평가들을 보면 그가 총장직을 맡았을 때에 진취적인 문화가 뿌리내리고 자유로운 학풍이 자리 잡아 대학이 큰 발전을 이루었다는 평가가 많습니다. 당시 크라이비히가 대단히 특별한 일을 한 건 아닙니다. 그는 교수 중심의 폐쇄적인 대학을 학생과 조교들의 목소리도 충분히 반영하는 민주적인 공간으로 변화시켰고, 이를 모든 구성원들이 높이 평가한 것이지요.

롤프 크라이비히의 이야기는 하나의 사례일 뿐입니다. 독일에서는 많은 사회 영역에서 이와 유사한 일이 이루어졌습니다. 이것이 바로 사회 민주화입니다. 한국의 대다수 사립대학에서는 여전히 재단 이사장이 총장을 임명하고 있습니다. 이런 일은 사실 세계적 기준에서 보면 있을 수 없는 일입니다. 한 나라의 고등교육기관에서 그 대표를 이사장 마음대로 임명한다? 이것은 야만 중의 야만이라고 할 수밖에 없습니다. 이처럼 독일의 사례와 비교해 보면, 한국에서는 사회 민주화가 아직 멀고도 먼 미래의 일로 보입니다. (…중략…)

(2) '이름 대 이름'이 의미하는 것

서독은 1969년에 처음으로 정권 교체가 이루어집니다. 서독이 탄생한 게 1949년이니까 정확히 20년 만에 정권이 바뀐 것입니다. 정권 교체를 이룬 사회민주당(사민당, SPD) 후보 빌리 브란트Willy Brandt가 내건 선거 구호가 너무나 인상적이었습니다. 저는 이 구호를 보고 '아 선거 구호도 이렇게 아름다울 수 있구나'하는 생각을 처음 했습니다.

당시 브란트의 선거 구호는 "데모크라티 바겐Demokratie wagen!"이었습니다. '바겐wagen'이라는 말은 우리말로 옮기자면 '과감하게 다 해보자'라는 뜻이 될 겁니다. '민주주의 할 수 있는 데까지 다 해보자.', '민주주의 어디까지 할 수 있나.', 아 정말 가슴이 뛰지 않나요? '민주주의 다 해보자'라니.

독일은 정말 이때 '다 한' 겁니다. 베를린 자유대학 총장 롤프 크라이비히도 이런 시대 분위기 속에서 나온 것입니다. 조교 출신인 크라이비히가 총장이 된 뒤 70년대부터는 베를린 자유대학을 비롯한 독일의 많은 대학에서 교수들의 데모가 빈번하게 발생했습니다. 당시 교수들은 대학의 3주체의 권리를 인정한 '3분할 원칙' 자체를 부정한 것은 아니었습니다. 그들은 "3분할 원칙, 인정한다. 그러나 특수한 영역, 즉 학문적 전문성이 요구되는 영역에서는 교수의 과반을 인정해 달라"라고 주장합니다. 말하자면 교수를 임용하는 과정이나 연구 프로젝트를 기획하는 영역 등에서는 교수의 전문적 역량을 인정해 달라는 것이지요. 누가 보아도 타당한 요구였기에 1973년에 헌법재판소는 교수들의 손을 들어주었습니다.

그럼 '데모크라티 바겐'은 실제로 어떻게 이루어졌을까요? 쉬운 예를 하나 들어보지요. 1968년 이전, 즉 68혁명이 일어나기 전까지는 독일 대학에서 저를 부르려면 굉장히 복잡했습니다. "Sehr geehrter Herr Prof. Dr. Nury Kim매우 존경하옵는 교수이자 박사이신 김누리 씨!" 이렇게 장황하게 불러야 했지요. 교수를 한번 부르려면 이름 앞에 어마어마한 수식어가 붙었던 거지요. 그런데 68혁명 이후에는 그 수식어가 모두 사라지고 "Nury누리!" 이렇게 이름만 부르게 된 것입니다. 이것이야말로 혁명이지요. 문화혁명입니다.

사실 많은 교수들이 저항도 했습니다. 그러나 68세대의 대다수 젊은 교수들은 이제야말로 대학도 새로운 문화로 변해야 한다고 생각했습니다. 실제로 제가 다니던 브레멘 대학에서도 교수와 학생은 서로 이름을 불렀습니다. 또한 많은 교수들이 "나는 여러분과 함께 연구하는 사람으로서ich als Mitstudierender"라는 말을 즐겨 사용했는데, 저는 교수들이 스스로 학생들과 동격으로 자신을 낮추는 모습에 혹은 학생들을 자신과 동격의 연구자로 대우하는 모습에, 신선한 충격을 느꼈습니다. 교수들이 자신을 학생들에게 진리를 가르치는 진리의 독점자가 아니라 학생과 같이 연구하는 학문의 동료라고 생각한 것입니다.

이것은 문화 민주화에 대한 하나의 사례입니다. 사실 충격적인 일이지요. 거창한 존칭과 수식어를 걷어내고 이름만을 부르는 순간 사람들의 관계는 엄청난 변화가 시작됩니다. 문화라는 건 인간과 인간이 맺는 관계들의 총합이라고 할 수 있습니다. 문화 민주화란 바로 이 관계들의 민주적 변화를 뜻하는 것이요. 남성과 여성, 교사와 학생, 부모와 자식, 남편과 아내, 이런 관계들이 수평적으로 바뀌는 것입니다. 독일에서는 68혁명을 통해서 이런 문화 민주화가 이루어지기 시작했는데, 우리에게는 아직도 요원한 일이지요.

김누리, 『우리의 불행은 당연하지 않다』, 해냄출판사, 2020, 36~49쪽.

더 읽을거리

김상봉, 『학벌사회』, 한길사, 2004.
마사 누스바움, 우석영 옮김, 『공부를 넘어 교육으로』, 궁리, 2011.
마이클 로스, 최다인 옮김, 『대학의 배신 : 인문학은 N포 세대를 구원할 수 있는가?』, 지식프레임, 2016.
벨 훅스, 윤은진 옮김, 『경계넘기를 가르치기』, 모티브북, 2008.
빌 레딩스, 윤지관·김영희 옮김, 『폐허의 대학-새로운 대학의 탄생은 가능한가』, 책과함께, 2015.
상황주의 인터내셔널·스트라스부르대학교 총학생회, 민유기 옮김, 『비참한 대학 생활 - 경제적·정치적·심리적·성적인 측면, 특히 지적인 측면에서의 사유와 치유 방법들』, 책세상, 2016.
아르노 뷔로·알렉상드르 프랑, 해바라기 프로젝트 옮김, 『68년, 5월 혁명』, 휴머니스트, 2012.
오찬호, 『진격의 대학교-기업의 노예가 된 한국 대학의 자화상』, 문학동네, 2015.
에드워드 사이드, 최유준 옮김, 『지식인의 표상』, 마티, 2012.
임순광 외, 『입시 사교육 없는 대학 체계』, 한울아카데미, 2015.
제프 프롬·앤지 리드, 임가영 옮김, 『최강소비권력 Z세대가 온다』, 홍익출판사, 2018.
조한혜정·엄기호 외, 『노오력의 배신』, 창비, 2015.
크리스티앙 생-장-폴랭, 성기완 옮김, 『히피와 반문화』, 문학과지성사, 2015.
클라이드 W. 바로우, 박거용 옮김, 『대학과 자본주의 국가: 기업자유주의와 미국 고등교육의 개조 1894-1928』, 문화과학사, 2011.
통합유럽연구회 엮음, 『유럽을 만든 대학들-볼로냐대학부터 유럽대학원대학까지, 명문대학으로 읽는 유럽지성사』, 책과함께, 2015.
후지타 다카노리, 박성민 옮김, 『우리는 빈곤세대입니다』, 시공사, 2016.
문강형준, 「자소서는 어떻게 '자소설'이 되는가」, 『한겨레』, 2016. 4. 29.
서동진, 「시장, 이성, 대학의 삼위일체」, 『동국대학원신문』, 2015. 9. 21.

2 장

민족과 세계

2장은 국가, 국민, 민족, 역사라는 키워드를 중심으로 우리에게 질문을 던지는 글들을 살펴본다.

1절은 타자를 배제하고 차별하는 데 동원되고, 또한 우리에게 통합과 동일성을 부여하는 데 동원되는 국가, 국민, 민족이라는 이념이 가지고 있는 위험성을 다루는 글을 제시한다. 첫째 글은 21세기 한국 민족주의의 문제를 진단한다. 저자는 한국 민족주의를 단일한 이념이나 재현 체계로 보지 말고 자본, 계급, 젠더, 문화와 같은 다층적인 요소를 고려하며 이해할 것을 제안한다. 그는 이런 이해가 하위계층, 소수자, 타자에 대한 혐오와 분단 체계가 만든 남한 중심의 민족주의의 한계를 넘어설 수 있는 관점을 제공한다고 역설한다. 둘째 글은 서구가 비서구를 식민화시킨 이념적·역사적 배경을 설명하고, 식민주의의 주체를 제국의 지배 계층에 한정시키지 않고 대량 학살과 인종 청소를 용인하고 정당화시킨 제국의 국민으로 확대시킨다. 셋째 글은 21세기 한반도를 둘러싸고 벌어지는 신냉전 상황에서 한국이 어떠한 입장을 견지하는 것이 국가 간의 충돌과 갈등에서 벗어나 평화와 번영을 구가할 수 있는 길이 되는지를 밝히고 있다.

2절은 국가, 국민, 민족이라는 이름으로 자행되는 개인과 집단을 향한 횡포가 얼마만큼 폭력적인지를 설명해 주는 내용으로 구성되어 있다. 첫째 글은 한국 전쟁 당시 자행된 무수한 민간인 학살이 얼마나 처참했는지 그리고 이후 학살의 진상이 어떤 이유로 은폐되었는지를 묻고 있다. 둘째 글은 베트남 전쟁에서 광기어린 군인이 비무장 상태의 민간인을 처참하게 죽인 밀라이 학살을 폭로한다. 셋째 글은 일본이 계속 부정하고 있는 일본군 위안부의 문제를 용어가 담고 있는 역사적 배경과 맥락을 설명하며 국가가 주도한 성폭력의 문제를 다룬다. 넷째 글은 그동안 무시해 온 한국전쟁 당시 한국군 위안부의 실상에 주목한 저서를 소개하며 국가 폭력이 낳은 피해와 고통을 말할 수 있는 사회의 출현을 요청한다.

3절은 국가 안팎에서 논쟁과 갈등을 초래한 사실과 사건에서 어떠한 것을 역사적으로 기억하고, 어떠한 것을 망각할지를 결정하는 문제를 논한다. 첫째 글은 과거를 망각하고 신나치의 극우 망령이 다시 고개를 드는 가운데 아우슈비츠에서 우리가 무엇을 배울 것인가에 관한 고민을 던진다. 둘째 글은 과거를 드러내서 살아있는 사회적 기억으로 만들 때 과거를 극복할 수 있으며, 이러한 사회적 기억을 통해 역사를 심판하는 내용을 담고 있다. 셋째 글은 최근 고통스런 비극을 낳은 세월호 참사를 기억하며 치유와 규명을 위해 무엇이 필요한지를 고민하는 시를 소개한다.

1. 지역, 민족, 국가

1) 2000년대 이후 민족주의의 흐름을 보는 관점

민족주의는 근대 이후 한반도를 가장 강하게 지배하며 한국인들을 움직여온 이데올로기이다. 또 언제나 지배적 정동과 표상을 생산·주조해내는 문화정치의 핵심 기제다. "지정학적 지옥"[1]에 비유될 만한 한국에서 해방 이후 민족주의는 ① 미국을 중심으로 한 세계체제의 상황, ② 중국-일본을 축으로 한 동북아시아의 역내 사정에 대한 반응으로서, 그리고 해방 이후에는 ③ 남북한 사이의 관계와 분단 모순에 의해 그 방향과 내용이 결정되어왔다고 할 수 있다.

강조하고 싶은 것은 한국 민족주의가 단일한 이데올로기나 재현 체계가 아닌 다층성을 지닌다는 점이다. 다시 말해 계급·젠더·문화 등의 다른 요소의 영향에 의해 굴절·전치·절합하는 모순적이고 생동하는 정치적 힘으로서 '민족'과 민족주의를 이해해야 할 것이다. 단지 이제껏 통용되어온 '좌파 민족주의', '우파 민족주의'라는 식이 아니라, 오늘날의 신자유주의, 포퓰리즘, 공동체, 분단 체제, 그리고 젠더, 인종, 노동 등에 교차하는 실제적이고 현재적인 힘으로 민족주의를 바라보아야 하겠다. 즉 민주주의와 민족주의의 문제를 함께 사고해야 새로운 '정치'도 가능하지 않을까?

왜냐하면 에티엔 발리바르Étienne Balibar의 말대로 민주주의 자체가 완성·고정된 체제가 아니라 차별과 배제에 맞서 끝없이 싸우는 과정이자 "재발명"되어야 할 것인데,[2] 민족주의는 언제나 '내부'를 통합하고 '밖'을 배제/차별하는 가장 강력한 힘이기 때문이다. 특히 근대 민족주의는 냉전 이후 새로 구조화되었다고 보아야 할 것이다. 21세기에 이르러 글로벌 자본주의는 세계의 인구와 교통으로 하여금 이전에 없던 무한한 이동성을 갖게 했지만, 그로 인한 전통적 민족주의의 지양은 다문화(주의)의 촉진이 아니라 "탈지역화된 delocalises 공동체주의적 적대의 일반화"[3]로 귀착되고 있는 형편이다. 2000년대 이후 한국의 민주주의와 민족주의도 이런 견지에서 사고해볼 수 있지 않을까? 관련하여 특히 다음과 같은 두 가지 논점이 중요한 듯하다.

첫째, 초국적 자본주의와 신자유주의의 경제 현실이 한국 민족주의에 미친 영향을 고려해야 한다. 한편에서는 국경을 넘나들며 조직된 자본주의 시장경제와 경제적·계급적 불평등의 심화가 공동체를 파괴하고 민족주의를 철 지난 것으로 만드는 것 같다. 하지만 다른 한편으로는 이를 저지하거나 그 파괴를 벌충할 상상적 기획이 늘 동원된다.[4] 국가나 민족은 현실에서도 '공동체'가 필요한 일부의 대중이나 민중에게 늘 기대를 받는다.

여전히 '동질사회'의 환상을 부추기는 가장 강력한 힘은 민족주의다. 2000년대에는 세계적인 차원에서 '민족 없는 민족주의', 즉 우파 포퓰리즘이나 인종주의적 혐오에 기반한 민족주의 또는 애국주의적 충동이 급격하게 번져갔다.[5] 혐오는 소수자와 힘 없는 타자를 향한다. 이는 한국에서 주로 중국인 및 중국 교포, 그리고 이주자 등에 대한 혐오로 표현되고 있다.[6] 2018년의 예멘 난민 논란은 최근의 극명한 예다. 논란이 불거지자 청와대 국민청원에 올라온 난민 거부 청원은 무려 70만 명 이상의 시민의 동의를 받았으며, 서울과 제주 등에서 잇달아 '불법난민신청 외국인대책국민연대'가 연 난민법·무사증무비자 폐지 촉구 집회가 열렸다. 문제는 저 시민들이 단지 극우파나 국수주의자가 아니라는 사실일 것이다.

상주 외국인이 200만 명을 넘고 한국인의 이동량도 유례없는 다문화 상황과 글로벌 자본주의 체제는 민족주의에 대한 원심력이면서 동시에 구심력이다. 중요한 것은 다문화의 경험과 인식 또한 계급적인 것이고, 문화적 위계가 깊게 아로새겨진 일이라는 점이다. 보통 사람들과 노동시장의 하위계층은 매일 가난한 나라 출신 사람들과 함께 일하고 직접 부대낀다. 농촌의 남성과 노인들은 동남아와 가난한 이주 여성들을 가족으로 맞고 있다. '노동과 빈곤의 다문화화'다. 반면 한국의 상층계급은 미국 대학에 진학하고 글로벌 시장에 진출하며 백인들과 친구로 살아간다. 한국 문화는 이전보다 훨씬 더 폭넓게 세계화·미국화되고 있다. 영어와 영어권 나라의 대학 진학은 한국에서 중요한 상징투쟁의 수단이다.

둘째, '대한민국 민족주의'와 그 헤게모니를 고려해야 한다. 이는 1990년대 이후 한국의 변화·성장과 더불어 북한 체제의 쇠퇴와 정당성 문제에 대한 전유의 하나의 결과로서 남한 중심의 국가정체성 의식을 일컫는다.[7] 2000년대 이후 한국은 체제 경쟁에서 북한에 대한 확고한 우위를 점하게 된다. '고난의 행군' 또는 '3대 세습' 이래 북한 체제의 한계나 탈북자의 존재는 그 확고한 증좌처럼 간주된다.[8] 반면 대한민국은 유일하게 정통적이고 헤게모니적인 정체政體로 간주되기 시작했다.

21세기 한국의 국민주의라 칭해도 될 '대한민국 민족주의'도 물론 단일한 방향만은 아니다. 그것은 우선 강한 우파적 인식론에 입각해 있다. 이명박·박근혜 정권과 뉴라이트, '조중동' 등의 보수 기득권 동맹은 전술한 변화를 전유하여 일제강점기의 역사뿐 아니라 대한민국 탄생 과정의 학살, 미국 개입 등 '어두운' 과거를 지우고 남한 지배 체제의 정당성을 강변·강요하려했다. 이는 우파적 '대한민국 민족주의' 이데올로기의 주요 서사며, 건국절 논란이나 역사교과서 국정화 책동이 그것을 실현하기 위한 실천 사례다. 이는 정사正史·정통론을 추구하지만 기실 반공주의, 국가주의, 발전주의 이데올로기를 수반한다.[9)]

그러나 '대한민국 민족주의'는 조금 결이 다르지만 문재인 정부도 공유하는 것이라는 점이 중요하다. 문재인 정부는 대한민국 임시정부 법통론에 매달리고 있을 뿐 아니라,[10)] 대규모 3.1운동·임시정부 수립 100주년 기념행사에서 보듯 애국주의 또는 국민주의를 생산하고자 애쓰고 있다. 이는 일종의 우파적 포퓰리즘일 수 있다. 역사학자 중에는 현 정부가 '유사역사학'과 친화력이 있다는 사실을 우려하는 경우도 적지 않다.

2019년 12월 문체부가 발표한 '국민의식 조사 결과'에 따르면 조사 대상의 84%가 "나는 한국 사람이라는 것이 자랑스럽다"고 답했다. "우리나라가 살기 좋은 곳이라고 생각한다"는 사람도 81.9%, "행복하다"는 사람도 63.6%나 됐다고 한다. "경제적 양극화 심각하다"에 공감한다는 사람이 90.6%를 넘는데도 말이다. 반면 "통일 시기 서두를 필요가 없다"는 응답은 61.1%에 이르렀다 한다.[11)] 근래에 크게 유행어처럼 된 소위 '국뽕'[12)]은 '대한민국 민족주의'의 중요한 요소다. 문재인 정부는 작년 이른바 '3050클럽'이라는 신조어를 크게 선전했다.[13)] 국민소득이 3만 달러 이상이면서 인구 5,000만 명 이상인 국가를 일컫는 이 신조어는 그러나 국제적으로 통용되는 개념이 아니며 '선진국'이나 '강국'[14)]의 객관적 기준도 아니다. (…중략…)

앞으로도 한반도에서 민족주의는 다가적이며 비균형적인 상태로 유지될 것이다. 민족주의가 여전히 지배적인 동원의 담론으로 통용될 수 있는 상황, 즉 강대국 패권주의와 분단의 효력이 지배하는 '절반의 주권국'으로서의 모순과, 반대로 상주 외국인이 200만 명을 넘고 한국인의 이동량도 유례없이 큰 다문화+글로벌 자본주의의 상황은 공존하기 때문일 것이다. 전자는 통일과 통합의 규범에 대한 상상을 계속 생산할 것이며, 후자는 계속 민족주의를 정치적으로 올바르지도 않고 '구린' 무엇인가로 만들 수밖에 없다. 서두에서 언급했던 대로 타자에 대한 배제와 동일성의 동원 기제로서의 민족주의의 위험은 사라지지 않는다.

그러하기에 쉽게 대중정치에 개재된 민족주의의 문제를 일차원적으로 규정하지 않는 것이 중요하다. 그것은 시민의 글로벌한 삶의 실상에도, 동아시아의 현실에도 맞지 않는다. 필요한 것은 반식민·탈식민의 새로운 평화정치이겠지만, 민족주의적이고 애국주의적인 운동에 동참하기 위해서도 이제는 단지 애국심이 아니라 이 공동체 자체의 (아리스토텔레스적) '좋음'에 대한 신념과 민주적 동의가 필요한 상황이다. 그리고 한국 지식계는 미국이나 일본을 경유하여 수용된 종래의 탈식민주의·탈민족주의를 갱신하고 새로운 공동체와 세계시민적 규범을 논해야 하는 과제를 가지고 있다. 그 언어와 앎은 잘 개척되지 못하고 있다.[15]

우리는 3·1운동 100주년을 어떻게 기억했는가? ② 대중문화와 민족주의 중
천정환, 「3·1운동 100주년의 대중정치와 한국 민족주의의 현재」,
『역사비평』, 역사비평 편집위원회 엮음, 2020. 2, 9~13, 40~41쪽.

2) 식민주의를 읽는 법: 문명-야만-폭력

1.

콜럼버스가 유럽과 아메리카를 잇는 대서양 항로를 개척한 1492년은 식민주의의 원년이었다. 1492년 이후 오늘도 지속되고 있는 탈식민화 과정에 이르기까지 지난 5백년의 세계사는 식민주의의 역사라 해도 과장은 아니다. 21세기의 세계에서 식민지라는 용어는 대부분 시간의 창고 속으로 들어갔으나, 20세기 초만 해도 전 세계 영토의 10분의 9가 서구 식민주의의 직접 지배 또는 간접적 통제 아래 놓였다. 영국은 그 가운데 세계 영토의 5분 1과 지구촌 주민의 4분의 1을 지배했다. 그러나 일차대전 당시 영국 육군의 규모는 24만 7천명에 불과했다. 세계 최강의 해군력을 지녔다고는 하나, 대한민국 육군의 반에도 못 미치는 규모의 군대로 천만 평방마일의 영토와 4억의 인구를 지닌 식민지 제국을 무장 통치한다는 것은 불가능한 일이었다.

군대보다 더 강력한 것은 식민주의의 이념들이었다. 문명 대 야만, 진보 대 정체로 서구와 비서구를 나누는 식민주의의 이분법이 식민지 주민에게 받아들여지자, 제국의 군대는 통치의 보조 수단에 불과할 따름이었다. 계몽사상을 바탕으로 19세기에 체계를 갖춘 사회과학은 서양과 동양을 본질적인 실재로 확정짓고, 야만적인 동양에 대해 문명적 서양이라는 서양적 정체성을 구축했다. 칼 마르크스Karl Marx와 막스 베버Max Weber는 모두 동양이 전제주의의 침체 속에서 허우적거리는 동안 서양은 어떻게 현대 자본주의를 발전시켰는가라는 물음에서 출발했다. 식민지 지식인들은 자신의 역사 속에서 '서양적인 것'을 찾아내기가 급급했다. 합리주의, 민주주의, 자유의 전통, 자본주의, 시민사회, 과학 등 서양의

'고유한' 발전에 상응하는 것을 자기네 과거 속에서 발견함으로써, 야만적 동양이 아닌 진보적 서양임을 입증하고자 노력했다. 서구적 근대화라는 역사적 명제 앞에서 좌파냐 우파냐 하는 구분은 의미가 퇴색될 수밖에 없었다. '동양을 지배하고 재구성하며 그리고 위압하기 위한 서양의 스타일'로서의 오리엔탈리즘이 식민지 엘리트와 주민 속에서 '스스로의 오리엔탈리즘'으로 전화한다면, 그것은 수십만 군대를 능가하는 힘을 가질 것이었다. 식민주의와 제국주의는 정치·경제·군사 체계라는 하드웨어를 넘어서, 문화적이고 지적이며 기술적인 소프트웨어를 포괄하는 복잡한 관념 형태의 것이다.

2.

1770년대의 세계는 식민주의의 이분법이 상상하는 세계와는 크게 달랐다. 지구적 차원에서의 경제 교류 및 무역 네트워크에 대한 연구에 따르면, 1770년대 당시 영국의 산업혁명의 중심인 맨체스터, 중국 양자강의 델타 지역, 일본의 관동과 관서 상업지역, 인도의 벵골 지역은 생산력과 생산성, 실질 임금과 생활수준, 토지 대 인구 비율, 신용제도와 법적 장치 등에서 거의 동등한 발전 수준을 보이고 있었다는 것이다. 18세기 말에 이르면 이 지역들은 모두 토지에 대한 인구의 압력이 경제성장을 저해하여 노동한계 생산성이 하락하게 되는데, 영국만이 이 한계를 돌파하여 산업혁명에 성공했다는 것이다. 그 결과 1810년대에 이르면 유럽과 중국의 경제 수준이 역전되고, 유럽이 중국을 크게 앞서 나가면서 서양과 동양이 크게 갈라지게 된다는 것이다.

연구자에 따라 유럽이 중국을 앞서는 구체적 시기와 그 원인에 대한 견해의 차이는 존재하지만, 1800년경까지 아시아가 인구와 생산, 생산성, 경쟁력, 무역을 통한 자본 축적 등 세계 경제 체제에서 유럽을 큰 격차로 앞서 있었거나 최소한 비슷한 발전 수준에 놓여 있었다는 데에는 대체로 의견이 모아졌다고 하겠다. 그러므로 합리주의 정신으로 과학을 추구하고 정직, 검약, 인내 등 노동 가치를 소중히 여긴 서구에서만 자본주의적 문명의 진보가 가능했다는 서구 예외주의는 더 이상 성립하기 어렵다. 정치적 입장의 차이에도 불구하고 근대 유럽을 역사 발전의 모델로 삼은 식민지 근대화론이나 식민지 수탈론이 입론적 근거를 상실하는 것도 이러한 관점에서이다. 정체된 아시아 사회는 자체의 발전 역량이 없어 식민주의 지배를 통해 변모하기 시작했다는 식민지 근대화론이 유럽 예외주의를 추인하는 것이라면, 내재적 발전의 자본주의 맹아가 개항과 외세에 의해 짓밟혔다는 식민지 수탈론은 서구 중심주의를 민족주의적으로 재생산하는 논리일 뿐이다.

3.

유럽의 성공은 오히려 아메리카의 금은을 착취하기 쉬웠던 지정학적 행운과 자원을 이용할 수 있는 식민지 교역에서 찾는 것이 더 타당하다. 즉 해외 식민지의 획득으로 식량자원 등 핵심자원을 식민지적 강제라는 일방적인 방식으로 조달할 수 있었던 유럽의 식민주의 체제가 중국의 조공 체제보다 이윤 추구와 자본 증식에 유리한 국가 체제였다는 것이다. 더 이상 문명 대 야만, 진보 대 정체, 식민 근대화론 대 수탈론이라는 식민주의의 이분법이 아니라 폭력의 문제가 식민주의의 세계사를 이해하는 키워드로 등장하는 것도 이러한 맥락에서이다. 인종말살genocide은 나치의 홀로코스트에 앞서 이미 아메리카 대륙의 선주주민에 대한 '프론티어 제노사이드'로부터 시작되었다. 1763년 천연두 병균이 묻은 물건을 오타와 부족에게 나누어 준 세균전을 비롯해서 무차별적인 학살로 5천만 명에서 1억 명에 이르는 아메리카의 선주민이 죽었다. 전체 인구의 90% 이상이 학살당한 것이다.

'범주적 살인'은 식민주의자가 고안해낸 개념이었다. 전근대 사회에서 죽음이라는 징벌은 그 사람이 행한 행위의 책임을 묻는 성격이 강했다. 그러나 식민주의 시대부터 20세기를 거쳐 오늘에 이르기까지 대량학살이나 인종청소의 피해자들은 그들이 어떤 삶을 살았는지, 무슨 행위를 저질렀는지와 상관없이 죽음을 당했다. 문제는 그들의 행위가 아니라 그들이 어디에 속하는가였다. 그들은 백인이 아니기 때문에, 유대인이라는 이유로, 투치족의 일원이기 때문에, 보스니아 이슬람교라는 이유로 또 혹은 부르주아/지주 계급에 속한다는 이유로 죽음을 당했다. 역설적이게도 20세기 대량학살과 인종청소는 '국민에 의한 지배'라는 민주주의의 온상에서만 자랄 수 있는 독초였다. 권력이 국민의 이름으로 합법성과 정당성을 획득할 때, 대량학살을 주저하게 만드는 사회적 금기는 깨지기 마련이다. 특히 다민족 국가에서는 다수파의 민주주의가 '국민'에서 배제된 소수자에 대한 폭력을 정당화한다. '다수결 민주주의'는 1994년 후투족이 투치족을 학살하면서 외친 전투 구호였다. 북아일랜드의 신교도나 스리랑카인이 가톨릭 소수파나 타밀 반군을 비난하는 근거도 이들 소수파가 '다수결 민주주의'를 저해한다는 것이었다.

'인종청소적 민주주의'는 19세기 미국의 개척민 민주주의에서 잘 드러난다. 가장 가혹한 인디언 절멸정책을 펼친 캘리포니아가 그 대표적인 예이다. 1850년에 이미 모든 백인 남성에게 투표권을 부여한 캘리포니아의 당시로서는 가장 진보적인 민주주의는 인디언의 권리를 일부나마 인정하려 했던 중앙정부에 맞서 인디언의 강제추방을 정당화하고 관철시킨 밑거름이었다. 20세기 초에 발생한 아르메니아인에 대한 터키의 인종청소 또한 '문명화'된 유럽인이 흔히 생각하는 것처럼 '잔혹한 투르크'나 '야만적 아시아'의 산물이 아니었다. 그것은 내무부와 전시 내각을 장악한 채 유럽식 근대적 국민국가 모델을 추구한 '청년터키당'의 작품이었다. 아르메니아인에 대한 학살과 약탈은 민족 자본을 육성하고 빈민을 위한 경제적 재분배라는 명분으로 정당화되었다. 식민주의의 주체가 제국의 군인이나 상인, 관료에 앞서 본질적으로 그 열강의 '국민'이었다는 인도의 시인 라빈드라나트 타고르Rabindreanth Tagore의 날카로운 통찰은 식민주의를 이해하는 중요한 열쇠이다.

임지현, 「식민주의를 읽는 법: 문명-야만-폭력」, 마르크 페로 책임 편집, 고선일 옮김, 『식민주의 흑서』 상권, 소나무, 2008, 5~9쪽.

3) 신냉전 시대에 절실한 '외교적 거리두기'의 지혜

미국의 반발을 사게 되더라도 남북협력을 현재보다 훨씬 더 과감하게 추진할 필요가 있다. 중립국인 오스트리아나 핀란드, 스웨덴이 냉전 속에서 평화와 번영을 누린 것처럼, 싸움에 휘말리지 않는 자가 결국 최후의 승자가 되는 것이다. 고금동서의 철칙이다.

우리가 현재 살고 있는 2020년은 앞으로 아마도 몇 가지 방식으로 기억될 것이다. 새로운 공황의 해로도 기억되겠지만 무엇보다 중국과 미국의 갈등이 전면화·표면화되어 신냉전의 수준으로 심화된 해로 기억되리라고 본다. 냉전 속에서 분단되어 두 병영국가의 폭력적 '체제 경쟁'을 맞본 곳은 한반도다. 신냉전은 아직 냉전 구조가 채 청산되지도 않은 한반도에, 자칫 잘못하면 엄청난 파괴적 영향을 끼칠 수도 있다. 그래서 대응을 잘하기 위해서는, 우선 신냉전에 대해 몇 가지 중요한 사실들을 염두에 두어야 한다.

첫째, 양쪽 진영의 간판에 속지 말아야 한다. 중국의 '사회주의' 간판은 역사적 '명분'에 불과하다. 현재 중국의 체제는 국가 관료 자본주의이며, 불평등의 수준은 '사회주의'의 의미를 무색하게 한다. 불평등의 척도로 쓰이는 지니계수는 0에 가까우면 소득이 골고루 분배되고, 1에 가까우면 불평등하게 분배된다는 뜻인데, 마지막으로 발표된 중국의 지니계수인 0.467은 한국(0.345)은 물론 심지어 미국(0.414)보다도 심한 소득 불평등을 나타낸다. 한편으로, 간판은 '다당제 민주주의'지만, 전체 국부의 38.6%를 차지하고 있는 1%의 최상위층이 민주·공화 양당의 정책에 결정적인 영향을 미치는 미국에서 정말로 '민'이 나라의 '주'가 된다고 생각한다면 매우 순진한 상상이다. 사실 중·미 양국은 둘 다 과두정치oligarchy의 사회이며, 이 과두정치가 작동되는 방식이 역사적으로 다를 뿐이라고 보는 것이 맞을 것이다. 이들의 싸움은 이념 대립이 아닌, 이권을 놓고 벌이는 이전투구에 불과하다.

둘째, 미국과 중국이 세계체제에서 각각 차지하는 위치는 서로 다르며, 중국이 '미국의 자리'를 당분간 대신 차지할 리도 없고 차지하려 하지도 않는다. 미국은 일차적으로 군사패권을 행사하면서 세계시장을 군사적으로 통제한다. 현재 미국은 약 70개국에서 600개가량의 군사기지를 보유하고 있으며, 17만 명의 미군을 해외에 주둔시키고 있다. 대조적으로 중국의 해외 군사기지는 딱 한군데뿐이다. 이와 동시에 미군은 달러화를 기축통화로 사용하는 세계금융체계를 지배한다. 세계 각국의 외환보유고는 지금도 달러화의 비율이 61%나 된다. 그에 비해 중국 위안화가 세계 각국 외환보유고에서 차지하는 비율은 약 2%로서, 달러는 물론 영국 파운드화(4.4%)보다 두배 적다. 중국은 여전히 일차적으로 생산대국이지, 군사 대국도 금융 대국도 아니다. 세계 공업 생산에서 중국은 28%를 차지하는 반면, 미국은 16%밖에 안 된다. 이 생산 대국은 물론 앞으로는 군사 팽창이나 국제 금융계 침윤을 지향하겠지만, 이는 일차적으로 중국 주변 지역에서 이루어질 일이고 점진적으로 이루어질 일이다. 중국이 미국과 같은 세계 군사·금융 패권을 확보한다는 것은 앞으로 수십년 동안 현실적으로 불가능할 것이다.

셋째, 지난 미·소 냉전과 달리 신냉전 시대에는 세계의 지리적 양분도 일사불란한 진영 대치도 없으리라고 본다. 완벽하게 '친중' 태도로 일관되는 국가는 어디에도 없다. 중국의 유일한 공식적 군사동맹국은 바로 북한이지만, 북한의 주도층도 내심 가장 바라는 것은 대미·대일 수교를 맺는 일과 대중국 무역 의존도를 줄이는 일이다. 그러나 마찬가지로 '완벽한 친미'도 현실적으로 불가능하다. 예컨대 최근에 오스트레일리아는 중국을 겨냥해서 대미 군사동맹 관계를 강화하는 몇 가지 조처를 취했지만, 오스트레일리아의 대외무역에서 중국이 차지하는 비중은 24%인 반면, 미국의 비중은 불과 8%다. 아무리 친미 제스처를 취한다 해도 이와 같은 무역 구조가 유지되는 이상 그 한계도 뻔할 것이다. 결국 중·미가 갈등하는 상황에서는 '나머지 세계'의 대부분 국가들이 절묘한 '줄타기'를 벌여야 할 것이다. 물론 각국은 지정학적 위치에 따라 중·미와의 친소 정도가 각각 다를 것이다. 예컨대 러시아나 카자흐스탄은 중국과 동반자적 관계를 당분간 유지할 것으로 보이지만, 한국이나 일본은 미국의 군사동맹으로 남을 것이다. 그런데 그렇다 해도 한국으로서는 몇 가지 '외교적 거리두기'가 분명히 필요할 것이다.

첫째, 중·미 양국의 사실상의 과두지배 모델로부터 거리를 둘 필요가 있을 것이다. 현재 중국의 모델이야 한국과 역사적으로 별다른 인연은 없지만, 미국의 신자유주의적 모델은 지난 20여년 동안 한국에 지대한 영향을 끼쳐왔다. 한국의 부자 '싹쓸이' 현상은 아직은 미국의 정도는 아니지만, 대대적으로 실패하고 있는 미국 모델을 점점 더 닮아간다. 제도적 민주주의가 도입되고, 학생 시위대들이 '재벌 해체'를 외쳤던 1987년에는 재벌가들을 포함한 최상위 1%가 전체 소득의 9% 정도를 가져갔다. 지금은 최상위 1%가 전체 소득의 16%를, 상위 10%가 전체 소득의 50%를 차지하는 시대다. 상위 10%를 비롯한 땅투기로 계속 올라가는 집값을 잡지 않으면 이 나라에서 서민들의 주거 마련은 아예 불가능해질 것이다. 미국 모델을 완전히 떠나 부자 증세, 대기업이 내는 법인세 인상의 길로 가지 않으면 우리에겐 미래가 없다. 한국에는 실패한 미국 모델이 아닌, 국가적 재분배를 기반으로 하며 무상 의료·교육을 포함하는 모델이 절실히 필요하다.

둘째, 어느 한쪽의 다른 쪽에 대한 적대 행위에 휘말리지 말아야 한다. 한국은 당분간 한-미 동맹의 틀을 현실적으로 깰 수는 없겠지만, 미국의 반중국 도발에 가담해서는 득 볼 게 전혀 없다. 군사·금융 대국과 생산 대국 사이의 대립은 아주 오래갈 수 있고 결국에는 군사와 금융 패권을 여러 열강이 나누어 가지는 좀 더 다극적인 국제질서의 출현으로 귀결될 가능성이 높다. 이런 다극적인 국제질서에 잘 적응하기 위해서 한국에 필요한 것은 한쪽에 대한 맹목적인 '충성'이라기보다는 여러 쪽과의 호혜 관계, 그리고 가급적이면 모든 국제관계에서 대외 의존도 줄이기다. 사실 앞으로의 세계 판도에서 남북협력 강화는 남북 양쪽에 최선의 선택이 될 것이다. 남북협력을 통해 북쪽이 대중국 경제 의존도를 줄이고 남쪽이 대미 군사 의존도를 줄이면 남북 양쪽의 새로운 국제질서에의 안착에 크게 도움될 것이다. 그래서 미국의 반발을 사게 되더라도 남북협력을 현재보다 훨씬 더 과감하게 추진할 필요가 있다.

중립국인 오스트리아나 핀란드, 스웨덴이 냉전 속에서 평화와 번영을 누린 것처럼, 싸움에 휘말리지 않는 자가 결국 최후의 승자가 되는 것이다. 고금동서의 철칙이다.

박노자, 「신냉전 시대에 절실한 '외교적 거리두기'의 지혜」, 『한겨레』, 2020. 8. 18.

2. 국가와 폭력

1) 우리는 무덤 위에 서 있다

(1) 죽이는 모든 방법이 동원된 한국전쟁

인류의 역사에 있었던 사람 죽이는 방법이 모두 동원된 것이 한국전쟁 전후 민간인 학살의 현실이었다. 죽이는 방법도 가지가지고, 학살이 일어난 곳도 전국 방방곡곡이지만, 한 가지 공통점은 문자 그대로 죽은 자들의 뼈도 못 추렸다는 것이다. 고양 금정굴이나 지리산 외공마을에서는 일부나마 유골을 발굴하다가 쏟아져 나오는 유골을 감당할 길이 없어 다시 흙을 덮어 버렸고, 경산 코발트 광산에서는 지금도 유골을 발굴 중이다. 발굴된 유골의 신원을 확인하는 문제는 엄두도 내지 못하고 있을 뿐 아니라, 부끄럽게도 연구자들은 도대체 몇 명의 민간인이 학살당했는지 가늠조차 힘들다고 고백하지 않을 수 없다. 아무리 적게 잡아도 50만, 어쩌면 100만 명이 '빨갱이'라는, '반동'이라는 손가락질 하나로, 심지어 그런 가족을 두었다는 이유만으로 목숨을 잃어야 했다.

한국전쟁은 20세기의 그 어떤 전쟁보다도 민간인 희생비율이 높은 '더러운 전쟁'이었다. 톱질을 하듯 전선이 이동한 한국전쟁은 무수한 민간인 학살을 낳았다. 전쟁 이전에 수만 명이 희생된 제주 4·3 사건과 여순 사건의 참화를 비롯해서, 전쟁 발발 직후 보도연맹원과 좌익수감자들에 대한 학살, 노근리 사건 등 미군에 의한 학살, 좌익과 인민군에 의한 학살, 미군의 무차별 폭격에 의한 학살, 국군과 미군에 의한 이북 주민에 대한 학살, 빨치산 토벌과정에서 국군에 의해 자행된 민간인 학살, 남북이 각각 자기 지역을 회복한 뒤 '부역자' 처단과정에서 이루어진 학살 등 학살의 목록은 끝이 없다.

(2) "묻지마, 다쳐"의 사회

유엔이 '제노사이드의 방지와 처벌에 관한 협약'을 채택한 1948년 12월 9일은 제주도에서 4·3사건에 대한 초토화 작전이 절정에 달했던 때이고, 이 협약이 발효된 1951년 1월 21일은 함평에서 제3차 학살이 일어난 날이다. 제노사이드 협약을 채택하기 위해 모인 사람들이 "다시는 안돼Never Again"라는 구호를 외치는 그 순간 한반도에서 엄청난 살육이 자행되고 있었지만, 그 사실을 아무도 알지 못했다. 그만큼 제주는, 아니 한반도 전체가 학살을 감시하려는 인류의 양심과 이성의 눈길이 닿지 않는 외진 땅이었다. 미국을 비롯한 서구에서 한국전쟁은 흔히 잊혀진 전쟁Forgotten War이라고 불리는데, 학살은 잊혀진 전쟁 중에서도 가장 깊숙이 묻혀버린 사건이었다.

민간인 학살만큼이나 끔찍스러운 일은 전국 방방곡곡에서 100만 명 가량의 희생자가 발생한 이 학살에 대해 우리 사회가 모르는 척하거나 정말로 모른 채 반세기를 보냈다는 점이다. 같은 하늘 아래 이런 엄청난 일들이 묻혀 있음을 애써 외면한 채, 또는 전혀 알지 못한 채 우리는 먹고, 마시고, 잠자는 일상의 삶을 살아왔다. 수십만 명의 죽음을 50년간 외면해온 우리 사회의 구성원 모두는 학살 그 자체는 아닐지라도 학살 은폐의 방조자가 됨으로써 사람된 도리를 다하지 못한 것이다. 광범한 학살이 휩쓸고 지나간 이 땅에서 피해자도, 가해자도, 유가족은 물론이고, 우리 사회 전체 구성원은 모두 사람일 수 없었다. 우리가 다시 이 땅에 학살이 일어나지 않도록 노력해야 하는 이유도 여기에 있다.

과연 학살은 한국의 사회문화에 어떤 영향을 끼쳤는가? 1960년대 초반 시인 김수영은 한국 사회를 '에비'가 지배하는 사회라고 평한 바 있다. 한때 한 휴대전화 회사가 '묻지마, 다쳐'라는 광고카피를 사용하여 큰 히트를 했다. '묻지마, 다쳐'의 사회. 과연 우리는 무엇을 물어서는 안 되는 것이었을까? 노령의 진보적인 어른들은 '똑똑한 사람들은 그때 다 죽고, 쭉정이만 남았다'라는 말을 하고, 군사정권 시절 '나서지 마라'는 부모들이 대학생이 된 자식들에게 주는 가장 큰 교훈이었다. 한국 사회에 오랜 기간 군사독재가 유지되고, 군사독재가 물러난 뒤에도 반공주의, 보신주의가 횡행하는 것은 다 학살의 무덤 위에 한국 사회가 건설되었기 때문이다. 또 가족의 생존과 이익을 최고의 가치로 보는 신가족주의나 살기 위해서는 어떤 일도 할 수 있다는 가치관의 전도 역시 학살이 남긴 상처와 무관하지 않을 것이다. 학살의 진상을 밝히는 작업은 이렇게 한국 사회의 구석구석까지 지배하고 있는 전도된 가치관의 해부와 청산으로 이어져야 한다.

(3) 양민 학살과 민간인 학살

한국전쟁 전후의 학살에 관한 용어에서 한 가지 정리하고 넘어가야 할 것은 이 학살을 '양민 학살'로 부를 것인가, '민간인 학살'로 부를 것인가 하는 문제이다. '거창 양민 학살 사건'의 사례에서 보듯이 우리사회에서는 관용적으로 양민 학살이란 말이 쓰였고, 현재도 일반 언론은 물론 대다수의 유가족회와 일부 진보적 연구자들도 이 용어를 쓰고 있다.

원래 양민이란 용어는 일본 제국주의자들이 항일유격대원들을 '공비'라고 폄하하여 부르면서 이들이 친일 주구배들을 청산한 것을 '공비들의 만행'인 '양민 학살'이라 부른 데서 유래되었다. 그런 용어가 한국전쟁 당시의 민간인 학살을 지칭하는 용어로 굳어지게 된 것은 유가족들이 학살의 희생자들이 빨갱이나 통비분자通匪分子가 아닌 무고한 양민임에도 불구하고 군경이나 우익단체에 의해 잘못 희생되었다는 것을 강조하여 자신들이 당한 억울함을 좀 더 강력히 호소하기 위해 이 말을 계속 사용했기 때문이라고 할 수 있다.

그러나 양민 학살이란 용어는 분명 문제를 안고 있다. 무엇보다도 먼저 양민 학살이란 말은 빨갱이, 통비분자, 불순분자, 좌익 가족들은 죽여도 된다는 가해자의 논리가 갖는 부당성을 정면으로 부정하는 말이 아니다. 이 말은 양민인데도 희생되었다는 특정 희생자 집단의 억울함을 부각시키는 데는 유리할지 몰라도, 당시 일반적으로 양민의 범주에 들지 않는 사람들, 이를테면 보도연맹원이나 좌익 수감자들에 대한 학살을 자칫 정당화시킬 우려가 있다. 모든 학살은 잘못된 것이다. 어떤 학살은 괜찮고 어떤 학살은 잘못된 것이 아니라 모든 학살은 다 나쁜 것이다. 설혹 빨갱이라 할지라도 그가 민간인이라면 국가권력이나 국가의 비호를 받는 무장집단이 한국전쟁 전후의 빨갱이 사냥처럼 그런 식으로 마구 죽여서는 안 되는 것이다.

양민이란 말은 기본적으로 편을 가르는 말이다. 양민과 양민이 아닌 사람을 구분하는 것은 학살의 첫 단계인 편가르기의 첫발을 뗀 것을 의미한다. 과연 민주국가를 표방하는 나라에서 양민과 양민이 아닌 빨갱이, 통비분자, 불순분자를 구분하는 것이 정당한 일인가? 누가 누구에게 양민과 양민이 아닌 자를 구분하라는 권능을 부여했는가? 이름도 알 수 없는 유골 앞에서 그가 양민이었는지 아닌지를 가려낼 수 있는가? 이 편가르기는 피해자들의 단결에 지장을 가져올 수도 있다. 한 예로 동일 지역 내에서 보도연맹원이나 좌익 가족, 또는 '부역자'들과 이런 범주에 들지 않는 '양민'이 같이 학살당한 경우, 우리가 양민 학살이란 용어를 고집할 경우 '양민'의 범주에 들지 않는 사람들의 죽음은 역사의 장에 설 자리조차 없다.

양민 학살이 학살 자체에 대한 부정이 아니라 오살誤殺, 즉 죽여야 할 대상을 고르는 데에서 잘못을 범한 것만을 비판하는 소극적인 개념이라면, 민간인 학살은 국가권력이나 그 비호를 받는 무장집단이 비무장 민간인에 대해 일방적인 학살을 행하는 것 자체를 부정하는 적극적인 개념이다. 민간인 학살이란 개념은 또한 한국전쟁 전후에 발생한 대부분의 학살 사건을 포괄할 수 있는 개념이기도 하다.

(4) 노근리는 하나의 사례일 뿐

1999년 9월 <AP통신>에 미군에 의한 노근리 학살 사건이 대대적으로 보도된 것은 학살에 대한 일반인들의 관심을 폭발적으로 불러일으키는 계기가 되었다. 특히 이 사건의 가해자가 미군이었다는 점은 한국전쟁의 신화와 아울러 우리 사회의 마지막 성역을 깨는 것이었다. 노근리 사건은 실상 유가족의 한 사람인 정은용 씨에 의해 소설 형태로 처음 알려진 이래 『말』과 『한겨레』 등에 의해 보도된 바 있지만, 대부분의 중앙일간지와 방송의 외면으로 일반인들에게 널리 알려지지 않았다. 그러나 갑자기 노근리 사건은 한국전쟁 전후의 민간인 학살 사건으로는 이례적으로 국내의 주요 신문과 방송에서 크게 보도되었다. 그 이유는 간단했다. 외신인 <AP통신>이 터뜨렸기 때문이다. 주류 언론의 사대주의적 속성이 여지없이 드러난 것이다.

노근리 사건은 이제 학살의 대명사처럼 되었지만, 이는 단지 하나의 사례에 지나지 않는다. 수천 건의 사건들이 아직도 숨죽인 채 진실이 드러나기를 기다리고 있다. 국방부에서는 노근리 사건이 알려지고 난 뒤 민간인 학살과 관련하여 1999년 10월 20일부터 2000년 12월까지 민원을 접수하여 모두 64건을 신고 받았는데, 이중 미군 관련 사건이 52건으로 단연 많았고, 국군 및 경찰 관련이 11건, 캐나다군 관련이 1건 이었다. 그러나 한국전쟁 중 미군에 의한 학살은 무차별 폭격으로 인한 학살을 포함하면 그 규모가 상당하지만, 대면 학살에 국한한다면 전체에서 차지하는 비율이 높다고 할 수 없다. 그런데도 미군에 의한 학살 신고가 압도적으로 많은 것은 아직도 국군 및 경찰, 그리고 우익 무장단체에 의한 학살의 피해자들이 신고를 꺼리기 때문으로밖에는 볼 수 없다.

1천 명 가까운 인명이 희생된 것으로 추정되는 외공리 사건의 경우, 유골은 있되 유족은 나타나지 않는 기이한 현상을 보이고 있다. 이 기막힌 현실은 아직도 이 땅의 유족들이 겪는 공포와 체념의 벽이 얼마나 높으며, 많은 사람들이 자기 피붙이들이 언제 어디서 어떻게 죽었는지 모른 채 살아 있는 것이 아닌 삶을 살아야 했던 뒤틀린 역사를 상징적으로 보여준다. 연좌제와 국가보안법의 그늘 아래 빨갱이 자식으로 모진 목숨을 이어가야 했던 유가족들의 이야기야 어찌 무딘 필치로 제한된 지면에 담을 수 있으랴. 이 땅에 살기 위해 부모를 처형한 우익 반공단체의 열성 간부가 된 아들의 심경을 누가 헤아릴 수 있으랴.

노근리 사건으로 인한 학살의 공론화, 그리고 충분하지는 않지만 한국 사회의 민주화는 숨죽이고 살아온 유족들이 그동안의 한을 토로할 수 있는 분위기를 만들었다. 물론 수십만 명의 피학살자를 낳은 광범위한 학살에서 현재까지 진상규명을 요구하고 나선 유가족들의 수는 극소수에 지나지 않는다. 그러나 유족들이 나섰다는 것은 대단히 중요한 의미를 갖는다. 현재 그래도 국민들에게 학살 사건이 조금이나마 알려지고, 진상규명에 조금이나마 다가선 곳들은 예외 없이 유족들이 활발하게 움직이고 있는 곳이다.

한홍구, 『대한민국사』, 한겨레출판사, 2003, 123~130쪽.

2) 그것은 미친 살인의 축제였다

베트콩에 의한 피해자 수가 결코 적지 않음에도 게릴라들은 지방민들에게 '로빈 후드'였다. 암살과 납치의 대상이 모두 그런 것은 아니었지만, 주로 지역의 부패한 관리들과 지주들이었다. 그뿐만 아니라 게릴라들의 활동은 기자들의 눈에 띄지 않았기 때문에 미국의 신문에는 거의 보도되지 않았다. 남베트남 정부군과 미군의 활동이 서방 기자들에 의해 보도됐던 것과는 다르게.

그 결과 베트남의 미군들은 적들뿐만 아니라 악화된 여론과도 싸워야 했다. 게다가 게릴라와 일반 주민들을 구별하는 것이 쉽지 않았다. 주민들은 게릴라를 숨겨줬고, 게릴라는 주민들로부터 충원됐다. 정글에서나 마을에서나 게릴라는 갑자기 튀어나왔다. 저격수에게 걸리면 어디서 날아오는지 모르는 총알에 희생당할 수밖에 없었다. 베트남 전선에 있었던 한국군 역시 예외가 아니었다.

이런 상황에서 있어서는 안 될 일이 발생했다. 피의 보복이 발생한 것이다. 그 대표적 사건이 구정 공세 직후인 1968년 3월 16일에 있었던 밀라이 학살이었다. 밀라이 학살이 일어난 선미Son My는 한국군이 활동했던 다낭으로부터 160킬로미터 남쪽에 위치한 작은 마을이었다. 선미는 미군의 지형도에는 밀라이로 지칭됐다. 베트남에서는 지금도 선미 학살로 부르고 있다.

> 우리는 아침 일찍 착륙 지점에서 헬리콥터를 타고 밀라이로 날아갔습니다. 우리는 마을 밖에 있는 가뭄으로 말라 있는 논 위에 내렸습니다. 동네로부터 어떠한 저항도 없었고, 무장한 적들도 없었습니다. 우리는 일렬로 줄지어 마을을 향했습니다. 마을 밖에서 한 늙은이가 베트남어로 인사를 하고 우리들에게 손을 흔들다가 첫 번째로 죽었습니다. 메디나(중대장)나 캘리 둘 중에 한 사람이 그를 죽이라고 했고, 백인 병사가 그를 죽였습니

다. 그 병사의 이름은 모릅니다. 이것이 첫 번째 살인이었습니다.

그 병사가 사람을 죽인 직후에 한 여성이 마을로부터 나왔고, 누군가가 그녀를 때려눕힌 다음 메디나가 그녀에게 M16 소총을 발사했습니다. 나는 그로부터 30~40미터 정도 떨어져서 그 광경을 목격했습니다. 이 여자에게 총을 쏠 이유가 전혀 없었습니다. 이것은 순전히 살인이었습니다.

그 후 분대와 예하부대가 마을로 들어가기 시작했습니다. 우리는 누구도 마을로부터 도망가지 못하게 해야 한다고 다짐했습니다. (…) 우리는 15명 이상의 베트남 남자, 여자, 아이들을 끌어모았습니다. 메디나가 "모두를 죽이고 아무도 서 있지 못하도록 하라"고 외쳤습니다. 우드는 M60 기관총을 들고 거기에 있었고, 메디나의 명령으로 그들에게 기관총을 발사했습니다. 미첼 하사도 거기에 있었는데 M16 소총으로 사람들에게 사격을 가했습니다. 위드머가 M16으로 마무리를 했고 메디나는 그들에게 총을 쏘지 않았습니다.

이 사격 이후 메디나는 물소와 함께 가고 있었던 열일곱 살 내지 열여덟 살 정도 된 소년을 멈추게 했습니다. 메디나는 소년에게 뛰어가라고 했지만, 소년은 뛰지 않았고, 그래서 메디나는 M16 소총으로 그 소년을 죽였습니다. 나는 50~60미터 정도 떨어진 거리에서 그것을 분명히 목격했습니다. (…)

문: 당신이 증언한 내용들은 매우 심각한 내용들이다. 당신은 오직 사실만을 말하고 있으며, 당신이 말한 것은 모두 사실인가?

답: 내가 말한 것은 모두 사실이며, 법정에서 메디나와 대질 신문을 해도 그것이 사실임을 맹세할 수 있습니다. 이것은 사실입니다.

문: 그러고 나서 무슨 일이 일어났나?

답: 우리는 계속해서 마을을 지나갔습니다. (…) 마을 안에서 군인들은 사람들을 둘러쌌습니다. 미들로가 그들을 감시하고 있었습니다. 몇몇 다른 병사들이 미들로와 함께 있었고, 캘리가 올라와서 그들 모두를 죽이고 싶다고 말했습니다. 그가 그렇게 말할 때 나는 바로 그 근처에 있었습니다. 이번에는 25명이었습니다. 미들로와 위드머가 M16을 자동으로 놓고 이들에게 발사했습니다. (…)

이 사람들에게 총을 쏜 다른 사람들도 있었지만, 누군지 기억이 나질 않습니다. 캘리는 이번에는 2명의 베트남 사람을 데리고 가서 M16을 자동모드로 발사해서 죽였습니다. 나는 이 살인에 연루되고 싶지 않아서 멀리 떨어져 있었습니다. 이러한 살인에는 아무런 이유가 없었습니다. 이들은 주로 여성과 아이들, 그리고 몇몇 노인들이었습니다. 그들은 탈출하거나 공격하려고 전혀 시도하지 않았습니다. 그것은 살인이었습니다. (…)

문: 그 다음 무슨 일이 있었는가?

답: 우리는 마을을 지나갔고 또 다른 살인 행위들이 있었습니다. 나는 주로 스탠리와 있었습니다. 나는 스탠리와 앉아 있었는데, 위드머가 와서 다시 내 권총을 빌려달라고 했습니다. 나는 한 작은 소년이 부상당한 것을 보았습니다. 아마도 팔을 다친 것 같았습니

다. 위드머는 그 아이에게 다가가서 내 권총을 쏘았습니다. 위드머는 "내가 이 개자식에게 쏘는 것을 보았지"라고 말하는 것 같았습니다. (…)

문: 밀라이에서 몇 명 정도가 죽었다고 생각하나?

답: 100명이 넘을 겁니다. 몇 명이 죽었는지 정확히 말할 수는 없습니다. 아무도 살아남지 못했다고 생각하지는 않습니다.

- 밀라이 학살에 대한 허버트 카터의 증언(1969)[16]

1st Photos of Viet Mass Slaying

THE PLAIN DEALER

OHIO'S LARGEST NEWSPAPER

CLEVELAND, THURSDAY, NOVEMBER 20, 1969

FINAL
Stocks & Races
Dow-Jones off 5.21

96 PAGES 10 CENTS

Exclusive

This photograph will shock Americans as it shocked the editors and the staff of The Plain Dealer. It was taken by a young Cleveland area man while serving as a photographer with the U.S. Army in South Vietnam.

It was taken during the attack by American soldiers on the South Vietnamese village My Lai, an attack which has made world headlines in recent days with disclosures of mass killings allegedly at the hands of American soldiers.

This photograph and others on two special pages are the first to be published anywhere of the killings.

This particular picture shows a clump of bodies of South Vietnamese civilians which includes women and children. Why they were killed raises one of the most momentous questions of the war in Vietnam.

Cameraman Saw GIs Slay 100 Villagers

A clump of bodies on a road in South Vietnam.

북베트남과 베트콩의 구정공세 직후인 1968년 3월 16일 발생한 밀라이 학살의 희생자들. 프리랜서 기자 시모어 허시Seymore Hersh가 1969년 11월 12일 특종 보도하면서 알려졌다.

다음날 우리는 밀라이로 갔습니다. 나는 두 번째인가 세 번째에 섰습니다. 또 다른 소대, 즉 C중대의 1소대가 우리 앞에 가고 있었습니다. 나는 우리 분대, 즉 2소대 3분대와 함께하고 있었습니다. 나의 소대는 브룩스 소위가 지휘하고 있었습니다. 내 분대의 리더는 라크루아 하사였고, 소대의 리더이면서 선임하사는 뷰캐넌이었습니다. (…)

우리가 마을로 들어간 직후에 나는 5명의 베트남인 체포자와 함께 있는 우드와 스탠리를 만났습니다. (…) 그러고 나서 로셰비츠가 나에게 와서 모든 사람들을 죽일 거라고 말했고 나에게 그들을 죽이라고 말했습니다. 로셰비츠는 나의 M16을 빼어서 자동모드로 놓고 거기에 서 있던 모든 베트남 사람들을 쏴버렸습니다. 그들은 무장하지 않았고, 도망치려고 하지도 않았습니다.

문: 그러고 나서 무슨 일이 있었는가?

답: 나는 마을로 들어가서 오두막 옆의 우물에 한 소년이 총에 맞아 있는 것을 발견했습니다. 아기를 안은 여성도 울면서 오두막에서 나왔습니다. 로셰비츠, 라마르티나, 그리고 라크루아가 거기에 있었습니다. 라이트, 후토, 그리고 허드슨도 거기에 있었습니다. 브룩스 소위(소대장)도 주위에 있었던 것으로 생각됩니다. 소대장은 나에게 여자를 죽이라고 말했고 나는 그대로 행했습니다. 저는 사진들을 보았고 여기에 관련하여 내가 쏜 적이 있는 여자와 아기의 사진을 확인했습니다. 나는 아기의 얼굴을 쏜 걸로 기억하고 있습니다.

문: 그리고 무슨 일이 있었는가?

답: 오두막에는 4~5명의 사람이 있었는데 대부분 아이들이었습니다. 허드슨이 아이들에게 기관총을 쐈습니다. 나는 그때 오두막에 들어갔고 아이들의 몸이 갈기갈기 찢긴 것을 보았으며 그들이 모두 죽었다는 것을 의심하지 않았습니다. 그 오두막에는 작고 오래된 구멍이 있었는데 사람들이 공격으로부터 몸을 숨기는 곳이었습니다. 라이트는 누군가 거기에 숨을 경우를 대비해서 그 구멍에 수류탄을 까 넣었습니다.

문: 그리고 무슨 일이 있었는가?

답: 우리가 마을로 들어가면서 많은 총소리가 들렸고 소대 앞에 25~30명의 사람들이 있는 곳으로 왔는데, 그들을 처형했습니다. 우리는 총을 쏘는 것을 직접 보지 못했지만, 그 일이 막 일어났던 것은 분명했습니다. 메디나(중대장)는 우리가 갔을 때 거기에 있었습니다. 그러나 그가 살해를 목격했는지는 알 수 없습니다. 나는 그곳으로부터 멀지 않은 곳에서 같은 날 다른 처형이 있었다고 들었습니다. 그러나 나는 목격하지 못했습니다. 또한 밀라이에서 사람들의 시체가 쌓여 있는 구덩이를 발견했습니다.

문: 그 다음에 무슨 일이 있었는가?

답: 우리는 왼쪽으로 가서 오두막을 불태우고 사람들을 죽였습니다. 나는 그날 8명쯤을 죽인 것 같습니다. 나는 도망가는 2명의 노인을 쐈습니다. 또한 여성과 아이들 몇 명을 쐈습니다. 그들은 오두막으로부터 도망가거나 숨으려고 했습니다.

문: 다른 사람이 죽이는 것을 봤는가?

답: 네. 라이트, 후토, 허드슨, 러커, 그리고 모어가 오두막에 들어가서 열일곱에서 열여덟 살 정도 된 여자애를 강간했습니다. 나는 문에서 그것을 보았습니다. 그들이 일을 마친 뒤 M60, M16, 캘리버45 권총을 꺼내서 그녀가 죽을 때까지 쐈습니다. 그녀의 얼굴은 사라졌고, 그녀의 뇌가 사방에 퍼졌습니다. 나는 강간이나 살해에는 관여하지 않았습니다.

문: 이 사람들이 라이트, 후토, 허드슨, 러커, 그리고 모어이고, 이들이 그 소녀를 윤간했는가?

답: 네, 그들이 그랬습니다.

문: 다른 살해 장면도 목격했는가?

답: 나는 많은 사람들을 죽이는 장면을 목격했지만 혼란이 있었고, 모든 살해에는 관

여하지 않았습니다. 내 생각에는 400명 정도가 밀라이에서 죽었습니다. 모두들 메디나의 명령을 받았다는 점을 강조하고자 합니다.

- 버나드 심슨의 증언(1969)[17]

한국에 노근리[18]가 있었다면 베트남에 밀라이가 있었다. 이 사건에는 모두 26명의 군인이 관여한 것으로 판명됐다. 그러나 이 중 한 사람, 윌리엄 캘리 소위만 유죄 판결을 받았다. 종신형을 선고받았지만, 그는 3년 반 동안 가택연금 상태에 있었을 뿐이었다. 상급 명령권자인 영관급 장교들은 어떠한 처벌도 받지 않았다.

국가는 정상적으로 전투를 할 수 없는 곳에 군인을 보냈다. 그러나 그들의 민간인 학살에 대해서 전혀 책임지지 않았다. 학살 사건을 일으킨 군인들은 가해자였지만, 다른 한편으로 국가에 의해 동원된 피해자들이었다. 가장 가혹한 피해자는 억울하게 죽은 베트남 사람들이었지만, 동시에 가해자인 군인들 역시 피해자였고, 베트남전 이후에도 트라우마를 앓았다. 허버트 카터의 증언에 나오는 한 사병은 학살 다음날 부비트랩을 밟고 다리 하나를 잃었다. 그리고 그는 "밀라이에서 한 일 때문에 신이 나를 벌하고 있구나"라고 말했다.

베트남전쟁 동안 군법재판에 회부된 미 육군은 혐의자 78명 중 36명이었다. 그 외의 42명은 기소중지되거나 행정처분을 받았다.[19] 해병대의 경우 27명이 재판을 받았는데, 대부분이 보호감찰, 선고유예, 대체 복무 등의 선고를 받았다. 국가는 평범한 시민들을 범죄자로 만들어놓고, 이에 대해 책임을 지는 대신 이들이 최소한의 형량만을 받도록 아량을 베풀었다. 전쟁 중 사망해서 기소되지 않은 군인도 있었다. 그리고 재판을 받은 사람들은 참전에 따른 어떠한 보상도 받지 못했다.

박태균, 『베트남전쟁』, 한겨레출판, 2015, 104~111쪽.

3) 위안부, 정신대, 공창, 성노예

(1) 종군위안부, 위안부, 정신대?

2005년 6월 11일 나카야마 나리아키中山成彬 당시 일본 문부과학상은 "종군위안부란 말은 원래 없었다"라는 발언으로 국제적인 물의를 일으켰다. 이 말은 당시 일본 중학교 교과서에 '종군위안부'라는 말이 실려 있다가 삭제된 것에 대해서 잘된 일이라고 언급하면서 나온 것이었다. 그가 '원래 없었다'라고 말한 것이 '종군'이란 수식어가 붙은 '종군위안부'

라는 표현 그 자체만을 지적한 것이었다면, 그의 말은 옳다. 그런데 그의 발언이 단순히 '종군'이라는 표현을 지적하기 위해서 나온 것은 아니라는 점이 문제이다. 그는 기본적으로 '위안부'라는 것이 없었다고 주장하고 싶었던 것이다.

일본은 물론 우리 사회 한편에서 지금도 사용하고 있는 '종군위안부'라는 표현은 언제 나온 것일까. 1970년대 일본에서는 중일전쟁 이래 아시아태평양전쟁(제2차 세계대전) 기간의 경험을 토대로 한 회고담이나 논픽션, 픽션이 집중적으로 출간되었다 이때 『종군위안부』라는 책이 간행되는 등의 흐름 속에서 일본에서는 '종군위안부'라는 용어가 고정화되어갔다. '종군'이 붙게 된 것은 종군간호부, 종군기자만큼 군과 밀접하고 제도화된 존재였다는 인식에서 비롯되었다고 본다. 하지만 종군이란 수식어가 강제성을 드러내지 않는다는 점에서 한국의 관련단체들은 이 용어를 적절하지 않다고 보았다.

그러면 한국 사회에서는 중일전쟁 이후 일본군에 의해 강제로 반복적으로 성폭행을 당했던 여성을 무엇이라고 불러왔던가. 우리는 꽤 오랫동안 이 여성들을 '정신대挺身隊'라고 불러왔다. 그런데 정신대라는 용어는 이름 그대로 '일본 국가(천황)를 위해 몸을 바치는 부대'란 의미이므로 이에 대해서는 좀 더 명확한 설명이 필요하다.

정신대라는 용어가 조선에 나타나는 것은 1940년경부터이다. 이때 정신대는 남녀 모두에게 적용되는 용어였다. '사상의 정신挺身부대', '농촌정신대', '연료燃料정신대', 군부대장의 이름을 딴 마쓰모리松森정신대', 요리영업 종사 여성을 조직했던 '특별여자청년정신대' 등의 이름에서도 이를 확인할 수 있다. 정신대는 보국단, 보국대라는 말과 혼용하여 일반명사로서 활용되었다.

하지만 일반인들이 정신대라는 용어를 널리 쓰기 시작한 것은 1943년 이후였다. '여자정신근로령'이 논의되고 '여자 근로정신대'가 조직되기 시작한 시기부터였다. 이때부터 '정신대'하면 '여자 근로정신대'를 말하는 것이 되었다.

원래 이 여자 근로정신대는 전쟁으로 인해 남성 노동력 부족을 느낀 일제가 여성들을 군수공장으로 동원하기 위해 만든 것이었다. 일본에서는 이러한 여자 근로정신대와 군 '위안부'의 구분이 아주 선명하다. 그런데 왜 우리는 일본군에 의한 성폭력 피해자를 '정신대'로 생각하게 된 것일까? 그리고 여자 근로정신대로 동원되었던 이들이 자신이 정신대였다고 말하지 않게 된 이유는 무엇일까?

그것은 일제의 여성 동원을 고려 공녀처럼 본 까닭이라고 생각한다. 당시에 '처녀 공출'이란 말이 나왔던 것은 바로 정신대에 대한 이런 의식을 보여주는 것이 아닐까? 한편으로 여자 근로정신대와 일본군 '위안부'가 완전히 분리되지 않았기 때문일지도 모른다. 문헌자료는 아직 발견되지 않았지만 여자 근로정신대로 동원되었던 사람 중에 군 '위안부'가 된 증언자가 있었기 때문이다. 그리고 군 '위안부'가 된 여성들을 가리키는 말로 당시에도

'정신대'란 용어가 쓰였다고 증언하는 사람도 있었다. 해방 직후 신문기사에서 귀국하는 '위안부'를 정신대로 불렀다. 여러 가지 이유가 함께 작용하였겠지만, 군수공장에서 노동을 했을 뿐인데도, 여자 근로정신대로 동원되었던 여성 중에는 자신이 정신대였다는 말을 하지 못하고 숨기는 이들이 많이 있다. 이렇게 정신대란 용어는 혼란을 내포하고 있기 때문에 군 '위안부'와 정신대, 여자 근로정신대라는 용어는 구분해서 사용해야한다.

(2) '위안부', 공창?

그러면 정작 일본군에 의해 반복적·조직적으로 성폭행을 당한 여성들을 당시에는 어떻게 불렀을까? 이미 널리 알려졌듯이 '군 위안부', '위안부'로도 불렀고 '작부', '창기' 등 일본 공창제도에서 쓰이던 표현이나 일반 성매매 여성을 지칭하던 표현을 그대로 쓰기도 했다. 실제로 일본군이 만든 규정에 의하면 군 위안소에서는 술을 먹지 못하게 되어 있었는데도 군이 붙인 이름은 작부酌婦였다.

한동안 일본 우익 정치인들이 "위안부는 상행위를 한 것이다", "위안부는 공창이었다"라는 말로 우리 사회를 뒤집어놓은 적이 있었다. 그러면 '위안부'가 된 여성은 돈이나 공창 제도와 완전히 무관했는가. 일본인 군 위안부의 증언은 극히 적지만, 지금까지 확인되는 바에 의하면 일본에서는 거의 기존 성매매 관련업을 통해 '위안부'를 동원했다. 여자 근로정신대, 정신대라는 용어가 혼용되는 예도 별로 없다. 이것은 기본적으로 '위안부'의 동원방식에서 식민지와 점령지는 일본과 차이가 있었기 때문이다.

일본 내의 '위안부' 동원에서도 물론 사기와 같은 방식도 있었고 이러한 일로 인해 재판도 있었으며 일본 행정 경찰 기관과 군 사이에 약간의 이견이 없었던 것은 아니다. 일본 정부는 후방에 있는 일본 여성의 역할로 군수 물자 생산과 후일의 병사 생산에 중요한 비중을 두었다. 때문에 일본의 일반 여성을 '위안부'로 동원한다는 소문이 나는 것을 경계하면서 되도록 성매매에 종사하던 여성들로 '위안부'를 충원하려 했다. 하지만 이는 쉽게 관철될 수 있는 것은 아니어서, 국제법을 위반하거나 소위 일반 여성이 동원되는 경우가 없지는 않았던 것이다. 일본에서도 이와 같은 상황이 벌어졌는데 하물며 일본군이 전권을 휘두를 수 있는 식민지나 점령지의 여성 동원은 더 이상 말할 필요가 없다.

게다가 우리 사회에서 자신이 피해자임을 밝힌, 즉 커밍아웃을 한 피해자는 대부분 성매매와 관련이 없던 이들로서 취업 사기나 물리적 폭력에 의해 동원된 경우였다. 커밍아웃을 한 피해자들에게 위안부가 되기 전 성매매 전력이 거의 없었다는 사실은, 초기의 '위안부' 관련 연구서나 한국의 민족주의적 경향 등과 연결되어 '위안부' 피해자에 대한 우리 사회의 고정관념, 즉 '위안부'로 동원된 여성들은 '순결한 꽃다운 처녀'였다는 이미지를 만들어냈다.

하지만 '위안부'가 된 여성들 중에 '위안부'가 되기 전 성매매업에 종사하던 여성이 전혀 없었다고 단정할 수는 없다. 오히려 꽤 많은 수가 이 영역에서 공급되었을 가능성이 높다. 또 '위안부'로 동원된 이후 위안소에서 돈을 받았던 경우도 없지 않다. '위안부' 여성들에게 그 돈이 직접 지불되었는가는 별도의 문제로 삼더라도, 일본군의 규정에 의하면 일반적으로 돈을 지불하도록 되어 있었다.

군 위안소를 감독·통제하는 주체는 궁극적으로 일본군이었지만, 위안소를 경영하는 주체가 꼭 일본군이었던 것도 아니었다. 직영 위안소를 제외하면 관리인이 있었다. 필리핀·인도네시아 등지에서는 군정감부 휘하의 일본인 실업단이 이러한 시설의 설치 및 유지 책임자가 되는 경우도 있었다. 일종의 조합 형식을 띠며 운영하는 방식은 일본 내의 공창 제도와 비슷했다.

그런데 문제는, '위안부'가 된 여성들이 돈을 받았다든지, '위안부'가 된 여성들의 전력前歷이 공창이라든지 일본군 '위안부' 제도의 운영방식이 공창제와 유사하다는 데 일본군 '위안부' 제도의 핵심이 있는 것이 아니라는 점이다. '위안부' 동원과 수송, 위안소 설치, 운영 통제에 일본군·일본 정부·조선총독부 등이 직접 개입하고 있었다는 점에서, 일본군 '위안부' 제도는 공창제와 전혀 다르다. 또 일본군이 위안소를 직접 경영하지 않았다고 하여 일본 정부와 일본군의 책임이 면제될 것이 아니다. 일본군 수뇌부가 일본군의 성병 예방, 성욕 해결, 치안 유지 등을 목적으로 제도를 만들고 일본 정부가 이를 위해 지원하여 일본군 '위안부'라는 피해자들을 만들었다는 데 문제의 초점이 있다. 이러한 점을 외면하고 여성의 전력을 강조하거나 돈을 받았다 혹은 공창제와 유사하다는 등의 특성을 강조하는 이들은, 이런 방향으로 세인의 관심을 돌려놓음으로써 '위안부' 제도의 범죄성을 은폐하려고 하고 있다.

(3) '위안부', 성노예?

일본군 '위안부' 문제가 제기된 이후 이 문제와 관련된 활동의 과정을 보는 것은 한국현대(여성)운동사의 중대한 흐름을 포착하는 것이기도 하다. 우리 역사상 이처럼 외면당하고 묻혀 있던 사실을 역사적 문제로 수면 위로 끌어올린 예도, 또 우리가 제기하여 전 세계적인 공론으로 확대시킨 운동도 그리 많지 않다. 용어도 운동의 확대 과정과 연동된다. 1990년대 한국, 일본, 동아시아, 세계로 파문이 확산되어가면서, 용어 역시 정치精緻화 과정을 거쳤다. 운동 초기에는 '정신대'라는 포괄적인 용어에서 시작했지만 1990년대 일본군 '위안부' 문제를 제기한 운동에 역사 연구자들이 결합하면서 시대상과 결부되어 있는 역사적 용어로서 일본군이 만든 제도 하에서 반복적으로 성폭력을 당한 여성들을 군 '위안부'나 일본군 '위안부'로 쓰게 되었다. 그런데 이 '위안부'라는 말은 당시 군이 붙인 이름으로써, 집권자의 의도가 그대로 드러나 있을뿐더러 남성 중심적인 용어이다. 정작 피해 여성들은 자신들이 무엇이라고 불리는지도 모르는 채 있었고, 피해자의 관점은 용어에 전혀 반영되지 않았다. 그래서 잠정적으로 따옴표를 써서 '위안부'라고 쓰는 것으로 주의를 기울여 왔다.

'위안부'라는 용어를 명실상부한 적확한 표현으로 바꾸어야 한다는 문제 제기도 꾸준히 있었다. 한일 간의 심포지엄에서 전쟁 성노예, 성노예 등의 명칭이 논의되었다. 하지만 우리 사회는 이러한 문제의식을 충분히 공유하지 못했다. 오히려 이 문제에 대한 논의가 유엔 등의 국제기구로 확대되는 과정에 현대형 노예제 실무회의와 인권소위원회 등에서 일본군 '위안부' 제도는 자연스럽게 군대 성노예제military sexual slavery로 수용되었다. 이것은 일제하에 일어났다는 특수성을 가진 것이지만 전시 하 여성에 대한 성폭력이라는 다른 지역의 경험과도 연결되어 쓰이게 된 용어였다. 그러나 '위안부'라는 표현 자체는 적절하지 않지만 역설적으로 일제가 '위안부'라는 용어를 만들어가면서 제도화했던 당대의 특수한 분위기를 전달해준다는 점, 이미 많은 이들이 익숙하게 사용하고 있다는 점, 생존 피해자들이 '군대 성노예'라는 표현을 섬뜩하게 여긴다는 점 등의 이유가 있어 한국의 관련 연구자나 활동가 사이에서는 아직 일본군 '위안부', 일본군 성노예 두 용어가 함께 쓰이고 있다.

강정숙, 「위안부, 정신대, 공창, 성노예」, 『역사용어 바로쓰기』, 역시비평 편집위원회 엮음, 2006, 315~320쪽.

4) 한국군 '위안부'는 왜 아직도 숨겨진 역사인가!

기지촌 여성, 즉 '미군 위안부'에 관한 증언을 듣기 위해 파주의 한 마을에 갔을 때였다. 이들에 관한 기억을 소상히 기억하는 한 노인에게서 기지촌 여성에 관한 얘기를 듣던 중, 뜻밖의 얘기를 듣게 되었다. 바로 '한국군 위안부'에 관한 것이었다. 놀라웠다.

한국전쟁 당시 치열한 전투가 벌어지던 그곳에서 노인은 한국군 '위안부'를 목격했다고 한다. 고지전이 임박한 병사들에게 죽음의 공포를 달래기 위해 제공된 '제5종 보급품'이 있었는데, 그게 바로 '위안부'였다는 것이다. 군의 야만성에 망연자실해 노인의 말을 믿고 싶지 않던 차, 지난해 말 『그곳에 한국군 '위안부'가 있었다』 출간 소식을 들었다. 노인의 증언은 사실이었다.

김귀옥, 『그곳에 한국군'위안부'가 있었다: 식민주의와 전쟁, 가부장제의 공조』(선인, 2019) 표지

(1) 한국군 '위안부' 존재의 흔적을 찾아서

『그곳에 한국군 '위안부'가 있었다』의 저자 김귀옥(한성대 교양학부 교수)이 한국군 '위안부'의 존재를 알게 된 건 우연이었다. 1996년에 한국전쟁 시기 월남인의 정착촌 형성에 관해 연구하러 속초 '아바이마을' 현지조사를 벌이다, 한 월남인과의 인터뷰 중에 한국군 '위안부'의 존재가 흘러나온 것이었다.

충격을 받은 저자는 이때부터 본격적인 조사에 돌입한다. 한국전쟁 참전군인, 반공 포로, 북파 공작원, 미군 등을 만나 한국군 '위안부'의 존재를 확인할 수 있었다. 하지만 정작 당사자인 '위안부'를 찾기 힘들었다. 어렵게 찾은 경우라도 그 사실을 부인했기에, 당사자 증언을 확보하지는 못한 채였다.

그럼에도 저자는 이 사실을 2002년 학계에 발표하기에 이른다. 여러 증인의 증언, 한국 육군의 공적 기록인 『육이오사변 후방전사: 인사편』, 채명신 장군 회고록 『사선을 넘고 넘어』, 김희오 장군 회고록 『인간의 향기』, 차규헌 장군 회고록 『전투』, 리영희 회고집 『역정』 등에서 한국군 '위안부'의 명백한 증거를 찾을 수 있었기 때문이다.

장군들의 회고록은 그렇다 치고, 리영희(1929~2010년, 언론인이자 사상가)의 회고집과 그와의 만남에 대해 저자가 전한 일화는 씁쓸하다. 당대 최고의 지성으로 일컬어지던 리영희가 자신의 책에 한국군 '위안부'의 존재를 스쳐 가는 후일담으로 기술한 것도 놀랄 일이지만, 저자가 그를 만난 자리에서 한국군 '위안부'의 존재를 물었을 때 그가 보인 무심함은, 당시 진보 진영 남성들의 미천한 성(젠더)의식을 적나라하게 드러낸 꼴이 되고 말았다.

저자가 밝혀낸 바에 의하면, 한국군 '위안부'는 1951년에서 1954년까지 운용되었다. 규모는 서울 지구 3개 소대, 강릉 지구 1개 소대, 그리고 춘천, 원주, 속초 등에도 설치되었는데, 약 삼백여 명에 이르는 여성이 한국군 위안부에 배치되었을 거라 추정한다. 군부대에 설치한 위안소도 있었고, 이동식으로 운용되기도 했다. 내게 한국군 '위안부'의 존재를 알려준 노인도 위에 언급된 지역 중 한 곳에서 복무했다.

(2) 해방 후에도 계속된 '위안부' 역사의 책임은?

저자는 한국군 '위안부'의 태생이 독자적인 산물이 아님을 밝히기 위해, 일본군 '위안부', 미군 '위안부'의 궤적을 함께 좇는다.

지금은 누구나 그 피해의 고통에 공감하는 일본군 '위안부'의 존재도 1991년 김학순의 커밍아웃으로 불거지기 전까지는, 이렇다 할 연구조차 이루어지지 않은 실정이었다. 김학순의 증언보다 훨씬 앞선 1975년, 일본 오키나와의 배봉기가 일본군 '위안부'였다는 사실이 언론에 보도되었음에도, 한국 정계나 언론, 학계마저도 주목하지 않았다.

미군 '위안부'의 존재 또한 은폐되어 있긴 마찬가지였다. 미군에 의한 구타, 살인 등 '위안부' 여성들에 대한 잔혹한 범죄가 이어져도, 이 여성들을 민족적 수치로 여기는 관점이 팽배했으며 정작 이들의 반인권 현실은 조명되지 않았다.

지난 2014년 122명의 미군 '위안부'들은 대한민국을 대상으로 싸움을 시작했다. 정부가 미군 '위안부'를 제도적으로 철저히 관리했던 성병 강제 검진과 낙검소(성병 치료소) 강제 수용 과정에서 벌어진 국가 폭력, 불법화된 국가의 성매매 정책에서 꼼수를 부려 미군을 상대로 성매매를 조장한 점, 불법 달러의 화수분인 이들을 "애국자"라 치켜세우며 정신 교육까지 시킨 점 등을 고발했다. 일본군과 미군 '위안부'들이 스스로 피해를 말하기 시작하자, 이들의 증언은 우리 사회에 조금씩 대항 담론을 형성하기 시작했다.

저자는 일본군 '위안부'의 형태가 고스란히 미군 '위안부'와 한국군 '위안부'에 답습된 경로를 좇는다. 일본군은 위안소를 설치하면서 그 목적을 일본군의 사기앙양과 절제할 수 없는 성욕으로 인한 문제 해결, 그리고 성범죄 예방임을 밝힌다. 『후방전사』에 따른 한국군 특수위안대의 설치 목적은 어땠을까? 군인들의 사기앙양, 전쟁으로 인한 폐단의 예방적 조치, 성욕 억제에 따른 욕구 불만이나 성격 변화에 대한 예방이라고 기록하고 있다. 일본군 위안소 설치 목적과 놀라우리만치 유사하다.

한국군 '위안부'가 일본군 '위안부'에 근거한다는 혐의는 당시 한국군의 주력 체제를 보면 보다 명확해진다. "1948년 출범한 국군의 주력, 특히 장교의 대다수는 일제의 침략전쟁에서 군 복무했던 사람들이다. 그들은 '군'이라고 하면 '일본군'이 하나의 롤모델이었고, 설령 미군의 비호를 받고 있는 대한민국 국군에서도 일본군에 대한 기억을 체계적으로 이식하였을 것이다. 그 결과 한국전쟁에서 한국군 '위안부' 제도를 도입하는 것은 어색한 일이 아니었을 것이다. 그들이 일제 군대 경험에서 배운 것일 테니까 말이다."[20]

실제로 한국군 '위안부' 제도를 관리했던 역대 후생감(박경원, 장호진, 장석운, 김병길)의 면면을 살펴보면 모두 일본군 출신이다. 이들은 이후 박정희 정부의 요직을 섭렵한다. 또한 한국군 지배 세력의 주축이었던 정일권, 백선엽, 김백일, 박정희, 김창룡은 모두 관동군 장교 출신이다. 이들이 만주 지역에서 항일 민족주의자와 항일 공산주의자들과 전투를 벌였다는 점을 감안하면, 일제의 식민주의를 내면화한 채로 일본군 '위안부'를 당연시했듯이 한국군 '위안부'도 쉽게 용인했을 거라는 저자의 주장은 설득력이 있다.

그렇지만 한국군 '위안부'가 일제에 뿌리를 두고 있다는 저자의 주장에서 더 나아갈 필요를 느낀다. 일본 제국주의와 군대를 경험했다는 것, 그리고 해방 후 일본군 '위안부'를 답습해 한국군 '위안부'와 미군 '위안부'를 두었다는 것 사이에 인과관계가 형성되는 과정에는 다른 요인도 있기 때문이다.

여기서 잠깐, 미군 '위안부'의 역사적 맥락을 들여다보자. 미국 웨슬리대학교 정치학과 교수 캐서린 문의 논고 「한미 관계에 있어서 기지촌 여성의 몸과 젠더화된 국가」(『위험한 여성: 젠더와 한국의 민족주의』, 삼인, 2001)를 보면, "국가 간의 세력 불균형이 존재한다는 사실 자체가 자동적으로(약소국) 여성이 강대국 남성에게 종속된다는 것을 의미하지는 않는다"고 밝히고 있다.

캐서린 문은 그 예로, 일본에 주둔한 미군이 현지 일본 여성들과 관계하지 못하도록 엄격한 규율을 행사한 점, 걸프전 당시 사우디아라비아가 전략적 거점이라는 지리적 이점을 적극 활용해 상대적 우위에 있었던 미국을 통제하며 미군이 자국 여성들과 관계하지 못하도록 막았던 역사를 제시한다. 그렇다면 어째서 한국에서만 대규모의 미군 '위안부'가 생길 수 있었을까? 미국의 다른 주둔지와 달리, 한국에만 허용되고 있던 것은 무엇일까? 이 차이가 군 '위안부'를 일제의 잔재인 '공창'이 낳은 결과라고만 이야기해선 안 되는 이유일 것이다.

미국과 캐나다에서 활동하는 재미 한국인과 한국계 미국인 여성 11인의 논문, 보고서, 포토에세이, 평론 등으로 구성된 책 『위험한 여성: 젠더와 한국의 민족주의』(일레인 김 外. 삼인, 2001)은 식민 후기 사회에서 한국 민족주의가 여성에게 끼친 해악에 대해 파헤치고 있다. (출처: 삼인 출판사 블로그)

(3) 한국전쟁/분쟁 속 여성의 위치

저자는 한국전쟁에서 성폭력이 복잡한 양상을 띨 수밖에 없는 이유에는 일제 식민지의 역사도 크게 작용했다고 주장한다. 일제에 부역했던 세력이 반공세력으로 둔갑하고, 부끄러운 친일의 과거를 지우기 위해 반공주의자로 신분 세탁을 한 후 이를 증명하고자 보다 악랄한 전시 폭력을 벌였고, 이와 동일선상에서 전시 성폭력이 벌어졌으니 그 상흔은 더 깊을 수밖에 없다.

“자율성과 자기결정권이 상처받은 남성성은 성적 욕망과 분노와 좌절의 해소책으로 성폭력을 행사하기에 이르고, 이의 왜곡된 형태가 한국군 위안부의 형태로 드러나게 되었다.” 탈식민주의를 하지 못한 채 일제의 이등 국민이었던 남루한 한국 남성의 유일한 식민지가 바로 한국 여성이었던 셈이다.

저자는 한국 전시 성폭력을 유의하여 짚고 넘어가는데, 이 역사 역시 청산되지 않은 식민지 역사와 무관하지 않으며, 한국군 ‘위안부’도 이 과정에서 희생당한 전시 폭력 피해자이기 때문이다. 그는 전시 성폭력의 유형을 네 가지로 분류했는데 다음과 같다.

첫째는 강간이다. 둘째는 모성과 여성성에 대한 폭력으로, 여성 생식기에 대해 직접적으로 폭력을 가하는 형태였으며 제주 4.3과 여순 사건 등에서도 목격되었다. 이는 남은 자식들로 하여금 어머니의 죽음조차 수치스럽게 기억하게 함으로써 제대로 애도조차 할 수 없게 만든 야만성의 극치였다. 셋째는 강제 결혼 및 납치로, 그 실상은 제주 4,3때 회자된 “서청은 올 때 한 트럭을 타고 왔다면, 갈 때는 두 트럭을 타고 갔다”는 말에서도 확인할 수 있다.

넷째는 악명 높은 성고문이다. 지난해 상영된 영화 <항거: 유관순 이야기>(조민호 감독, 2019)를 통해서도 짐작할 수 있듯, 성고문의 역사 또한 일제 식민지배에 깊이 뿌리내리고 있다. 한강의 소설 『소년이 온다』(창비, 2014)는 어떤가. 소설 속 여성이 당한 성고문의 고통에 몸부림치지 않은 독자는 없었으리라. 5.18 그 시간, 그 공간에서도 군에 의한 여성에 대한 성폭력, 성고문은 반복되지 않았던가.

한국전쟁 후 국가는 나라의 외상을 복구하는 데만 집중했지, 그 폭력적 상황이 여성과 사회적 약자에게 미친 내상은 외면해왔다. 전쟁이라는 극단적 폭력 상황에서 여성은 어떤 존재이며 어떤 위치에 놓여 있었으며 어떤 역할을 수행해왔는가를 저자는 살핀다. 남성 부재의 사회에서 가정과 사회를 지켜온 것은 역설적으로 여성이었으며, 이와 동시에 군 ‘위안부’나 전시 성폭력 등 성적 착취와 성폭력의 대상이기도 했다.

(4) 피해를 말할 수 있는 사회

저자는 책의 말미에서 질문을 던진다. 당시 군의 주장처럼 '위안부'는 과연 성폭력을 막을 수 있었던 것일까? 전시 성폭력이 실은 군인의 성적 욕망이 아닌 "민중을 굴복시키고 초토화시키려는 일환"으로 이용되었음은 주지의 사실이다. 그렇다면 군 위안소는 성폭력을 학습시키는 장으로 기능했으며, 오히려 "여성에 대한 성폭력적 시도를 확대시킬 가능성"을 높였다는 것이 저자의 주장이다. 따라서 "여성에 대한 성폭력 시스템"을 내장한 군 위안부는 국가의 이름으로 행해진 국가폭력이며, 명백한 성폭력이다.

저자는 촉구한다. 한국군 '위안부'의 존재를 더이상 은폐해서는 안 된다고. 그뿐만 아니라, 일본군 '위안부'와 미군 '위안부'의 피해 또한 남성 권력이 자행한 동일한 폭력이며, 같은 뿌리에 기원한 "시효 없는 반인륜적 범죄"라고 밝히고 있다. 저자는 한국 사회가 지금이라도 한국군 '위안부'의 실태조사에 나서야 하며 피해자들에게 사죄해야 한다고 주장한다. "이러한 노력이 결국은 일본 정부에 의해 왜곡되어 있는 일본군 위안부 문제를 바로잡고, 역사적 진정성 있는 사과와 실효성 있는 배상, 진정한 과거청산을 할 수 있도록 압력을 가하는 데 기여할 것이"[21]라고도 말한다.

중간중간 민족주의 색채를 드리우고 있는 저자의 논조에 완전히 동의하는 바는 아니지만, 한국군 '위안부'의 숨겨진 진실을 하루빨리 밝혀야 한다는 점은 분명하다. 또한 피해자들의 증언은 국가 폭력에 대한 새로운 저항 담론을 만들어낼 힘이 될 것이다.

2차 세계대전에 패전해 러시아 '붉은 군대'에 의해 점령된 독일에서, 한 여인은 두 달여 간의 전시 성폭력의 역사를 기록한다. "우리는 성폭력을 집단 경험으로 여긴다 (...) 집단적 강간 경험은 집단적으로 회복되는 중이다. 여자들은 강간 경험과 괴로움을 말함으로써 다른 사람도 그것을 말할 수 있게 하고, 얼마나 고통스러운지 토로하며 서로를 지지한다 (...) 그렇다고 해서 남은 생애 동안 고통 받지 않는다는 소리는 아니다."(익명의 여성 저, 염정용 옮김, 『함락된 도시의 여자: 1945년 봄의 기록』, 마티, 2018)

독일의 한 여성이 2차 세계대전의 종반부인 1945년 4월 베를린이 러시아군에 함락되고, 이때의 베를린의 상황을 기록한 일기 『함락된 도시의 여자: 1945년 봄의 기록』 (익명의 여성 저, 염정용 옮김, 마티, 2018)

피해를 말할 수 있는 것과 말할 수 없는 것은 근본적으로 다르다. 피해를 말할 수 없는 것은, 그들의 고통이 공감받지 못할 것에 대한 두려움 때문이며, 이로 인해 피해자는 더더욱 깊은 곳으로 숨게 된다. 사회로부터 승인받지 못한 피해는 피해자의 잘못이 아님에도 스스로를 영원히 심리적으로 속박하기 때문이다. 피해와 고통을 말할 수 있는 것은 그래서 중요하다.

참혹한 역사의 수레바퀴 속에 혹독한 고통을 겪었을 수많은 여성의 삶이 개인적 피해가 아닌 사회적 피해가 될 때, 그들의 고통이 사회적으로 해석되고 가시화될 때, 그들의 명예가 회복되고 비로소 개인의 치유뿐 아니라 사회적 치유도 함께 이루어질 것이다. 그때에야 비로소, 우리 사회가 부정의한 성폭력의 역사를 되풀이하지 않을 거라 기대해볼 수 있을 것이다.

윤일희, 「한국군 '위안부'는 왜 아직도 숨겨진 역사인가!」, 『페미니스트 저널 일다』, 2020. 2. 17.

3. 역사와 기억

1) 아우슈비츠에서 무엇을 배울 것인가?

나치 수용소 '아우슈비츠' 해방 60주년 기념식이 27일 오후 폴란드에서 성대하게 열렸다. 홀로코스트 생존자와 희생자 가족, 여러 나라의 정치인을 비롯한 1만여 명의 참석자들은 나치 학살의 희생자들 앞에 숙연히 머리를 숙였다.

2차대전 동안 나치가 학살한 유대인과 집시, 정치범과 동성애자를 비롯한 600만 명 가운데 100만 명 이상이, '누구도 살아나가지 못한다'는 이 아우슈비츠에서 목숨을 잃고 재가 되어 사라졌다. 나치의 이 학살이 '유대인 대학살'이라고도 불리듯 희생자의 90% 이상이 유대인이었다.

아우슈비츠 해방 60주년을 전후해 세계적으로 관련 기념행사가 줄을 이었다. 유엔이 지난 24일 이례적으로 희생자를 추모하는 특별 총회를 유엔 창설 이후 처음으로 열었고 독일 베를린에서도 25일 별도의 추모행사가 있었다. 유럽의회는 아우슈비츠 해방일인 1월 27일을 유럽연합 공동 추모일로 지정하자고 만장일치로 제안했다.

히틀러와 나치라는 '역사의 짐'을 안고 있는 독일은 27일의 아우슈비츠 기념행사를 처음부터 끝까지 생방송으로 중계했다. 이미 독일 신문과 방송은 한 주 전부터 나치 학살과 아우슈비츠 이야기로 넘쳐나고 있다. TV에서 관련 프로가 이어지고 신문이나 잡지도 앞을 다투어 특집 기사를 편성했다.

독일이 이렇게 부끄러운 '나치' 과거와 대결하는 와중에 '신나치' 문제가 갑자기 뜨거운 감자로 떠올랐다. 지난 21일 극우 정당인 국가민주당NPD 의원들이 작센 주의회의 나치 희생자 묵념을 거부하고 퇴장해버린 일이 발단이었다. 이 극우 정당은 오히려 2차대전 말 연합군의 독일 폭격 희생자를 추모해야 한다고 주장하며 '폭탄 홀로코스트'라는 말을 썼다.

독일 정가는 발칵 뒤집혔다. 나치 전쟁과 학살이 없었으면 연합군의 폭격이 있기나 했겠느냐는 말에서부터 나치 선동과 다름없다는 비난이 여야를 불문하고 터져 나왔다. 이 사건으로 극우정당 불법화와 시위 금지 논의가 불붙었다. 내무장관이 신나치 데모와 관련해 집회와 시위법의 수정을 제안하고 이를 둘러싼 논의가 정가 안팎을 뜨겁게 달구고 있다.

물론 독일에서 일어난 신나치 데모를 비롯해 유대인이나 외국인에 대한 비방과 공격이 어제오늘의 일은 아니다. 하지만 몇 년 사이 극우 세력이 급증하면서 신나치 문제에 더 이상 손을 놓고 있을 상황이 아니라는 공감대가 커지고 있다.

극우 정당인 국가민주당과 독일민중연합DVU이 지난해 각각 9.2%와 6.1%의 지지를 얻어 처음으로 주 의회에 발을 들여놓았다. 또한 15~20%에 달하는 독일인이 반유대주의 정서를 지니고 있다는 조사 결과는 극우정당의 성공이 결코 우연이 아님을 잘 보여주고 있다. 두 극우정당은 이미 다음 총선에서 연합전선을 구축하기로 뜻을 모았다.

국가민주당은 5월 8일 베를린에서 독일이 항복하고 '해방된' 날을 맞아 극우 세력들의 대규모 시위행진을 계획하고 있다. "60년의 거짓 해방, 죄의식 숭배를 끝내자"가 시위 슬로건이다.

사실 나치와 아무 상관이 없는 젊은 세대가 끝없는 '죄의식'에 시달릴 필요는 없을 듯하다. 하지만 작센 의회의 극우 정당처럼 폭탄 홀로코스트라는 '피해의식'에 시달리며 자기 역사에 대한 '책임의식'은 나몰라라 하는 태도가 설자리는 어디에도 없다.

아우슈비츠는 현대 문명 한복판에서 발생한 최악의 비극

근대 이후 문명의 중심을 자처하던 유럽은 나치의 체계적인 대학살로 자존심에 깊은 상처를 받았다. 홀로코스트가 나치가 저지른 문명 세계의 '우연한 일탈'이라는 주장은, 그러한 대학살이 현대 문명의 어두운 면이며 때와 조건이 맞으면 어디서든 다시 일어날 수 있다는 생각에 자리를 내어준 지 오래다.

이스라엘이 아랍인들에게 보이는 무자비한 태도는, 유대인 대학살을 '전가의 보도'로 휘둘러 이스라엘 현실 정치에 이용하고 있다는 의혹에 힘을 실어주며 피해자가 가해자로 되는 역사의 아이러니를 보여주고 있다.

사실 유대인 학살은 사회 약자나 소수자에 대한 분노와 박해의 한 형태다. 나치 대학살의 600만 희생자 속에는 유대인뿐 아니라 수십만 명의 집시나 동성애자, 정치범이 포함되어 있음은 '유대인' 대학살이라는 이름 속에서 쉽게 잊혀지고 있다.

나치의 망령에 사로잡힌 '신'나치는 현재 비단 독일만의 골칫거리가 아니다. 지난 십 년간 유럽의 극우 세력은 꾸준히 성장하고 있다. 오스트리아를 비롯해 프랑스나 이탈리아의 극우 집단도 유대인이나 외국인에 대한 원색적인 공격을 앞세워 무시 못 할 세력으로 부상하고 있다.

유럽 사회에서 성장하는 신나치나 극우 세력은 사실 높은 실업률이나 복지 삭감으로 인한 불안과 불만에 깊게 뿌리박고 있다. 이 불만이 유대인뿐 아니라 애꿎은 외국인이나 사회 소수자들에게 돌려지는 일을 쉽게 상상할 수 있다.

유럽 역사에서 위기나 혼란의 순간에 유대인들이 죄 없는 돌팔매질을 당했음은 지울 수 없는 사실이지만, 작금의 21세기 유럽에서 유대인뿐 아니라 한때 자국의 필요에 따라 이주해 궂은일을 도맡아 하며 경제부흥에 일조한 외국 노동자를 비롯한 사회적 약자들이 민족 감정에 휩쓸린 대중의 '빗나간' 분노 앞에 놓일 수 있음도 부정하기 어렵다.

그렇다면 인류가 아우슈비츠에서 배울 점은 '유대인' 학살이라기보다 '약자와 소수자'를 박해할 수 있는 사회 조건이 형성될 때 어떤 무서운 일이 벌어질 수 있는가가 아닐까.

정대성, 「아우슈비츠에서 무엇을 배울 것인가」, 『오마이뉴스』, 2005. 1. 28.

2) 역사는 심판할 수 있는가

(1) 기억함으로써 극복한다

1992년 부다페스트의 한 강연에서 영국의 역사가 에릭 홉스봄Eric Hobsbawn은 역사학이 핵물리학만큼이나 위험할 수 있다는 뒤늦은 깨달음에 대해 이야기했다. 모든 역사가는 예기치 않게 정치가가 되기 때문이라는 게 그의 변이었다. 학교의 교과서에나 갇혀 있음직한 '역사'가 정치의 장으로 끌려나오고, 홀로코스트 재판처럼 언론의 화제를 모으며 재판정에 서게 되는 것도 실은 역사학의 정치성 때문이다.

더 근본적으로는 '진리의 정치성'에서 역사학도 예외는 아니다. "역사는 심판할 수 있는가"라는 물음은 사실상 "진리는 심판할 수 있는가"라는 물음에 포섭된다. 심판 가능성에 대한 내 답은 부정적이다. 심판한다는 것은 법이 절대 진리를 구현한다는 전제에서나 가능한 일이지만, 법의 정통성이 곧 진리라는 그 전제 자체가 이미 정치적이기 때문이다. 역사를 심판함으로써 정의가 구현될 수 있다는 생각은 순진한 생각일 뿐이다. 역사적 진실의 정치성은 심판의 대상이 아니라 드러냄의 대상이다. 법정의 심판을 통해 과거를 단죄하고 청산한다는 방식을 넘어, 과거를 드러내서 살아 있는 사회적 기억으로 만들 때 과거는 극복될 수 있다. 사법적 심판이 아무리 추상같다고 해도, 과거를 망각하는 한 불행한 과거는 되풀이되게 마련이다. 사법적 처단처럼 카타르시스는 제공해 줄 수 없지만, 과거에 대한 뼈아픈 기억과 성찰은 법적 심판보다 더 무서운 것이다.

(2) 법적 심판의 한계

역사의 심판이라는 관점에서 가장 먼저 주목되는 것은 나치 전범에 대한 뉘른베르크 재판이다. 1945년 11월 개정해 총 403회에 걸쳐 24명의 나치 전범을 심판한 뉘른베르크 재판은 주요 전범들에게 사형(12명), 종신형(3명), 금고형(4명)을 각각 선고함으로써 평화와 인류에 대한 범죄를 묻고 사법적 정의를 실현했다. 뿐만 아니라 점령 당국의 주관 아래 전범 처벌을 위한 국내법을 제정해 각 주정부 별로 나치 범죄자와 지지자에 대한 재판을 열어 금고형, 공민권 제한 등의 조치를 취함으로써 나치의 과거를 법적으로 단죄했다.

극소수 전범에 대한 처단에 그친 도쿄 재판이나 친일파 청산에 실패한 한국의 반민특위 등에 비하면 독일의 전범 재판은 그 심판 대상의 범위나 형량 등에서 훨씬 철저한 것이었다.

그러나 독일의 전범 재판이 독일 사회에서 나치즘의 과거를 청산하고 극복하는 진정한 계기였다고 말하기는 어렵다. 나치 전범자들의 고백을 연구한 이스라엘이나 독일의 심리학자들은 이와 관련해 흥미로운 분석을 내놓고 있다. 양심의 가책을 못 이겨 목사나 의사, 심리 치료사를 찾아가 죄를 고백한 사람은 하나도 없고, 수치심이나 죄책감을 전혀 느끼지 않거나 전범으로서의 정체가 드러난 후에야 죄책감을 느꼈다는 것이다.

남경 학살이나 731부대의 생체 실험에 참가했던 일본 군인들의 경우에도 상황은 크게 다르지 않다. 내면에서 우러나오는 죄에 대한 책임감보다는, 범죄 행위가 발각된 이후 주위의 눈총을 의식한 자기 방어의 성격이 더 강했다. 다시 똑같은 상황에 던져졌을 때 그들에게 다른 행동을 기대하기란 어려운 일일 것이다.

예루살렘의 법정에서 자신은 상부의 명령을 충실히 이행했을 뿐, 유대인 학살에 대한 책임이 없다는 아이히만의 항변은 이들의 시각을 잘 대변한다. 사실상 나치 전범들은 대부분 아이히만처럼 홀로코스트에 대한 죄의식이나 범죄에 대한 개인적 책임감을 느끼지 않는다. 자신들은 거대한 행정 체계의 톱니바퀴로 있으면서 상부의 명령을 집행했을 뿐, 유대인에 대해 특별한 증오나 반유대주의적 감정을 갖지는 않았다는 것이다.

이것은 범죄 책임을 체제에 돌림으로써 범죄에 대한 자신의 책임에서 도망가는 논리이기도 하다. 즉 모두가 유대인 학살을 저지른 체제에 대한 책임이 있지만, 학살에 대한 구체적인 책임은 없다는 것이다coresponsible irresponsibles. 아이히만은 사실상 제3제국의 법이 관료들에게 요구하는 법적 의무에 충실했다.

홀로코스트는 이 점에서 사법적 실증주의의 왜곡이 아니라 완성이었다. 교수대 앞에서 아이히만이 보여준 의기양양한 모습은 법적 심판이 갖는 한계를 잘 드러낸다.

(3) 희생양과 면죄부

정작 무서운 것은 '침묵의 공모'이다. 나치 전범에 대한 상대적으로 철저한 사법적 심판은 사법 심사의 대상에 포함되지 않은 대다수의 평범한 독일인들에게 면죄부를 부여하는 계기였다. 신학자 마르틴 부버Martin Buber가 아이히만의 사형에 반대한 것도 같은 맥락에서이다. 아이히만에 대해서는 눈곱만큼의 동정심도 없지만, 아이히만의 처형이 평범한 독일인들의 죄의식을 덜어줄까 우려한 것이다.

부버의 우려가 근거 없는 것만은 아니다. 1951년 서독에서 실시한 여론 조사에서, 히틀러 집권 이후 2차 대전 발발까지(1933~1939년)가 독일이 가장 잘 돌아가는 시대였다고 과반수의 평범한 독일인들이 답했다. 그들은 소수의 전범들에게 책임을 뒤집어씌움으로써 나치의 역사적 책임에 대한 면죄부를 부여받은 셈이다.

이 역설은 도쿄 재판에 기소되어 재판을 받은 28명의 전범에게 역사의 모든 책임을 뒤집어씌움으로써, 전쟁과 총력전 체제를 지지하고 적극적으로 가담했음에도 불구하고 역사의 면죄부를 부여받은 평범한 일본인들의 경우에도 마찬가지이다.

대다수의 독일 국민이 참여한 '침묵의 공모'는 나치 시절에 대해 말하지도 묻지도 않는다는 것이다. '배제, 부인, 그리고 알려고 하지 않는 의지'라는 3대 원칙 속에서 이 '침묵의 공모'는 잘 유지되었고, 마침내 독일은 나치즘에 대한 과거의 기억을 묻어둔 채 라인 강의 기적을 일궈냈다.

나치의 역사에 대한 집중적인 조명을 통해 과거를 극복하고자 했던 역사가들의 노력은 대부분의 경우 전문가들에게 국한되었을 뿐이다. 평범한 보통 사람들의 일상에서는 멀리 떨어진 문제였다. '68년 세대'가 부모 세대를 향해 "당신은 그 당시 무엇을 했는가?"라고 묻기 시작하면서 '침묵의 공모'는 금이 가기 시작했다. 나치 체제를 적극적으로 지지했거나 혹은 수동적으로 동의했지만 사법적 면죄부를 받은 평범한 독일의 장년, 노년 세대들이 개개인의 역사적, 도덕적 책임을 추궁당하기 시작한 것이다.

사실상 나치 과거의 청산과 극복이라는 문제는 사법적 차원에서 죄의 유무를 추궁한다는 범주를 넘어서, 그 과거를 공유하고 있는 사람들이 도덕적 죄의식과 수치심을 뼈아프게 자각하고 있는가 하는 문제와 연결된다. 드러나는 범죄는 아니지만 일종의 공동의 책임감이라는 도덕적 죄의식이 독일인들의 전통 속에 자리 잡아야 한다고 촉구한 카를 야스퍼스Karl Jaspers의 주장도 같은 맥락에서 이해된다.

(4) 기억과 심판

그렇다면 홀로코스트와 그것을 둘러싼 독일의 과거 청산 논쟁이 우리에게 제기하는 문제는 분명하다. 과거에 대한 책임을 전범들 개개인에게 추궁하는 것 못지않게 중요한 것은 과거에 대한 책임 있는 기억을 재구성하여 보존하는 일이다. 법정이 과거에 대한 책임 있는 기억을 구성하는 적합한 도구라는 생각에는 아무래도 회의적일 수밖에 없다.

홀로코스트 부정론에 대한 다양한 재판에서 드러났듯이, 사회적 기억을 사법적 판단에 맡기는 행위는 곧 사법적 실증주의에 기억을 종속시키는 결과를 낳기 때문이다. 예컨대 그것은 문서로 입증할 수 없는 개개인의 기억을 실증주의의 관점에서 취하함으로써 역사적 기억을 왜곡시킬 가능성이 크다.

남아프리카공화국의 '진실과 화해 위원회'의 작업은 이런 관점에서 매우 주목된다. 투투 주교가 이끄는 이 위원회는 아파르트헤이트의 범죄 행위에 대한 사법적 사면을 약속하는 대신, 범죄 행위자들의 고백과 참회를 통해 사건의 진상을 밝히도록 유도함으로써 책임 있는 사회적 기억을 보존하는 길을 택했다. 칠레의 진실위원회가 이미 선보인 바 있는 그 원칙은 개개인이 갖고 있는 과거에 대한 사실을 단순히 알아내는 것이 아니라, 그 진실을 공개적으로 드러내고 선포함으로써 사회적 기억으로 만드는 일이다.

현실 사회주의에 대한 역사적 청산과 극복을 둘러싼 논쟁에서 체코의 바츨라프 하벨Václav Havel이나 폴란드의 아담 미흐닉Adam Michnick이 사면을 조건부로 과거에 대한 기억을 망각에서 건져내서 사회적 기억으로 만들어야 한다고 주장한 것도 같은 맥락에서 이해된다.

이에 비하면 한국 사회의 과거 청산과 극복 논쟁은 여전히 사법적 단죄의 차원에 머무르는 것이 아닌가 한다. 친일파 청산이나 광주 민중 항쟁에 대한 진실 규명 과정에서도 잘 드러났듯이, 장기적 관점에서 책임 있는 사회적 기억을 만들기보다는 여전히 단기적인 정치적 계산속에서 인적 청산에 매달리고 있는 듯한 인상이 짙다. 물론 학살과 같은 구체적인 범죄 행위를 저지른 개인적 책임이 있는 자들에 대한 사법적 처리는 엄정하게 이뤄져야 하지만, 그 조차도 정치적 계산속에서 흐지부지되었을 뿐이다.

(5) 용서할 수 있는 권리

용서할 수 있는 권리는 희생자들만이 가질 뿐, 야당 출신의 대통령들이 모든 희생자를 대신해서 박정희나 광주 학살의 책임자들을 용서할 수 있는 것은 아니다. 그것은 민주화의 의상을 입은 새로운 정치권력이 자신의 당파적 이해를 위해 역사적 희생자들을 정치적으로 올라타는 것일 뿐이다. 이 점에서 박정희와의 역사적 화해나 전두환, 노태우에 대한 사면은 남아공이나 칠레의 진실위원회의 작업과는 질적으로 다르다.

정치권력의 대척점에 서 있는 시민 사회의 역사적 기억도 그리 건강한 것만은 아니다. 그것은 소수의 친일파, 유신 잔당, 신군부의 명령권자들에게 모든 책임을 전가하고 소수의 사악한 가해자 대다수의 선량한 피해자라는 도덕적 자위행위에 만족하거나, 가해자에 대한 사법적 처단의 카타르시스에 집착함으로써 역사적 기억으로부터 도망가는 입장을 취하는 것이 아닌가 한다.

잔학한 범죄 행위자들에 대한 엄정한 사법적 추궁을 넘어서 그들로부터 고백과 참회를 이끌어낼 수 있는 계기를 마련하고, 총력전 체제에 대한 동조 혹은 수동적 동의, 1980년 5월 광주를 제외한 다른 지역의 무거운 침묵 등 '침묵의 공모'에 대한 자기성찰을 통해 아픈 과거에 대한 책임 있는 사회적 기억을 만들어 나가는 것이 필요하다.

의문사 진상 규명 작업 등도 사법적 정의를 확립한다는 차원을 넘어서, 사적인 차원에 머물고 있는 희생자의 기억을 드러내어 공적 기억으로 전화한다는 문제 의식이 필요하다. 국가적 배상이 갖는 의미는 물적 보상이라는 차원에 머무는 것이 아니라, 독재의 과거를 공적 기억으로 선포한다는 의미가 있는 것이다. 만의 하나라도 물적 보상을 통해 과거의 기억을 지우려는 의도가 담겨 있다면, '민주화 유공자 보상법' 등은 다시 검토되어야 할 것이다. 기억의 정치학에서는 망각 또한 과거를 기억하는 한 방식이기 때문이다.

역사 담론이 자꾸 사법 담론을 닮아갈 때, 그것은 기억을 법조문의 틀에 묶어둠으로써 법정의 서류 뭉치 속에서 잠재우는, 그래서 끝내는 카타르시스를 통한 사회적 망각으로 이어질 것이다. 역사 속에서 구체적으로 행해진 범죄는 분명 사법적 심판의 대상이다. 그러나 역사는 심판될 수 없다.

임지현, 『적대적 공범자들』, 소나무, 2005, 40~49쪽.

3)「우리 모두가 세월호였다」

돌려 말하지 마라
온 사회가 세월호였다
오늘 우리 모두의 삶이 세월호다
자본과 권력은 이미 우리들의 모든 삶에서
평형수를 덜어냈다
사회 전체적으로 정규적 일자리를 덜어내고
비정규직이라는 불안정성을 주입했다
그렇게 언제 침몰할지 모르는
노동자 세월호에 태워진 이들이 900만 명이다
사회의 모든 곳에서
'안전'이라는 이름이 박혀 있어야 할 곳들을 덜어내고
그곳에 '무한 이윤'이라는 탐욕을 채워 넣었다
이런 자본의 재해 속에서
오늘도 하루 일곱 명씩 산재라는 이름으로
착실히 침몰하고 있다
생계 비관이라는 이름으로
그간 수많은 노동자 민중들이 알아서 좌초해가야 했다
그렇게 수없이 많은 이들이 지하 선실에 가두어진
이 참혹한 세월의 너른 갑판 위에서
자본만이 무한히 안전하고 배부른 세상이었다
그들의 안전만을 위한 구조 변경은
언제나 법으로 보장되었다
무한한 자본의 안전을 위해
정리해고 비정규직화가 법제화되었다
돈이 되지 않는 모든 안전의 업무가
평화의 업무가 평등의 업무가 외주화되었다
경영상의 위기 시 선장인 자본가들의 탈출은 언제나 합법이었고
함께 살자는 모든 노동자들의 구조 신호는 외면당했고
불법으로 매도되고 탄압당했다

더 많은 이윤을 위한 자본의 이동은 언제나 자유로운 합법이었고
위험은 아래로 아래로만 전가되었다
그런 자본의 무한한 축적을 위해
세상 전체가 기울고 있고 침몰해가고 있다
그 잔혹한 생존의 난바다 속에서
사람들의 생목숨이 수장당했다
그런데도 가만히 있으라고 한다
돌려 말하지 마라
이 구조 전체가 단죄받아야 한다
사회 전체의 구조가 바뀌어야 한다
이 처참한 세월호에서 다시 그들만 탈출하려는
이 세월호의 선장과 선원들을 바꾸어야 한다
우리 모두가 이 위험한 세월호의
선장으로 기관장으로 갑판원으로 조타수로 나서야 한다
이 시대의 마지막 남은 평형수로 에어포켓으로
다이빙벨로 긴급히 나서야 한다
이 세월호의 항로를 바꾸어야 한다
이 자본의 항로를 바꾸어야 한다

송성동,「우리 모두가 세월호였다」 전문
고은·유순예 외,『우리 모두가 세월호였다』, 실천문학사, 2014, 89~91쪽.

더 읽을거리

4·16 세월호 참사 작가 기록단 편, 『그날이 우리의 창을 두드렸다』, 창비, 2019.
김상숙, 『10월 항쟁-1946년 10월 대구, 봉인된 시간 속으로』, 돌베개, 2016.
김애란 외, 『눈먼 자들의 국가』, 문학동네, 2014.
도현신, 『국가의 배신: 실미도에서 세월호까지, 국민을 속인 국가의 거짓말』, 인물과사상사, 2015.
로버트 O. 팩스턴, 손명희·최희영 옮김, 『파시즘』, 교양인, 2005.
박노자, 『당신을 위한 국가는 없다』, 한겨레출판, 2012.
빌헬름 라이히, 황선길 옮김, 『파시즘의 대중심리』, 그린비, 2006
서경식, 『고통과 기억의 연대는 가능한가?』, 철수와영희, 2009.
서경식, 『디아스포라 기행』, 돌베개, 2009.
송충기, 『세계의 과거사 청산』, 푸른역사, 2005.
심재훈 편, 『화이부동의 동아시아학』, 푸른역사, 2012.
심재훈, 『고대 중국에 빠져 한국사를 바라본다』, 푸른역사, 2016.
안토니오 네그리·마이클 하트, 윤수종 옮김, 『제국』, 이학사, 2001.
알라이다 아스만, 변학수·채연숙 옮김, 『기억의 공간: 문화적 기억의 형식과 변천』, 그린비, 2011.
야마기와 주이치, 한승동 옮김, 『폭력은 어디서 왔나』, 곰출판, 2015.
오준호, 『세월호를 기록하다: 침몰·구조·출항·선원, 150일간의 세월호 재판 기록』, 이지북스, 2015.
유시민, 『국가란 무엇인가』, 돌베개, 2011.
이안 부르마, 『아우슈비츠와 히로시마』, 한겨레신문사, 2002.
이용우, 『프랑스의 과거사 청산: 숙청과 기억의 역사, 1944~2004』, 역사비평사, 2008.
장 아메리, 안미현 옮김, 『죄와 속죄의 저편』, 길, 2012.
장문석, 『민족주의』, 책세상, 2011.
정혜신 외, 『천사들은 우리 옆집에 산다』, 창비, 2015.
주경철, 『문학으로 역사 읽기, 역사로 문학 읽기』, 사계절출판사, 2009.
크리스토퍼 R. 브라우닝, 이진모 옮김, 『아주 평범한 사람들』, 책과함께, 2010.
프리모 레비, 이소영 옮김, 『가라앉은 자와 구조된 자』, 돌베개, 2014.
한국서양사학회 편, 『유럽중심주의 세계사를 넘어 세계사들로』, 푸른역사, 2009.
한나 아렌트, 김정한 옮김, 『폭력의 세기』, 이후, 1999.
한홍구, 『특강-역사의 한복판에서 길을 묻다』, 한겨레출판, 2009.
허버트 허시, 강성현 옮김, 『제노사이드와 기억의 정치』, 책세상, 2009.

3 장

민주주의와 인권

민주주의와 인권. 누구나 당연하게 누린다고 생각하는 제도이자 권리이다. 우리 사회가 민주주의라고 생각하는 만큼이나 인권도 상식이다. 하지만 민주주의가 잘 작동하고 있다고 보는 사람은 생각보다 적고, 인권이 잘 보장된다는 사람도 소수다. 민주주의와 인권은 필수이지만, 현실에서 늘 불완전하거나 불충분하다는 의미다.

2016년 겨울 촛불집회에서 "대한민국은 민주공화국이다"라고 그렇게 목 놓아 노래한 이유는 '민주주의의 손상과 파괴'에 대한 분노이자 허탈 때문이었다. 그 촛불의 함성은 이듬해 대통령 탄핵으로 이어지며 민주주의의 무게와 한계를 동시에 보여주었다. 선거로 뽑힌 국가의 대표가 권력을 사유화한 일은 민주주의가 쉽게 흔들릴 수 있음을 입증했다.

민주주의가 제도이자 시스템이라면, 인권은 삶의 인간다움을 보장하는 기본권이자 보호막이다. 민주주의가 제대로 작동하지 않는 곳에서 인권은 더 잘 억압된다. 독재나 전체주의 하에서 공공연하고 가시적인 폭력과 잘 결합되는 인권 탄압이 형식 민주주의가 성취된 사회에서는 은밀하고 미시적이거나 연성 폭력의 형태와 맞물리기 쉽다. 게다가 타자와 약자를 대상으로 하는 경우 인권의 보장은 제도를 가리지 않고 더 어려워진다.

지난 몇 년간 '민주주의와 인권'을 다시 묻고 고민하는 일이 많았다. 나라 안팎으로 '민주주의가 위기'를 맞았다는 진단이 넘쳐나고 이민과 난민의 시대를 거치며 인권의 범주와 조건을 다층적으로 숙고해야 한다는 목소리가 높아졌다. 권위적인 지도자나 극우 정당이 대두하며 민주주의가 심각하게 위협받고 있다는 우려 속에, 코로나19와의 전쟁이 인류에게 민주주의와 관련된 새로운 도전을 뜻한다는 진단이 등장했다. 1절에는 그런 방향의 글을 모았다. 앞의 두 글은 극우의 목소리가 세계적으로 높아지는 상황에서 지구촌 시민들의 '성찰적 연대'를 강조하고, 정치가 전문화되고 권위주의 과두제가 강화되는 시대 속에서 대중에게 권력을 돌려주는 것이 민주주의를 구하는 일임을 지적한다. 코로나19와 사투를 벌이는 동안 민족주의, 인종주의, 권위주의가 민주주의를 위협할 위험이 크다는 지적과, 이 지구적인 대결이 이제 환경과 결부된 '지구를 위한 민주주의'를 요구한다는 각성이 후반부에 놓인 두 글의 내용이다.

주로 타인과 관련된 인권 논의를 모은 2절은 '세계인권선언'으로 시작하는데, 상식이라 생각하는 인권의 준거와 대의를 되새김질하는 시간이 되었으면 한다. 인권이라는 단어의 역사적 흐름을 짚어내고 그 깊이와 넓이가 시대에 따라 변하는 인권의 속성을 일상생활과 연결해 조목조목 설명해주는 글을 읽고 나면, '다문화 사회'라는 말의 위선과 양면성을 갈파하며 우리 속의 인종주의를 질타하는 목소리와 만난다. 뒤이은 방글라데시인의 고난스런 한국살이 이야기는 한국 사회가 얼마나 일방적이고 폭력적인지를 잘 보여주는데, 서구 출신 백인이라면 그런 대접을 받았을까 하는 질문조차 무의미할 정도다. 끝으로 '제주 예멘 난민 사태'를 다룬 글은 우리 사회의 배타성과 인종주의의 민낯을 그대로 드러낸다. 불과 50년 만에 구호물자에 의존하던 빈국에서 세계 10위권 경제로 급등한 대한민국의 난민정책과 난민수용은 낯부끄러운 수준임을 알게 해준다.

자유가, 다르게 생각하는 사람의 자유일 때 가장 빛나듯 인권은, 타인이라고 불리는 사람의 권리가 기준일 때 진정 아름다운 것이다.

1. 위기의 민주주의

1) 21세기 위기의 민주주의와 그 적들

21세기 지금 우리가 목도하는 세상은 '민주주의 위기'를 말하기에 모자람이 없어 보인다.

우선, 새로운 유형의 권력자들의 부상이 그 징후에 속한다. 진시황제의 야욕을 재현하려는 듯한 중국의 시진핑을 비롯해, 러시아 역사에 차르가 있음을 되새겨 주는 무소불위의 권력자 블라디미르 푸틴에 그치지 않는다. 인근 필리핀에서 법치의 경계를 오가며 인기몰이로 집권한 로드리고 두테르테는 물론이려니와 미국 대선에서 엄청난 비판을 뚫고 당당히 백악관에 입성한 도널드 트럼프까지.

세상은 민주주의를 비웃거나 월경함으로써 권력을 얻고 유지하는 사례를 지금도 쉴 새 없이 상영하고 있다. 민주주의의 대척점에 자리한 권위주의 정치의 주도자가 동서양 가림 없이 등장해 부정적 카리스마를 내뿜으며 21세기 정치의 중요한 축으로 자리한 것이다.

(1) 유럽 상황, 심상치 않다

유럽의 상황도 자못 심각하다. 이 '문명' 대륙의 지축을 뒤흔드는 위기의 쌍두마차는 '백주의 테러리즘'과 '난민의 물결'이다. 2015년 유럽문화의 심장 파리가 테러에 피 흘리고 신음하자 유럽연합의 수도 브뤼셀도 선혈 낭자한 테러의 도시에 이름을 올렸다. 장구한 세월을 서구 문명의 확고한 거점이던 유럽의 메트로폴리스들은 오늘날 테러의 위협이

상존하는 불안의 도시가 됐다. 그곳에서는 누구도 안전을 장담하지 못한다. '테러의 공포'라는 살아 움직이는 유령이 유럽을 배회하고 있다.

시리아 사태로 절정에 오른 '난민 위기'도 유럽 위기의 진원지다. 더 나은 땅으로 끝없이 밀려드는 난민의 물결은 이 계몽의 대륙에서 인종주의라는 괴물의 대두가 임박했음을 알리는 신호탄이 되고 있다. 몇몇 국가에서 불어오던 극우정당의 회오리바람은 시리아 내전의 파도를 타고 폭풍우로 급속히 확장해나갔다.

다양한 우파 포퓰리즘 정당들이 이민 반대나 난민 반대 정책을 앞세워 민심을 얻으며 무시하기 어려운 정치세력으로 부상하고 있는 것이다. 유럽의회에서 각국의 유사 극우정당이 네트워크를 결성해 '배타적 유럽연합'의 꿈을 키우고, 유럽인들은 안전한 터전이 불안의 아수라장으로 돌변할지도 모른다는 두려움 속에 이 '피리 부는 사나이'들의 목소리에 잔뜩 귀 기울이고 있다. '난민 공포'라는 유령이 지금 유럽을 배회하고 있다.

유럽에서 (극)우파 포퓰리즘의 득세는 어제오늘의 일이 아니다. 하지만 최근 상황은 악화일로의 직선에 가깝다. 2017년의 한 연구서에서 "경악스러운 우파 포퓰리즘의 파노라마"라는 말로 지난 25년간의 유럽 상황을 설명하는 것도 같은 맥락이다(Thomas E. Goes and Violetta Bock, *Ein unanständiges Angebot? Mit linkem Populismus gegen Eliten und Rechte*, Köln, 2017, p.40).

프랑스와 오스트리아, 폴란드와 헝가리 및 덴마크는 말할 나위도 없고 이탈리아와 네덜란드, 핀란드, 스위스, 벨기에까지 (유사) 극우 정당들이 성공을 거두고 있다. 인류가 나치 전체주의와 뒤엉킨 참혹한 대전쟁의 재앙과 잿더미를 건너온 지 반세기를 지나 세상은 다시금, 다양성이나 차이를 무시하는 획일성으로 무장한 배타적인 정당이나 권위주의 정권이 안전과 안정의 이름을 걸고 정치 전면으로 개선하는 역사의 역행을 바라보고 있는 셈이다.

(2) 지금 독일은

무엇보다 유럽연합의 중심 독일의 상황이 다급하게 돌아가는 중이다. 2013년 창당한 '독일을 위한 대안'(AfD: Alternative für Deutschland)이라는 신생 뉴라이트(Neue Recht/New Right) 정당이 정치권 태풍의 핵으로 등장해 돌풍을 일으키고 있기 때문이다.

이 당은 난민 반대와 인종주의 슬로건을 앞세워 수년간 지방선거에서 거둔 성공을 발판 삼아, 마침내 2017년 유사 극우세력으로는 전후 최초로 일약 제3당의 지위로 연방의회에 입성했다. 이후의 역사는 더 화려하다. 2019년 세 번의 주정부 선거 모두에서 20%를 넘기는 괴력을 발휘했고, 11%를 획득한 유럽의회 선거에서도 성공신화를 이어갔다.

이제 연방의회를 포함 독일 16개 주정부 의회에 '독일을 위한 대안'AfD이 깃발을 올리지 못한 곳은 단 한 곳도 없고, 독일 정치지형에서 이 유사 극우정당의 성채는 견고히 구축되었다. AfD가 독일에서 강력한 정치세력으로 부상한 사실은 '(유사) 극우의 발호'가 이제 전 유럽적인 현상임을 분명히 보여주는 주요한 변곡점이 되었다.

독일은 히틀러와 나치 역사의 원죄 속에서 그간 유럽국 가운데 우파 포퓰리즘 정당이 전국적인 성공을 거두지 못한 일종의 청정지역에 가까웠다. 이웃 프랑스나 오스트리아, 스웨덴과 이탈리아 등 각국에서 유사한 정당이 난무하고 선거 성공을 거두는 동안에도 독일은 그런 기미가 별로 없었다.

하지만 불길하게도 중첩된 위기의 시대를 배경으로 다양한 우파 포퓰리즘 세력이 결집하고 확장할 가능성은 없지 않았다. 결국, 시리아 내전의 위기의식을 이용해 난민 반대와 무슬림 반대라는 기치 아래 이뤄낸 '독일을 위한 대안'AfD의 가파른 성공가도 속에서 그 '불길한 가능성'은 실현되고야 말았다. 우파 포퓰리즘 정당으로 불리는 AfD는 아직 확실한 극우 판정을 받지는 않았지만, 지속적인 우향우 및 극우세력과의 인적, 조직적 교집합은 갈수록 큰 우려를 낳고 있다.

(3) 나치의 후예들, 다시 기지개를 켜다

이와 함께 나치의 후예나 다름없는 진성 극우파도 독일에서 기지개를 켜고 있다. 1964년 설립돼 명맥을 유지하던 대표적인 극우 '민족민주당'NPD은 2013년 총선에서 3%를 상회하는 득표를 두 곳에서 얻더니, 2014년 여러 주의회 선거에서는 비록 5% 장벽을 넘지는 못했으나 세 차례나 평균 득표 3%를 넘기는 성과를 얻었다. 작센 주의회에서 NPD는 나치 희생자 묵념을 거부하고 퇴장하는 스캔들을 일으키기도 했다.

극우파에게 나치 홀로코스트보다 더 큰 죄악은 연합군의 폭격으로 인한 독일인의 희생이고 홀로코스트는 아예 부정되기도 한다. 극우정당의 불법화 논의가 끊임없이 도마에 오르는 가운데 NPD 금지 법안이 2017년 헌법재판소에서 근거 부족으로 기각됐지만, 학자들은 NPD를 친 나치 극우정당이 확실하다고 평가한다.

실제로, 독일에서 극우파는 '신나치'로 통한다. 신나치는 히틀러와 나치를 추종하고 숭배하는 극우 세력을 일컫는 말로, 나치의 목표와 근본 발상을 고스란히 껴안고 있다. 유대인과 외국인, 정치적 좌파, 장애인이나 동성애자 같은 사회약자도 모두 혐오와 증오의 대상이다.

더불어 아리안족의 단일한 인종국가라는 나치의 철 지난 유행가를 앵무새처럼 되풀이한다. 독일헌법수호청이 파악하는 신나치와 극우파 숫자는 계속 늘고 있고, 동서독이 통일된 1990년 이래 상대적으로 낙후된 구 동독지역 주민의 불만을 등에 업고 망명신청자나 외국인에 대한 공격 횟수도 꾸준한 상승곡선을 그리는 중이었다.

그 결과 극우파가 저지른 외국인 및 유대인 폭력 사건이 드물지 않게 언론을 장식하고, 정치권과 경찰이 신경을 곤두세우는 신나치 시위와 집회도 심심찮게 벌어진다. 그런 와중에 2011년 전 독일을 발칵 뒤집어 놓은 극우파 폭력범죄 사건이 발생한다. 신나치 테러 조직 '민족사회주의 언더그라운드'(Nationalsozialistischer Untergrund: NSU 혹은 Nazi Untergrund)가 2000~2007년 사이에 쾰른 폭탄테러를 비롯해 이민자 9명과 경찰 1명을 살해하고 15건의 은행 강도를 벌인 내막이 밝혀지며 독일 사회가 엄청난 충격과 경악에 휩싸인 것이다.

전후 최대의 극우 폭력테러 사건으로 그 조직NSU을 도운 사람의 숫자만도 200명에 달했다. 2015년에는 신나치가 독일 내 시리아 난민 수용소에 쳐들어가 경찰까지 공격한 사건이 세계적으로 언론을 탔고, 난민 수용소를 상대로 한 범죄는 그해에만 수백 건에 달했다. 독일인의 15~20%가 반유대주의 정서에 물들었다는 다소 충격적인 조사 결과는, 신나치를 둘러싼 훨씬 더 넓은 지지층이 존재한다는 의미로 연결된다.

(4) '신나치 밴드', 청소년 향해 손을 뻗다

독일 청소년들에 대한 극우파 정치 집단의 영향력도 간과하기 어려운 수준이다. 극우정당은 외국인 혐오와 아리안족의 영광을 노래하는 '신나치 밴드'까지 앞세워 청소년들에게 영향을 미치고 미래의 지지 세력으로 키워내는 데 발 벗고 나선다.

극우파의 문화적 첨병이라 할 신나치 밴드는 1990년대에 폭발적으로 늘어나 이미 21세기 벽두에 200개를 훌쩍 뛰어넘는다. 노래 가사는 무시무시한 인종주의적 외침과 증오가 난무하고 음반 표지에는 나치 문양과 군인이 등장하기 일쑤다. 이들 극우 밴드의 공공의 적은 외국인과 유대인과 좌파다.

이런 노골적인 혐오와 인종차별을 노래하는 극우파 음반을 선거철에 수십 만 장씩 고등학생 유권자들에게 뿌리는 일은 극우 민족민주당NPD의 공공연한 청소년 전략이다. 독일에서 신나치 밴드를 듣거나 음반을 가진 학생을 만나기는 어려운 일이 아니고, 주간지 <슈피겔>은 극우파 록이 '인종 전쟁을 위한 음악'이라고 선언한 지 오래다.

이렇게 오늘날 극우파가 청(소)년들에 대한 영향력을 확장하기 위해 애쓰는 모습은 어쩌면 가장 '신'나치답다. 역사 속 (구)나치 또한 행동하는 젊은이들을 적극 활용했다.

가령 나치는 1933년 정권을 잡자마자 '분서'를 시행했는데, 나치를 추종하는 '독일대학생연합회'가 주체였다. 이 대학생들이 앞장서 같은 해 3월과 7월 사이에 50개가 넘는 도시에서 수많은 책을, 아니 자신에 반기를 들 만한 사상들을 불태웠다. 일부 대학교수들도 가담해 나치의 광적인 행위를 열렬히 옹호하고 호도했다. 프라이부르크 대학에서 실행된 '책 화형식'에는 신임총장이던 하이데거가 나서 지지 연설을 수행했다. 오늘날까지 논란인 거물 철학자 하이데거의 친 나치 행각과 열혈 대학생들의 나치 전위활동은 지식인의 역사적 판단과 책무에 대한 깊은 고민과 질문을 던진다.

19세기 독일 시인 하이네는 '책이 불타는 곳에서는 사람도 불탄다'고 일갈했다. 시대는 달랐지만 예언은 빗나가지 않았다. 책을 불태운 나치는 세상을 전쟁의 불구덩이로 몰아넣고 수백만 유대인을 불태워 죽였다. 그만이 아니었다.

나치는 역사교과서도 '지도지침'을 내려 입맛대로 바꾸고 간섭했다. 역사를 일정한 틀 속에 집어넣고 일방적인 프리즘을 강요한 결과는 우리가 아는 그대로다. 그래서일까. 19세기 독일사민당의 걸출한 이론가 로자 룩셈부르크는 '자유란 언제나 나와 다르게 생각하는 사람의 자유'라고 강조했다. 나치의 지침이 다르게 생각하는 사람의 자유를 부자유에 가두는 행위이듯, 자유롭고 다르게 생각하는 사람이 많을수록, 그 사람들의 목소리가 갇히거나 닫히지 않을수록 우리가 더 자유로워지는 것이 아닐까.

(5) 독일 극우파, 강 건너 불구경 아니다

한국 사회에서도 외국인 혐오와 차별이 점점 더 간과 못할 사회 문제가 되고 있다. 그런 점에서 독일의 극우파와 그 폭력성, 테러 같은 문제는 결코 강 건너 불구경일 수 없다. 다행히 아직 테러가 자행될 정도로 극우파가 민낯의 폭력 주체로 돌변하지는 않았다. 하지만 극심한 양극화의 길을 걷는 우리 사회가 외국인 공격이나 혐오로 내달려갈 극우파의 등장을 잘 비켜 가리라는 보장은 어디에도 없다. 그러기에 독일의 극우파 문제는 여기 우리에게도 타산지석이다.

게다가 민주주의 위기는 역사 속에서도 현재에도 종종 극우파의 대두와 연결되는 일이다. 물론, 권위주의를 앞세우고 민주적 절차를 무시하거나 뛰어넘는 정치 권력자들의 부상과 권력 독점화 역시 민주주의의 보루를 아래에서부터 갉아 먹는 역할을 할 것이다.

그리고 그 반대편에서, 아니 어쩌면 그와 어깨를 걸고 외국인이나 난민에 대한 혐오로 힘을 키우는 극우세력의 부상도 민주주의라는 제도 및 사회에 구멍을 낼 수 있을 것이다. 트럼프가 국경에 세운 '인종의 장벽'을 극우세력이 마다할 이유는 전혀 없다. 독재나 전체주의로 흐를 소지가 있는 권위주의 정권과 인종주의 및 배타적 민족주의를 추종하는 극우는 서로를 떠받치며 시너지 효과를 일으킨다. 그래서 두 진영의 의기투합과 상호강화는 민주주의에 맞서는 '위험한 연대'다.

나아가 이 연대에 추동력을 부여하는 최상의 조건도 마련되었다. 바로 전 세계가 공통으로 겪고 있지만 결코 함께 나누려고 하지 않는 코로나 팬데믹의 고통이다. 자본의 이윤지상주의가 추동한 난개발과 자연착취가 불러들인 코로나19에 속수무책임이 드러난 아메리카와 유럽의 '문명'국들은 국경과 하늘 길까지 걸어 잠그고 자국 우선주의로 신속히 회귀했었다.

그 배타적인 통제와 봉쇄의 와중에 인종주의적인 공격과 혐오가 '선진' 서구사회를 강타했음은 지구촌이 목도한 대로이다. '코로나 위기'는 결국 인종주의적 혐오와 국가 이기주의가 횡행할 최적의 조건임이 드러났고, 그 속에서 번식한 '코로나 인종주의'가 권위주의 정권 및 극우세력과 어깨를 걸고 '악몽의 삼중주'를 빚어낼 가능성도 없지 않다.

이처럼 21세기 지금 민주주의의 위기 속에서, 인종주의나 배타주의를 공통분모로 삼는

다양한 적들은 이미 무시 못 할 세력이다. 불안과 위기의 시대에 권위주의의 성채 속에서 인종주의를 노래하는 그 '피리부는 사나이들'이 안내하는 길의 끝은 결국 파국의 낭떠러지다.

이는 역사가 보여주는 대로이고, 역사가 경고하는 그대로다. 결국, 그 '민주주의의 적들'에 맞서는 유일한 버팀목은 평범하지만 위대한 지구촌 시민의 경각심과 '감시의 연대'다. 그것은 참혹한 역사에 대한 기억과 성찰 위에서만 가능한 것이다. 우리는 나치에 열광한 독일 청년과 지식인들의 뼈아픈 교훈을 되새겨야 하고, 인종주의를 종착지까지 밀고나간 나치의 파멸적 최후가 전하는 경고를 잊지 말아야 한다. 지구촌 시민의 그 연대는 역사적 경고와 성찰 위에 세워지는 '기억의 연대'이자, 이 민주주의 위기의 시대가 요청하는 '절실한 연대'이다.

정대성, 「21세기 위기의 민주주의와 그 적들: 극우의 부활과 역사의 경고」,
『대학지성 In & Out』, 2020. 9. 13.

2) 민주주의 구하기

현대 민주주의는 선거와 이익집단만이 아니라 '대중'을 필요로 한다. 오늘날 정치는 행정가, 선거로 선출된 공직자, 이익집단, 정책 전문가, 정치 컨설턴트의 영역이다. 대중은 때때로 쟁점에 관한 합리적이고 중요한 토론에 참여하기도 하지만, 주로 관중 역할에 머물렀다. 전문가에게 맡겨야 하는 의학, 주택담보대출, 우주공학과 마찬가지로 정치 역시 시장사회의 또 다른 구체화된 영역이라는 발상은 슘페터의 절차적 이론의 핵심 주장이다. 그에 반해 공화주의적 견해는 평등한 시민인 우리 모두가 어느 정도의 능숙함과 지식, 관심을 가져야만 하는 삶의 한 영역이 정치라고 주장한다. 그렇지 않으면, 우리는 개인의 사적인 생활은 번창하고 자본주의는 경제를 작동시키지만, 법치는 손상되고 정치적 결정들은 정권을 쥐고 있는 소수에게 위임되는 권위주의적 과두 정치 체제에 살고 있을 지도 모른다. 프랑코 총통[1]이 40여 년간 통치했던 스페인은 그러한 체제의 좋은 예였다. 많은 스페인 사람에게 당시 체제에서의 삶은 나쁜 것은 아니었다. 사담의 이라크와는 달리, 사람들은 깊은 밤 문을 두드리는 소리에 두려워하지 않았다. 그러나 프랑코의 스페인은 민주주의는 아니었다.

대부분의 사람들이 왜 미국에서 그리고 세계의 많은 곳에서 민주주의 아래 살기를 원하는지 그리고 민주주의가 무엇을 의미하는지에 대한 아래의 설명에 동의할 것이다.

> 민주주의는 인민에 의한 통치를 약속한다. 민주주의자들은 귀족, 군주, 관료, 전문가, 종교적 지도자들이 그들의 지위를 가지고 사람들에게 적절한 공적 삶의 특정한 이해를 받아들이도록 강요할 권리가 없다고 주장한다. 사람들은 공동의 업무가 무엇이어야 하는지를 공동 결정의 적절한 절차를 통해 스스로 결정할 것이다. 그들은 물론 다른 사람과 상의하고 그들의 행위로 인해 영향을 받을 다른 이들에 대해서도 고민해야 하지만, 이것을 넘어서서 그들에게 무엇을 해야 할지를 합법적으로 지시할 수 있는 사람은 아무도 없다. 인민은 최고 권력을 지녔다. 공동 삶의 모든 문제에서 그들은 그들 자신들을 통치한다.[2)]

물론 문제는 이러한 주권을 실제로 어떻게 만드느냐다. 공화주의적 민주주의는 사람들이 공동체와 국가의 목표에 관해 함께 이야기할 때만 존재한다. 사람들이 작은 면대면 그룹에서 정치적 논의들에 참여할 때 그들은 대중의 일부다. 대중은 민주주의의 심장이자 영혼이다. 그들은 자체적으로 대화하는 정치 공동체를 구축한다. 열린 민주주의 사회의 연속선상에서 대중은 역동적이며, 생각에 잠기기도 하고 시간과 이해에 따라 커지기도 하고 작아지기도 하다. 민주주의의 뿌리와 가지 내부에서 민주적 대화의 이러한 작은 세포들은 정부의 제도적 몸통을 떠받친다. 이러한 논의 모임 중에서도 국가 차원에서 가장 높은 곳에 위치한 것이 "그들의 공적인 문제를 논의하는 면대면 작은 서클의 원형"인 의회다.[3)]

아렌트는 공적 삶을 파괴하는 현대 국가가 전체주의적 악의 핵심이라 보았다. 생각을 나누는 장은 자유의 온상이 될 수 있기 때문에 폭군들은 세 명 이상 모이는 어떠한 모임도 의심스러운 것으로 본다. 정치적 삶의 다른 극단에서 아렌트는 그들의 정치적 미래를 만들어나가기 위해 폭력이 아니라 목소리를 사용하고 공적 무대를 공유하는, 평등한 정치적 시민의 민주적 이상을 구현한 형태로 아테네와 미국 혁명을 꼽았다. 20세기의 가장 중요한 정치사상가들인 아렌트, 듀이, 하버마스는 현저하게 다른 방식으로 정치에 접근했다.[4)] 그러나 관료 조직과 글로벌 경제가 지배하는 시대에 활발하고 건전한 민주 정치를 위해 대중의 역할을 강조하는 데는 의견 일치를 보인다. 하버마스에게 공론장public sphere은 "정치 참여가 대화라는 매개를 통해 실행되는 현대 사회의 무대다. 이것은 공적인 일에 관해 시민들이 심의하는 공간"이고, 그 무대는 국가와는 개념적으로 별개의 것이다. 공론장에서 이루어지는 공동의 판단은 종종 행정부의 집행에 비판적이다. 이것은 또한 경제와 별개다. 이것은 포럼의 논리에 의해 작동하는 것이지 시장의 논리에 의한 것은 아니다.[5)]

『공론장의 구조변동The Structural Transformation of the Public Sphere』에서 하버마스는 절대

군주제가 동요할 때, 부르주아 경제가 출현할 때, 프로테스탄트 개혁이 개인의 자주적인 생각을 독려하는 문화와 결합할 때, 근대성이 나타나기 시작했다고 설명한다.[6] 칸트가 『계몽이란 무엇인가What is Enlightenment?』에서 관찰했던 것처럼, 개인 혼자서 밖으로 나오는 길을 찾기는 매우 어렵다.[7] 사람들이 서로 말하고 생각을 나눌 때 이러한 변화는 일어난다. 하버마스가 주장한 것처럼 계몽과 관련해서 "스스로 생각하는 것은 곧 생각을 입 밖에 내는 것, 이성을 공적으로 사용하는 것과 같다."[8] 하버마스의 경우 유감스럽게도, 민주 혁명의 활발한 대중 에토스는 전후 시기의 소비문화에 의해 무너졌다. 대중 담화는 비판적 토론을 강조하는 것에서 협상과 타협 국면으로 전환되었다. 이익집단이 발생함에 따라 '권력행사와 균형'은 관료조직, 특별이익집단 연합, 정당과 공공행정 사이에서 직접 이루어지고, 대중 자체는 간헐적으로, 차후에 동의의 목적으로만 이 '권력의 순환'에 포함되었다.[9] 서로 옥신각신하고 있는 이익집단이 심의의 이상을 낮춰버리면 공공선에 관한 생각은 관심을 덜 받게 된다. 대중의 중요성이 약해지고, 권력을 위한 다원적인 투쟁은 표면화되었다. 1960년대의 참여 행동주의와 좀 더 최근의 공화주의 및 심의의 일치가 갖는 중요성은 이러한 배경에서 보아야 한다.

공화주의적 사고의 핵심 통찰은 의지의 형성은 논의 이전이 아니라 논의 동안 일어난다는 것이다. 공화주의자와 심의주의 이론가들은 투표를 통해 특정한 개인의 의지를 단순히 기계적으로 합산하는 것은 집단적 결정에 정당성을 부여하기에 충분하지 못하다는 입장이다. 유일한 예외는 투표 결과가 만장일치일 경우이지만, 이것은 극단적으로 드물다. 마넹이 주장한 것처럼, "정당성의 원천은 개인의 미리 결정된 의지라기보다는 이것의 형성 과정, 심의 그 자체다."[10]

심의는 합의의 지점들을 찾을 수는 있으나, 이를 통해 만장일치를 기대할 수는 없다. 목적은 당면한 문제들에 대한 참여자들의 지식과 통찰을 확장하는 것이다. 시민의 목표는 다양한 관점에 귀 기울인 다음 자신의 선택을 발견하는 것이다. 마넹은 정당성을 위한 본질적 조건으로 모든 사람의 심의 또는 좀 더 정확하게는 심의에 참여한 모든 사람의 권리를 추구하는 것이 타당하다고 주장한다.[11] 합의의 가능성보다는 가능한 한 많은 사람이 정치적 논의, 논쟁, 토론에 참가하는 상황을 확립하는 것이 훨씬 중요하다. 루소와 대조적으로, 정당한 결정은 이미 형성된 의견의 합습인 모든 사람의 의지로부터 발생하는 것이 아니나, 모든 사람의 심의에 기인한다. 목표는 이에 근접하기 위한 민주적인 제도들을 구축하는 것이다.

이러한 이상은 민회에서 연설하는 보편적 권리인 아테네의 이세고리아isegoria 원칙을 떠올리게 한다. 공화주의는 단지 정치 엘리트, 의원, 이익 집단 지도자 사이에서가 아니라 시민 사이에 이루어지는 참여와 심의를 민주적 경험의 필수불가결한 것으로 본다. 욘 엘스터Jon Elster, 하버마스와 롤스와 같은 다양한 현대 이론가는, “정당한 정치적 선택은 자유롭고 평등하고 합리적인 행위자들이 심의한 결과여야 한다”라고 파악한다.[12)]

민주주의가 요구하는 것에 대한 최소한의 이해를 위해 슘페터의 경쟁 선거 개념과 폴리아키(다수의 지배)에 필수적인 기본적인 자유라는 로버트 달의 모델은 분명히 유용하다. 민주주의로 이행하고 있는 권위주의 사회들은 민주주의 국가의 자격을 갖추는 데 있어서 이러한 장애물과 대면해야만 한다. 그러나 달이 지적한 것처럼, 이것은 민주주의에 대한 빈약한 이해다. 발전한 산업국가들, 특히 오랜 민주적 전통과 강한 헌법적 규범들을 갖는 미국과 같은 국가는 민주 발전의 보다 높은 단계를 열망할 수 있다. 냉전 기간 미국에서 지배적이었던 협소한 절차적 이론은 시민 덕성의 공화주의적 측면을 무시했다는 점에서 불완전하고 부족하다. 이러한 사실은, 국가를 통치하는 데 참여하는 더 나은 방식을 추구해야 한다는 사실을 미국 시민들에게 주기적으로 일깨웠던 민주적 격정의 시기에 경험적으로도 입증되었다. 이러한 시민 에너지의 해일은 물러갔으나, 어김없이 돌아온다.[13)]

케빈 올리어리, 이지문 옮김, 『민주주의 구하기』, 글항아리, 2014, 255~260쪽.

3) 코로나19와 민주주의의 위기

코로나19는 지난 8개월간 전 세계적으로 엄청난 확진자와 사망자를 발생시켰을 뿐만 아니라 정치적, 경제적, 사회적으로도 심대한 영향과 변화를 가져왔다. 이 글은 코로나19로 인해 촉발된 인종주의, 민족주의, 권위주의의 등장과 그로 인한 민주주의의 위기에 대해서 살펴보고자 한다.

코로나19와 같은 범유행병 대응에 필수적인 국제사회의 협력은 미중 패권전쟁뿐만 아니라 이로 인한 WHO와 같은 국제기구의 신뢰 저하 등의 이유로 약화되었다. 그래서 개별 국가는 코로나19에 독립적으로 대응할 수밖에 없었다. 코로나19에 대한 대응은 검사, 추적, 치료 등의 의료기술뿐만 아니라 국경폐쇄 또는 봉쇄 등의 인구통제를 중심으로 이루어졌는데, 이 과정에서 개인의 자유를 억압하는 권위주의가 강화되었다. 또한 코로나19로 발생했거나 심화된 사회문제로 인하여 인종주의 및 민족주의가 득세하기도 했다. 이러한 상황에서 한국은 강력한 봉쇄가 아닌 상대적으로 이동의 자유를 보장하는 방식으로 코로나19를 성공적으로 막았기 때문에 외신의 주목을 받았다. 특히 코로나19에 권위주의적 방식이 더욱 효과적이라는 주장이 설득력을 얻어갈 때 한국의 사례는 민주주의적 방식 역시 효과적일 수 있다는 것을 보여주었다.

그러나 한국이 초기 코로나19 대응에 성공한 것은 사실이지만 지난 8개월간 한국 사회의 경험은 한국적 대응에 대한 성찰이 필요함을 보여준다. 특히 언택트라는 뉴노멀이 우리 사회가 지향해야 할 핵심 가치처럼 여겨지는 현재 상황은 재고할 필요가 있다. 예를 들어 '사회적 거리두기' 시기 사회 일부의 코로나19의 위험은 감소했지만, 더 많은 노동자의 위험은 오히려 증가했다. 이처럼 기존의 불평등은 코로나19와 언택트를 통해 더욱 심각해지고 있다. 하지만 K-방역이라는 신화, 언택트라는 장밋빛 미래에 대한 약속은 이러한 사회문제를 비가시화하고 있다. 민주주의를 강화하고 불평등을 완화하며 공공성을 강화하지 않으면, 현재 제시되고 있는 기술과 산업 중심의 언택트는 우리 사회의 불평등을 더욱 심화시킬 것이다.

(1) 들어가며

2019년 12월 31일 세계보건기구(이하 WHO)에 신종감염병이 보고된 이후, 코로나19가 전 세계로 확산된지 8개월가량이 지났다. 코로나19는 엄청난 수의 확진자와 사망자를 빠른 속도로 발생시켰을 분만 아니라 정치·경제·사회적으로도 심각한 피해를 가져왔다. 2020년 9월 6일 현재 전 세계적으로 확진자는 2천7백만 명 이상 발생했으며, 사망자도 거의 90만 명에 육박했다. 이 질병을 종국적으로 퇴치할 수 있는 백신, 치료제 개발과 상용화, 그리고 분배는 아직 많은 난관이 남아 있어 이 문제가 해결되려면 예상보다 더 많은 시간이 걸릴 것으로 보인다. 이러한 이유에서 코로나19로 인한 피해는 더욱 커질 것이며, 그 결과 코로나19는 역사상 가장 치명적인 감염병 중 순위권 내에 들 것이 확실하다.

20세기 중반 이후 인류는 항생제 등 치료제와 백신의 개발 등으로 많은 사람의 목숨을 앗아갔던 감염병과 싸움에서 승리를 거듭했다. 실제로 전 세계적으로 엄청난 사망자를 발생시켰던 두창(천연두)은 의무 백신 접종으로 사라졌고, 치명적이었던 여러 감염병은 백신과 치료제의 개발, 그리고 생활환경 및 영양의 개선으로 통제할 수 있게 되었다. 감염병의 시대는 막을 내리고 경제발전으로 인간의 생활 행태가 변화하면서 만성병의 시대가 열렸고 감염병은 후진국의 질병, 그리고 만성병은 선진국의 질병이라는 구도가 형성되었다. 21세기에 들어오면서 사스SARS, 돼지독감swino flu, 메르스MERS 등의 신종감염병이 다시 인류를 위협할 수 있다는 불안감이 대두됐지만 이러한 감염병 역시 현대의학으로 충분히 통제할 수 있을 것이라는 낙관론이 지배했나.

하지만 코로나19는 이러한 낙관론이 무색하게 전 세계적으로 엄청난 피해를 가져왔고 우리는 그동안 현대의학의 힘만으로는 신종감염병을 해결할 수 없다는 것을 경험하고 있다. 또한 인구 이동을 막기 위하여 오랫동안 경험하지 못했던 봉쇄라는 극단적인 방법이

다시 등장했고 우리는 이제 이것에 익숙해지고 있다. 봉쇄는 민주주의 발전으로 보호받던 개인의 이동권 등 자유권을 제한하는 것이지만 비상사태를 맞이하여 우리에게 익숙했던 규범과 질서, 즉 민주주의와 인권을 제한해야 한다는 주장이 갈수록 힘을 얻고 있다. 실제로 많은 국가가 코로나19라는 비상사태를 맞이하여 권위주의적으로 변화하고 있다.

이 글에서 필자는 지난 8개월간 코로나19 경험을 돌아보고 이것이 정치 및 사회적으로 어떠한 변화를 가져왔는지, 그것의 의미는 무엇인지를 살펴보고자 한다. 그리고 이러한 작업에 근거해 최근 지배적 담론이 되고 있는 '언택트'를 비판적으로 논의하겠다.

(2) 국제사회의 약화와 민족주의의 대두

WHO는 2000년대 초반 기후변화가 인간 건강에 가져올 위험 중 하나가 신종감염병의 출현일 것이라고 경고했다(WHO 2003). 이후 기후변화로 인한 신종감염병 증가를 대비하기 위한 방법이 논의되었고 그 결과 2015년 WHO는 감염병이 대유행할 때 백신과 치료제를 신속히 생산할 수 있는 '연구개발 청사진 고문단R&D Blueprint Advisory Group'을 조직했다. 또한 2018년에는 새로운 병원균에 의해서 발생할 수 있는 신종감염병의 대유행을 대비하기로 하고 이 새로운 감염병을 '질병 Xdisease X'라 칭했다. 그리고 코로나19가 첫 번째 질병 X가 되었다. 즉 코로나19는 신종감염병이지만 기후변화로 인하여 발생할 것이라고 이전부터 예측되었던 질환이다. 하지만 국제사회에서 '질병 X'를 예방하고 대처하기 위한 노력은 그 중요성에 비하여 상대적으로 주목을 덜 받았다.

이러한 상황에서 코로나19에 대한 WHO의 대응 역시 효과적이지 못했다는 비판을 받았다. 특히 WHO가 '국제적 공중보건 비상사태public health emergency of international concern'를 선포하는데 코로나19 확산 속도와 그 심각성에 비추어 너무 늦었다는 비판이 확산되었다. 심지어 WHO가 비상사태 선포를 머뭇거린 것은 WHO의 친중국 성향 때문이라는 음모론이 제기되기도 했다(Perez-Pena & McNeil, 2020). 범유행병을 효과적으로 막기 위한 정보와 전략을 공유하고 개발하는데 중심이 되어야 할 WHO가 제대로 역할을 하지 못하며 신뢰에 심각한 손상을 입자 방역을 위한 국제협력은 약화되었다. 더군다나 미국과 중국 사이의 경제 패권 전쟁은 범유행병과 관련한 이슈로 옮겨가 국제협력은 크게 기대하기 어려워졌다. 미국은 코로나19의 자국 내 확산과 방역 실패의 책임을 중국에 돌리고, WHO 역시 친중국 성향이라고 비판했으며 지원금을 끊겠다고 선언했다. 사태 초기 질병에 대한 정보의 불확실성, 백신과 치료제의 부재로 적절한 대응방법이 없던 시기 미중 갈등, WHO의 신뢰 상실 등의 이유로 국제사회의 협력은 제대로 이루어지지 않았고, 이는 다시 코로나19 범유행의 원인 중 하나가 되었다.

국제협력이 제대로 이루어지지 않자 각국 정부는 독립적으로 코로나19에 대처할 수밖에 없었다(Amat et al., 2020). 대다수 정부가 국경을 폐쇄하거나 부분적으로 개방함으로써 국가간 인구 이동이 급감했다. 세계화로 어느 때보다 지구적 네트워크가 강화된 시대에 국경 폐쇄로 인한 인구 이동의 제한은 여러 문제를 발생시켰고 수많은 이산가족을 만들어 내기도 했다. 또한 외국인들은 갑자기 바이러스의 매개체 취급을 받기 시작했는데 특히 정치적 목소리가 약하거나 부재한 외국인 노동자들에 대한 낙인과 차별이 점차 심해졌다. 세계적으로 외국인혐오 또는 인종주의가 걷잡을 수 없이 확산되었다. 예를 들어 미국 트럼프 대통령이 코로나19를 '우한폐렴' 또는 '중국 바이러스'라고 칭하자 미국뿐만 아니라 세계적으로 아시아인에 대한 혐오 범죄가 급증했다. 미국 정부의 인종주의는 방역의 실패로 이어졌는데, 미국 정부는 중국으로부터 입국을 금지하고 유럽의 입국은 통제하지 않았다가 이탈리아 등지로부터 건너오는 코로나19를 막는데 실패했다(Gonzalez-Reiche et al., 2020). 더군다나 뉴욕 등 대도시에서 코로나19의 확산은 저소득계층과 유색인종에게 더 큰 피해를 입혔으며, 전국민 의료보험의 부재 및 의료체계의 부실 때문에 검사나 치료가 제대로 이루어지지 않았다. 그러나 미국 정부는 자국 내 불평등 및 의료 문제를 공론화시키는 대신 인종주의와 백인우월주의의 동원으로 이 문제를 피해가려 하고 있다(Mystal, 2020).

유럽 역시 신자유주의의 결과로 공공의료와 사회복지가 약화되면서 코로나19에 적절히 대응하지 못해 확진자와 사망자 수가 급증했고, 이 과정에서 인종주의와 민족주의가 점차 강화되기 시작했다. 범유행병에 맞서야 하는 국제기구와 국제연대가 제대로 작동하지 못하게 되면서 개별 국가는 독립적으로 코로나19에 대응해야만 했고, 이 과정에서 민족주의, 인종주의적 혐오가 점차 기승을 부리게 된 것이다. 다른 한편 코로나19로 소위 선진국의 위상이 심하게 흔들리자 초기 대처를 잘한 국가를 중심으로 전통적인 위계질서를 재편하려는 움직임이 등장하고 있다. 특히 중국, 한국, 대만, 홍콩, 베트남, 몽고 등의 아시아 국가들은 방역의 성공을 자신의 체제 또는 민족 우월성의 근거로 활용하고 있다. 암스테르담 대학의 클로에(Kloet et al., 2020) 교수는 이러한 현상을 '생명정치 민족주의 biopolitical nationalism'라는 개념으로, 그리고 필자는 '글로벌 생명 헤게모니 경쟁global bio hegemony contest'이라는 개념으로 포착했다(김재형, 2020). 코로나19 또는 방역 조치로 인하여 발생하거나 심화되는 사회 경제 문제를 민족주의로 돌파하려는 시도는 민주주의 체제와 권위주의 체제 모두에서 보이는 듯하다.

한편 중국은 코로나19로 인한 내부 혼란을 시민의 정보 통제와 정부 비판을 억누르는 방식과 더불어 중국 체제의 우월성 및 민족주의 강화를 통해 극복하고 있다. 또한 코로나19가 여전히 확산되고 있던 5월 28일 전국인민대표대회에서 홍콩 국가보안법을 통과시켰다. 2019년 홍콩시위를 체제에 대한 위협으로 인식한 중국 공산당은 국가보안법을 통해서 코로나19로 위협받는 중국 공산당 체제의 안정을 도모한 것이다. 더 나아가 중국은 코로나19에 대한 중국식 방역 모델을 주변국에 전파하고 이에 필요한 자원을 지원하고 있다. 방역 지원을 통한 중국의 외교적 노력은 국제 사회에서 흔들리는 미국 헤게모니를 대체하겠다는 의도에서 비롯된 것으로 보인다. 하지만 중국식 민족주의의 대두는 중국 내 소수자에 대한 인종주의적 혐오와 차별로 이어졌는데, 예를 들어 광동성의 아프리카계 이민자들을 집에 가두고 모욕하는 등 심각한 인권침해가 발생했다.

(3) 코로나 19 대응: 민주주의 대 권위주의

그런데 코로나19에 대한 민주주의 정부와 권위주의 정부의 대응에는 차이가 있었고 그에 대한 평가도 달랐다. 2020년 2월 19일부터 대구를 중심으로 급격한 코로나19 확진자의 증가에도 불구하고 한국의 방역당국은 이른바 3TTest-Trace-Treat라고 하는 검사·확진, 역학·추적, 격리·치료 정책을 중심으로 이를 잘 막아냈다. 또한 투명한 정보공개 및 드라이브스루 선별진료소, 재난문자 등도 확산을 막는데 중요한 역할을 했다. 당시 선진국이라고 간주되는 미국과 유럽 국가들에서도 코로나19 확산에 제대로 대처하지 못하는 상황과 대비되면서 한국의 대처는 성공적인 것으로 평가받게 되었다. BBC는 3월 12일자 뉴스에서 한국의 방역 방식이 다른 국가들의 "롤모델role model"이 될 수 있을 것이라 평가했다.

외신의 이러한 평가는 단순히 한국 방역 당국의 효과적인 확산 차단 때문만은 아니었다. 중국 정부는 신종감염병과 관련한 정보를 통제하고 숨김으로써 코로나19 초기 대응에 실패하고 이 질병이 전 세계로 확산되는데 결정적인 역할을 했다. 게다가 중국 우한武漢 지역을 봉쇄하고 시민들의 자유를 억압하는 모습은 매우 충격적인 것이었다. 하지만 시간이 지나면서 정보 및 이동의 자유를 엄격하게 통제하는 권위주의적 방식으로 중국 내 코로나19는 제어되었다. 이는 민주주의 국가인 미국이나 서유럽 또는 북유럽 국가들이 코로나19에 제대로 대응하지 못하고 확진자와 사망자 수가 급증하는 것과 대비되었다. 그리고 민주주의 체제보다 권위주의 체제가 범유행병의 확산을 막는데 더 효과적이라는 주장이 등장했다. 이러한 상황에서 봉쇄lockdown와 같은 방식으로 시민의 자유를 억압적으로 통제하지 않고 코로나19를 적절히 통제한 한국은 민주주의 체제가 무능하지 않다는 중요한 사례로 주목받은 것이다.

물론 방역을 위해 일시적으로 개인의 자유를 제한하는 것에 대한 지지가 증가한 것은 사실이다. 예를 들어 스페인은 3월 20일경부터 코로나19가 급격히 확산되기 시작했는데, 이때 시민사회는 정부와 기술관료technocrat가 더 강한 지도력으로 개인의 자유를 제어해

줄 것을 요구했다(Amat et al., 2020). 이러한 상황은 서유럽 여러 국가에서도 비슷했는데, 인구 이동을 통제하는 봉쇄 결정은 정부에 대한 신뢰와 민주주의에 대한 만족도의 상승으로 이어졌다(Bol et al., 2020). 즉 유럽 각국의 시민들은 코로나19의 급격한 확산이 발생했던 3월의 상황을 비상사태로 인식했고, 시민의 자유와 다원주의를 바이러스 예방과 맞바꾸는 것을 합리적이고 심지어 민주주의적인 것으로 여겼던 것이다. 하지만 기술관료에 의한 권위주의적 체제로의 변환은 단기간에는 무해하고 효과적으로 보일지라도 장기적으로는 민주 사회에 더 큰 위협이 될 수 있다는 점에서 주의를 요한다.

또한 같은 봉쇄 정책을 취한다고 하더라도 민주주의 정부와 권위주의 정부 사이에는 차이가 있었다. 구글에서 발표하는 '코로나19 지역사회 이동성 보고서'의 정보를 분석한 연구 결과에 따르면 인구 이동을 감소시키는데 있어서 권위주의 정부가 민주주의 국가보다 효과적인 것은 아니었다(Frey et al., 2020). 오히려 같은 수준의 봉쇄 정책을 취할 때 민주주의 정부가 독재 정부보다 인구 이동을 20% 정도 더 감소시킬 수 있었다. 왜냐하면 민주주의적 정부일수록 정보를 더욱 투명하게 공개함으로써 시민들이 정부 정책에 더 큰 신뢰를 하게 되었기 때문이다. 정부와 사회에 대한 신뢰는 비상사태에서 개인들이 각자도생하기보다는 공동체를 위해서 연대하도록 만드는 커다란 사회적 자본이 된 것이다.

한국 정부는 초기부터 코로나19와 관련한 정보를 대중에게 투명하게 공개했고, 정은경 질병관리본부장 등은 방역당국의 정책에 대하여 매일 상세하게 설명함으로써 시민사회의 신뢰를 얻었다. 그리고 이러한 정부와 시민사회의 신뢰에 근거하여 합심하여 코로나19 초기 확산을 성공적으로 막아낼 수 있었다. 그 결과 상대적으로 덜 엄격한사회적 거리두기 정책을 통해서 코로나19로 인한 사회적, 경제적인 타격을 최대한 줄였다.

(4) K-방역 민족주의에 가려진 한국사회의 문제

이처럼 권위주의에 비해 민주주의 체제가 코로나19에 더 잘 대응하고 있고 한국사회가 하나의 모델이 되고 있다고 하더라도 코로나19 시대 한국 사회 역시 인종주의와 민족주의 문제에서 자유로울 수 없는 것이 사실이다. 서울대 보건대의 유명순 교수의 〈국민 위험인식 2차 조사〉결과에 따르면 첫 확진자가 나온 이후 한 달 동안 한국 사회는 깊은 불안감과 분노에 휩싸여 있었다. 많은 시민이 정체불명의 질병의 위협과 이로 인한 사회의 붕괴에 대하여 불안감을 느꼈고, 확산을 제대로 막지 못한 정부에 대하여 분노했다. 그리고 시민들의 분노와 불안감의 일부는 인종주의와 결합하여 중국인 혐오와 중국인의 입국을 막지 않는 정부에 대한 비판으로 이어졌다. 예를 들어 코로나19 바이러스에 감염된 중국인들이 한국에 몰려와 무료로 치료를 받음으로써 건강보험 재정을 악화시킬 것이라는 가짜뉴스가 확산됐다. 가짜뉴스는 불안과 결합하여 중국과 중국인에 대한 인종주의적 혐오로 발전하였고, 효과가 검증되지 않은 중국인 입국금지 청원에 70만 명이 넘는 사람들이 서명했다.

2월 중순 대구에서 코로나19 확진자가 급증하자 마스크 구입이 힘들어졌는데, 마스크를 매점매석하는 중국인에 대한 혐오 담론이 다시 강해졌고, 이를 막지 않는 한국 정부를 '친중국'이라고 비판했다. 중국인에 대한 혐오는 조선족과 외국에서 귀국하는 한국인에 대한 혐오로 이어졌다. 그 결과 국내 건설업과 돌봄 노동에 종사하고 있던 많은 중국인과 조선족 노동자들이 일자리를 잃었으며, 이들이 주로 거주하는 지역에 사람들의 발걸음이 끊겼다. 정체불명인 질병의 등장으로 발생한 공포와 분노는 외국인에 대한 혐오와 차별로 이어졌는데 이에 대한 한국 사회의 충분한 비판과 성찰은 이루어지지 않았다. 대신 3월 이후 한국의 방역에 대한 외신의 찬사가 이어지면서 한국사회의 인종주의적 혐오가 비가시화된 자리를 K-방역의 민족주의가 대체했다.

실제로 K-방역은 눈부신 성과를 보여주었다. 하루 900명이 넘었던 확진자 수는 정부와 사회의 자원을 집중하고 사회적 거리두기가 실행되면서 점차 줄어들었고 코로나19는 통제되었다. 하지만 이 과정에서 드러난 한국 사회의 취약성은 곧 비가시화되었다. 대구로부터 시작된 코로나19의 확산 과정 중에 신천지라는 종교에 빠진 청년들, 대남병원 등의 시설에 장기 수용되었던 정신장애인들, 그리고 열악한 환경에서 일하고 있던 콜센터 노동자 등 우리 사회의 고질적인 문제가 드러났다. 하지만 K-방역에 대한 열광과 찬사 속에서 이러한 문제는 인종주의적 혐오가 비가시화된 것과 같이 사회의 관심에서 멀어져갔다. 코로나19가 잠시 드러냈던 우리 사회의 민낯이 K-방역이라는 천으로 가려진 것이다.

대신 K-방역의 성과 위에 많은 이들이 언택트untact, 비대면라고 하는 뉴노멀new normal을 포스트코로나 시대의 핵심 목표로 선언하고 있다. 한국 정부는 K-방역의 성과를 언택트 산업의 발전에 활용하기 위한 '한국판 뉴딜New Deal' 정책을 공개했다. 지금까지 정부는 '디지털 뉴딜'과 '그린 뉴딜' 두 종류의 뉴딜 계획을 제시했는데 모두 산업 육성 정책을 핵심으로 하고 있다. 예를 들어 디지털 뉴딜은 인공지능AI 산업, 원격 의료 및 돌봄 산업, 교통과 건설 등의 분야의 디지털화 내용을 담고 있다. 그린 뉴딜 역시 코로나19의 등장이 무분별한 환경 오염과 기후변화에 있다는 근본적인 반성을 담고 있다기보다는 산업 발전에 방점이 찍혀 있다. 필자는 정부의 이러한 계획 자체도 문제가 있지만, 지난 8개월 간 한국 사회가 언택트를 겪으면서 발생한 여러 문제들이 K-방역으로부터 나온 장밋빛 미래에 가려 보이지 않는다는 점을 지적하고 싶다.

우리는 이미 8개월에 걸쳐 언택트를 체험했다. 우리가 경험한 언택트로부터 어떠한 장밋빛 미래도 상상할 수 없다. 강도 높은 사회적 거리두기 기간 재택근무를 할 수 있는 집단이 있었던 반면, 더 많은 이들은 감염의 위험을 무릅쓰고 면대면 노동에 종사해야만 했다. 콜센터 노동자들은 제대로 된 보호를 받지 못한 열악한 환경에서 집단 감염의 희생자가 되었고, 물류 창고 노동자들도 비슷한 환경에서 일하다가 집단으로 감염되었다. 이들은 대부분 비정규직이나 하청업체 직원들이었기 때문에 제대로 된 보호를 받지 못한 환경에서 노동할 수밖에 없었고, 사용자에 정당한 항의도 할 수 없었다. 한편 배달 등 플랫폼 노동자들 역시 사회적 거리두기 시기 늘어나는 배달량을 무리하게 소화해야만 했고, 그 결과 과로사로 택배기사들이 줄지어 사망하기도 했다. 이러한 사건들은 우리 사회가 유지되기 위해서는 대면 노동을 해야 하는 필수노동자들이 존재하며, 언택트가 사회의 일정 집단에게는 감염의 위험을 줄여주지만, 또 다른 집단에게는 위험의 가능성이 높아진다는 것을 보여준다. 그리고 언택트로 인한 위험은 주로 노동지위가 불안한 사람들에게 돌아갈 가능성이 크다. 또한 세대별로는 20대와 50대가 코로나로 인한 직격탄을 맞고 있다. 언택트로 인하여 20대는 비정규직이나 아르바이트 일자리를 잃고 있으며, 50대는 사업을 폐업하거나 규모를 줄이고 있다.

돌봄 노동은 어떠한가? 사회적 거리두기로 집에 머무는 시간이 증가하면서 돌봄 노동이 어느 때보다 중요해졌다. 육아시설 및 학교가 문을 닫고, 재택근무를 해야 하는 상황에서 돌봄 노동의 양이 증가하는 상황에 있지만, 우리 사회가 갖고 있는 돌봄 노동의 가치는 여전히 평가절하되고 있다(추지현, 2020). 최근 코로나19 사태가 장기화되면서 자살률이 증가하고 있다는 연구 결과가 나왔다. 여성과 소득분위 하위계층인 경제 취약층에서 자살을 시도하는 사례도 증가하고 있다고 한다(『국민일보』, 2020. 9. 9.). 기존의 사회 관계망이 약화되면서 고립감은 더욱 커지고 있는 상황이다. 지난 8개월간 우리가 경험한 언택트는 유쾌하지 못한 것이었고, 특히 사회경제적 취약계층에게는 더욱 고통스러운 것이었다. 한편 언택트는 기존의 계층간 교육 격차를 더욱 벌리고 있는 중이다. 원격수업으로 가정의 역할이 극대화되면서 집에서 부모가 돌볼 수 있는 가정, 사교육을 충분히 받을 수 있는 가정의 학생과 그렇지 못한 학생 사이에 성적 차이가 점차 커지고 있다. 언택트로 인한 불평등의 강화와 시민의 고통에 대한 논의와 성찰 없이 산업 발전에 집중하는 정부의 모습은 매우 아쉽다. 언택트로 인한 고통과 이익의 불평등은 더욱 심화할 가능성이 높은데, 이것은 한국 민주주의의 크나큰 위기라 할 수 있다.

(5) 맺음말

코로나 19라는 비상사태로 인하여 기존의 정치 체제 및 사회는 위기에 빠지게 되었고, 이를 인종주의적 혐오 또는 민족주의, 권위주의적으로 돌파하려는 시도가 전세계적으로 점차 늘어가고 있다. 특히 미국 및 중국이라는 두 강대국에서 확산되고 있는 이러한 현상은 코로나19를 막기 위해 필요한 국제사회의 협력을 막고 있다. 이러한 상황에서 전 세계의 민주주의는 위기에 빠져 있다고 할 수 있다. 많은 국가에서 이러한 위기를 극복하기 위하여 과거의 망령인 인종주의와 민족주의에 기대고 있으며, 공동체의 안전을 위하여 개인의 권리를 희생하도록 요구하고 있다. 이러한 상황에서 한국은 상대적으로 개인의 권리를 심각하게 침해하지 않으면서도 코로나19를 효과적으로 잘 막음으로써 전 세계의 주목을 받았다(Rogin, 2020). 한국 정부는 이러한 성공의 경험을 근거로 K-방역과 뉴딜 정책을 제시하면서 한국 사회의 미래를 제시했다. 한국 정부가 제시한 미래에 대한 청사진의 핵심은 언택트라고 하는 뉴노멀에 있는 것처럼 보인다. 하지만 지난 8개월간의 언택트의 경험은 기존의 불공정하고 비민주적인 사회의 민낯을 그대로 드러냈다. 이러한 사회문제를 충분히 성찰하고 극복해 나가려는 노력 없는 포스트코로나시대는 기존의 불공평한 사회구조를 더욱 강화할 가능성이 있고, 이것은 또 다른 민주주의의 위기이다.

이러한 민주주의의 위기를 극복하기 위한 다양한 대안들이 논의되고 있다. 한편에서는 언택트로 인한 빈곤, 실업 등의 문제를 해결하기 위한 대안으로 긴급재난지원금이 지급되었고, 더 나아가서는 기본소득제가 논의되고 있다. 보편적 지급이냐 선별적 지급이냐에 대한 논쟁이 있지만, 언택트로 인하여 우리 사회가 미증유의 위기에 처해 있다는 데는 모두 공감하고 있는 분위기이다. 또한 의료의 공공성을 강화하는 것 역시 위기를 극복하기 위한 중요한 대안으로 떠오르고 있다. 예를 들어 2월 대구를 중심으로 경상북도와 경상남도에서 확진자가 급증했을 때 공공병상의 부족으로 환자 수용에 큰 애를 먹었다. 이때 경상남도의 경우 적자를 이유로 폐쇄된 진주의료원의 존재가 크게 아쉬웠다. 이러한 이유에서 의료의 공공성을 강화하기 위한 논의와 시도가 이어지고 있다. 하지만 의료의 공공성 강화의 방법에 대해서 논쟁이 발생했고, 최근 의료계의 파업으로 이어지기도 했다.

코로나19가 가져온 우리 사회의 위기는 다른 한편으로는 더 나은 사회로의 계기가 될 수 있다. 하지만 우리가 물어야 할 질문은 과연 언택트 시대가 올 것인가가 아니라 누가 언택트 시대를 바라고 있으며, 그렇게 다가올 언택트 시대는 누구를 위한 것인가이다. 민주주의를 강화하고 불평등을 완화하며 공공성을 강화하는 방식이 논의되고 시도되지 않는다면, 현재 제시되고 있는 기술과 산업 중심의 언택트는 우리 사회의 불평등을 더욱 심화시킬 것이다.

김재형, 「코로나19와 민주주의의 위기」, 『민주화운동기념사업회 연구소 정책리포트』 53, 민주화운동기념사업회, 2020, 1~13쪽.

4) 바이러스 전쟁과 지구를 위한 민주주의

> **"바이러스와의 전쟁은**
> **수백만 명의 생계를 앗아가는**
> **결과를 낳을 겁니다.**
> **우리는 3000만 명의**
> **굶주린 목숨을 저버린 채**
> **확진자 숫자만을 헤아릴 수**
> **없습니다."**

반다나 시바Vandana Shiva

캐나다 겔프대학교에서 과학철학 석사, 웨스턴온타리오대학교에서 양자이론 연구로 물리학 박사 학위를 받았다. 1982년 인도로 돌아와 과학·기술·천연자원정책연구재단을 설립하고, 1991년 토종 종자 보전과 유기농 농법 확산을 위한 나브다냐Navdanya를 설립해 인도 16개 주 60여 지역에 종자 은행을 개설하고, 100만 명의 농부들과 함께 유기농 농사를 일으키고 있다. 나브다냐의 정신은 세계 환경, 농업, 생물 다양성 분야에 막대한 영향을 미치고 있다. 반다나 시바는 아프리카, 아시아, 남아메리카, 북아메리카, 유럽의 환경, 농업, 여성 등 다양한 시민 조직 건설에 앞장서왔고, 세계인의 지속적인 연대를 이끌고 있다. 유엔의 여러 기구에서 자문하며, 스페인 사파테로 전 총리의 과학위원, 부탄의 정부 주도 100퍼센트 유기농업 전환 핵심 자문을 맡고 있다.

반다나 시바는 과학자이자 농부이며 거대 기업 중심의 세계화 전략에 맞서 대중의 권리를 위해 헌신해온 풀뿌리 운동 지도자이다. 농업 정책가이며 생태 중심의 대안적 삶을 제시하는 '지구 민주주의' 개념과 '에코 페미니즘'을 태동시킨 사상가이기도 하다. 반다나 시바의 말에는 하루하루 어렵게 살아가는 이들의 목소리가 들어 있다. 경제란 엘리트의 머릿속이나 자본시장에 있는 것이 아니라 다수의 생계에 있음을 기억하게 한다. 그녀의 쩌렁한 권유 속에 지구가 인류에게 전하는 메시지가 울려퍼진다. 그 메시지에는 오늘 우리가 마주한 이슈와 내일을 위해 나아갈 방향이 담겨 있다. 4월 28일 인도 뉴델리 자택에 있는 반다나 시바와 온라인 화상 인터뷰를 진행했다.

바이러스와의 전쟁은
지구에 대항하는 전쟁

코로나19 위기의 주요한 원인은 무엇인가요?

원인을 알기 어렵습니다. 거대한 지정학적 논쟁이 벌어지고 있기 때문이죠. 한 가지 분명한 것은 바이러스가 박쥐로부터 왔다는 겁니다. 작년에 박쥐와 관련된 정보를 나브다냐 회원들에게 들었는데, 중국과 미국 방위대가 인도 나갈랜드 지역 에서 박쥐를 불법으로 채집했을 때입니다. 이는 생물자원 수탈bio-piracy이에요. 국제 규약은 아무 나라에나 몰래 들어가 생물자원을 훔치지 못하도록 허가를 받게 했습니다. 그들은 코로나 바이러스를 채취해간 겁니다. 그렇게 채취해간 바이러스를 장기 매매 시장이나 공장형 축사 또는 실험실에서 증식했을지 모릅니다. 어떻든 저는 코로나19만을 분리해서 보는 접근 방식은 비과학적이라고 봐요. 지난 30년 동안 인류에게 영향을 미친 새로운 질병은 300개 가까이 됩니다. 그중 상당수는 숲에서 왔습니다. 지금 야생종들의 질병이 이동하고 있어요. 예전에 인도 키아사누르에서 감염병이 발생했습니다. 숲을 벌채하니까 원숭이들이 마을 가까이로 왔고, 원숭이 몸에서 나온 벼룩이 인간에게 오면서 출혈성 질환이 창궐했죠. 키아사누르 삼림병이라고 불립니다. 에볼라도 숲이 파괴되면서 일어났습니다. 우리는 숲을 파괴함으로써 새로운 감염병이 발생한다는 것을 압니다. 이것이 우리가 지구에 대항하는 전쟁을 반드시 멈춰야 하는 이유입니다. 또 '바이러스와의 전쟁'이라는 비유를 사용하는 것도 멈춰야 해요. 바이러스가 생물은 아니라 할지라도 스스로를 복제합니다. 인류가 살아 있는 존재에 대하여 전쟁을 선포할 때마다 결과는 좋지 않았어요. 식민지 수탈에 나서며 원주민을 야만인이라 부르고 전쟁을 선포했습니다. 그렇게 90 퍼센트에 달하는 미국 원주민을 해방이라는 이름 아래 몰살했습니다. 저는 우리 농업을 지키러 보팔과 펀자브에 갔을 때 히틀러가 수용소에서 전쟁이라는 이름으로 자행했던 일을 보았어요. 히틀러는 지배자 민족의 이름으로 열등한 민족들을 멸종하겠다고 결정했습니다. 독가스를 사용했죠.

2차 세계대전에 사용했던 독가스가 농업으로 옮겨와 살충제가 됐고,
폭약의 재료인 질소 역시 농산업의 비료가 되었습니다.

그래요. 사용했던 독가스가 농산업으로 옮겨와 벌레와의 전쟁, 곤충과의 전쟁을 창조했습니다. 그 결과 우리는 무엇을 얻었나요? 벌들의 실종입니다! 이 전쟁으로 80 퍼센트의 곤충이 사라졌습니다. 전문가들은 경고합니다. 먹이사슬 속에 있어야 할 곤충의 자리를

파괴함으로써 우리 스스로를 붕괴시키고 있다고요. 전 세계는 지금 코로나와 전쟁을 선포하고 있습니다. 저는 코로나19 바이러스와의 전쟁은 수백만 명의 생계를 앗아가는 결과를 낳을 거라고 봅니다. 벌써 굶주림의 팬데믹이 시작됐습니다. 계속된다면 인류의 50 퍼센트가 삶터를 잃을지 몰라요.

정부는 경제냐 목숨이냐를 두고 논쟁하지만, 보통 사람들은 그냥 경제 속에서 생계를 꾸려가요. 제가 작은 가게를 하거나 미용실에서 일하거나 작은 공장을 운영한다면, 혹은 소규모 농사를 짓는다면 제 목숨과 생계는 하나로 붙어 있습니다. 우리는 3000만 명의 굶주린 목숨을 저버린 채 확진자 숫자만을 헤아릴 수 없습니다. 인류가 생명의 그물망에 대항하여 전쟁을 선포한다면 이는 스스로에게 전쟁을 선포하는 격이며, 그 순간 인류는 생명망에서 분리됩니다. 적어도 힘센 인간들이 나머지 인류를 향해 선포하는 전쟁이 됩니다. 그 생각만으로도 반인륜적인 행위를 저지르는 거예요.

비접촉 사회에서
우리는 쓸모없어질 것이다

모두의 삶을 되살리기 위해 무엇을 해야 할까요? 경제 시스템이 연결되어 있어 신자유주의 이전인 50년 전으로 돌아갈 순 없습니다.

봉쇄는 강력한 요구가 있다면 탈세계화를 할 수 있다는 가능성을 보여줬습니다. 두 달 동안 아무도 돌아다니지 못하고 있죠. 글로벌 경제가 거의 멈췄어요. 이 상황이 주는 메시지는 바꿀 수 있다는 것입니다. 이미 바뀌고 있고요. 그렇다면 다음 단계의 경제는 무엇이 되어야 하가인데, 바로 자연을 위해 일하는 경제가 될 겁니다. 지구와 함께하는 경제는 이미 많은 사람들이 모색해왔고, 준비되고 있습니다. 예전 방식에는 살 길이 없습니다. 사람이 없는 경제를 원하나요? 인공지능 로봇과 자동화는 이를 추구합니다. 우리들은 지금 다섯 명의 억만장자에게 의존하고 있습니다. 그 구조가 사람 없는 경제예요. 제프 베이조스, 빌 게이츠, 마크 저커버그, 구글(래리 페이지, 세르게이 브린). 물론 그들도 고용을 합니다. 아마도 몇 백만 명 중에 한 명 꼴로 할 거예요. 하지만 이 고용인들도 소프트웨어 개발자들에 의해 곧 밀려날 겁니다. 노동자가 필요 없는 알고리즘이 개발될 수 있으니까요. 벌써 개조되고 있어요. 선생님 없는 교육을 원하나요? 그렇다면 스크린이 우리를 가르칠 겁니다. 인간에게 있어 가장 중요한 관계인 유대감은 학교 운동장에서 키워집니다. 코로나19 위기 속에서 나오는 산업의 메시지가 있어요. '어린이들은 이제 친구를 사귈 수 없을 것이다. 홀로 자랄 것이며 유일한 친구는 눈과 마음을 망가뜨리는 스크린이다.' 디지털에 과도하게 중독된 상태는 알코올 의존증과 니코틴중독에 상응하는 결과를 초래한다는 연구가 있습니다. 뇌의 한 부분이 수축해 퇴화하는데, 컴퓨터를 많이 봐도 같은 현상이 일어나죠.

지금은 비접촉 시대라는 구호가 소비를 촉진하는 마케팅 분야뿐 아니라 교육, 기업 경영, 심지어 여행에서도 나오고 있습니다. 3D 영상이나 가상현실 기술들이 각광받고요.

비과학적인 방향으로 가고 있는 거예요. 그동안 축적된 연구 결과들을 폐기한 겁니다. 우리 아이들을 감옥에 가둘 건가요? 오늘날의 감옥은 예전과 달라요. 보이지 않는 수갑을 찹니다. 쇠가 아닌 디지털 족쇄이지요. 눈에 보이진 않지만 자유를 빼앗기는 구속 상태입니다. 요즘 아이들은 뛰어놀 자유를 빼앗겼어요. 학교 갈 자유를 빼앗겼어요. 두뇌를 다양하게 개발하며 자랄 자유를 빼앗겼습니다. 새로운 교육 프로그램을 선전하는 광고들이 쏟아져 나오죠. 온통 읽기, 쓰기 광고입니다. 아이들이 키워낼 지능은 읽기와 쓰기에만 있지 않아요. 이는 분석 기술로 좌뇌를 개발하는 데 초점을 맞추죠. 우뇌를 개발해야 공감 능력이 자랍니다. 우리에게 가치를 일깨우고 지혜를 주죠. 무엇이 좋고 나쁜지, 무엇이 옳은지, 행복이 무엇인지 생각하고 판단하게 합니다. 우리 아이들이 자신을 충만하게 채워주는 것이 무엇인지 알고 싶지도 않고, 열정이 뭔지도 모르는 어른이 되길 바라나요?

모두를 위한 경제와 지구를 위한 민주주의

그동안 추구했던 가치들이 모두 뒤집어질 것 같은 혼돈이 일고 있습니다. '뉴 노멀'이라는 말마저도 전과 다른 예측 불가능한 체제가 들어설 것 같은 음산한 분위기로 다가옵니다.

우리는 전환의 시기를 맞았습니다. 이 분수령에 대해 차분히 아주 깊게 생각할 필요가 있습니다. 지난 20여 년 동안 한줌의 남자들이 나머지 사람들에 맞서 억만장자가 되었습니다. 일하지 않으면서, 단지 임대료를 걷는 구조에 기대어 모두의 가치를 쓸어갔어요. 예전에는 땅을 빌려주고 임대료를 걷었지만 이제는 디지털 수수료라는 임대료를 걷습니다. 쇼샤나 주보프Shoshana Zuboff 하버드대학교 교수는 자본주의의 다음 단계를 감시 자본주의라고 명명했습니다. 감시 자본주의는 우리의 몸과 두뇌에서 나오는 데이터로 돈을 법니다. 감시 시스템이 창조되고 개인에 대한 모든 정보가 수집되죠. 그렇게 되면 우리는 더 이상 자유롭고 자율적인 인간이 아니에요. 제게 있어 자율이란 내 마음과 몸을 내가 조절하는 겁니다. 1970년대 페미니스트들 사이에 유명했던 책이 있어요. 《우리 몸 우리 자신 Our Boides, Oursevles》. 내 몸을 스스로 조절하는 건 매우 중요합니다. 새로운 감시 시스템은 피부 아래 흐르는 우리의 모든 것을 조정합니다. 지금 당장 이에 대한 사회적 논쟁을 벌여야 해요. 탐욕으로 꽉 찬 다섯 남자들이 우리를 휘두르게 놔둘 수는 없습니다.

한국이 코로나19 위기를 잘 넘기고 있는 이유는 사람들의 이동 정보, 소비 정보 등을 수집하기 때문이라고 합니다. 그리고 실제 다수의 국민들은 안심하고요. 코로나19 이후 정보에 대한 어떤 규제가 필요할까요?

우선 단계별로 결정해나가야 합니다. 디지털 시스템이 내게 얼마나 유용하고 실리를 주는지 생각하고, 나의 실리를 넘어서 어느 정도까지 일상에 들어오도록 할 것인지 결정하는 거죠. 이 단계에서도 정부에 요구할 사항들이 나올 겁니다. 그러나 그 전에 지역공동체에 의견이 자리 잡도록 토론을 조직해야 해요. 코로나19 이후의 미래는 인류를 위한 건강, 모두를 위한 경제, 개인의 자유가 핵심 요건이라고 봅니다.

민주주의가 관건이겠죠?

그럼요. 민주주의야말로 당장의 미래를 만드는 관건입니다.

당신이 정의하는 민주주의는 무엇인가요?

첫째, 우리가 지구의 일부분임을 알아차리는 겁니다. 수많은 관계 속에 있고, 모두가 자유를 누릴 권리가 있음을 인식하는 거죠. 꿀벌에겐 존재할 자유가 있어요. 지렁이에게도 있죠. 식물은 유전자조작을 당하지 않을 자유가 있습니다. 모든 생명에게 자유를 보장하는 지구 민주주의입니다. 지구 민주주의 안에서 인류는 생태를 말살하는 독점화된 탐욕의 경제로부터 생명을 지속하는 경제로 옮겨갈 수 있습니다.

둘째, 살림 민주주의입니다. 몬산토가 우리의 종자를 도둑질할 때 저는 농부들에게 물었습니다. "당신들은 우리의 자유를 무엇이라고 보는가?" 농부들이 답했어요. "우리의 자유는 숲의 자유다. 우리의 자유는 강물의 자유다." 살림 민주주의는 모든 생명 공동체를 바탕으로 합니다. 공동체는 자기들이 마실 물에 어떤 일이 벌어질지, 흡입하는 공기에 어떤 일이 벌어질지 마땅히 스스로 결정해야 합니다.

셋째, 삶의 문화입니다. 미국 정치학자 새뮤얼 헌팅턴Samuel Huntington은 우리들이 증오로 만들어졌다고 말했어요. "만약에 내가 누구를 증오하는지 모른다면, 내가 누구인지 모르는 것이다." 쓰레기 같은 말이죠. 그는 살아 있다는 의미가 무엇인지, 공동체가 무엇인지 모릅니다. 하나된 존재가 무엇을 일컫는지 도통 모릅니다. 끔찍한 증오만 알 따름입니다. 안타깝게도 지금 코로나19와 함께 이 증오가 우리 사회 속에 퍼지고 있습니다.

저는 평론가인 토머스 프리드먼Thomas Friedman과 자주 토론을 했는데요. 그가 9·11 때 이런 비평을 했습니다. "나는 내 옆에 테러리스트가 있을까봐 무서워요. 정부가 확인하도록 권한을 줄래요." 지금은 이렇죠. "나는 내 옆에 코로나19에 걸린 사람이 있을까 봐 무서워요. 정부가 확인하도록 권한을 줄래요." 그 결과 무슨 일이 벌어졌나요? 새로운 불가촉천민이 탄생했습니다! 사람들은 단지 무섭다는 이유로 서로를 증오합니다. 우리는 이 바이러스가 1 퍼센트의 치사율을 갖고 있다는 것을 알아차려야 합니다. 단지 1 퍼센트입니다. 의료 전문가들이 말합니다. 가장 안전한 길은 건강한 음식을 섭취하며 면역력을 키우는 것이라고요. 우리는 더 이상 면역력에 대해서 이야기하지 않아요. 이 작은 바이러스가 인류와 행성을 지배했다고만 말합니다. 바이러스는 적이 아니에요. 바이러스를 죽일 수도 없습니다. 서로가 서로를 두려워하는 결과만을 만들 겁니다. 타인이 없으면 나도 살아남을 수 없어요. 이 두려움의 문화야말로 지금 가장 거대한 바이러스입니다.

민주주의는 자연에서 와서 우리 몸에서 자란다

우리 면역 체계를 파괴하는 건 무엇인지요?

나쁜 음식이죠!

스트레스 아니고요?

스트레스는 나쁜 음식에서 오는 결과이기도 합니다. 스트레스와 나쁜 음식은 면역계가 부실해지도록 서로를 북돋습니다. 나쁜 음식을 먹을 때 장의 미생물들이 파괴됩니다. 그리고 스트레스를 받습니다. 미생물들이 우리의 몸과 마음을 조절하는데 이 미생물들이 없어지니 균형이 무너지는 거죠. 저는 건강은 숲에서부터 우리의 논밭으로, 그리고 흙을 거쳐 우리의 장으로 온다고 말합니다. 스트레스와 나쁜 먹거리는 둘 다 스스로를 조절하는 우리 몸의 능력을 파괴시켜요. 당뇨병과 같은 병을 대사장애 질환이라고 부르는 이유죠. 인슐린 조절력이 망가지는 겁니다.

우리는 한 가지 음식만으로 살 수 없습니다. 끼니마다 여섯 가지 맛을 섭취해야 좋아요. 한국에는 김치가 있잖아요. 그 속에 있는 다양한 맛이 서로 다른 미생물을 키워냅니다. 이 미생물들은 장에서 서로 다른 역할을 하며 효소를 만듭니다. 피를 만들고 신경세포, 신경 전달물질을 생성해요. 음식은 몸 밖의 다양성과 몸 안의 다양성을 연결합니다. 바른 음식이야말로 면역력을 만들어내는 가장 효과적인 방법이에요. 코로나19로 미국 뉴욕에서 흑인들이 가장 많이 죽었습니다. 그들의 면역 체계는 코로나 이전에 이미 무너져 있었어요. 그들은 식량 시스템 안에서 '고립'이라는 형벌을 받고 있었습니다. 어느 사회에서 식량 사막이라는 단어가 사용되고 있다면 이는 기본적으로 '저들은 사회의 일원이 아니다'라는 차별이에요. 민주주의는 사회의 모든 사람들이 바른 먹거리에 접근할 수 있도록 보장해야 합니다. 이는 인간의 권리입니다.

데라둔에 있는 나브다냐 생태 보존 농장을 방문했을 때, "음식과 약은 분리되지 않는다"라는 말을 들었습니다. 그래서 다양한 작물을 키우는 나브다냐 사람들이 건강하다고요.

**바이러스는 적이 아니에요.
바이러스를 죽일 수도 없습니다.
서로가 서로를 두려워하는 결과만을
만들 겁니다. 타인이 없으면 나도
살아남을 수 없어요. 이 두려움의
문화야말로 지금 가장 거대한
바이러스입니다.**

그럼요. 우리는 '안남 사바오슈디'라는 말을 씁니다. '안남'은 음식이고, '사바오슈디'는 만병통치라는 뜻이죠. 좀 전에 나브다냐 농장에서 전화가 왔어요. 오늘 검은색 당근을 수확했답니다. 주황색도 아니고, 보라색도 아니고, 검은색 당근입니다. 나브다냐 회원들은 다양성을 섭취해요. 매일 다른 재료로 상을 차리니 우리의 내장 미생물은 매우 행복하죠.

인도 전역에 있는 나브다냐 회원들 중에 코로나19 희생자는 없나요? 나브다냐는 세계 대안 운동의 상징이기에 로컬 경제를 하는 곳이 지금 상황에서 어떤 다른 안전성을 갖는지 궁금합니다.

우리는 안전합니다. 인도에서 코로나19는 해외 유입자들에 의해서 퍼지고 있어요. 외국을 여행하는 사람들 사이에서요. 인도에서는 코로나19 바이러스를 부자들의 질병이라고 부릅니다. 아직 인도 전역까지 퍼지지는 않았습니다.

이미 경제 위기가 시작됐습니다.
감염되지 않았다고 해서 안전하다고 말할 수 있을까요?

우리는 각자의 먹거리를 갖추고 있어요. 인도 전역에서 나브다냐와 함께하는 농부들은 다양한 곡식을 거두고 1년 내내 다양한 채소를 수확합니다. 우리는 회원들에게 봉쇄가 영원하지 않을 것이라고 알리고 있습니다. 곧 은행 업무가 원활해지고, 각자 수표를 쓰며 거래를 이어갈 수 있을 거라고요. 나브다냐는 훨씬 더 회복에 탄력적입니다. 하지만 인도 전체는 안전하지 않아요. 당신은 '경제 위기'가 시작됐다고 했는데, 저는 '인류를 비극으로 몰고가는 경제 위기'가 시작됐다고 덧붙이겠습니다. 일자리를 잃는다는 것은 생계를 잃는다는 뜻입니다. 작은 상점은 한 번 문을 닫으면, 다시 열기가 아주 어렵습니다. 어렵사리 가게를 유지하고 있다 해도 정부 지원을 받기 까다롭고요. 경제를 이야기할 때면 늘 시장을 말하고 기업 경영을 내세웁니다. 하지만 현실은 생계 경제예요. 바로 우리 삶이죠. 소시민의 경제는 바로 목숨입니다. 생계 수단이 무너지면 언제나 자살 뉴스가 나옵니다. 인도에서 특히 그랬어요. 30만 명의 농부들이 목숨을 끊었습니다. 우리는 지금 코로나19 위기로 모든 것을 잃어버린 사람들의 자살을 보고 있습니다.

반다나 시바, 「바이러스와의 전쟁은 왜 실패할 수밖에 없는가」, 안희경, 『오늘로부터의 세계. 세계 석학 7인에게 코로나 이후 인류의 미래를 묻다』, 메디치, 2020, 187~190, 201~214쪽.

2. 타자와 인권

1) 세계인권선언

전문前文

모든 인류 구성원의 천부의 존엄성과 동등하고 양도할 수 없는 권리를 인정하는 것이 세계의 자유, 정의 및 평화의 기초이며, 인권에 대한 무시와 경멸이 인류의 양심을 격분시키는 만행을 초래하였으며, 인간이 언론과 신앙의 자유, 그리고 공포와 결핍으로부터의 자유를 누릴 수 있는 세계의 도래가 모든 사람들의 지고한 열망으로서 천명되어 왔으며, 인간이 폭정과 억압에 대항하는 마지막 수단으로서 반란을 일으키도록 강요받지 않으려면, 법에 의한 통치에 의하여 인권이 보호되어야 하는 것이 필수적이며, 국가 간에 우호관계의 발전을 증진하는 것이 필수적이며, 국제연합의 모든 사람들은 그 헌장에서 기본적 인권, 인간의 존엄과 가치, 그리고 남녀의 동등한 권리에 대한 신념을 재확인하였으며, 보다 폭넓은 자유 속에서 사회적 진보와 보다 나은 생활수준을 증진하기로 다짐하였고, 회원국들은 국제연합과 협력하여 인권과 기본적 자유의 보편적 존중과 준수를 증진할 것을 스스로 서약하였으며, 이러한 권리와 자유에 대한 공통의 이해가 이 서약의 완전한 이행을 위하여 가장 중요하므로, 이에, 국제연합총회는, 모든 개인과 사회 각 기관이 이 선언을 항상 유념하면서 학습 및 교육을 통하여 이러한 권리와 자유에 대한 존중을 증진하기 위하여 노력하며, 국내적 그리고 국제적인 점진적 조치를 통하여 회원국 국민들 자신과 그 관할 영토의 국민들 사이에서 이러한 권리와 자유가 보편적이고 효과적으로 인식되고 준수되도록 노력하도록 하기 위하여, 모든 사람과 국가가 성취하여야 할 공통의 기준으로서 이 세계인권선언을 선포한다.

제 1 조

모든 인간은 태어날 때부터 자유로우며 그 존엄과 권리에 있어 동등하다. 인간은 천부적으로 이성과 양심을 부여받았으며 서로 형제애의 정신으로 행동하여야 한다.

제 2 조

모든 사람은 인종, 피부색, 성, 언어, 종교, 정치적 또는 기타의 견해, 민족적 또는 사회적 출신, 재산, 출생 또는 기타의 신분과 같은 어떠한 종류의 차별이 없이, 이 선언에 규정된 모든 권리와 자유를 향유할 자격이 있다. 더 나아가 개인이 속한 국가 또는 영토가 독립국, 신탁통치지역, 비자치지역이거나 또는 주권에 대한 여타의 제약을 받느냐에 관계없이, 그 국가 또는 영토의 정치적, 법적 또는 국제적 지위에 근거하여 차별이 있어서는 아니 된다.

제 3 조

모든 사람은 생명과 신체의 자유와 안전에 대한 권리를 가진다.

제 4 조

어느 누구도 노예상태 또는 예속상태에 놓여지지 아니한다. 모든 형태의 노예제도와 노예매매는 금지된다.

제 5 조

어느 누구도 고문, 또는 잔혹하거나 비인도적이거나 굴욕적인 처우 또는 형벌을 받지 아니한다.

제 6 조

모든 사람은 어디에서나 법 앞에 인간으로서 인정받을 권리를 가진다.

제 7 조

모든 사람은 법 앞에 평등하며 어떠한 차별도 없이 법의 동등한 보호를 받을 권리를 가진다. 모든 사람은 이 선언에 위반되는 어떠한 차별과 그러한 차별의 선동으로부터 동등한 보호를 받을 권리를 가진다.

제 8 조

모든 사람은 헌법 또는 법률이 부여한 기본적 권리를 침해하는 행위에 대하여 권한 있는 국내법정에서 실효성 있는 구제를 받을 권리를 가진다.

제 9 조

어느 누구도 자의적으로 체포, 구금 또는 추방되지 아니한다.

제 10 조

모든 사람은 자신의 권리, 의무 그리고 자신에 대한 형사상 혐의에 대한 결정에 있어 독립적이며 공평한 법정에서 완전히 평등하게 공정하고 공개된 재판을 받을 권리를 가진다.

제 11 조

1. 모든 형사피의자는 자신의 변호에 필요한 모든 것이 보장된 공개 재판에서 법률에 따라 유죄로 입증될 때까지 무죄로 추정 받을 권리를 가진다.
2. 어느 누구도 행위 시에 국내법 또는 국제법에 의하여 범죄를 구성하지 아니하는 작위 또는 부작위를 이유로 유죄로 되지 아니한다. 또한 범죄 행위 시에 적용될 수 있었던 형벌보다 무거운 형벌이 부과되지 아니한다.

제 12 조

어느 누구도 그의 사생활, 가정, 주거 또는 통신에 대하여 자의적인 간섭을 받거나 또는 그의 명예와 명성에 대한 비난을 받지 아니한다. 모든 사람은 이러한 간섭이나 비난에 대하여 법의 보호를 받을 권리를 가진다.

제 13 조

1. 모든 사람은 자국 내에서 이동 및 거주의 자유에 대한 권리를 가진다.
2. 모든 사람은 자국을 포함하여 어떠한 나라를 떠날 권리와 또한 자국으로 돌아올 권리를 가진다.

제 14 조

1. 모든 사람은 박해를 피하여 다른 나라에서 비호를 구하거나 비호를 받을 권리를 가진다.
2. 이러한 권리는 진실로 비정치적 범죄 또는 국제연합의 목적과 원칙에 위배되는 행위로 인하여 기소된 경우에는 주장될 수 없다.

제 15 조

1. 모든 사람은 국적을 가질 권리를 가진다.
2. 어느 누구도 자의적으로 자신의 국적을 박탈당하지 아니하며 자신의 국적을 변경할 권리가 부인되지 아니한다.

제 16 조

1. 성인 남녀는 인종, 국적 또는 종교에 따른 어떠한 제한도 없이 혼인하고 가정을 이룰 권리를 가진다. 그들은 혼인에 대하여, 혼인기간 중 그리고 혼인 해소 시에 동등한 권리를 향유할 자격이 있다.
2. 혼인은 장래 배우자들의 자유롭고 완전한 동의하에서만 성립된다.
3. 가정은 사회의 자연적이고 기초적인 단위이며, 사회와 국가의 보호를 받을 권리가 있다.

제 17 조

1. 모든 사람은 단독으로 뿐만 아니라 다른 사람과 공동으로 재산을 소유할 권리를 가진다.

2. 어느 누구도 자의적으로 자신의 재산을 박탈당하지 아니한다.

제 18 조

모든 사람은 사상, 양심 및 종교의 자유에 대한 권리를 가진다. 이러한 권리는 종교 또는 신념을 변경할 자유와, 단독으로 또는 다른 사람과 공동으로 그리고 공적으로 또는 사적으로 선교, 행사, 예배 및 의식에 의하여 자신의 종교나 신념을 표명하는 자유를 포함한다.

제 19 조

모든 사람은 의견의 자유와 표현의 자유에 대한 권리를 가진다. 이러한 권리는 간섭 없이 의견을 가질 자유와 국경에 관계없이 어떠한 매체를 통해서도 정보와 사상을 추구하고, 얻으며, 전달하는 자유를 포함한다.

제 20 조

1. 모든 사람은 평화적인 집회 및 결사의 자유에 대한 권리를 가진다.
2. 어느 누구도 어떤 결사에 참여하도록 강요받지 아니한다.

제 21 조

1. 모든 사람은 직접 또는 자유로이 선출된 대표를 통하여 자국의 정부에 참여할 권리를 가진다.
2. 모든 사람은 자국에서 동등한 공무담임권을 가진다.
3. 국민의 의사가 정부 권능의 기반이다. 이러한 의사는 보통·평등 선거권에 따라 비밀 또는 그에 상당한 자유 투표절차에 의한 정기적이고 진정한 선거에 의하여 표현된다.

제 22 조

모든 사람은 사회의 일원으로서 사회보장을 받을 권리를 가지며, 국가적 노력과 국제적 협력을 통하여, 그리고 각 국가의 조직과 자원에 따라서 자신의 존엄과 인격의 자유로운 발전에 불가결한 경제적, 사회적 및 문화적 권리들을 실현할 권리를 가진다.

제 23 조

1. 모든 사람은 일, 직업의 자유로운 선택, 정당하고 유리한 노동 조건, 그리고 실업에 대한 보호의 권리를 가진다.
2. 모든 사람은 아무런 차별 없이 동일한 노동에 대하여 동등한 보수를 받을 권리를 가진다.
3. 노동을 하는 모든 사람은 자신과 가족에게 인간의 존엄에 부합하는 생존을 보장하며, 필요한 경우에 다른 사회보장방법으로 보충되는 정당하고 유리한 보수에 대한 권리를 가진다.

4. 모든 사람은 자신의 이익을 보호하기 위하여 노동조합을 결성하고, 가입할 권리를 가진다.

제 24 조

모든 사람은 노동시간의 합리적 제한과 정기적인 유급휴가를 포함하여 휴식과 여가의 권리를 가진다.

제 25 조

1. 모든 사람은 의식주, 의료 및 필요한 사회복지를 포함하여 자신과 가족의 건강과 안녕에 적합한 생활수준을 누릴 권리와, 실업, 질병, 장애, 배우자 사망, 노령 또는 기타 불가항력의 상황으로 인한 생계 결핍의 경우에 보장을 받을 권리를 가진다.
2. 어머니와 아동은 특별한 보호와 지원을 받을 권리를 가진다. 모든 아동은 적서에 관계없이 동일한 사회적 보호를 누린다.

제 26 조

1. 모든 사람은 교육을 받을 권리를 가진다. 교육은 최소한 초등 및 기초단계에서는 무상이어야 한다. 초등교육은 의무적이어야 한다. 기술 및 직업교육은 일반적으로 접근이 가능하여야 하며, 고등교육은 모든 사람에게 실력에 근거하여 동등하게 접근 가능하여야 한다.
2. 교육은 인격의 완전한 발전과 인권과 기본적 자유에 대한 존중의 강화를 목표로 한다. 교육은 모든 국가, 인종 또는 종교 집단 간에 이해, 관용 및 우의를 증진하며, 평화의 유지를 위한 국제연합의 활동을 촉진하여야 한다.
3. 부모는 자녀에게 제공되는 교육의 종류를 선택할 우선권을 가진다.

제 27 조

1. 모든 사람은 공동체의 문화생활에 자유롭게 참여하며 예술을 향유하고 과학의 발전과 그 혜택을 공유할 권리를 가진다.
2. 모든 사람은 자신이 창작한 과학적, 문학적 또는 예술적 산물로부터 발생하는 정신적, 물질적 이익을 보호받을 권리를 가진다.

제 28 조

모든 사람은 이 선언에 규정된 권리와 자유가 완전히 실현될 수 있도록 사회적, 국제적 질서에 대한 권리를 가진다.

제 29 조

1. 모든 사람은 그 안에서만 자신의 인격이 자유롭고 완전하게 발전할 수 있는 공동체에 대하여 의무를 가진다.
2. 모든 사람은 자신의 권리와 자유를 행사함에 있어, 다른 사람의 권리와 자유를 당연

히 인정하고 존중하도록 하기 위한 목적과, 민주사회의 도덕, 공공질서 및 일반적 복리에 대한 정당한 필요에 부응하기 위한 목적을 위해서만 법에 따라 정하여진 제한을 받는다.

3. 이러한 권리와 자유는 어떠한 경우에도 국제연합의 목적과 원칙에 위배되어 행사되어서는 아니 된다.

제 30 조

이 선언의 어떠한 규정도 어떤 국가, 집단 또는 개인에게 이 선언에 규정된 어떠한 권리와 자유를 파괴하기 위한 활동에 가담하거나 또는 행위를 할 수 있는 권리가 있는 것으로 해석되어서는 아니 된다.

<세계인권선언문>, 외교부 국제인권규범
http://www.mofa.go.kr/www/wpge/m_3996/contents.do

2) 인권을 기준으로 바꾸는 세상

안녕하세요. 오창익입니다. 인권이라는 말은 20세기 중반만 해도 영어권에선 'right of man'이라고 썼습니다. 'man'이란 단어는 '사람'이란 뜻도 있지만, '남자'라는 뜻이 강해서, 인권이란 게 남성들만의 전유물이란 오해를 받곤 했습니다. 단순한 오해에서 그치는 게 아니라, 실제로 프랑스나 스위스를 비롯한 여러 나라들은 20세기 중반까지도 기본적인 권리인 참정권마저 남성들에게만 허용하고, 여성들은 배제했습니다. 'rights of man'이란 말이 인권의 의미를 제대로 알려주는 데 적당하지 못하다는 비판이 줄곧 제기되었습니다. 제2차 세계대전 직후 설립된 유엔에서 인류가 지향해야 할 보편적 인권의 기준을 정하는 '세계인권선언' 기초 작업을 진행하면서, 그동안의 문제 제기를 수용해 인권이란 단어를 'rights of man' 대신 'human rights'로 바꿔서 쓰기 시작했습니다.

영어 표현에서만 아니라, 우리가 지금 쓰는 '인권'이란 단어도 여러 차례 변화를 겪었습니다. 인권이란 단어는 일본 사람들이 번역했는데, 인권학자 조효제 교수의 연구에 따르면 'right'에 해당하는 번역어를 처음에는 '염직廉直'이라 했답니다. 'right'란 단어에서 '곧다', '바르다'는 뜻에 주목한 것입니다. 그 다음, 상당기간 '조리條理'라고도 번역했습니다. 염직廉直이나 조리條理 모두 낯선 말입니다. 염직이란 말보다는 조리란 말은 좀 더 쓰임이 있지만, 우리나라에선 조리란 말보다 '부조리'란 말이 더 자주 쓰입니다. 아픈 현실이지만, 조리보다는 부조리한 일이 더 많기 때문입니다. 조리가 무슨 뜻인지 알려면, 거꾸로 부조리의 반대말로 이해하시는 게 더 빠르겠네요.

'right'를 단지 권리權利라고만 번역한 것은 썩 좋은 번역은 아닌 것 같습니다. 약간의 오해도 불러일으키기도 하죠. 우리가 현실에서 만나는 '권權'은 권력이나 권세처럼 배타적이고 뭔가 폭력적인 어감을 갖고 있으니까요. 원래 한자어의 권權 자는 권세만이 아니라, 저울추를 의미하기도 합니다. 법원 앞에는 보통 정의의 여신 디케Dike 상이 세워져 있는데, 디케는 한 손에는 칼(법원에서는 주로 법전을 들고 있습니다), 그리고 다른 한 손엔 저울을 들고 있습니다. 원래 권權이란 저울처럼 누구에게나 공평한 것을 의미합니다. 권權이란 것이 제대로 된 것이라면, 마치 쇠고기 한 근은 누구에게나 600그램이어야지, 힘센 사람에게는 800그램, 힘없는 사람에게는 400그램이어선 안 된다는 뜻입니다.

인권은 말 그대로 '사람의 권리'이지만, 지금 우리가 '권리'라고 부르는 그 단어를 예전에 일본 사람들이 '염직廉直'이나 '조리條理'라고 번역했던 뜻도 함께 포함하고 있답니다. 그러니까, 인권은 그냥 '사람의 권리'라기보다는, '사람이 당연히 누리는 권리', '사람이 권리를 누리는 게 옳다, 당연하다, 마땅하다' 쯤으로 새기는 것이 더 정확할 겁니다. 그렇다고 인권이란 말을 이제 와서 다른 말로 바꾸는 것은 쉽지 않을 겁니다. 이미 일본은 물론, 한국과 북한, 중국과 타이완과 베트남까지 동아시아의 나라들이 인권이란 단어를 쓰고 있으니까요. 다만, 인권이란 말이 그냥 단순한 권리가 아니라, 영어 단어 'right'가 의미하는 것처럼, '옳다, 당연하다, 맞다, 마땅하다, 정의롭다' 등의 뜻도 함께 담고 있다는 것을 기억해주시기 바랍니다.

(1) 사람을 위한 권리

인권은 에이브러햄 링컨의 유명한 말을 빌리면, '사람의, 사람을 위한, 그리고 사람에 의한' 권리입니다. 오로지 사람만 갖는 권리, 다른 어떤 전제나 요구 조건이 필요하지 않고, 그저 사람이면 누릴 수 있는 권리입니다. 물론, 그 권리는 사람을 위한 것입니다. 사람이 무의미하고도 불필요한 고통을 겪지 않도록, 보다 행복하게 살 수 있도록 돕는 권리입니다. 인권은 또한 사람 사이의 문제, 이를테면 국가와 개인과의 관계 등과 관련되어 있기에, 사람에 의한 권리이기도 합니다.

평생을 살면서 어쩔 수 없이 겪어야 하는 고통들이 있습니다. 사랑하는 사람과의 사별 같은 것이 대표적이죠. 흔히 인생을 생로병사生老病死로 표현하는 것처럼, 누구나 늙고 병들고, 또 죽어갑니다. 서글픈 일이지만, 어찌 보면 당연한 일이기도 합니다. 생로병사와 관련된 고통은 견뎌내기 어려운 것이긴 하지만, 생로병사 자체가 자연의 일환인 만큼, 마음먹기에 따라서 받아들일 수도 있는 일입니다. 우리에게 남은 수명이 20~30년 또는

30~40년밖에 되지 않는다고, 그 엄연한 사실 때문에 매일 몸부림칠 정도로 고통을 겪지는 않으니까요.

진짜 심각한 고통은 이렇게 신이나 자연이 주는 고통이 아니라, 사람이 사람에게 주는 고통인 것 같습니다. 이를테면 누군가에게 모욕을 당하거나, 잔혹한 환경에 놓이거나, 무시를 당할 때 받는 고통 같은 경우도 사람이 사람에게 주는 고통입니다. 70억 명의 인류 중에서 10억 명 정도가 굶주리는 고통을 일상적으로 겪고 있지만, 실제로 인류가 생산하는 식량만으로도 이 굶주림을 없앨 수 있답니다. 남아도는 식량을 버리는 나라도 있고, 사람이 아니라 가축들을 키우는 데 쓰기도 하기 때문에 식량이 부족한 것이니 굶주리는 고통은 전형적인 사람이 사람에게 주는 고통일 겁니다. 집 없는 고통도 마찬가지죠. 우리나라 주택보급률은 이미 100 퍼센트를 넘어섰습니다. 가구마다 한 채씩 집을 나눠줘도 남는다는 겁니다. 헐벗은 고통도 마찬가지로, 사람이 사람에게 주는 고통입니다. 이런 고통은 사람에게 심각한 아픔을 주지만, 사람들이 지혜와 힘을 모은다면 얼마든지 극복할 수 있는 고통이기도 합니다. 인권은 바로 이런 고통을 줄여보자는 차원에서 만들어진 발명품입니다. 인류의 성찰과 지혜와 용기, 새로운 세상에 대한 희망까지를 담은 근사한 발명품이죠.

저는 인권운동을 하고 있고, 제가 일하는 단체는 "인권을 기준으로 세상을 바꾸자!"라는 모토를 갖고 있지만, 제가 생각하는 인권운동은 '고통과의 연대'입니다. 너무 소극적인가요? 사람이 최대한 행복하게 사는 것도 중요하지만, 꼭 그렇게 살지 못하더라도 최소한 무의미하고도 불필요한 고통, 특히 사람이 조금만 노력하면 얼마든지 극복할 수 있는 고통은 겪지 않고 살 수 있어야 합니다. 인권의 가장 큰 쓸모가 바로 이것입니다.

(2) 한마디로 정의할 수 없는 인권

사람을 위한 권리로서의 인권은 사람을 사람답게 살 수 있도록 돕는 역할을 합니다. 우리가 일생 동안 사람답게 살기 위해 또는 행복하게 살기 위해 필요한 것이나 누려야 할 것들이 뭐가 있을까 생각해보면, 인권이 어떤 것인지 좀 더 정확하게 알 수 있겠죠. 당장 떠오르는 건, '의식주'겠죠. 의식주를 강조하는 까닭은 아주 단순합니다. 중요하기 때문이죠. 얼마나 중요한지는 거꾸로 생각해보면 금세 알 수 있습니다. 헐벗거나, 굶주린다면? 또는 집이 없어서 제 몸 하나 뉘일 곳이 없다면 결코 사람답거나 행복하다고 할 수 없을 테니까요.

그뿐이 아니죠. 학교에 다니거나 일을 하는 것도 꼭 필요합니다. 문화생활을 할 수 있다거나, 정보통신기술을 사용하고, 자신이 의사를 자유롭게 표현하고, 가고 싶은 곳에 맘대로 다녀올 수 있는 것도 모두 중요하죠. 누군가 내 집 앞에 높은 건물을 세워 햇볕을 가린다면, 요즘엔 흔히들 '일조권日照權'을 침해받았다고 합니다. 같은 이유로 전망이 나빠지면, '조망권眺望權'을 침해받았다고 하죠. 사실 햇볕이나 주변 경관 따위를 권리로 인식한 것은 그리 오래되지 않았습니다. 그동안 생각이 미치지 못했던 분야까지 요즘엔 인권이란 개념을 적용하고 있습니다. 인권이란 개념이 폭넓게 쓰이고 있는 것입니다. 어떤 분야나 쟁점에다 권리를 뜻하는 '권權'자를 붙여서 '○○권'이라 부르는 경우가 많습니다. 먹고사는 문제라면 '식량권', 집에 대한 것이라면 '주거권', 학교 다니는 일과 관련되었다면 '교육권', 일과 관련해서는 '노동권'이란 말을 쓰고 있습니다. 이걸 앞서 확인한 인권이란 정의와 연관해 풀어서 이야기한다면, 사람이라면 누구나 단 한 사람의 예외도 없이 당연히, 그리고 언제나 밥을 먹고, 집도 있어야 하고, 적절한 교육도 받아야 하며 일자리도 있어야 한다는 것입니다. 밥, 집, 교육, 일 등은 모두 권리이기에 언제나 예외 없이 당연히 누구에게나 있어야 하고, 그렇게 누구나 누릴 수 있어야 옳고, 정의롭다는 것입니다.

예전에는 인권을 법학, 그중에서도 형사법과 관련된 좁은 개념으로만 여기는 경향이 많았습니다. 함부로 체포되지 않아야 한다거나, 재판을 받을 때는 변호사의 도움을 받아야 한다는 등의 신체의 자유, 그중에서도 형사사법과 관련된 쟁점들이 강조되었어요. 물론 국가가 개인에게 휘두르는 가장 강력한 무기인 국가형벌권과 관련된 것이니 중요한 쟁점임이 틀림없습니다. 국가와 개인과의 관계에서 가장 기본에 속하는 문제인데, 제대로 지켜지지 않고 있으니 새삼 강조해도 지나치지 않을 것입니다. 그렇지만, 인권이 형사법과 관련된 좁은 의미로만 여겨진 것은 인권을 폭넓게 해석하고 인권의 개념을 재구성하지 못한 탓이기도 했습니다. 인권은 우리들의 삶, 전반과 관련된 넓은 개념인데, 당장 급한 문제에만 골몰하느라 더 넓게 그리고 더 깊고 들여다보지 못한 측면이 있었어요.

그런 의미에서 "인권은 바다처럼 넓고 깊다"고 설명할 수도 있겠네요. 하지만 이것도 따지고 보면 문제가 있을 수 있어요. 넓고 깊다는 것을 강조하는 건 좋지만, 바다가 아무리 넓고 깊어도 바다만큼만 넓고 깊을 뿐이잖아요. 바다가 끝나는 곳에 뭍이 있듯, 어쨌든 한계가 있다는 거잖아요. 제아무리 넓게 인권의 범위를 설정한다고 해도, 누군가는 그 이상을 필요로 할 수도 있을 거예요. 예컨대, 요즘은 가장 주차하기 편한 곳을 장애인 주차구역으로 정해두고 있어요. 이걸 어기면 과태료를 물게 되죠. 주차장을 만들 때, 엘리베이터 근처 등 주차하기 좋은 곳에 전체의 2~4 퍼센트에 해당하는 공간에 장애인 주차구역을 만들도록 법률로 강제해두었습니다. 그렇지만, 이런 편리한 제도도 20~30년 전엔 생각조차 못했습니다. 예전에도 장애인들이 비장애인이나 마찬가지로 자유롭게 이동할 수 있어야 했고, 그러기 위해서는 당연히 장애인들을 위한 별도의 주차구역이 편한 곳에 마련되었어야 했죠. 그렇지만 장애인들조차 별로 문제제기를 하지 않았고, 비장애인들은 아예 이해가 없었습니다. 지금보다 인권의식이 훨씬 낮은 상황에서는 누구도 장애인 주차구역을 상상하지 않았던 거죠. 자, 이렇게 인권은 내용은 물론 그 깊이와 넓이도 시대에 따라 변하는 속성을 갖고 있습니다. 당연한 일이겠죠. 사람도변하고 세상도 늘 변하기 마련이니까요.

그런 때문이지, 인권과 관련하여 가장 활발한 활동을 하고 있고, 인권의 기준을 정하는 역할을 하는 유엔도 인권을 한마디로 정의하지는 않습니다. 대신, 자유권, 사회권, 평화권 등으로 범주를 말할 뿐입니다. "인권은 ○○이다"라는 식으로 정의를 하면, 자칫, 그 범주 안으로만 제한될 우려가 있기 때문이에요. 인권은 이렇게 열려 있는 개념입니다.

오창익, 「인권을 기준으로 바꾸는 세상」, 『인문학이 인권에 답하다』,
박경서 외, 철수와영희, 2015, 317~323쪽.

3) 다문화 사회로 가는 상생의 지혜

1990년대 한국으로 외국인 노동자 유입이 증가하고 2000년대 들어 국제결혼이 급증하면서 한국 사회는 명실공이 다문화사회로 접어들었다. 한국 정부는 2006년 '다문화, 다민족 사회로의 이행'을 선언하면서 외국인 취업자나 국제결혼을 통해 한국에 정착한 가족을 '다문화가족'이라 명명하고 본격적인 다문화정책을 펼쳤다. 그런데 주목할 점은 한국에서 '다문화'가족은 서구에서 온 외국인과 결혼한 국제결혼 가정을 제외한, 아시아 출신 이주자와 결혼한 국제결혼 가정만을 지칭하는 의미로 사용된다는 사실이다. 이것은 한국인 가정이나 서구 국제결혼 가정과는 차별되는 '다문화' 가정이라는 집단적 구별을 만들면서, 과거 서구 사회에서 백인 집단과 흑인 집단을 경계 짓던 인종차별과 유사한 면모를 보인다.

이러한 한국식 '다문화' 개념은 어떻게 만들어진 것일까? 학자들은 이것이 한국의 '인종주의'와 깊은 연관을 갖고 있다고 본다. 국어사전은 '인종'을 사람이 사는 지역이나 신체적 특징에 따른 구분이라고 정의한다. 하지만 인종주의는 '신체적 특징'을 반드시 필요로 하지 않는 담론적, 문화적 범주화의 과정이기도 하다. 서구에서 통상 인종주의는 백인의 유색인에 대한 차별로 표출되지만, 한국에서 인종주의는 유색인종 한국인이 다른 유색인종 아시아인을 차별하는 독특한 양상으로 전개된다. 한국식 인종주의는 특정 소수집단에 대한 인종차별과 유사한 형태로 표출됨으로써 이들 소수집단을 구별 짓고 낙인찍는다. 한국 사회의 인종주의는 피부색이라는 신체적 특징에 따른 차별에서 나아가 민족, 계급,

문화와 같은 다양한 요소의 차별과 결합하여 복잡한 양상을 띤다.

한국의 인종주의는 한국 사회의 역사적 상흔[14]과 한국의 글로벌 경제 성장에서 오는 유사 제국주의적 양상이 묘하게 결합된 정서적 구조 안에서 태동되었다. 서구는 인종주의로 인한 오랜 역사적 상흔을 경험한 탓에 단순히 인종을 이유로 한 적개심 표출을 가장 야만적인 형태의 폭력으로 규정한다. 서구 사회가 인종차별이 빚은 대규모 전쟁, 대량학살, 혁명을 거치면서 인종에 의거한 차별이야말로 가장 금기시되는 명백한 범죄라고 믿게 된 것이다.[15] 하지만 한국 사회에서는 인종적 편견과 인종적 사고가 다양한 폭력의 형태로 발현되어 공공연히 정당화되는 안타까운 실정이다.

사실 초국적transnational 현대 사회에서 이주로 인한 문화적 갈등으로부터 자유로운 나라는 더 이상 거의 존재하지 않는다. 스스로를 오랫동안 "단일민족으로 규정하고 공동체성과 민족적 자긍심을 강조"하여 왔던 한국사회는 외국인 거주자 179만 시대가 보여주듯이, 급속도로 다인종, 다문화 사회로 변모하고 있다.[16] 이런 상황에서 김해나 창원처럼 거주지 인근에 외국인 공동체가 형성될 때, 기존 지역사회 공동체 구성원들이 이들 외국인에 대해 느끼는 불안감이나 우려가 커질 수 있는 상황이다. 그런데 연구 결과에 따르면 주목할 점은 외국인 범죄는 이들에 대한 기존 지역사회 공동체 구성원들의 편견과 차별이 심할 경우 더욱 극심해지는 성향을 보인다는 것이다. 여기에는 기존 공동체 구성원들이 암암리에 자행하는 심리적, 문화적인 폭력 또한 주요인을 제공한다. 즉 외국인 범죄가 기존 지역사회 공동체와 외국인 공동체 사이의 갈등에 대한 반사회적 결과라는 것이다.[17] 이 지점에서 베커Becker의 낙인이론은 시사점을 주는데, 그의 주장에 따르면 우리 사회의 많은 구성원들이 외국인을 잠재적 범죄자로 낙인찍고 그러한 시각에서 바라본다면, 외국인들 역시 범죄적 자기 이미지로 자신의 정체성을 재정의할 수 있다는 것이다. 결국 외국인에 대해서 미리 잠재적 범죄자라는 낙인을 부지불식간에라도 부여하게 된다면 외국인 범죄 문제를 심화시키는 역효과를 낳을 수 있다는 것이다.[18] 해외의 여러 사례들은 오히려 이들에게 보다 많은 경제적 기회를 제공하고 이들과 이들의 자녀들이 사회로부터 낙오되지 않도록 도와주는 정책이야말로 사실상 외국인 범죄 감소에 효과적임을 보여준다.[19]

기실 한국인이 이주자들을 바라보는 시선은 사뭇 역설적이다. 1903년 하와이 이민이 최초로 시작된 이래 한국인은 오랫동안 사람을 해외로 내보내는 대표적인 송출국이었다. 전 세계적으로 이스라엘, 아일랜드, 이탈리아에 이어 한국은 네 번째로 자국민을 해외로 많이 송출한 나라인데, 해외 이주 한인 800만 시대를 앞두고 있는 현재 한국의 이주민 수치는 한반도 전체 인구의 10%에 달한다. 이것은 세계 평균 3%라는 이주 인구 수치를 훨씬 웃도는 결과이다.[20] 이처럼 한국인의 활발한 해외 이주가 진행되면서, 우리 사회는 해외 거주 한국인에 대한 현지인의 편견과 차별에 대해서 마음 아파하고 분노함에도 불구하고 국내로 이주하는 외국인에 대해서는 차별을 당연시하는 상당히 양가적인 태도를 취하고 있다.

실제 한국 사회는 오랫동안 단일민족 신화를 신봉한 사회였다. 영토적 귀속성, 순혈주의, 단일 언어라는 세 가지 원칙에 따라 구성된 한국인의 정의는 통합된 국민 정체성의 기반을 마련해주었다. 하지만 한국인 내부의 '차이 없음'이라는 말은 곰곰 따져보면 지금껏 한국에서 사회적 갈등이 없었다는 의미는 결코 아니다. 한국 사회에서 일부 정치인들은 젠더, 지역, 계급, 세대 등 차이에 따른 감정적 '적대'를 조장함으로써 자신들의 이권을 강화했다. 한국 사회의 이러한 사회문화적 토양에서 외국인은 상상적 동질성에 기반한 '한국인'에게 인종주의적 적대를 불러일으킬 손쉬운 표적이 되고 있다. 또한 일부 이익 집단들은 글로벌 대한민국이라는 구호 아래 '자민족 중심주의'의 환상을 심어놓음으로써 사회 내부의 문제를 희석시키고 이주자라는 외부인 희생양에 대한 폭력을 조장하면서 심지어 이러한 폭력을 정당화한다. 애국심이나 국가 지키기로 포장된 반외국인, 반다문화와 같은 인종주의 담론은 이주자들이 한국 사회에서 취약한 위치 탓에 제대로 대응하지 못한다는 점을 악용해 수위를 높이고 있는 실정이다.

김인선, 『시민의제사전 2016』, SOYOYOU, 2015, 171~177쪽.

4) 나는 지구인이다

종교전쟁

방글라데시에서 우리 가족은 이슬람교도였으니 당연히 술도 마시지 않았고 돼지고기도 먹지 않으며 종교 생활도 열심히 했다. 처음에 한국에 들어왔을 때는 그런 종교적인 생활 습관들을 계속 유지하고 있었다.

이슬람에서는 일 년에 꼬박 한 달의 라마단 기간이 있다. 낮에는 아무것도 먹지 않고 밤에만 음식을 먹을 수 있다. 또 아무것도 먹지 않은 상태로 하루에 다섯 번 기도를 해야 한다. 내가 일하던 공장에서도 기도할 시간이라고 하면 그런 건 다 지키게 해주었다. 인정을 해준 거다. 본래 이슬람 문화에는 사람들을 좀 독실하게 만드는 요소들이 있다. 또 이슬람교를 믿는 사람들은 보통 수염을 기른다. 한국에 와서도 힘들게 그걸 유지하는 사람들이 있지만, 좋게 바라봐주지 않는다. 수염을 깎는 일이 다른 사람들이 보기에는 아주 쉽고 간단한 일이지만, 실제로 종교적인 이유로 수염을 기르는 사람에게는 그게 아주 어려운 일이다.

한국 생활 초기에는 나도 종교 생활을 계속 유지하려고 노력을 많이 했다. 하지만 현실적으로 이건 엄청 힘든 일이었다. 한국에 들어와 3D업종에서 육체노동을 많이 하는 사람들이 이슬람이라고 라마단을 지키는 것은 정말 고행이다. 처음에 3년 동안은 열심히 라마단 기간을 지켰고, 금식도 정해진 대로 했다. 특히 어머니가 돌아가셨을 때는 종교적으로 더 많이 의지하기도 했다. 새벽에 일어나 아침 먹고 기도한 다음에, 다시 잠들었다가 일곱 시에 일어난 뒤에는 종일 금식하다가 밤에 조금 먹고……. 이게 방글라데시에서 할 때는 전부 다 똑같이 하니까 괜찮은데, 한국에 와서 일하면서 하려니까 생각처럼 잘되지 않았다. 일단 몸이 힘들고 지치니까 어쩔 수 없이 지키지 못하게 되었다. 그리고 나중에는 할 마음도 생기지 않는다. 또 9·11 이후 사람들이 이슬람교를 바라보는 시각이 많이 거칠어졌다, "너희 이슬람교가 테러를 한 거지?"하는 얘기들도 많이 들었다.

이슬람에서 돼지고기를 먹지 않는 얘기도 좀 해야 할 것 같다. <반두비>에서 이런 대사가 나온다. "이 맛있는 걸 왜 안 먹어? 안 먹으면, 이걸 어디다 써?" 이게 한국인들의 일반적인 생각이고 솔직한 질문이다.

방글라데시에서는 돼지뿐만 아니라, 개나 사자, 호랑이 같은 동물들을 잡아서 먹지 않는다. 이런 동물들은 사람에게 피해를 주는 동물이라고 생각하기 때문이다. 한국과는 다르게 이슬람이 생각하는 돼지는 주로 야생돼지다. 이런 동물들이 위험하고 또 더럽다고 생각하기 때문에 먹는 음식으로도 피하는 것이다. 이슬람교도들이 한국에 오면 일단 돼지고기를 조심한다. 그런데 조심하기도 쉽지가 않다.

식당에 가도 온통 돼지고기다. 나도 모르는 사이에 돼지고기를 먹게 된다. 공장에서 일할 때는 사장님이나 같이 일하는 직원들이 돼지고기를 소고기로 속여서 먹인 일도 있다. 뷔페에 갔는데 한글을 잘 못 읽으니까 돼지고기를 소고기로 알고 가져와서 먹기도 했다. 처음에 먹을 때야 그게 돼지고기인걸 모르고 먹으니까 맛있다. 막 맛있게 먹고 있는데 "그거 돼지고기야!"라고 한다. 나한테는 돼지나 쥐나 똑같은 종류의 더러운 동물로 인식이 돼 있다. 그래서 처음에는 맛있게 먹다가도 뱉고, 토하기도 했다.

방글라데시에서는 술도 금지다. 술을 먹으면 사람들이 기도를 하지 않으니까. 한국 사람들이 보기에는 이상할 수 있어도, 그런 문화가 형성이 될 때는 나름대로의 원칙과 이유가 있고 그걸 따르는 사람들의 합의 과정이 있는 법이다.

그렇게 오랫동안 금주를 해왔는데, 한국에서는 무슨 작은 잔치가 벌어져도 술이 빠지는 법이 없다. "술 한 잔 해야지." 기분 좋은 일이 있어도, 슬픈 일이 있어도 '한잔하자'는 말로 축하를 하고, 위로를 한다. 한국에 오래 거주하신 분들은 이런 일에 익숙해 있다. 벌써 한국에 있는 이슬람 교도들 중에서도 "왜 이 맛있는 술을 안 먹어?"라고 생각하는 사람들이 있다. 사실 방글라데시 사람들도 아예 술을 입에 안대는 것도 아니다. 몰래 먹는 사람들이 있다. 어느 사회에나 다 그렇듯이 무언가를 금지하면 사람들은 몰래몰래 한다. 술은 일단 마시면 기분이 좋아진다. 방글라데시 사람들도 그 맛을 알기 때문에 다른 사람들의 눈을 피해서 술을 마시기도 하는 것이다. 그렇다고 자주 그러는 건 아니고 일 년에 한두 번 혹은 그보다 조금 많이 마시는 정도다. 방글라데시의 분위기가 그러니까 술을 잘 배울 수 있는 문화가 없다. 그러다가 한국에 오니 술이 많기도 많고, 술값도 엄청 쌌다. 물 값만큼도 안 되는 가격이니까 당연히 눈이 커질 수밖에 없다. 방글라데시에서는 일 년에 한두 번 먹던 게 여기 와서는 일주일에 두세 번, 서너 번씩 마시게 된다. 회식도 워낙 많고, 거의 모든 이벤트에 술이 함께하니까. 처음에는 '싫다, 별로다' 하던 것을 이제는 자연스럽게 받아들이게 됐다.

종교적인 생활 문화 중에서 가장 충격적이었던 건 이런 거다. 어느 회사에 갔는데, 그곳이 기독교 회사였다. 주말마다 같이 교회를 가자고했다. 싫다고 아무리 말해도 그쪽에서도 굽힐 줄을 몰랐다. 알라신 얘기도 하고, 이슬람교 얘기도 해봤는데, 듣지를 않았다. 그러다가 어느 날 회식을 하고 한창 분위기가 무르익었을 때 같이 일하는 친구가 노래방에 가고 싶다고 했다. 우리도 술이 좀 취했으니까 노래 부르면서 놀 수 있는 곳에 가고 싶었다. 그랬더니 사장이 기회를 안 놓치고 교회로 데려갔다. 교회에 가서 잠깐 앉아 있으면 그 다음에 노래방에 데려가겠다는 것이다. 그렇게 싫다는데 왜 이런 식으로 억지로 데려가는 거지? 이해할 수 없는 일이었다.

그뿐이 아니었다. 매주 월요일이 되면 아침에 목사가 회사에 와서 기도를 한다. 공장이 잘되길 바라오며, 아무도 다치지 않게 해주시고……. 할렐루야, 할렐루야! 나의 종교는 그게 아닌데도 무조건 그 기도회에 참석해야 했다. 기도 내용을 가만히 듣고 있으면 다 좋은 내용이긴 했다. 싫다고, 가지 않겠다고 몇 번 고집을 부려 보았다. 그러면 사람들이 말한다.

"그러는 거 아니야. 사장이 부르는 건데 참석이라도 해줘야 해. 무조건 가야 해."

"여긴 회사야. 혼자서 하고 싶은 대로만 할 수는 없어. 너 자꾸 이러면 여기서 일하기 힘들어져."

"네 종교가 다른 거 알아. 그래도 너희 종교보다 우리 종교가 훨씬 더 좋아. 이게 최고야."

어떻게 최고인 종교가 따로 있을 수 있을까? 누구나 자기 종교가 자기에게 최고일 뿐이다. 회사 쪽에서는 종교를 바꾸라고 요구하는데, 나는 그게 너무 싫었다. 나는 몇 번 그렇게 고집을 부렸지만, 회사의 눈치를 봐야 하는 처지라는 걸 알기 때문에 어쩔 수 없이 기도회에 참가하곤 했다. 기도회는 일주일에 한 번씩 열렸고, 가끔 아프다는 핑계를 대고 가지 않을 때도 있었다. 하지만 나로서는 엄청난 노력을 했다.

나에게 그렇게 자기의 종교를 강요하고, 자기의 종교가 최고라고 말할 수 있는 이유는 무엇일까. 그것도 역시 내가 못 사는 나라에서 온 이주민이기 때문이다. 우리 이슬람교도들도 기도를 한다. 그렇다고 해서 우리가 사장에게 우리 기도회에 참석하라거나, 우리 이슬람교가 최고의 종교라고 말하지는 않는다. 종교가 다르다는 사실에 대해서 어떤 식으로도 인정해 주지 않는 태도 역시 자본주의적인 사고방식의 영향을 받는 면이 있다. 이제 나는 이슬람종교 활동을 하지 않고 있지만, 그럼에도 그런 강압적인 종교분위기는 여전히 받아들이지 못하겠다.

'이슬람'은 본래 '평화'라는 뜻을 가지고 있다. 모든 종교는 좋은 내용을 많이 갖고 있다. 세상에 존재하는 모든 종교에 대해서 잘 아는 것은 아니지만, 이슬람에도 다른 종교 못지않은 좋은 내용이 많다. 이슬람에서는 모든 사람들이 다 평등하다고 말한다. 종교가 다른 모든 이들도 우리의 형제라고 인정한다. 이슬람 안에서 여성에 대한 차별이 많이 있다는 것은 나도 알고 있다. 그런데 정확히 말하면, 이슬람교뿐만이 아니라 대부분의 종교들이 여성에 대해서 차별적이다. 내가 생각하기에는 종교라는 것 자체가 남자들에 의해서 혹은 남자들 때문에 만들어진 것 같다. 대부분의 종교 내에 갈등과 문젯거리들이 있다. 여성의 자유를 비롯해서 성소수자들에 대한 인식도 매우 협소하다.

이슬람은 사실 테러리스트들에 대해서도 단호하다. 이슬람의 정신을 따르자면 테러리스트는 존재할 수 없다. 다만 일부 과격한 이들이 존재하는 것일 뿐이다. 하지만 테러리스트들이 누구에 의해서 무엇 때문에 만들어졌는지도 생각해 볼 필요가 있다. 역사적으로 볼 때, 테러리스트 과격파들은 어떤 특정 집단을 이용해 왔다. 구획전쟁이나 아프간전쟁 등을 거치는 과정에서 특정한 집단을 이용하고 그 집단의 이름을 종교 이름과 뒤섞어 버린 것이다. 그래서 이슬람에 대한 이해가 많이 없는 사람들은 테러리스트 단체가 바로 이슬람이라고 오해하게 되는 거다.

<언싱커블unthinkable>이란 영화에는 이슬람 종교를 가진 미국인 2세가 미국 내에서 여러 가지 테러를 일으켜 사람들을 죽인다는 내용이 나온다. 나는 이 영화를 직접 보지는 못했고, 예고편만을 봤을 뿐이다. 백화점에서 50명을 죽이고 붙잡힌 테러범에게 경찰이 다그친다. "당신의 이런 짓 때문에 죄 없는 사람들 50여 명이 죽었다."

그러자 테러범은 이렇게 따진다. "그래서 뭐? 당신들은 얼마나 많은 사람을 죽였는지 알아?"

어느 날 갑자기 50명을 죽인 테러는 이슈거리가 된다. 사람들은 테러에 공포감을 느끼고 무서워하며, 테러범을 비난하고 미워한다. 그런데 아프간 같은 곳에서는 하루에도 더 많은 사람들이 죽지만 아무도 중대한 문제로 걱정하지 않는다. 그들의 죽음을 누구도 슬퍼하지 않는다. 심지어 기억조차하지 않는다. 사람들 머릿속에서 그곳에서 사람들이 죽는 건 매일매일 일어나는 일이 되었다. 죽음을 일상적인 것으로 받아들이고 있는 것이다.

나는 어느 한쪽의 편에 서고 싶지는 않다. 양쪽 다 사람을 죽였으니 나쁜 거다. 그렇지만 테러는 왜 일어난 것일까? 아프간에서 벌어지는 엄청난 살상이 결국 테러까지 하게 만든 것은 아닐까? 부당한 전쟁터에서 자기 가족과 친구와 친척들을 잃어버린 사람들은 그와 같은 방식으로 복수를 꿈꾸게 된다. 미국은 자기 입장에서 '테러'라고 선언하고, '테러리스트'라고 딱지를 붙인다. 그리고 그 때문에 전쟁을 계속할 수밖에 없다는 이상하고 말도 안 되는 논리를 만들어 낸다. 부메랑을 날리는 것이다. 그렇게 종교전쟁은 시스템화 되고 있다. 좋은 테러는 없다. 마찬가지로 좋은 전쟁도 없다.

옛날부터 거의 모든 전쟁은 종교의 이름으로 시작됐다. 여기에 딱 들어맞는 전쟁이 이슬람과 기독교의 싸움이다. 이슬람보다 기독교가 최고라고 말하면서 종교의 이름으로 그냥 일반인들을 죽이는 거다. 과연 이라크에 평화가 찾아왔나? 아니면 아프간이 종교의 이름으로 더 행복해졌나?

아프간에서 얼마나 많은 사람들이 비참하게 죽어가고 있는지 우리는 안다. 탐욕스러운 이유로 전쟁을 벌인 이들이 있고, 종교적인 깃발을 날리면서 테러리스트라는 딱지를 붙이고 보복 행위를 하는 이들이 있다. 서로 다 똑같이 나쁜 짓들을 하고 있는 것이다. 좋은 목적으로 파병했고 구호활동을 벌이고 있다고 말은 하지만, 본질적으로는 그런 게 결코 아니다. 그 나라의 시민들이 자신의 길을 정해야한다. 가능한 원조를 해주는 것은 물론 세계의 여러 국가들이 해야 할 일이다. 그렇지만 그 지원이라는 게 지금까지처럼 오래된 무기나 전쟁에 필요한 장비들이 아니라 시민들의 생활에 정말 필요한 것들이어야 한다. 이건 종교를 통해서만 가능한 일은 아니다.

사실 이런 문제에 관해서 한국은 세계무대에서 발언권이 없다고 본다. 발언권이 없는 채로 미국이라는 나라를 유일한 통로로 삼고 있을 뿐이다. 한국도 이런 이상한 관계에서 벗어날 필요가 있다.

마붑 알엄, 『나는 지구인이다』, 텍스트, 2010, 174~182쪽.

5) '제주 예멘 난민 사태'를 통해 본 한국 사회의 이슬람 혐오와 인종주의

2013년 대한민국 정부는 국제협약으로서의 「난민의 지위에 관한 1951년 협약」에 따라 '난민법'[21]을 아시아 최초로 제정했다. 이후 두 번의 개정을 거쳐 오는 과정에서 세계 인권 수준에 맞지 않는 '난민법'에 대한 논란[22]은 지속되고 있다. 사실상 한국 사회는 1994년 난민이 유입되기 시작한 시점부터 2013년 난민법이 시행되기 전까지 난민 심사가 지연되는 일이 다반사였으며, 난민을 지원하는 정책도 없었다. 그래서 한국에서 오랜 시간을 무국적으로 살아도 뚜렷한 대책 없이 불안한 생활을 이어가야 하는 난민들이 많았다. 더구나 취업허가도 불가했던 당시에 난민들은 어떻게 살아가야 할지에 대한 해답을 그 어느 곳에서도 구할 수 없었다. 다만 단속의 불안을 느끼며 미등록이주노동자와 같은 처지에서 일을 하며 살아야 했다.

하지만 난민법 제정 이후에는 비록 심사에서 평균 3퍼센트 정도만 난민 인정을 받았더라도, 그나마 인도적 체류 지위라도 부여받은 사람들은 합법적 체류가 가능해졌다. 그러나 합법적 체류만 가능해졌을 뿐, 난민들의 불안정한 일자리와 무국적자인 자녀들의 양육 환경은 너무나 어려운 현실로 이어졌다. 그런데 이토록 척박한 난민들의 환경에 느닷없이 충격적인 현실이 눈앞에 펼쳐졌다. 제주도에 도착한 500명가량의 예멘난민들은 출도 제한 조치를 받았고, 그들에 반감을 품은 혐오세력들이 '국민이 먼저다'라는 구호를 외치며 '난민 반대'를 주장하는 모습을 맞닥뜨려야 했던 것이다. 그리고 급기야 청와대에 청원을 해가며 자신들을 거부하는 대한민국 국민들을 목도해야만 했다. 이러한 청원에 대해 안타깝게도 청와대는 국민의 안전할 권리를 지켜주겠다는 입장을 표명하며 법무부 난민 심사에 영향을 미쳤고, 2018년 10월 17일 현재 '예멘 난민인정 제로'[23]라는 초유의 사태를 만들었다.

(1) 누가 진정한 난민인가? 전쟁 난민을 위하여!

난민은 자기 권리를 보호해줄 의무의 주체가 없는 사람이다. 국민의 자유를 보장하고 복지의 증진과 보장을 책임질 의무자는 국가다. 그런데 난민은 국가로부터 보호는커녕 박해를 받아 다른 나라에 가서 보호를 요청해야 하는 처지에 있는 사람이다.[24] 그런데 난민 심사에서는 박해의 사유를 "인종, 종교, 국적, 특정 사회집단 구성원 신분, 정치적 견해 등"으로 하고 있기에, 전쟁은 난민 심사의 박해사유로 보지 않는다고 한다. 하지만 전쟁은 강제징집을 통해 군대를 유지하려하기 때문에, '양심적 병역 거부자들'은 자기 나라에서 살 수가 없다. 뿐만 아니라 전쟁은 인간의 존엄을 파괴하는 가장 참혹한 행위이며, 생명과 안전을 위협하는 전쟁터에서 인간은 인권을 보장받지 못한다.[25] 9·11테러 이후 벌어진 아프간침공을 비롯한 미국과 같은 강대국과 서방국가들이 아랍 지역에서 벌인 전쟁으로 세계 곳곳에서는 전쟁 난민이 될 수밖에 없는 사람들이 늘었다. 이들은 생존자이지 잠재적 범죄자들이 아니다.

2012년, 나는 이라크전쟁이 발발하고 나서 난민이 된 사람들에 대한 인류학적 연구를 위해 직접 시리아의 다마스쿠스로 갔다. 당시 시리아의 제레미야 지역은 이라크 난민들의 집중 거주지였다. 한국과 수교조차 되지 않은 그곳에서 한국의 자동차나 핸드폰 같은 물품들이 거리 상점들과 백화점 곳곳에서 팔리고 있었다. 자본은 그렇게 쉽게 국경을 넘나들고 있었고, 대사관도 없는 그곳에서 대한무역투자진흥공사KOTRA는 현지 사무소를 열고서 기업들이 이익을 챙길 수 있도록 돕고 있었다. 하지만 한국의 그 많은 국제지원활동 단체들은 선교사들을 빼고는 찾아볼 수 없었고, 아랍어를 배우겠다고 와 있는 한국인 유학생들만이 소수의 한국인 교민들과 함께 살아가고 있었다. 그곳에서 만난, 난민이 된 이라크 사람들은 국경을 넘어서도 어렵게 살아가고 있었다. 전쟁으로 인해 분열된 조국에서 서로를 적대시하며 매일 협박과 두려움 속에서 살아야했다. 사라진 남편의 죽음을 거리에서 맞닥뜨려야 했고, 누가 왜 어떻게 남편을 살해했는지 알아낼 수도 없었다. 그저 처참한 시신을 뒤로 하고 남은 자녀들과 함께 국경을 넘어야 했다. 그런가 하면 한 여성은 오빠의 행방이 묘연해지자 국제단체와 함께 수소문했는데 오빠는 경찰서에 이유 없이 끌려가서 고문을 받은 채로 몇 개월을 감금당해 있었다. 그렇게 다리를 쓸 수 없게 된 오빠와 가족들은 난민 행렬에 동참했고, 모든 생활기반을 버려둔 채 타지에서 가난한 삶을 이어가고 있었다. 또한 전쟁의 폭격 속에서 날아든 폭탄 때문인지 한 아이는 장애를 지닌 채 태어났다. 그 아이의 엄마는 치료 비용을 마련할 수 없어 전전긍긍하며 UN에서 지원하는 턱없이 모자란 생활보조금으로 궁핍한 생활을 지속해야만했다. 한 청년은 먼 곳의 결혼식에 참석하기 위해 버스를 대절했는데 가족을 먼저 보냈다고 한다. 이후 나중에 출발하려다 먼저 떠난 가족이 총격에 의해 모두 몰살을 당했다는 충격적인 소식을 접했다고 한다. 혼자가 된 그는 국경을 넘어 시리아의 한 이불 가게에서 점원으로 일하며 근근이 살아가고 있었다. 그렇게 난민들이 둥지를 틀며 전쟁의 공포와 살해의 위협으로부터 도망친 곳이었던 시리아마저 아랍의 봄과 함께 내전에 휘말렸다. 이들은 다 어디로 갔는지 알 수가 없다.

그런 시리아에서 사람들은 2년 전에 난민이 되어 한국으로 들어왔다. 천 명가량의 난민이 들어왔지만 난민으로 인정된 사람은 고작 3명 정도에 불과했고, 그중 혼자서 온 28명의 남성 난민들은 입국 불허 결정으로 공항에 억류된 채 제대로 먹지도 씻지도 못하는 비참한 하루하루를 보냈다. 사회적으로 큰 논란이 된 후, 이들은 '난민불회부결정취소소송'에서 원고 승소 판결을 받고서야[26] 출입국심사대를 통과하여 한국 땅에 들어올 수 있었다. 이것은 제주 예멘 사태를 예견해볼 수 있는 사건일 수 도 있다. 한국 정부의 난민을 대하는 이러한 행태는 2018년 사회적 논란이 된 '난민 반대'에 편승하여 오늘날 '난민 인정 제로'라는 부끄러운 심사 결과로 이어졌기 때문이다. 민주적인 정권의 교체라는 것이 무색할 정도로 지속되어온 한국 사회의 뿌리 깊은 인종주의의 현실이 바로 '제주 예멘 난민 사태'를 통해 더 명백히 드러났다고 할 수 있다.

(2) 난민 사태를 통해 본 국가적 인종주의와 가짜 뉴스를 통한 혐오 담론

지난 2018년 7월에는 인종차별보고대회가 있었다. 이 보고대회는 '모든 형태의 인종차별철폐에 관한 국제협약'에 가입한 대한민국이 의무적으로 제출해야 하는 2017년 국가보고서에 대응하여 '심의 대응 시민사회 사무국'이 구성된 이후 이루어진 것이었다. 이 보고대회는 다양한 이주영역별 인종차별 사례와 정책과 제도의 문제점에 대해 보고하는 대회였다. 이날 기조 발제에서 연세대학교 문화인류학과 김현미 교수는 다음과 같이 지적하였다.

최근 한국 사회에 불거진 '난민 논쟁'과 '우리 목소리를 들어라'라는 국민 청원 형식으로 제안된 난민 반대 운동, 조경태 국회의원의 난민법 폐지법안 발의, 이언주 의원실의 토론회, 언론과 미디어의 선정주의적 보도 등을 보면서, 정치적 '조급주의'를 목격하고 있다. 난민과 타문화 이해를 위한 숙고의 시간 없이 추방, 폐지, 공포라는 이름의 혐오로 가득 찬 공론장은 한국 사회가 얼마나 인종주의적 혐오를 애국이나 정체성 보존, 일자리 창출이란 말로 낭만화하고 정당화해왔는지를 잘 보여주고 있다. 이런 현상은 새삼 놀랄 일도 아니다. 한국 사회가 적극적으로 이주민을 받아들인 이후 이들에 대한 무시, 모욕, 폭력적 공격, 지배는 증가했다. 문제는 인종차별을 정의하고 줄여나가려는 국가의 노력이 전무했다는 점이다. 정부가 2006년 이후 다문화 사회로의 이동을 선언하고, 결혼이주자 사회통합정책을 수립했지만, 감각화되고 자연화되었다. 이 때문에 개인적, 제도적, 국가적 차원에서의 인종주의 혹은 인종차별을 함께 해결해가야 할 공동체의 이슈로 보지 못하게 만들었다.[27]

이러한 지적을 통해 알 수 있는 것은 한국 사회가 이주민을 받아들인 이후, 민족주의를 앞세워 애국심을 부추기며 인종차별을 하는 세력들의 힘을 키우는 데 있어서 국가가 방조하고 심지어 조장한 측면이 있다는 것이다. 이는 국가적 인종주의로서 국가가 인종, 종교, 문화적 판단 기준을 통해 차별적인 기제를 만들어내고 소수자나 특정 인종의 삶에 관여하는 법을 만들어 실행하는 것을 의미한다. 특정 종족, 소수자 집단, 이민자 집단과 관련된 법이나 정책을 통해 영토 내부의 존재들을 구획하고, 경계 짓고, 차별을 구성하는 것이다.[28] 그 대표적인 사례들이 2015년 '테러 방지법'을 만들기 위해 이슬람 국가에서 온 이주노동자들을 잠재적 테러리스트라는 이유로 검거하고, 혐의 사실을 증명할 방법이 없자 불법체류자라는 이유로 강제 출국 시킨 사건이다.[29] 뿐만 아니라 2016년 선거전에서 기독자유당이 인종차별적 공약을 발표함과 동시에 '이슬람 반대'[30]와 같은 구호를 내세웠다. 이에 대해 시민사회단체들은 기독자유당의 차별·혐오 행위와 이를 방조하는 정부를 규탄한다며 인권위에 진정서를 낸 사례[31]도 있다. 그런데 일부 보수언론과 기독교 관련 언론은 이런 식의 국가적 인종주의에 대해 비판적인 기사를 쓰지 않고 오히려 사실 근거가 부족하거나 근거가 없는 괴담성 가짜 보도를 유포하며 인종차별적 여론을 형성하는 데 일조했다. 여론은 언론 보도에 영향을 받고, 다시 언론은 그 여론을 보도하는 것이다. 그리고 이런 여론과 언론은 특정정치 세력에 활용되기도 했다.[32] 그러한 과정을 적나라하게 드러내 보인 것이 일명 '가짜 뉴스'로 점철되었던 '제주 예멘 난민 반대'와 관련한 보도들이었다. 이 과정에서 가장 문제가 된 것은 이슬람을 혐오하는 가짜 뉴스의 양산[33]이었다. 이러한 가짜 뉴스로 인해 난민에 대한 혐오는 더욱 확산되었다.

무엇보다 문제는 '난민 반대'라고 하는 구호 자체가 이미 인종주의를 내포하고 있는 혐오표현임을 자각조차 하지 못하는 사회적 인식 수준이다. 사회에서 행해지는 차별은 언제나 상징적인 조작을 수반한다. 피차별 집단을 부정적인 이미지로 묘사하면서 한 차원 낮은 존재로 격리시키는 담론이 작동한다.[34] 이러한 담론을 작동시키기 위해 동원되는 혐오표현의 공표는 존엄성을 훼손하고 손상시키도록 의도된 것이다. 혐오표현의 목적은 혐오표현 대상자의 관점과 다른 사회 구성원의 관점에서, 혐오표현 대상자의 존엄성을 위태롭게 하는 것이다.[35] 그리고 혐오표현은 민족, 인종, 종교와 같이 귀속적인 속성을 사회의 정상적인 구성원으로 대우받지 못하도록 자격을 박탈해야 하는 행위나 속성으로 연결시켜, 혐오표현 대상자들의 평판의 기호를 손상시키는 것을 목적으로 한다.[36] 그래서 예멘 난민을 혐오하는 세력들은 이슬람 종교를 믿는 이 무슬림남성들을 한국 여성들의 안전을 위협하는 잠재적 가해자라고 규정하고 공포와 두려움의 대상으로 만들었다. 그러한 근거로 '여성 성기 할례'와 '명예살인' 그리고 '조혼'과 같은 사회적 문제들을 지목했다. 급기야 제주도에서의 여성 실족 사망사고와 관련해서 예멘 난민이 저지른 범죄라며 루머를 퍼뜨리기도 했다.[37] 그러나 지금 한국 여성들이 요구하는 안전할 권리는 예멘 난민들을 모두 쫓아내고, 한국에 있는 모든 무슬림 남성들을 쫓아낸다고 해결되는 문제가 아님은 명백한 사실이다. 한국 사회 내의 남성들이 가진 여성 혐오의 문제와 가부장제적 사회구조가 만들어내는 문제는 이들과 무관하게 이어져왔기 때문이다.

(3) 두려움을 넘어서 난민을 환대하기 위하여!

우리는 다양성에 직면할 때 긴장한다. 그 결과 불편함, 불신, 긴장, 폭력, 심지어 전쟁이 일어나기도 한다. 그래서 우리는 차이를 회피하는 다양한 전략을 개발해왔다. 같은 부류끼리만 어울리기, 낯선 자를 내쫓거나, 주변화하거나, 악마화하거나, 검증된 방법으로 제거하기 등이 그것인데, 이는 두려움을 심화시킬 뿐이다.[38] 이러한 희생양 만들기가 파시즘이라는 극단으로 흐르지 않는다고 해도 타인에 대한 두려움에서 행동하는 것은 민주주의를 위협한다.[39] 그러나 이런 식의 민주주의에 대한 위협 속에서도 희망은 있다. 차별금지법제정연대라고 하는 시민사회단체의 연대 움직임이 있고, 난민을 환대하는 시민들의 모임이 지난 10월 20일 국회로 향하는 '평등행진'에 함께했기 때문이다. 개인적이고 정치적인 삶에서 우리가 끌어안아야 하는 모든 긴장 가운데, 가장 근본적이고 가장 도전적인 것은 "비극적 간극" 속에서 희망을 가지고 견디고 행동하는 것이다.[40] 개인으로서 사람들은 그들이 서로 사랑하고 봉사해야 할 것과 서로 간의 정의를 확립해야 한다는 사실을 믿고 있다. 그런데 인종적·경제적·국가적 집단으로서의 개인들은 스스로 그들의 힘이 명하는 것이면 무엇이든 한다.[41] 민족주의를 앞세운 '국민이 먼저다'라는 구호 속에 국민이 아닌 사람들을 차별하고 배제해도 된다는 인종주의 문제는 일부 보수 기독교인들의 종교적 집단주의가 내뿜는 이슬람 혐오와 만나서 '난민 반대'로 모아졌다. 그리고 일자리 경쟁에서 지친 사람들은 경제적 집단으로서 난민을 일자리를 빼앗는 위협적인 존재로 부각시켜 '국민이 먼저'이니 추방하기를 바란다. 하지만 난민들에게 주어지는 일자리들은 정작 경쟁의 대상이 되지 않는 업종일 뿐이다. 그리고 국가는 국민인 여성의 안전을 이유로 난민에 대한 공정하지 못한 심사를 하며 난민들을 더욱 곤경에 빠뜨리고 있다.

하지만 지금 우리에게 필요한 것은 난민에 대한 환대이다. 위험을 피해 한국 땅에 도착한 난민은 험난한 고비를 뚫고 한국 땅을 찾아온 용기 있는 사람들이다. 이들 또한 존엄성을 잃지 않고 인간답게 살 수 있도록 최소한의 인권은 반드시 보장되어야 한다. 난민들에게 작은 환대를 베풀고 연대하는 것은 동시대를 함께 살아가는 사람들과 국가의 책무다. 한국인도 자유와 존엄을 보장받지 못하는 세계인에게 손을 내밀고 함께할 때가 되고도 남았다.[42] 또한 잘못된 이슬람 혐오와 인종주의 문제를 해결하기 위해서라도 한국 사회에 만연한 혐오표현의 문제를 어떻게 해결할 것인가를 두고 사회적 논의가 깊어져야 한다. '모든 인종차별 철폐에 관한 UN 선언'의 제2조에는 "어떠한 국가, 기관, 집단, 개인도 인종이나 피부색 또는 민족적 기원에 근거한 이유로 개인이나 집단 또는 기관에 대해서, 인권과 기본적 자유와 관련되는 어떤 형태의 차별도 해서는 안 된다"라고 적시하고 있다. 그리고 제8조에서는 "한 인종의 우월성 혹은 같은 피부색이나 같은 민족적 기원을 가진 사람들로 이루어진 집단의 우월성에 대한 생각이나 이론에 근거해서, 인종차별의 어떠한 형태를 정당화하거나 부추길 목적으로 만들어지거나 활동하는 모든 선전들과 단체들을 엄격하게 규탄되어야 할 것이다"라고 쓰여 있다. 그렇다면 현재 한국 사회에서 벌어지고 있는 '난민 반대와 혐오'는 당연히 규제되어야 하는 것이 마땅하다. 그리고 지난 2015년 UN

인종차별특별보고관은 그동안 국제사회에서 여러 번 권고를 받았던 한국 사회의 포괄적 차별금지법 제정의 필요성에 대해 다시 권고했다. 이러한 국제사회의 권고를 언제까지 무시할 것인가? 정부와 국회는 한국 사회의 다양성이 존재하는 다문화 사회를 지향하고, 민주주의가 제대로 작동하여 모두가 평등하며, 모든 사람의 존엄성이 지켜지는 사회를 만들기 위해서라도 더 이상 포괄적 차별금지법의 제정을 미루어서는 안 될 것이다. 그것이 현재 넘쳐나는 혐오표현을 중단시키고, 인종차별의 문제를 줄여나갈 수 있는 아주기초적인 초석이 될 것이다.

정혜실, 「'제주 예멘 난민 사태'를 통해 본 한국 사회의 이슬람 혐오와 인종주의」,
『자음과모음』 39호, 자음과모음, 2018, 231~241쪽.

더 읽을거리

고병권, 『민주주의란 무엇인가』, 그린비, 2011.
김도현, 『장애학의 도전』, 오월의 봄, 2019.
김기남 외, 『난민, 난민화되는 삶』, 갈무리, 2020.
김지혜, 『선량한 차별주의자』, 창비, 2019.
리아 레빈, 이명재·서현수 옮김, 플랑튀 그림, 『인권: 인간의 권리에 관한 118가지 질문에 답하다』, 북스코프, 2012.
백영경, 「소수자 인권과 한국사회 시민권의 재구성」, 『창작과비평』 2016년 3월호.
사카이 다카시, 김은주 옮김, 『폭력의 철학: 지배와 저항의 논리』, 산눈, 2007.
샌드라 프레드먼, 조효제 옮김, 『인권의 대전환—인권 공화국을 위한 법과 국가의 역할』, 교양인, 2009.
스티븐 레비츠키·대니얼 지블랫, 박세연 옮김, 『어떻게 민주주의는 무너지는가 - 우리가 놓치는 민주주의 위기 신호』, 어크로스, 2018.
슬라보예 지젝, 한보희 옮김, 『전체주의가 어쨌다구?』, 새물결, 2008.
아즈마 히로키, 안천 옮김, 『일반의지 2.0』, 현실문화, 2012.
야스차 뭉크, 함규진 옮김, 『위험한 민주주의 - 새로운 위기, 무엇이 민주주의를 파괴하는가』, 와이즈베리, 2018.
오찬호, 『우리는 차별에 찬성합니다』, 개마고원, 2013.
유규오, 『EBS 다큐프라임 민주주의: 세계적인 석학들의 민주주의 강의』, 후마니타스, 2016.
윤수종, 「소수자 되기」, 『기독교 사상』 643호, 대한기독교서회, 2012.
윤수종 엮음, 『소수자들의 삶과 기록』, 문학들, 2019.
이지문, 『추첨민주주의 강의』, 삶창, 2015.
자클린 드 로미이, 이명훈 옮김, 「아테네 민주주의」, 『왜 그리스인가?』, 후마티타스, 2010.
장 아메리, 안미현 옮김, 『죄와 속죄의 저편: 정복당한 사람의 극복을 위한 시도』, 도서출판 길, 2012.
조효제, 『인권의 지평: 새로운 인권 이론을 위한 밑그림』, 후마니타스, 2016.
참여연대, 『고장난 나라 수선합니다(더 많은 민주주의를 위한 55가지 키워드)』, 이매진, 2012.
티머시 스나이더, 유강은 옮김, 『가짜 민주주의가 온다 - 도둑 정치, 거짓 위기, 권위주의는 어떻게 권력을 잡는가』, 부키, 2019.
하승우, 『공공성』, 책세상, 2014.

4장

21세기 자본주의와 노동

오늘날 자본과 자본주의는 우리 삶의 모든 영역에서 작동하고 있다. 이 장은 현대 자본주의 사회에서 드러나는 불평등과 소외 문제, 그리고 복지 문제를 다루며 우리 삶에서 '상식' 혹은 '지침'이 되어버린 자본주의에 질문을 던지는 글들을 소개한다. 제1절의 첫째 글은 기회의 평등의 중요성과 아울러 결과의 불평등이 또 다시 기회의 불평등을 심화시키는 순환 과정을 해명하면서 사회적으로 불평등을 줄여야 하는 까닭을 역설한다. 둘째 글은 '개천'에서 사는 보통사람들이 삶에 필요한 생존조건을 보장받는 권리를 제도화시키고 지켜내는 사회를 일구어가는 것이 정치의 중대한 목표임을 지적한다. 셋째 글은 세계 시장의 통합을 의미하는 '지구화'(세계화)가 1세계가 주장하는 장밋빛 미래를 약속하는 기획이 아니라 3세계를 이전보다 더 가혹한 빈곤의 수렁으로 몰아넣는 1세계의 정치경제적 지배전략임을 카리브 해의 아이티라는 작은 섬나라의 목소리를 통해 고발한다.

제2절은 비정규직 노동, 플랫폼 노동, 이주민 노동을 중심으로 노동과 소외의 문제를 다룬다. 첫째 글은 비정규직 노동자의 문제를 보여준다. 이 글의 저자는 자본주의적 능률성과 효율성, 편의성, 즉 돈과 이윤의 관점에 의해 무시되어서는 안 될 기본적인 인간의 가치, 그리고 그것을 지킬 제도적인 장치의 필요성을 감성적으로 역설하고 있다. 둘째 글은 오늘날 플랫폼이라는 기술 장치를 통해서 활성화되고 있는 공유경제의 실상을 소개하며, 이러한 공유경제가 우리의 삶을 윤택하게 할지 아니면 시장 약탈의 또 다른 변형일지를 논의한다. 셋째와 넷째 글은 국내 노동력의 부족으로 한국으로 들어온 이주 노동자의 현실을 알려준다. 복합적인 차별 구조 속에 이주 노동자가 방치되면서 발생하고 있는 낮은 임금과 체불, 열악한 노동 환경, 그리고 인권 등의 문제를 거론하며 한국 사회에서 이주 노동자가 '보이지 않는 인간' 혹은 '불온한 인간'으로 살아갈 수밖에 없는 상황을 전달한다.

제3절은 '분배와 재분배'를 화두로 사회 복지와 기본소득의 문제를 살펴본다. 첫째 글은 진정한 복지국가의 실현을 위해 무엇이 필요한지를 제안한다. 저자는 복지 재정의 확대, 선진적인 복지 제도의 정착뿐만 아니라 사회의 핵심 가치의 전환의 필요성을 강조한다. 즉 사회의 핵심 가치가 개인주의와 경쟁에서 사회적 연대로 전환되어야 올바르고 공정한 복지국가로 나아갈 수 있다고 주장한다. 둘째 글은 부의 재분배가 거의 작동하지 않는 미국에서 계층 간의 엄청난 소득 격차와 불평등이 어느 정도로 악화되었는지를 설명하고, 이러한 상황이 개선되지 않을 경우 파국으로 종결될 수 있음을 경고하고 있다. 셋째 글은 디지털 플랫폼에서 증폭되고 있는 공유지의 역설과 양극화 현상을 지적하고, 플랫폼 공유지 수익의 공정한 분배의 방식을 논의하며 기본소득의 가능성을 타진한다.

1. 자본과 불평등

1) 기회의 불평등 vs 결과의 불평등

'불평등'이라는 말을 들을 때 많은 사람이 '기회의 평등'을 달성한다는 면에서 생각을 한다. 기회의 평등이라는 문구는 정치 연설, 정당의 선언, 선거운동 수사에 자주 등장한다. 이 문구는 오랜 역사의 뿌리를 지닌 강력한 구호다 리처드 토니Richard Tawney는 『평등Equality』이라는 고전적 에세이에서 모든 사람은 "똑같이 그들이 소유한 힘을 최대한 이용할 수 있도록 해야 한다."고 주장했다. 존 로머John Roemer의 저작을 따르는 최근의 경제 논문에서 경제적 성과의 결정 요인들은 집안 배경과 같이 개인의 통제를 넘어서는 '환경'에 기인하는 요인들과 개인에게 책임을 돌릴 수 있는 '노력'에 기인하는 요인들로 나뉜다. 기회의 평등은 전자의 변수들(환경 요인들)이 성과를 나타내는 데 아무런 역할도 하지 않을 때 이루어진다. 어떤 사람들이 학교에서 열심히 공부하고, 시험에 통과하고, 의과대학에 들어간다면 의사로서 그들이 받는 높은 급여 가운데(꼭 전부는 아니더라도) 적어도 일부는 그들의 노력 덕분이라 말할 수 있다. 반면 의과대학에서 그들이 차지하는 자리가 부모의 영향력을 통해(예를 들러 그 대학 동문의 자녀들에게 주어지는 우선권을 통해) 확보된 것이라면 기회의 불평등이 있는 것이다![1]

기회의 평등이라는 개념은 매력적이다. 그러나 이것이 결과의 불평등은 상관없다는 것을 뜻하는가? 내 견해로 이 물음에 대한 대답은 "아니오"다. '평평한 경기장'에 대한 관심에서 출발한 이들에게도 결과의 불평등은 여전히 중요하다. 왜 그런지 보려면 우선 두 가지 개념의 차이에 주목하는 것으로 시작할 필요가 있다. 기회의 불평등은 본질적으로 모두가 같은 출발점에 서야 한다는 사전적인 개념인 데 반해 많은 재분배 활동은 사후적 결과에 관한 것이다. 결과의 불평등이 상관없다고 생각하는 이들은 사후적 결과에 대한 염려를 불합리하다고 여기며, 일단 인생의 경주를 위한 평평한 경기장이 만들어지고 나면 결과를 캐물어서는 안 된다고 믿는다. 내가 보기에 이런 생각은 세 가지 이유로 잘못되었다.

첫째, 출발 신호가 울린 뒤 어떤 일이 일어나는지를 완전히 무시하는 것은 대부분의 사람들이 받아들이지 못할 것이다. 개인들은 노력을 하지만 불운이 따를 수도 있다. 어떤 실수로 넘어져 가난에 빠진다고 해보자. 그 어떤 인간사회라도 그들에게 도움을 줄 이들이다. 더욱이 많은 사람이 그러한 도움은 그 대상자가 어떤 이유로 어려움을 겪게 되었는지를 따지지 말고 주어야 한다고 믿는다. 경제학 래비 캔버Ravi Kanbur와 애덤 왜그스태프Adam Wagstaff가 지적했듯이, 어떤 개인이 무료 급식소에 줄을 서게 된 것이 환경 요인 때문인지 아니면 노력 부족 탓인지 따져보고 그에 따라 수프를 나눠준다는 조건을 거는 것은 도덕적으로 혐오스러운 일일 것이다.[2] 결과가 중요한 첫 번째 이유는 설사 기회의 평등이 존재하더라도 결과적으로 어려움을 겪는 이들을 무시할 수 없다는 데 있다.

그러나 결과의 중요성은 이보다 훨씬 더 깊은 곳에서 찾을 수 있으며 이는 결과의 불평등이 문제가 되는 두 번째 이유를 알려준다. 우리는 경쟁적인 상황과 비경쟁적인 상황을 구분해서 기회의 평등을 생각해야한다. 비경쟁적인 기회의 평등은 모든 사람이 독립적인 삶의 계획을 실현해갈 수 있는 똑같은 기회를 갖도록 보장한다. 운동 경기에 비유하자면 모두가 수영을 배우고 인증서를 취득할 기회를 가질 수 있다. 이와 대조적으로 경쟁적인 기회의 평등은 모두가 경주(수영 경기)에 참가할 똑같은 기회를 갖는다는 것을 의미한다. 이 경기에서는 서로 다른 상이 주어진다. 이와 같은 더 일반적인 상황에서는 사후적으로 불평등한 상이 주어지며 바로 이 지점에서 결과의 불평등이 등장한다. 이처럼 대단히 불평등한 상이 존재함에 따라 우리는 공정한 경주가 되도록 보장하는 데 그토록 중요한 가치를 두게 된다. 그리고 그 상의 구조는 대부분 사회적으로 만들어진 것이다. 우승자가 화환을 받을지(2014년 전미 오픈 테니스 대회에서 최고 상금으로 준 것처럼) 300만 달러를 받을지는 우리가 경제적으로, 사회적으로 어떤 제도를 합의하느냐에 따라 결정된다.

마지막으로, 결과의 불평등을 염려하는 세 번째 이유는 그러한 불평등이 (다음 세대의) 기회의 불평등에 직접적으로 영향을 미친다는 데 있다. 오늘 사후적으로 나타난 결과는 내일 경기의 사전적인 조건이 된다. 오늘 결과의 불평등에서 이득을 얻는 이들은 내일 자녀들에게 불평등한 이익을 물려줄 수 있다. 지금까지 소득과 부의 분배가 더 불평등해짐에 따라 불평등한 기회와 제한적인 사회적 이동성에 대한 염려가 더 커졌다. 집안 배경이 성과에 미치는 영향이 배경과 성과 사이의 관계가 얼마나 강한지 그리고 집안 배경 자체가 얼마나 불평등한지에 달려 있기 때문이다. 현 세대가 지는 결과의 불평등은 다음 세대에 주어지는 불공평한 혜택의 원천이다. 우리가 내일의 기회의 불평등을 걱정한다면 오늘의 결과의 불평등을 걱정해야 할 것이다.

그러므로 기회의 평등을 궁극적인 목표로 삼는 이들에게도 결과의 불평등을 줄이는 것은 중요하다. 그렇게 하는 것은 어떤 목적을 이루기 위한 하나의 수단이다. 이와 마찬가지로 조지프 스티글리츠Joseph E. Stiglitz의 『불평등의 대가The Price of Inequality』, 케이트 피킷Kate Pickett과 리처드 윌킨스Richard Wilkinson의 『수준기The Sprit Level』와 같은 영향력 있는 저서들도 우리가 결과의 불평등을 염려하는 다른 이유들을 수단이라는 관점에서 밝히고 있다.[3] 이들은 결과의 불평등이 오늘날 사회에 나쁜 영향을 미치고 있기 때문에 그러한 불평등을 줄여야 한다고 주장한다.

앤서니 B. 앳킨스, 장경덕 옮김, 『불평등을 넘어—정의를 위해 무엇을 할 것인가』, 글항아리, 2015, 25~27쪽.

2) 개천에서 용 나면 안 되는 이유

학교 무상급식 중단을 결정한 홍준표 경남 도지사가 2015년 1월 2일 열린 경상남도 신년 인사회에서 "개천에서 용이 나는 사회를 만들겠다"라는 정치적 포부를 밝혔다. 이어 3월 12일에는"개천에서 용이 날 수 있는 사회를 만들겠다"라는 광고를 일간지에 내었다. 오랫동안 한국 사회에서 사람들이 말하고는 해왔던 속담인 "개천에서 용 난다"라는 표현이 새로운 것은 아니다. 그런데 사회에서 회자되는 이러한 말을 한 정치가가 무비판적으로 사용하면서 그것을 정치적 비전으로 제시하는 정치는 두 가지 점에서 심각한 문제가 있다.

첫째, '개천'에 대한 절대적 비하이다. 개천은 전적으로 부정해야 하는 삶의 공간일 뿐만 아니라 빈곤과 황폐, 그리고 패자들의 하찮은 삶의 표상으로 전락된다. 또한 권력과 부를 애초에 향유할 수 없도록 태어난 '흙수저'들이 살아가는 고정된 공간으로 고정된다. 그뿐 아니다. 개천은 벗어나야 할, 거부하고 부정해야 할 공간으로 만들어진다. 마치 '금수저'를 물고 태어난 사람은 이미 용이 사는 바다에 있는 사람들이고, 그 금수저를 주지 못하는 부모가 있는 사람들은 바다가 아닌 보잘것없는 개천에서 태어난 사람들이라는 극도의 왜곡된 가치관을 재생산한다. 개천은 한국을 포함한 대부분의 사회에서 절대다수가 살아가고 있는 평범한 삶의 공간이다. 어렵게 살아가는 평범한 사람들의 일상적 삶의 정황을 '개천'이라는 말로 비유하는 것은, 지금도 살아가기 위한 조건을 마련하기 위하여 씨름

하고 있는 사람들의 삶을 전적으로 부정하는 기능을 한다. 그 기능은 말하는 사람의 의도와는 상관없이 작동한다.

둘째, '용'으로 상징화되는 가치의 문제점과 위험성이다. 용이란 다른 생명들과 '공생'하는 삶을 지향하는 표상이 아니다. 오히려 다른 존재들 위에 '군림'하는 막강한 권력을 지닌 승자 또는 지배자의 표상이다. 따라서 '개천에서 용이 나는 사회'가 되는 것을 정치적 목표로 삼는 것은, 결국 사람들과 함께 살아가는 것이 아니라, 다수 위에 군림하는 극소수를 양산함으로써 사회적 지위에 따른 계층적 위계주의를 더욱 강화하는 사회를 만들겠다는 것이다. 출신과 상관없이 모든 사람이 평등하게 권리를 보장받고 살아가는 민주주의 사회의 이상을 정면으로 배반하고 그 흐름에 역행하는 정치관이다.

이러한 개천 비하와 용 지향적 정치관이 지니고 있는 결정적인 인식론적 오류가 있다. 개천은 사실상 다수의 보통 사람들이 살아가고 있는 생명 공간이다. 다양한 개천들이 모여서 비로소 사회라는 바다를 이루고 있는 것이다. '개천에서 용 나는 사회'를 지향하는 정치적 비전은 이러한 존재의 공생적 유기성을 보지 못하고 있다. 우리가 지향해야 하는 세계는 개천에서 솟아나와 권력과 부를 향유하는 극소수의 용을 선망하고 양산해 내는 사회가 아니다. 오히려 그 개천에서 살아가는 사람들의 삶의 질을 높일 수 있도록 개천 자체를 살만한 공간으로 만드는 사회이다. 소위 개천에서 사는 절대다수의 사람들이 인간다운 삶을 유지할 수 있도록 포괄적인 복지 제도와 교육 구조를 제도적으로 정착시키는 사회이다.

개천에서 살아가고 있는 사람들이 여남소노에 상관없이, 또는 사회경제적 위치에 상관없이 모두가 존엄성을 지키며 살아갈 수 있어야 하는 사회가 되어야 한다. 개천에 사는 사람들을 위하여 의식주·교육·의료 등 가장 기본적인 삶의 조건들을 제도적으로 정착시키고 보장하는 것은, 사실상 개천에서 살아가는 다수의 국민에 대한 국가의 책임이며 의무이다. 그렇지 않다면, 도대체 '국가란 왜 존재하는 것인가'라는 근원적인 물음을 묻지 않을 수 없다.

여기에서 분명히 기억할 것은 그러한 기본적인 삶의 조건을 보장하는 다층적 복지제도들은 국가가 국민에게 베푸는 시혜가 아니라 국민으로서의 권리라는 점이다. 부모가 물질적 부와 정치적 권력을 지녀서 자신은 바다에 산다고 생각하며 개천의 삶을 하찮게 여기는 사람들이 있다면, 또는 자신이 가까스로 그러한 권력을 지닌 용이 되어서 이전의 개천에서의 삶을 통째로 부정하고 싶은 이들이 있다면, 그들은 근원적인 인식 전환을 해야 한다. 동시에 이 지구 위에 살아가고 있는 한 사람 한 사람이 평등한 존재라는 시대정신이 한국 사회와 정치가들에게 확산되어야 한다.

18세기에 등장한 '코즈모폴리턴cosmopolitan 권리'라는 개념은 21세기에 들어서서 세계

시민사회를 향한 중요한 구상으로 재등장하고 있다. 이 코즈모폴리턴 권리가 주어지는 조건은 민족이나 국적이 아니라 단지 이 지구 위에 거하는 인간이라는 것뿐임을 임마누엘 칸트Immanuel Kant는 강조한다. 이러한 코즈모폴리턴 권리와 같은 거시적 이상이 아니더라도, 단지 이 한국 땅 위에 거하는 인간이라는 조건 하나만으로 개천에서 살아가는 모든 사람이 그들 삶에 필요한 생존 조건들을 보장 받는 한국인 권리를 제도화시키고 지켜내는 사회를 만들어 가는 것, 이것이 정치의 중대한 목표가 되어야 한다. 용을 만드는 정치가 아니라 모든 이들이 평등하게 살아가는 삶을 지향하는 정치가 되어야 한다. '개천에서 용이 나는 사회'를 만드는 것이 정치적 이상이 되는 것의 한계가 바로 여기에 있다.

그리스 역사가인 플루타르크Plutarch는 그 모든 이들이 동료로 살아가는 사회정치적 이상을 다음과 같이 표현한다. "우리 인간은 모든 다른 사람들을 동료 시민으로, 같은 지역 주민들로서 생각해야 한다. 그리고 마치 한 무리의 가축들이 함께 풀을 뜯어 먹으며 공동의 방식으로 함께 양육되어야 하는 것과 같이, 우리 모든 인간들이 함께 어울려 살아가는 삶과 질서를 유지하는 하나의 길이 있어야 한다."

개천들을 휘저으며 다양한 종류의 생명 위에서 권력을 휘두르고 군림하는 용은 이제 필요 없다. 아니, 그러한 용들의 출현과 양산을 막아야 한다. 그 용들은 개천의 삶을 통째로 부정하면서, 한국 땅의 모든 이들이 함께 어울려 살아가는 '공생과 복지의 정치'가 아닌 '군림과 탐욕의 정치'로 우리 사회를 멍들게 하기 때문이다.

강남순, 『정의를 위하여—비판적 저항으로서의 인문학적 성찰』, 동녘, 2016, 70~74쪽.

3) 가난한 휴머니즘-존엄한 가난에 부치는 아홉 통의 편지

(1) 첫 번째 편지_부자는 더 부유하게, 가난한 자는 더 가난하게

이제 우리 행성은 꼬박 13억의 인구가 하루 1달러에도 못 미치는 돈으로 살아가는 새로운 세기에 들어서고 있습니다. 30억의 사람들, 즉 세계 인구의 절반이 하루 2달러 이하의 돈으로 살아가고 있습니다. 하지만 동시에 이 행성은 전례 없는 경제적 성장을 구가하고 있는 중입니다. 이 세계의 부의 축을 나타내는 통계들은 믿기 어려울 만큼 놀라운 것들입니다. 그러나 현재 처지에서 가장 절망스러운 것은 이 통계들이 세계의 부가 편중되어 있다는 것을 그대로 보여준다는 사실입니다. 1960년대에는 세계의 부유한 20 퍼센트가 전체 부의 70 퍼센트를 가졌습니다만, 오늘날 세계의 부자들은 부의 86 퍼센트를 가지고 있습니다. 1960년대에는 세계의 가난한 20 퍼센트가 전체 부의 2.3 퍼센트만을 가지고 있었으나, 오늘날에는 겨우 1 퍼센트로 줄어들었습니다.

당신의 다섯 손가락이 세계 인구를 나타낸다고 한번 생각해봅시다. 그 손에 100달러가 있다고 칩시다. 오늘날 세계의 부유한 20 퍼센트에 해당하는 엄지손가락이 그 자신만을 위해 85달러를 가지고 있습니다. 새끼손가락은 단 1달러만 가지고 있습니다. 엄지손가락은 뒤도 돌아보지 않은 채 엄청난 속도로 부를 축적하고 있습니다. 새끼손가락은 경제적 비탄으로 점점 가라앉기만 합니다. 이 둘 사이의 거리는 하루하루 멀어져만 갑니다.

이러한 경제적 위기의 이면에는 인간의 위기가 있습니다. 가난한 이들 사이에는 헤아릴 수 없는 인간적 고통이 있고, 권력자나 정책 입안자 같은 사람들에게는 시장과 '보이지 않는 손'을 하나의 종교로 만들어 버린 영혼의 결핍이 있습니다. 상상력의 위기가 너무나 깊은 탓에 이윤만이 유일한 가치의 척도가 되어 버렸고, 경제적 성장만이 인류의 진보를 측정할 수 있는 유일한 수단이 되어 버렸습니다.

우리는 아직 먹는다는 것이 기본적인 인간의 권리라는 사회적 합의에조차 도달하지 못하고 있습니다. 이것은 윤리적인 위기입니다. 믿음의 위기입니다.

지구적 자본주의는 우리 행성을 집어삼키는 기계입니다. 당신의 새끼손가락, 즉 가난한 20 퍼센트의 남녀들은 이 기계의 톱니바퀴들로 뒤바뀌어, 지구적 생산의 끄트머리에 앉아 있습니다. 단지 싸구려 노동력으로 취급받으면서, 누구라도 쓰고 버릴 수 있는 그런 존재가 된 것입니다. 그 기계는 가난한 사람들의 고통을 측정할 수도 없고, 측정하려 들지도 않습니다. 또한 그 기계는 우리 행성의 고통도 측정하지 않습니다. 매초마다 축구장 크기만 한 들판이 사라지고 있습니다. 이 사실만으로도 보통 사람들은 그들의 가장 기본적 권익인 산소를 지키기 위해 함께 모여야 합니다. 그러나 우리는 그 기계에 압도당할 뿐입니다. 엄지손가락과 새끼손가락 사이의 간극은 이제 한계점에 다다랐습니다.

(2) 두 번째 편지_누가 크리올 돼지를 죽였는가?

(…중략…)

세계 시장의 통합을 뜻하는 '지구화'는 가난한 이나 부자에게나 소비할 상품과 오락이 넘쳐나는 지구적 문명으로 "모두 데리고 가겠다"고 했고, 물질적 풍요를 약속했습니다. 실제로 1980년 이후 대부분의 제3세계에서는 지구화를 받아들였습니다. 제3세계에서는 그들의 경제 공동체를 세계에 열어 주었으며, 관세를 낮추었고, 자유무역을 수용했으며, 선진국에서 상품과 서비스를 사들였습니다. 세계는 서로 좀 더 가까워지는 것처럼 보였습니다. 엄지손가락과 새끼손가락의 간격은 더 벌어지지 않는 것처럼 보였습니다.

하지만 자유무역을 받아들인 뒤 가난한 나라들에서 어떤 일이 벌어졌는지 아십니까? 아이티에서는 1986년에 이 나라의 주식인 쌀을 7천 톤 수입했습니다. 아이티에서는 대부분의 넓은 지역에서 벼를 재배하고 있었습니다. 1980년대 후반에 아이티는 국제 금융 기구가 주도하는 자유무역 정책에 따라 쌀 수입 관세를 낮추었습니다. 그러자 쌀농사에 정부 보조금을 지급하는 미국의 값싼 쌀들이 곧바로 유입되기 시작했습니다. 아이티 시장의 개방은 쌀농사에 대한 정부 보조금을 인상하기로 한 미국의 농장법인 '팜 빌Farm Bill'(이로 인해 1987년경에는 미국의 쌀 재배 농가 이윤의 40퍼센트를 정부가 지급했습니다.)이 제정된 1985년 시기와 일치합니다. 아이티의 영세 농민들은 경쟁해 볼 도리가 없었습니다. 1996년까지 아이티는 19만 6천 톤의 외국 쌀을 1년에 1억 달러씩 지불하면서 수입해 왔습니다. 결국 아이티 국내의 쌀 생산은 보잘것없는 수준으로 떨어졌습니다. 일단 외국 쌀에 대한 의존도가 높아지자 쌀 수입 가격이 먼저 오르기 시작했습니다. 아이티를 떠나는 인구, 특히 도시 빈민의 숫자가 늘어나기 시작했는가 하면, 높아만 가는 세계 곡물 값의 변덕에 장단을 맞추어야만 했습니다. 그러고도 값은 계속 오르기만 했습니다.

자, 우리는 여기에서 어떤 교훈을 얻어야 합니까? 가난한 나라들에게 자유무역은 그렇게 자유롭지도, 그렇게 공정하지도 않습니다. 미국은 국제 금융 기구의 강력한 비호 아래 쌀 농업에 대한 정부 보조금을 증가할 수 있었으나 아이티는 자국 농업을 포기해야 했습니다. 안 그래도 배고프던 나라가 더욱 허기지게 된 것입니다.

지구화된 경제 체제에서 외국인 투자는 빈곤을 완화시켜 주는 열쇠인 것처럼 떠들고는 합니다. 그러나 사실 외국인 투자의 가장 큰 수혜자는 1985~1995년 동안 4,770억 달러를 유치한 미국입니다. 영국이 1,900억 달러로 상당한 격차를 둔 채 2위를 차지했으며, 10위권에 든 유일한 제3세계 국가인 멕시코가 440억 달러를 유치했을 뿐입니다. 1995년 멕시코의 금융 위기로 이 돈의 대부분이 하룻밤 사이에 쓸려 나갔을 때, 우리는 외국인 투자가 진정한 투자가 아니라는 것을 배웠습니다. 그것은 투기에 가깝다고 해야 합니다. 내 나라 아이티의 경우에는 투자 통계를 찾기란 거의 불가능합니다. 우리는 이제 겨우, '비참한 상태'에서 '존엄한 가난'으로 옮겨가는 중일 뿐입니다.

제1세계의 많은 사람들은 개발도상국에 원조로 쓰이는 돈이 어마어마한 줄 알고 있습니다. 사실 그 액수라야 선진국 국민총생산GNP의 0.03퍼센트에 지나지 않는 데도 말입니다. 1995년 미국 '원조처'의 처장은 의회에서, "모든 개발도상국에 원조하는 달러의 84퍼센트가 다시 미국 상품이나 서비스를 구매하는 데 쓰임으로써 미국 경제에 되돌아온다"고 증언하여 원조국을 변호할 수 있었습니다. 미국이 세계은행에 1달러를 예치할 때마다 어림잡아 2달러가 상품과 서비스를 구매하기 위해 실질적으로 미국 경제로 들어갑니다. 한편 1995년, 부채가 극심한 저소득 국가들은 빌린 돈보다 많은 10억 달러 이상을 국제통

화기금IMF에 원금과 이자로 지불했습니다. 사하라 사막 남쪽에 있는 아프리카 46개국은 해외 채무의 이자가 그들 나라 모두의 1996년도 보건·교육 예산을 합한 것보다 네 배나 많았습니다. 그리하여 우리는 원조가 원조가 아니라는 것을 알았습니다.

이익이 늘어나고 있다고, 경제가 성장하고 있다고, 수백만 달러의 원조금을 너희 나라에 쏟아 붓고 있다고 엄지손가락이 새끼손가락에게 말하는 내내, 새끼손가락은 날마다 더 깊은 비참함 속으로 가라앉고 있다는 것을 알고 있습니다. 도대체 누구의 이익이란 말입니까? 도대체 누구의 경제가 성장한다는 말입니까? 과연 누구를 위한 원조란 말입니까? 지구적 자본주의의 논리는 새끼손가락에게는 논리적이지 않습니다. 우리는 이것을 정신분열증이라 부릅니다.

1980년대 아이티 토종 돼지가 전멸했던 역사는 지구화의 전형적인 사례입니다. 작고 검은 크리올 돼지는 아이티 농촌 경제의 핵심이었습니다. 아이티 사람들이 아주 정성스럽게 길렀고, 아이티 기후와 조건에 잘 적응한 돼지였습니다. 손쉽게 구할 수 있는 음식 찌꺼기를 먹을 뿐 아니라 음식 없이도 사흘은 지낼 수 있었습니다. 시골 가구의 80~85퍼센트는 돼지를 기르는데, 돼지를 기르는 것은 토양을 비옥하게 유지하는데 결정적인 역할을 할 뿐 아니라 농민의 개인 저축은행 노릇도 했습니다. 전통적으로 돼지는 위급한 일이 생겼을 때나 장례나 결혼, 세례 같은 일을 치를 때, 병을 앓을 때, 새 학기가 시작하는 10월에 학비나 책값을 지불해야 할 때 팔아서 요긴하게 썼습니다.

1982년 국제기구는 아이티의 농민들에게 돼지가 병들었으니 그 질병이 북쪽의 다른 나라로 퍼지지 않게 도살해야 한다고 단언했습니다. 병든 돼지 대신 더 나은 돼지들이 들어올 것이라는 약속이 이루어졌습니다. 그래서 그 어떤 개발 프로젝트에서도 보기 힘든 고도의 효율성으로 13개월 동안 크리올 돼지들은 모두 도살되었습니다.

2년 후 미국의 아이오와에서 크리올 돼지보다 더 낫다는 새 돼지들이 들어왔습니다. 그 돼지들은 너무 훌륭한지라 아이티 인구의 80퍼센트가 식수난에 처해 있는데도 깨끗한 식수를 먹게 해야 했고, 당시 아이티의 1인당 국민소득이 130달러인 상태에서 90달러나 하는 수입 사료를 먹여야 하는데다가 덮개가 있는 돼지우리까지 있어야 했습니다. 아이티 농민들은 누가 먼저랄 것 없이 그 돼지에게 "프랭스 아 카트르 피에Prince à quatre pieds"(네 발 달린 왕자)라는 별명을 붙여 주었습니다. 엎친 데 덮친 격으로 고기의 맛도 그다지 좋지 않았습니다. 말할 것도 없이 새 돼지의 이주 계획은 완전한 실패였습니다. 이 과정을 지켜본 한 관계자는 아이티 농민의 손실액이 6억 달러에 이를 것으로 평가하기도 했습니다. 시골 학교에 등록한 학생 수는 30퍼센트나 떨어졌고, 시골 사람들의 단백질 섭취량은 급격히 줄어들었습니다. 농촌 경제가 황폐화될 만큼 자본이 이탈했고, 이 일로 아이티의 토양과 작물의 생산성은 수치로 따지지도 못할 부정적 영향을 받게 되었습니다. 아이티 농민들은 오늘날까지 그때의 충격에서 헤어 나오지 못하고 있습니다. (…중략…)

1977년 국영 밀가루 제조 공장을 판 것도 농민들을 더욱 회의적으로 만들었습니다. 밀가루 공장의 한 해 수익을 어림잡아 계산해도 연간 2천만~3천만 달러는 되는데 고작 9백만 달러에 팔렸습니다. 그 밀가루 제조 공장은 아이티의 가장 큰 은행과 연계된 투자 그룹의 손에 넘어가 버렸습니다. 여기서 한 가지는 확실히 알 수 있습니다. 이런 식으로 국영기업을 팔아넘기는 것은 1퍼센트의 부자들이 아이티 전체 부의 45퍼센트를 가지고 있는 상황에서 부의 편중을 더 심화시킬 것이라는 사실입니다.

가난한 나라들이 이 '새로운' 경제 질서의 어디쯤 떨어질 것인지, 미련을 못 버리고 굳이 알고 싶다면 세계은행에 한번 주목해 보시기 바랍니다. 1996년 9월 런던의 『가디언』은 '세계은행 전략 보고서'의 초안을 인용했는데, 그 보고서는 아이티 인구의 70퍼센트를 차지하는 농민 대다수가 세계은행이 주도하는 자유 시장 조치에 살아남지 못할 것이라고 예견하고 있습니다. 보고서는 이렇게 결론을 내리고 있습니다.

"소량 생산과 주변 환경의 개발 압박은 시골 사람들에게 두 가지 선택만을 던져 주게 될 것이다. 제조업이나 서비스 분야에서 일을 하든지, 아니면 다른 나라로 가든지."

현재 제조업 분야는 겨우 2만 명의 아이티 사람들에게만 일자리를 제공하고 있을 뿐입니다. 포르토프랭스Port-au-Prince에는 이미 250만의 인구가 살고 있는데, 그 가운데 70퍼센트가 공식적인 실업 상태에 있으며 서반구에서 가장 절망적인 상황 속에 살고 있습니다. 게다가 아이티 보트 피플(뒤발리에Jean Claude Duvalier 독재 정권 시절인 1970~1980년대에, 빈곤과 테러를 피해 8백 마일이나 떨어진 미국의 플로리다 해변으로 수만 명의 난민들이 바다를 헤쳐 나갔다. 하지만 겨우 살아남은 사람들도 대부분 미국의 입국 거부로 아이티로 송환되었다. 옮긴이)의 비극적인 역사를 상기한다면 해외 이주라는 두 번째의 선택은 사실상 현실적인 선택으로 받아들여지기가 불가능합니다.

지구화가 이 가난한 사람들에게 들이미는 선택들을 보니 이야기 하나가 떠오릅니다. 우리와 함께 '라팡미 셀라비Lafanmi Selavi'(거리의 아이들을 위한 센터로 지은이가 1986년에 아이티 수도 포르토프랭스에 만들었다. 옮긴이)에 살았던 사내아이 아나톨은 국영 항만에서 일하고 있었습니다. 어느 날 아주 권세 있는 사업가가 아나톨에게 대형 하역용 지게차의 사보타지sabotage를 부탁하며 돈을 건넸습니다. 아나톨은 그 사업가에게 말했습니다.

"좋아요. 하지만 이제 난 죽은 목숨이에요."

사업가는 놀라며 되물었습니다.

"아니, 왜?"

"왜냐하면 말이죠. 여기서 밤에 어슬렁거리다가 당신이 요구한 대로 행동하면, 사람들이 나를 총으로 쏠 거거든요. 그리고 만약 당신이 요구한 대로 하지 않으면, 아마 당신이 나를 죽이겠죠."

제가 믿기로는 이 딜레마는 가난한 사람들의 전형적인 딜레마입니다. 바로 죽음과 죽음 사이의 선택이지요. 우리는 그 속에서 살아남지 못할 것을 압니다. 우리가 지구적 경제 체제로 들어가든, 지구적 경제화를 거부해서 서서히 굶어죽든 결과는 마찬가지입니다. 이러한 상황에서 제3의 길을 찾는 일은 말할 것 없이 시급합니다. 우리는 궤도를 수정할 약간의 여지와 생존만이라도 확보할 수 있는 열린 공간을 반드시 찾아내야만 합니다. 우리는 우리 스스로를 시체 보관소의 테이블에서 일으켜 의사들에게 말해야 합니다. 우리는 아직 죽지 않았다고 말입니다.

장 베르트랑 아리스티드, 이두부 옮김, 『가난한 휴머니즘-존엄한 가난에 부치는 아홉 통의 편지』, 이후, 2010, 19~36쪽.

2. 노동과 소외

1) 아빠, 그 삼촌은 왜 전철을 피하지 못했어?

(1) 늦게라도 찾아가는 구의역

지난 10일 금요일 오전이었다. 심리상담 교육을 가는 아내를 대신해 아이들을 보게 되었는데, 문뜩 아이들에게 꼭 보여줘야 할 장소가 떠올랐다. 바로 구의역이었다.

> "얘들아, 우리 꼭 가봐야 할 곳이 있어."
> "응? 어딘데?"
> "구의역. 구의역이라는 2호선 전철역이야."
> "전철역? 우리 그럼 전철 타는 거야? 야호!"

평소에 자동차보다는 전철을 타고 싶어 하는 녀석들이기에 아이들은 영문도 모르는 채 기뻐했지만 막상 말을 꺼내놓고 보니 망설여지는 건 사실이었다.

아직 이렇게 어린 아이들에게 참혹한 현실을 보여주는 것이 옳은 일일까? 녀석들이 그 죽음의 무게를 조금이라도 인지할 수 있을까? 지난 강남역 살인 사건 때도 아이들에게 추모의 현장을 보여주고 싶었지만, 차마 살인사건을 설명할 수 없어서 그만 뒀었는데 과연 구의역은 괜찮은 것인지.

그러나 나는 이내 구의역 행을 결심했다. 부모님이 보시면 유별나다며 끌끌 혀를 차시겠지만, 어쨌든 아이들도 이 시대를 살아가는 주체로서 막연하게나마 현실을 알아야 한다는 생각이었다.

물론 아이들이 그 죽음을 이해할 수는 없겠지만 이만큼 힘들게 살아가고 있는 사람이 있다는 것을 알아야 하고, 이런 억울한 죽음에 대해 끊임없이 의문을 가져야 세상은 좀 더 나아질 것이라는 믿음 때문이었다.

그리고 또 하나. 그것은 아이들을 키운다는 핑계로 이런 사회적인 이슈에 민감하게 대응하지 못했던 내 자신에 대한 반성이기도 했다.

예전 같았으면 강남역이나 구의역으로 득달같이 달려갔을 나이건만 어느새 무뎌져 그 모든 사건을 글로만 이해하고 있지 않은가. 동시대를 살아가는 시민으로서 부끄러움을 느끼는 만큼, 대신 아이들에게 이 역사의 현장을 보여줌으로써 우리의 현실을 조금이나마 바꾸고 싶었다.

자, 그럼, 암사동 삼남매. 우리 구의역으로 가보자꾸나.

(2) 그곳에서 사람이 죽었다

강변역에서 전철을 탄 뒤 구의역에서 내렸다. 아이들은 왜 기껏 전철을 타놓고 한 정거장밖에 가지 않느냐며 아우성이었지만, 사건 현장이 있었던 반대 플랫폼으로 가기 위해 계단을 내려가자마자 마주치는 풍경에 그만 넋을 잃은 듯 했다.

그곳에는 커다란 근조 화환과 함께 플랫폼에 채 적어놓지 못한 수많은 추모의 포스트잇이 붙어 있었는데, 그 분위기가 말로 형언할 수 없을 만큼 어둡고 슬프고 스산했다. 아이들도 분위기가 심상치 않은 걸 깨달았는지 그동안 쫑알대던 입을 닫고 여기저기 기웃거리기 시작했다.

추모의 포스트잇에는 시민들의 아픔들이 절절히 그리고 빼곡히 적혀 있었다. 세월호 노란 리본을 본뜬 검은 리본이 보였으며, 특히 눈에 띄는 것은 추모의 단 옆에 놓여 있는 음식물들이었다. 그래, 언론에서 보여준 그 육개장 사발면이 너무도 가슴 아팠지. 19살 꽃다운 청년이 무슨 죄가 있어 제대로 먹지도 못하고 열심히 일하다가 그런 참사를 당해야 했는지.

깨알 같이 쓰여 있는 글들을 보고 있으려니 울컥 눈물이 나왔다. 19살 김 군의 죽음을 한 개인의 죽음으로 받아들이지 않는 시민들의 아픔이, 그리고 그것이 우리 모두의 잘못임을 반성하는 시민들의 각성이 그곳에 적혀 있었다.

아이들을 데리고 플랫폼으로 올라갔다. 김 군이 죽은 스크린 도어 앞으로 수많은 추모의 글들이 붙어 있었고, 그곳에는 간간히 1만 원짜리 지폐도 보였다. 이 돈으로 컵라면 말고 밥 사먹으라는 사람들.

드디어 까꿍이와 산들이, 복댕이의 폭풍 질문이 쏟아지기 시작했다.

"아빠, 이게 다 뭐야? 사람이 죽었어?"

"응. 어떤 삼촌이 이 문 밖에서 일하다가 전철에 치여 죽었어."

"왜? 그 삼촌은 왜 전철을 피하지 못했어? 전철이 오면 피하면 되잖아."

"너희들도 게임에 집중하거나 책 읽고 있으면 엄마가 밥 먹으라는 소리 안 들리지? 그 삼촌도 열심히 일하다가 전철 오는 걸 몰랐었나봐."

"다른 사람이 옆에서 이야기 안 해줬어?"

"글쎄 말이야. 원래는 2~3명씩 같이 일을 해야 하는데, 이 삼촌은 혼자서 일을 했대. 그래서 많은 사람들이 화를 내고 슬퍼하는 거야."

역시나 아이들은 도저히 이해할 수 없다는 표정이었다. 저렇게 큰 굉음을 내고 들어오는 전철을 알아채지 못했다니, 그리고 그것을 옆에서 누군가가 이야기해주지 않았다는 것 자체가 말도 안 된다는 것이었다.

설명하기 어려웠다. 아무리 아이들의 시선으로 세상을 바라봐야 한다지만, 극소수만 잘 살고 대다수는 힘겹게 살고 있는 이 구조를, 모든 업체가 하청에 하청을 주고 있는 이 기형적인 사회시스템을, 그리고 가장 아름답게 빛나야 할 19살 청년이 고작 컵라면으로 끼니를 때우며 그곳에서 힘겹게 일해야 하는 현실을 어찌 설명할 수 있단 말인가.

그래, 그 모든 것이 말이 안 되지. 아이들의 언어로 아이들이 이해할 수 있게 간단하게 설명할 수 없다면 그것은 그만큼 사회가 꼬인 것이고, 그만큼 잘못된 것이겠지. 너희들 말대로 전철이 오면 피하면 되는데, 우리 사회는 그 당연한 것도 하지 못할 만큼 망가져 있는 것이겠지.

(3) 누가 김 군을 죽음으로 몰아갔는가

아이들과 함께 스크린도어에 붙여져 있는 글을 읽고, 직접 추모의 글을 포스트잇에 써 붙이고 있자니 어떤 카메라맨이 다가왔다. 공중파 PD였는데 김 군과 관련된 프로그램을 제작하고 있다며 나와 아이들의 인터뷰를 부탁했다.

어느 아버지가 자식들에게 김 군의 비극을 직접 보여주기 위해 평일 낮에 구의역에 왔으니 아마도 더할 나위 없이 좋은 그림이었겠지.

이어지는 인터뷰. 까꿍이는 가르쳐주지도 않았는데 아까 잠깐 아빠에게 들은 설명만으로 고인이 된 김 군에게 그럴듯한 영상편지를 만들었다. 하늘나라에서는 더 이상 죽지 말고 행복하게 살았으면 좋겠다며 1학년답게 편지 마무리를 했다. 이곳에 아이들을 데리고 오길 잘했다는 생각이 들 수밖에.

인터뷰를 마친 뒤에도 나는 꽤 오랜 시간 구의역을 떠나지 못했다. 아이들은 들어오는 전철을 볼 때마다 이제 타면 되냐고 물었지만 난 차마 발걸음을 뗄 수 없었다. 누가 김 군을 죽음으로 몰아갔는지, 나는 과연 공범이 아니었는지 스스로에게 묻고 있었다.

이미 많은 이들이 지적했듯이 김 군의 사망은 우리 사회의 여러 가지 모순이 중첩된 결과이다. 소위 흙수저로 태어나 불평등이 심화된 사회 속에서 인생은 원래 그런 거라며 큰 희망 없이 오늘 하루 무사히 보내는 걸로 만족하는 삶. 그리고 그것을 조장하는 사회.

문제는 내가 그와 같은 사회의 기성세대로서 책임을 가지고 있다는 사실이었다. 말이나 글로는 그런 사회를 변화시켜야 한다고 열심히 떠들어대지만, 나 역시 내 눈 앞에서 벌어지고 있는 부조리한 현실에 대해 으레 그러려니 하고 넘어갔었기 때문이다.

김 군의 어처구니없는 죽음을 보면서 개인적으로 가장 먼저 떠올린 건 하청에 하청을 주는 사회 시스템이었다. 내가 물류업에 몸담고 있을 당시, 그것은 당연한 관례였다.

물론 그렇게 되면 화물 노동자가 가지고 갈 수 있는 금액이 적어짐에도 불구하고 많은 물류업체들이 그렇게 매출을 돌려가며 이익들을 나눠가졌고, 일부 간부들은 자신의 명의로 세운 회사를 그 시스템 속에 포함시켜 이윤을 사유화 했다.

그리고 많은 직원들은 그런 것들을 보고 배우며 내가 회사 CEO가 되지 않는 이상 그런 협력사 하나 차리는 것을 최종 목표로 삼았다. 최근 많은 이들이 법조계의 전관예우를 비난하지만 이미 우리 사회는 그것에 익숙해져 있다.

혈연, 지연, 학연으로 묶여있는 사회 관계망 속에서 하청을 받을 수 있는 협력사를 차린다는 것은 불법이 아니라 능력의 문제일 뿐이다. 그러니 그 관계망 속에 들어올 수 없는 김 군 같은 이들은 컵라면으로 끼니를 때우며 그 말도 안 되는 죽음을 맞이할 수밖에.

그의 죽음은 불의의 사고가 아닙니다. 우리 모두의 잘못이다. © 이희동

아이들과 들어오는 전철에 몸을 실어 구의역을 출발했다. 녀석들은 언제 그랬냐는 듯 전철 창밖을 바라보는데 정신이 팔려 있었지만, 그래도 나는 믿는다. 오늘 본 장면들이 녀석들의 무의식 속에 남아 언젠가는 떠오르게 될 것이다. 그리고 그것을 바탕으로 좀 더 나은 사회를 만들 수 있겠지. 그것이 내가 아이들과 함께 구의역을 찾은 이유이다.

마음은 무거웠지만 이런 나의 바람이 마냥 어처구니없다고는 생각하지 않는다. 어쨌든 그런 죽음에 대해 많은 이들이 소리 내어 추모를 한다는 것 자체가 그래도 우리 사회에 아직까지 희망이 남아있다는 징표이기 때문이다.

좀 더 많은 사람들이 모여 김 군의 죽음을 추모하고, 그 죽음의 원인을 생각하고, 그 해결방안을 떠올린다면 사회는 또 다른 전기를 맞게 될 것이다.

늦게나마 고인이 된 김 군의 명복을 다시 한 번 빌며, 다시는 이런 일이 생기지 않도록, 나 또한 내가 서 있는 자리에서 최선을 다하리라 결심해 본다.

이희동, 「아빠, 그 삼촌은 왜 전철을 피하지 못했어?」, 『오마이뉴스』, 2016. 6. 15.

2) 상생 발전 vs 승자 독식… 플랫폼 경제, 어디로 가고 있나?

국가 소유의 중앙 집중화된 자산 관리 시스템을 보통 공적 소유, 즉 '공유公有'에 기반해 있다고 말한다. 보통 공유에는 '사유私有'의 자본주의 시장질서가 이에 대비돼 언급된다. 이 둘에 덧붙여 '공유共有commons'는 특정 자원을 둘러싸고 커뮤니티 성원 자체가 그들 자신의 자율과 자치 운영을 공동으로 행하는 소유 관계를 의미한다. 보통 자립형 마을공동체나 부족 문화나 '제3 섹터' 경제 모델에서 발견된다.

최근 커먼즈commons 운동은 시민 공동의 소유권, 자율 생산과 공정 배분, 사회적 증여 행위가 그 중심에 있는 '반종획anti-Enclosure' 운동으로 확장 중이다. 약탈적 시장 포획 논리를 벗어나 공동의 호혜적 가치를 세우는 대안 경제 모델로 진화하고 있다.

문제는 그 내포적 의미가 전혀 다른 '공유 경제'에서의 '공유sharing'가 갖는 혼란스러운 쓰임새다. 신종 플랫폼 시장 모델로서 공유 개념은 단순히 서로 남는 유·무형의 자원을 매칭하는 행위를 뜻한다. 공유 경제는 플랫폼이란 기술 장치를 통해서 거래되는 유휴 자원의 효율적 관리와 배치에 방점이 찍힌다. 사실상 무늬만 공유일 뿐 커먼즈 개념에 대비해 보면 서로 나누는 행위를 빼곤 공동 소유나 분배, 더 나아가 사회 증여 효과가 거의 없는 것이 오늘날 '공유 경제'의 실상이다.

(1) 공유 경제와 시장 혁신

많은 이들이 공유 경제의 플랫폼 기술에 열광한다. 플랫폼 중개 과정은 데이터, 노동, 집, 차, 서비스, 지식 등 누군가의 남아도는 자원을 시장 거래 대상과 품목으로 올려놓고 이를 필요한 소비자에게 인공·지능적으로 매개해주면서 시장 수익을 올리고 효율을 증대함으로써 효과적 자원 관리, 물류 혁신과 유통 혁명을 촉진하고 있다. 게다가 알고리즘 예측 기술은 플랫폼을 매개한 장터의 효율을 극대화하는 데 크게 이바지한다.

전통 시장에서 사업자와 소비자 사이에 역할이 엄격히 분리된 것과 달리 공유 경제에서는 개별 프리랜서들이 전면에 등장한다. 이들은 개인 사업자이자 소비자가 되기도 한다. 가령 에어비앤비Airbnb에 가입하면 나는 방을 빌려주는 개인 사업자일 수도 있고 이용 고객이 되기도 한다. 공유 경제 플랫폼에서는 대개 공급-소비 역할 교환이 쉽게 이뤄진다. 이것이 시장 혁신을 돕는 공유 경제의 탄력성이다.

또 다른 공유 경제의 강점은 직접적 '소유' 없이 '접근'과 '사용'만으로 주위의 유휴 자원을 효율적으로 쓸 수 있다는 데 있다. 이는 모든 것을 소유해야만 이용권을 획득하던 전통 시장 논리를 넘어서서 누군가 남는 시간, 노동, 서비스, 상품 등의 자원을 빌려주고 빌리면서 시장을 최적화한다. 노동자의 실제 고용 부담이나 설비나 자산 소유라는 큰 위험 부담 없이도 온라인 중개 플랫폼을 활용해 쉽사리 유휴 자원을 저렴하고 실속 있게 나누는 편리한 세상이 도래하는 것이다.

(2) '공유 경제'의 민낯

문제는 공유 경제가 노동 과정에서 기존의 직장 노동 계약을 무너뜨리고 노동자를 개별사업자(비정규 프리랜서)로 변신시켜 이들과 자유 계약을 새롭게 성사하면서 발생한다. 플랫폼 노동 과정 중 발생하는 모든 위험과 노동권 쟁점이 개인 사업자에게 외주화되는 반면, 플랫폼 중개인(브로커)은 이의 책임으로부터 자유로워진다. 더군다나 중개인에게 이윤이 독점화하는 불평등 구조를 내재하게 된다. 무엇보다 배달, 청소, 돌봄, 임상시험, 감정노동 등 노동을 공유 자원으로 삼는 플랫폼 모델의 경우에는 스마트폰 앱 등 알고리즘 기술을 이용해 플랫폼 노동을 관리하고 통제하는 등 특수고용 노동자들의 노동 인권을 심각하게 침해하는 양상까지 띠고 있다.

아이러니하게도 공유 경제는 경기 상승기보다 침체기에 성장을 거듭했다. 공유 경제의 부상은 사실상 자본주의의 만성화된 고용 침체와 임시직 노동자들의 플랫폼 시장 유입이란 구조적 요인이 서로 잘 맞아떨어지면서 이뤄지고 있다. 하지만 이도 시간이 가면서 과

열 증상이 식는 추세다. 그 까닭은 공유 경제 모델이 노동자 대부분을 비정규직 프리랜서로 평등화하는, 산업 현장에서 필요에 따라 임시로 사람을 구해 계약을 맺고 일을 맡기는 형태의 경제 방식인 '긱 경제gig economy'이자 새로운 형태의 노동 유연화 전략으로 밝혀지면서부터다.

우버Uber나 에어비앤비 등 공유 경제 플랫폼들이 전 지구에 걸쳐 성장하고 주류 기업이 되는 데 반해, 이상하리만치 실질적인 노동이나 자원을 갖고 시장에 참가하는 프리랜서들의 지위는 점점 위태로워진다.

"네 것이 다 내 것"이라는 플랫폼의 신종 독과점 질서가 드러나고 있기 때문이다. 겉보기에 플랫폼은 자원의 공유와 교환의 분산성과 평등성을 띠고 있는 듯 보인다. 하지만 그 이면에는 플랫폼 이윤의 집중과 독점화가 진행되면서 모순이 응집된다. 즉 플랫폼 중개인이 수수료 등 이익을 과도하게 취하는 반면에 노동 과정에 참여하는 많은 이들은 전혀 플랫폼에 대한 경영 접근권이나 결사권 그리고 수익의 배분과 관련한 최소 수준의 의사결정권조차 없다.

(3) 공유 경제의 딜레마

동시대 공유 경제가 우리의 삶을 윤택하게 할지 아니면 시장 약탈의 또 다른 변형일지에 관한 판단을 하기 위해선 시급히 개입할 사안들 몇 가지를 짚어볼 필요가 있다.

먼저 '지배적 플랫폼 중개인 대 만인 프리랜서'라는 새롭게 출현한 노동 공식에 대한 면밀한 사회적 대응이 필요하다. 사업자와 노동자의 전통적인 노동계약 관계를 허물면서도 노동의 질을 악화하는 신생 노동 현장에 대한 면밀한 실태 조사와 대비책이 없다면, 플랫폼에 매달린 프리랜서들의 삶은 지금보다 더 위태로워질 확률이 높다.

둘째, 플랫폼 소유와 분배의 승자독식에 대한 문제 제기도 시급하다. 오늘날 플랫폼 프리랜서들의 활동과 성과가 기하급수적으로 늘어나는 것에 비해 플랫폼 소유와 통제는 단일의 중개인에게 몰리는 모순 관계를 띠고 있다. 이를 어느 정도 개선해야 한다고 본다. 플랫폼 경영, 소유, 분배, 피드백 등 모든 것이 독점적인 구조에 실질적인 '공유' 모델을 정착해야 한다. 공유 경제의 사활은 시장 플랫폼의 좀 더 정상적 운영과 이익의 공정 배분에 달려 있다.

셋째, 공유 경제를 실제 떠받치는 가상의 공장 기계인 (빅) 데이터 알고리즘 테크놀로지의 투명성 문제도 중요하다. 데이터 알고리즘은 플랫폼 혁신과 효율을 위해 주로 존재하지만 플랫폼노동 통제에 악용될 소지 또한 크다. 자동화된 스마트 앱을 통해 노동을 유연화하거나 고객과 노동자의 사적 정보들을 관리하는 알고리즘 코딩 시스템은, 노동권과 배치하는 경우가 흔하다. 게다가 일반인이 인지하기 어려운 경우가 많다. 개입이 어려운 대목이지만, 플랫폼 내 자동화 기술 수위나 정도는 미래 노동권 방어와 관련해 중요한 쟁점이 될 것이다.

마지막으로, 공유 경제는 무엇보다 자본 시장 바깥이나 변경에 머물던 유·무형 자원들에 시장 강렬도를 더욱더 깊게 각인하는 과정이기도 하다. 예컨대 공유 경제는 우리 이웃과 친구와 함께하던 식사, 잠자리, 자동차 풀링, 자투리 일손 돕기, 여름 농활 등 상호부조의 거의 모든 호혜적 가치들을 시장 논리로 흡수하고 있다. 시장과 화폐의 교환 없이도 잘 유지될 수 있었던 시장 변경에 머물렀던 일상 문화나 상생의 덕목들을 거의 남김없이 플랫폼에 예속시키는 일종의 '식신 경제'에 가까워져 간다. 향후 공유의 미덕이 오로지 공유 경제를 통해서만 얘기되는 우울한 미래를 경계해야 한다.

공유 경제가 편리성과 효율성이란 플랫폼 테크놀로지의 장점을 갖고 태동했지만, 이제부터라도 우리가 과연 그것이 사회 혁신 과정에 중요한 촉매가 되고 있는지 아니면 결정적 장애가 되고 있는지를 제대로 살피는 비판적 논의가 필요하다.

이광석, 「상생발전 vs. 승자독식… 플랫폼 경제, 어디로 가고 있나?」, 『오마이뉴스』, 2019. 5. 3.

3) 용접의 달인이 100년을 일해도 최저임금

귀환을 준비하고 있는 사말(가명·40)은 2008년에 스리랑카를 떠나와서 무려 12년을 한국에서 일했다. 12년은 그에게 어떤 시간이었을까. 이주 노동자 중에는 드물게 가족을 초청해 같이 지내기도 했고, 그 과정에서 겪은 일이 계기가 되어 돌아갈 것을 결심하기도 했다. 한국이 이주 노동자에게도 공정하기를, 그는 꿈꿨다.

(1) 성실함으로 혼자 E7 비자 따내

이제 가려고요. 스물여덟에 와서 나이 마흔에 갑니다. 한국에서 일하는 사이에 청춘이 다 갔어요. 처음 고용허가제(E9비자)로 올 때 계약했던 회사에서 줄곧 12년을 일했어요. 오자마자 용접을 배워 지금껏 하고 있으니 용접만큼은 거의 달인 수준이죠. 첫 계약 3년 끝나고 1년 10개월을 연장했어요. 그 사이 회사를 옮기지 않으면 본국에 다녀와서 다시 4년 10개월간 일할 수 있는 '성실근로자 제도'라는 것이 있어요. 나 역시 성실근로자로 인정받아 4년 10개월을 더 연장해서 일했어요. 그 비자가 끝날 즈음에는 숙련기능인력(E7비자)으로 인정받아서 3년 더 있었고요. 숙련 기능 인력 비자는 E9비자로 5년 이상 일한 노동자 중에 연봉, 학력, 나이, 한국어 수준, 은행 저축액 같은 항목을 점수로 계산해서 52점을 넘으면 취득할 기회가 생기는 비자예요. 수가 일정하게 정해져 있어서 신청자가 많으면 높은 점수 순서로 선발한다고 해요. 여러 항목 중 가장 중요한 것은 연봉이 무조건 2,600만원을 넘어야 한다는 거였어요. 우리같이 최저임금 받는 노동자들에게는 정말 갖추기 어려운 조건인 거지요.

나는 점수를 채우기 위해 한국어 능력 시험을 봐서 자격을 갖추고 지게차 운전면허를 땄어요. 회사에서 좀 도와줬더라면 수월했을 텐데, 너무 모른 척해서 섭섭했어요. 심지어 회사가 뿌리산업에 해당하면 점수를 더 받을 수 있다고 해서 확인서를 요청하니, 인증 기간 연장 비용인가로 45만원이 든다고 그걸 나더러 부담하라지 뭡니까. 결국 그것까지도 내가 냈어요. 뿌리산업이 뭐냐면요. 자동차, 선반, 항공 같은 미래 성장 산업의 경쟁력을 좌우하는 6대 뿌리기술(용접, 주조, 금형, 소성가공, 표면처리, 열처리)을 기반으로 하는 산업을 말한대요. 내가 일하는 회사가 여기에 해당하기 때문에 그 확인서를 제출해서 필요한 점수를 몇 점 더 확보했어요. 그렇게 어렵게 E7비자를 받아냈어요.

10년 가까이 일했는데도 더 연장을 하고 싶었느냐고요? 사실 E7 받고 계속 한국에 살 생각은 없었어요. 너무 늦지 않게 스리랑카로 돌아가서 내 사업을 하고 싶었거든요. 그런데도 E7을 선택한 중요한 이유가 있었어요. 이 비자는 가족을 초청할 수 있기 때문이죠. 내가 처음 한국에 올 때는 총각이었는데, 첫 3년 계약 마치고 고향에 잠시 갔을 때 결혼을 했어요. 곧 예쁜 딸아이도 태어났죠. 휴가 받아 집에 갔다가 아내와 딸을 두고 나 혼자 떠나오려면, 헤어지기 싫어 가슴이 너무 아팠어요. 가족을 한국에 데려와 같이 살고 싶었어요. 내가 한국에서 경험하는 것을 아내도 함께 경험해볼 수 있기를 바랐어요. 경제적으로 발전한 한국, 스리랑카와는 사뭇 다른 문화와 역사를 경험하고, 우리와 비슷하고도 다른 한국 사람들을 만날 기회를 주고 싶었어요. 같이 기차 타고 여행하고 싶었고, 맛있는 한국 음식을 같이 먹고 싶었어요. 아이가 한국 아이들과 어울리며 한국어를 배웠으면 좋겠다고도 생각했어요. 그런데 애석하게도 E9비자는 가족을 초청할 수 없다고 해요. 잠깐 여행으로 다녀갈 수도 없었어요. 너무 엄격하게 막아서 비참한 마음이 들 정도였어요. 그런데 마침 E9노동자도 E7비자로 변경할 수 있도록 새로운 제도가 생겼던 것이죠.

비자를 바꾸고 서둘러 아내와 아이를 초청해서 2년 반을 같이 지냈어요. 정말 꿈같았어요. 기숙사에서 나와 월셋집을 따로 얻어 지내자니 생활비가 몇 배로 들었어요. 그래도 기쁨이 컸어요. 딸아이를 어린이집에 보냈더니 금방 한국말을 배워서 나보다 더 잘할 정도였어요. 예쁘고 사랑스러웠어요. 아이 어린이집 친구 집에 초대받아 가기도 했고, 그 가족을 우리 집으로 초대하기도 했어요. 스리랑카식으로 음식을 하면 손님들이 먹지 못할까봐 중국식으로 볶음밥을 만들었어요. 사모사(세모 모양의 튀김만두)와 볶음밥이 맛있다고 좋아하니 고맙고 기뻤어요. 그러면서 친구가 된 아내와 그 아이 엄마는 지금도 메신저로 시시콜콜 소식을 주고받아요.

문제는 돈이었어요. 그즈음부터 야근이 없어져서 잔업수당이 뚝 끊겼어요. 그때부터 지금까지 내가 받는 돈은 그저 200만 원가량이거든요. 몇 번 사장님에게 부탁했어요. 월급 좀 더 달라고요. 가족들과 같이 살기 힘드니까 도와달라고요. 그러나 전혀 관심이 없었어요. 회사도 힘들다는 말뿐이었어요. 내 기술을 생각하면 돈을 더 줘도 되는데, 참 야속했어요. 나는 다른 회사 사장님들에게 월급 300만 원 이상 줄 테니 오라는 말도 자주 듣는데 말입니다. 그러다 둘째 아이가 생겼어요. 어린아이를 낳고 기르는 데 정말 돈이 많이 들더군요. 더 이상 월수입 200만 원으로 버틸 수가 없었어요. 나는 다시 사장님에게 부탁했어요. 가족을 보내고는 내가 견딜 수 없으니 제발 월급을 올려달라고, 어렵다면 나를 다른 회사로 보내달라고요. 그 전에도 같이 일하던 여러 고용허가제 노동자들이 회사를 떠났는데, 다들 월급 문제였어요. 사장님 사인을 받아야 회사를 그만둘 수 있으니까 다들 애원하고 싸우고 일 안 하고 버텨가며 사인을 받아서 나갔어요. 나는 그러지 않았던 게 잘못이었나 봐요. E7노동자는 E9보다 쉽게 회사를 옮길 수 있을 거라고 생각했는데 그것 또한 잘못 알았던 거예요. 내가 다른 회사로 보내달라니까 사장님이 그랬어요. 갈 수 있으면 가라고. 그 말을 믿고 출입국사무소에 갔더니 절대 안 된다는 거예요. 회사가 문 닫지 않는 한 계속 이 회사에서 일해야 한다고. 마음대로 옮기면 비자 취소된다고. 사장님은 처음부터 다 알고 있으면서 나를 놀린 것이었어요. 마음이 많이 아팠어요.

(2) 분신 같은 '파주 스리랑카 사미티얼'

우리 회사 용접실을 내가 다 책임지고 있어요. 만약 한국인이 같은 일을 한다면 월급을 두 배 이상 줘야 할 거예요. 하지만 나는 여기서 10년, 20년, 아니 100년 일한다 해도 똑같을 거예요. 10년 일해도 최저임금, 100년 일해도 최저임금… 아무리 좋은 기술로 오래 열심히 일해도 달라지지 않을 거라고 생각하니 힘이 쑥 빠졌어요. 더 이상 이 회사에 정성을 들이고 싶지 않다는 생각이 거세게 밀려왔어요. 하지만 당장은 다른 방법이 없다, 가족들 비자가 다 나한테 달려 있으니 문제가 생기면 절대 안 된다, 그러니 일단 일을 계속하자. 그리고 결심했어요. 둘째가 비행기 탈 수 있을 만큼 자라면 가족을 먼저 보내고 1년 뒤에 나도 가야겠다. 그 시간이 다 지나고 이제 가야 할 날이 다가오고 있어요.

코로나19 때문에 비행기가 다 멈춰서 걱정이에요. 가끔 특별기가 있다고 해서 탑승 대기자 명단에 올려뒀는데, 대기 인원이 800명이라니 내 차례가 오려면 시간이 많이 걸릴 것 같아요. 나는 스리랑카에 돌아가서 한국인을 전문으로 안내하는 여행사를 하고 싶어요. 연습 삼아 한국인팀을 꾸려 스리랑카 여행을 다녀오기도 했죠. 막상 해보니 배워야 할 것이 무척 많았어요. 돌아가서 1년 정도 공부해서 자격증 먼저 받으려고 합니다. 차근차근 준비해서 꼭 성공하고 싶어요. 슬픈 이야기가 있는 바위 왕궁 시기리야, '세상의 끝'을 향해 뚜벅뚜벅 걷는 호턴플레인스 트레킹, 엘라의 산악열차… 아름다운 스리랑카 구석구석을 여행자들과 함께 누비는 모습을 상상하며 여행 코스를 짜보기도 해요. 한국인 중에는 스리랑카라는 나라를 아예 모르는 이들도 많잖아요. 잘 알려서 한국인들이 우리나라에 많이 찾아왔으면 좋겠어요. 그런 준비를 하며 어수선하고 착잡한 마음을 달래곤 합니다.

그것 말고도 마음 쏟는 일이 또 하나 있어요. '파주 스리랑카 사미티얼(공동체)'이 앞으로도 훌륭하게 이어질 수 있도록 준비하는 일이죠. 내가 한국에 있는 동안 가장 잘한 일은 공동체를 만들어 10년을 지켜온 것이라고 생각해요. 여기 온 지 얼마 안 되어 어리바리하던 시절, 나보다 몇 년 먼저 온 친구를 만났어요. 그 친구가 아픈 친구를 돕는 모습을 보고 감동받았는데, 나에게 경기도 파주 지역에서 스리랑카 사람들 모임을 만들어 서로 돕자고 했어요. 바로 의기투합했죠. 그때 의정부와 포천에 스리랑카공동체가 있어서 훌륭하게 활동하고 있다는 말을 들었어요. 그 전에는 공동체가 무엇인지 이주민 인권단체가 무엇인지 전혀 몰랐어요. 선배 공동체들에 배워가며 파주에서도 모임을 만들고, 친구는 회장을 나는 총무를 맡았어요. 첫 활동이 2011년 설 행사였는데, 이리저리 도움 받아 신나게 행사를 마쳤어요. 처음 해보는 일이라 무지 힘들었지만 배우는 것도 많았어요. 그 일이 인연이 되어 파주 샬롬의 집과 특별한 연대감을 갖게 되어 지금까지 같이 활동하고 있어요. 혼자였다면 견디기 힘들었을 시간을 공동체와 친구들이 있어서 즐겁게 지낼 수 있었어요. 친구가 귀환한 뒤, 내가 4년간 회장을 맡아 일했으니 공동체는 거의 나의 분신이라고 할 수 있어요.

우리 친구들이 한국에서 제일 힘들어하는 것이 바로 외로움이에요. 아는 사람도 없고 내 편 들어주는 사람도 없는데, 아프기라도 하면 진짜 서러워요. 그럴 때 서로 힘이 되어 돕자고 만든 것이 바로 공동체죠. 우리 공동체는 누구에겐가 문제가 생기면 나서서 돕고 통역도 하며 마음을 많이 써요. 우리끼리 해결할 수 없는 큰 문제가 있을 때는 파주 샬롬의 집 같은 이주민 인권 단체로 도움을 요청해요. 또 우리나라에 어려운 일이 생겼을 때도 우리는 힘을 모아요. 스리랑카는 비가 많이 오는 나라라서 홍수가 정말 잦아요. 많은 사람들이 죽고 다치고 집을 잃어요. 우리는 먼 곳에 있어서 달려가 도울 수 없으니 대신 돈을 모아 보내죠. 먼저 귀환한 친구들이 그 돈을 받아서 고난당한 이웃에게 먹을 것을 전합니다. 아이들에게 물에 쓸려간 책과 옷을 다시 안겨줍니다. 나도 돌아가면 그 일을 열심히 하려고 해요.

(3) 요양원 어르신들과 잔치 가슴에 남아

세월호 사건이 일어났을 때, 우리 공동체는 금촌역 앞에서 우리 방식으로 불교 법회를 했어요. 희생당한 분들이 좋은 데 가시도록 기도하고 싶었어요. 지나던 한국인들이 모두 고맙다고 하니 작은 위로라도 되었나 싶어 마음이 좋았어요. 요양원에 계신 어르신들을 모시고 잔치를 열었던 일도 마음 깊이 간직하고 있어요. 정말 감동이었어요! 그때 내가 어르신들께 이렇게 인사드렸어요. “제 첫 번째 나라는 스리랑카이고 두 번째 나라는 한국입니다. 한국이 발전한 이유는 30~40년 전에 열심히 일하셨던 어른들 덕분이라고 생각해요. 할아버지 할머니들이 이 나라를 이렇게 만든 덕분에 우리가 와서 돈 벌고 있으니, 어르신들이 우리 가족과 우리나라도 도와주시는 겁니다. 고맙습니다.” 낯간지럽다고요? 아이고, 왜 그러세요. 이게 진짜 내 마음이라고요! 진심이 전해졌는지 어르신들이 행복한 눈물을 흘렸어요. 멋쩍어하시는 분들 업어드리며 우리도 행복했어요. 우리 스리랑카에도 불교문화가 깊고 어른을 공경하는 문화가 있어서 한국 어르신들과 정서적으로 잘 맞았던 것 같아요.

내가 떠난 뒤에도 공동체 회원들이 이런 활동을 하며 재미나게 지냈으면 좋겠어요. 10년을 일해도 100년을 일해도 여전히 우리를 차갑게 대하는 한국이지만, 틈새란 늘 있는 법이니까요.

이란주, 일한 사말, 「용접의 달인이 100년을 일해도 최저임금」, 『한겨레』, 2020. 8. 8.

4) 어디로 가야 하는가-불온한 상상력, 이주 노동자

(1) 추방의 공포와 불안

이슬람(30세, 방글라데시) 씨는 한국에서 열한 번째 겨울을 맞고 있다. 그는 다카에서 열 일곱 살 때 이주 노동자로 왔다. 산업 연수생으로 들어와 김포 대곶에 있는, 구리·알루미늄·주석·납 따위를 녹여, 강철로 만든 거푸집에 눌러 넣어 정밀 주조하는 다이캐스팅 공장에서 3년 동안 노역에 가까운 일을 했다. 컨테이너 쪽방에서 동료 네 명과 함께 숙식을 했다. 아침 8시부터 저녁 8시까지 꼬박 쇳가루를 먹으며 자동차 부품용 주물을 뽑아냈다. 샤워장도 없는 방에서 제대로 씻지도 못하고 동료들과 새우잠을 자면서, 한 달에 수당을 포함해 60만여 원을 벌었다. 그래도 당시에는 꿈이 있었다. 3년 동안 일해 번 돈을 갖고 고향으로 귀환해 조그만 의류 공장을 차리는 것이 그의 꿈이었다. 자고 일어나 몇 발자국만 가면 공장 작업장이고 일이 끝나 또 몇 발자국 떼면 방이었지만, 그는 꿈이 있어 행복했다. 일주일씩 주야 맞교대로 하루에 열두 시간 일해야 했지만, 불평하지 않았다. 몸은 쇳가루 때문에 늘 알레르기에 시달리고 하루에도 여러 차례 생산량 독촉을 받았으면서도 그는 웃음을 잃지 않았다. 필사적으로 일했다. 여기에서 밀리면 갈 곳이 없었다. 어렵게 온 이주 노동이기에 뼈가 녹아내리는 한이 있어도 참아야 했다.

처음에 한국에서 가장 힘들었던 것은 음식 문제였다. 삼겹살을 유난히 즐기는 회식 자리가 부담스러웠다. 게다가 공장 식당에서 나오는 김치찌개에도 돼지고기가 들어 있었다. 한국인 동료들은 힘을 쓰려면 돼지고기를 먹어야 한다며 먹을 것을 종용했다. 콩비지 찌개에 들어간 돼지고기를 양고기라고 속이기도 했다. 식사 때면 온 신경을 썼다. 차츰 공장생활에 익숙해지면서 안면이 트인 식당 아주머니에게 돼지고기가 들어갔느냐며 직접 확인했다. 식당 아주머니도 이슬람 씨를 위해 국을 따로 마련했다.

그 뒤 11년이 지난 지금, 그는 공장에서 철야만 전문으로 하는 노동자다. 인쇄 회로기판 PCB을 제작하는 공장에서 저녁 8시부터 아침 8시까지 일한다. 그렇게 받는 돈이 140만 원쯤 된다. 그는80만 원 정도를 다카에 있는 가족에게 부치고, 나머지 돈으로 사글세를 내고 식료품을 구입해 생활한다. 그의 방에 놓인 가재도구는 간단한 옷장 하나와 텔레비전, 전기 히터, 카펫 정도다. 단출한 풍경은 그가 언제든지 이곳을 떠날 준비가 되어있음을 보여준다.

인천 가좌동 주택가에 있는 그의 쪽방은 항상 어둡고 냉하다. 온기 하나 없는 방에서 10여 년의 시간을 보냈다. 오로지 가족을 위한 삶이었다. 그가 부양해야 할 가족은 직계가족과 일가친척을 포함해 스물 세 명이 넘는다. 이들의 도움이 아니었다면 한국으로 이주 노동을 하러 올 수도 없었다고 했다. 방글라데시로 귀환하고 싶지만 가족의 생계를 책임질 대책이 없다. 최근에는 함께 방을 사용한 동료가 공장에서 출입국 관리사무소 직원의 단속에 걸려 잡혀갔다. 온기를 나누던 친구가 없는 방은 더욱더 싸늘하다.

그는 이 바닥에서 꽤 소문난 PCB 숙련공이자, 야간 근무에 이골이 난 경력자다. 사장도 그를 전폭적으로 믿고 모든 것을 일임한다. 10여 년 세월 동안 자리를 옮기지 않고 공장을 지켜 준 그를 한국사람 못지않게 살갑게 대한다. 그가 야근만 전문적으로 하게 된 것은 상대적으로 주간보다 야간 업무가 미등록 이주 노동자에게 많이 주어졌고, 수당도 15만 원 정도 더 받을 수 있기 때문이다. 하지만 출입국 관리사무소의 단속을 피하려는 목적이 크다. 최근에는 미등록자에 대한 저인망식 단속이 밤낮없이 펼쳐지는 탓에, 언제나 쫓기는 삶을 살고 있다. 늘 방문을 걸어 잠그고 추방의 공포와 불안 속에 생활한다. 하지만 정작 그는 "한국이 고향인지 방글라데시가 고향인지 이제는 구분이 없다"라고 말한다.

(2) 야만이 양산되는 일상

현재 한국의 이주 노동자는 63만 명을 넘고 있다(2008년 출입국 외국인 정책본부통계). 이주 노동자의 양적 증가를 세계 경제체제의 맥락에서 바라 볼 필요가 있다. 저개발 국가는 값싼 노동력의 이주를 끊임없이 양산하는 저수지 역할을 한다. 대다수 아시아 나라들에서, 식민지를 경험한 역사는 파행적인 정치·경제체제로 이어지곤 했다. 전쟁과 빈곤을 체험하고 독재가 하나의 정치체제로 토착화된 아시아에서 산다는 것은, 강요당한 치욕에 내던져지는 삶을 산다는 것을 의미한다. 토대를 상실한 삶의 거처는 언제나 동요와 불안정속에 존재할 수밖에 없다. 게다가 초국가주의로 발전되고 있는 세계 경제체제 아래, 아시아의 모든 나라에서 이주가 하나의 현상으로 자리 잡고 있다. 거대 다국적기업이 이윤을 추구할수록 가족 해체가 진행되고, 아시아인들은 값싼 노동력을 제공하는 희생양으로 전락한다. 한 집안의 가장, 남편, 아버지로서 이주 노동을 가는 것이 아니라, 사출직 노동자, 가구 배달 기사, 일용직 건설 노동자, 야간 일을 전담하는 노동자로 가는 것이다. 그가 그 나라에서 어떤 신분이었는지, 성장배경이 어떻고 어떤 위치에 있었는지 따위에는 관심이 없다. 오로지 지시에 따르고 복종하는 건강한 노동력에만 관심을 가질 뿐이다.

김포 장릉 공단에서 일하고 있는, 파키스탄 라호르에서 온 자히드(34세) 씨는 함께 일하고 있는 동료들의 불평을 대변하다가 관리자에게 폭행을 당했다. 기숙사에 샤워 시설을 설치해 달라고 몇 차례 요구하자 대뜸 "집단행동을 하는 것이냐?"라며 자히드 씨를 지목해 폭행한 것이다. 그는 동료들보다 한국어를 좀 더 잘했기에 요구사항을 알렸을 뿐이고, 샤워 시설을 설치해 달라는 것이 부당한 요구는 아니잖느냐며 관리자의 폭행을 이해할 수 없다고 했다. 그런데 회사 측에서는 자히드 씨에게 "너희 나라로 가."라면서 일도 시키지 않고 기숙사에 대기시켰다. 폭행을 당한 것도 분한데, 추방시키기까지 하겠다며 일방적으로 계약을 해지하는 것은 그에게 죽으라는 것과 다름없었다. 그날 밤 그는 사업장에서 이탈해 '불법체류자' 신분으로 전락했다.

스리라캉에서 온 아산카(29세) 씨도 사업장 폭행으로 미등록자가 되었다. 관리자의 작업 지시를 이해하지 못하고 일을 계속하자, 부아가 치민 관리자가 현장에 있던 작업도구를 아산카 씨에게 집어 던졌다. 이를 이해할 리 없는 아산카 씨가 의문스러운 눈빛으로 쳐다보자 "뭘 쳐다보느냐?"라며 발길질과 주먹질을 해댔다. 그러고는 당장 공장에서 나가라고 소리쳤다. 아산카 씨는 고용 안정 센터를 찾아갔지만 담당자에게서 다시 돌아가 일하라는 말을 들었을 뿐이었다. 다시 돌아온 그에게 회사 측은 함께 일할 수 없다고 답변했다. 심지어 피해자였던 아산카 씨가 가해자로 둔갑해 있었다. 이제 그에게는 사업장을 이탈해 미등록자가 되는 길만 남았다. 일을 빨리 하지 못하고 쳐다보기만 한다는 이유로 폭력이 난무한다. 그것도 모자라 부당해고까지 당한다. 오늘날 이주 노동자의 현실이다.

하지만 빈번하게 벌어지는 일이라 그런 것일까. 이제 사람들은 이주 노동자의 현실에 주목하지 않는다. 한국에서 이주 노동자의 입은 주장하거나 요구하기 위해서가 아니라, 노동력을 재생산할 수 있는 음식물을 섭취하는 용도에 머물러 있어야한다. 이주 노동자가 식물인간처럼 있기를 강요한다. 미등록자에게는 더 말할 나위가 없다. 의료보험비, 연금,

각종 세금을 내지 않는 대신 모든 혜택에서 배제된다. 구직할 필요가 있어도 고용 안정 센터에 자유롭게 갈 수가 없다. 몸이 아파도 병원은 엄두도 못 낸다. 친구를 만나고 싶어도 대중교통을 이용할 수 없다. 비싼 택시비를 내고 가야한다. 한국인에게 폭행을 당해도 경찰서에 갈 수가 없다. 모국어로 쓰인 책 한 권도, 신문 한 장도 구경하지 못한다. 생활하는 방은 단출하다. 그저 번 돈을 고향에 송금하기 위해 살아갈 뿐이다.

그들에게, 사용자에게 가입 의무가 부과된 고용허가제 4대 보험(출국 만기보험, 보증보험, 귀국비용보험, 상해보험)이나 <근로기준법> 등은 무용지물이다. 유엔의 모든 이주 노동자와 그 가족의 권리 보호에 관한 국제 협약(이하 이주 노동자 권리협약) 역시 아무런 도움이 되지 못한다.[4] 기본권을 존중하고 선거권을 보장하는 민주주의 체제도 그들과는 무관하다. 연애도 금지된 채 오로지 '돈만 버는 기계'로 산다. 그들은 사람들 속에서 투명 인간으로 살아간다.

(3) 보이지 않는 인간

경기도 시흥에 있는 소파 공장에서 일하다 고향인 하노이로 자발적 귀환을 한 하이(33세, 베트남) 씨는 한국에서의 악몽 같은 일을 떠올리고 싶지 않다고 했다. 그는 한국에서 미등록 이주 노동자로 10년간 일했다. 지금은 호치민에 진출한 한국 의류 회사에서 통역 겸 중간 관리자로 일하고 있다.

그가 악몽처럼 겪은 일은 체불 임금을 받는 것이었다. 귀환하기 직전 1년간 일한 소파공장에서 받아야 할 체불 임금은 7백만 원 정도였다. 경기가 안 좋아 돈이 없다며 매달 20~30만 원 정도만 주면서 체불액이 늘어 갔다. 자신을 믿고 함께 일을 한 베트남 동료들 몫까지 치면 2천만여 원이 체불됐다. 사장은 "내일, 내일."이라고만 답하면서 계속 지급을 미뤘다. 노동부에 진정을 냈지만 지급 기일만 합의했을 뿐이다. 체불 임금은 결국 받지 못했다. 노동부에서 체불 임금 확인서를 받고 민사소송을 하기 위해 사장의 재산 내역을 조사했지만 사장 명의로 된 재산은 한 푼도 없었다. 체불 임금을 둘러싸고 사장과 기나긴 줄다리기를 한 끝에 남은 것은 허탈감뿐이었다.

하이 씨만의 일이 아니다. 미등록 이주 노동자라면 한 번 이상은 겪는 한국식 '임금 떼이기'다. 미등록 이주 노동자에게 일을 시키면서 두어 달만 정상적으로 계산해 급여를 주고, 이후에는 그때그때 주머니에 돈이 잡히는 대로 20만 원이든 30만 원이든 시혜라도 베푸는 식으로 주는 것이 다. 제대로 임금을 달라고 하면 "돈 없어."를 입에 달고 사는 것이 '한국 사장님'들의 한결같은 태도란다. 체불된 돈을 받기 위해 다른 사업장으로 옮기지도 못했단다. 그렇게 떼이는 돈이 1년 동안 번 돈과 거의 맞먹는다. 그는 한국에서 아시아 이주 노동자를 대상으로 노동력을 강탈하고 인권을 침해하는 현대판 노예제도가 행해지고 있다고까지 말했다.

(4) 떠도는 육체와 영혼

많은 미등록 이주 노동자들이 귀환을 꿈꾼다. 금의환향을 꿈꾸는 것도 아니다. 코리안 드림은 깨진지 오래다. 대대적인 단속 기간이라도 시작되면 주변 동료들이 한두 명씩 보이지 않는다. 강제 출국을 당해 연락조차 두절된 채 사라진다.

이들은 미등록 이주 노동이 이어질수록 우울증 같은 정신적 고통뿐 아니라 각종 산재 질환에 시달린다. 육체노동 과정에서생긴 근골격계 질환이 많다. 인천 남동 공단에서 일하고 있는 무하메드 알리(33세, 파키스탄) 씨는 허리를 쓰지 못해 한동안 일하지 못했다. 그는 현재 산재 판정을 받고 요양 중이다.산재 승인을 받기까지 근로복지공단과 끈질기게 싸웠다. 산업 연수생으로 들어와 6개월째 일하던 어느 날, 30킬로그램 정도 되는 산업용 모터를 옮기는데 허리가 끊어지는 듯 아팠다. '잠시 쉬면 되겠지.' 하고 지나쳤다. 하지만 며칠 후 같은 작업을 하다가 일어설 수 없을 정도의 통증을 느꼈다. 병원에 가서 간단한 진통제 처방과 함께 물리치료를 받았지만, 그 뒤 무거운 것만 들면 허리가 아팠다. 다시 정밀 진단을 받으니 추간판 탈출증이라는 판정이 나왔다. 진단서를 챙겨 공장에 갔지만 인정할 수 없다고 했다. 물리치료나 몇 번 더 받으라는 말만 되풀이했다. 게다가 허리통증으로 생산성이 떨어진다며 계약을 해지했다. 알리 씨는 항변했지만, 회사 측에서는 허리통증은 지병이라는 이유로 대화조차 하지 않으려 했다. 졸지에 계약해지를 당하고 미등록자가 된 그는 회사 측을 상대로 산재 신청을 요구했다. 다행히 추간판 탈출증이 일과 인과성이 있다고 증명되어 산재로 처리되었지만, 제때 치료를 받지 못해 몸은 이미 만신창이가 돼버렸다. 몸은 망가지고 정신은 황폐해졌다. 병든 몸을 받아 줄 곳은 없다. 어쩌면 그는 이방인이 되어 떠돌아야 할지 모른다. 알리 씨는 귀환이 두렵다고 했다.

방글라데시에서 온 호세인(33세) 씨는 11년째 귀환하지 못하고 있다. 목재 공장에서 도장 일을 하다가 얻은 천식으로 오도 가도 못하는 처지가 되었다. 그나마 산재 판정을 받아 치료를 받고 있지만, 의사는 그가 평생 천식에 시달리며 살아야 한다고 했다. 그는 방글라데시에 갈 수 없다. 그나마 받고 있는 치료조차 끊기기 때문이다. 고국에서 아내와 딸이 애타게 기다리지만, 병에 걸려 돌아가지도 못하는 처지가 한탄스럽기만 하다.

귀환하지 못하고 미등록자로 전전하는 것은 스리랑카에서 온 아누라(29세) 씨 역시 마찬가지다. 이미 세 차례 사업장을 변경해 더는 공식적으로 구직 활동을 할 수 없어 미등록자가 되었다. 그는 고용허가제로 2006년 11월에 들어와 김포에 있는 조그만 도장 공장에 취업했다. 하지만 회사가 도산해 2개월도 다니지 못하고 직장을 옮겨야 했다. 새로운 직장에서는 화재가 발생해 3개월도 일하지 못하고 그만두었다. 세 번째 공장에서는 관리자에게서 구타를 당했다. 불량을 낸다는 것이 이유였다 그는 불량률에 따른 급여 공제에 동의한다는 각서를 쓴 뒤에야 다시 일할 수 있었지만 '빨리빨리' 재촉해 대는 작업장 분위기를 따라잡을 수 없었다. 그런 그의 태도에 불만을 가진 관리자가 재차 폭행했다. 적반하장으로 회사 측은 그를 근무 태만과 불성실로 고용 안정 센터에 신고했다. 한국에 들어온 지 1년을 갓 넘겼을 때였다. 그는 매번 회사를 옮기는 바람에 돈을 모으기는커녕 빚만 눈덩이처럼 쌓였다고 했다. 송출 비용을 갚아야 귀환할 수 있기에 지방에 있는 친구들에게 수소문하며 취직자리를 부탁해봤지만 불경기가 심해 일자리를 구하지 못한 지가 벌써 3개월째다.

(5) 불온한 인간의 탄생

한국 사회에서 이주 노동자가 주장하고 발언하는 것은 금기다. 집회와 결사의 자유를 외치는 즉시 추방당한다. 한국에서 이주 노동자의 발언은 정치적 의미를 가진다. 주장하는 영혼은 불온한 것이다.

한국에 산업 연수생으로 와서 회사의 부당한 요구에 항의했다는 이유로 미등록자가 된 이슬람(32세, 파키스탄; 2부"우리는 노예가 아니다") 씨는 "임금을 달라는 요구를 외면하고 우리를 해고하고 불법 취업자로 만들었다. 강제 출국 조치를 내렸다. 우리는 이 땅에 노예로 온 것이 아니다. 우리를 가지고 장사하지 마라. 우리는 사고파는 물건이 아니다. 우리에게도 정당한 요구를 할 권리가 있다는 것을 알아야한다."라고 주장했다.

미등록 이주 노동자를 대대적으로 단속하는 배경에는 이들을 불온하게 여기는 정서가 깔려 있다. 이주 노동자의 집단적 요구와 정치적 발언이 증가할수록 단속도 심해진다. 조합을 만들고 이라크 파병 등에 목소리를 내는 이주 노동자들의 활동에 공안 정치를 방불케 하는 단속이 진행되고 있다. 경제적 요구에서 정치적 요구로 발전될 수 있는 이주 노동운동을 봉쇄하려는 의도가, 이주 노동자에 대한 근본적 대안을 마련하지 않은 상황에서 얼마나 실효성이 있을까.

미등록 이주 노동자에 대한 대대적 단속에는 이주 노동자를 잠재적인 범죄군으로 몰아가는, 한국 사회의 천박한 인권 의식이 놓여 있다. 외국인 범죄율의 증가와 내국인의 일자리 잠식, 저소득층 증가, 거주 지역 슬럼화 등 사회적 갈등을 초래할 불온한 세력으로 이주 노동자를 지목함으로써, 이들을 사회적 위기의 희생양으로 삼고 있는 것이다. 김포에서 일하고 있는 하킴(30세, 방글라데시; 3부"나는 누구인가") 씨는 "이주 노동자를 잠재적 범죄자로 몰아가는 한국 정부는 모든 노동자에게 범죄 낙인을 찍으려 하는 것과 같다."라고 일침을 가한다. 또한 그는 "미등록 이주 노동자를 합법화하고 자유로운 노동권을 보장하는 것이야말로 한국 사회가 그처럼 떠들어대는 다문화 사회에 부합하는 조치가 아니겠는가." 라고 말한다. 그러면서 그는 현재 정부가 주도하고 있는 다문화 정책은 모든 이주민과 이주 노동자를 들러리로 내세울 뿐인 '인종 페스티벌'이라고 몰아붙인다.

"제발 때리지 마세요." "우리는 노예가 아니에요." 1995년 1월, 열세 명의 네팔 산업 연수생들은 온 몸을 쇠사슬로 묶은 채 명동성당에 모여 여권 압류, 감금 노동, 폭행·폭언, 장시간 저임금 노동 등에 항의했다. 이들이 폭로한 인권 유린 사례는 당시 우리 사회에 큰 충격을 안겼다. 그로부터 13년이 지난 지금, 여전히 한국의 이주 노동자는 벼랑에 몰려 있다. 날로 증가하는 표적 단속과 추방, 사업장 내 폭행과 임금 체불은 어제오늘 이야기가 아니다. 게다가 국제결혼이 급증하면서 외국인의 정주화가 진행되고 있음에도, 3D 업종을 떠맡을 주체로서 이주 노동자를 받아들이고 있음에도, 여전히 한국 사회는 이들에게 차가운 시선을 보내고 있다. 이주 노동자에 대한 배타적 태도와 부정적 편견은 언제나 인종차별을 부추길 위험성을 내포한다.

인천 남동 공단에서 일하고 있는 살림(29세, 파키스탄) 씨는 "우리의 노동력은 불법이 아니다. 하지만 한국의 많은 사장들은 우리의 노동력을 최저임금 수준에도 못 미치게 대우한다. 그것으로도 부족해, 식비와 기숙사비를 제하고, 일이 없을 때는 무노동 무임금을 적용한다. 실제로 남는 것은 착취 받는 몸밖에 없다는 분노가 인다."라고 말했다.

미국·프랑스 등 제1세계 출신 미등록자들에게는 출국 고지만이 전달되지만, 아시아·아프리카 출신자들에게는 인간 사냥을 방불케 하는 폭력적인 단속과 구금, 그리고 강제 퇴거가 자행된다. 또한 방글라데시·네팔·파키스탄 등의 나라에서 한국인으로 귀화한 시민권자에게는 여전히 가족 초청이 허용되지 않는다. 이주 노동자노동조합(이하 이주노조) 지도부에 대한 표적 단속과 최소한의 법적 절차도 무시한 강제 퇴거 집행에서, 한국 정부가 얼마나 배타적인 인종차별 정책으로 일관하고 있는지를 엿볼 수 있다.[5] 하루빨리 이주 노동자권리협약을 비준해야 할 이유이기도 하다.

세계를 강타한 금융 위기와 경기 침체로 극심한 생존의 위기를 겪고 있는 요즘, 이주 노동자는 여러 겹의 고통에 시달린다. 그들이 어디로 가야 하는지는 알 수 없다. 하지만 이주 노동자가 '불온한, 너무나 불온한 인간'으로 재탄생될 수밖에 없는 현실은 뚜렷하기만 하다. (2008. 12.)

이세기, 『이주, 그 먼 길』, 후마니타스, 2012, 152~163쪽.

3. 분배와 재분배

1) '복지국가가 된다'는 것은?

우리나라도 이제 국민의 삶을 기준선 이상으로 유지하려는 노력, 즉 국가의 의무를 실현하기 위해 노력하는 사회가 됐다. 우리나라는 더 이상 먹을 것이 없어 굶어 죽고, 더 이상 돈이 없어 잘 곳을 얻지 못하고, 병원비가 없어 치료받지 못하는 사회가 아니다. 차츰 복지가 대세인 나라가 되고 있다. 복지를 늘리고 국민의 '삶의 질'을 높이는 데 반대하는 사람은 없다. 하지만 조금 더 깊이 성찰해보면, 복지국가가 되는 것은 그리 간단한 일이 아니다. 스웨덴과 같은 선진 복지국가처럼 복지 재정을 늘리고 선진국에서 잘 작동하고 있는 복지제도를 도입하면, 그것으로 어느 정도 완성된 복지국가가 될 것이라고 쉽게 생각해선 안 된다.

(1) 경제성장만으론 복지국가 되기 쉽지 않다

국민의 행복한 삶을 보장하려고 노력하는 사회가 되었다는 것 이상으로 우리에겐 부정적 사회 문제가 많다. '헬조선'이라는 말이 그냥 나온 게 아니다. 우리나라는 세계에서 가장 빠른 성장을 이룬 대가로 세계에서 가장 참혹한 초저출산 국가가 되었으며, 세계에서 가장 빠르게 고령화가 진행되고 있고, 세계에서 자살률이 가장 높은 나라이며, 양극화와 불평등은 주요 국가들 중에서 가장 심각하다. 1인당 국민소득 3만 달러가 넘는 나라가 됐고, 세계가 우리나라에게 K-POP과 K-방역 등으로 찬사를 보내는 것의 이면에는 이런 우울한 자화상이 존재한다.

우리나라는 현재 사회·경제·문화의 여러 차원에서 긍정적 부분과 부정적 부분이 공존한다. 그래서 사회 운영의 패러다임을 바꾸어야 하는 근본적인 변화와 개혁이 필요한 과도기에 놓여 있다. 지난 수십 년간 우리는 남이 갔던 길, 즉 미국·일본과 유럽의 제도들 중에서 좋은 것을 취사선택해왔다. 경제성장에 따른 재정 확보를 통해 사회보험을 늘려왔고, 공공부조로 사회적 약자의 삶을 지지했으며, 바우처voucher를 포함한 사회서비스의 제도화를 통해 복지의 질을 높여왔다. 현재 우리나라에는 가장 선진적인 복지 시스템이 있음과 동시에 자선·시혜와 배제·격리, 통제·관리의 관점에 따른 수용시설도 공존하고 있다. 그리고 자선의 관점에서 불쌍한 사람을 돕는 복지와 모든 국민의 삶을 보장하려는 보편적 복지가 혼재되어 있다.

아직도 정신장애인 시설이나 노숙인 시설의 경우 500명 이상을 수용하는 시설이 존재하고 있다. '탈시설'을 이야기하고 보편적 복지가 대세이지만, 그와 함께 선별적 복지, 아니 과거의 잔여주의 복지의 관점에 따른 복지 시스템도 국가의 보조금으로 운영되고 있다. 뿐만 아니라, 특수학교나 장애인 복지관을 혐오시설로 생각하고, 소위 혐오시설에 대한 님비현상Not In My Backyard, NIMBY도 갈수록 심해지고 있다. 집값이 떨어진다는 이유로 공공연하게 임대주택을 반대하고, 청년주택을 반대한다.

우리나라가 앞으로 복지 재정을 더 확충하고 복지제도를 정비하면, 이런 문제는 자연스럽게 사라지게 될까. 우리나라가 정말 살기 좋은 복지국가가 되는 길은 현재의 1인당 국민소득 3만 달러 수준에서 미국이나 스웨덴 수준인 6만 달러까지 올라가는 경제성장을 통해 이 모든 것이 해결될까. 그래서 우리는 삼성이나 LG 같은 기업들이 초일류에서 초초일류가 되는 것에 기대를 걸고, 게임 기업들이 세계에서 가장 흥행하는 게임을 만들어내고, 바이오 산업에서 확실한 비교우위를 갖는 등 4차 산업혁명의 과실을 가장 성공적으로 거둬 이들 기업이 내는 세금으로 현재의 모든 사회 문제들을 해결하면 되는 것일까.

1960년대 이후 우리나라는 그런 길을 걸어왔다. 경제성장을 최우선의 가치로 삼아 사회를 발전시켜 왔고, 세계에서 가장 빠르게 성장했다. 성장 위주의 경제정책, 경쟁 위주의 학교 교육, 그를 통해 순치된 양질의 노동력 확보 등이 지난 60년간 조화를 잘 이룸으로써 경제·복지·문화·교육 등에서 큰 발전을 이루었다. 우리는 성장을 통한 분배, 개인 간의 시장 경쟁을 통한 성공, 능력과 노력이 지배하는 사회문화를 이루어왔다. 그런데 이런 가치는 미국의 가치와 연결되는 것이다. 제대로 된 복지국가의 가치로 보긴 어렵다. 성장이 없으면, 경쟁에서 실패하면, 능력이 없으면, 패배자루저가 되는 게 당연하다는 사회적 공감대를 지닌 나라가 미국이다. 이런 인식의 토대 위에선 복지국가는 쉽지 않다.

(2) 사회의 핵심 가치가 '연대'라야 복지국가 가능해져!

현재 한국의 사회문화 의식도 주로 이런 가치에 기초한다. 우리는 계속해서 이런 가치에 기초해 사회를 발전시켜 나갈 것인지, 아니면 기존과 다른 대안적 가치로 사회를 재구성하는 선택을 할 것인지, 이제 결정해야 한다. 우리가 포용성과 역성易姓성이 큰 보편적 복지국가로 질적 전환을 이루고자 한다면, 다시 말해서 스웨덴과 같은 선진 복지국가로 제대로 발전하기를 바란다면, 사회의 핵심 가치가 변화해야 한다. 박노자 노르웨이 오슬로대 교수가 이야기한 '각자도생'의 사회의식이 사회적 연대Solidarity에 기초해 변화해야 한다.

복지국가는 무엇인가. 민주국가의 핵심이 시민의 참여 민주주의에 기초를 둔 국가라면, 복지국가는 모든 국민의 '삶의 질'을 책임지려는 국가라고 할 수 있다. 이는 삼성이나 셀트리온이 번 돈을 나누는 게 아니다. 상속세를 많이 걷어 복지 재정을 만드는 것이 아니다. 복지국가는 국가의 구성원 모두가 함께 만들어가는 국가 개념이다. 남이 낸 세금이 아니라 모든 '나'들이 낸 세금으로 복지국가가 만들어지게 된다. 그 중심에는 사회적 연대 'SOLIDARITY'가 있다.

사회의 핵심 가치가 어디에 있는지에 따라 그 사회의 문화와 구성원들의 삶이 결정된다. 미국 사회의 변화와 발전을 이루는 핵심 가치는 개인주의와 경쟁이다. 학교에서 총기 사고가 급증해도 개인의 총기 소유는 불가침의 영역이며, 이윤추구를 목적으로 하는 영리 의료로 인해 미국인들이 질병으로 고통을 받아도 높은 병원비 때문에 가계가 풍비박산 나도 미국은 전 국민을 대상으로 하는 공적 의료보험을 받아들이지 않는다. 미국이라는 국가 내의 구성원으로 성공해 수백억 달러의 부자가 되던, 실패해 노숙자가 되던, 그것은 국가의 책임 영역이라기보다 개인의 능력에 따른 결과일 뿐이라는 게 미국의 핵심 가치라고 할 수 있다.

보편적 복지국가 모델인 스웨덴은 다르다. 미국과 스웨덴 둘 다 1인당 GDP가 6만 달러를 넘나들지만, 사회의 구성 원리는 정반대다. 미국이 파편적 수준의 개인주의에 기초한다면, 스웨덴은 공동체의 가치를 강조하는 개인주의, 즉 SOLIDARITY에 기초하여 사회의 발전과 국민의 삶을 보장한다. 요즘 문재인 정부는 각종 복지 제도의 지향을 스웨덴에 두고 있지만, 경제·사회의 핵심 원리나 시스템의 많은 부분은 미국의 경제·사회 운영 원리와 겹쳐 있다. 우리가 본격적으로 복지국가를 완성시키고자 한다면 복지국가를 구성하는 가치와 철학에 대해 검토하고 사회를 움직이는 핵심 원리가 변해야 한다.

현재 우리 사회의 핵심 가치는 무엇일까. 개인, 성공, 경쟁, 물질주의가 우리 사회를 이루는 핵심 가치라고 할 수 있다. 전통적으로 한국 사회에서 성공이란 공부 잘해서 돈 많이 벌 수 있는 좋은 대학의 인기 과에 입학하는 것이다. 머리 좋고 최대한의 노력을 기울여 최고의 성적을 얻는 학생들이 높은 사회적 지위와 부를 획득하는 것이 우리 사회에선 공정과 정의이다. 의사, 교사, 변호사, 공무원은 모두 안정적인 돈벌이 수단으로 선호되고, 학교에서 성공한 학생들이 이 자리를 차지한다. 시험을 잘 보는 모범생이 성공한다는 게 공식이다. 학교는 지난 수십 년간 계층 상승의 도구로, 또 공부 못하는 학생들이 열악한 사회적 지위를 차지하는 게 당연하다는 원리를 충실히 수행해 왔다.

따라서 학교 교육의 목표가 공부하는 '나의 성장'에 있는 것이 아니라 '공부 잘하는 서열'을 정하는 데 있다. 같은 반의 친구들이 경쟁 상대이고, 그들보다 나은 지위를 차지하려면 그들보다 성적이 좋아야 한다. 경쟁과 성공의 도구가 학교 교육인 것이다. 반면에 우리가 부러워하는 핀란드 등 북유럽 복지국가의 학교는 계층 상승의 도구가 아니다. 경쟁이 학교 교육의 핵심 원리가 아니다. 노르웨이의 학교에서는 최중증 장애인이 일반학급에서 완전 통합 교육을 받는다. 중증의 장애 학생이 계속 고개를 흔들고 소리를 지르는데, 유치원부터 고등학교까지 함께 수업을 듣는 상황을 상상해보라. 결코 쉽지 않은 일이다.

그런데 어떻게 북유럽 학생들과 학부모들은 학교 수업을 저해할 수 있는 장애 학생을 당연히 같은 학급의 급우로 받아들일 수 있을까. 우리나라에서는 약간의 장애를 가지고 있는 학생들도 괴롭힘을 당해 중학교부터는 다시 특수학교로 진학해서 공부한다. 장애 학생이 같은 반에 있으면 그 학급은 경쟁에서 뒤처지게 되고, 입시 준비가 목적인 학교 교육이 실패할 것이기에 장애 학생이 같은 학급에 있는 것은 학년이 올라갈수록 받아들일 수 없게 된다. 장애 친구를 배려하고, 학생들 하나하나가 목적이 되는 교육은 경쟁과 성공·계층 상승의 도구라는 패러다임의 학교에서는 불가능하다.

장애 학생이 존중받는다는 것은 학생 한명 한명이 존중받는다는 것을 의미한다. 공부를 못해도 학교에서는 소중한 학생으로 대우한다. 학교의 교육 목표는 좋은 대학에 가는 서열을 정해주는 것이 아니라 학생이 가진 가능성과 희망을 현실화시켜 주는 데 있다. 공부를 못하는 것이 학교에서 실패를 의미하지 않는다. SOLIDARITY는 개인을 무시하지 않는다. 오히려 정반대라고 할 수 있다. 개인을 존중하고 인간다움을 보장하는 가장 중요한 가치가 바로 SOLIDARITY이다. 다수를 위해 소수가 희생되는 것이 아니라 다수는 소수가 모여 이루어지는 것이며, 그래서 개인 한 명 한 명의 존엄을 기초로 하는 다수가 되는 것이다.

(3) 패러다임 대전환의 복지국가, 공감대 확산이 중요하다!

우리나라가 복지국가로 자리를 잡으려면 기업의 사회적 역할과 기능도 바뀔 부분이 많다. 개인주의가 강한 미국 같은 나라의 기업은 노사 간 갈등이 심하고, 해고가 쉽고, 주주이익의 극대화라는 자유 경쟁 자본주의 구조라면, 스웨덴 등의 복지국가는 노사 관계도 연대의 관점에서 형성된다. 물론 복지국가에서도 생산성이 중요하고 이윤을 추구하는 것이 핵심적 활동이지만, 그에 맞먹게 노동자의 삶을 보장하는 것도 중요하다. 복지국가에서는 이윤추구와 함께 고용이 핵심 가치이며, 기업이 일차적으로 노동자를 책임지지만, 실업자는 국가가 책임진다. 그래서 스웨덴 모델의 복지국가들은 망하지 않고, 오히려 더 좋은 나라가 되고 있다.

실업을 바라보는 관점에서 그 차이는 분명해진다. 미국과 같은 개인과 경쟁 중심의 국가에서는 실업수당이 1년 이상이면 놀고먹는다고 생각한다. 국가의 보장성이 강화되면 놀고먹는 사람이 늘어나게 되어 생산적인 일을 하는 사람들이 감당할 수 없게 되니 다 같이 망하게 될 것이라고 생각한다. SOLIDARITY가 핵심 가치인 스웨덴 같은 국가에서는 실업자가 된 노동자들이 놀고먹는다고 생각하지 않는다. 스웨덴의 경우 일을 하다가 학업을 위해 직장을 그만두고 대학원에서 공부한다고 해도 가능한 지원을 해주며, 개인의 성장을 돕는다.

노동자 개개인이 성장하는 것이 사회의 이익이며, 이는 연대의 관점에서 당연한 상식이다. 복지국가에서는 구조조정이나 실업에 처해도 노동자의 삶이 파괴되지 않는다. IMF 때 은행들의 구조조정에 따라 해고된 은행원들의 삶이나 쌍용차 해고 노동자의 삶은 우리 사회가 얼마나 취약한 사회인지를 보여준다. 공무원이나 대기업 직원, 교사, 의사 등 안정적인 직업을 삶의 목표로 삼는 사회가 되는 것도 '각자도생'의 사회 시스템에서 비롯된 현상이라고 볼 수 있다.

우리나라의 교도소와 같은 교정 복지 영역도 복지국가에 맞지 않는 시스템이다. 미국은 10만 명당 교도소 입소자 비율이 600~700명이고, 스웨덴은 50명 선이며, 우리나라는 150명 선이다. 범죄를 개인의 책임으로 보면 교도소는 계속해서 늘어나야 한다. 스웨덴은 교도소를 어떻게든 줄이고자 한다. 범죄를 저지른 사람이 어떻게 사회로 돌아와 건강하게 살 것인지를 중심으로 교정 복지를 구성한다. 재소자들을 사회에서 격리하고 범죄에 상응하는 형벌을 부과하는 게 목적이 아니다. 범죄의 원인을 파악하고 환경을 개선해서 다시 범죄를 하지 않게 하는 게 교정 복지의 목표라고 할 수 있다. 선진 복지국가에서는 전과자도 사회의 구성원이다. 그러므로 배제보다 연대의 정신으로 어떻게 함께 살아갈 것인지를 고민하고 실천한다.

반면, 미국이나 한국은 처벌과 배제가 교도소의 주요 목적으로 간주된다. 그에 따라 사회에 건강하게 복귀하지 못하게 되고, 전과가 누적돼 사회 부적응자가 많은 사회가 되고 있다. 스웨덴 같은 복지국가는 교도소 환경을 사회와 크게 다르지 않게 하면서 범죄를 최소화하려고 노력한다. 우리나라는 국민의 복수감에 기초해 형벌 감정이 생겨나는 경향이 있다. 예를 들어 중학생이 친구를 폭행하거나 가혹 행위를 했을 때, 성인과 다르지 않은 강한 처벌을 해야 한다는 법 감정은 범죄를 사회의 책임이 아닌 개인의 책임으로만 바라보는 것이다. 전과자도 사회의 건강한 구성원이 되도록 노력해야 한다. 그런 정책이 필요하다.

복지국가의 제도와 정책들 하나하나가 선진국에 가깝거나 그 이상을 보장하는 방향으로 나아가고 있긴 하지만, 그것을 운영하는 사회의 핵심 가치가 개인주의와 경쟁주의로 남아 있어서는 올바르고 공정한 복지국가로 나아갈 수 없게 된다. 우리는 기초생활보장 수급자의 부정수급의 문제를 심각한 도덕적 해이로 보고 있다. 그런데 부정수급은 도덕적 해이에서 비롯되는 경우만 있는 게 아니다. 수급자가 열심히 일해 돈을 벌면 정부는 다시 일정액을 넘는 금액을 환수해간다. 일을 해도 떳떳하게 하는 게 아니라 몰래 해야 하고, 그러다 적발되면 부정수급자가 된다. 수급자에서 차상위로 자립하는 경우는 거의 존재하지 않는다.

세금을 눈먼 돈이라고 한다. 세금을 소중히 여기는 문화가 거의 없다. 아끼지도 않는다. 왜냐하면 내 돈이 아니라고 생각하기 때문이다. 사회연대의 관점에서 보면, 내가 낸 세금은 내 돈이고 부정수급은 상상할 수 없으며, 복지국가의 적이고 공동체의 적이라고 할 수 있다. 연대는 공동체 단위의 개념이다. 그렇기 때문에 모든 국민들이 자기 수입의 40~60%를 세금으로 내는 게 가능해지는 것이다. 세금은 내 돈이며, 세금을 허투루 쓰거나 착복하는 것은 공동체를 파괴하는 행위이기에 용납될 수 없는 것이다. 자신이 낸 세금이 제대로 자신(연대에 기초한 공동체 내의 개개인들)에게 쓰일 것이라는 믿음이 있는 나라가 바로 복지국가다.

조준호, 「'복지국가가 된다'는 것은?」, 『프레시안』, 2020. 11. 9.

2) 1퍼센트의, 1퍼센트에 의한, 1퍼센트를 위한6)

분명히 일어나고 있는 현실을 그렇지 않은 듯 가장하는 건 쓸데없는 짓이다. 현재 미국에선 상위 1퍼센트가 연간 국민소득의 약 25퍼센트를 가져간다. 소득이 아니라 부의 측면에서 봐도, 상위 1퍼센트가 부의 40퍼센트를 장악하고 있다. 25년 전에는 각각 12퍼센트, 33퍼센트였음을 고려하면 이들의 부와 소득은 세월이 흐름에 따라 크게 증가해왔음을 알 수 있다. 어떤 사람은 이들의 행운이 창의력과 추진력에서 비롯한 거라며 이들을 칭송하고, '밀물이 밀려들면 모든 배가 떠오른다'라고 주장하기도 한다. 이것은 잘못된 판단이다. 상위 1퍼센트의 소득은 지난 10년 사이에 18퍼센트나 늘었지만, 중간 소득층의 소득은 감소했다. 고졸 학력자의 소득 감소폭은 대단히 커서 최근 25년 사이에 12퍼센트나 감소했다. 최근 수십 년 동안 이루어진 성장의 모든 결실, 그리고 그 이상이 상위 1퍼센트에게 집중되어 왔다. 미국은 소득 분배의 평등성 측면에서 조지 W. 부시George W. Bush가 노후하고 경화되었다고 조롱했던 유렵의 어느 나라보다 뒤처져 있다. 우리는 지금 과두 재벌들이 발호하고 있는 러시아와 이란과 비슷한 상황에 처해 있다. 브라질을 비롯해서 오랫동안 심각한 불평등을 안고 있던 중남미의 여러 국가들은 최근 들어 적극적인 정책을 통해 빈민층의 궁색한 처지를 개선하고 소득 격차를 줄이는 데 상당한 성과를 올리고 있지만. 미국은 갈수록 심화되는 불평등을 그대로 방치하고 있다. (…중략…)

어떤 사람들은 소득 불평등 문제가 제기되면 그저 어깨를 으쓱한다. 얻는 사람이 있으니 잃는 사람이 있는 건 당연한 게 아니냐, 파이를 어떻게 나누느냐가 아니라 어떻게 파이의 크기를 키우느냐 하는 문제에 관심을 두어야 한다는 게 그들의 주장이다. 하지만 근본적으로 잘못된 주장이다. '대다수' 국민들이 해를 거듭할수록 경제 형편이 악화되는 경제—미국과 같은 경제—가 장기적으로 번영할 가능성은 거의 없다. 그 이유를 몇 가지로 살펴보자.

첫째, 불평등이 갈수록 심해지는 현상과 기회의 문이 갈수록 좁아지는 현상은 동전의 양면이다. 기회의 평등성이 약화될 때마다, 그것은 우리가 가진 중요한 자산—국민들—가운데 일부가 가장 생산적인 방식으로 활용되고 있지 않음을 의미한다. 둘째, 불평등을 초래한 여러 가지 왜곡 요인들—이를테면 독점력과 특수 이익 집단에 대한 세금 우대와 관련한 왜곡 요인들—은 경제의 효율성을 훼손한다. 새로운 불평등은 다시 새로운 왜곡을 낳아, 경제의 효율성을 더욱 극심하게 훼손한다. 뛰어난 재능을 지닌 많은 젊은이들이 경제의 생산성과 건전성 강화에 기여할 수 있는 부문 대신에 천문학적인 보수로 유혹하는 금융 부문을 선택하는 현실이 이를 뚜렷이 반영한다.

세 번째 이유가 아마도 가장 중요한 것이다. 현대 경제는 '집합 행위'를 필요로 한다. 요컨대 기간 시설과 교육, 과학 기술에 대한 정부 차원의 투자가 필수적이다. 미국과 세계는 인터넷의 발명을 낳은 정부 후원 연구에서부터 공공 의료의 발전에 이르기까지 여러 가지 정부 차원의 투자 덕분에 큰 혜택을 누리고 있다. 하지만 미국은 오래전부터 누적되어 온 기간 시설과 기초 연구, 모든 수준의 교육 분야에 대한 투자 부족 때문에 심한 타격을 입고 있다(미국 내 고속도로, 교량, 철도, 공항의 부실한 상황이 그 단적인 예다). 앞으로도 이런 분야들에 대한 재정 지출 삭감은 더욱 급격하게 이어질 것이다.

이 모든 것이 전혀 뜻밖에 벌어진 일은 아니다. 부의 분배가 한쪽으로 편중되어 있는 사회에서 당연히 벌어지는 일이다. 어떤 사회에서 부의 격차가 크면 클수록 부자들은 공동체의 필요를 충족하기 위해 돈을 쓰는 걸 꺼리게 된다. 부자들은 굳이 정부에 의존하지 않고도 공원이나 교육, 의료, 개인 안전을 누릴 수 있다. 모든 것을 자비로 구입할 수 있으니 말이다. 이런 식으로 부자들은 서민들로부터 점점 멀어지고, 서민과의 공감대 역시점점 희박해진다. 한편으로 이들은 강한 정부를 우려한다. 강한 정부는 그 힘을 이용해서 불균형을 완화하고 부자들이 보유한 부의일부를 거두어 공익적 목적에 투자할 수 있다. 상위 1퍼센트는 요즘 미국 정부에 대해 불평을 늘어놓기도 하지만, 실제로는 미국 정부를 흡족하게 여긴다. 미국 정부는 지금 심각한 교착 상태에 빠져, 재분배에는 손도 대지 못하고 심각한 분열 상태에 빠져 세금 인하 말고는 어떤 일도 할 수 없는 처지에 있다. (…중략…)

미국은 오래전부터 공정한 경쟁을 보장하여 누구나 성공을 이룰 기회를 균등하게 보장받는 나라라고 자부해 왔다. 하지만 통계에 따르면 이는 사실이 아니다. 미국에서 저소득층 혹은 중간 소득층 시민이 성공하여 부유층에 진입하는 확률은 유럽의 여러 나라들보다 낮다. 이들은 불공정한 상황에 놓여 있다. 중동의 정치적 격변을 일으킨 것은 이처럼 기회가 봉쇄된 불공정한 시스템이다. 중동에서 일어난 격변의 기폭제는 식료품 가격 인상과 청년 실업률의 지속적인 상승이었다. 미국에서는 청년 실업률이 약 20퍼센트에 이르고(일부 지역과 특정한 사회 인구 집단들의 청년 실업률은 이의 갑절이다), 미국인 여섯 명 가운데 한 명은 식비 지원 제도에 의지하고 있다(이와 비슷한 비율의 인구가 '식품 불안정' 상태에 있다). 이 모든 상황은 상위 1퍼센트가 창출하는 부가 나머지 모든 사람들에게 이득을 가져다준다는 허풍 섞인 '낙수효과'를 무언가가 봉쇄하고 있음을 입증하는 확실한 증거이다. 이런 상황에서는 정치적 소외 현상의 출현을 충분히 예견할 수 있다. 예컨대 최근에 있었던 마지막 선거에서 20대 투표율은 실업률과 엇비슷한 21퍼센트로 나타났다.

우리는 최근 몇 주 동안 수백만 명이 거리로 몰려나와 자신이 거주하는 억압적인 사회의 정치적, 경제적, 사회적 상황에 항의하는 모습을 목격했다. 이집트와 튀니지에서는 민주화 시위로 정부가 무너졌고, 리비아, 예멘, 바레인에서도 대중 시위가 분출하고 있다. 중동의 다른 지역에서도 지배권을 장악한 가문들은 냉방 장치가 완비된 고급저택에서 거리를 내다보며 '다음 차례는 우리가 되지 않을까?'하는 불안감에 마음을 졸이고 있다. 이들이 그런 불안감을 느끼는 건 당연하다. 이 사회들에서는 전체 인구 가운데 1퍼센트도 안 되는 극소수가 부의 상당 부분을 차지하고, 부가 권력의 향방을 결정하는 핵심 요인으로 작용하며, 견고하게 확립된 각종 부패가 일상적인 관행으로 행해지며, 최상층 갑부들이 전체 사회 구성원의 생활을 향상시키는 정책들을 적극 가로막는 일이 다반사로 일어난다.

세계 도처의 거리에서 대중적 시위가 분출하는 것을 지켜보면서 우리 마음속에서 솟아나는 의문이 있다. 언젠가는 미국에서도 저런 일이 일어나지 않을까? 우리나라는 중요한 몇 가지 측면에서 곤경에 처해 있는 먼 나라들을 닮아 가고 있다.

알렉시 드 토크빌Alexis de Tocqueville은 한때 미국 사회의 독특한 특정을 창출한 주요 원인으로 '개인적 이익에 대한 올바른 이해'를 꼽았다. 여기서 중요한 단어는 뒤의 두 단어다. 사람은 누구나 좁은 시야에서 개인적 이익을 추구한다. 당장 자신에게 이익이 되는 것을 손에 넣기를 바란다. 개인적 이익에 대한 '올바른 이해'는 이와는 전혀 다르다. 이것은 다른 모든 사람들의 개인적 이익, 즉 공공복지에 관심을 기울이는 것이 자신의 궁극적인 복지를 달성할 수 있는 전제 조건임을 인정하는 것을 뜻한다. 토크빌은 이런 관점이 숭고하다거나 이상적이라고 주장하지 않았다. 그는 오히려 정반대의 의미로 말했다. 바로 그것이 미국적 실용주의의 특징이라는 것이다. 약삭빠른 미국인들은 다른 사람을 보살피는 행위가 비단 영혼을 살찌우는 데 그치지 않고 사업을 살찌운다는 기본적인 사실을 이해했다.

상위 1퍼센트는 최고의 주택, 최고의 교육, 최고의 의사, 최고 수준의 생활을 누린다. 하지만 그들이 돈을 아무리 써대도 손에 넣을 수 없는 것이 있다. 그것은 바로 자신의 운명이 나머지 99퍼센트의 운명과 떼려야 뗄 수 없는 관계에 있다는 인식이다. 역사적인 경험을 돌이켜보면, 상위 1퍼센트는 언젠가는 이것을 깨닫는다. 문제는 이들이 뒤늦게야 이것을 깨닫는다는 점이다.

조지프 스티글리츠, 이순희 옮김, 『거대한 불평등-우리는 무엇을 할 수 있는가?』, 열린책들, 2017, 153~160쪽.

3) 분배 정의와 기본소득

(1) 디지털 플랫폼 공유지의 역설과 기본소득의 확대

공유지는 원리적으로 모두에게 평등한 접근이나 평등한 지분권을 보장하는 자산이지만, 그것을 가장 잘 사용할 입지나 조건에 있는 사람이나 단체에 의해 특권적으로 사유화된다. 곧 '인접효과'로 인해 공유지 인클로저enclosure가 필연적으로 발생한다.

예를 들어 어느 동네에 초·중·고등학교가 새로 들어서면 그 동네의 입지적 가치는 크게 상승한다. 그 동네 학생들은 안전하고 신속하게 또 교통비 부담 없이 학교를 다닐 수 있기에, 많은 학부모들이 그 동네로 이주하고자 하기 때문이다. 그러나 이 학교라는 공유지의 혜택은 그 동네 모든 주민들에게 평등하게 돌아가지 않는다. 그 동네 주택 소유자들은 집값 상승이나 임대료 상승으로 막대한 이익을 추가로 누리지만, 세입자들은 자녀들의 통학 편의성이 높아지고 교통비가 절감되는 대신 전세나 월세가 상승하는 만큼 그 편의성 상승 및 교통비 절감의 대가를 부담해야 한다. 동네에 지하철역이 생기는 경우에도 마찬가지다.

더욱 심각한 경우는 주택과 건물 재건축이나 재개발의 경우에 나타난다. 우리나라 모든 땅은 용도 및 건물의 높이를 규제하는 층고層高 제한이 정해져 있다. 그런데 도시의 층고 제한은 단계적으로 상향되어 왔다. 이러한 층고 제한 상향은 모두의 공유지인 공중하늘 자산을 토지 소유주에게 유·무상으로 분배해 준 것이라 할 수 있다. 층고 제한이 상향됨에 따라 지가가 상승하여 토지 소유자들은 막대한 이익을 얻게 되며, 실제로 재건축이나 재개발을 통해 층고 제한 높이까지 건물을 새로 지었을 겨우 더 큰 초과이익을 얻는다. 이처럼 정부가 모두의 공유지를 빼앗아 토지 소유자들에게 갖다 주는 건 우리나라처럼 급격히 도시화가 진행된 나라에서 심각하게 일어난다. 더욱 심각한 건 이처럼 층고 제한을 상향해 주는 과정에서 개발지의 일부를 공유지로 기부채납 받거나 재건축 초과이익 환수금, 공공 기여금 등으로 환수한 개발 이익을 그 단지 한 가운데 학교나 공원을 만들어서 다시 그 땅 소유자들에게 더 큰 이익으로 되돌려준다는 점이다. 이처럼 학교, 공원 등 공유지의 확충과 더불어 부동산 소유주에 의한 공유지 인클로저와 자산 양극화가 확대되는 현상을 '공유지의 역설'이라고 부를 수 있다.[7] 이러한 공유지의 역설과 양극화 현상은 디지털 플랫폼이라는 새로운 공유지에서 더 증폭되어 나타난다. 이는 주목 효과, 링크 효과, 기록 효과, 콘텐츠 효과 등으로 구성되는 네트워크 효과를 통해 공간적 제약 없이 가입자가 늘어날수록 플랫폼의 가치가 증폭되어 나타나기 때문이다.[8] 곧 플랫폼의 가치가 높아질수록 그 플랫폼 소유권자에게 전유된다. 구글, 페이스북, 아마존, 우버 등 플랫폼 벡터 계급vectoral class 내지 기업의 급속한 성장은 이런 원리에 따른 것이다.

이러한 공유지의 역설을 통해 디지털 플랫폼은 비록 단기적으로는 가입자 모두의 후생을 증진시키지만, 그 수익의 일부까지 공유하지 않는다면 사회 전체적으로 그리고 장기적으로 극소수의 유산자 계급과 압도적인 다수의 무산자 계급이 대립하는 초양극화를 낳을 것이다. 왜냐하면 민주적인 통제가 없다면 디지털 플랫폼이 진화함에 따라 임금을 받는 일자리는 불안정한 수준을 넘어서서 소멸되어갈 것이기 때문이다.[9]

다행히 스트렝만-쿤Strengmann-Kuhn이 지적한 대로 디지털 플랫폼의 진화는 기술적으로 생계 노동을 감축하는 것이지 바로 일자리를 줄이는 것이 아니다. 그는 노동의 감축이 일자리의 감축이 아니라 노동 시간의 감축으로 이어지고 모두에게 생계 노동을 줄이며 정치적 참여와 교육, 돌봄을 확대할 수 있다는 전망을 제시하고 있다. 그리고 기본소득이 이런 조건을 창출하는데 크게 기여할 것이라고 주장한다.[10] 그런데 기본소득은 이처럼 단지 소극적으로 사회의 극단적인 대립을 막거나, 아니면 노동 대신 안정되고 새로운 활동이 충만한 사회적 조건을 만들 필요 때문에 도래해야 할 것 이상이다.

오히려 디지털 플랫폼과 인공지능의 가치에서 큰 부분을 차지하는 빅데이터는 자연적으로 주어지거나 조상으로부터 물려받은 공유지를 넘어서서, 프레카리아트를 포함하여 모두가 자유노동을 통해 함께 만드는 공유지이다. 프레카리아트는 자연과 조상으로부터 물려받은 공유지뿐만 아니라 자신들이 새롭게 만들었으나 수탈당하거나 착취당한 플랫폼 공유지를 되찾아 지금보다 더욱 적극적으로 활성화하고 공유할 필요가 있다. 디지털 플랫폼은 프레카리아트precariat의 네트워크 능력을 비약적으로 향상시키고 기본소득의 재원을 확장하는 장이 될 수 있다. 계급 대립을 해소하기 위해 기본소득이 필요한 것이 아니라, 프레카리아트가 자신이 만들어낸 기본소득이 재원을 정당하게 되찾아옴으로써 계급 대립이 해소되는 것이다. 프레카리아트가 노동 물신주의 프레임에서 벗어나, 평등하게 연대하는 프레카리아트라는 불안정 무산자 계급으로 다시 선다면, 플랫폼 자본주의 시대에 새로운 계급 주체로 재구성될 것이다. (…중략…)

플랫폼 공유지 배당으로서의 기본소득은 자유노동에 대한 보상적 정의 차원에서 정당화될 수 있다. 곧 저커버그와 같은 플랫폼 기업의 설립자들이 주장하는 것처럼 플랫폼 자본주의 시대에 고용과 임금이 소멸되기 때문만이 아니라, 모든 사회 성원들이 자유노동을 통해 플랫폼 기업에 초과이윤 내지 지대를 가져다주기에 이를 일정 비율로 환수하거나 아니면 처음부터 공유의 플랫폼 기업을 설립하여 그 이익을 모두에게 기본소득으로 배당하여야 자유노동이 정의롭게 보상되는 것이다. 그러나 기본소득이 플랫폼 공유지 배당으로 한정된다면, 이는 기본소득을 퇴행시키는 것이다. 오히려 자연적/역사적 공유지 배당 형태로서 분배 정의의 차원의 기본소득에 플랫폼 공유지 배당 형태의 기본소득이 추가되어 미래의 기본소득을 한 단계 더 확대하고 재구성하는 것이 기본소득의 진화 방안이 될 것이다.

(2) 플랫폼 공유지 수익의 공정한 배당(분배)를 위하여

인공지능은 사회 성원들의 빅테이터와 알고리즘이 결합하여 만들어진다. 그리고 빅데이터 자체만으로도 수익이 생길 수 있으나, 빅데이터와 알고리즘이 결합하여 생산된 인공지능을 통해 더 막대한 수익이 창출된다. 이 중에서 총 순수이익에 대한 자유노동의 생산물인 데이터의 기여분이 플랫폼 공유지 수익에 해당되고 이는 기여에 따른 분배 정의 원칙에 따라 모든 사회 성원들에게 플랫폼 공유지 배당으로 분배되어야 마땅하다. 물론 게시 동영상, 이용자 후기 등 추가적인 광고 수익 기여 몫에 대해서는 구독자 및 추천자 수 등에 따라 추가적인 보상이 주어져야 한다. 이는 개별적인 노동 기여 몫에 따른 차별적 보상이므로 기본소득이라기 보다는 새로운 형태의 각자 노동 기여에 따른 보상이라고 할 수 있다. 현재 유튜브들이 받는 수익 모델이 이와 유사한 형태이다. 단, 유튜브는 구독자의 자유노동에 대해서는 보상을 하지 않는 제한적 보상을 실행하고 있다.

이러한 개별적 자유노동에 대한 소액 결제는 시장주의 보상 방법이라 할 수 있다. 그런데 자유노동에 대한 시장주의 보상법은 이용자의 기여를 객관적이고 정당하게 평가하는 가하는 문제와 이용자들의 모든 활동을 감시하는 시스템의 문제 등 결정적인 난점에서 자유롭지 못하다.[11] 따라서 기여의 차이를 객관적으로 평가하기 어려운 점과 자유노동의 공통적·사회적 측면을 감안한다면, 기여의 차이가 객관적으로 구별되기 어려운 자유노동 부분에 대해서는 플랫폼 공유지 배당 형태의 가입자 기본소득이나 전국적 또는 지구적 기본소득이 추가적으로 지급되어야 마땅하다.[12] 이를 사회적·공통적 보상 방법이라 할 수 있다.[13] 단, 사유화하는 자유노동의 성과를 이항우가 생각하듯이[14] 과세를 통해 환수하기는 쉽지 않다. 왜냐하면 플랫폼 기업들의 조세 회피 전략이 지구적 차원에서 고도화되어 있기 때문이다. (…중략…)

그러나 사유화된 플랫폼 기업으로부터 이처럼 공정한 자유노동의 몫을 환수하는 것은 글로벌 플레이어들의 조세 회피가 용이해진 상황에서 쉽지 않은 과제를 제시한다. 일국적 과세 체계로 글로벌 플레이어들의 조세 회피 전략에 대응하기에는 한계가 있기 때문이다. 이런 경우, 지구/지역적 차원에서 이용자 운동을 통해 플랫폼 기업들에게 가입자 기본소득을 요구하면서, 기존의 플랫폼 벡터 기업과 경쟁하는 대안적 플랫폼 기업을 만드는 전략을 병행하는 것이 더 실효적일 수 있다. 이 대안적 플랫폼 기업 설립 운동은 현재 크라우드 펀딩을 통해 '플랫폼 조합주의' 운동의 형태로 전개되고 있다.[15] 물론 이 운동은 더 진화하여 가입자 기본소득을 넘어서 총괄적인 플랫폼 공유지 배당을 요구하는 운동과 결합될 필요가 있을 것이다.

더 근본적으로 알고리즘과 플랫폼 자체의 소유권이 사적인 자본이 아니라 사회 성원 모두에게 속하는 공유 기업에게 있다면, 자유노동에 대한 보상 및 피고용자 임금과 기타 비용을 차감한 플랫폼 공유 기업의 순이익도 소유주인 사회 성원들에게 추가적인 기본소득 배당으로 지급될 수 있다. 그러므로 조합주의의 한계를 넘어서서 국가적, 지구적 차원에서 대안적인 공동 소유의 플랫폼 기업을 촉진할 필요가 있다. 이러한 대안적인 공동 소유의 플랫폼은 아래로부터의 공유 플랫폼 운동과 결합된 일국적/지구적 정부나 단체에 의해, 기존 플랫폼 벡터 기업의 자유노동 인클로저를 넘어선 새로운 플랫폼 공유지 배당을 실현하는 데까지 나아가야 할 것이다. 이는 앞서 정식화한 새로운 지구/지역 프레카리아트의 과제이다. 이러한 플랫폼 공유지 배당은 토지/생태/자본 공유지 배당에 더해져 보편적 기본소득의 범위와 실현 가능성을 배가시켜 줄 것이다. 플랫폼 자본주의는 새로운 프레카리아트 계급을 생산함으로써 기본소득의 필요성뿐만 아니라 실현 가능성을 열어주는 모순적인 전장이라 할 수 있다.

권정임·곽노안·강남훈, 『분배정의와 기본소득』, 진인진, 2020, 257~263쪽.

더 읽을거리

권혁용·지은주 공편, 『불평등 시대의 정치경제학 : 시장의 불평등과 정치의 불평등』, 코리아컨센서스, 2016.

가리타니 고진, 조영일 옮김, 『정치를 말하다』, b, 2010.

구리하라 야스시, 서영인 옮김, 『학생에게 임금을』, 서유재, 2016.

김광기, 『부자는 어떻게 가난을 만드는가: 0.01%를 위한 나라 미국 경제로 보는 한국 중산층의 미래』, 21세기북스, 2016.

낸시 프레이저·악셀 호네트, 김원식·문성훈 옮김, 『분배냐, 인정이냐?: 정치철학적 논쟁 (악셀 호네트 선집 2)』, 사월의책, 2014.

니크 브란달·외이빈 브라트베르그 외, 홍기빈 옮김, 『북유럽 사회민주주의 모델』, 책세상, 2014.

로버트 P. 머피, 이춘근 옮김, 『정치의 자본주의 비틀기』, 비봉출판사, 2016.

버트런트 러셀, 송은경 옮김, 『게으름에 대한 찬양』, 사회평론, 2008.

브랑코 밀라노비치, 서정아 옮김, 『왜 우리는 불평등해졌는가: 30년 세계화가 남긴 빛과 그림자』, 21세기북스, 2017.

브루스 액커만·앤 알스톳·필리페 반 빠레이스, 너른복지연구모임 옮김, 『분배의 재구성: 기본소득과 사회적 지분 급여』, 나눔의집, 2010.

서동진, 『변증법의 낮잠』, 꾸리에, 2014.

심보선, 「자유로운 노동을 위한 유령들의 투쟁」, 『말과 활』 창간호, 일곱번째숲, 2013.

이원재 외, 『이따위 불평등: 99퍼센트가 반드시 알아야 할 불평등에 관한 모든 것』, 북바이북, 2015.

이정우 외, 『불평등 한국, 복지국가를 꿈꾸다』, 후마니타스, 2015.

장 버거 외, 차미례 옮김, 『제7의 인간: 유럽 이민 노동자들의 경험에 대한 기록』, 눈빛, 2004.

장하성, 『왜 분노해야 하는가: 분배의 실패가 만든 한국의 불평등 (한국 자본주의 2)』, 헤이북스, 2015.

전병유·신진욱 엮음, 『다중격차 : 한국 사회 불평등 구조』, 페이퍼로드, 2016.

제임스 퍼거슨, 조문영 옮김, 『분배정치의 시대: 기본소득과 현금지급이라는 혁명적 실험』, 여문책, 2017.

조지 패커, 박병화 옮김, 『미국, 파티는 끝났다 : 고삐 풀린 불평등으로 쇠락해가는 미국의 이면사』, 글항아리, 2015.
조지프 스타글리츠, 이순희 옮김, 『불평등의 대가: 분열된 사회는 왜 위험한가』, 열린책들, 2013.
존 호프 브라이언트, 박종근 옮김, 『가난한 사람들이 어떻게 자본주의를 구하는가: 불평등 경제 극복을 위한 희망 프로젝트』, 중앙북스, 2014.
지그문트 바우만, 안규남 옮김, 『왜 우리는 불평등을 감수하는가: 가진 것마저 빼앗기는 나에게 던지는 질문』, 동녘, 2013.
최광은, 『모두에게 기본소득을』, 박종철출판사, 2011.
칼 마르크스, 강유원 옮김, 『경제학-철학 수소』, 이론과 실천, 2006.
피에르 부르디외, 최종철 옮김, 『자본주의의 아비투스』, 동문선, 2002.

5장

젠더와 차별

작가 마리 시어Marie Shear는 페미니즘을 "여자도 사람이라는 급진적 개념"이라고 정의했다. 남녀가 불평등한 사회 구조 속에서 여성이 어떻게 여성의 조건을 극복하여 인간으로 인정받을 수 있을지는 이 땅의 여성들이 해결해야 할 긴급한 문제다. 한국 사회에서 여성은 무수한 차별과 폭력을 겪었지만 그때마다 제대로 문제를 제기하지 못했다. 문제제기를 할 수 없었고, 설령 한다 해도 받아들여지지 않을 거라고 생각했다. 그러나 2018년 이후 미투운동, 불법촬영 편파수사 반대시위, 스쿨미투, 탈코르셋운동, 낙태죄 폐지운동을 거치며 피해 사실에 대해 부당하다고 말하는 용기 있는 여성들이 나타나기 시작했다. 이들은 존엄의 최전선에서 힘겹게 한발짝을 내딛으며 집요하게 이어져온 차별과 폭력의 굴레를 기어이 끊어내고자 싸우기를 주저하지 않았다. 이처럼 한국에서 페미니즘의 정의에 공감하는 이가 확산되고 있는 변화는 정녕 반갑고 희망적인 징후다.

당신은 어떤 세상을 원하는가? 세상을 바꾸고 싶은가? 우리에겐 세상을 바꿀 힘이 있다. 그리고 변화는 깨달음에서 출발한다. 단지 여성/남성이라는 이유만으로 사회에서 불합리한 위치에 놓인다는 깨달음, 구조적인 불이익과 차별, 폭력을 경험할 수 있다는 깨달음, 이러한 부조리가 개인의 잘못이 아니라 사회구조에서 기인한다는 깨달음이 바로 변화의 시작이다. 이 장의 글들은 삶의 현장에서 젠더 갈등을 목격하고 고민하고 변화를 꿈꾸는 모두를 위한 출발점이다. 여기 실린 글들을 마중물 삼아 현실의 문제들에 대해 궁금증을 확대하고 삶을 이해하는 통찰력을 키우고 더 나은 미래를 위한 변화의 현장에서 연대할 수 있기를 기대한다.

제1절 '차별과 혐오'에 수록된 글은 한국사회의 뜨거운 쟁점인 젠더 차별과 혐오가 어디서 기원하고 어떻게 표출되는지를 분석하고 있다. 여성다움/남성다움, 성적 취향에 대한 정치적 대안을 모색하고 더불어 여성의 육체와 성을 철저히 소비하면서 역으로 비난하는 현대 사회의 이중적 측면을 분석한다. 제2절 '섹스와 폭력'은 자연스럽고 자유로워야 할 섹스의 영역에 만연한 폭력의 추악한 민낯을 들춰내고자 한다. 아내살해, 디지털 성폭력, 데이트 강간, 성추행, 성매매와 같이 일상적으로 자행되는 지독한 성범죄들이 왜 발생하는지 따져본다. 그리고 성폭력을 정당화하는 남성 위주의 그릇된 제도와 인식 전반에 문제를 제기함으로써 젠더 폭력의 심각성에 경종을 울리고자 한다. 제3절 '혐오를 넘어 연대로'에서는 남성과 여성의 공존과 젠더 평등을 위한 모색을 이야기한다. 직장생활, 가사노동, 출산과 육아의 영역이 전쟁터가 아닌 연대의 장이 되기를 꿈꾸는 모두를 위해, 희망을 이야기하고자 한다.

여성의 적은 남성이 아니다. 우리가 싸울 것은 불합리한 사회구조다. 세상은 저절로 좋아지지 않지만 우리에겐 세상을 바꿀 힘이 있다.

1. 차별과 혐오

1) 언어가 성별을 만든다.

인간에 대한 가장 큰 오해는 페미니즘에 대한 오해로 이어진다. 1) 남성과 여성은 실제로 존재하며 2) 인간은 양성으로 이루어져 있고 3) 남성과 여성이라는 차이가 차별로 이어져서는 안 되고 4) 남성다움과 여성다움은 조화를 이루어야 하는데, 그 조화를 파괴하는 사람은 페미니스트이며 5) 양성은 평등해야 한다는 것이다. 이 다섯 가지 중 사실은 한 가지도 없다. 진실도 현실도 아니다. 일단, '과학'이 아니다. 이에 관해서는 수천 권의 책이 있으니,[1] 이 글에서 설명할 필요는 없겠다. 성차는 만들어진 것이다. 그러나 누적된 실천이 그것을 사실인 양 만들었을 뿐이다. 실제로는 남성과 남성의 차이, 여성과 여성의 차이가 남녀 차이보다 크다. 그러므로 남녀 이분법, 즉 양성 개념은 성립할 수 없다.

이분법 중에서도 왜 하필 양성이 그 대표 주자일까. 사람의 반대말이 신, 귀신, 동물이라고 생각하는 사람도 있고, '창녀'나 '병신'이라고 생각하는 사람도 있다. 여성의 반대가 남성이라고 생각할지 모르지만, 여성의 반대를 아줌마라고 생각하는 사람이 더 많을지도 모른다. 장애인의 반대말은 일반인이 아닐 수 있다. 물론 일반인에게는 비장애인이라는 말이 익숙하지 않을 것이다. 비장애인 중심 사회가 당연하다고 생각하기 때문이다. 대전에서 서울로 이동하는 것은 상경上京이지만, 서울 이북 지역인 의정부나 강원도 북부 지역에서 서울로 오는 것은 하경下京이다. 그러나 모두 알다시피 '하경'이라는 말은 사용하지 않는다. 문제는 이분법 자체라기보다 그것을 정하는 권력의 위치를 찾아내는 것이다. 차이는 사람이 만드는 것이다. 약속을 달리 정하면 된다. 이분법의 기준과 종류를 다양하게 만드는 첫 단계는 수천 년 동안 인간의 목소리를 독점해왔던 사람들이 잠시 조용히 있는 것이다.

여기서 초점은 우리가 여성, 남성이라고 인식하는 인간이 실재하는가 하는 것이다. 주민등록번호 뒷자리 첫 번째 숫자의 다름은 국가가 만든 것이지 자연스러운 것이 아니다. 이런 차이 말고 일상적으로 여성과 남성임을 증명해주는 것은 성별화된 외모, 본인의 정체성, 여성성(여성다움)과 남성성(남성다움)이라는 규범에 얼마나 충실한가이지 자명한 진실로서 성별은 없다.

인간은 여성으로 태어나는 것이 아니라 만들어진다(시몬 드 보부아르). 이 유명한 테제는 오해를 불러일으킨다. 정확하게 말한다면, 사람은 여성으로 태어나는 것이 아니다(모니크 비티그). 사람은 누구나 사람으로 태어나지만, 가부장제 사회이지만 남/녀라는 코드가 부여되며 인간을 구분하는 가장 중요한 요소가 된다. 즉, 생물학적 성별이라고 일컬어지는 섹스 자체가 이미 젠더다(주디스 버틀러). 노예노동과 자원 약탈로 시작된 산업혁명과 자본주의가 시작되면서 인종 개념이 생겨났듯 모든 인간의 범주(구별)는 역사의 산물이다. 성별이 당연하기 때문에 차이나 차별이 불가피한 것이 아니다. 인간을 성sex을 기준으로 구별gender해야만 가부장제 사회가 작동하기 때문이다. 우리가 여성 혹은 남성이라는 증거는 성기 모양이나 출산력 여부가 아니라 젠더 이데올로기에 의한 행위와 담론의 산물이다. 그렇다면 여성에 대한 이야기들은 어떻게 만들어질까. 여성에 대한 이야기는 어떻게 여성이라는 가상의 이미지를 만들어내고 여성이라는 기호는 어떻게 실제 사람이 되는가.

여기 두 종류의 '장르'가 있다. '여자란 무엇인가'류, '글쓰기비법'류. 인류 역사상 웬만한 남자 지식인 치고 이 두 가지 책을 안 쓴 이가 드물다. 이 사례만큼 지식 생산과 성별 사이의 관계를 잘 보여주는 증거도 없다. 뮤즈는 성별화된 대상의 정점이다. 대상object은 주체subject에게 재료를 제공하고 사라진다(의문을 품으면 '카미유 클로델'이 된다). 그래서 '여성은 누구인가'가 아니라 '무엇인가'다. 흑인은 무엇인가, 장애인은 무엇인가라는 말은 없다. 여성의 사물화事物化는 가부장제의 역사다.

"동물의 세계에 먹고 먹히는 자가 있다면, 인간에게는 명명하고define 명명당하는 사람이 있다." 모든 인식은 기본적으로 투사投射다. 아는 과정에서 자기 의견, 희망, 욕구가 반영된다. 아전인수는 '아전인수식 해석'의 문제라기보다 언어의 본질이다. 모든 사물에 관한 정의에는 그 대상에 대한 이해관계와 원망元望, want이 포함되어 있다. 말을 만드는 사람의 경험이 곧 말을 구성한다. 과학도 신도 조물주도 자기 입장이 있다. 이제까지 인류의 지식이 백인 남성의 것이라는 데 이견이 없다. 특히 근대에 이르러서는 이들의 시각이 전 세계를 지배하게 되었다. 이들이 틀렸다는 것이 아니라 그들만의 협소한 렌즈로 본 세계가 유일한 진리로 군림하는 세계에 살고 있다는 인식이 중요하다는 뜻이다.

'왜 언어가 철학에서 중요한가'라는 제목의 책이 있다.[2)] 시대적 맥락과 번역서라는 점을 고려한다 해도 동어반복이다. 언어는 곧 철학이다. 인간이 사회적 동물이라는 말의 의미는 인간이 생각하는 동물이라는 뜻이다. 그 생각은 어떻게 가능한가? 인간은 무엇으로 생각을 하는가? 생각이라는 노동은 언어라는 경로를 통해서만 가능하다. 언어(개념) 없는 생각은 불가능하다. "나는 생각한다, 고로 존재한다"가 아니라 존재하기 때문에 생각은 불가피한 것이며, 그 생각은 자신이 속해 있는 시공간의 절대적인 영향을 받는다. 자신과 자신이 속해 있는 구조와의 관계를 사고하지 않는 언어는 폭력과 폭력적인 체제를 재생산하게 된다. 그래서 조금이라도 다른 생각을 한다는 것은 외로운 일이며, 폭력이란 생각하지 않는 상태를 말하는 것이다.

인간은 언어를 사용하지만 동시에 언어를 생산하며 언어에 의해 형성된다. 인간은 하느님의 피조물이 아니라 언어의 피조물이다. 그래서 여성은 남성이 만든 재현물이다. 프로이트는 이 문제를 겸손하게 말했다. "나는 여성을 알 수 없다. 여성이 원하는 것은 무엇일까." 이 말이 영화 제목으로도 유명한 '왓 위민 원트'(여성이 원하는 것What Women Want)라는 일상어다.

정희진, 「언어가 성별을 만든다」, 『여성 혐오가 어쨌다구?』, 현실문화, 2015, 98~103쪽.

2) 남자다움의 신화

(1) 성별 구분 교육, 뭐가 문제일까

전통적인 가치관을 지닌 남성은 기존의 성역할을 버리기가 힘들다. 그들의 세상에선 남자가 직장과 가정에서 특별한 역할과 자리를 맡기 때문이다. 따라서 아내가 자기보다 많이 벌면 권리를 빼앗겼다고 억울해하고 경제적으로는 물론 인간적으로도 무시를 당한다고 생각한다 .

남성이 강하고 우월하므로 여성을 통제해야 한다. 이러한 전통적 가치관은 다방면에서 현대의 사회적 공생을 해친다. 여성보다 오히려 남성들 자신에게 더 해롭다. 어릴 때부터 사내아이들은 '사내답게' 행동해야 한다고 배운다. 아들 방에는 파란색 벽지를 바르고 장난감 자동차와 레고를 사주고 같이 축구를 한다. 그래서 분홍색과 인형은 여자애들만 갖고 노는 것이라고 자동적으로 머리에 입력하게 된다.[3] 그게 뭐가 문제일까?

텍사스대학교 오스틴 캠퍼스의 발달심리학자 리베카 비글러Rebecca Bigler가 1990년대에 실시한 실험을 소개하겠다.[4] 초등학교 교사와 학생들을 대상으로 한 이 실험은 아이들의 성별 고정관념이 어떻게 자라며 그것이 어떤 결과를 낳을 수 있는지를 잘 보여준다.

비글러는 실험을 위해 교사를 두 집단으로 나누고, 첫 번째 집단에게는 교실을 성별 고정관념에 맞게 꾸미게 하였다. 여자아이들의 알림판은 분홍색으로, 남자아이들의 알림판은 파란색으로 구분했다. 아이의 이름을 적은 카드도 성별에 따라 분홍과 파랑으로 나누었고 순번을 정할 때도 항상 남자-여자-남자-여자 순을 따랐다. 그리고 "오늘은 여학생들이 참 잘했어요" "남학생들이 역시 집중을 잘하는군" 하는 식의 말을 자주 했다. 그러나 남학생과 여학생을 차별하지 않고 똑같이 대했다. 이것이 실험의 중요한 부분이었다. 어느 한쪽을 차별하거나 경쟁을 붙이는 일이 없어야 했다. 또 성별 고정관념을 아이들에게 전달해서도 안 되었다. 책상을 옮기는 일은 '크고 강한' 남학생들에게 시키고 청소는 여학생들에게 시키는 식의 행동을 하면 안 되었다. 성별은 기능적으로만 사용했다. 다시 말해 남과 여를 구분하고 꼬리표를 붙이고 분류하기만 했다. 달리 말하면 굳이 실험을 하지 않아도 흔히 볼 수 있는 전형적인 우리 학교의 교실 풍경이었다. 나머지 절반의 교사들에겐 학생의 성별을 완전히 무시하라고 지시했다. 아이를 부를 때는 이름을 사용하고 항상 학급을 전체로 취급했다. "똑똑한 여학생이네요", "지금부터 남학생은 고개를 숙여요" 같은 식의 표현을 쓰면 안 되었다. 대신 "캐런이 오늘 선생님을 잘 도와주었어요", "톰, 숙제를 정말 잘했네"라고 말했다.

4주 동안 선생님들이 이런 방식으로 학급을 운영한 후 어떤 결과가 나왔을까? 젠더 라벨링 학급의 아이들이 개인의 이름을 부른 학급보다 훨씬 성별 고정관념이 강해졌다. 선생님이 성별 고정관념을 입에 올리지 않았고 그저 학급을 남녀로 구분하기만 했는데도 건축가, 의사, 대통령 같은 특정 직업은 '남자들만' 할 수 있다고 대답한 여학생들이 많았다. 반대로 간호사, 가정주부, 베이비시터는 '여자들만' 하는 직업이라고 대답했다. '여자들만' 상냥하고 부드러우며 육아를 할 수 있다고도 대답했다. 이런 성별 고정관념의 강화로 인해 젠더 라벨링 학급의 학생들은 집단 내 개인의 차이를 인식하지 못했다. 즉 성별을 기초로 모든 '남학생'은 이런 방향으로 행동하고 '여학생'은 절대 저런 방향으로 행동하면 안 된다는 식의 일반화를 많이 했다. 한마디로, 선생님이 개인의 특징보다 성별에 집중할 경우 아이들은 집단 안에서 개별적 차이가 존재한다는 사실을 간과하게 되었다.

이런 결과가 왜 지금 중요한가? 이 실험 결과는 성별에 따라 달라지는 행동 방식은 존재하지 않는다는 사실을 보여준다. 그리고 그런 고정관념 위에 세워진 규범적 사고방식은 더불어 살아가는 공동체를 위협할 수 있다는 사실도 입증한다. 즉 어떤 아이가 그 규범에서 벗어나는 행동을 할 경우 지체 없이 잘못된 행동이라고 평가해버릴 것이다. 가령 앞의 실험에서 젠더 라벨링 학급의 아이들이 4주가 지난 후 '모든 남학생은 운동을 좋아한다'고 생각하게 되었다고 가정해보자. 그런데 그 학급에 운동을 좋아하지 않고 공을 '계집애처럼' 잘 못 차거나 잘 못 던지는 남학생이 하나 있다면 어떻게 될까? 여기서 '계집애처럼'

은 못한다는 말의 동의어로 사용된다. 그럼 다른 아이들은 그 아이를 괴롭힐 것이고 아이의 자존감은 일찍부터 바닥으로 떨어질 것이다. 아무 잘못도 안 했는데 비난과 구박을 받을 것이다. 그저 친구들이 모든 남학생이나 여학생이 정해진 길을 가고 정해진 특성과 선호를 보여야 한다고 생각하기 때문이다. 어른들이 아무 생각 없이 성이라는 범주를 사용한 결과 수많은 아이들이 이런 혹독한 대가를 치르는 것이다. 성평등 교육을 하는 스웨덴의 유치원 '에갈리아'에서는 다른 풍경이 펼쳐진다. 아이들은 성별 고정관념을 거스르는 교육을 받는다. 가령 직업 교육을 할 때 우주항공사가 나오면 여성 우주항공사의 사진을 보여준다. 그래서 이곳의 아이들은 성별에 따라 직업이 정해져 있다는 생각을 하지 않는다. 장난감이나 책을 나누어줄 때도 마찬가지다. 동성애 커플이나 혼자서 아이를 키우는 엄마 아빠가 많이 등장하는 책을 읽어준다. 그래서 아이들은 비록 주변에서 전통적인 생활 방식을 접하더라도 그것만이 유일한 삶의 방식이 아니라는 사실을 배운다.

(2) 아픔을 드러내면 약점이 된다

"남자다운 남자가 되고 싶다면 여자 없이도 잘 살 수 있다는 걸 보여줘야 한다."

'남자답게 사는 법'을 가르친다는 어떤 홈페이지에서 일러준 여러 조언 중 하나이다. 거기서 말하는 '남자다운 남자'란 정서적으로 독립적이며 절대 약한 모습을 보이지 않고 어떤 상황도 헤쳐나갈 수 있는 남자이다.

하지만 한 사회에서 통용되는 남자다움은 자연적인 것이 아니라 문화와 시대에 따리 변하는 것이다. 마음이 여리고 약한 남자는 남자답지 못하다는 요즘의 해석이 항상 그랬던 것은 아니라는 말이다. 중세 유럽의 기사들은 귀족 여성을 향한 사랑의 감정을 마음껏 쏟아냈고 그것이 남자다움의 증거라고 생각했다. 이루어지지 못한 사랑의 고통과 실망을 다 표현하는 것이 사내답지 못하게 징징대는 유약한 행동이 아니라 강인함을 보여주는 방법이라고 말이다. 고통을 겪고도 무너지지 않는다면 그거야말로 강인함과 남자다움의 증거가 아니겠는가. 실제로 상처 받은 마음과 자신의 고통을 남에게 보여주려면 어떤 감정도 들어가고 나올 수 없도록 갑옷으로 꽁꽁 심장을 둘러싸는 것보다 더 많은 용기가 필요하다. 그럼에도 우리는 전자를 허약하다고, 후자를 강하다고 말한다.

그러니까 요즘 사람들이 생각하는 남자다운 남자가 되려면 약한 모습을 숨기고 강해지려 노력해야 하겠지만 그것 말고도 여러 가지가 더 필요하다. 무엇보다 경제적으로 성공해야 하고 여자들과 연애도 잘해야 하며 권력도 가져야 한다. 이런 면에서 '성공적'이지 못하면 모욕과 비난을 감수해야 한다. 그리고 그런 비난과 모욕을 감당하지 못하는 남성들은 다양한 형태의 폭력적 행동을 보이기도 한다.

이런 식의 폭력적 행동 패턴은 사춘기부터 나타난다. 또래 친구들로부터 '남자답지' 못하다고 인식된 사내아이들은 '약한 모습'을 보이고 '계집애처럼' 행동한다. 그 말은 불안해한다는 뜻이다. 그 아이가 그것으로 그치지 않고 여자에 대한 관심마저 보이지 않으면 기존의 성 규범을 따르지 않는 것이기에 더욱더 친구들에게 무시당하고 배척당한다. 이들이 자기 성의 기대를 다시 충족해 남성성을 탈환하는 방법은 폭력뿐이다. 지배적인 남성성의 이미지와 폭력이 이렇듯 밀접한 관련이 있다는 사실은 미국의 총기 난사 사건에서 특히 잘 확인할 수 있다.

(3) 폭력은 남성성을 재생산한다

미국에서는 1982년에서 2018년 2월까지 무려 97건의 총기 난사 사건이 발생했다.[5] 그중 94건을 남성이 저질렀고 2건은 여성이 혼자서, (2016년 12월 샌버너디노에서 발생한) 나머지 1건은 남녀가 함께 저질렀다. 만일 97건 중 94건을 여성이 저질렀다면 어땠을까 한번 상상해보라. 과연 세상이 이렇게 조용했을까? 혹시라도 여성을 바라보는 사회의 관념이 폭력을 조장하지는 않았을까? 너도 나도 소리 높여 비난을 쏟아냈을 것이다. 그러나 남성이 폭력 사건의 범인인 경우 사람들은 성별과 그 뒤에 숨은 사회 규범의 중요성에 대해 고민하지 않는다.

대신 초점이 범인의 정신 질환으로 향한다. 질문을 거꾸로 해보면 어떨까? 정말로 정신 질환이 총기 난사 사건의 원인이라면 왜 여학생들은 그런 짓을 저지르지 않을까? 왜 하필 백인 남학생들만 범행을 저지를까? 미국에서는 정신 질환이 있어도 정신과 치료를 못 받는 사람들이 많다. 소수 인종, 가난하고 일자리가 없는 사람들은 더더욱 치료를 꿈도 꾸지 못한다. 그런데도 대부분의 총기 사건은 백인들이 저지를 뿐 아니라 그중에서도 중산층 백인 남성이 대부분이다. 정말로 심리 치료를 제때 못 받아서 질환이 심각해진 것이라면 가난한 소수 인종이나 여성들이 총기를 휘둘러야 마땅하지 않을까? 하지만 통계상 중산층 백인 남성이 대다수다. 특권도, 권력도 가장 많이 누리는 사회 구성원들이 말이다. 따라서 질문이 바뀌어야 한다. '왜 그는 심리 치료를 받지 못했는가?'라고 물을 것이 아니라 '백인 남성들에게 무슨 일이 일어나고 있는가?'라고 물어야 한다.

사회학자이자 반폭력 행동가인 잭슨 카츠Jackson Katz는 학교 총기 사건을 집중 연구했다. 그리고 폭력의 주요 원인인 남성성에 토론의 초점을 맞추어야 한다고 주장한다.[6] 그가 발견한 범인들의 공통점은 잔인한 컴퓨터 게임이나 심리 문제가 아니라 동급생들에게 충분히 남자답다고 인식되지 않았다는 사실이다.

여기서 중요한 문제는 폭력이 특정 목적을 이루기 위한 남성 특유의 길이라는 점이다.

폭력의 한 종류는 내적 고통의 외적 표현이다. 가령 소속되고 싶은 갈망이 채워지지 못해 절망하고 분노하다가 폭력을 휘두르게 되는 것이다. 우리 사회의 기대와 규범은 남성들에게 특정한 감정만 허용한다. 분노와 화는 공동체의 남성 구성원들에게 용인되고 기대되는 정서적 표현 형태이다. 하지만 우리 사회의 지배적인 여성성 이미지에 따르면 여성은 목적을 이루기 위해 폭력을 수단으로 사용해서는 안 된다.

폭력은 또 복수의 한 형태이다. 카츠에 따르면 남성들은 빼앗겼다고 여기는 것을 되찾기 위해서도 자주 폭력을 사용한다. (전)여자 친구에게 신체적 폭력을 휘두르거나 생명을 빼앗는 '데이트 폭력'은 물론이고 자신을 충분히 남성적이라고 인정해주지 않은 같은 반 여자아이들한테까지 피의 복수를 하려고 한다. 범인들이 평소 폭력을 사용하지 않은 이유는 기질상 문제가 있어서가 아니다. 이들이 권력을 과시하고 타인을 통제하기 위한 수단으로 폭력을 사용하기 때문이다. 폭력을 이용해 이 사회가 남성에 거는 기대를 충족하고자 하는 것이다. 물론 권력과 권위를 잃었다고 생각하는 모든 남성이 폭력범이 된다는 뜻은 아니다. 그러니 왜 그렇게 많은 남자아이들과 성인 남성들이 폭력을 문제나 불안의 해결책으로 생각하고 자신에게 무언가를 앗아간 사람들에게 복수를 하려고 하는지, 이제는 그 문제를 진지하게 고민하고 토론해봐야 할 때인 것 같다.

(4) 역차별을 주장하는 이유

여전히 많은 사회 분야에서 남녀 불평등이 심하지만 유일하게 여성이 남성을 많이 따라잡았거나 심지어 추월한 분야가 있다. 바로 교육이다. 요즘 여성들은 남성 동료들보다 성적도 더 좋고 학력도 더 높다. 사회학자 토머스 디프리Thomas A. DiPrete와 클로디아 버크먼Claudia Buchmann의 연구 결과에 따르면 이런 현상은 지배적 남성관과 연관이 있다.[7] 다시 말해 남학생들의 성적이 떨어지는 것은 해부학, 호르몬, 뇌 구조보다는 남성성masculinity에 대한 사회 규범과 더 관련성이 크다는 것이다. 음악, 미술, 연극, 외국어 같은 학교 밖 문화 활동을 많이 하는 남학생은 그렇지 않은 친구들보다 교우 관계도 더 좋고 성적도 더 우수했다. 하지만 많은 수의 남성 청소년들이 이런 활동들을 남성적이지 않다고 생각하여 거부하고 무시한다. 따라서 초등학교뿐 아니라 그 이후로도 여학생들이 남학생들보다 관계 능력과 행동 능력이 더 우수하며 인지적 학습 수준도 훨씬 더 높게 나타난다.

앞으로는 남성이 여성 파트너보다 덜 버는 커플을 허다하게 만날 수 있을 것이다. 가족을 먹여 살리는 외벌이 가장의 역할은 오래 지속될 수 없을 것이며, 특히 저임금 부문에서는 더욱 그러할 것이다. 여성의 취업률이 상승하는 것은 물론이고 여성의 수입 역시 더 높아질 것이다. 대학 졸업생 비율도 남성보다 여성이 더 많다. 오스트리아의 경우 특히 이민 2세대와 5세대에서 이런 경향이 두드러진다.(생산 자동화의 영향으로) 신체적 힘만 사용하는 직업군은 줄어들 테지만 (정보사회의 디지털화로 인해) 지식 집약적 직종은 더 성장세를 보일 것이다. 이는 유럽에서만 나타나는 개별 현상이 아니라 세계적으로 확인되는 일반적 현상이다. 따라서 우리 사회도 이런 발전에 적응하려 노력해야 할 것이다. 가령 남성 교원 비율을 더 높이는 것도 한 가지 방법이다. 남자 선생님이 많아지면 아이들의 경험 폭도 늘어날 것이고 무엇보다 남학생들에게 자신을 억제하고 남을 보살피는 직종의 바람직한 모델을 제공할 수 있을 것이다.

하지만 안타깝게도 세상은 정반대 방향으로 가고 있다. 유럽 전역에서 진보적 변화를 두려워하는 보수 집단들이 반발하고 있다. 이런 반동 집단의 기본 생각은 과거의 남성성과 남성의 우월함을 되찾아야 마땅하다는 것이다. 그 뒤편에는 남성 가장이 이끄는 완벽한 전통적 가족이 사회의 기틀이라는 생각이 깔려 있다. 보수적 가족 모델을 향한 이런 향수는 여성 해방 및 다양한 삶의 형태를 용인하는 사회 변화와 그로 인한 불안과 불확실성의 결과이며, 또 그에 대한 그들의 대답이다. 새롭게 얻은 소수의 권리와 자유를 되돌려 빼앗아야 한다는 것이다.

많은 백인 남성들이 스스로를 다문화주의와 페미니즘의 피해자라고 생각한다. 그것들로 인해 남성의 주도권과 권위가 위협받는다고 느끼기 때문이다. 이런 시각은 요즘엔 남성이 진짜 차별을 받는 피해자라고 주장하는 남성권리운동에서 특히 두드러진다. 다른 사회 집단이 자결권을 쟁취함으로써 남성이 약해졌다는 것이다. 이들은 권력과 정체성과 특혜를 잃을지 모른다는 불안에서 성평등 운동을 폄하하고 페미니스트들을 비난하며 심지어 디지털 공간에서 이들을 죽이겠다고 협박한다. 그러나 다른 집단의 권리를 하찮게 여기거나 무시할 때에만 자신이 더 강해진다고 느끼는 것 자체가 거꾸로 약해진 정체성과 힘을 입증한다.

사실 허약해진 남성성은 어디서나 쉽게 확인할 수 있다. 가령 성과 관련된 사회 문제(가령 한 여성이 남성들에게 여러 차례 괴롭힘을 당했다)가 대두되었을 때 자신은 물론이고 모든 남성이 모욕감을 느낀다고 주장하고, '남자라고 다 그런 건 아니다' '남자들도 그런 일을 당한다'는 주장을 펼치며, 남성 적대적이거나 남성 차별이라는 식으로 문제의 심각성을 희석하고, 잘 알지도 못하면서 무조건 남자 편만 든다면, 그것이 바로 남성성이 약해졌다는 증거다. 또 구체적인 상황과 무관하게 무조건 여성스럽다는 말을 들을까 봐 겁을 내고 (가령 여성적이라고 인식될 수 있는 활동을 피한다), LGBTQ(레즈비언·게이·바이섹슈얼·트랜스젠더·퀴어)로 분류될지 모른다는 불쾌감을 드러내며 (가령 다 들을 수 있게 큰 소리로 자기는 여자를 좋아한다고 외친다), 아무도 안 물어봤는데 자기는 동성애자가 아니라고 말하고 다닌다.

자신의 남성성이 튼튼하다면 당당하게 분홍색 외투를 입고 컵케이크를 구울 것이고 남들이 뭐라고 하건 말건 화장을 하고 다니기도 할 것이며, 친구가 슬픔에 빠지면 거침없이 꼭 안아 위로해 줄 것이다. 친구를 안아준다고 해서 동성애자라고 손가락질할 사람도 없거니와 그런다고 해서 당장 동성애자가 되는 것이 아님을 확신할 테니 말이다. 또 설사 남들이 동성애자라고 생각해도 남성성이 훼손된다고 생각하지 않을 것이다. 그의 남성성은 겉모습이나 외부의 판단에 좌우되지 않을 것이다. 무슨 일이 있어도 흔들림 없이 튼튼할 테니 말이다.

(5) 우는 남자를 위하여

남성성은 문화와 역사에 따라 변하는 사회적 구조물이다. 따라서 우리는 이 사회에 몸담은 일원으로서 우리 사회가 어떤 특성과 품성을 남성성과 결부하는지, 혹시라도 여성성을 폄하하지는 않는지 살피고 책임질 의무가 있다. 연약함과 공감은 여성의 특성이 아니라 인간의 특성이다. 그런데 남자들은 그 인간의 특징을 외면하라고 배운다. 자신의 고통을 인정하지 않고 약해지지 않는 것이 남자다움이라고 말이다.

어려서는 남자아이들도 울고 싶으면 울고 웃고 싶으면 웃는다. 하지만 자라는 동안 여자보다 약한 모습을 보이면 안 된다고 끊임없이 학습당한다. 자기 감정에 솔직하지 못한 것은 자연스럽지 않을뿐더러 자신은 물론이고 남들에게도 도움이 되지 않는다. 슬픔과 절망을 억누르다 보면 나중에는 아예 느낄 수도 없게 된다. 그렇게 자신의 아픔을 느끼지 못하면 남의 아픔도 공감할 수가 없다. 고통과 아픔을 인정하고 표현하는 것이 여자 같은 짓이라고 손가락질당하다 보면 결국 타인의 마음을 이해할 수도 없고 남의 아픔을 같이 아파할 수도 없게 되고 마는 것이다.

라우라 비스뵈크, 장혜경 옮김, 『내 안의 차별주의자』, 심플라이프, 2020, 63~75쪽.

3) 여성공간과 페미니즘: 트랜스젠더 여성에 대한 배제를 중심으로

2020년 1월 22일 변희수 하사관의 대국민 인터뷰가 있었다. 성별재확정수술gender-reassignment surgery 후 육군 전역심사위원회에 의해 강제전역을 통보받은 변 하사관은 그간 젠더디스포리아로 인해 고통 받아왔음을 밝히며 계속해서 군인으로 복무하고자 하는 자신의 의지를 호소하였다.[8] 그러나 뛰어난 전차조종사이며 군인으로 나라를 지키는 것이 꿈인 변 하사관의 군인으로서의 자질은 트랜스젠더 정체성을 '심신장애'로 규정하는 육군의 결정 앞에 무의미해졌다. "성별 정체성을 떠나 이 나라를 지킬 수 있는 훌륭한 군인 중 하나가 될 수 있다는 것을 보여주고 싶다"는 변 하사관의 호소에 불구하고 1월 23일 자정부로 변 하사는 강제전역 되었으며, 이 결정을 통해 육군은 이성애규범적 성별정체성이 '군인'의 자격요건임을 선언했다. 얼마 후인 2월 10일 청주지법에서 가족관계부상 성별정정 절차를 마친 변희수 씨는 여군으로 다시 복무하기 위해 인사소청 중에 있다. 그러나 "성전환 수술 후 모든 게 정상으로 돌아왔다"고 말하며 "기갑의 돌파력"으로 차별을 이겨나가겠다 다짐하는 '군인' 변희수씨의 정체성과 성별재확정수술을 '심신장애 3급'으로 분류한 육군의 결정 사이에는 여전히 '군인'의 자격에 대한 큰 이해의 차이가 존재한다.[9]

변희수 하사에 대한 육군의 강제전역 결정이 여전히 논쟁의 대상이 되는 중, 이어서 1월 30일에는 숙명여자대학교 예비신입생 A씨에 대한 언론보도가 있었다. 법조인이 되고자 하는 희망으로 숙명여자대학교에 지원하여 합격한 A씨는 학내외의 거센 반발과 저항을 맞이하면서 2월 7일자로 등록을 포기하게 되었다. 여성으로서의 여자대학교에 지원하여 합격한 A씨는 그 절차적 정당성과 권리에 불구하고 대학생으로서의 평범한 삶의 기회를 박탈당했다. 트랜스젠더 여성을 비둘기에 비유한 자보에서부터 각종 혐오표현으로 채워진 대자보들이 숙명여자대학교 교정을 덮었으며 트위터를 비롯한 디지털 공간에서는 또다시 트랜스젠더 여성들을 여성공간의 침략자로 비난하는 '급진'페미니즘의 목소리가 높아졌다. 혐오와 배제의 목소리에 맞서 A씨를 환영하는 입장의 성명서와 자보들 또한 쏟아져 나왔지만 앞으로 매일을 여성으로 숙명여자대학교 캠퍼스에서 살아가야 할 A씨에게 자신의 존재를 반대하는 이들의 목소리는 넘어서기 어려운 장벽으로 느껴졌을 것이다. A씨의 등록포기 결정 이후 <숙명여자대학교 트랜스젠더 남성 입학 반대TF 팀 X>는 '트랜스젠더 남성 입학 저지에 힘써주신 숙명인들께 감사드립니다'라는 제목의 글을 게시하면서 여성공동체인 숙명여자대학교를 지켜낸 '숙명인'들의 노고와 승리를 자축했다. 이들은 A씨가 "남성으로 태어났기에 숙명인이 될 수 없[다]"고 단언하며 A씨를 "자신을 여성이라 주장하는 남성"으로 불렀다. 이어서 이들은 숙명여자대학교가 "여성의 공간"이자 "안전했던 우리의 공간"으로, 그리고 A씨의 숙명여자대학교 지원을 "안전했던 우리의 공간에 남성이 침투하여 겪는 생존과 직결된 우리의 공포"의 문제로 정의하면서 A씨의 입학저지를 여성의 생존과 승리로 자축하였다. 나아가 이들은 '여성의 권리'를 침해하는 트랜스젠더의 가족관계부상 성별정정에 대한 위헌소송을 진행하고 숙명여자대학교 교칙에 '생물학적 여성'을 그 입학조건으로 추가할 것을 요구할 것을 밝히기도 하였다.[10] 일련의 행보 속에서 여성과 페미니즘의 이름으로 만들어지는 성소수자 혐오는 반복되었으며 페미니즘과 성소수자 운동 간의 갈등은 깊어졌다.

변하사와 A씨는 자신의 커리어와 미래를 건 결단과 행동을 통해 트랜스젠더의 존재를 드러내고 공적 영역에서의 가시성을 시도하였다. 두 사람의 시도는 또한 군대와 대학이라는 제도 및 공간에서 안전과 안보의 정치학이 어떻게 트랜스젠더 시민권과 충돌하는지를 보여주었다. 육군이 변하사의 트랜스젠더 정체성을 질병과 장애의 범주로 분류하며 변하사가 안보의 수행자인 군인으로서의 자격과 가능성을 상실한 것으로 보았다면 A씨의 입학에 반대한 '래디컬' 페미니스트들은 A씨를 여성의 안전과 권리를 위협하는 침입자로 규정하면서 트랜스젠더 혐오를 페미니즘의 실천으로 왜곡하였다.[11] 두 사례 모두에서 성 소수자에 대한 혐오와 배제는 안전과 안보의 이름으로 정당화 되었으며 성 소수자들은 군대와 대학이라는 규범적 제도와 공간 외부로 밀려났다. 특히 숙명여자대학교 A씨의 경우 여성의 안전과 권리라는 페미니즘의 의제가 트랜스젠더 여성에 대한 적대와 배제의 명분으로 제시되면서 최근 리부트된 페미니즘의 담론장 안에서 이어져온 '래디컬' 페미니즘과 성소수자 정치학 간의 대립과 충돌이 반복되었다.[12] 트랜스젠더정체성에 대한 부정과 왜곡 속에서 사회문화적 구성이자 특권으로서의 이성애규범성과 이분법적 성별질서는 재확인 되었으며, 이미 오래전에 해체되거나 폐기된 듯 보였던 자연적 본질로서의 '생물학적 성'은 페미니즘과 여성 정체성의 안전하고 견고한 토대로서 재소환 되었다. 덧붙여 이렇게 재소환된 '생물학적 성'은 페미니즘의 집합적 주체로서의 '여성'이 갖는 공통성과 동질성을 지시하는 기표로서 페미니즘의 실천적 가능성을 뒷받침하는 것에 그치지 않고 트랜스젠더 여성을 비롯한 성소수자들을 페미니즘의 외부이자 적으로 규정하고 배제하는데 적극적으로 배치되고 활용되었다. '여성으로 태어난 여성'이라는 시스젠더 정체성은 여성공간과 페미니즘 실천에 참여할 수 있는 자격이자 특권으로 제시되면서 트랜스젠더 정체성을 주변화하고 삭제하는 혐오와 배제의 힘을 행사한다. 페미니즘과 퀴어 정치학의 이론적 계보에서 어쩌면 이미 오래 전에 끝난 것처럼 보였던 '생물학적 성'에 대한 비판과 해체는 트랜스젠더 정치학과의 만남 속에서 재조명되고 있다.[13] 역사나 진보가 그저 시간의 순차적 흐름과 누적의 결과물이 아닌 사건과 충돌과 실천의 흔적들과 그것에 대한 서사적 재현인 것처럼, 페미니즘의 역사와 미래 또한 직선적 시간성의 흐름을 교란하고 넘어서는 다원적 경로들과 그 경로들 간의 겹침과 충돌을 포함하여 또한 그러한 궤적과 흔적들을 포착하고 서술하는 재현적 노력을 요구한다.[14] 트랜스젠더 여성들의 이행transition이 '남성'에서 '여성'으로 이동하는 일방향적인 전진이 아니라 젠더 디스포리아로 정의되고 경험되는 혼란과 전치의 경험, 그리고 내적 자아와 외적 젠더 표현 및 수행 간의 적절한 균형을 찾아가는 반복적인 질문들과 시도들을 포함하듯, 페미니즘 또한 그것이 발화되고 실천되는 세계 속에서, 그리고 때로는 실패와 혼란 속에서, 새로운 젠더 정치학의 가능성을 찾고 만들어간다. 성소수자에 대한 혐오와 배제를 페미니즘의 이름으로 정당화하는 모순적이고 혼란스러운 오늘날의 사건들과 상황들은 페미니즘의 미래에 대한 진지한 질문과 응답을 요구하며, 트랜스젠더의 젠더 정체성과 젠더 수행은 페미니즘의 외부나 반대가 아니라 페미니즘의 가장 당면한 문제이자 미래에 대한 질문으로 접근되어야 한다.

김보명, 「'여성공간'과 페미니즘: 트랜스젠더 여성에 대한 배제를 중심으로」,
『현대문학의 연구』 71권, 한국문화연구학회, 2020. 6, 83~87쪽.

4) 보이지 않는 여자들

남성 지배적인 바비컨센터의 운영진은 물론이거니와 일반 남자들도 분명 여자 화장실의 만성적인 줄 서기 문제에 대해 알고 있다. 화장실 밖까지 줄이 늘어서는 경우가 많기 때문에 아무리 눈치 없는 남자라도 못 보긴 힘들다.[15] 그러나 남자든 여자는 왜 그런 현상이 일어나는지 정확히 아는 사람은 거의 없다. 대개는 늘 그렇듯 남성 편향적 설계보다 여자들을 비난한다. 그러나 남성 편향적 설계야말로 문제의 근원이다.

겉보기에는 남자 화장실과 여자 화장실에 똑같은 면적을 부여하는 것이 공정해 보이고 지금껏 그렇게 설계되어왔다. 위생공사 기준에도 면적을 50 대 50으로 분할하라고 명시되어 있다. 그러나 남자 화장실에 소변기와 칸막이가 같이 있다면 동시에 용변 볼 수 있는 인원수는 여자화장실보다 남자 화장실이 훨씬 많다. 아까까지 동등했던 면적이 갑자기 동등하지 않은 면적이 된다.

그러나 설사 남자 화장실과 여자 화장실에 동수의 칸막이가 있다고 해도 문제는 해결되지 않는다. 여자의 화장실 사용 시간이 남자의 2.3배이기 때문이다.[16] 노인과 장애인의 대다수가 여성인데 이 두 그룹은 화장실 사용 시간이 길다. 또 여자들은 아이나 장애인, 노인을 동반할 확률이 높다.[17] 그리고 여성 인구의 20~25%는 가임기 여성으로 언제든 생리 중일 수 있으며 그 경우 탐폰이나 생리대를 갈아야 한다.

또 여자는 남자보다 화장실에 자주 가야 할 가능성이 높다. 임신은 방광의 용량을 급격하게 감소하며 여자는 요로감염에 걸릴 확률이 남자의 8배나 된다. 이 또한 화장실에 가는 빈도를 증가시킨다.[18] 이러한 신체적 차이를 알면서도 동일 면적 화장실이 공정하다고 계속 주장하는 사람은 형식적인 평등만 외치는 독불장군일 것이다.

지금부터는 겉으로는 성평등해 보이지만 사실상 남성 편향적인 화장실보다 더 심각한 이야기를 하겠다. 세계 인구의 3분의 1에게는 제대로 된 화장실이 없다.[19] UN에 따르면 여자 3명 중 1명은 안전한 화장실을 사용하지 못하며[20] 비영리단체 워터에이WaterAid에 따르면 전 세계 여자들이 용변하기에 안전한 곳을 찾느라 소비하는 시간은 1년에 970억 시간에 달한다.[21] 적절한 화장실의 부재는 남녀 모두에게 보건상 문제가 되지만(예를 들어 인도에서는 인구의 60%가 아예 화장실을 사용하지 못하며[22] 지표수의 90%가 오염수다[23]) 특히 여자들에게 심각한 영향을 끼친다. 남자는 "아무 데서나 눠도 되지만"[24] 여자가 소변보는 모습을 남에게 보이는 것은 수치스러운 일이라는 통념 때문이다. 여자들은 소변이나 대변을 볼 수 있는, 상대적으로 외진 장소를 찾아 나서기 위해 동트기 전에 일어나고 저물녘까지 기다린다.[25] 이는 가난한 나라만의 문제가 아니다. 인권감시기구Human Rights Watch가 미국의 담배밭에서 일하는 젊은 여자들을 인터뷰했더니 그들은 "낮에는 웬만하면 용변하러 갈 필요가 없도록 음료수를 마시지 않는데 그 결과 탈수증과 온열병에 걸릴 확률이 증가한다."[26]

이것은 여자들의 유급 노동에 영향을 미친다. 인도인의 86%가 비공식적 경제에 종사하는데 이 중 91%가 여자다. 대부분 상인으로 일하는 이 여자들은 시장에 공중화장실이 없기 때문에 근무일에는 화장실에 가지 못한다.[27] 아프가니스탄 여자 경찰관들은 짝을 지어 화장실에 간다. 이들의 탈의실과 화장실—인권감시기구의 국제 고문이 "학대의 현장"이라고 표현한—에 엿보는 구멍이 있거나 문이 잠기지 않는 경우가 많기 때문이다. 안전한 화장실의 부재는 실제로 여자들이 경찰에 지원하는 데 장애물이 되고 이는 결국 경찰이 여성 대상 범죄에 대응하는 방식에 지대한 영향을 미친다.[28]

공중위생 시설은 여자들에게 훨씬 많이 필요한데도 실제로는 남성용이 더 많은 편이다. 뭄바이 시 거주 여성 500만 명 중 절반 이상의 가정에는 실내 화장실이 없고 무료 공중 여자 화장실은 아예 존재하지 않는다. 반면 남성용 무료 소변기는 수천 개에 이른다.[29] 전형적인 뭄바이 빈민가에는 여자 8000명당 화장실이 6개 있고[30] 2014년 정부 통계 수치에 따르면 뭄바이 전역에는 "남녀 공용 공중화장실이 3536개 있지만 여성 전용 화장실은 하나도 없다. 심지어 일부 경찰서와 법원에조차도."[31]

2015년 조사에 따르면 뭄바이 빈민가 거주 여성의 12.5%는 밤에 실외에서 대변을 본다. 그쪽을 "58m를 걸어가는 위험을 무릅쓰는 것보다 선호한다. 58m는 그들의 집과 공용 화장실 간의 평균 거리다."[32] 그러나 실외에서 대변보는 것이 썩 안전하지는 않다. 여자들이 용변할 때 사용하는 것으로 알려진 구역 근처 또는 그곳으로 가는 길목에 숨어 있던 남자들에게 성폭행당할 위험이 있다.[33] 폭력의 정도는 엿보기—엿보면서 자위하기 포함—에서부터 강간, 극단적인 경우에는 살인에까지 이른다.

여자들이 본디 일상적 행위여야 마땅한 용변을 해결하려 하는 동안 직면하는 성희롱과 성폭행의 수준에 대한 정확한 데이터는 구하기 힘들다. 원인은 이 문제를 둘러싼 수치심 때문이다. "범죄를 부추긴다"라고 비난당할 가능성이 높은 문제에 대해 기꺼이 얘기하려는 여자는 거의 없다.[34] 하지만 적으나마 존재하는 데이터를 살펴보면 적절한 위생 시설의 부재가 페미니즘 문제임이 확실해진다.

2016년 연구에 따르면 야외에서 용변하는 인도 여자가 자기 파트너가 아닌 사람에게 성폭력을 당할 확률은 자기 집 화장실을 사용하는 여자의 2배다.[35] 2014년 우타르프라데시주州에서 12살, 14살 소녀가 살해당한 후[36] 적절한 여자 화장실의 부재를 둘러싸고 전국적으로 짧은 동요가 일었다. 2014년 12월 뭄바이 고등법원은 주도로 주변에 안전하고 깨끗한 여자 화장실을 건설하라는 명령을 모든 지자체에 내렸다.[37] 96개의 부지가 예정되었고 뭄바이 지방정부는 새 화장실 건설 예산으로 5000만 루피(한화 약 8억 원)를 약속했다. 그러나 1년 뒤 온라인 매체 브로들리Broacly는 화장실 건설이 시작된 적조차 없다고 보도했다.[38] 할당되었던 예산은 2016년에 무효가 되었다.[39]

공중화장실 건설을 취소한 지방정부는 예산을 절감했다고 믿을지 모르나 2015년 예일대학교 연구에 따르면 이것은 허위 절감false economy이다. 이 논문의 저자들은 "성폭행당할 위험과 위생 시설의 수, 여자가 화장실까지 걸어가는 데 걸리는 시간" 사이의 상관관계를 산출하는 수학모형을 개발한 뒤 성폭행에 의해 발생하는 유형 비용(상실 소득, 의료비, 소송비, 수감비)과 무형 비용(정신적 고통, 살해 위험)을 계산해서 화장실 설치비 및 유지비와 비교했다.

그리고 이 모형을 남아프리카공화국의 카옐릿샤 시에 적용했다. 이 도시의 인구는 240만 명인데 화장실 수는 5600개로 추산된다. 그 결과 매년 635건의 성폭행이 일어나서 미화 4000만 달러(한화 약 468억 원)의 비용이 발생한다고 저자들은 주장했다. 직접비 1200만 달러(한화 약 140억 원)를 들여서 화장실 수를 1만 1300개로 늘리면 화장실까지의 평균 거리가 반으로 줄어들기 때문에 성폭행이 30% 감소할 것이다. 이 수학모형에 따르면 감소한 사회적 비용과 치안 비용이 화장실 설치 비용을 상쇄하고도 남아서 카멜릿샤는 500만 달러(한화 약 56억 원)의 수익을 얻게 된다. 이 수치는 최소한으로 잡은 것이라고 그들은 말한다. "제한적 재원을 가진 도시지역의 위생을 개선함으로써 부가적으로 생기는 건강상 이득"은 포함하지 않았기 때문이다.[40]

부가적인 건강상 이득은 당연히 존재한다. 특히 여자들에게 많다. 여자는 소변을 너무 참으면 방광염 및 요로감염에 걸린다. 반대로 물을 너무 적게 마시면 탈수증과 만성변비로 고생한다. 실외에서 대변보는 여자들은 골반염, 기생충병, 간염, 설사, 콜레라, 소아마비, 수인성전염 병 등 다양한 감염 및 질병에 걸릴 위험이 있다. 이 질병들 중 일부는 매년 인도에서만 수백만 명—특히 여자들과 아이들—을 사망케 하는 원인이다. (…중략…)

여자들은 (그들이 겪는) 행위를 알리지 않는다. 그도 그럴 것이, 누구한테 알린단 말인가?

에브리데이 섹시즘EverydaySexism이나 할러백!Hollaback!처럼 여자들이 매일같이 공공장소에서 직면하는 '위협적이지만 범죄 구성요건에는 미달하는' 행동에 대해 얘기하는 공간을 제공하는 단체들이 생기기 전까지는 이런 행위에 대한 대중의 인식은 없음에 가까웠다. 영국 노팅엄 경찰이 (성기노출에서부터 성추행, 치마 속 촬영에 이르는) 모든 여성혐오 행위를 혐오범죄—또는 그 행위가 엄밀히 말해 범죄가 아닐 경우 혐오 사례—로 기록하기 시작하자 갑자기 신고가 급증했다. 남자들이 갑자기 사악해져서가 아니라 여자들이 경찰이 자기 말을 진지하게 들어줄 거라고 느꼈기 때문이다.[41]

여자들이 공공장소에서 직면하는 위협적 행위가 마치 존재하지 않는 것처럼 보이는 이유 중 하나는 남자들이 남자 일행이 있는 여자에게는 그런 짓을 하지 않기 때문이다. 남자 일행이 있는 여자는 이런 종류의 행위를 경험할 가능성이 훨씬 낮다. 최근 조사에 의하면 브라질 여성의 3분의 2가 교통수단으로 이동 중에 성희롱이나 성폭력을 경험했는데 그중 절반이 대중교통에서 일어났다. 남자의 경우는 18%에 불과했다.[42] 따라서 성폭력 가해자도 피해자도 아닌 남자는 어디선가 그런 일이 일어나고 있음을 알지 못한다. 그리고 여자들의 그런 이야기를, "나는 한 번도 못 봤는데?"라는 무의미한 말로 너무나 쉽게 일축해버린다. 이 또한 젠더 데이터 공백이다.

젠더 데이터 공백은 우리가 데이터를 수집하는 방식 때문에 악화된다. 2017년에 쓰인 한 논문은 "성희롱이 얼마나 만연한가에 관한 대용량 데이터가 없다"라고 말한다. 저조한 신고율 때문이 아니라 그것이 "범죄 통계에 포함되지 않는 경우가 많"기 때문이다.[43] 여기에 덧붙여서 성희롱은 "제대로 분류되지 않는 경우가 많다"는 문제가 있다. 많은 연구들이 "성희롱을 정의하거나 성희롱의 유형을 명확히 구분"하는 데 실패한다. 2014년 오스트레일리아연구소Australia Institute는 여성 피조사자의 87%가 거리에서 언어적 또는 육체적 성희롱을 경험한 적이 있으나 "각 사례의 정도나 유형에 관한 데이터는 수집되지 않았다"는 사실을 발견했다. (…중략…)

세상을 계속해서 짓고 설계하고 발전시켜 나갈수록 우리는 여성의 삶을 고려해야 한다. 특히 세상과 여성의 관계를 정의하는 3가지 주제를 고려해야 한다. 그중 첫 번째는 여체, (더 정확히 말하면) 보이지 않는 여체다. 설계 과정에서 상습적으로 여체를 고려하지 않은 결과 (의학적으로든, 기술적으로든, 건축학적으로든) 여자가 살아나가는 데 적대적이고 위험한 세상이 됐다. 그 결과 여자들은 자기 몸에 맞지 않게 설계된 일을 하다가, 자동차를 운전하다가 다친다. 효과 없는 약 때문에 죽는다. 그렇게 세상은 여자한테 맞지 않는 곳이 됐다.

데이터를 수집할 때 여자가 투명 인간 취급을 당하는 것은 아이러니하다. 여성의 삶을 정의하는 두 번째 주제에서는 여체가 눈에 보인다는 것이 핵심이기 때문이다. 그 주제는 여성을 대상으로 한 남성의 성폭력, 그리고 우리가 그것을 집계하지 않는다는 사실, 그것을 반영하여 세상을 설계하지 않는다는 사실, 그럼으로써 여성의 자유를 제한한다는 사실이다. 여성의 생물학적인 몸은 여자가 강간당하는 이유가 아니다. 공공장소를 지나갈 때 여자가 위협당하거나 공격당하는 이유가 아니다. 그 원인은 성별이 아니라 젠더, 우리가 남체와 여체에 부여하는 사회적 의미다. 젠더가 작용하려면 어느 몸이 어떤 반응을 유발하는지가 명확해야 하는데 실제로 명확하다. 앞서 살펴봤듯이 "여자를 보기만 해도 즉각 그와 연관된, 상황 조건에 맞는 일련의 특징과 속성을 불러낼 수 있다."44) 꾀어서 오늘 밤 집에 데려갈 수 있는 사람, 캣콜링 해도 되는 사람, 쫓아가도 되는 사람, 강간해도 되는 사람으로 즉각 분류한다.

혹은 그냥 차 끓여주는 사람으로 분류할 수도 있고 이는 세 번째 주제와 연결된다. 전 세계 여성의 삶에 미치는 영향으로 말하자면 이 세 번째 주제, 무급 돌봄노동이 가장 중요할지도 모른다. 여자들은 이 돌봄노동을—이것이 없다면 우리의 삶이 엉망이 될—마땅히 해야 할 몫보다 훨씬 많이 하고 있다. 그리고 여성을 대상으로 한 남성 폭력의 경우와 마찬가지로 여성의 생물학적인 몸은 여자가 남의 똥오줌을 받아주는 집단인 이유가 아니다. 그러나 한 아이를 여성으로 인식하는 것은 그 아이가 똥오줌 받는 것을 자신의 역할로 받아들이게끔 키우는 이유가 된다. 한 사람을 여성으로 인식하는 것은 그가 사무실에서 다른 모든 사람이 어지른 것을 치우는 데 적합한 인물로 간주되는 이유가 된다. 남편의 가족에게 크리스마스카드와 생일 축하 카드를 쓰고 그들이 아프면 돌보는 사람, 임금을 덜 받는 사람, 자식을 낳으면 파트타임으로 전환하는 사람으로 간주되는 이유가 된다.

여성과 그들의 삶에 대한 데이터를 수집하지 않는다는 것은 우리가 성차별과 젠더 차별을 계속 당연시하고 있다는 뜻이다. 그와 동시에 차별을 아예 보지 못한다. 혹은 당연시하기 때문에 보지 못하는지도 모른다. 너무 명백하고, 너무 흔하고, 원래 그런 것이 너무 많아서 굳이 말할 가치도 없는 것이다. 그것이 여성으로 산다는 것의 아이러니다. 굴종하는 성별 취급을 받을 때는 과하게 눈에 띄고 정작 성별이 중요할 때는, 통계에 집어넣어야 할 때는 보이지 않는다.

이 책을 쓰는 동안 내가 계속 마주친 또 하나의 경향은 바로 핑계다. 그중에서도 가장 흔한 핑계는 여자는 너무 복잡해서 측정할 수 없다는 것이다. 대중교통 설계자에서부터 의학 연구원, 기술 개발자에 이르기까지 다들 이 말을 한다. 그들은 하나같이 프로이트가 말한 여성성의 수수께끼라는 벽에 부딪쳤다가 당황하고 패배하여 돌아왔다. 여체는 너무 부조화하고, 너무 생리를 하고, 너무 호르몬의 영향을 받는다. 여자들의 이동 패턴은 너무 지저분하고, 업무 시간표는 너무 탈선적이며, 목소리는 너무 높다. 심지어 20세기 초에도 저명한 스위스인 건축가 르코르뷔지에Le Corbusier가 건축 설계에 사용하려고 표준 인간 모형을 만드는데 여체는 "뒤늦게 조화로운 비율의 보기로 고려되었으나 탈락하고"45) 인류는 그 대신 (나는 절대 닿을 수 없는 맨 위 선반에 닿기 위해) 팔을 뻗은 신장 183cm의 남자로 대표되었다.

사회적 합의는 분명하다. 여자는 비정상이고, 이례적이고, 한마디로 잘못됐다. 왜 여자는 남자처럼 못하는가? 뭐, 여성을 대표해서 그렇게 불가사의한 존재라는 점에 대해 사과한다. 하지만 아니, 우리는 남자와 다르고, 아니, 우리는 남자처럼 할 수 없다. 그것이 과학자들, 정치가들, 기술자들이 직면해야 하는 현실이다. 그래, 단순한 건 쉽다. 단순한 건 싸다. 하지만 단순한 건 현실을 반영한 게 아니다.

2008년 당시 『와이어드』의 편집장이었던 크리스 앤더슨Chris Anderson은 "이론의 종말: 데이터의 범람은 과학 모델을 쓸모없게 만든다"라는 제목의 기사를 썼다.[46] 우리는 더 이상 "모델을 찾을 필요가 없다"라고 앤더슨은 주장했다. 지금은 더 좋은 방법이 있으니까. 페타바이트—1 페타바이트는 1000조 바이트다—덕분에 우리는 "상관관계가 충분하다"라는 말을 할 수 있다. 무엇에 대해서도 가정할 필요가 없고 숫자만 계산하면 된다. 혹은 더 정확히 말하면 "통계 알고리즘에" 계산을 시키기만 하면 된다. 트럼프, 브렉시트, 케임브리지 애널리티카Cambrige Analytica의 시대에 이 주장은 아무리 좋게 말해도 지나친 낙천주의 같지만 이런 데이터 스캔들이 터지기 전에도 앤더슨의 주장은 오만임이 모두에게 명백했어야 했다. 2008년에는 여성에 대한 데이터가 지금보다도 적었기 때문이다. 통계 알고리즘에 입력하는 수치에서 인류의 반이 빠졌다면 결과적으로 만들어진 것은 쓰레기에 불과하다.

앤더슨은 자신이 명명한 "페타바이트 시대"의 전형으로 구글을 들면서 그들의 "창립 이념"에 대한 찬사를 늘어놓는다. "우리는 이 웹페이지가 왜 다른 것보다 나은지 모른다. 링크 접속 통계가 그렇다고 말한다면 그것으로 충분하다. 의미분석이나 인과 분석은 필요 없다. 그래서 구글이 자기도 모르는 언어를 번역할 수 있는 것이다. 동등한 말뭉치 데이터만 제공된다면 구글은 프랑스어를 독일어로 번역하는 것만큼이나 쉽게 클링온어를 페르시아어로 번역할 수 있다." 그러나 알다시피 10년이 지난 지금도 구글은 번역을 제대로 하지 못한다. 언어에서 지워진 여성의 존재를 생각하면 그렇다.

그러니까, 전혀 간단하지 않다.

앤더슨이 한 말 중에서 하나는 맞다. 더 좋은 방법이 있다. 그것도 굉장히 간단한 방법이다. 모든 분야에 여성의 진출을 늘려야 한다. 권력과 영향력이 있는 지위에 오르는 여자가 늘어날수록 명백해지는 경향이 또 하나 있기 때문이다. 여자들은 여자가 존재한다는 사실을 남자들처럼 쉽게 잊지 않는다.

영화산업에 종사하는 여자는 여자를 고용할 확률이 높다.[47] 여성 언론인은 여성의 관점에서 취재하거나 여자의 말을 인용할 가능성이 현저히 높다.[48] 여성작가도 마찬가지다.

2015년에 미국 여성 전기작가의 69%가 여성에 관한 책을 쓴 데 반해 남성 전기작가가 여성에 관한 책을 쓴 비율은 6%에 그쳤다.[49] 여자가 여성의 목소리와 관점을 강조하는 경향은 학계에서도 계속된다. 1980~2007년 사이에 미국에서 역사학과 여성 교수의 비율은 15%에서 35%로 증가했다.[50] 비슷한 시기(1975~2015년)에 여성사를 전공한 미국 역사학과 교수의 비율은 1%에서 10%로[51] 10배 증가했다. 또 여성 교수는 학생들에게 여성 저자를 과제로 내줄 가능성이 높다.[52]

여자는 역사를 해석하는 방식도 다르다. 2004년 『더 가디언』에 기고한 글에서 코미디언 샌디 톡스비그Santti Toksvig는 인류학 강의 시간에 있었던 일화를 이야기했다. 어느 날 여자 교수가 28군데가 표시된 사슴뿔 사진을 들어 올리며 말했다. "이것은 인간이 달력을 만들려 한 최초의 시도로 추정된다." 우리는 모두 감탄하며 뿔을 쳐다봤다. "그런데 세상에 어떤 남자가 28일이 지났다는 걸 알려 하겠는가? 나는 이것이 여자가 달력을 만들려 한 최초의 시도라고 생각한다."[53]

2017년 공개된 영국의 「EU 탈퇴 협정 법안European Union (Withdrawal) Bill」에는 「EU 기본권 헌장Charter of Fundamental Rights of the European Union」 대신 들어갔어야 할 「1998 인권법Human Rights Act 1998」의 개정안이 들어 있지 않았다.[54] 이에 정부를 압박해서 「2010 평등법」과 양립 가능한 브렉시트 법을 만들겠다는 약속을 받아낸 사람은 바로 여자, 베이징스토크 선거구의 보수당 하원의원 마리아 밀러Marnia Miller였다. 이 같은 조치를 취하지 않았다면 브렉시트 이후에 여권은 모든 분야에서, 법적 시정을 요청할 방도도 없이 쓰레기통에 처박혔을 것이다. 발생생물학자 크리스티아네 뉘슬라인폴하르트가 자녀가 있는 박사과정 여학생들을 돕기 위해 재단을 만든 것처럼, 일터에서 구조적인 남성 편향—남성 리더들이 수십 년간 간과하고 무시해온—에 대한 해법을 마련하는 사람 또한 대개 여자다.

여자들은 젠더 데이터 공백 메우기에도 앞장서고 있다. 2008~2015년에 발표된 논문 150만 편을 분석했더니 "저자들 가운데 여성이 차지하는 비중이 증가할수록" 젠더별, 성별별 분석이 연구에 포함될 가능성도 증가한다는 사실이 발견됐다.[55] 그 효과는 특히 주저자가 여자일 때 두드러진다. 여성의 건강에 대한 관심 역시 정치권으로 연결된다. 2016년 영국 최초로 여성 건강 상·하원 공동위원회를 만든 사람도 여자, 듀즈버리 선거구의 노동당 하원의원 폴라 셰리프Paula Sherriff였다. 오바마케어를 폐지하려는 도널드 트럼프의 시도를, 세 번이나 반대표를 던져서 좌절시킨 것도 공화당 소속의 여성 의원 2명이었다(이 시도가 성공했다면 여성들에게 압도적인 피해가 갔을 것이다).[56]

여자들은 정치권 전반에서 변화를 만들고 있다. 세계의 젠더 데이터 공백을 메우기 위해 데이터2X를 진두지휘한 사람은 두 여자, 멀린다 게이츠Meiinda Gates와 힐러리 클린턴이었다. 1995년 베이징에 가서 (지금은 유명해진) "인권은 여권이고 여권은 인권이다"라는 선언을 하겠다고 고집한 사람도 여자, 힐러리 클린턴이었다.

최악의 사태가 일어났을 때에도 그곳에는 여자가 있다. 그들은 남성 편향적 재난 구호의 공백을 메우고 있다. 허리케인 카트리나 이후에 언론을 도배한 "남성적인 근육질 구호 인력의 이미지"는 보이지 않는 곳에서 "지칠 줄 모르고 용감하게 일한" 여자들에 의해 거짓임이 증명됐다.[57] 똑같은 일이 푸에르토리코에서도 있었다. 2017년 허리케인 마리아에 의해 폐허가 된 푸에르토리코는 미국 정부에 버림받았다. "실제로 지역사회를 방문해보면 지도자나 조직자로 일하고 있는 사람은 대개 여자다." 저소득가구에 법률 자문을 제공하는 비영리단체의 이사인 아 디 마르티네스로만Adi Marinez-Roman이 저스틴 칼마Justine Calnna 기자에게 말한다.[58] 그 여자들은 "침수된 동네를 첨벙첨벙 걷고" 버려진 마을을 샅샅이 훑으며 데이터를 수집했다.[59] 그러고 나서 증거에 기반한 해법을 개발해 제공했다. 그들은 수프 배급소를 만들었다. 모금을 하고 도로를 재건했다. "태양광 조명, 발전기, 가스, 옷, 신발, 탐폰, 배터리, 약, 매트리스, 물"을 나눠 줬다. "무료 법률구조 협회를 만들어서 복잡하고 헷갈리는 연방재난관리청Federal Emergency Management Agency 구호금 신청 절차를 밟도록 도와줬다." 태양광으로 작동하는 공동 세탁기를 마련하기도 했다.

성별/젠더 데이터 공백에 대한 해법은 분명하다. 여성 진출 공백을 메우면 된다. 의사결정과정에, 연구에, 지식 생산에 참여한 여자들은 여자를 잊지 않는다. 여성의 삶과 관점이 빛 속으로 나오게 된다. 이는 세계 곳곳의 여자들에게도 이롭지만, 코바늘뜨기하는 수학과 교수 타이미 나의 이야기가 보여주듯이, 인류 전체에게 이로운 경우도 많다. 그래서 다시 프로이트의 "여성성이라는 수수께끼"로 돌아가보면 해답은 처음부터 우리 눈앞에 있었다. 여자들에게 물어보기만 했으면 됐던 것이다.

캐럴라인 크리아도 페레스, 『보이지 않는 여자들』,
웅진지식하우스, 2020, 76~84, 380~387쪽.

5) 그들이 보고 싶어 하지 않는 몸

서양미술의 전통에서 여성을 그린 그림은 셀 수 없이 많지만, 유형별로 분류해본다면 놀랍게도 매우 단소롭다는 것을 알 수 있다. 문학에서, 역사에서 여성을 성녀 아니면 창녀로 보았듯이 미술도 마찬가지다. 성모 마리아로 대표되는 성녀, 그리고 자신의 욕망으로 남자를 파멸시키는 악녀이자 창녀는 서로 반대편에 있는 것 같지만 같은 목적에 봉사한다. 그를 위해 모든 것을 다 해주는, 그가 어떤 죄를 지어도 눈물과 진심으로 용서해주고

안아주고 기도해주는 어머니, 그리고 그의 어떤 육체적 욕망이든 풀어줄 뿐만 아니라 경멸과 혐오의 대상까지 되어주는 창녀. 둘 다 남자의 필요에 의해 창조된 욕망의 대상일 뿐이다.

그래서 페미니스트 예술가들은 전통적으로 묘사되던 여성의 전형에서 벗어나, 그려지지 않던 것들을 그리기 시작했다. 남자들이 보고 싶어 하지 않는 장면, 끊임없이 여성의 존재를 옥죄는 그 빌어먹을 '이상화된 육체'가 아닌 있는 그대로의 몸, 욕망하는 몸, 피 흘리는 몸, 상처 입고 강간당한 몸, 폭력으로 얼룩진 몸……

여기에 이상적인 아름다움에서 벗어난 여자의 몸이 있다. 가슴이 아니었다면 여자의 몸인지도 몰랐을 육중한 살덩어리다. 일반적으로 대리석처럼 매끈하고 부드러운 살결로 그려지는 여인의 누드에 대한 기대를 여지없이 뭉개버리는 이 그림에서 모델은 역사가 여성의 몸에 부여한 미덕인 부끄러움과 정숙함까지 벗어던졌다. 관객을 깔아 뭉개버리겠다는 듯 몸을 화면 가까이 들이밀면서 뱃살을 한 움큼 쥐어 보인다. 마치 그녀의 몸을 위로 올려다보는 듯한 구도에서 관객은 그녀의 아래 위치 지어진다. 작품의 크기 또한 매우 중요하다. 209.5×179cm에 달하는 거대한 캔버스에 그려진 건강해 보이지 않는 살덩어리가 주는 충격. 몸에는 무슨 글씨가 쓰여 있다. 낙서일까? 그녀의 몸은 담벼락처럼, 배설된 욕설이나 은밀한 고백의 장소가 된 것일까? 이것은 비만 여성에게 보내는 혐오의 언어일까? 혹시 여성의 누드를 빈 캔버스나 빈 원고지처럼 여겨 추상적 개념을 표현하곤 했던 전통에 대한 패러디일까?

1970년생으로 영국 케임브리지에서 태어난 제니 사빌Jenny Sawille은 20대 초반에 찰스 사치Charles Saatchi의 눈에 띄어 YBAYoung British Artist 그룹에 합류해 전 세계의 주목을 받은 운 좋은 예술가다.

그녀가 그린 그림들은 대부분 전혀 아름답지 않다. 작가는 교환학생으로 있던 미국에서 비만 여성들을 보고 몸에 흥미를 느끼게 되었다고 말한 적이 있는데, 그렇다고 페르난도 보테로Fernanáo Botero처럼 귀엽고 사랑스러운 '뚱보'를 그리는 것도 아니다. 푸르뎅뎅한 피부나 폭력으로 피투성이가 된 몸, 혹은 지방흡입술을 위해 부위별로 표식을 해놓은 수술 직전의 몸처럼 불안정하고 위협적이며 고통 받는 살덩어리를 그린다. 나는 제니 사빌의 작품 앞에서 『나쁜 페미니스트Bad Feminist』로 유명한 록산 게이Roxane Gay의 자전적 에세이 『헝거Hunger』가 자연스럽게 떠올랐다. 190센티미터의 키에 한때 261킬로그램이었다는 록산 게이는 초고도비만의 몸으로 살아가야 했던 자신의 과거를 책에 세세하게 기록했다. 흑인으로, 비만으로, 여성으로 살아간다는 것이 어떤 의미인지, 우리는 짐작하기가 쉽지 않다. 그 경험과 고통을 감히 이해한다고 말할 수가 없다. 하지만 적어도 『헝거』를 읽는 내내 나는 이 사회가 여성의 몸에 얼마나 잔인한 짓을 했고, 지금도 하고 있는지를 절절히 경험했다.

> 비만인의 몸은 무절제와 타락과 나약함의 상징이다. 비만인의 몸은 대규모 감염이 진행되고 있는 현장이다. 이 몸은 의지력과 음식과 신진대사 사이의 전쟁이 벌어졌다가 폐허가 되어버린 전쟁터이며 당신이 최후의 패배자다.[60)]

비만을 전염병처럼 바라보고 오직 날씬해야만 행복해질 수 있다고 선전하는 세상에 대고 자기 몸을 통해 격렬히 저항했던 저자는 10대 초반에 겪은 집단 성폭행 이후 스스로를 벌준다는 생각으로 살을 찌웠음을 고백한다. 저자는 몸이 거대해질수록 안전하다 느꼈지만 어쩔 수 없이 뒤따르는 자기혐오를 끝없이 반복했다. 그럼에도 예뻐지고 싶고 사랑받고 싶다는 욕망을 포기하지 않으면서……

> 나는 공공장소에서 아무렇지도 않게 밀쳐진다. 마치 나의 뚱뚱함으로 인해 나는 고통에 면역이 되었거나 아니면 내가 마땅히 고통을 감수해야 하는 것처럼, 뚱뚱한 것에 대한 벌인 것만 같다. 사람들은 아무렇지 않게 내 발을 밟는다. 나를 밀치고 지나간다. 나를 향해 돌진하기도 한다. 나는 확연히 눈에 띄지만 그러면서도 눈에 보이지 않는 사람처럼 취급된다. 공공장소에서 내 몸은 존중이나 배려나 보살핌을 받지 못한다. 내 몸은 공공장소처럼 다루어진다.[61)]

어쩌면 제니 사빌은 우리 사회가 배제한 그 육체를 우리 눈앞에 들이밀고 있는 것인지도 모르겠다. 정상이 아닌 모든 것을 죄악시하고 추방하려는 사회에 '정상이란 무엇이며 아름다움이란 무엇인가'를 고통스럽게 묻는 것이다.

아름답지 않은 여성의 몸은 남성이 독점한 시선권력에 대한 저항으로 해석할 수 있다. 여성이기 때문에 타자였고, 결핍이었으며, 열등하면서 혐오의 대상인 여성의 몸과 성기는 지금 이 순간에도 집 안에서, 거리에서, 병원에서, 술집에서, TV에서, 영화관 스크린에서, 법원에서, 신문과 잡지에서, 광고에서, 학교에서, 평가되고, 측정되고, 조롱당하고, 배제당하고, 전시되고, 죽어나가고 있지 않은가. 그렇게 그들에 의해 '낙인찍힌' 몸이지만 록산 게이는 바로 이 몸에서 출발한다.

> 이 몸이 불러오는 혼란과 수치와 도전에도 불구하고 내 몸을 존중하기 위한 방법을 찾으려 노력한다. 이 몸은 회복탄력성이 크다. 내 몸은 모든 종류의 고통을 견딜 수 있다. 내 몸은 존재감이라는 힘을 제공하기도 한다. 내 몸은 강력하다.[62)]

제니 사빌의 <낙인찍힌>과 록산 게이의 『헝거』는 묘하게 서로 일치하지 않는가? 어쩌면 자신의 몸을 수치스러워하는 건 이 세상을 사는 대다수 여자들의 공통 경험일지도 모른다. 여자들은 80 퍼센트 이상이 자기 외모에 불만족하지만 남자들은 70 퍼센트 이상이 '이만하면 됐지'라고 생각한단다. 못생긴 남성들의 자기만족을 조롱할 생각은 없다. 대신 그들이 하는 말을 가져오고 싶다. '이만하면 됐지….' 이거 참 좋은 말이다. 우리는 이제 정말로 자신을 있는 그대로 인정하고 사랑하며 사는 법을 배워야겠다. 더 이상 자신이 못생겼다고 비하하거나 자조하거나 방어하지 않으면서, 더 이상 자신이 뚱뚱하다고 여기며 경멸의 시선을 감내하면서 살지 말아야겠다. 아니, 뚱뚱하면 뭐? 어쩌라고? (…중략…)

전통적인 미술에서 임신한 여성은 성모 마리아가 대표적이었다. 한때 유행처럼 임산부로 보이는 옷을 입은 여성들이 그려지기도 했다. 그들은 한결같이 아름답고 침착하며 우아하게 묘사되었다. 어쩌면 당연한 일인지도 모르지만, 출산 장면은 그려진 적이 없다. 아기 예수의 탄생도 모든 뒤처리가 끝난 후의 깨끗한 장면으로만 등장한다. 피와 분비물이 흐르고 생과 사를 오가는 경이로운 생명의 역사가 남자들에겐 전혀 섹시하지 않으며 무시무시했을 것이다. 그래서 그들은 늘 출산의 과정이 빠진 '탄생'만 그렸다. 서구에서도 오랫동안 아기는 새가 물어다 주었고 우리는 다리 밑에서 주워왔다. 페미니스트 작가들은 이 공백을 채우기 시작했다. 자신 들이 경험한 이 '위대하고도 고통스러운' 체험을 여러 매체로 표현했다. 그중 가장 강력한 것은 주디 시카고의 작품이다. 붉은 비단에 바느질로 수를 놓아 만든 이 화면 속 여인은 지금 아이를 낳는 중이다. 마치 번개가 몸통을 가르듯 그녀의 몸이 찢어진다. 비명이 공기를 뒤흔든다. 그녀의 에너지는 지금 우주를 바꾸고 있다.

월경 또한 거의 모든 사회에서 금기였다. 원시인들은 월경하는 여자를 조상의 정령의 소유라고 생각해서 금기시했다고 한다. 월경하는 여성은 초자연적 힘과 연결되지만 또한 바로 그 때문에 육체에 묶인 존재로 간주되었다. 월경 중인 여성은 마술적인 힘을 떠올리게 하여 8세기부터 11세기까지 교회 출입이 통제되었다. 프로이트에 의하면 죽음과 상처, 살인과 연결되는 피에 대한 공포 때문에 처녀막이 찢어질 때 나오는 피를 무서워해서 첫날밤을 치르기 전에 처녀막 파열을 누군가가 대신하는 전통이 생겨났다고 한다.(대부분은 여자의 아버지나 사제 혹은 영주가 했으며 전문적으로 이를 대신해주는 사람도 있었다.)[63] 이것이 현대의 월경에 대한 금기와 연결되었다.

하지만 월경은 여자들만 하는 것이고 사회는 오랜 옛날부터 이를 수치로 여기도록 만들었다. 생명은 아름답고 숭고하지만 생명을 낳는 데 필수적인 생리는 무섭고 혐오스러우며 금기가 된다. 페미니스트 예술가들이 월경을 주제로 삼는 건 그러므로 너무나 자연스럽고 당연하다.

흥미로운 것은 이런 출산과 생리 장면들이 외설로 비난 받았다는 것이다. 예컨대 모니카 시주는 자신의 출산 경험을 우주공간에서 위대한 어머니 여신이 아이를 낳는 것으로 표현했지만 외설적이라는 세간의 강력한 비난에 시달렸고, 그 밖에도 여성 예술가들이 피 흘리는 육체를 재현한 장면은 끔찍하며, 추한 것으로 매도당했다. 하지만 이 모든 것을 성적 대상으로서만 존재했던 여성의 몸을 주체로 전환하기 위한 시도로서 해석할 수 있다. 여성철학자 이현재는『여성혐오, 그 후』라는 책에서, 그 어떤 것으로도 고정되지 않고 경계를 넘나들기 때문에 질서를 교란하는 비체abject라는 것의 해방적 잠재성에 주목해야 한다고 쓴다. 젠더가 이분법적으로 구분되고 위계가 고정되어 있는 한 여성혐오는 피할 수 없고, 이러한 여성혐오 구조에서는 여성들이 주체로 나설 수 있는 가능성이 없다고 진단한다. 이현재는 타자를 설정해놓고 이를 배제하거나 멸시함으로써 남성적 주체가 가능했다면 같은 방식을 답습하지 않고 여성이 주체로 나설 수 있는지에 대해서 탐구한다. 그리고 그 방법 중 하나가 바로 '비체 되기'다.

'비체 되기'는 우리 사회가 규정한 경계를 허물고 넘나드는 것이며 상대가 던진 욕과 비난의 언어를 기꺼이 껴안아버리는 전략이다. 2011년 캐나다 토론토에서 시작되어 우리나라에서도 했던 '잡년행진Slut Walk'이 그 예가 될 수 있다. 야한 옷차림이 성폭력의 원인이 된다며 얌전하게 입으라고 요구하는 사회에서 바로 그 '잡년'이 됨으로써 남성중심의 사회에 저항하는 것이다. 이것은 흔히 남성들이 잘 쓰는 방법이기도 하다. 인상주의나 야수파라는 단어도 맨 처음엔 경멸의 의미였지만 예술가들은 그 말을 받아들이면서 의미를 바꿔버렸다.

비체로 혐오되었던 여성, '창녀'나 '악녀'라고 불리면 움츠리는 대신 "그래, 나 창녀다. 어쩔래?" 하며 기꺼이 몸을 전시하고, 그들이 혐오하는 것을 피하지 않고 외려 가치전복을 노림으로써 틀에 갇히지 말고 밖으로 나가버리자는 선언이다.

조이한,『당신이 아름답지 않다는 거짓말』, 한겨레출판, 2020, 301~306, 312~317쪽.

2. 섹스와 폭력

1) 저는 오늘 꽃을 받았어요
- 피해 여성이 피해 여성에게 주는 편지

저는 오늘 꽃을 받았어요.
제 생일도 아니었고 다른 특별한 날도 아니었답니다.
지난밤 우리는 처음으로 말다툼을 했어요.
그가 던진 수많은 잔인한 말들에 저는 정말 가슴이 아팠어요.
하지만 지금 저는 그가 미안해하는 것도,
그리고 그가 한 말이 진심이 아니었다는 것도 알아요.
왜냐하면 그가 오늘 제게 꽃을 보냈거든요.

저는 오늘 꽃을 받았어요.
우리의 기념일도 아니었고 다른 특별한 날도 아니었답니다.
지난밤 그는 저를 벽으로 밀어붙이고 목을 조르기 시작했어요.
마치 악몽 같았어요.
현실이라고는 믿을 수 없었죠.
오늘 아침 깨어났을 때 제 몸은 온통 아프고 멍투성이였어요.
하지만 지금 저는 그가 틀림없이 미안해할 거라는 걸 알아요.
왜냐하면 그가 오늘 제게 꽃을 보냈거든요.

저는 오늘 꽃을 받았어요.
'어머니의 날'도 아니고 다른 특별한 날도 아니었답니다.
지난밤 그는 저를 또다시 때렸어요.
이제까지 어느 때보다 훨씬 심하게요.
만약에 그를 떠난다면, 저는 어떻게 될까요?
어떻게 제 아이들을 돌보나요? 돈은 어떻게 하고요?
저는 그가 무섭지만 그를 떠나기도 두려워요.
하지만 지금 저는 그가 틀림없이 미안해할 거라는 걸 알아요.
왜냐하면 그가 오늘 제게 꽃을 보냈거든요.

저는 오늘 꽃을 받았어요.
오늘은 아주 특별한 날이었답니다.
제 장례식 날이었거든요.
지난밤 그는 결국 저를 죽였습니다.
죽을 때까지 때려서요.
만약에 그를 떠날 만큼 용기와 힘을 냈다면,
저는 아마 오늘 꽃을 받지는 않았을 거예요.

정희진, 『아주 친밀한 폭력』, 교양인, 2016, 14~15쪽.

2) 디지털 성폭력은 어떻게 남성들의 놀이이자 거대한 산업이 되었나

(1) 소라넷과 웹하드가 돈을 버는 거대한 산업

디지털 성폭력은 남성들의 놀이문화 때문에만 발생하는 것이 아닙니다. 불법촬영물 유통이 돈이 되는 산업으로 자리 잡으면서 디지털 성폭력이 확대 재생산되고 있기도 합니다. 소라넷이 대표적이죠. 2004년 운영자가 검거되면서 쇠퇴했던 소라넷은 2009년, 경찰의 단속과 차단에 대비해 바뀌는 주소를 공지하는 트위터 계정과 함께 부활했습니다. 그리고 이곳에서 여성의 몸을 불법촬영한 이미지와 영상의 공유, 연인이나 배우자와 함께한 성행위 동영상의 게재와 유포, 여성에 대한 강간 모의 같은 범죄가 발생했습니다.

서울대학교 단톡방 성폭력 사건의 대화 내용

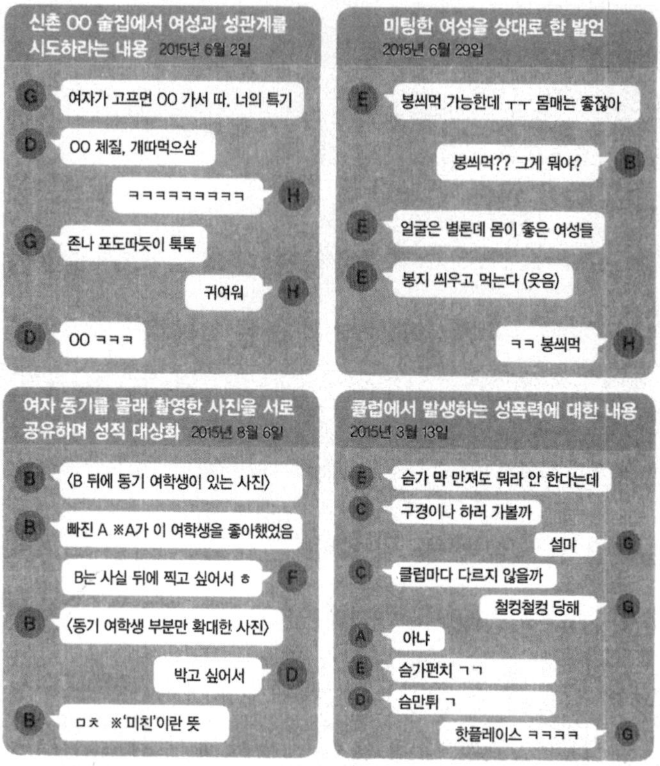

2016년 7월 알려진 서울대학교 인문대 소속 남학생 8명의 단톡방 대화를 재구성한 것이다.
※자료 : 경향신문. "서울대서도 '단톡방' 성희롱… 성폭력성 발언·여성혐오 파문"(2016.07.11.), http://news.khan.co.kr/kh_news/khan_art_view.html?artid=201607110600025&code=940100

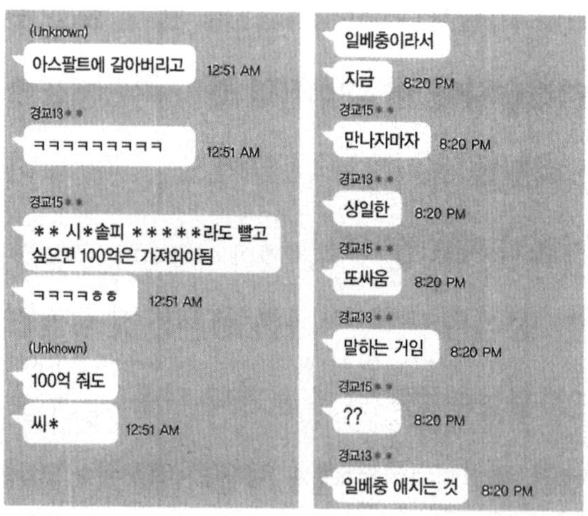

경인교육대학교 단톡방 성폭력 사건의 대화 내용

2016년 단톡방 성폭력 문제가 공론화되고 이에 대한 비판이 이어졌지만, 유사한 사건은 계속해서 발생했다. 2019년에는 서울교대, 경인교대, 대구교대 등 학생 다수가 여성인 교육대학의 성폭력 사건이 연이어 알려졌는데, 이 그림은 2019년 3월 경인교대 체육교육과 남학생들이 모인 단톡방 대화를 재구성한 것이다.

※자료 : 여성신문. "서울교대 이어 경인교대도 '성희롱' 의혹 제기"(2019.03.21.), http://www.womennews.co.kr/news/articleView.html?idxno=187296

메갈리아의 불법촬영 근절 및 소라넷 폐쇄를 위한 프로젝트로 인해 높아진 사회적 관심 속에서, 2016년 경찰은 소라넷의 해외 서버를 압수하고 사이트를 폐쇄했습니다. 경찰 수사에 따르면 회원 수만 100만 명이 넘는 소라넷의 운영진이 얻은 수익은 100억 원을 훌쩍 넘었습니다. 소라넷과 유사한 꿀밤이라는 사이트를 운영했던 이들도 단기간에 15억 원이 넘는 수익을 챙긴 것으로 알려졌습니다. 어떻게 이런 일이 가능했을까요? 사이트에 더 많은 회원을 유치하고 더 많이 방문하도록 하는 것이 수익으로 이어졌기 때문입니다.

이들이 수익을 얻는 방식은 크게 두 가지입니다. 첫 번째는 콘텐츠를 유료화하고 회원들이 콘텐츠를 보거나 다운로드 받을 때마다 포인트, 비트코인 등의 가상화폐를 사용하게 하는 것이었습니다. 두 번째는 성매매 업소, 도박 사이트 등의 광고 배너를 게시하고 이들로부터 광고료를 받는 것이었고요. 어떤 방식이든 수익을 더 많이 내려면 더 많은 이들이 회원가입을 하고 사이트를 방문해야 했습니다. 이를 위해 소라넷과 그 유사 사이트들은 불법촬영물을 많이 올릴수록 회원등급을 높여줘 더 많은 게시판에 접근할 수 있도록 했습니다. 남성들의 경쟁을 부추겨 더 많은 불법촬영물을 업로드하도록 했고, 이는 더 많은 이용자를 불러들였습니다. 최근 디지털 성폭력에 대한 여성들의 비판이 거세지면서, 일부 회원만 접근 가능한 비밀 게시판에서 불법촬영물을 공유하는 경향이 더욱 강화되는 양상을 보이고 있습니다.

2018년 여름 공론화된 웹하드 카르텔 역시 디지털 성폭력이 '산업'으로 자리 잡은 메커니즘을 보여 줍니다. 웹하드 카르텔이 무엇일까요? 273쪽의 그림에서 볼 수 있듯 많은 영상을 웹하드에 올리는 헤비업로더, 웹하드 사업자, 필터링 업체, 디지털 장의사 간의 유착이 하나의 산업으로 자리 잡은 모습을 가리킵니다. 〈전기통신사업법〉에 따르면 웹하드 사업자는 불법촬영물 검색을 제한하는 필터링 시스템을 의무적으로 구축해야 합니다. 예를 들어 불법촬영물을 연상시키는 '국산', '국 NO', '유출', '몰카', '골뱅이' 등으로 영상을 게시하거나 검색하지 못하도록 해야 합니다. 더불어 불법촬영물을 모니터링하고 그것의 유통을 막아야만 하고요.

하지만 여성단체들에 따르면, '위디스크'나 '파일노리'처럼 불법촬영물이 주요 수익원 중 하나였던 웹하드사가 한편으로는 불법촬영물을 올리는 헤비업로더들을 관리하거나 직접 불법촬영물을 올리고, 다른 한편으로는 업로드와 검색을 제한하는 필터링 업체와의 거래를 통해 이를 방치하거나 은폐한 정황이 발견되었습니다. 동시에 불법촬영물 삭제를 요구하는 여성 피해자들을 웹하드사('위디스크', '파일노리') 혹은 필터링 업체와 연결된 디지털 장의사에게 직간접적으로 유도한 정황도 포착되었습니다.

이것은 무엇을 의미할까요? 불법촬영물을 삭제하고자 하는 여성들이 디지털 장의사에게 지불하는 비용은 월 200만, 300만 원에 달합니다. 웹하드사와 필터링 업체가 불법촬영물 업로드와 유포를 방관하고 자신들과 연결된 디지털 장의사를 통해 여성들에게 돈을 받고 불법촬영물을 삭제해 주었다는 것은, 여성을 제외한 모든 이들이 디지털 성폭력을 통해 돈을 벌었음을 의미합니다. 업로더, 웹하드 사업자, 필터링 업체, 디지털 장의사 모두 여성의 섹슈얼리티를 착취해 경제적 이득을 챙겼습니다. 불법촬영물을 소비하면서 디지털 성폭력에 참여한 이들은 재미와 쾌락을 얻었죠.

양진호 한국미래기술 회장을 통해 드러난 웹하드 카르텔 구조

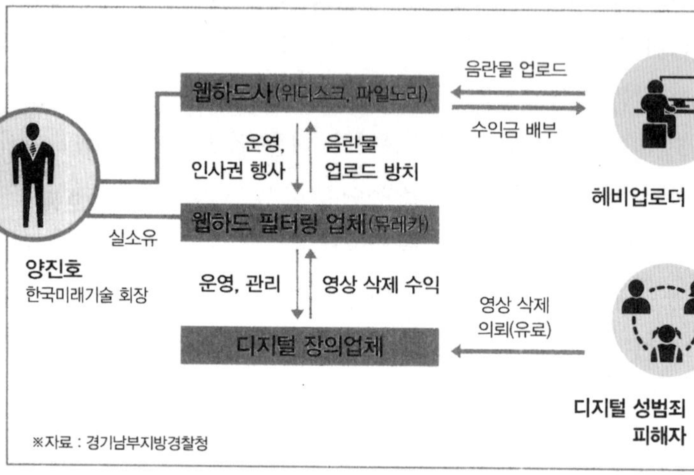

2018년 여성단체들의 추적과 고발, 경찰의 수사 속에 헤비업로더, 웹하드 사업자, 필터링 업체, 디지털 장의사 간의 유착과 담합으로 이루어진 웹하드 카르텔의 실체가 드러났다.
※자료 : 연합뉴스, "양진호 카르텔 구조"(2018.11.16.), https://www.yna.co.kr/view/GYH20181116000200044

수많은 여성이 디지털 성폭력의 피해자가 되지 않을까 불안해하는 가운데, 웹하드 카르텔은 지금껏 남성들의 이득과 쾌락을 보장하는 구조로 공고하게 유지되어 왔습니다.

(2) 난 너의 '야동'이 아니야

우리 사회 곳곳에 만연한 디지털 성폭력은 그동안 음란물, 포르노그래피, 몰카, 도촬, 야동, 리벤지 포르노 등으로 불려왔습니다. 이렇게 많은 이름에도 불구하고 오랫동안 제대로 된 이름이 없었다는 것이 우리의 현실입니다. 이 이름들은 하나같이 문제적이거든요.

먼저 '음란물'이라는 용어를 살펴볼까요. 디지털 성폭력을 음란물이라고 부르는 데에는 법률이 커다란 영향을 미쳤습니다. 현재 한국에서 성적 표현을 처벌하는 법적 근거는 음란obscenity입니다. 법원에 따르면 음란은 "사회통념상 일반 보통인의 성욕을 자극하여 성적 흥분을 유발하고 정상적인 성적 수치심을 해하여 성적 도의관념에 반"하는 것입니다(대법원 2006.4.28. 선고 2003도4128). 즉, 음란물은 성적 쾌락에만 호소해 흥분이나 수치심을 자극하고 바람직한 성윤리에 반하는 것을 의미합니다. 이와 달리 포르노그래피는 성윤리 위반과 무관하게 성적 흥분을 불러일으키기 위해 계획된 에로틱한 행위에 대한 묘사, 성기나 성행위의 노골적 묘사를 의미합니다. '야한 동영상'의 줄임말이기도 한 '야동' 역시 이와 유사한 의미를 갖고 있습니다.

문제는 불법촬영물을 '음란물', '포르노', '야동'과 같은 이름으로 지칭할 때 피해자인 여성의 행위와 삶을 음란한 것으로 명명하게 된다는 것입니다. 또한 음란함의 책임을 불법촬영을 하고 촬영물을 유포하고 소비한 이들이 아니라, 착취의 대상에게로 전가하는 효과를 낳기도 합니다. 어떤 이미지가 음란해지는 것은 단순히 이미지 속의 인물이 야하거나 선정적이어서가 아닙니다. 공공장소에서 동의 없이 여성의 모습을 촬영하거나, SNS 등에 여성들이 올린 사진을 합성하고 변형하는 경우를 생각하면 더더욱 그러합니다. 사진이나 영상이 음란한 것은 그 속에 재현된 여성이 아니라, 이를 생산하고 유통하며 소비하는 이들 때문입니다. 대체 누가 음란한 사람일까요? 동의 없는 촬영과 유포의 피해자가 아니라 그것을 찍고 보는 이들이 음란한 것 아닐까요? 따라서 '음란물', '포르노', '야동'은 저절한 이름이 아닙니다.

최근까지도 흔히 쓰는 '몰카', '도촬', '리벤지 포르노'라는 명칭 역시 한계가 있습니다. 무엇보다 '몰카', '도촬'과 같은 용어는 그것을 범죄라기보다 장난이나 재미를 위한 일탈적 행위로 인식하게 합니다. '리벤지 포르노'는 여성의 이별 통보를 잘못된 행위로, 남성의 동영상 유포를 정당한 복수로 포장할 수 있고, 여성의 피해를 포르노라고 부른다는 점에서 문제가 있습니다. 또한 이 용어는 남성들이 복수심에 불타 앙심을 품고 여성의 평판을 훼손하기 위해 성관계를 찍은 촬영물을 유포할 뿐 아니라 여성을 마음대로 통제하기 위해 혹은 그저 재미와 오락으로 그렇게 한다는 현실 역시 포착하지 못합니다. 그렇다면 현재 쓰이고 있는 '불법촬영'과 '디지털 성폭력'이라는 용어는 어떻게 만들어지게 된 것일까요?

여성의 몸을 동의 없이 촬영하고 그 촬영물을 유포, 소비하는 것이 범죄행위라는 주장이 적극적으로 제기된 것은 2015년 메갈리아의 활동과 함께였습니다. 이들은 그런 범죄가 만연한 원인으로 소라넷을 지목하고, 불법촬영 근절과 소라넷 폐쇄를 위한 프로젝트를 시작했습니다. 메갈리아의 소라넷 폐쇄운동, 술에 취한 여성들을 대상으로 한 소라넷의 강간 모의를 집중적으로 취재한 SBS <그것이 알고 싶다>의 방영, 이로 인해 높아진 사회적 관심 속에서 소라넷은 2016년 폐쇄되었습니다.

이와 함께 온라인에서 남성들이 동의 없이 촬영, 유포된 이미지를 소비하는 방식이 그 자체로 여성에 대한 비하와 조롱, 모욕과 혐오의 형태를 취한다는 주장도 제기되었습니다. 문제는 타인의 몸과 성행위를 보는 것이 남성들 사이에서 재미있는 놀이로 여겨지고, 그 재미가 매우 문제적인 방식으로 획득되는 데 있다는 것이 당시의 비판이었습니다.

이는 앞서 살펴본 디지털 성폭력의 유형에서도 확인할 수 있습니다. 화장실과 탈의실에서의 모습처럼 타인에게 보이고 싶지 않은 장면을 까발려 창피를 주거나 조롱합니다. 그저 걷고 있거나 서 있는 여성을 동의 없이 촬영해 이들을 하나의 인격이 아니라 다리, 엉덩이, 가슴으로만 취급합니다. 여성과 함께 남성도 등장하는 성관계 장면을 촬영하거나 유포하면서 여성만을 문란하다는 이유로 비난하죠. 여성의 얼굴을 나체 사진과 합성하거나 얼굴 표정을 변형하고 허위정보를 유포하면서 벌 받아 마땅한 여성들을 단죄함으로써 정의를 실현한다고 생각하기도 합니다. 자신들이 여성을 '음란한' 대상으로 만들어 놓고, 다시금 여성들이 음란하다며 욕하고 재미를 얻습니다.

이때 여성들은 자신의 행동이나 의지와 무관하게 오로지 남성의 재미를 위해 언제 어디서든 열어볼 수 있는 사진이나 동영상으로 박제되고, 자기 몸에 대한 통제력을 상실합니다. 몸이 성적 이미지로 박제되고, 그 같은 이미지가 끊임없이 온라인에 게시되는 가운데 여성은 무엇을 하건 음란하고 문란한 존재를 벗어나지 못합니다. 따라서 이는 젠더 폭력이자 성폭력입니다.

성폭력은 흔히 타인에게 성적 위해와 침해를 끼치는 행동으로 이해됩니다. 하지만 이것은 협소한 이해 방식입니다. 페미니스트들은 여성이 경험하는 성적 폭력과 침해가 남성의 성적 충동 때문이 아니라, 여성과 남성에게 강제되는 성역할 규범과 그것의 작동방식인 '젠더' 때문이라고 주장해 왔습니다. 그리고 이를 '젠더 폭력'이라고 부릅니다. 예를 들어 남성의 성적 충동은 때때로 통제가 불가능하므로, 여성은 남성의 욕구를 부추기지 않도록 조심해야 한다는 믿음이 성폭력을 야기한다는 것입니다. 또한 성폭력은 피해자가 자초한 문제이기도 하며, 삶에서 중요한 것을 상실한 피해자가 고통과 수치심에서 빠져나오기 어려울 것이라는 생각은 피해자가 침묵하도록 해 문제를 은폐합니다. 남성과 여성에게 각기 다르게 강제되는 성적 이중규범이 바로 성폭력의 중요한 원인으로, 성폭력은 젠더 폭력의 하나라고 할 수 있습니다.

디지털 성폭력도 마찬가지입니다. 디지털 성폭력은 여성을 성적 존재로만 여기면서도, 여성이 성적 존재인 것이 문제라며 욕하는 방식으로 이루어집니다. 남성들은 정숙한 여성을 찬양하면서도 그들 스스로 여성을 문란한 존재로 격하시킵니다. 남성의 성경험이나 성행위가 아니라 여성의 성경험이나 성행위만을 비난하면서, 피해자가 불쾌감과 더불어 수치심을 느끼도록 합니다. 또한 '피해를 자초했다', '여성도 즐겼다', '당해도 싸다'와 같은 말들 속에서 폭력의 책임을 피해자에게 전가하고 피해자가 입을 닫게 만듭니다.

그 결과 성적 평판, 촬영물 유포 혹은 유포 협박으로 여성을 통제하는 것이 가능해지고, 정숙 / 문란이라는 틀 내에서만 여성의 가치가 평가됩니다. 반면 남성은 함께 즐길 수 있는 이미지를 제공하고 놀이에 참여함으로써 남성들 사이에서 배제되는 것이 아니라 인정받습니다. 이는 기존의 성적 이중규범을 활용하는 동시에 강화하는 효과를 발휘합니다. 성행위를 하는 혹은 성적으로 자유로운 여성은 문제이며 비난받아 마땅하다는 생각을 지속시키는 것이죠. 따라서 이는 젠더 폭력이라 할 수 있습니다.

(3) 공포와 불안에서 분노로

2015년 이후 현실을 비판하는 움직임이 거세지면서 새로운 이름이 생겨났습니다. 첫 번째는 '불법촬영'입니다. 앞서 몰카, 도촬, 야동, 리벤지 포르노 등의 용어가 지닌 문제점을 설명했습니다. 기존의 용어가 적절하지 않다는 지적이 계속되자 2017년 9월, 정부는 디지털 성폭력을 방지하기 위한 종합대책을 발표하는 한편 동의 없는 촬영이 법률을 위반하는 범죄행위라는 것을 드러내기 위해 '불법촬영'이라는 용어를 사용하겠다는 뜻을 밝혔습니다.64) 우리에게 불법촬영이라는 새로운 용어가 생긴 것이지요.

또한 공공장소에서의 불법촬영, 성행위의 동의 없는 촬영과 유포, 이미지의 합성 및 변형과 같은 행위를 지칭하기 위해 '디지털 성폭력', '사이버 성폭력', '온라인 성폭력', '디지털 성범죄'라는 용어를 사용하기 시작했습니다. 다소 간의 차이는 있지만 이 용어는 '일탈적인 남성'이나 '정숙하지 못한 여성'과 같은 개인이 아니라 남성과 여성에게 상이하게 부여된 성역할과 권력을 문제 삼고 이를 젠더 폭력의 맥락 위에 놓습니다. 또한 불법촬영이 이루어지는 스마트폰이나 변형 카메라 같은 디지털 기기, 불법촬영물의 유포와 소비가 이루어지는 온라인 네트워크, 해당 행위의 범죄성을 강조합니다. 이 글에서는 컴퓨터와 스마트폰 같은 디지털 기기를 이용해 불법촬영, 유포, 소비가 이루어지는 상황을 강조하기 위해 '디지털 성폭력'이라는 용어를 사용했습니다.

용어의 변화는 지적이고 정치적인 집단행동의 결과입니다. 그동안 지체되어 왔던 디지털 성폭력에 대한 사회적 인식을 변화시키는 데 커다란 기여를 했죠. 하지만 그동안의 크나큰 변화에도 불구하고 남성, 공권력, 우리 사회의 인식은 여전히 갈 길이 멉니다.

김소라, 「디지털 성폭력은 어떻게 남성들의 놀이이자 거대한 산업이 되었나」, 이나영, 『모두를 위한 성폭력 공부』, 프로젝트P, 2020, 252~284쪽.

3) 남자들만 모르는 성폭력

"그냥 농담이야!"

*Konstantin Stanislavskii, 1863~1938, 러시아의 연출가이자 배우.

휴……
짜증 나.
배고파 죽겠어.
그럼 날 먹을래?
시몽, 이제 그만 좀 해!!
난 남자 친구가 있단 말이야!
하지만 클로에, 나도 남자 친구가 있어.

"그저 입장 바꿔 생각해보면 좋겠어."

토마 마티외, 맹슬기 옮김, 『악어 프로젝트』, 푸른지식, 2016, 16~17, 19쪽.

4) 성폭력 폭로 이후의 새로운 문제, 피해자화를 넘어

(1) 피해자화라는 문제

정희진은 성폭력 피해 여성들이 말하지 않으려고 하거나 말하기를 두려워하는 것이 아니라 "어떻게 말해야 할지 모른다."라고 쓴 바 있다. 언어가 없다는 것이다.[65] 한국 사회는 여성의 피해와 고통의 심각성을 인정하거나 공감하지는 않으면서 여성을 피해자로 만드는 데는 익숙하다. 피해자학에서 말하는 피해자화victimization란 보통 일정한 원인에서 범죄에 이르는 일련의 과정을 의미하는 범죄화criminalization에 대응하는 개념[66]으로서, 피해 발생에 이르게 된 일련의 과정을 추적하기 위해 만들어진 개념이다. 피해자학 자체가 여성 범죄 피해자들이 사법 시스템 속에서 겪는 문제에 대한 관심에서 출발하고 있는데, 그중에서도 '여성의 피해자화' 문제는 세 가지 차원으로 전개된다.

첫째, '여성의 피해자화'는 전형적인 피해자 책임론이다. 여성이 강간을 당했다면 그럴 만한 원인을 제공한 책임도 있다는 것이다. 밤늦게 돌아다녔는가, 술을 마셨는가, 옷차림이 어땠는가, 성적 농담을 즐기는가, 위험한 곳에 부주의하게 들어갔는가 등등. 이러한 피해자 책임론은 이중 기준과 문화적 압력을 넘어 범죄 여부에 대한 사법부의 판결까지 좌우한다. 1989년 미국 플로리다주에서 일어난 스티븐 로드Steven Lord 사건의 경우, 가해자가 강간 사실을 시인했는데도 피해자가 미니스커트를 입고 그 안에 속옷을 챙겨 입지 않았다는 이유로 법원은 무죄를 판결했다.[67] 피해자의 옷차림에 책임이 있다는 시각은 지금도 지속되고 있다. 2011년 캐나다 토론토 경찰은 대학생을 대상으로 성폭력 예방 교육을 하면서 성폭력을 당하지 않으려면 '창녀slut'처럼 입지 말아야 한다고 말했다. 이에 격분한 여성들은 피해자에게 강간의 책임을 묻는 문화에 집단적으로 저항하며 '슬럿 워크slut walk' 시위를 열었다. 이 시위는 한국을 포함해 전 세계 30여 개국에서 2011년부터 3~4년간 열렸는데, 시위에서 참여자들이 가장 많이 외친 구호는 "내 옷차림은 내 마음"이며, "성범죄의 책임은 가해자"라는 내용이었다.

둘째, '여성의 피해자화'는 피해자다움을 강요하는 문제로 이어진다. 그 일이 정말 피해였다면 고통스러울 것이 분명한데 당신은 어째서 충분히 고통스러워 보이지 않는가, 다음 날 멀쩡하게 학교를 갔고 출근을 했으며 친구들과 식사를 했다고 하는데 진짜 피해자가 맞는가? … 이런 질문들, 익숙하지 않은가? 피해를 주장하기 위해서는 충분히 피해자다울 것이 요구된다. 여기에서 말하는 피해자다움이란 고통 받고 있음을 끊임없이 호소할 것, 결코 행복해지지 말 것, 수동적이고 무기력한 존재라는 점을 드러낼 것을 포함한다. 내가 만난 집단 성폭력 피해자인 희은(가명 , 17세)은 "재가 걔야"라는 식의 '뒷담화'는 그래도 예상한 것이지만, 웃고 있는 자신의 옆을 슥 지나가며 '그런 일이 있고도 웃음이 나오느냐'는 식으로 수군거리는 건 정말 견디기 어려웠다고 한다. 결국 전학을 가기로 결정한 희은은 "제가 잘못한 거 아니니까 그게 창피해서가 아니고요, 제가 웃고 떠들 때마다 사람들이 쳐다보는 게 힘들어서 그래요."라고 말했다. 객관성과 합리성을 담보해야 하는 법관들조차 사건이 일어난 직후에 바로 증거를 수집하고 경찰에 신고하고 병원에 찾아간 피해자의 행동을 "너무 합리적"이라는 이유로 "피해자답지 않다."라고 의심한다. '여성의 피해자화'는 성폭력을 여성이 자신의 욕망을 제대로 통제하지 못한 결과 위험 상황에 자신의 몸을 노출한 (당사자 자신의) '부주의' 문제로 만들어버린다.

셋째, 피해자화의 또 다른 문제는 저항할 수 있는 집단적인 힘을 상실케 하는 데 있다. 여성의 몸에 대해 남성 중심 사회가 부여한 구조적 제약을 수용하며 스스로 보수적인 편이라고 말하는 여성들은 강간 피해에 일상적으로 노출되어 있는 여성의 몸을 보호하기 위해서는 (여성 스스로와 남성의) 욕망이라는 위험을 제거해야 한다고 생각한다. 문제는 이들이 때로 가장 적극적으로 피해자 비난에 합세한다는 점이다.

(2) 피해자는 과거에, 가해자는 미래에

법정에서는 피해자의 고통을 강조하며 "영혼의 살해", "씻을 수 없는 상처"라는 말로 가해 행위의 유해성을 강조한다. 성폭력 피해 경험은 종종 평생 잊기 어려운 후유증을 남긴다. 특히 아동 성폭력의 경우 더욱 심각한 후유증을 남기는 것으로 알려졌다. 그러나 후유증에 대한 강조가 '여성과 아동의 피해자화'라는 사회적 태도와 만나게 되면, 또 다른 문제가 발생한다.

피해자는 자신의 감정과 상처가 피해자다운지에 대해 계속 살핀다. '영혼이 살해'된 사람은 과연 남은 인생을 어떻게 살아가야 하는가. '씻을 수 없는 상처'라는데 왜 나는 괜찮은가. 괜찮아도 되는가. 나는 피해자가 맞는가. 이런 의심 말이다. 이렇게 피해자의 '고통'에 집중하는 것은 다시 피해자를 과거의 사건 바로 그 순간에 살도록 만든다. 피해자의 미래는 이미 기대할 수 없는 것으로 취급된다.

반면 가해자는 사건은 이미 과거에 일어났으며 자신에게는 미래가 있다고 주장한다. 가해자의 말은 변호사에 의해 가해자가 초범이고, 사회적으로 명망이 있거나 촉망받는 미래의 인재라는 방식으로 인용된다. 법관들은 가해자의 미래를 판결에서 고려해야 할 중요한 요소로 취급한다. 그 결과 피해자는 과거에, 가해자는 미래에 있게 된다. 성폭력이 어떤 사회적 해악을 만드는지에 대해서는 수많은 목록을 이야기할 수 있지만, 나는 개인적으로 이 점이 가장 부정의하다고 생각한다.

피해자가 얼마나 고통스러웠는지를 증언하는 일은 고통을 경쟁하고 증명하라는 함정에 빠지게 되고, 그 결과 고통 자체가 정체성이 되기도 한다. 여성은 모두 잠재적 피해자라는 식의 말을 통해 여성들에게 피해 경험의 공통성을 강조하기 때문이다. 이때 여성의 몸은 그 자체로 선피해pre-victim의 준거지가 된다. 피해를 경험한 몸은 '손상된 물건'으로서 공간화된다. 이때 개별 여성의 몸에서 경험되는 피해는 개인이 감당해야 하는 문제가 되지만, 피해를 당한 여성의 몸 자체가 집단의 서사적 기억 속에 각인되기도 한다. 최혜영은 "여성의 몸은 정치적 '우리'의 형성을 돕는 스펙타클이며, (…중략…) 이때의 시각은 당연히 남성적이며 여성은 대상화·공간화"된다고 설명한다.[68] 여성의 몸의 경험은 정치 공동체가 공유하는 초역사적이고 반복적인 기억이 되지만, 시간 - 서사-역사를 가지지 못한 개별 여성들은 피해자의 자리를 두고 경쟁하게 된다.

이런 피해자화의 해악은 너무도 커서 집단적 말하기의 힘을 부수고 개별 피해자들의 고통 경쟁으로 손쉽게 변질되곤 한다. 가부장적 규범과 강간 문화를 통해 가해 중심적 사유가 굳어져 있는 사회에서 개인의 저항은 대부분 실패한다. 개인이 관행이나 인습을 바꿀 수는 없기 때문이다. 오직 집단이 전체적으로 행동해야 가능한 부분이 있다.

하지만 고통 경쟁의 방식은 피해자들의 연대를 불가능하게 한다. 몇 해 전에는 자신을 아동 성폭력 피해 생존자라고 소개한 사람이 조직 내 성희롱 문제를 제기한 다른 피해자에게 '당신의 그 문제 제기가 자신의 고통을 사소하게 만든다'는 글을 모 진보 매체에 싣기도 했다. 이러한 고통 경쟁은 성폭력 문제의 초점을 사회적인 문제가 아니라 개별 피해의 고통으로 되돌린다. 물론 그것은 그것대로 의미가 있는 일이다. 개별 피해의 고통이 제대로 들려지지도 않은 상태에서 사회적인 문제 운운하는 운동과 이론이 피해자를 도구화한다는 비판이 있기도 할뿐더러, "모든 슬픔은 그것이 이야기로 만들어진다면 견딜 만한 것"[69]이 되니까 말이다.

특히 트라우마를 야기한 사건의 경우 이야기로 만들어지지 않고서는 시간이 흐르지 않는다. 이야기되어야만 비로소 경험에 시공간이 부여되고, 경험이 해석될 수 있는 지점site이 만들어지고, 시간이 흐르게 된다. 하지만 이야기로 만들어질 수 없는 파편, 말이 되지 못한 기억, 육체 기관들의 심리적 상태가 자아에 통합되지 않고 불거지는 증상은 어떻게 할 것인가? 사법기관에서 거절당하고, 사회에 낙인찍힌 경험은 어떻게 말해질 수 있는가?

권김현영, 「성폭력 폭로 이후의 새로운 문제, 피해자화를 넘어」,
김은실 엮음, 『더 나은 논쟁을 할 권리』, 휴머니스트, 2019, 38~43쪽.

5) 귀요미: 고양이 발톱

신자유주의 시대, 보수적인 여성을 흉내내는 네오 팜므 파탈의 한 형태가 귀요미들이다. 여성의 귀염떨기는 위협적으로 보이지 않는다. 생존이 관건인 시대에 이르러 여성은 무엇보다 위협적으로 보이지 않아야 한다. 귀요미는 연약하고 보호해주고 싶은 대상으로 자신을 연출한다. 작고 부드러운 44사이즈의 연약한 존재들은 위협적으로 보이지 않는다.[70)]

국민여동생으로서 아이유는 '삼촌팬'들의 지극한 사랑을 받는다. 보호해주고 싶고 사랑해주고 싶은 소녀의 이미지이기 때문이다. 귀요미는 자신의 공격성, 주체성을 최소화하여 연출함으로써 남성의 보호욕망을 자극한다. 절대적으로 무기력한 약자는 공격성보다 보호본능을 자극하기 때문이다. 그처럼 연약하고 앙증맞은 귀요미는 팜므 파탈과는 동떨어진 여성의 모습처럼 보이지만, 신자유주의 시대의 팜므 파탈의 일종이라고 볼 수 있다. 그들은 귀여운 척하다가 어느 순간 앙큼한 발톱을 드러내어 할퀸다. 귀요미로서 아이유는 <Chat-Shire>를 발매하면서 앙큼한 발톱을 드러냈다. 4집에 실린 <제제Zeze>는 롤리타 이미지로 소비되던 아이유를 단숨에 소아성애자[71)]로 만들어버린다. 아이유는 귀요미 롤리타의 전략으로 대중문화시장에서 살아남았지만, 제제를 통해 감춰둔 자기 목소리를 드러내고 있다. '나를 순진한 국민여동생에 묶어놓고 삼촌팬들은 환호하겠지만 난 그렇지 않아. 나를 똑바로 봐. 순진한 듯, 어린아이처럼 투명한 듯해도 나는 어딘가는 교활하고 '더러워'서 삼촌팬들이 보고 싶은 것만을 보여주지는 않겠어'라고 선언하는 것처럼 보인다. 그녀는 애써 감췄던 고양이 발톱을 드러낸다. 남성들의 욕망이 규정한 방식을 넘어서 그들의 기대에 충격을 가한다. 순수하고 귀여운 아이유가 비천하고 유혹적인 시선으로 자기 욕망을 말하는 순간 젠더 무의식은 드러난다. '삼촌팬'들의 순결한 소녀에 대한 숭배는 혐오로 드러난다.

33사이즈, 긴 팔다리, 긴 생머리, 인형 같은 몸매의 아이유는 품어주고 싶은 보호본능을 자극한다. 여자들이 자기 몸피를 축소하고 가늘고 길게 보철화하는 데 올인하는 것 또한 전통적인 유혹의 전략이다. 목숨 걸고 다이어트 하는 것 또한 목숨을 유지하려는 아이러니에서 비롯된다. 무력하고 예쁘고 고분고분한 존재는 연민과 동정심을 불러일으킨다. 통상적으로 귀여운 존재는 여자, 소녀, 아이, 타자, 순수한 백치들이다. 아이들의 언어가 귀엽게 여겨지는 것은 혀 짧은 소리로 재잘거리기twittering 때문이다. 사랑받고자 할 때면, 곰 같은 여자라도 갑자기 혀 짧은 소리로 여우처럼 애교를 부린다. 하지만 귀요미는 귀여워해주는 주체의 감정 변화와 시혜에 의존한다. 귀엽다는 것은 대상화되었다는 것과 다르지 않다. 주체가 귀요미에게 느끼는 애정과 사랑은 이중적이다. 귀요미의 수동성/취약성은 주체의 가학적 욕망 또한 자극한다. 주체는 자신이 통제하고 조종할 수 있다고 믿기 때문에 귀요미를 귀여워해 줄 수 있다. 하지만 귀요미는 '장난감을 갖고서 그것을 바라보고 얼싸안고 기어이 부셔버리는 아이'들의 장난감처럼, 언제든지 파괴되거나 버림받기도 한다. 귀여운 것을 보면 깨물어 주고 싶다는 것은 일종의 파괴적인 충동이다. 아이유의 사태에서 보다시피, 귀요미는 상대방에게 보호와 배려뿐만 아니라 공격성과 파괴충동을 불러일으키기 때문이다.

귀염과 재롱으로 생존을 보장받는 여성의 지위는 불안정하다. 그렇기 때문에 귀요미는 가끔씩 발톱을 드러내고 날카로운 각을 세운다. 귀엽다는 영어의 형용사 큐트cute 앞에 접두사인 a가 붙어서 아큐트a/cute가 되면, 후벼파는 날카로운 날이 있다는 뜻이 된다. 이처럼 상반된 의미가 이 단어에 공존한다. 귀여운 대상은 무기력하고 의존적으로 보이지만 동시에 수동적 공격성을 발휘하기도 한다. 이 역설적인 이중성paradoxical doubleness이 귀요미에게 내포된 속성이다.[72)]

귀요미들의 보수화는 그들 나름의 생존 전략이다. 속물화된 시대[73)]에 비굴과 남루를 전시하는 것쯤은 대수롭잖은 일이다. 남자의 명예, 여자의 품위와 같은 가치는 사라졌다. 상황에 따라 안면을 바꾸도록 요구하는 시대다. 그런 편집분열증적인 인격이 심지어 매력으로 간주된다. 보드리야르Jean Baudrillard가 말했다시피 여성적인 유혹전략으로 얼마든지 얻어낼 수 있는 것을 왜 여성들이 피터지게 싸워서 얻어내려고 하겠는가.

카와이 미학의 대표자라고 할 수 있는 다카시 무라카미Takashi Murakami가 디자인한 루이뷔통 명품백[74)]을 걸치고 남성의 페티시가 됨으로써, 신자유주의 시대 남성의 불안을 막아주는 베일로 기능하고자 하는 것이 귀요미의 정치다. 귀염떨기의 끝에 가끔씩 고양이 발톱을 드러내고 귀염의 가면을 찢고 공격성을 드러내기도 한다. 하지만 소비하고, 소비하고, 소비하라는 지상명령에 따르는 귀요미들은 서로의 틈새와 상처를 보지 못하거나 혹은 보고도 못 본 척한다. 어떤 대상과도 무한히 교환될 수 있는 외설적인 시대에 귀요미들은 섬처럼 외롭다. 소비하고 소비하더라도 자기 존재의 구멍은 채워지지 않으므로, 여성 스스로가 보철화된 물신이 되어 서로의 상처를 보지 않으려고 덮어주고 막아버리는 것, 그것이 신자유주의 시대의 귀요미의 젠더정치처럼 보인다.

임옥희, 『젠더 감정 정치』, 여이연, 2016, 59~62쪽.

6) 성매매 법이 차마 부를 수 없는 이름

(1) 성매매의 아픈 본질

① 성은 사고팔 수 없다

성매매의 권리를 주장하는 시각은 '내 몸은 나의 것'이니 판매도 내 자유라는 인식에 기초해 있다. 이는 사회 전반에 걸쳐 거래 가능한 상품성이 무서운 속도로 우리가 우리 스스로와 맺는 관계를 변형시키고 잠식해 온 데 기인한다.75) "상품이 될 수 없고, 반드시 공유되어야 하며 시장 밖에 있어야 한다고 생각되던 것들이 새로운 소유권 체제에서 사유물로 변하고"76) 있으며, 에바 일루즈Eva Illouz의 지적대로, 자본주의는 친밀성 등 감정을 상품화하고 있는데77) 성 역시 예외가 아닌 것이다.

그런데 '내 몸은 나의 것'의 진정한 의미는 몸에 대한 소유를 주장하는 것이 아니라 인격체person에 있어서의 온전한 권리와 소유를 주장하는 것이며, 그 소유는 대상으로서가 아니라 일련의 관계로서 인격을 보는 관점이다.78) 요컨대 몸과 나 자신의 통합성integrity이 존중되어야 한다는 의미이다. 그런 측면에서 보자면, 통합적인 인격의 핵심을 이루는 성을 인격 자체에서 분리시켜 팔 수 있다고는 할 수 없다.

또한 설령 자신의 몸을 재산으로 본다 하더라도 그것을 팔지 여부에 대한 권리가 자동적으로 부여되는 것은 아니다.79) 성은 철학적으로나 정책적으로나 "돈으로 살 수 없는 것"80)으로 매김될 수 있다. 어차피, 이미 대부분의 노동과 서비스는 공공연히 판매되고 있으며 성, 친밀한 바디 서비스intimate bodily services81)도 그 중 하나일 뿐이라고 체념할 수도 있겠지만, 섹슈얼리티의 독특성과 그것이 인격에서 갖는 중요성을 고려할 때 성관계의 상품화를 저지하고자 하는 노력은 여전히 의미 있으며 정당하다.

② 불평등하의 자발성은 비자발성이다

누군가 신체의 일부 또는 몸의 서비스를 팔고 또 다른 이는 그것을 산다면 불평등과 불균형asymmetry이 그 이유이자 결과이다.82) 구조 자체가 부조리하고 부당한 이상, 성을 팔겠다는 이의 자발성은 기본적으로 비자발적인 것과 다를 바 없다. 또한 배경인 구조를 통과해서 내려진 개인의 최종적인 결정은 스스로의 책임이며 그 결정 자체는 존중할 수밖에 없다 하더라도 자발성의 정도degree는 여전히 세심하게 따져야 할 문제이다. 아울러, 설령 당사자가 정말로 원해서 파는 것이라고 결론내리는 경우라도, 기본적인 인간존엄과 인권에 입각해 타인을 수단으로 대해서는 안 된다는 원칙은 통과해야 하는데,83) 성매매는 그렇지 못하다.

(2) 성매매가 저버리는 것들

① 교환체계를 넘어서는 특이성으로서의 섹슈얼리티

인간은 성적 존재sexuate being(Drucilla Cornell)이기에, 섹슈얼리티는 각자의 고유한 존재성과 인격의 핵심적인 원천이다. 또한 복수의 서로 다른 인간은 어떤 일정한 기준에 의해서 측정될 수 없고 평가될 수 없으며 무조건적이며 서로 비교될 수도 없는 특이한singular 존재들이다(Derrida; Jean-Luc Nancy).[84] 요컨대 섹슈얼리티는 독특한 나 자체라고 할 수 있으며, 특이성은 교환체계에 속하지 않으므로(Bataille; Derrida) 특이성으로서의 성은 결코 매매의 대상이 될 수 없는데 성매매는 이를 저버린다.

② 무한히 깊은 관계로서의 섹슈얼리티

아울러 독특한 개인성은 무한하므로 섹슈얼리티 역시 가늠되지 않고 무한하다. 설령 누군가 성 판매를 원하는 상황이라고 해서 그것을 구입함으로써 미래로 열린 무한한 관계일 수도 있을 타인의 섹슈얼리티를 현존presence에 묶어둘 수는 없는 노릇이다. 우리 모두가 줄리아 크리스테바Julia Kristeva가 말한 "과정중의 주체Le sujet en procès"인 것이고 그렇다면 구성중인 주체를 기다리고 배려하는 것은 어찌 보면 당연하다.

또한 그 섹슈얼리티가 깊이depth를 담보할 수 있도록 하는 것 역시 모두가 욕심낼 만한 일이며, 모두가 그럴 자격이 있다. 개성이 힘과 깊이를 얻고 이성이 자유를 많이 가질수록 인간은 세계를 더욱 깊이 파악하고 더 많은, 이전과 다른 관계의 양식을 창조할 수 있거니와,[85] 특히 나/너, 남/녀 등 대립적인 것으로[86] 흔히 설정되는 우리의 몸과 성은 실은 깊이에 민감하고 깊이를 필요로 하는데,[87] 이 점에서도 성매매는 소중한 것을 저버린다.

③ 취약한 존재들의 정의로운 공존

살아있는 존재는 몸으로 살기에lived body 1960년대 여성운동의 슬로건이었던 "우리 몸은 곧 우리 자신이다!"는 늘 유효한 말이다. 그런데 잊지 말아야 할 것은, 체화된 존재embodied beings인 우리는 정도와 관점의 차이는 있지만 모두 취약하다shared vulnerability는 점이다.[88] 그리고 버틀러J. Butler의 말마따나 이렇듯 취약한 인간들이 공존할 수밖에 없기에 자연히 윤리와 정치가 요청된다. 자기임을 추구하지만(conatus: Spinoza) '타자의 것'이라고도 할 수 있는 욕망은 기본적으로 타인과의 관계와 공존을 전제로 하며, 그러므로 윤리적이어야 한다. 푸코M. Foucault가 '자기 배려'라는 표현으로 말한 것처럼, 쾌락의 지배는 동시에 타자에 대한 윤리적 배려를 의미한다. 그런 관계만이 쾌락을 하나의 윤리로 만드는 까닭이다.[89] 성의 영역 역시 마찬가지이다. 기든스A. Giddens가 친밀성의 변동을 얘기하며 '합류적 친밀성'[90]을 현대적인 것으로 제시한 바 있지만 기실 친밀성은 당사자 간의 공감과 존중에서 나아가, 직접적인 당사자 간에서만이 아니라 사회적인 의미에서도 정의로워야 하는데,[91] 성매매는 원천적으로 부당하다.

(3) 성매매 지우기, 성매매 없음을 무한히 요구하기

흔히 성을 파는 것이 인간의 직업 중 가장 오래된 것 중 하나라고들 한다. 그저 존재하는 것으로는 충분치 않아 어쨌든 생존의 대가를 치를 것을 요구받는 이 세상에서, 궁박한 처지에 놓이게 된 사람이 내 놓을 것이라고는 자기 몸밖에 없고, 몸으로 하는 일이 하나같이 열악한 노동조건과 임금인 반면, 사회 이곳저곳에서 제안되는 성매매는 그나마 좀 나아 보이는 상황이라면 능히 그럴 수 있다. 그리고 불행하게도 우리가 아는 대부분의 인간 세상이 그러했다.

그렇다고 해도, 앞으로도 어차피 그렇게 누구는 타인의 성을 사고 또 누군가는 성을 팔면서 살 수밖에 없는 것은 아니다. 같은 상황 속에서 타인의 성을 사지 않은 사람들, 그럴 생각을 하지 않은 사람들, 그럴 수 있다고 상상조차 하지 않은 사람들이 언제나 있었으며 앞으로도 있을 것이다. 마찬가지로, 곤경과 유혹 속에서 성을 매매의 대상으로 내 놓지 않았던 사람들, 성이 사고팔 수 있는 것이라고는 절대로 생각할 수 없는 사람들도 늘 있었으며 앞으로도 있을 것이다. 그렇다면, 인간의 삶에서 성은 늘 관계로서 영위되는 것이지 결코 매매의 대상이 될 수는 없다고 생각하며, 성매매는 바라지도 상상하지도 않는 태도와 그에 부합하는 실천이 구성원 전부는 아니더라도 사회 일반의 것으로 자리 잡는 것 역시 가능하다.

물론, 성매매를 생각조차 않게 된다는 것이 쉬운 일은 아니다. 더욱이 이런저런 이유로 성매매가 있는 세상풍경을 워낙 오래 듣고 보아 온지라 그러한 우리의 생각의 지도에서 성매매가 간단히 지워지지는 않을 것이다. 욕망을 재배치하는 것이 교육이라고 한 가야트리 스피박Gayatri Spivak의 말마따나, 삶의 모든 과정, 모든 공간에서 타인의 성을 수단으로 삼지 않는 태도가 저절로 몸에 배어들게 해야 한다. 그러기 위해서는 아무리 성매매가 익숙해져버린 세상이라 하더라도 도저히 성매매에 고개를 끄덕일 수는 없다는 보통의 사람들의 단호한 말과 행동이 주변에서 좀 더 빈번하게 발견되어야 한다. "어떻게 그럴 수 있지?"라는 무구하고도 고집스런 반문은 사회의 모든 부당한 짓에 대한 자연스러운 반응일진대, 성매매를 두고도 조금씩, 좀 더 많은 사람들이 그와 같이, '있을 수 없는, 있어서는 안 될 일'로 여기고 그리 말하고 그에 따라 행동해야 한다. 그럴 때, 모든 사람들의 가능하거나 실제적인 행동 목록에서 성매매가 동시에 삭제되지는 않는다 해도 우리의 세계에서 성매매는 서서히 '상상조차 할 수 없는 것'이 될 것이다.

마음속에서, 일상의 생활 속에서 성매매가 지워지기 위해서는, 다른 한편으로는, 성매매 없는 섹슈얼리티, 성매매 없는 세상을 지속적으로 만들어가야 한다. 사이먼 크리칠리Simon Critchley의 책 제목 Infinitely Demanding을 빌어 말하면, 성매매 없음을 무한히 요구해야 한다.[92] 자신의 욕구 충족과 권력을 휘두르는 느낌을 위해 타인을 수단화하는 대신, 그래서 실은 자신 역시 너무도 얄팍하게 만들어버리는 대신, 더욱 사회관계적이면서도 자유롭고 해방적인 섹슈얼리티를 당연히 요청하고 더 무구하게 행해야 한다. 누구든 그처럼 깊고 풍성하며 정의로운 성과 관계를 구성하고 누릴 자격이 있으므로 어떤 이의 가능성도 조금도 훼손하지 말고 미래를 존중해야 한다. 타인의 내면의 울림을 보고 몸으로 느꼈다면, 타자와 교류하는 시원적인 기쁨을 알게 됐다면 그 열락jouissance에, 불가능할 정도로 불가사의할 정도로, 충실해야fidelity 한다. 우리가 그리 섹슈얼리티와 쾌락을 호명하고 당연한 것처럼 행한다면, 그것은 예기치 않게 마주쳐서는 스스로 커 나가고 언제나 더 많은 것, 더 다른 것이 되며 그리하여 그렇지 않은 모든 것에 저항할 것이다.[93] 그리고 그 너머로부터, 성매매가 있던 때와는 전혀 다른 인간, 관계, 세상이, 아마도 지극히 소박하고 아름다운 어떤 것이 우리에게 도래할 것이다. 그때 성매매는 그 이름도 그에 대한 관념도 그에 대한 상상도 없어졌을 터, 그를 위해서라도 지금 성매매를 차마 법으로 부르지 못하겠으며 또 그리 부르지 않겠다.

오정진, 「성매매 법이 차마 부를 수 없는 이름」, 『오늘의 문예비평』 2016년 가을호,
책읽는 저녁, 158~164쪽.

3. 혐오를 넘어 연대로

1) '나쁜 페미니스트'의 정치학

시대를 막론하고 세상에 도전한 여성은 '나쁜 페미니스트'였다. 페미니스트라면 '도덕적'이어야 한다고 생각하는 경향이 강하지만, 지금 존경받는 과거의 페미니스트도 당대에는 부도덕하다고 손가락질 당했다. 가부장 체제에 저항하고 사회적 통념을 뒤흔들었기 때문이다. 가부장적 성스러움과 당대의 도덕을 위반했던 페미니스트는 '마녀witch'로 불리며 비난을 받았다.

대표적으로 올랭프 드 구주Olympe de Gouges는 프랑스의 권리선언에 여성이 배제되어 있음을 비판하다 단두대에서 처형되었다. 뜨개질이나 해야 하는 여자가 노예와 여성의 인권, 동거와 이혼의 권리를 외쳤으니 그야말로 '몹쓸' 여자로 여겨진 것이다. 19세기 말 영국에서는 반바지 차림으로 자전거를 타거나 장식 없는 블라우스에 타이를 매고 카페에 앉아 담배를 피우며 토론하는 여성은 천박하다고 비난받았다. 이들은 여성에게 주어진 가정이라는 영역의 경계를 넘어섰기 때문이다. 20세기 사회주의 페미니스트 아그네스 스메들리Agnes Smedley는 피임에 관한 문헌을 배포한 혐의로 형을 살았고, 출산 조절 운동을 했던 여성들은 '불경한' 성 급진주의자로 낙인찍혔다.[94]

페미니스트들은 아예 '나쁜 페미니스트'를 선언하기도 했다. 부정적인 낙인을 긍정적으로 전유하자는 것이었다. 서프러제트suffragette 운동의 기수 에멀라인 팽크허스트Emmeline Pankhurst는 노예가 되느니 차라리 반란자가 되자고 했고, 조 프리먼Jo Freeman은 『드센 년 선언문Bitch Manifesto』(1969)에서 아름답고 자랑스러운 '드센 년'이 되어 이분법적 성별 체제를 변혁하자고 선언했다. 이들은 "남자는 남자답게 여자는 여자답게 행동해야 한다는 게임 규칙"에 저항한다는 이유로 페미니스트들이 욕을 먹어야 한다면 오히려 자랑스럽게 받아들이자고 제안했다.

우리나라도 예외는 아니었다. 1920~1930년대에 집 밖으로 나와 서울 종로 거리를 활보했던 신여성은 '퇴폐적' 여성으로 낙인찍혔고, 서구 문물을 받아들이면서 카페를 이용하는 여학생은 '사치 중독자'로 욕을 먹었다.[95] 호주제 폐지 운동이 점화되었을 때 유생들은 페미니스트를 상고시대부터 내려오는 불문율을 깨는 '부도덕한' 여성으로 매도했고, 최근의 낙태죄 폐지 운동을 두고 사람들은 페미니스트를 자기밖에 모르는 이기적인 여성이라고 비난하기도 했다. 그러나 페미니스트들은 타인의 시선에 연연하지 않았다. 그들은 시대의 규범을 뒤흔들기로 작정했고, 그런 점에서 욕을 먹는 것을 오히려 자랑스러운 일로 여겼기 때문이다.

(1) 희생양이 되기를 거부하다

남성에 비해 형편없는 임금을 받는 여성들은 집에서는 남편의 폭력에, 공장에서는 관리자의 성폭력에 시달리곤 했다. 가정에 유폐된 여성은 교육받지 못하거나, 능력이 있다 해도 제대로 된 지위를 얻지 못했다. 욕망의 주체가 되지 못하고 욕망의 대상으로서만 만족해야 하는 삶, 자신의 목소리로 말할 기회가 없는 삶은 말 그대로 죽은 것이나 다름없었다. 페미니스트는 이러한 문제가 내 탓이 아니라 구조의 문제라고 생각한 여성이었다. 그래서 페미니스트는 이 세상에서 혼자 잘사는 길을 거부하고 여성을 희생양으로 삼는 가부장 젠더 체제에 도전했다.

앨리슨 위어Allison Weir의 표현을 빌리자면, 가부장 체제는 '희생양 논리sacrificial logic'에 기반하고 있다.[96] 희생양의 논리는 하나가 살기 위해서는 다른 하나가 희생할 수밖에 없는 사고방식을 의미한다. 여성은 남성을 위해, 패자는 승자를 위해, 노예는 주인을 위해 희생되어야 한다. 가부장 체제에서 남성은 주체가 되기 위해, 주체의 우월적 지위를 확보하기 위해 여성을 열등한 대상으로 삼는다. 이는 주인이 노예의 노동 없이 주인이 될 수 없는 것과 같은 이치다. 이런 점에서 남성이 주체가 되기 위해 여성을 대상화해서 멸시하는 여성혐오의 구조는 전형적으로 희생양 논리를 전제로 한다.

희생양 논리에 저항하는 나쁜 페미니스트들은 기존의 틀을 그대로 둔 채 그 안에서 자신의 위치를 역전시키는 전략에만 만족하지 않았다. 그것만으로는 모든 여성의 생존을 확보할 수 없었기 때문이다. 물론 패자를 희생양으로 삼아 승자가 생존하는 논리 안에서 여성도 재력과 능력만 있다면 남성처럼 잘 살 수도 있을 것이다. 하지만 그는 살아남기 위해 다른 여성을 희생양으로 삼아야 할지도 모른다. 내가 다른 여성의 노동을 희생으로 삼을 때만 잘 살 수 있는 구조라면, 이 구조 아래서 살아남는 것은 '여성'이 아니라 능력 있는 '나'일 뿐이다.

이런 점에서 페미니스트는 가부장 체제가 자본주의, 신자유주의와 동맹하여 희생양 논리를 강화하고 있음을 비판했다. 가부장적 자본주의 아래서 여성은 육아 및 가사노동의 대가를 받지 못했으며, 여성의 일이라고 간주되는 저임금의 핑크 노동(베이비시터, 요양보호사 등)이나 비정규직 노동 등으로 내몰렸다. 신자유주의 체제는 몇몇 능력 있는 여성을 대표로 내세웠지만, 여성 대부분이 당면하고 있는 경제적 빈곤, 문화적 멸시, 폭력, 정치적 대표 불능을 여성 개인의 무능력으로 치부했다.

구주 같은 자유주의 페미니스트가 여성뿐만 아니라 흑인 노예와 어린이 그리고 노약자의 인권을 생각했던 것은 그들도 희생양의 논리에 따라 배제되었기 때문이다. 래디컬 페미니스트 슐라미스 파이어스톤은 여성차별이 인종차별과 같은 논리에 기반하고 있음을 정확히 분석했다. 또한 그녀는 아이들이 아버지의 소유물로 취급되고 있다는 점에서 결과적으로 같은 희생양 논리에 기반하고 있음을 간파했다. 이후에 페미니즘이 반자본주의, 반인종주의, 성 소수자 운동과 연대한 것은 흑인 노예이자 백인 여성의 가정부, 여공 등으로 착취되는 흑인 여성의 경험이 단순히 여성이라서 겪는 억압만으로는 설명될 수 없었기 때문이다. '나쁜 페미니스트들'은 개인으로서의 '나'의 위치를 넘어 '우리 여성'을 고려하는 방향을 끊임없이 모색했고, 이를 위해 희생양 논리에 따르는 세상과 불화했다.

(2) "도둑맞은 페미니즘"

최근 유리천장 깨뜨리기 담론과 함께 '나쁜 여성'이라는 키워드가 떠오르고 있다. 미국에서 세간의 이목은 페미니즘의 이름으로 정치계와 경제계에서 고위직에 오른 여성들에게 집중되고 있다. 여성으로서 남성의 자리를 차지한 만큼 이들은 온갖 욕을 먹고 있기도 하다. 그렇다면 이들 역시 희생논리에 기반한 가부장 체제를 뒤흔드는, 세상에 저항하는 '나쁜 페미니스트'인가?

나는 이들이 '나쁜 여성'일 수는 있어도 '나쁜 페미니스트'라고 불리기에는 부족하다고 본다. 체제 변혁 없이 남성의 파이를 되찾아오는 데까지만 관심을 두는 '나쁜 여성'은 99 퍼센트의 여성을 위해 세상을 변혁하는 데 관심을 두는[97] '나쁜 페미니스트'의 정치학을 퇴색시킬 위험이 있기 때문이다. 가령 콘돌리자 라이스Condoleezza Rice는 국무장관에 올라 미국의 적극적인 군사개입을 강조하는 데 열을 올렸다. 2008년 미국 대선 당시 공화당 부통령 후보였던 세라 페일린Sarah Palin은 가정과 혼전 순결을 강조하고 낙태를 반대하는 등 모성성을 부각하는 동시에 총기 소지에 찬성했다. 이들은 유리천장을 깨고 고위직에 올랐지만, 여성이 가장 큰 피해자가 되는 전쟁에 저항하기는커녕 적극적으로 공모했다. 페이스북 최고운영책임자 셰릴 샌드버그Sheryl Sandberg는 경력의 사다리 정점에 오른 여성 CEO로서 성차별을 규탄하는 듯 보이지만, 체제의 변화보다 여성의 개인적 선택과 자기계발을 강조한다. 육아와 가사를 남편과 공평하게 분담하는 그녀의 성공 뒤에는 낮은 임금에 돌봄 노동을 하는 이민자여성이 있다.

이들은 가부장 자본주의 체제와 희생양 논리 자체를 변화시키는 데 관심을 두지 않는다. 이들은 남성의 지위를 탈취한 여성이지만, 돌봄 노동자나 비정규직 여성 노동자의 지위를 고민하지는 않는다. 이런 점에서 니나 파워Nina Power[98]는 페미니즘을 도둑맞았다고 통탄했으며, 낸시 프레이저는 이들이 고작 1퍼센트를 위한 페미니즘을 하고 있다고 비판했다. 캐서린 로텐버그Catherine Rottenberg는 기업 CEO나 유명인을 중심으로 퍼져가는 페미니즘 리더 담론을 정의 대신 행복을, 체계의 변화 대신 개인의 자기계발을 강조하여 인적 자본을 최대화하는 신자유주의의 통치술이라고 분석했다.[99]

(3) '나쁜 여성' 말고 '나쁜 페미니스트'가 되자

우리 사회에서도 야망 담론을 중심으로 '나쁜 여성'이 되겠다는 외침이 들려온다. 이들은 여성이 '생존'하기 위해 도덕 따위는 벗어던져야 한다고 강조한다. 몇몇 래디컬 페미니스트는 여성도 얼마든지 부도덕해질 수 있으며, 남성만큼 또는 남성보다 더 잔인해질 수 있다고 말하면서 빼앗긴 파이를 되찾자고 주장한다. 4비 운동과 탈코르셋 운동을 통해 아낀 돈과 시간을 자기계발에 투자하여 전문가로 성공하자고 독려하기도 한다. 일단 살아남는 것이 지상의 과제인 이들에게는 신자유주의적 경쟁의 틀을 바꾼다든지 다른 소수자의 형편을 살피는 것은 사치로 여겨진다. 모든 사회적 소수자를 지지하면서 도덕적이고 정치적인 올바름을 추구하는 것은 오히려 '백인 중산층 여성의 환상'이라고 비판한다. 정치적 올바름은 경력단절을 통해 경제적 위기감을 느껴보지 못한 사람들의 '도덕적 훈계'일 뿐이다.

이들의 불안하고 다급한 목소리는 분명 고위직에 오른 특권층 전문가 집단이나 유명인을 중심으로 부상하는 미국 신자유주의 페미니스트들의 음조와는 다르다. 그러나 이 페미니스트들이 가부장 자본주의와 희생양의 논리를 뒤흔드는 '나쁜' 페미니스트인지, 가부장 체제 안에서 개인의 성공에 매진하는 데 길든 신자유주의 주체인지는 여전히 불분명하다. 불법촬영과 N번방을 규탄할 때 이들은 '우리 여성'을 위해 가부장 체제를 뒤흔드는 나쁜 페미니스트 같지만, 여성의 생존과 노동자, 이민자, 트랜스젠더, 장애인 등 다른 소수자의 생존을 대립시킨 채 후자를 적극적으로 배제할 때는 과연 '우리 여성'을 위한 새로운 체제를 고민하고 있는지 의심스럽다. 개인적으로 열심히 자기계발을 해서 전문가가 되자는 다짐을 주고받을 때는 그냥 신자유주의의 희생양 논리에 길든 나쁜 여성이 되어버리는 것이 아닐까 걱정되기도 한다.

우리의 페미니즘은 어디로 가는가? 나는 우리가 개인적으로 성공한 '나쁜 여성'이 아니라, 세상에 도전하는 '나쁜 페미니스트'가 되길 바란다. 현실적 상황을 고려하지 않은 채 도덕적 올바름만 따지자는 것이 아니다. 희생양의 논리를 비판하는 것은 단순한 도덕이 아니라 '우리 여성'의 생존을 위한 방향이기도 하다. 희생양의 논리를 그대로 둔 채 여성의 빼앗긴 파이를 되찾아오겠다는 전략은 사실상 현재의 경쟁 시스템에서 능력 있는 여성에게만 유리하다. 능력 있는 여성이 먼저 성공하여 다른 여성을 이끌자는 전략도 여성 개인의 윤리에 의존하는 방식이다. '나쁜 페미니스트'는 희생양 논리를 넘어서는 변혁적 세계에 대한 모색을 함께 해야 한다.

이현재, 「'나쁜 페미니스트'의 정치학: '파이' 나누기에서 더 많은 연대로」, 김은실 엮음, 『코로나 시대의 페미니즘』, 휴머니스트, 2020, 145~156쪽.

2) 흑설공주 이야기

동화를 보면 계모는 주로 사악한 인물로 묘사된다.

못된 계모의 전형은 특히 『백설공주』에서 나타난다.

여기서 계모는 백설공주보다 얼굴이 덜 예뻤다는 것에 분노했다는 점, 두 번째는 마법을 쓸 줄 알았다는 점 때문에 악인으로 묘사된 것 같다.

여기서 우리는 백설공주의 계모를 악인으로 몰고 간 두 가지 의미를 유추할 수 있다.

남성의 성적 반응은 시각적 요소에 따라 상당히 좌우되기 때문에 여성의 미추는 남자들에게 더 큰 관심거리였을 것이다. 따라서 한 여성을 미의 등급을 매긴 잣대의 눈금 어딘가에 놓는 일은 아무래도 남성들의 아이디어인 듯 싶다. 여성들 스스로는 서로 경쟁하지 않아도 수천 가지 다양한 유형의 아름다움을 찾아낼 수 있기 때문이다.

또 여성의 영적 능력의 마지막 보루인 마법은 중세 교회의 마녀사냥으로 그 위상이 추락했다.(당시는 기독교 이전 시대 여사제들의 후예인 산파, 간병인, 약초를 재배하는 여성, 카운슬러, 마법사를 마녀로 취급했다.) 따라서 왕비가 마법까지 갖고 있다면 정치적 영향력에 영혼의 권위까지 갖춘 셈이므로 질투심 많은 남성들에게 분명 무시무시한 존재로 비쳐졌을 것이다. 그래서 이 이야기에서는 왕비를 보다 사실에 가까운 인물로 재조명했다.

그리고 항상 대결구도로 나타나는 두 여성의 이야기를 우정으로 바꾸었다.

***

아주 먼 옛날 피부가 눈처럼 하얗고 머릿결은 칠흑같이 검은 흑설공주가 있었다.

흑설공주가 아주 어렸을 때 어머니가 돌아가셨다. 그녀의 아버지는 왕비가 죽은 지 얼마 지나지 않아 유명한 마법사와 재혼을 했다. 새 왕비 역시 매우 아름다웠는데 젊은 공주의 아름다움과는 또 다른 원숙미를 지니고 있었다.

사람들은 흑설공주가 나날이 매력적인 숙녀로 성장하는 모습을 흐뭇하게 지켜보며, 누가 과연 저 공주의 짝이 될까 하고 궁금해 했다. 특히 임금의 신하인 헌터 경은 공주에게 특별한 관심을 보였다. 헌터 경은 야심에 찬 인물이었다. 그는 신분 상승의 꿈을 꾸고 있었으며 흑설공주의 아름다운 외모에 완전히 빠져 있었다. 공주와 결혼한다면 공주의 아름다움과 왕의 권력, 모든 것을 손에 쥐게 될 것이었다. 그는 어떤 수단과 방법을 동원해서라도 공주와 결혼하리라고 맘먹었다. 그는 왕궁의 정원에서 아름다운 꽃을 꺾어 공주에게 보내기도 했고, 형편없는 시들을 보내기도 했다. 헌터 경이 보낸 시는 성공을 갈망하는 내용이 대부분이었다. 왕궁에서 축제가 벌어질 때마다 헌터 경은 공주와 춤출 기회를 엿보며 그녀 주위를 맴돌았다.

그러나 흑설공주는 어떻게든 그를 피하려고 했다. 헌터 경은 늘 품위 있고 매너가 좋은 신사인 척 행동했지만 공주가 그의 속마음을 모를 리 없었다.

흑설공주는 그가 다가올 때마다 소름이 끼쳤다. 거대한 몸집의 헌터 경은 피부가 거칠었으며 머리카락은 기름기로 번들거렸다. 숨을 쉴 때마다 악취가 풍겼고 손은 더러웠다. 게다가 그의 말투는 매우 거칠기까지 해서 흑설공주는 그를 보는 것만으로도 불쾌해졌다.

그래서 "저렇게 소름끼치는 늙은 두꺼비와 결혼할 바엔 차라리 도망가고 말지"라며 하녀에게 속삭이곤 했다.

헌터 경은 공주와 결혼하기 위해서는 우선 왕비를 자기편으로 만들 필요가 있다고 속으로 계산했다. 왕비의 비위를 맞추며 그 주위를 열심히 맴돈 덕분에 드디어 왕비의 신하로 임명되었다. 평소에도 왕비는 그를 관대하게 대해주었다. 그가 아첨하는 것을 은근히 즐기던 왕비는 그에 관한 무성한 소문들을 못 들은 척 눈감아주었다. 헌터 경은 왕비의 속내를 전혀 눈치 채지 못하고 왕비를 자기편이라고 믿었다.

어느 날 헌터 경은 정원에서 멀리 떨어진 곳에 혼자 있는 흑설공주를 발견했다. 그 순간을 놓칠세라 그는 얼른 모자를 벗어 정중하게 인사를 하고는 공주의 발 앞에 무릎을 꿇고 한 송이 장미꽃을 공주에게 내밀었다.

"사랑스러운 공주님!"

그가 자기 가슴에 손을 얹으며 말했다.

"부디 제 말을 들어주십시오. 오랫동안 공주님께 드리고 싶은 말이 있었습니다. 저는 공주님을 한 여인으로 사랑합니다. 당신은 나의 사랑이며, 내 마음의 여인입니다. 평생 공주님을 모시고 싶습니다. 저와 결혼해주십시오."

"결혼이라구요?"

흑설공주가 놀라서 소리쳤다.

난 아직 결혼할 준비가 되어 있지 않아요. 그리고 나와 결혼할 남자는 결코 늙고 못생긴 사냥꾼 같은 사람이 아네요. 틀림없이 멋진 왕자님일 거예요. 헌터 경, 당신 주제도 모르고 너무 높은 꿈을 갖고 있군요."

공주의 단호한 거절에 놀란 헌터 경은 갑자기 태도가 바뀌어 난폭해지더니 한 손으로는 공주의 치맛자락을 잡고 다른 한 손으로는 공주의 손을 낚아챘다.

"공주님께서 그렇게 말하면 안 되지."

그가 빈정거리며 말했다.

"나야말로 귀하신 몸이란 말이오. 세상물정 모르는 철없는 공주님, 오늘 뭔가 배워야 할 것 같군."

그의 무례한 행동에 화가 나고 놀란 흑설공주는 있는 힘을 다해 그에게서 벗어나려고 몸부림을 쳤다.

"어떻게 감히 이런 짓을. 당장 물러서요!"

그러나 헌터 경은 전혀 미동도 하지 않았다. 공주는 간신히 팔을 비틀어 빼내고는 손톱으로 헌터 경의 얼굴을 할퀴어버렸다. 그의 얼굴에서 피가 흐르기 시작했다.

완전히 이성을 잃어버린 그는 공주를 강제로라도 복종하게 만들겠다는 생각으로 공주에게 달려들어 바닥에 쓰러뜨리고는 그녀의 옷을 거칠게 잡아당겼다. 흑설공주는 공포에 사로잡혀 소리치며 발버둥쳤다. 그녀는 주먹으로 있는 힘껏 그의 얼굴을 치고 사타구니를 발로 걷어찼다. 헌터 경은 고통으로 몸을 웅크린 채 숨을 헐떡거리면서 나뒹굴었다.

"다시는 내 근처에 얼씬도 하지 마세요, 알겠어요? 이 흉측한 괴물 같으니라구!"

그를 향해 침을 뱉으며 그녀가 외쳤다.

"당신을 증오하고 경멸하겠어요. 영원히."

경멸에 찬 말을 남기고 흑설공주는 떠나버렸다. 혼자 남겨진 헌터 경은 자신의 야심과 함께 모든 것이 철저하게 짓밟힌 느낌이었다. 공주에 대한 헌터 경의 욕망은 이제 적대감으로 바뀌었다. 그는 자신이 받은 모욕을 배로 갚아 주리라 맘먹었다. 그것은 그녀를 다치게 하거나 심지어 죽음을 불러올 수도 있을 터였다. 그는 마음속으로 복수를 다짐하며 기회가 오기를 기다렸다.

어느 날 저녁 헌터 경은 거실에 홀로 있는 왕비를 발견했다. 그녀는 진실을 말해주는 요술거울과 대화를 나누고 있었다. 그는 왕비가 거울에게 몇 가지 질문을 하는 동안 조용히 앉아 있었다. 그리고 나서 왕비가 자기 쪽으로 돌아서자 말을 건넸다.

"왕비님은 이 나라에서 누가 가장 아름다운지 거울에게 물어보셨는지요?"

왕비가 온화한 미소를 지으며 말했다.

"거울이 뭐라고 말할지 난 이미 알고 있어요. 흑설공주가 가장 아름답지."

"화나지 않으십니까?"

"왜 그렇게 생각하나요?"

"이 나라에서는 당연히 왕비님이 가장 아름다우십니다. 그래서 시기심 많은 공주가 왕위를 빼앗아 그 자리에 오르려 하지 않습니까?"

그러자 왕비가 웃으면서 말했다.

"사람은 순리대로 살아야 해요, 헌터 경. 지혜로운 사람이라면 누구나 인정하는 진리입니다. 젊은이는 늙은이의 자리를 차지하게 되어 있는 법. 그게 당연하지요. 자식을 둔 어미라면 더욱 뼛속 깊이 느낍니다. 자연의 순리에 도전하는 것은 어리석은 일이죠."

"하지만 계모에게 전처의 자식들은 눈엣가시 같은 존재 아닙니까?"

"그건 남자들이 만들어낸 어리석은 편견에 불과합니다. 새엄마가 어째서 전처의 딸들을 미워해야 한단 말입니까? 왜 우리가 불필요한 싸움에 말려들어야 하죠? 어쨌든 난 흑설공주가 아주 좋아요. 명석하진 않아도 마음씨 고운 아가씨지. 내가 흑설공주를 구박할 이유가 어디 있느냐 말이오"

"왕비님, 이런 일을 사사롭게 처리하시면 안 됩니다."

헌터 경은 왕비의 말을 가로막았다. 공주에 대한 복수심으로 불타오르는 그의 귀에는 왕비의 말이 제대로 들어오지 않았다. 그는 왕비의 말이 쓸데없는 소리라고 믿고 있었다.

"이런 옛날이야기가 있지 않습니까? 계모인 왕비가 자기 대신 충직한 심복을 공주에게 보냅니다. 사냥꾼 같은 사람들 말입니다. 그들의 임무는 전처의 소생을 죽인 뒤 그 심장을 보석함에 넣어 갖고 오는 것입니다."

왕비는 날카로운 눈빛으로 그를 쳐다보았다.

"경은 정말 미쳤군."

왕비는 낮은 목소리로 위엄을 갖춰 말했다.

"헌터 경, 너무 지나친 생각입니다. 그런 생각일랑 당장 머릿속에서 지워버리시오."

그렇게 말하면서도 왕비의 마음은 불안하기 짝이 없었다. 헌터 경의 표정에서 오싹한 한기를 느낀 왕비는 그가 모종의 음모를 꾸미고 있음을 눈치 채고 흑설공주에게 곧 위험이 닥치리라는 것을 예감했다.

그날 밤 왕비는 창가에 앉아 주문을 외워 까마귀 한 마리를 불러냈다. 까마귀가 나타나자 그녀는 약초를 태우며 말했다.

"너는 지금 당장 난쟁이 나라로 날아가거라. 그리고 그곳 여왕에게 가장 날쌔고 재주가 뛰어난 자 일곱 명만 내게 보내달라고 전해다오."

왕비의 말이 끝나자마자 까마귀가 날아갔다.

사흘 후 왕궁을 몰래 빠져나오는 두 사람이 있었다. 가발을 쓰고 매부리코를 붙인 뒤 까만 망토를 입은 왕비와 그녀의 시녀였다. 두 사람은 난쟁이 나라에서 온 일곱 명의 사내들을 만나기 위해 마을 어귀의 여인숙으로 가고 있는 중이었다. 일곱 난쟁이들은 투박한 나무탁자에 둘러앉아 맥주를 통째로 마시고 있었다. 왕비는 망토 자락에서 가죽주머니를 꺼내 그들의 대장 앞에 내놓았다. 자루를 열자 사파이어, 루비, 에메랄드, 다이아몬드 등 온갖 보석들이 쏟아져 나왔다. 난쟁이들의 눈이 빛났다. 난쟁이들은 보석을 유난히 좋아했다.

"이런, 굉장하군!"

난쟁이 대장이 말했다.

"왕비님의 부탁은 무엇이든지 들어드리겠습니다."

"헌터 경을 감시해주게. 이게 그 사람 얼굴이오."

왕비가 헌터 경의 얼굴이 그려진 그림을 주며 말했다.

"그리고 흑설공주도 지켜봐주게. 하지만 절대로 모습을 들켜서는 안 되네. 여기 공주 얼굴도 있네. 혹시 공주가 성 밖으로 나가면 뒤를 따라가게. 만약 헌터 경이 공주에게 해를 입히려고 하거든 그 자를 체포해 난쟁이 나라로 끌고 가서 평생 감옥에 가둬두게. 그대들의 여왕이 내게 신세진 게 있으니 그렇게 해줄 걸세."

"분부에 따르겠습니다."

난쟁이 대장이 맹세했다.

"그럼 약속한 거네. 지금 이 순간부터는 성안 사람 눈에 띄지 않게 조심하게."

왕비는 난쟁이 대장과 악수를 하고는 왕궁으로 돌아왔다.

그로부터 며칠 후 '차밍'이라는 이름의 젊고 잘생긴 이웃나라 왕자가 흑설공주에게 청혼을 하기 위해 오고 있다는 소식이 전해졌다. 그 소식을 듣고 모든 신하들이 기뻐했지만 헌터 경만은 일체의 활동을 그만두고 혼자 집 안에 틀어박혀 있었다. 친구들은 그가 몸이 여위어가고 말도 잘 하지 않고 웃지도 않는다고 수군거렸다.

헌터 경의 마음은 오로지 복수심에 사로잡혀 있었다. 시간이 갈수록 그는 더욱 난폭해졌다. 모욕을 당했던 그날 이후 흑설공주에게 말을 건 적은 없지만 그의 눈은 항상 공주를 날카롭게 주시하고 있었다. 심지어는 밤에도 몇 시간이고 공주의 처소 주위에 숨어 있을 정도였다.

차밍 왕자가 도착하기 하루 전날, 혹설공주는 애완견과 하녀를 데리고 숲으로 소풍을 나갔다. 헌터 경은 드디어 기회가 왔다고 회심의 미소를 지으며 몰래 이들을 따라갔다. 공주 일행이 숲 속의 아늑한 빈터에 자리를 잡았을 때 그는 무섭게 덤불에서 뛰쳐나와서 공주를 낚아챘다. 공주가 비명을 지르고 몸부림을 쳤지만 아랑곳하지 않고 공주를 마치 병아리처럼 꽁꽁 묶어버렸다. 팔짝팔짝 뛰며 짖어대는 강아지는 발로 걷어찼고 무서워서 얼어붙어 있는 하녀한테는 땅에 엎드리라고 명령했다.

"놔요!"

혹설공주가 비명을 질렀다.

"그만두지 못해요? 당장 성으로 달려가서 사람들에게 알려라. 어서!"

하지만 불쌍한 하녀는 너무나 오랫동안 복종하는 데 길들여져 있어서 그저 와들와들 떨면서 엎드려 있을 뿐이었다. 헌터 경은 그런 하녀까지도 꽁꽁 묶어버렸다.

그는 몸부림치는 공주를 향해 긴 사냥용 칼을 꺼내들고 다가갔다. 그의 두 눈에서 광기가 번뜩였다. 목숨을 잃을지도 모를 위기 앞에서 공주는 그만 의식을 잃고 말았다.

그때였다. 갑자기 일곱 명의 작은 사내들이 숲 속에서 나타나더니 순식간에 헌터 경의 칼을 빼앗고는 땅바닥에 엎드리게 했다. 여섯 난쟁이들이 헌터 경의 몸을 누르고 올라앉는 사이 나머지 한 난쟁이가 공주와 하녀를 풀어주었다. 이들은 공주와 하녀를 묶고 있던 밧줄로 헌터 경을 꽁꽁 묶었다. 난쟁이 대장이 모자를 벗고는 정신을 차린 혹설공주에게 정중하게 예의를 표했다.

"다시는 이자가 공주님을 귀찮게 하는 일이 없을 것입니다. 우리는 이자를 데리고 난쟁이 나라로 돌아가라는 명령을 받았습니다. 이자는 평생 감옥에 갇혀 살게 될 것입니다."

"아, 다행입니다. 제 목숨을 구해주셨는데 어떻게 보답해야 하나요?"

저항하는 헌터 경의 고함소리에는 아랑곳하지 않고 혹설공주가 말했다.

"저희들은 이미 왕비님께 보상을 받았습니다."

정직한 대장 난쟁이가 말했다.

"공주님께서 허락하신다면 저희는 이만 물러가겠습니다."

여섯 난쟁이들이 꽁꽁 묶은 헌터 경을 어깨에 짊어졌다. (난쟁이들은 비록 키는 작았지만 힘센 족속들이었다.) 그리고는 대장의 구령에 따라 난쟁이 나라의 행진곡을 부르며 씩씩하게 걸어갔다. 그제야 정신을 차린 하녀는 궁궐로 돌아가기 위하여 흩어진 소풍 도구들을 챙겼다. 혹설공주는 조심스럽게 강아지를 품에 안았다. 강아지는 가엾게도 갈비뼈가 부러져 신음하고 있었다.

다음날 예정대로 차밍 왕자가 도착했다. 그는 정말 이름처럼 매력이 넘치는 왕자였다.

두 사람은 첫눈에 서로 맘이 통했다. 이들은 곧 약혼했고, 일 년도 안 돼서 성대한 결혼식을 올렸다. 신부의 들러리는 왕비였다. 흑설공주는 자신의 목숨을 구해준 새엄마의 선견지명에 감복했고 그 은혜를 결코 잊지 않았다.

그 후 왕실의 젊은 부부와 늙은 부부는 오래오래 행복하게 살았다. 한편 헌터 경은 완전히 정신이 나간 채 평생 난쟁이들의 감옥에 갇혀 살았다. 그는 이따금씩 글을 쓰며 무료한 시간을 보냈다. 들리는 소문에 의하면 그는 왕비와 공주에 대해서 앙심을 품은 나머지 여러분들이 방금 읽은 내용과는 전혀 다른 이야기를 썼다고 한다.

바바라 G. 워커, 박혜란 옮김, 『흑설공주 이야기』, 뜨인돌, 2002, 9~21쪽.

3) 나의 노동에는 이름이 없다

(1) 헛똑똑이가 만든 업무분담각서

20대 초반, 보증금 없는 월세 20만 원짜리 지하 단칸방에서 자취를 시작했다. 결혼하기 전까지 12년간 독립생활을 하면서 여동생이나 여자친구와 동거했던 기간도 꽤 된다. 이러한 경험을 바탕으로 나는 집안일에 대해 잘 알게 되었다. 이사를 위한 전월세 계약부터 대출 관련 업무까지도 빠삭한 상태였다. 실제로 그 모든 일을 잘 해낼 자신도 있었다.

그에 비해 나의 남편은 단 한 번도 혼자 살아본 적 없는, '엄마' 밑에서 곱게 자라 매사에 느긋한 매력적인(?) 선비 스타일의 남자였다. 그와 결혼하기까지 시가로 인해 엄청난 우여곡절을 겪었지만 그와 나 사이에는 딱히 문제가 없었다. 그는 결혼 준비에는 별 관심이 없었고, 거의 모든 일들을 나에게 맡겼다. 부부학교에 끌려가고 내 지인들을 수없이 만나면서도 군소리 하나 없던 그에게 나는 당당하게 '집안일 업무분담각서'를 내밀었다. 당시의 내게는 당연한 조치였다. 여자들과 함께 살 때는 쓰지 않던 각서를 내민 이유는 결혼생활에서 불합리한 일들이 벌어질 것이라고 예상했기 때문이다.

"당신은 혼자 안 살아봐서 몰라. 할 일이 얼마나 많은 데. 각서 안 쓰면 결혼 안 해!"

은근슬쩍 발을 빼는 그에게 강력하게 요구했고 결국 우리는 설거지, 빨래, 청소, 쓰레기 버리기, 집수리, 요리 등의 집안일 담당자를 정했다. 그런데 담당자 이름을 적고 서명을 하는 과정에서 그가 전혀 망설이거나 긴장하지 않아 의아했다. 그가 나의 요구를 대수롭지 않게 받아들인 건 가사노동의 강도를 전혀 몰랐기 때문이라는 사실을 나중에야 알게 되었다.

훗날 나는 집안일을 하나도 모르는 그와 역할을 나눌 때, 항목을 세세히 적지 않은 것이 큰 실수였다는 사실을 깨달았다. 가사노동이라는 것이 그렇게 한 단어로 쉽게 설명될 수 없다는 사실을 그때는 왜 생각하지 못했을까? 이제와 각서를 다시 보면 한숨부터 나온다. '청소'만 해도 정리 정돈, 먼지 털기, 불필요한 물건 버리기, 청소기 먼지통 비우기, 걸레 빨기 등 많은 일들이 있다. '빨래'는 세탁물 모으기, 세탁기 돌리기, 널기, 걷기, 개기, 옷장에 넣기 등의 연결된 일들이 있다. 이런 구체적인 항목 없이 한 단어로 두루뭉술하게 정했더니, 남편이 맡은 일조차 상당 부분 내가 하는 형국이 되었다. 육아를 위해 새로 작성한 업무분담각서 또한 현실에는 적용되지 않았다.

그런데 나는 왜 미흡했던 각서 탓만 하고 있는 걸까? 불합리한 상황이 지속된다면 다시 협의하면 되지 않나? 그건 아마도 그래도 소용없으리라는 생각, 결국엔 나 혼자 아등바등 살게 되리라는 생각이 들기 때문일 것이다. 결혼 전 부부학교를 가고 결혼과 관련된 책도 많이 읽었지만, 정작 가장 중요한 것은 배우지 못했다. 우리는 함께 살림을 꾸려나가는 방법을, 협업하는 방법을 배웠어야 했다.

(2) '맛있는 음식이 있는 화목한 가정'이라는 환상

남편에게 맛있는 음식을 만들어줘야 한다는 생각 또한 내게는 당연한 것이었다. 식탁 위에는 심심할 때마다 집어 먹을 간식거리가 준비되어 있고, 모락모락 김이 나는 음식을 두고 둘러앉아 식사하는 것이야말로 내가 꿈꾸는 가정의 모습이었다. 이런 화목한 가정을 만들기 위해서는 누군가의 대단한 헌신과 노력이 필요하다는 사실을 결혼 후 얼마 지나지 않아 깨달았다.

어느 날 남편이 아침밥을 먹고 싶다는 표현을 해왔다. 하지만 아침잠이 많은 나는 밥을 차려주지 못했고, 죄책감이 점차 커져갔다. 결국 아침에 가져갈 수 있게 밤마다 도시락을 준비하기 시작했다. 피곤했지만 죄책감도 들지 않고 아침잠도 편하게 잘 수 있기에 빼먹지 않으려고 노력했다. 차에서 먹기 편한 그릇과 가방을 구매하고, 지나가는 말이라도 맛있다고 했던 메뉴는 꼭 기억했다가 다시 싸주었다.

하지만 차 안에서 먹기 편한 메뉴는 한정적일 수밖에 없었다. 대부분 덮밥류였는데, 그러다 보니 이제는 따뜻한 국물을 챙겨주지 못하는 미안함이 나를 괴롭혔다. 요리를 전혀 하지 않던 내가 매일 도시락을 싸는 것만 해도 대단한 일이었지만, 아침 밥상을 차려주는 아내는 되지 못해 여전히 자책할 수밖에 없었다.

시어머니는 만날 때마다 본인 아들이 아침밥을 제대로 먹고 있는지 확인했다. 사과 한 쪽도 깨끗이 씻어서 씨를 도려내줘야 한다며 나를 열심히 교육시켰다. 나는 남편을 제대로 챙겨주지 못한다는 생각에 주눅이 들기만 했다. 내가 아무리 노력해도 시어머니만큼 할 수 없다는 사실을 받아들여야 했다.

맞벌이를 하면서도 일절 억울한 마음 없이 내 일이라고만 생각했던 요리, 그 요리를 더는 할 수 없다고 생각하게 된 계기는 아이의 탄생이었다. 출산 후 육아를 시작하면서 요리를 그만둘 수밖에 없었다. 육아가 전부 나의 일이 될 거라고는 미처 알지 못했다. 산더미 같은 일들이 몰려든다는 사실도. 엄마가 된 나는 육아에 온갖 집안일까지 떠안았고, 그중 가장 하기 힘든 요리를 과감하게 그만두기로 했다.

남편 끼니를 걱정할 시간은 없었다. 요리를 하기 위해서는 장을 보고, 식재료와 냉장고를 관리하고, 음식을 만들고, 설거지를 하고, 뒷정리를 해야 한다. 요리를 그만두면서 이 모든 일은 안 해도 되는 일이 되었다. 남편은 회사에서 저녁을 먹고 왔고, 나는 간단한 음식으로 대충 때우거나 굶었다. 맛있는 음식을 편안히 앉아서 먹고 싶었지만 그럴 몸과 마음의 여유가 없었다. 식탁 위의 맛있는 음식은 나의 노동이 없으면 불가능하다는 사실이 슬프게 느껴졌다. 누군가 날 위해 한 끼라도 차려줬으면 하는 마음이 간절했다.

아이에 대한 죄책감은 나를 더 힘들게 했다. 이유식은 전기밥솥으로 일주일 치를 한 번에 만들어서 냉동실에 넣어두었다. 노동 시간을 최소화하기 위한 선택이었고, 아이는 안쓰럽게도 한두 가지 맛으로 일주일을 버텨야 했다. 다양하게 먹이지 못한다는 사실이 죄책감을 불러일으켰다. 세상 사람들이 엄마 자격이 부족한 나를 손가락질하는 것만 같아 이유 없이 불안하기도 했다.

퇴근 시간이 되면 어린이집에 있는 아이를 데리러 가기 위해 달렸다. 아무리 일을 빨리 마무리해도 여섯 시 이전에 가는 건 쉽지 않았고, 어린이집에는 항상 아이 혼자 남아 있었다. "엄마!" 하고 소리치며 20개월 된 아들이 달려 나오면 이 아이처럼 나만 기다리고 반기는 사람이 또 있을까 한없이 행복하면서도, 요리도 못 해주고 매일 늦는 엄마라 미안하다는 마음이 들었다.

지금도 나는 요리는 거의 하지 않지만 '먹는 것'과 관련된 모든 일을 맡고 있다. 장보기, 냉장고 식재료 관리하기, 음식물 처리하기, 설거지 등등. 요리는 하지 않지만 가족들이 먹을 것은 여전히 내가 준비한다. 그럼에도 불구하고 죄책감은 여전하다. 요리를 안 한 지 4~5년이 지났는데도 여전히 '맛있는 음식이 있는 화목한 가정'을 만들지 못해 마음이 불편하다. 이 고정관념을 벗어나기가 왜 이리도 힘든 걸까?

(3) 여자와 사는 게 낫다

남자와 5년 넘게 살다 보니 의문이 한가득 생긴다. 남자와의 동거에서 나에게 득이 되는 것은 무엇일까? 이렇게 피곤하고 힘든 일상을 왜 지속해야 할까? 여자끼리 살 때는 자연스럽게 가사를 분담했다. 누군가가 바빠서 일이 몰리거나 부지런한 사람이 게으른 사람에 게 불만을 토로하면 미안해하는 것이 당연했다.

물론 여자와 함께 사는 게 무조건 편안했던 것은 아니고, 생활 습관이 부딪히는 경우도 종종 있었다. 하지만 분명한 것은 여자와의 동거가 남자와의 동거보다 '몸과 마음이 편했다'는 사실이다. 개인의 특성과는 별개로, 여자는 남자와의 동거에서 심리적으로, 신체적으로 자유로울 수 없다. 여자와 동거할 때는 나에게 주어진 노동의 강도가 더 세다고 느껴본 적이 없다. 굳이 내가 더 노력해야 한다고 생각해본 적도 없다. 우리는 서로를 도와야 한다고 생각했고 서로에게 피해를 주지 않기 위해 자연스럽게 눈치를 보기도 했다. 나는 게을렀지만 그로 인해 동거인에게 불편을 주지 않기 위해 노력했다.

결혼 후 처음 겪어본 남자와의 동거에서는 게으름이 가능하지도, 용서되지도 않았다. 내가 하지 않으면 아무도 해주지 않았고, 열심히 한다고 해도 드러나지 않았다. 얼굴에 철판을 깐 남편은 스스로 게으르다고 자신 있게 말했지만, 나는 내가 부지런하지 않다는 사실이 부끄러웠고 완벽한 아내, 완벽한 엄마가 되지 못한다는 생각에 죄책감을 느꼈다. 다른 누군가와 함께 살 때는 별 문제가 되지 않았던 나의 부족함이 결혼생활에서는 신랄하게 들춰지는 이유가 무엇일까?

옆에 있는 사람이 바쁘고 힘들어하면 전혀 모르는 사이가 아니고서는 당연히 돕기 마련이다. 그런데 아내가 아무리 바빠도 가만히 있는 남편을 보면 부부는 동등한 사람과 사람의 관계가 아니라는 생각이 든다. 좀 심하게 표현하면 여자를 노예처럼 여긴다는 생각까지 든다. 직장 동료나 친구는 도와주면서 왜 아내에게는 그런 마음이 들지 않는 걸까? 스스로 우월하다고 생각해서 불편한 감정을 느끼지 않는 걸까? 가사노동과 돌봄노동은 당연히 여자의 몫이라 고 생각해서 편안한 걸까? 언제나 똑같이 일할 수는 없어도 돕고 싶고 미안한 감정이 들어야 정상적인 관계가 아닐까?

'결혼제도'가 혼자서는 외로운 사람이 누군가와 의지하며 살기 위해 존재하는 것이라면, 여자끼리 결혼해야만 그 목적을 이룰 수 있을 것 같다. 그림자노동에 시달리며 잠깐의 글 쓰는 시간조차 내기 어려운 요즘, 날 도와주고 위로해줄 누군가가 절실하다. 어쩌면, 나의 두 번째 배우자는 여자일 수도 있겠다.

"저는 가사노동을 안 하고 있는데, 이 주제로 글을 써도 될까요?" '그림자노동'이라는 주제를 받고 나는 당당하게 물었다. 이런 자만은 글을 쓰기 시작한 지 얼마 지나지 않아 처참하게 무너졌다. 나와 남편의 일상을 매일매일 자세히 관찰해보니 '안 하는' 게 아니었다. 다른 아내들만큼 하지 않을 뿐, 살기 위해 꼭 해야 하는 일은 모두 나의 몫이었다.

혹시 당신도 나처럼 쓸데없는 죄책감에 시달리고 있다면 오늘 당장 '그림자노동 목록'을 작성해보기를 바란다.

그림자노동 체크리스트 - 청소 편

거실-방	☐ 청소기 돌리기	화장실	☐ 변기 닦기
	☐ 청소기 먼지통 비우기		☐ 세면대 닦기
	☐ 걸레질		☐ 수도꼭지 닦기
	☐ 걸레 빨기		☐ 거울 닦기
	☐ 유리창 닦기		☐ 바닥 닦기
	☐ 문틀 닦기		☐ 수건 채워 넣기
	☐ 환기		☐ 휴지 채워 넣기
	☐ 장난감 정리		☐ 화장실 쓰레기통 비우기
	☐ 책장 정리	베란다-현관	☐ 배수구 머리카락 치우기
	☐ 이불, 카펫 털기		☐ 베란다 쓸고 닦기
	☐ 공기청정기, 선풍기 청소		☐ 베란다 곰팡이 제거
주방	☐ 설거지		☐ 베란다 배수구 청소
	☐ 식탁 정리 및 닦기		☐ 신발장 정리
	☐ 가스레인지 닦기		☐ 현관 먼지 쓸기
	☐ 벽 기름때 닦기		☐ 세탁기 청소
	☐ 선반 닦기	쓰레기	☐ 쓰레기통 비우기
	☐ 싱크대 물때 닦기		☐ 음식물 쓰레기통 닦기
	☐ 그릇 정리		☐ 쓰레기봉투 준비
	☐ 수세미 소독		☐ 쓰레기통 비닐 교체
	☐ 배수구 청소		☐ 분리수거
	☐ 환풍기 청소, 필터 교체		☐ 쓰레기 내다 버리기
	☐ 냉장고, 건조기 청소		☐ 오래된 음식 정리

아이린, 「나의 노동에는 이름이 없다」, 부너미,
『페미니스트도 결혼하나요? 결혼한 여자들의 페미니즘』, 민들레,
2019, 45~49, 56~59, 62~64쪽.

4) 저출산 담론과 젠더

(1) 가족의 재구성, 여성의 변화 그리고 저출산

이리스 라디쉬Iris Radisch는 “지금 이 세상에서 젊은 여성들에게 아이를 낳아야 한다고 말할 수 있을까?”라고 질문한다. 그리고 아이를 낳지 않는 세상을 좀 더 자세히 들여다보면 이러한 호소가 충분히 가식적임을 깨닫게 될 거라고 충고한다.[100] 즉, 우리가 살고 있는 세상이 여성과 남성의 생활 세계가 서로 근접하지 못하는 전근대적인 가족을 고수하는 한편으로 육아의 어려움을 과소평가하며, 무한 경쟁 속에서 물질적 이익을 최상의 가치로 두는 한편으로 아이들을 위한 공간을 제공하지 못하고 있다고 이야기한다. 우리 사회도 예외가 아니다.

(2) 저출산 ‘문제’라는 프레임이 놓치는 것

저출산 현상은 가족 구조와 노동시장 등 젠더 관계와 사회 체계가 복합적으로 연결되어 나타나는 것으로 세계화, 탈공업화, 고용과 결혼의 불안정성, 개인주의화, 성 평등 요구 등의 사회 변화와 맞물려서 등장하는 일종의 인구 격변을 의미한다. 따라서 저출산 문제는 여성, 가족, 노동시장, 양육 등 그 사회의 여러 요소와 맞물려서 해결할 수밖에 없다.

그런데 인구정책의 관점에서 저출산은 심각한 인구문제인 동시에 사회문제로서 한국 사회의 근본적인 위기를 알려주는 상징적 현상으로, 나아가 국가 발전과 국가 경쟁력 강화를 위해 반드시 극복되어야 하는 위기로 이해되었다. 저출산 대책 역시 저출산이 가져올 경제적·사회적 충격을 완화하고, 저출산의 속도를 조절하기 위한 맥락에서 마련되어 왔다. 구체적으로 결혼과 출산, 양육의 부담을 경감하는 지원이 이루어졌다. 결혼과 출산을 연계하는 구도 속에서 비혼이나 만혼 현상을 ‘문제’로 인식하고, 이를 해결하기 위한 일자리, 주거 정책 그리고 양육 부담을 완화시키기 위한 보육 인프라 구축이 중요 정책 의제가 되었다.

다만 여기서 문제는 정책 안에서 개인의 욕구와 생활 방식의 변화가 보이지 않는다는 것, 특히 남성에 비해 결혼과 출산에 더 부정적인 여성의 변화된 처지와 인식은 간과되고 있다는 것이다. 비혼이나 만혼 여성들은 결혼이 자신들의 삶에서 그다지 이점이 없다고 말한다. 그 이유야 개인마다 다르겠지만, 공통적으로 많이 언급되는 내용은 있다. 결혼하면 삶의 기반인 직장 생활을 더 지속하기 어려울 것이며, 아이를 낳고 키우기는 더더욱 힘들 것이라는 이야기다. 결국 결혼이 여성 친화적이지 않다는 것이다. 여기서 중요한 것은 저출산을 바라보는 관점이다. 저출산 해소와 관련하여 젠더 관계, 계층, 세대, 지역과 결부된 다층적인 원인 분석과 해석이 요구되는 상황인데도 국민연금 고갈, 국가 경쟁력 약화, 인구 감소로 인한 재정 악화 등을 해결하고자 하는 도구적 측면의 접근만 지나치게 강조되고 있다.

특히 여성에 대한 정책적 지원이 여성 자신의 권익과 행복을 위해서라기보다는 가족 유지와 출산율 제고를 위한 수단으로 읽히는 국면에서 출산의 주체인 여성은 저출산 정책의 방향에 매우 민감할 수밖에 없다. 더구나 기존 프레임 안에서는 저출산에 대한 사회적 책임이 희석되고 개인의 책임으로 환원된다. 즉, 출산하지 않는 여성은 이기적인 여성이 되기도 하고, 애국심이 없는 여성이 되기도 하며, 급기야는 혐오의 대상이 되기도 한다. '출산율'과 '출생률'에 대한 개념 논쟁도 같은 맥락에 있다. 여성계는 저출산 개념이 여성들이 아이를 적게 낳는 바람에 인구가 감소했다는 의미를 내포하고 있어 여성에게 책임을 전가하므로, '출산율'은 신생아 수를 의미하는 '출생률'로 대체되어야 한다고 주장했다. 개념적 차이는 차치하고라도 여성들이 이렇게까지 민감할 수밖에 없을 정도가 되었다는 것, 그 지점에 주목할 필요가 있다.

'출산지도' 파동도 이와 무관하지 않다. 행정자치부가 지자체 출산율 제고 방안으로 마련한 '출산지도'는 가임기 여성 인구가 전국 어느 지역에 얼마나 분포하고 있는지를 표시하여 지자체의 자율 경쟁을 유도하고자 했다. 하지만 의도와는 달리 여성에 대한 도구적 정책 접근이 도마에 올랐다. "여성이 애 낳는 도구냐" , "자궁은 내 거다", "저출산이 여성의 출산 파업 때문이냐?"라는 여성들의 비난과 저항이 빗발치면서 출산지도(출산 앱) 홈페이지는 문을 연 지 반나절 만에 폐쇄되었다.

이러한 일련의 갈등은 여성들이 저출산 대책에 불편을 느끼는 실태를 보여주는 한 단면이다. 여성들은 정말 아이를 낳고 싶어 하지 않는가? 15~49세까지의 기혼 여성들이 이상적으로 생각하는 자녀수는 2.25명이다. 그리고 자신들이 기대하는 자녀수도 1.94명에 달한다.[101] 이것은 전통적인 가치관이 바뀌었어도 자녀에 대한 여성들의 기대는 여전히 견고하게 유지되고 있음을 말해준다. 하지만 개인적 선호와 출산 결정은 다른 문제다.

여성들의 임신과 출산 결정은 자신들이 가지고 있는 출산에 대한 생각, 자식에 대한 인식, 자신을 둘러싼 사회문화적 조건이 결합되어 이루어지는 복합적 산물이다. 여성이 아이를 낳겠다는 결정도, 낳지 않겠다는 결정도, 아이 수를 조절하겠다는 결정도 모두 이처럼 복잡한 맥락 속에 위치한다. 또한 이것은 여성 자신의 정체성이나 생애 설계를 비롯해 결혼과 출산, 모성 등이 여성의 삶에서 차지하는 의미와 관련된다. 여성의 결혼은 그들 자신의 지위, 국적, 나이나 상대방과의 관계, 사회 규범에 따라 정상적인 것으로 위치되기도 하고 비정상적인 범주로 간주되기도 한다.

이렇게 출산은 여성들에게 단순한 생물학적인 사건이 아니다. 출산은 여성의 몸에서 자연스럽게 일어나는 일이 아니라 누구와의 관계에서 임신하고 언제 출산할 것인지에 대한 개인적인 결정, 여성의 성과 모성에 대한 사회적 규범, 세대의 이동에 따른 책임과 의무와 권리, 가족과 친족의 관계, 국가와 종교의 이데올로기 등이 복잡하게 경합된 결과다.[102)]

여성들이 자신의 인생에서 결혼과 출산, 양육이 순차적으로 연결되었다고 생각하지 않는 상황에서 출산 결정을 둘러싸고 일어나는 의미 사이의 경합은 더욱 치열할 수밖에 없다. 여기에 자신의 사회적 경력이나 양육을 둘러싼 사회적 조건 등까지 고려하면 출산은 더욱더 복잡한 선택이 된다. 김은실은 한국의 저출산 지배 담론 속에는 여성이 아이를 낳고 키우는 과정에서 겪어야 하는 불안과 무력감, 가족이나 사회문화적 규범과 관련된 재생산에 대한 여성들의 생각 등이 없다는 점을 강조했다.[103)]

더구나 젊은 세대라면 출산은 더 큰 부담이다. 무한 경쟁의 시대를 살면서 매번 수십 장의 이력서를 던지고, '알바'가 생활 수단이 되며, '공시족'이 직업이 되는 이들에게는 결혼을 기피하고 포기하는 것이 오히려 '합리적인' 선택으로 보인다. 젊은 여성이라면 더 말할 것도 없다.

안정된 미래가 보이지 않는 직업의 불안정성, 여전한 가족 내 전통적인 성 역할 분업, 아버지의 책임이 도무지 느껴지지 않는 양육의 현실, 엄마의 시간 속에 묶여 있는 아이들. 이 모든 것이 위험으로 느껴지는 상황에서 결혼을 미루고 출산을 꺼리는 것은 합리적인 전략이다.

결론적으로 국가 위기의 맥락에서 저출산을 '문제'로만 간주하는 프레임에 대한 수정이 필요하다. 문제를 예방하고 완화함으로써 기존 질서와 체계를 유지하려는 이런 '문제'의 프레임 안에서 저출산은 답이 없다. 따라서 아이돌봄 지원 역시 아이에 대한 가치, 돌봄의 사회화, 젠더 관계의 변화라는 측면보다는 여성의 노동력 확보, 출산력 제고를 위한 여성의 부담 덜어주기 차원에 머물러 있는 것이다.

현재 활발하게 전개되고 있는 양성평등적 일·가정 양립 정책의 강조는 남성 생계 부양자 모델에 문제를 제기하는 것으로 진일보하고 있지만, 여전히 성별 권력관계의 변화로 연결되지 못하고 있다. 이혼이든 미혼이든 결혼 관계 밖에 있는 여성들의 양육 부담은 더욱 심각하다. 예를 들면 혼자 18세 이하 자녀를 양육하는 미혼모가 2만 4,000명에 달하는데[104)] 양육비 부담으로 인해 이들 중 많은 수가 중도에 양육을 포기한다. 이때 양육의 공동 책임자인 남성은 양육비 지급 의무와 양육에 대한 책임에서 배제되어 있다. 실제로 미혼모가 비양육 부모에게서 양육비를 받은 실적은 공식적으로 없는 상태다.

"형편이 어렵다는 이유만으로 아이 엄마인 내가 혼자서 아이를 이렇게 힘들게 키워야 하는 현실이 못마땅해요. 그래서 아이를 키우면서 희망보다는 자괴감을 갖게 돼요."라는 양육 미혼모의 호소는 양육에 대한 경제적 어려움[105]에 그치지 않는다. "우리가 왜 미혼모를 지원해야 하나?", "자기 아이를 키우는데 왜 지원해달라고 하나?", "왜 미혼모까지 국가적 차원에서 보호해줘야 하나?"라는 항의도 받아야 한다. 이렇게 편협한 시선은 양육과 일터, 가족 관계 등 미혼모의 삶에 포괄적으로 영향을 미침으로써 결국 미혼모로 하여금 양육을 포기하게 만드는 계기가 된다. 즉, 미혼모가 자신이 낳은 아이를 키우지 못하고 입양을 선택할 수밖에 없는 상황에 처하거나 불가피하게 아이를 유기하게 되는 경우로 이어진다.

(3) 양육의 공적 가치

그렇다면 양육은 어떻게 달라져야 하는가? 페미니스트 경제학자 낸시 폴브레Nancy Folbre는 아이가 세상에 태어나면 그들의 계발된 능력과 자질로 우리 모두가 이득을 본다는 의미에서 아이를 '공공재'로 개념화한다. 아이에게 들이는 돈이나 시간, 사랑 등은 부모만이 아니라 아이 자신, 사회, 국가 모두에게 이득을 준다는 것이다. 즉, 폴브레는 타인에 대한 돌봄이 어렵고 비용이 많이 들지만 사회가 그 비용을 제대로 평가하고 분배해야 한다고 강조한다.[106]

'공공재'로서의 아이라는 관점은 양육을 공적 영역으로 위치시킨다. 이러한 관점의 전환은 그동안 개인과 가족으로 전가된 양육에 대한 책임을 국가로 이동시킨다. 즉, 양육이 아이들을 안심하고 키울 수 있는 아이 중심의 양육 시스템 구축과 아이를 키우기 위한 최적의 조건에 대한 국가의 개입 의무와 책임을 요구할 수 있는 공적 권리로서 위치한다.

이러한 관점은 양육을 경제적 해법으로 환원시키는 것이 아니라 모성 경험에 대한 적극적인 의미 부여로 볼 수 있다. 모성 경험을 공적 영역에서 논의될 수 있는 권리의 언어로 위치시키는 작업이기도 하기 때문이다.[107] 더구나 여성의 삶에서 경제활동이 불가피해졌고, 여성의 노동시장 참여가 가사, 육아 노동을 전제로 한다는 점에서 노동시장 지속 여부 또한 돌봄 노동의 사회화와 결정적으로 결부되어 있다.[108]

유럽에서도 1980년대 급격한 출산율 하락이 개인의 출산 결정을 어렵게 하는 요인 때문이라는 점을 간파하고 이를 공공의 관점에서 해결하고자 노력했다. 그들은 양성평등에 기반을 둔 휴가 제도, 공보육 제도의 정비, 육아의 사회화 등의 출산과 양육 제도를 정비하면서 출산율 반등을 가져왔다.[109]

물론 국가가 양육에 개입하는 것이 궁극적인 해결책이 될 수는 없다. 국가의 개입이 곧 여성들의 일차적 책임을 공유하거나 대체하는 것인 한 양육 주체의 또 다른 쪽인 남성들을 소환하지는 못하기 때문이다. 정희진의 주장대로 육아가 언제나 여성·국가·사회의 일이 되고 있는 현실에서 국가보다는 남성의 인식과 태도가 훨씬 중요하다.[110] 일·가정 양립 정책의 주요 테마인 '아빠 육아'는 남성은 경제활동, 여성은 육아라는 전통적인 성별 분업에서 진일보하고 있으나 여전히 남성은 육아 책임자가 아니라 협조자로서 육아를 돕는 역할에 머물고 있어 가족 내 성별 권력관계의 변화로 이어지기에는 많은 한계를 안고 있다.

출산 정책의 비전은 지속발전 사회가 이루어질 가능성을 높이는 것이지만, 그것은 출산율 제고를 통한 아이의 수 늘리기만으로 달성되지 않는다. 그것은 양육을 공적인 가치로 인정하고, 양육이 여성만 부담해야 하는 일이 아니라 남성 역시 공동 양육자로서 책임을 지는 사회 시스템이 구축될 때 비로소 확보될 수 있다.

무엇보다 21세기 신자유주의 시대를 살아가는 여성들, 더는 양육 전담자로서 자신을 정체화할 수 없는, 전통적 가족 규범의 모순을 간파한 채 비혼을 선택하는 이들을 둘러싼 가족·직장·연애·성·결혼·출산·규범 등의 변화가 만들어내는 복잡한 맥락에 대한 이해가 있어야 한다. 그리고 이러한 변화 속에서 여성들이 갖는 불안과 위험 요인들을 풀어내기 위해 젠더와 개인의 권리를 중시하는 새로운 아젠다와 정책이 만들어져야 한다. 이런 맥락에서 저출산은 '문제'가 아니라 변화에 대한 요구이자 도전이다.

서정애, 「저출산 담론과 젠더: 여성주의 비판과 재해석」,
김은실 엮음, 『더 나은 논쟁을 할 권리』, 휴머니스트, 2018, 184, 188~195쪽.

더 읽을거리

강화길, 『화이트 호스』, 문학동네, 2020.
경향신문 사회부 사건팀, 『강남역 10번 출구, 1004개의 포스트잇』, 나무연필, 2016.
김수정, 『아주 오래된 유죄: 그러나 포기하지 않은 여성을 위한 변론』, 한겨레출판, 2020.
김승섭·박주영·이혜미·이호림·최보경, 『오롯한 당신: 트랜스젠더, 차별과 건강』, 숨쉬는책공장, 2018.
김현, 「질문 있습니다」, 『21세기문학』 74, 21세기문학, 2016.
김희경, 『이상한 정상가족: 자율적 개인과 열린 공동체를 그리며』, 동아시아, 2017.
낸시 프레이저·친지아 아루짜·티티 바타차리야, 박지니 옮김, 『99% 페미니즘 선언』, 움직씨, 2020.
니나 브로크만·엘렌 스퇴켄 달, 김명남 옮김, 『질의 응답: 우리가 궁금했던 여성 성기의 모든 것』, 열린책들, 2019.
레이첼 모랜, 안서진 옮김, 『페이드 포: 성매매를 지나온 나의 여정』, 안홍사, 2019.
루스 베이더 긴즈버그·헬레나 헌트, 오현아 옮김, 『긴즈버그의 말』, 마음산책, 2020.
마리아 미즈, 최재인 옮김, 『가부장제와 자본주의』, 갈무리, 2014.
멀리사 에임스·사라 버콘, 조애리 등 옮김, 『대중문화는 어떻게 여성을 만들어내는가』, 한울, 2020.
수 로이드 로버츠, 심수미 옮김, 『여자 전쟁: 잔혹한 세상에 맞서 싸우는 용감한 여성을 기록하다』, 클, 2019.
수잔 브라이슨, 고픈 옮김, 『이야기해, 그리고 다시 살아나』, 인향, 2003.
스테니퍼 스탈, 고빛샘 옮김, 『빨래하는 페미니즘』, 민음사, 2014.
애너벨 크랩, 황금진 옮김, 『아내가뭄』, 동양북스, 2016.
에멀린 팽크허스크, 김진아·권승혁 옮김, 『싸우는 여자가 이긴다』, 현실문화, 2016.
염운옥, 『낙인찍힌 몸』, 돌베개, 2019.
오드리 로드, 주해연·박미선 옮김, 『시스터 아웃사이더』, 후마니타스, 2018.
우유니게 외, 『유럽 낙태 여행』, 봄알람, 2018.
정희진, 『페미니즘의 도전: 한국 사회 일상의 성정치학』, 교양인, 2020.
한우리, 『페미니즘 선언』, 현실문화, 2016.

6 장

문화예술과 소비사회

1. 문화예술과 사회
2. 대중문화와 일상
3. 소비사회와 욕망

이 장에서는 문화예술과 소비사회 속에서 드러나는 삶의 모습을 문화예술과 사회, 대중문화와 일상, 소비사회와 욕망으로 나누어 살펴보고 그 함의를 숙고한다. 이 장 전체를 관통하는 주제는 우리는 주체적으로 그것들을 향유하는가?이다. 발터 벤야민은 기술복제시대에 대량으로 복제되는 예술작품들, 예컨대 영화, 사진, 레코드판 등은 과거의 예술작품이 지녔던 아우라를 상실하지만 복제를 통해 대중들에게 예술을 접하는 기회를 늘려줌으로써 대중의 인식능력을 향상시킨다고 본다. 반면에 아도르노에 따르면 민속예술 또는 민중예술, 그리고 고급예술과 달리 문화산업은 이윤의 극대화라는 목적을 달성하기 위해 대중매체를 이용하여 대중문화를 양산하며 대중기만을 수행한다. 이를 통해 문화산업은 대중의 욕구 체계를 조작하고 대중의 자율성을 감소시킬 뿐 아니라 대중의 사고 능력을 저하시킨다. 마지막으로 이 장에서는 현대사회에서 소비자의 소비 방식 및 욕망은 외부에서 이식된 것인가? 아니면 스스로 자신을 드러내는 방식인가?를 묻는다.

1절 '문화 예술과 사회'에서는 예술과 테크놀로지의 결합으로 예술은 누구나 예술의 주체가 될 수 있고 누구나 예술의 향유자가 될 수 있으며 더 나아가 예술과 일상의 경계를 허물 었다. 현대 예술 개념의 확산 또는 팝 컬처의 문화예술계 유입과 같은 현상은 취향의 '구별 짓기'보다는 얼마나 폭넓게 소비되는지를 관찰하는 것이 중요하다. 반면에 부르디외는 현대사회에서 전개되는 지배와 피지배의 불평등한 관계가 개인의 무의식적인 취미생활을 매개로 성립된다는 사실을 보여주기 위해서 상징적 폭력이라는 개념을 사용한다. 미적 성향은 상징적 투쟁의 결과물이다. 왜냐하면 육체의 사회적 활용은 일정한 세계관과 가치관을 반영하고 있는 계급적 범주화의 전형적인 양식이기 때문이다. 따라서 지배, 피지배의 대립은 물리적 속성을 은폐한 채 가치관의 범주화에서 보다 치열하게 전개된다.

2절 '대중문화와 일상'에서는 팬덤이라는 정서적 공동체 현상을 살펴본다. 팬덤 공동체는 스타에 대한 경험과 의식을 팬들끼리 함께 공유하면서 팬덤의 정서적인 관계를 강화시킨다. 이들에게 지나간 시간은 과거가 아니라, 끊임없이 지난 기억을 현재로 데려와 의미를 추구한다. 공동체가 형성되기 위한 필수불가결한 조건은 사람들 간의 커뮤니케이션이기 때문에 이들은 공유한 기억을 바탕으로 끊임없이 소통하며 관계 맺기를 지속적으로 시도하여 팬덤 공동체의 형태와 특성을 강화한다. 그리고 먹방 열풍의 사회문화적 배경과 시청동기를 살펴본다. 자기 통제의 부담감을 혼자 감당하기 힘들어진 개인은 인터넷방송에서 BJ에 대한 감시와 통제라는 행위를 통해 일시적으로 부담과 공포를 해소한다. 하지만 그것은 '먹지 말아야한다'는 자기 통제의 방향과 정반대로 '모두 다 먹어야한다'고 강요함으로써 이루어진다. 이는 자신의 억압에 대한 보상 심리의 일환으로 BJ의 자기학대적인 행위를 봄으로써 현실에서 받은 억압과 울분을 해소하려는 심리로 설명할 수 있다.

3절 '소비사회와 욕망'에서는 현대 사회의 소비를 기호의 소비를 포함하는 과정으로 설명한다. 단지 상품이 소비되는 것이 아니라 기호가 소비된다는 것이다. 우리는 상품 그 자체를 소비하는 것이 아니라 광고의 기호, 텔레비전의 기호, 자동차의 기호를 소비하고, 성과 권력의 기호를 소비한다. 따라서 소비의 대상은 바로 상품-기호이며, 그 상품-기호는 기호체계로 의미되는 사회관계에 속한다. 그래서 소비행위는 타인과 구별될 것을 강요하는 사회적 요구에 의해 이루어진다. 보드리야르의 표현에 따르면, 이는 사회적 '차이화의 강제'이다. 또한 시대와 문화에 따라 변화하는 사치의 의미를 살펴본다. 질 리포베츠키·엘리에트 루는 사치의 과정과 의미를 폭넓게 연구하여 낭비, 과시로 여겼던 사치의 부정적 관점을 비판하고, 사치에 관한 인식의 지평을 확장한다. 부유층들에게 사치는 세련되고 단순한 오감의 쾌락과는 거리가 있으며 선택의 상징이고, 유쾌함이다. 서민층에게 사치는 동기 없는 태도들을 포함하는 행위로, 선택하여 객관적인 속박 상태를 변화시키고, 실용적인 것, 단순한 것, 필요한 것을 체계적으로 선택하도록 이끄는 것이다. 마지막으로 '플렉스 해버렸지 뭐야'에서 기존의 소비 트렌드와 다른 소비 방식을 살펴본다.

1. 문화예술과 사회

1) 디지털 테크놀로지와 예술

20세기 말에 이르러 예술에는 사조라는 말이 거의 사라졌다. 14세기 말에서 19세기까지는 사조의 흐름으로 예술을 이해했다. 그러나 오늘날의 예술을 사조로 설명하기는 무리가 있다. 오히려 뉴미디어의 등장과 예술의 관계를 중심으로 예술을 이해하는 것이 더 편리하다. 예를 들어 미디어 아트든 뉴미디어 아트든 이것을 사조로 설명하기에는 한계가 있다. 그렇기에 현대 예술의 중심에는 기술, 즉 컴퓨터가 있다.

애초 미디어의 등장에 따른 예술의 변화를 논한 최초의 학자는 발터 벤야민이었다. 그는 『기계복제시대의 예술 작품』에서 특히 사진과 영화는 두 가지 문제를 일으킨다고 했다. 첫째는 원저자의 문제이고, 둘째는 복제의 문제다. 그러면서 복제시대의 예술은 아우라를 상실하여 예술은 제의 가치에서 전시 가치로 바뀐다고 했다. 그러나 오늘날의 디지털 아트는 사진·영화와 달리 지시대상을 가지지 않는다. 예술가들이 디지털 기술을 사용한다는 것을 작품을 복제하는 것을 뜻하는 것이 아니라 새로운 생산 형식을 도입하는 것이다.

한 예로 가상현실을 들 수 있다. 오늘날 가상현실은 디지털 테크놀로지에 의해 만들어진다. 그런데 가상현실을 바라보는 우리의 태도는 그것이 현실을 반영한 단순한 데이터라고 생각하지는 않는다. 오히려 가상현실을 하나의 현실로 여긴다. 고전적인 미학적 관점에서 보면 원근법은 대상을 복제하는 하나의 방법이고, 복제는 실재를 재현한 것이라고 생각하였다. 그러나 오늘날 디지털 테크놀로지에서는 실재와 복제, 실재와 가상이란 이원적 대립은 존재하지 않는다. 디지털 세계는 또 다른 실재의 세계이다. 사진과 영화의 등장으로 새로운 미학적 담론이 필요했다면 디지털, 즉 컴퓨터 기술의 발전은 새로운 예술적·미학적 담론의 필요성을 다시 한 번 요구한다.

컴퓨터의 등장은 단순히 예술 수단에 있어 변화를 뜻하는 것이 아니라 사회변화를 이끄는 핵심 원동력이 되었다. 한 예로 컴퓨터의 등장을 기준으로 등장 이전을 아날로그 사회라 하고 등장 이후를 디지털 사회라고 하는 것을 통해서 알 수 있다. 이는 기계시대에서 전자시대로의 전환을 뜻한다. 그러므로 컴퓨터의 등장은 기계시대의 문화에서 전자시대의 문화로, 폐쇄성으로부터 무한히 확장될 수 있는 시대로의 이행을 뜻한다고 볼 수 있다.

이렇게 거시적인 지각 변동을 일으킨 컴퓨터가 예술 영역에서는 시각의 문제로 압축하여 정리할 수 있다. 지금까지 예술은 인간의 육체적 시각 능력에 의존했다. 그러다 보니 사진의 등장은 예술에게는 충격적 사실이었다. 시각을 대신해줄 수 있는 존재의 등장은 예술의 정체성과 더불어 예술이 나아가야 할 바를 새롭게 고민하는 계기가 되었다. 이런 맥락에서 추상과 오브제를 이해하고 해석할 수 있다. 그런데 컴퓨터의 등장은 사진의 등장만큼이나 충격적이었다. 이는 인간의 시각의 확장을 가져왔다. 예술가는 컴퓨터 내에 존재하는 세계로 우리를 안내한다. 컴퓨터 내의 세계는 현실의 세계보다 훨씬 유동적이고 끊임없이 변화하는 세계이다. 이 세계는 인터랙티브 아트의 세계로, 우리는 그 가상에 참여함으로써 작품을 완성하는 창조자로 전환된다. 그러므로 이 세계는 단순한 가상의 세계가 아니라 상호의존하면서 실재를 완성하는 세계이다.

컴퓨터는 1950년대와 1960년대의 인공지능의 발전에서, 1970년대의 개인용 컴퓨터의 보급으로, 그리고 최근에는 4차산업혁명 시대의 인공지능에 이르기까지 급속한 발전을 이루었다. 이러한 발전은 예술에 획기적인 변화를 가져왔다. 처음에 컴퓨터 아티스트들은 추상적인 이미지를 만드는 것에 한정되었으나 점차 디즈니 영화 같은 애니메이션 이미지를 재 창안했다. 애니메이션은 컴퓨터 프로그램의 발달과 함께 이루어졌다. 1980년대에 개인용 컴퓨터가 대중화되었다. 그러면서 컴퓨터 그래픽, 애니메이션, 레이저쇼, 인터랙티브 아트가 확산되었다. 컴퓨터의 발달은 예술에서 다른 영역과 협업하여 새로운 예술 영역을 만들었을 뿐만 아니라 일반인에게도 예술의 문을 열었다.

정리하면 사진, 영화, 비디오, 가상현실, 그리고 그 외의 많은 예술 영역 밖의 발명들로 시작된 테크놀로지 기반 예술은 공학자들이나 기술자들이 점유하고 있던 영역으로 인식되었다. 그러나 예술과 테크놀로지의 결합으로 탄생한 예술은 예술의 주체와 범위를 달리하게 했다. 예술과 테크놀로지의 결합으로 탄생한 예술은 누구나 예술의 주체가 될 수 있고 누구나 예술의 향유자가 될 수 있으며 더 나아가 예술과 일상의 경계를 허물었다.

예술이 공간을 전제 조건으로 하고 문학이 시간을 전제 조건으로 한다면 예술과 테크놀로지의 결합으로 탄생한 예술은 시간과 공간을 초월한다. 컴퓨터로 만들어진 예술은 장소에 구애받지 않고 존재한다. 또한 컴퓨터가 스캔, 편집, 합성하기 때문에 과거, 현재, 미래의 시간에 구애받지 않고 존재할 수 있다. 그렇게 디지털 시대의 예술가들은 테크놀로지가 가져다주는 기능을 활용하여 시, 공간을 초월한 예술을 하고 있다.

그런데 초기의 미디어 아트는 디지털 테크놀로지와 예술의 결합이 다른 예술 장르와 비교해서 전문적인 기자재와 인력을 필요로 하기 때문에 많은 비판이 있었던 것도 사실이다. 그러나 지금, 이 시대에는 정보통신기술도 발달했을 뿐더러 컴퓨터 기술도 더 발달했다. 더불어 가격도 더욱 저렴해졌다. 그러다 보니 컴퓨터 한 대로만 가지고도 충분히 예술을 할 수 있는 시대가 도래하였다. 특히 지금의 미디어 아트라는 것은 일종의 소프트웨어 개발과 유사하다. 이렇게 본다면 지금이 아방가르드 시기인지도 모른다.

그리고 앞서 살펴본 바와 같이 오늘날 미디어 아트의 주된 특징인 상호작용성을 예술 장르에 도입하려고 하는 것이 미디어 아트의 추세이다. 이는 지금까지의 예술이 관객, 즉 수용자를 배제함으로써 예술이 그만큼 소외되었다는 것을 뜻한다. 이러한 움직임은 예술의 본질을 변화시켜 오늘날 예술은 무엇인가란 정의를 되묻게 한다.

최태명·정인모,『4차 산업혁명시대 문학과 예술』, 부산대학교출판문화원, 2020, 257~260쪽.

2) 한국인의 문화예술소비 심리 분석

프랑스 사회학자 부르디외(1979)는 '구별 짓기distinction'라는 개념을 통해 계층끼리 차별화된 문화 소비 패턴에 대해 밝힌 바 있다. 예를 들어 상류층은 클래식이나 발레 같은 고급 전통 문화예술을 선호하는 반면, 하류층은 팝 뮤직이나 로큰롤 같은 대중문화를 더 좋아한다는 것이다. 이러한 취향의 동질성은 계층 구성원들 간의 정체성을 규정할 뿐 아니라, 서로 공유하는 코드code 또는 언어language의 역할을 한다는 것이 그의 요지였다. 이에 따라 사회학자들은 개개인의 소득수준, 교육수준, 사회연결망의 수준 등에 따른 문화 소비 패턴의 차이를 설명하고자 '문화자본cultural capital'개념을 차용해 왔다Coulageon and Lemel, 2007; Holt, 1997. 여기서 문화는 단순히 경제적 지위의 반영일 뿐 아니라 일종의 정치사회적 위계를 의미하기도 한다DiMaggio and Muhktar, 2004. 예를 들면 대대로 부유한 경제적 수준을 유지해온 집안의 구성원들은 자연스럽게 가풍家風에 배어 있는 문화예술 소비 패턴에 적응되어 있을 것이다. 이를 가리켜 부르디외(1979)는 습속, 또는 '아비투스habitus' 라고 정의한다. 아비투스는 일종의 학습체계이자 당연시되는 가치체계로서 특정 취향taste의 공유를 통해 사회적 집단과 계급이 재생산되도록 하는 역할을 한다Bourdieu, 1979; Mohr and DiMaggio, 1995. 그리고 그 외의 취향을 '무식한 것' 또는 '천한 것'으로 규정하며 배척하게끔 강요한다. 따라서 아비투스가 존재하는 한 자신이 소속한 집단과 타자들을 구분하기 위한 취향의 고정형이 대물림되는 것이다.

그러나 부르디외와 그 일파의 문화자본론, 또는 아비투스에 의한 접근법은 1990년대 이후 상당한 비판을 받았다. 예술이 다루는 소재의 변화가 생겼기 때문이다Caves, 2001. 현대 예술con temporary art이 예술 장art field 안에서 하나의 범주로 정착됨에 따라 19세기, 20세기 초반까지 바람직하게 받아들여지던 다양한 형태form와 주제theme에 대한 비판적 담론이 형성되기 시작했다. 특히 미술계에서는 팝아트pop-art의 붐으로 인해 사실상 '무엇이 고급 예술인가'에 대한 본질적 회의가 대두되기 시작했다빅토리아 알렉산더, 2010. 영국을 중심으로 한 현대미술의 발전 또한 부르디외(1979)가 주장한 문화적 계급 개념에 반대되는 사례로 작용했다O'Doherty, 2000. 성적으로 억압을 받은 대상에 대한 시선, 과학 연구 재료를 활용한 종교적 담론의 재구성 등과 같이 기성 예술의 장에서 불편하게 여겨지던 소재들이 장내에 유입되기 시작했다. 따라서 고급 예술계에 과거에는 '저급하게 여겨지던' 주제 또는 코드들이 유입됨에 따라, 지배계층이 확대 재생산하는 아비투스가 얼마나 확고한 개념인지에 대한 비판이 예술철학, 또는 문화사회학 분야에서 폭넓게 이루어졌다.

부르디외(1979)의 문화자본론이 유럽 사회학자들의 문화계급론이었다면, 미국 사회학자들은 고급문화 취향과 저급문화 취향 간의 갈등 양상이 별로 의미 있는 해설이 아닐 수 있음을 지적했다Holt, 1997; Peterson and Simkus, 1992. 특히 현대 예술 개념의 확산 또는 팝 컬처의 문화예술계 유입과 같은 현상은 취향의 '구별 짓기'보다는 얼마나 폭넓게 소비되는지 다양성 지형diversity landscape을 관찰하는 것이 중요하다는 논의가 제기되기도 했다Giddens, 1991. 예를 들어 문화자본이 풍부한 사람들은 오히려 정신적 여유가 있기 때문에 다양한 장르의 문화를 폭넓게 소비할 수 있다는 옴니보어Omnivore 이론이 대두되었다Acord and Denora, 2008. 반면 계층이 중간 수준이거나 하류층일수록 특정 경향에 편중한다는 유니보어Univore 이론도 설명력 있는 프레임으로 제기되었다. 브라이슨(1996)은 다문화자본multi-cultural capital이라는 용어를 제안하며 사실상 상류층일수록 다양한 장르에 포용력 있는 자세를 보여주고 있음을 언급했다. 또 다른 학자들은 문화적 취향은 단순히 레퍼토리repertory의 문제일 수 있다며, 이를 굳이 계층 간의 차별성을 중요한 전제조건으로 삼을 필요가 있음을 언급하기도 했다Belton, 1992. 또 Giddens(1991)같은 연구자처럼 포스트모더니즘을 중요한 이론적 근간으로 삼는 학자들도 문화적 취향이 계급별로 큰 차이가 나지 않음을 제시하면서, 사실상 고급예술과 저급예술을 나누는 기준이 무의미함을 주장한 바 있다.

그렇다면 기존의 문화자본론 관점과 문화 레퍼토리 관점이 갖는 한계는 무엇일까? 우선 특정 계층의 전유물처럼 여겨지던 예술 장르들이 더 이상 고급 콘텐츠로서 구속력을 갖지 못한다는 데 있다. DiMaggio and Mukhtar(2004)는 미디어 콘텐츠의 발달로 인해

클래식 음악이나 발레 공연이 다양한 경쟁 제품을 만나게 된 상황에 대해 언급했다. 예를 들어 '상업 예술' 또는 '덜 고급스러운 예술'로 치부될 수 있는 '개그 콘서트'나 뮤지컬 작품들은 10만원의 가격에도 고객들의 지불 의사가 유지되는 반면, 전통 클래식 교향악 연주회는 5만원에도 고객들을 유인하지 못할 수 있다. 그뿐 아니라 문화예술의 계급화를 유지하는 근간이던 예술 참여cultural participation가 큰 폭으로 감소하고 대신 텔레비전 쇼television show 등이 유행하면서, 문화자본에 따른 고급 예술 소비 여부는 사실상 중요한 문제가 아닌 것처럼 비화되고 있다(Gans, 1999; 서우석·이호영, 2010).

문화 레퍼토리 관점도 나름 한계를 갖고 있다. 우선 이들 연구는 문화적 취향이 경제적 자본 수준에 꼭 연계되어 있는 것이 아님을 증명하기 위해 시작된 논의들이었다. 그러나 실증적으로는 교육 수준, 소득 수준 등 문화자본 논의의 핵심 변수들을 여전히 유지하는 모순적인 상황에 처해 있다. 그리고 그 접근 방법도 여전히 기존 흐름을 답습하고 있다. 한편 스마트폰 도입 및 SNS의 확산 이후 만들어진 뉴미디어 환경 아래에서 문화 소비는 반드시 특정 계층에 종속된 담론일 수는 없다(Berger and Schwartz, 2011). 특히 문화 수용자들의 행태가 매체의 복합소비, 동시소비인 만큼 '전 대중의 옴니보어Omnivore화' 또는 '취향의 융·복합화'가 불가피한 상황이다. 예를 들어 Song et al.(2014)는 자동차, 커피, 화장품, 영화 등 다양한 문화 관련 상품 소비의 연관성을 언급하면서 사실상 '다중 카테고리multiple-category'에 대한 선호가 현대사회의 중요한 메커니즘이 되고 있음을 언급했다. 사실상 취향taste을 구속할 수 있는 기준이나 방법은 점점 설 자리를 잃고 있고, 오히려 특정 문화적 취향과 관련된 개개인의 심리모형mental model 또는 정서emotion를 살펴보는 과정이 더 유효할 수 있다는 것이다.

이삼열·천영준·곽규태, 「한국인의 문화예술소비 심리 분석 -'취향 절충주의' 이론 기반 소셜 오피니언 마이닝」, 『문화정책논총』 제30집 1호, 한국문화관광연구원, 2016, 207~209쪽.

3) 상징적 폭력

(1) 불평등이론과 상징적 폭력

부르디외는 현대사회에서 전개되는 지배와 피지배의 불평등한 관계가 개인의 무의식적인 취미생활아비투스을 매개로 성립된다는 사실을 보여주기 위해서 상징적 폭력이라는 개념을 사용한다. 이 개념은 마르크시즘의 지성사에서 줄기차게 등장했던 사회적 불평등의 관계를 새로운 관점에서 바라볼 수 있는 인식론적 근거를 마련했다는 점에서 그 학문적 의미를 찾을 수 있다. 초기 자본주의 시대를 살다 간 마르크스에게 사회적 불평등의 문제가 '착취'의 개념으로 귀결되었다면, 자본주의가 일정 수준으로 발전되어 복지국가의 시대로 접어들면서 베버는 '지배'라는 개념으로 이 문제를 포착한 바 있다. 착취가 주로 경제적인 이해관계를 중심으로 생산관계에서 노동의 잉여가치가 불평등하게 배분되는 문제를 지적한 것이라면, 지배는 시장관계에서 상징적 재화, 이를테면 명예나 위신 등을 통해 발휘되는 계층적 위계질서를 설명하는 개념이라고 할 수 있다. 그런데 부르디외의 상징적 폭력은 착취와 지배라는 이중적 문제의식을 동시에 담아내고 있는 개념이다. 다시 말해 부르디외에 따르면, 현대 자본주의사회에서 계층적 위계를 규정하는 신분적 질서는 학력이나 가정의 배경으로부터 유래하며, 이것은 나아가 경제적 잉여의 왜곡된 배분으로 이어진다. 특히 이론적으로 상징적 폭력의 개념에 있어 유념할 것은 이러한 신분질서와 착취의 논리가 개인의 무의식적인 취향을 통해 발휘된다는 점이다.

(2) 상징적 폭력의 전개방식

그렇다면 상징적 폭력의 전개방식은 구체적으로 무엇인가? 부르디외는 이것을 설명하는 과정에서 일상생활의 취향이 선택되는 방식에 주목하고 이것을 '구별짓기' 전략이라고 이름붙인다. 다시 말해 계급적 신분질서는 타인과 구분되는 취미생활의 방식을 통해 성립되며, 이것을 통해서 일정한 동류의식이 형성된다는 것이다. 이러한 과정을 설명하기 위해서 사생활 영역을 몇 가지로 나누어볼 수 있다.

예술작품의 감상 : 우선 예술작품에 대한 개인들의 취향이 구성되는 과정을 살펴보자(아래의 내용들은 『구별짓기』 1장을 참조할 것). 사회적으로 인정받는 미술품이나 사진에 대한 독해가 가능하기 위해서는 문화적 코드와 암호에 익숙해질 필요가 있는데, 이러한 과정을 통해서 자연스럽게 한 사회의 지배문화가 피지배문화를 압도하게 된다. 예를 들어 일반인들이 몬드리안의 「브로드웨이 부기우기」와 같은 미술품에 담긴 의미를 해독하는 것은 사실상 불가능하며, 따라서 미술관에서 이러한 추상작품을 감상하기 위해서는 학교를 통해서 전수되는 문화적 코드교육이 필요하게 된다. 그런데 학교를 통해서 일반인들에게 전달되는 미학교육 속에는 일정하게 틀 지워진 세계관이 암묵적으로 전제되기 마련이며, 그것이 한 사회의 문화적 헤게모니를 장악한 지배계급의 취향에 가까운 것이라는 점은 쉽게 짐작할 수 있다. 따라서 주말의 여가시간을 보내기 위해서 영화를 보러가는 계층으로부터 미술관에 가는 계층 사이에는 일정한 계급적 분류효과가 작동한다고 보아야 한다.

사진작품의 감상 : 사진과 같이 개인적인 선호도의 차이를 극명하게 나타내기 쉬운 작품을 보여주고 그에 대한 평가를 조사하는 경우, 개인들의 심미적 취향이 계급적 편차에 의해 조종되고 있음을 확인할 수 있다. 대체로 학력자본이나 출신 계급의 편차에 따라 자신의 세계관을 피력하는 능력은 달라진다. 학력자본이 많을수록 고정된 세계관을 탈피하려는 경향이 강한데, 미학적 판단력의 경우에도 이와 비슷한 성향을 보인다. 사적으로 비참한 현실을 담은 작품, 예를 들어 심한 노동으로 인해 일그러진 노파의 손을 찍어놓은 사진작품의 경우, 하층계급일수록 이러한 작품에 대한 거부반응("너무나 징그러워요" "나라면 이런 사진은 찍지 않을 거예요" 등등)이 많은 반면, 사회적 상층부로 올라갈수록 자신의 의사표현이 강해지는 경향을 볼 수 있다("노동의 신성함을 보여주는 사진이군" "인생의 역정이 잘 표현되어 있어" 등등). 하층계급에서는 주로 작품의 재현 형태에 주목하여 미학의 부정적 성향이 그대로 표현되는 반면, 상층부의 경우에는 추악한 대상도 아름다울 수 있다는 미적 인식의 여유를 보임으로써 하층계급과 차별되는 일정한 성취 지향성과 탁월함을 사회적으로 실현하게 되는 것이다.

이처럼 미술이나 사진작품에 대하여 자신의 감상폭이 넓어진다는 것은 상층부 계층의 사람들의 사회현실에 대한 윤리적 세계관에 일정한 여유가 있음을 말하며, 반대로 하층계급이 사람들은 일방적으로 틀 지워진 세계관에 사로잡혀 새로운 사고의 가능성을 스스로 차단하고 있음을 의미한다. 다시 말해 상층계급이 추악한 대상을 두고도 아름다움을 인정할 수 있다는 사실은 그만큼 하층계급에 비해서 미학적 분류법에 따른 '필요성에 대한 강박'으로부터 자유롭다는 뜻인데, 이것은 역으로 해석해 사회적 헤게모니를 쥐고 있지 못한 계급이 상대적으로 미학적 취향에서 대단히 편협한 경향을 보인다는 것을 말한다.

음악작품의 감상 : 부르디외는 「피아노 평균율」「랩소디 인 블루」「도나우 강」의 세 곡을 선정하고, 이를 여론조사에 반영함으로써 각각의 음악이 계급적 취향과 맺는 관계를 통계치로 보여주고 있는데, 순서대로 보면 첫 번째 곡은 정통 취향, 두 번째 곡은 중간층 취향, 마지막 곡은 대중적 취향을 반영하는 것으로 조사되었다. 사실 음악이나 회화는 가장 전통적인 문화생활의 영역이며, 따라서 이러한 문화생활에 익숙해지기 위해서는 역시 학교생활을 통한 교육이 있어야만 한다. 따라서 「피아노 평균율」과 같은 작품에 가장 많은 사람들이 선호도를 보인 이유는 이러한 음악이 학교교육을 통해서 빈번하게 연주되고 인용되기 때문이라고 해석할 수 있으며, 이러한 맥락에서 보면 개인들의 취향이라는 것이 얼마나 강력하게 학교교육을 통해서 길들여지고 각인되는가를 알 수 있게 된다.

소비방식의 경우 : 부르디외는 '세 가지 차별화 방식'(『구별짓기』, p.300)이라고 부른 소비

구조를 통해서 상징적 폭력의 일부를 설명하고 있다. 즉, 그는 '식료품' '문화=교양' '외모와 상징을 위한 지출'의 세 가지 항목을 들어 취향의 사회적 위계가 결정되는 방식을 보여준다. 예를 들어 식료품에 대한 하층계급의 취향은 육체적 강인함force을 키우는 쪽으로 소비되는 반면, 상층계급의 경우는 육체적 형태forme를 유지하는 쪽이 선호된다. 이러한 강인함/형태의 이분법적 차별화 현상은 의상이나 언어의 사용법에도 그대로 적용된다.

미적 성향의 경우 : 부르디외는 『구별짓기』의 3장에서 미적 성향을 기준으로 개인의 사회적 정체성을 설명하고 있다. 그런데 부르디외의 논리에 따르면 미적 성향이란 사회적 조건에 상응하는 것으로서, 이것은 결국 사회적 공간에 할당된 차별화의 속성 그 자체이다. 예를 들어 우리들이 생활 주변에서 흔히 경험하는 여러 형태의 사회적 구분들 중에서 남성/여성과 같은 성별의 분류는 상층/하층, 거칠음/우아함과 같은 기능적 분류나 미적 구분을 통해서 차별화된 속성으로 나타나곤 한다. 따라서 개인의 미적 성향에 관련하는 육체적 도식이란 사회적으로 '이상적인 육체/비정상적인 육체라는 이분법적 대립을 초래하게 된다. 이러한 분석의 관점은 최근 한국사회에서 일고 있는 성형수술의 사회적 유행을 설명하는 데 유용할 것으로 보인다.

바로 이러한 맥락에서 미적 성향은 상징적 투쟁의 결과물이라고 말할 수 있게 된다. 왜냐하면 육체의 사회적 활용은 일정한 세계관과 가치관을 반영하고 있는 계급적 범주화의 전형적인 양식이기 때문이다. 따라서 지배/피지배의 대립은 물리적 속성을 은폐한 채 가치관의 범주화에서 보다 치열하게 전개된다.

이제 사적 영역의 소비행위나 문화상품에 대한 미적 취향에 대한 사회적 분류를 통해서 몇 가지 중요한 사실을 정리해보자.

첫째는 문화상품에도 독특한 논리를 가진 경제적 이해관계가 존재한다는 것이다. 따라서 학문적으로는 이러한 상품의 소비자들과 각 상품에 대한 이들의 취향이 생성되는 조건을 확인하고, 특정한 예술작품으로 간주되는 대상을 음미하는 다양한 방식과 함께, 전통적인 것으로 간주되는 감상의 전유양식을 연구해볼 필요가 있다.

둘째는 개인들의 문화적 욕구가 양육과 교양의 산물이라는 사실을 깨달아야 한다. 여러 조사의 경우를 보면 모든 문화적 실천(박물관 관람, 음악회 참가, 독서 등), 문학, 회화, 음악에 대한 선호도는 교육 수준이나 출신계급과 밀접하게 관련을 맺고 있음이 확인된다. 다시 말해 사회적으로 공인된 예술 그리고 각 예술의 장르와 유파 또는 시대의 위계에 소비자들의 사회적 위계가 그대로 대응되고 있다. 이 때문에 취향은 '계급의 지표'로 사용될 수 있는 것이다.

셋째는 개인들의 미학적 취향에 순수함이란 존재하지 않는다는 사실이다. 이것은 인간의 본원적 취향을 강조했던 칸트의 미학이론에 반대되는 것이다. 예를 들어 숭고미를 강조했던 칸트는 계급과 상황을 초월하여 인간이면 누구나가 아름다운 것으로 공감하는 미학적 대상이 있는 것으로 생각했지만, 부르디외는 이러한 순수 취향 뒤에는 사회세계와 분리될 수 없는 계급적 에토스가 존재하며, 아름다운 것과 추한 것 혹은 탁월한 것과 천박한 것을 구별함으로써 스스로의 탁월함을 드러내려는 지배계급의 구별짓기 전략이 존재한다고 주장한다.

넷째, 생활세계의 자연스러운 취미와 습관들은 사회적 차별과 연계되어 있으며, 이것이 바로 계급적 적대를 은폐하는 중요한 과정이다. 결국 차별화(구별짓기)양식은 계급적 구분을 만들어내는 일종의 적대관계, 혹은 지배계급이 피지배계급을 억압하는 폭력의 한 양식이다. 그리고 다시 한번 강조되어야 할 사항은 이러한 사회적 배제의 과정이나 지배의 과정이 경제적 요인뿐만 아니라 문화적 자본, 예를 들어 학력자본, 인적자본, 가족의 계층적 지위와 같은 상징자본의 소유 여부에 따라서 결정된다는 것이다. 더구나 이러한 계급적 배제와 사회적 지배의 논리가 상징자본의 속성으로 인해 사회적으로 자연스러운 것으로 보이게 되며, 그 결과 현대인들은 자신이 계급 지배의 논리에 포섭되어 있다는 사실조차 인지하지 못하고 있다.

(3) 상징적 폭력과 통치 이데올로기

그런데 사회적 불평등을 개인의 자질부족(불평등)으로 변형시킴으로써 사회적인 불평등 요인들을 자연스러운 것으로 받아들이도록 만드는 일은 급기야 통치의 정당성을 확보하는 차원에까지 확산되어간다. 부르디외의 저작 중에 『국가귀족 *La Noblesse d'Etat*』이 바로 이러한 문제를 규명해내고 있다. 방대한 양의 실증분석을 통해서 그는 학교교육을 통해서 주입된 문화적 불평등이 마지막에는 국가의 권력기관에 진입한 사람들에게 지배의 권한을 인정하는 효과를 발휘하도록 만든다고 설명하고 있다. 프랑스에서는 정치학교, 행정가 전문 양성기관 혹은 기술 관련 행정가를 양성하는 기관이 모두 전문화되어 있는데, 이러한 학교에 진학한다는 것은 중학교나 고등학교에서 대단히 우수한 성적과 품행상황을 얻어내지 못하면 불가능하다. 그리고 대체로 이 학교의 졸업생들이 사회에 진출하여 국가권력의 핵심부를 장악하게 된다. 프랑스 사회의 국가권력기관에 배치된 인력의 분포를 보면 이러한 전문적인 엘리트 양성기관에서 교육받은 사람들이 대부분이고, 이들의 가계 분포를 조사해보면 약 90% 이상이 상층 부르주아들로 구성되어 있다. 그런데 프랑스 국민 대다수들은 이러한 국가권력의 귀족화 현상에 대해서 특별한 이의를 제기하지 않은 채, 단지 그것을 인정하고 받아들인다.

프랑스 사회의 문화적 특수성을 인정하고, 더 나아가 권력 엘리트들이 위기상황에서 보이는 이른바 '노블레스 오블리지Noblesse oblige', 즉 솔선수범하여 공공성의 역할을 실현하는 점을 충분히 인정한다고 하더라도, 200년 전 자유·평등·박애라는 구호를 내걸고 신분제 사회를 철폐하고자 했던 프랑스 대혁명의 이념이 과연 현대사회에서 제대로 실현되고 있는지 의심하지 않을 수 없다. 그래서 부르디외는 오늘날 프랑스 사회가 민주적 정치체제라는 외형을 유지하고 있음에도 불구하고 신분적 질서가 여전히 존재한다고 분명하게 잘라 말하고 있다.

이러한 상황이 반드시 프랑스적인 것으로만 한정될 필요는 없을 것이다. 가까운 일본의 경우에도 근대적 신분질서의 성립은 학교교육을 통한 신흥 부르주아들의 탄생과 밀접하게 연결되어 있으며, 특히 관료시험제도가 국가권력에 진입하는 사람들을 학벌과 인맥으로 통제해왔던 것이 사실이다. 이러한 상황은 한국사회의 경우에도 크게 다르지 않다. 일제시기에는 일본유학을 통한 새로운 지식인 그룹이 형성된 바 있으며, 해방 이후에는 미국유학을 통한 신흥 부르주아들이 새로운 지도계급으로 부상하여 경제개발을 주도해왔다고 볼 수 있다. 물론 한국사회에서 학벌이 권력과 경제적 부의 획득수단으로 치부되었던 것은 유교적 정치질서 이후에 줄곧 변화하지 않은 것이겠지만, 현대사회에서 학벌이 중요한 사회 문제가 되는 것은 모든 계급의 신분 상승 기회가 바로 학교의 서열제도를 통해서 가능하기 때문이다.

홍성민, 『피에르 부르디외와 한국사회』, 살림, 2004, 41~48, 52~54쪽.

2. 대중문화와 일상

1) 문화 산업: 대중 기만으로서의 계몽

문화 산업은 소비자의 모든 욕구가 실현될 수 있는 것처럼 제시하지만 욕구들은 문화 산업에 의해 사전 결정된 것이다. **소비자는 자신을 영원한 소비자로서, 즉 문화 산업의 객체로서 느끼게 되는 것이 체계의 원리다.** 문화 산업은 자신이 행하는 기만이 욕구의 충족인 양 소비자를 설득하려 들 뿐만 아니라 이를 넘어 문화 산업이 무엇을 제공하든 소비자는 그것에 만족해야 한다는 것을 소비자에게 주입시킨다. (…중략…)

문화 산업의 위치가 확고해지면 확고해질수록 문화 산업은 소비자의 욕구를 더욱더 능란하게 다룰 수 있게 된다. 문화 산업은 소비자의 욕구를 만들어내고 조종하고 교육시키며 심지어는 재미를 몰수할 수도 있다. 문화의 진보에는 어떤 걸림돌도 없다. 그러나 이러한 경향은 시민적·계몽적인 원리로서 오락의 원리에 이미 내재해 있는 것이다. 안에 그려진 먹음직스런 음식을 통해 천연색 석판화를 선전하거나 푸딩 요리로 푸딩가루를 선전하듯이 대중에게 어떤 주제를 부각시킴으로써 상품 구매를 권유하는 행태에서 보듯 오락에 대한 욕구가 상당 부분 산업의 산물이라면, 오락에는 물건을 팔기 위해 요란한 소리를 내는 시장 바닥의 외침과 같은 장사꾼의 냄새가 배어 있다. 장사와 오락의 근원적인 친화성은 그러나 '사회에 대한 변명'이라는 오락 자체의 고유한 의미 속에 이미 들어 있다. 기뻐한다는 것은 동의하고 있다는 것을 말한다. 즐거워한다는 것은 사회의 전체 과정에 대해 무감각해질 수 있으며, 아무리 하찮은 작품이라도 전체를 반영하지 않을 수 없다는— 물론 그러한 작품의 반영에는 한계가 있겠지만— 모든 작품의 어쩔 수 없는 요구를 처음부터 완강하게 희생시킬 때에만 가능하다. **즐긴다는 것이 의미하는 것은 항상 무엇**

인가에 대해 더 이상 생각하지 않는 것, 고통을 목격할 때조차 고통을 잊어버리는 것이다. 즐김의 근저에 있는 것은 무력감이다. 즐김은 사실 도피다. 그러나 그 도피는 일반적으로 얘기되듯 잘못된 현실로부터의 도피가 아니라 마지막 남아 있는 저항 의식으로부터 도피하는 것이다. **오락이 약속해주고 있는 해방이란 '부정성'을 의미하는 사유로부터의 해방이다.** '사람들은 무엇을 원하는가'라는 수사학적 질문의 뻔뻔스러움은 이러한 질문이 사유하는 주체에게로 향하는 것처럼 보이지만 사실은 주체적 사유로부터 빠져 달아나고 싶어하는 사람들에게 향하고 있다는 데 있다. 청중이 예외적으로 유흥 산업에 저항할 때조차 그것은 유흥 산업 자체가 가르쳐준 있으나마나 한 저항에 불과하다. 그럼에도 불구하고 사람들이 그러한 저항이나마 하는 것도 점점 불가능하게 되었다. 우민화의 진보는 지능의 진보에 뒤처져서는 안 되는 것이다. 통계의 시대에 대중은 화면 속의 백만장자와 자신을 동일시하기에는 너무나 영리하지만 큰 숫자가 만드는 환상에서 벗어나기에는 너무나 어리석다. 개연성에 대한 고려 속에는 이데올로기가 숨어 있다. 누구에게나 행운이 주어지는 것은 아니다. 행운은 복권에 당첨된 자, 또는 대체로 좀 더 큰 권력 —보통은 끊임없이 재능을 찾아다니는 유흥 산업 자체—에 의해 행운을 갖도록 지명된 자에게 주어진다. 탤런트 사냥꾼에 의해 발견되어 제작 스튜디오 속에서 혜성처럼 등장한 인물들은 새로운 종속적 중산층이 부러워하는 이상형이다. 신인 여배우는 화려한 무도복을 입는다는 점에서 보통 사람과 차이가 나지만 근본적으로는 여사무원의 상징이다. 관람석에 앉아 있는 소녀들은 그들 자신이 스크린에 나타날 수 있다고 느끼기도 하지만 다른 한편으로는 스크린과 그들을 분리시키고 있는 거대한 심연도 실감한다. 한 사람만이 행운을 잡을 수 있으며 한 사람만이 상을 탈 수 있는 것이다. 수학적으로는 모든 사람이 동등한 기회를 가지고 있지만 개개인에게 주어질 수 있는 기회란 너무나 적은 것이기 때문에 사람들은 놓친 기회를 쉽게 체념하고는 현실에서는 그렇지 못하더라도 자신의 것이 될 가능성도 있는 다른 사람의 행운을 기뻐한다. 문화 산업은 순진한 '동일화Identifikation'에 사람들을 초대하지만 이러한 동일화는 곧바로 철회된다. 누구도 자신으로부터 더 이상 도망갈 수가 없다. 예전에 관중은 영화 속에 나타난 결혼식 속에서 자기 자신의 결혼식을 만날 수 있었다. 이제 화면 속의 행복한 배우들은 관중 개개인들과 똑같은 유형에 속하는 복사품의 하나지만 그러한 비슷함 속에는 인간적 요소들 사이의 극복 불가능한 분리가 들어 있다. 완성된 '유사성'은 절대적인 차이다. '유類'의 동일성은 개체의 자기 동일성을 금지시킨다. 문화 산업은 '유적 존재'로서의 인간을 고약한 방식으로 실현시켰다. 모든 사람은 다른 사람에 의해 대체 가능하다. 그는 교체 가능한 복제물에 불과하다. **하나의 개인으로서 각자는 절대적으로 대체 가능한 존재로서 절대적인 '무無'다.** 사람들은 나이가 들면서 유사성을 상실하게 됨으로써 이러한 사실을 자각하게 된다. 이에 따라 성공 신화의 내적 구조 —상황이 다르다면 엄격히 유지될 수도 있었을— 도 변하게 된다. 시련과 노력이 필요한 '고난을 통해 하늘에 이르는 길'보다는 상을 타는 것이 점점 더 크게 강조된다. 현대의 이데올로기는 어떤 노래를 히트송으로 대접하거나 엑스트라를 여주인공으로 발탁하는 진부한 결정 과정에 들어 있는 '눈먼 기회'적인 요소를 찬양한다. 영화들은 우연을 강조한다. 영화가 악역을 제외하곤 모든 성격이 본질적으로 비슷하다는 것을 강조하고, 순응을 거부하는 인물들, 예를 들어 그레타 가르보처럼 스스럼없이 대하기가 거북한 인물들을 제거하려 드는 것은 영화 관중으로 하여금 언뜻 보기에는 삶을 쉽게 만들어주는 것처럼 보인다. 관중은 지금 그대로가 아닌 다른 무엇이 될 필요는 없으며 그들이 감당할 수 없는 무엇이 그들에게 요구되지는 않으리라는 생각 속에서 안심을 한다. 그러나 동시에 시민적 행복이란 계산 가능한 노력의 결과와는 아무런 연관도 없다는 사실이 암시된다. 사람들은 이러한 암시를 잘 이해하고 있다. 누가 행운을 잡는가라는 문제에 관해 대부분의 사람들은 계획성과 반대되는 '우연성'을 알고 있다. 누구든지 엔지니어나 경영자가 될 수 있을 정도로 사회 내의 에너지가 충분히 합리화되었기 때문에 사회가 누구를 선택해서 그런 기능을 훈련시키고 맡기는가라는 문제는 완전히 비합리적이 되었다. 우연과 계획은 동일한 것이다. 인간의 평등이라는 관념이 통용되게 됨으로써 개인의 행·불행은 최정상의 인물에 이르기까지 경제적인 의미를 상실한다. '우연'자체가 계획된다. 그 이유는 우연이 갑 또는 을이라는 사람에게 작용한다는 점 때문이 아니라 사람들은 우연이 결정적인 역할을 한다는 것을 믿게 되기 때문이다. 우연은 계획자들의 알리바이로서 기능하며 일련의 상호 작용과 조치들로 변질된 삶들이 직접적이고 자발적인 인간관계인 것처럼 보이게 만든다. 문화 산업의 다양한 매체들이 평균적 개인들을 자의적으로 선발하는 일은 이러한 자유의 상징이다. 행운을 잡은 사람에게 제공되는, 사실은 별 것 아닌 화려한 여행 보너스 —보통은 지역 유지와 친분이 있는 속기 타이피스트의 차지가 되지만— 에 대한 잡지의 상세한 정보는 이 모든 것이 얼마나 무기력한가를 반영해준다. 그러한 여행 보너스란 무의미한 자료에 불과하기 때문에 이러한 자료들을 관리하는 사람들은 누군가를 자신들의 천국으로 초대할 수도, 그리고는 다시 쫓아낼 수도 있다. 그의 권리나 일은 아무런 향기나 윤기도 없는 것이다. 문화 산업은 오직 자신의 고객이나 피고용자로서만 인간에 대해 관심을 가지며 그에 따라 실제로 인류 전체나 각각의 구성원을 빈틈없는 틀 속에 가두어놓는다. 그때그때 어떤 측면이 두드러지는가에 따라 현대의 이데올로기는 계획 또는 우연을, 기술 또는 삶을, 문명 또는 자연을 강조한다. 문화 산업은 자신의 피고용자인 사람들에게 그때그때 합리적인 조직성을 상기시키고는 그러한 조직성에 '건강한 인간 오성'을 가지고 적응할 것을 강요한다. 고객으로서 사람들에게는 선택하는 자유를 부여하고, 스크린이나 신문에는 개인적 일화를 게재함으로써 미처 생각 못한 신선한 자극을 주는 것이 허용된다. 그렇더라도 사람들이 객체의 상태를 벗어날 수 있는 것은 아니다.

테오도르 아도르노·M 호르크하이머, 김유동·주경식·이상훈 옮김,
『계몽의 변증법』, 문학과지성사, 1995, 197~203쪽.

2) 팬덤, 정서적 공동체의 함의

(1) 공유된 의식

벤야민이 바라본 19세기는 개인주의와 집단주의가 뒤엉킨 세계였다. 개인주의로 침잠된 집단의 의식은 깊은 잠에 빠진 시대이고 깊은 잠 속에 빠진 꿈꾸는 이들은 예민해진 감각 속에 환상과 꿈의 이미지를 만들어낸다. 현재를 살아가는 우리는 꿈에서 깨어나기 위해 특정한 계기를 마련할 필요가 있다. 팬덤 활동은 보이지 않는 꿈을 좇는 일과 같다. 마치 영화 '인셉션'의 내용처럼 우리는 현실을 초월하기 위해 유토피아적 세계로 그려지는 꿈을 꾸며, 또한 꿈에서 깨어나기 위한 강인한 자극, 즉 '킥'을 필요로 한다. 스타와 팬의 관계로 치환시켜 보면 스타는 우리에게 꿈이라는 이미지를 형상화시키는 존재이자 '킥'을 안겨주는 매개체이다. 여기서 중요한 것은 우리가 우리 스스로를 팬으로서 '지각'하는 것이다.

'소셜'하지만 '개인적인' 특성이 유감없이 발휘되는 공간이 바로 소셜 미디어이고 이를 중심으로 형성된 집단이 팬덤이라는 정서적 공동체이다. 따라서 팬덤 안에서 또한 지속적으로 꿈꾸는 자아는 타자화된 대상을 통해 자신의 꿈을 재현할 수 있다. 다시 말해 벤야민이 말한 '꿈이 깨어나는' 공간이 팬덤 공동체가 될 수 있다. 여기서 하나의 주체적 자아이자 지각하는 개인의 의식 내부에 잠재된 채 생성되는 꿈의 이미지가 깨어날 수 있도록 팬과 팬이 서로를 돕는 것이 가능하다. 스타에 대한 공통된 열망으로 개인들이 모여든 집단 내에서 발견되는 특정한 현상과 구체화된 경험에 대해 기억을 공유하는 행위가 이를 증명한다. 팬 활동에 늦게 참여한 이들이 경험하지 못한 일조차 온라인에 저장된 수많은 자료를 바탕으로 접할 수 있도록 하며 이를 통해 수많은 기억의 후차적인 생성을 돕는다. 팬덤 활동에 참여한 이들은 이처럼 집단적으로 같은 경험을 공유하며 팬덤으로서 자신들의 정체성을 의식하는 행위를 반복한다. 이러한 행위는 역으로 자신들을 해방시키는 기제로도 작용할 수 있다.

이는 피에르 부르디외가 주창한 '구별 짓기'와는 상이한 개념이다. 부르디외는 "엘리트

사람들이 대중적 취향과 구별해 문화적으로 우월한 가치를 부여 한다"고 했다. 팬덤 내에서 구별 짓기는 이와 다른 차원의 문제를 가진다. 팬덤은 누구나 참여 가능하고 언제든 누구나 자의적으로 참여 또는 탈퇴가 가능하다. 또한 스스로 밝히지 않는 한 그 어떤 누구도 자신이 특정 팬덤에 속한 것을 알 수 없다. 대부분의 아이돌 팬덤에서 개인 팬들은 자신의 정체성을 외부로 쉽게 드러내지 않는 경향을 보인다. 그럼에도 자신들끼리 스타에 대한 공통된 의식, 경험에 대한 다양한 기억을 교류하며 서로의 자아 정체성을 재인식시킨다. 마치 나는, 너는, 그리고 우리는 팬일 수밖에 없다는 것을 증명하며 자신에게 팬으로서의 '가치'와 '정당성' '의미'를 부여하는 것이다. 이것은 팬이 아닌 사람과 나를 구별하는 것이 아니라, 팬으로서의 나의 모습을 끊임없이 확인하는 일종의 행위적 장치이다.

경험은 기억의 형태로 저장된다. 팬덤 활동이라는 것은 보이지 않는 꿈의 세계를 건축하는 정신적 활동이다. 보다 일차원적으로는 경험을 통해 느낀 감정을 비슷한 생각을 가진 이들과 공유하는 과정이라 할 수 있다. 시대가 변화하고 기술의 발전에 따라 건축의 대상과 양상도 변화하는 것처럼 팬덤 활동의 특성과 양태도 한 시대가 가진 성향에 따라 달라진다. 실제 소셜 네트워크 서비스를 활용하여 팬덤 활동에 몰입하면 이전보다 확장된 방식으로 상당한 분량의 경험치를 축적할 수 있다. 앞서 언급한대로 일찍부터 팬 활동을 시작한 팬들은 새로 유입된 팬들에게 이전에 함께 경험하지 않은 것들을 제시하며 스타에 대한 특별한 감정적인 체험, 기억의 형성을 돕는다. 팬덤의 규모가 커지는 것, 새로운 팬들이 유입되는 것은 기존 팬으로서도 아주 반가운 일이기 때문에 팬의 후천적인 체험을 돕는데 주저하지 않는다. 전적으로 이를 위한 것은 아니더라도 거의 모든 아이돌 팬덤에서 스타 활동에 대한 자료가 팬덤에 의해 아주 체계적으로 정리, 기록되어 여러 온라인 커뮤니티를 통해 게시되고 있다. 언제든 누구나 스타의 활동을 다시 기억, 경험하고 공유할 수 있도록 만든 것이다. (…중략…)

팬들은 스타를 통해 형상화된 꿈의 세계, 존재하지만 실재하지 않는 것처럼 여겨지는 꿈, 즉 환상의 실체를 보여주는 스타에 대한 열망을 자신의 현실세계와 소셜 미디어 세상 속에 보이지 않지만 분명히 존재하는 감정의 형태로써 건축하게 된다. K팝 팬들에게 아이돌은 이전과 다른 새로운 경험의 차원으로 팬들을 인도하는 존재다. 스타의 공연은 관람하는 것이 아니라 체험하는 것이고 그 체험은 아주 선명한 형태로 기억에 남아 의식화 또는 내재화 된다. 기억은 언제나 경험을 통해 생성된다. 그리고 그 경험은 기억을 통해 과거에서 현재로 흐른다.

(2) 개인적 경험에서 집단적 사유로

여러 사람의 공통된 기억은 동일한 경험을 바탕으로 한다. 팬들은 같은 경험을 바탕으로 공유된 의식을 기억의 형태로 내재화 시킨다. 팬덤 공동체는 스타에 대한 경험과 의식을 팬들끼리 함께 공유하면서 팬덤의 정서와 관계를 강화시킨다. 이들에게 지나간 시간은 과거가 아니다. 끊임없이 지난 기억을 현재로 데려와 의미를 추구한다. 과거의 경험을 통해 형성된 기쁨을 현재와 미래로 흐르게 하는 것이다. 같은 기억을 함께 회상하는 것은 팬덤의 결속력을 강화시킨다. 이는 팬과 팬이 서로를 끌어당기는 아주 강력한 촉매제로 작용한다. "공동체가 형성되기 위한 필수불가결한 조건은 사람들 간의 커뮤니케이션"이기 때문에 이들은 공유한 기억을 바탕으로 끊임없이 소통하며 관계 맺기를 지속적으로 시도하여 팬덤 공동체의 형태와 특성을 강화시킨다.

> "혼자 하는 것보다는 타인과 정서적으로 공유하는 게 서로를 좀 더 단단하게 만들고 똘똘 뭉치게 하는 큰 이유이니까요. 팬덤 사이에 좋은 일이면 서로 같이 기뻐하고 나쁜 일이면 서로 위로해주면서 지내다보면 그런 것들이 다 추억이 되기 때문이죠. 내가 기억 못하는 일을 다른 사람이 기억해주면 그때 그런 일 있었지 하면서 곱씹을 수도 있기 때문입니다." (방탄소년단 팬, 아미 B)

레이먼드 윌리엄스는 "문화는 인간 주체의 능동적 실천"이라고 했다. 문화를 특정한 삶의 방식과 표현, 삶을 재구성 방법으로 정의한 그는 특정한 집단이 공유하는 가치를 '감정 구조' 혹은 '정서 구조'라는 개념을 통해 설명하였다. 그는 "스스로의 경험에서 성립되는 자신의 정체성을 타인과 공유하며 공동체에 참여하는 행위를 통해 보다 주체적이고 자율적인 삶을 살아갈 수 있다"고 했다.

그렇다면 왜 개인이 아니라 집단적인 공동체를 통해 팬으로서 자신을 자각하고 팬덤 공동체의 일원이 되는지에 대한 보다 현실적인 답을 구할 필요가 있다. 팬덤 공동체가 함께 사유하며 즐기는 것은 궁극적으로는 그들이 공통으로 열망하는 스타콘텐츠와 음악이다. 박애경(2000)에 따르면 대중이 함께 즐기는 가요는 "본래 공동체의 음악"이다. 팬덤 활동은 특정 대상에 대한 열정의 산물이다. 결국 팬덤 공동체는 스타 콘텐츠와 음악을 즐기는 개인들의 일상적인 경험을 공유하며 서로를 감정적인 유대감으로 조직한다. 더불어 비슷한 경험과 기억을 소유한 개인들의 집합은 팬덤이라는 형태로 구조화되고 개인들의 정서 구조를 강화한다. 아이돌 팬덤이 정서적 공동체인 이유는 바로 이 때문이다. (…중략…)

그렇다면 팬 활동을 통해 궁극적으로 획득할 수 있는 것은 무엇이며 이는 개인의 삶에 어떠한 영향을 미치는가? 벤야민에 따르면 "대중들은 예술 작품에서 뭔가 마음을 따뜻하게 해줄 수 있는 것"을 적극적으로 구한다. 현대 대중문화에서 아이돌은 아티스트라 불리고 있으며, K팝은 대중음악 장르에서 빚어지는 예술 작품과 다름없다. 예술 작품의 형태와 양상, 그에 몰입하는 정도는 사람에 따라 다를 수 있으나 결국 목적과 수행 방식은 동일하다. 미술관에서 작품의 가치를 발견해 마음을 충족시키는 사람도 있고, 유튜브 같은 소셜 미디어에서 스타를 바라보며 정서적 만족감을 채우는 사람도 있다.

> "가장 힘들 때 우연히 방탄노래를 접했습니다. 괜찮다고 말해주었고 잊으라고 말해주었습니다. 음악으로 위로 받았고 방탄의 인성과 가치관으로 나 자신을 돌아보게 되었습니다. 내 자신을 사랑하도록 노력할 수 있었습니다. 나에게 방탄은 나이를 떠나서 존경하는 나의 롤모델이 되었습니다." (방탄소년단 팬, 아미 Z)

팬덤에게 가장 중요한 것에 대해 심두보(2013)는 "아이돌의 이미지를 소비하고 아이돌과 상상적으로 교감하는 경험"이라고 지적한 바 있다. 개인이 팬덤의 일원이 되면 스타 콘텐츠를 통해 행복이나 기쁨 같은 감정을 교류하며 팬덤 안에서 동일시된 정서 상태를 공유하게 된다. 이수유(2018)는 "감각은 주체의 경험을 심도 있게 이해하게 하는데 그 경험은 개인이라는 경계 안에 한정되지 않는다. 감각적 경험은 단일한 주체로서의 개인을 넘어설 수 있게 해준다."고 했다. 팬들은 스타의 노래와 춤 K팝과 함께 스타콘텐츠에서 부여받은 감각적 경험을 통해 개인의 주체를 넘어 동일한 감각을 체험한 상호 간의 관계를 강화한다.

(3) 자아 정체성의 확장과 연대

팬덤은 곧 자기 자신의 정체성이다. 제킨스(2008)는 "팬덤 분석을 통해 사람들이 왜 점점 더 자신들이 향유하는 미디어 생산물을 통해 개인 정체성을 구축하고 있는 지를 설명하는 데 유용하다"고 설명한 바 있다. 개인의 정체성이 집단으로 모여 동일시된 자아인 스타를 대상으로 자발적으로 집단적인 자아를 형성하고 상호 관계를 맺는 것이 팬덤이기 때문이다.

"함께 전율하는 사람들은 감각이라는 경로를 통해 외부로, 타인들의 자리로 스스로를 확장시키며 공동의 자아를 체험" 할 수 있게 된다(이수유, 2018). 따라서 어느 팬덤에 속한다는 것은 개인의 성향과 취향을 증명하는 지표이고, 개인의 자아가 공동의 자아로 성장하는 계기를 마련한다.

이러한 특성에도 불구하고 아이돌 팬덤에 속한 팬은 자신이 누구의 팬임을 공공연히 밝히는 '팬밍아웃'[1]을 하지 않고 '일반인 코스프레'[2] 즉 일코를 하는 경우가 많다. K팝이 세계적인 주목을 받는 것과 별도로 여전히 현실 사회가 정작 아이돌 팬 활동에 열중하는 것에 대해서 냉소적인 시각으로 바라보는 경향이 짙기 때문이다. 팬 활동에 열중하는 사람을 '빠순이'라고 부르거나 팬 활동을 '팬질'이라고 지칭하는 것이 그 예이다. 여전히 "아이돌 팝이나 팬덤 문화는 지배적인 사회질서로부터 따가운 시선을 받고 있다(김환표, 2013). 팬덤 활동을 하는 것이 청소년 시기에 일탈을 즐기기 위한 저급 문화로 취급받기 일쑤이기 때문에 "개인적 자존감을 수호하고 사회적 정상성에 부합하기 위해" 일코를 하는 경우가 많다(김환표, 2013). 이렇듯 자신을 숨기는 경향이 짙은 아이돌 팬덤 문화의 특징에도 불구하고 팬 활동을 하고 있음을 주변에 과감히 드러내는 것은 팬덤 아미에서 주로 발견되는 공통적인 특징이었다.

"방탄의 음악과 그들의 진정성이 대내외적으로 성적, 수치, 기록과 같은 것으로 인정받기 시작하면서 사회에서 암묵적으로 '빠순이'와 같은 취급을 받던 팬들에 대한 인식 또한 개선되었고 자신을 드러낼 수 있는 용기가 생긴 것이 아닌가 생각합니다." (방탄소년단 팬, 아미 H)

"방탄소년단이 역대급 기록을 내고 있고 소위 국뽕이라고 할 만한 성과들을 많이 보여주고 있어서 그런 것 같아요. 특히 30대 이상 나이대가 있는 팬들에게 내가 아이돌 팬인데 방탄소년단의 팬이다라고 해도 조롱을 받지 않을 만한 위치와 행동들을 가수가 직접 보여주고 있으니 팬으로서 당당하게 덕밍아웃하고 다니는 경우가 많은 것 같습니다." (방탄소년단 팬, 아미 N)

이수유(2018)는 "문화는 한편으로 상징과 논리를 통해서 사람들이 스스로를 생각하는 방식을 규정하지만, 다른 한편으로는 그들의 신체를 통해서 자아의 구성 및 재구성 과정에 관여한다." 설명했다. 사회의 냉소적 시선과 무관하게 팬덤 활동에 대해 스스로를 떳떳하게 여기는 이들이 많아지길 바란다. 보다 공개적이고 다층화된 팬덤 문화는 기존의 사회를 지배하던 '빠순이'라는 일차원적인 개념적 편견에서 모두를 벗어나도록 도울 것이다. 팬덤 활동에 참여하는 것에 대해 사회적 낙인을 찍어 억지로 일코를 해야 하는 현실은 분명 바람직하지 않다.

이지원, 「K팝 팬덤, 정서적 공동체의 이해: 방탄소년단 팬덤 아미를 중심으로」,
고려대 언론대학원 석사논문, 2020, 25~33쪽.

3) 푸드 커뮤니케이션의 맥락

인터넷 먹방에서 BJ들은 엄청나게 자극적이고 고열량인 음식을 깔끔하게 먹어치운다. 시청자는 방송채팅에 참여해 갖가지 댓글을 달며 화면 속에서 먹는 행위에 간섭하고 특정한 방식으로 먹어줄 것을 요구하고 감시한다. 방대한 양의 음식이나 혐오음식을 억지로 먹는 장면, 선정적인 춤을 추고 애교를 부리는 장면도 등장한다. 인터넷개인방송은 콘텐츠를 제공하는 BJ와 시청자간 '관계성'이라는 맥락에서 이루어진다고 볼 수 있다. 그렇다면 독특한 한국적 콘텐츠인 '먹방'을 매개로 하는 커뮤니케이션 관계가 각종 논란에도 불구하고 어째서 지속되고 있는 것일까? 프랑코 베라르디Franco Berardi, 2009의 논의에 의하면 디지털환경과 테크놀로지는 노동과정과 성격 등 노동구조의 변화에 중요한 영향을 미친다.[3] 이런 불안정한 사회에서 디지털세대들은 안정된 삶을 보장받는 소수 상위 층과 아무리 노력해도 한계를 넘어서지 못하는 다수의 사람들로 분화된다. 이런 상황에서 사람들은 철저한 '자기관리'를 통해 사회에 적응할 수 있다고 믿는가 하면 자신의 무기력한 상황을 있는 그대로 받아들이며 스스로를 '잉여세대'라고 인식하기도 한다. 그렇다면 '자기관리'와 '잉여사회'라는 키워드를 온라인문화가 형성되는 주된 요인으로 해석할 수 있다.

(1) 음식과 주체성

몸의 영역을 다루는 학문과 연구는 주체성이 육체화를 통해 구성되고 경험되는 정도를 강조해왔다.[4] 오늘날 사회에서는 각 개인과 다른 사람들이 그 자신을 인식하는 방식에 있어 신체적 외양을 매우 중요시한다. 현대사회는 불확실한 것으로 가득하고 자기성찰성이 강화된 시대이다. 이때 우리의 몸은 노력과 의지에 따라 변화시킬 수 있는 여지가 많은 것으로 간주되며 특히 먹기의 습관을 규율하는 행위로 몸을 통제하게 된다. 그에 따라 섭취하는 음식의 양을 줄이기도 하고 먹는 음식의 종류를 선택하는 행위도 신중해진다.

몸은 얼마나 자기 통제력을 갖추고 있는가를 나타내는 유력한 신체적 상징으로 작용한다. 뚱뚱한 몸이 자기 규율의 결여, 쾌락주의, 방종을 의미한다면 날씬한 몸은 육체적 욕망을 초월해서 자기를 규율하는 능력을 증명하는 것이다. 따라서 외모는 매력과 자부심의 원천이 되기도 하지만 불안과 수치심의 징표로 작용하기도 한다.

문영은·심지수·박동숙(2017)은 먹방 시청경험에 대한 연구를 수행하며 인터뷰 참가자들이 토로한 몸매관리에 대한 부담감에 주목한다. 몸매를 통해 드러나는 외양은 위에서 언급했듯 자부심과 수치심을 가르는 징표로 작용하므로 현대를 살아가는 개인들에게 극심한 부담감 '공포'의 감정으로 작동하게 된다. 사람들은 외모공포에 대응하기 위해 가장 먼저 음식에 대한 욕구를 억압하고 통제한다. 사회통념에 맞춘 이상적인 몸매를 유지하도록 몰아세우며 자신의 육체를 음식조절을 통해 혹독하게 관리하는 것이다.

공포에서 비롯된 자기 계발적인 경쟁은 자신을 돌아보며 자극하는 기폭제가 되어 외모지상주의를 낳게 된다. 주체가 무한 경쟁과 불안한 미래에 대해 느끼는 불안과 공포는 육체에 대한 관심 그리고 체계적 관리로 지속된다. 이런 행위는 자기애를 심화시키는 결과를 낳고 결국 일상생활 곳곳에서 몸 관리에 대한 열정적인 투자가 이루어진다(정수남, 2010). 개인화된 사회에서 육체는 철저히 관리되고 통제되면서 사회적 육체로 탈바꿈하고 몸은 시장에 포획됨으로써 개인의 결정권을 상실하게 된다(노명우, 2009).

공포는 특히 후기 근대사회에서 매스컴을 통해 전파되어 사람들의 불안을 자극함으로써 현대 사회를 통치하는 가장 지배적인 감정이 되었고 오늘날 대부분의 공포는 과학과 합리성이 발달되는 과정에서 만들어진 '제조된 공포'라고 할 수 있다. 예컨대, 사회는 개인을 통치하기 위해서 미디어를 앞세워 불안을 증폭시키고 공포문화를 조성한다. 대중매체는 늘씬하고 이상적인 외양 즉 몸매에 대한 이미지를 확산시키면서 일상과 의식을 지배하고 인간의 몸에 대해 권력을 갖게 된다. 이에 노출된 수용자들은 사회로부터 자발적으로 몸매관리의 욕구를 더 크게 갖게 된다. 이제 몸을 매개로 수치심의 감정이 작동하기 시작하고 식욕을 조절하고 통제해야 한다는 강박감이 체화되어 있다.

자기 통제의 부담감을 혼자 감당하기 버거워진 개인은 인터넷방송에서 BJ에 대한 감시와 통제라는 행위를 통해 일시적으로 부담과 공포를 해소한다. 하지만 그것은 '먹지 말아야한다'는 자기 통제의 방향과 정반대로 '모두 다 먹어야 한다'고 강요함으로써 이루어진다. 이는 "자신의 억압에 대한 보상 심리"의 일환으로 BJ의 자기학대적인 행위를 봄으로써 현실에서 받은 억압과 울분을 해소하려는 심리로 설명할 수 있다(김혜진, 2015).

또한 자신이 하기 힘든 저항을 BJ에게 이양함으로써 위안을 얻기도 하는데 이는 자신들이 함부로 실행하기 힘든 저항인 금기음식을 엄청난 양으로 먹는 '대리적 저항'으로 해석할 수 있다(문영은, 2017). 식욕통제라는 억압에 맞서 엄청난 양의 음식을 먹어줄 대리자인 BJ를 탐색하고 BJ는 이런 요구에 부응해서 점점 더 많이 먹게 된다. 이러한 과정에서 먹는 양에 집착하는 가학적이고 탐닉적인 먹방 문화가 형성되는 것이다. 먹방 문화는 사회통념에 맞서는 저항을 자신의 몸을 통해 표출해내지 못하는 사회구조적 억압의 산물이고, 이러한 억압에 대처하는 밀레니얼 세대[5]의 독특한 문화콘텐츠의 수용이자 참여행위로 볼 수 있다.

(2) 잉여사회

흔히 푸드파이트로 대변되는 먹방처럼 온라인 공간에서 발생하는 지극히 쓸모없는 개인적인 취향의 코드나 갖가지 가학과 자극은 '잉여 혹은 루저'라는 개념의 자기비하적 인식에서 비롯되었을 가능성이 크다. 잉여란 전체의 관점에서 봤을 때 불필요하게 여겨지는 체계의 부분으로서 사회구조에 밀려 '주변화'되기보다는 오히려 부정(비인정)되어 전체구조에도 포함되지 못하는 것이고 이런 잉여인간에게는 '남과 다른 길'을 가는 자의 적극적 의지보다는 어쩌다보니 '정도'를 벗어나게 된 자의 수동적 자의식이 훨씬 더 지배적이다(김수환, 2011).

집단적 의지를 통한 해결보다 개인적 '노력'에 의한 변화를 요구받는 사회 속에서 독특하고 모나지 않은 평범한 개인들에게로 자기비하의 인식은 확산되고 이는 흔히 냉소적 전망과 결합하여 잉여로서의 냉소적-패배적 정서를 드러내게 된다. 경제성장률은 낮아지고 대학졸업자는 훨씬 늘어난 근래 특히 20대 상당수는 고용되지 못하는 잉여인간으로 밀려났다. 이런 잉여인간은 패배적인 자기부정에 휩싸여 아무것도 안할 것 같지만 남아돌고 쓸모없는 존재라는 자의식이 냉소적 유희정신과 결합하면 '잉여짓'이라는 신조어를 만들어내며 사회적으로 인정받지 못하는 행위에 적극적으로 몰두하는 이중성을 갖게 된다. 이렇게 잉여라는 정체성을 극단화하려는 행위는 'N포세대'[6]라는 유행어에서 보듯 당연하다고 여겨진 것들을 포기하게 된 세대가 오히려 그것들을 갈망하고 있음을 표출하는 몸부림인지도 모른다.

잉여들에게 가상세계의 네트워크는 거의 유일한 도피처로 그 안에서는 이른바 '잉여짓'이라 할 만한 이상하고 집단적인 놀이가 이루어진다.[7] 애초에 그 누구도 궁금해 하지 않았을 자신의 식사 장면을 방송으로 내보내기 시작한 '먹방'은 자기만족적인 '열정'을 갖고 행하는 그 '짓'거리가 사회적 의미에서 '가치'를 전혀 부여받지 못한다는 점에서 '잉여짓'으로 규정될 수 있다(홍석경, 2016). 먹방이 고유명사로서 전 세계에 널리 알려진 지금도 '먹는 모습'을 누군가와 공유하는 행위를 이상하게 여기고 그걸로 돈을 벌 수 있다는 사실을 이해하지 못하는 사람들이 여전히 많이 있다.

이진범, 「인터넷개인방송의 등장과 참여행위에 관한 연구: 먹방을 중심으로」, 성공회대 석사 논문, 2018, 19~26쪽.

4) 정서적 허기인가 정보와 오락의 추구인가?

(1) 먹방·쿡방 열풍의 사회문화적 배경과 시청동기

음식과 먹기는 생물학적 차원에서 보면 평범한 일상이지만, 사회구성주의적 관점에서 보면 단순히 생존에 필요한 연료가 아니라 '아주 뛰어난 상징적 매체'라고 할 수 있다. 럽턴(Lupton, 1996/2015)은 음식 소비 습관이 단지 생물학적 욕구와 결합되어 있는 것이 아니라 사회계급, 지리학적 지역, 국가, 문화, 젠더, 종교, 직업 간 경계를 특징짓는 것으로, 음식과 먹기의 의미·담론·관행을 문화적으로 상세하게 분석할 가치가 있다고 보았다. 박형신(2011)도 근대사회에서 취향, 경제적 여건, 사회적 지위 등에 따라 음식을 선택할 수 있게 되자 무엇을 먹었는지가 '음식신분food status'을 드러내는 중요한 대상이자, 구성원들이 상호작용하는 데에 있어 중요한 '대화적 자원conversational resource'이 되었다고 주장했다. 이처럼 음식이나 먹기 행위가 사회 안에서 개인의 계급과 지위, 정체성과 문화를 구분 짓는 지표로 작용하는 만큼, 음식에 대한 사회적 태도는 특정 시기의 사회문화적 맥락을 반영한다고 볼 수 있을 것이다. 그렇다면 현재 국내 방송에 불어 닥친 이례적인 먹방·쿡방 열풍은 어디에서 연유하며 어떠한 사회문화적 맥락을 드러내는 것일까. 이에 대한 이제까지의 논의들을 정리하면 다음의 몇 가지로 요약된다.

첫째, 1인 가구가 급증하면서 혼자 밥을 먹을 수밖에 없는 사람들이 먹방·쿡방 프로그램을 보며 소위 '정서적 허기'를 달래고 '함께 먹는' 듯한 유대감을 느낀다는 것이다(김형우, 2015; 나은경, 2015). 실제로 통계청 자료에 따르면 우리나라의 1인 가구 비율은 1990년 9.0%에서 2010년 23.9%, 2015년에는 27%에 육박할 만큼 급증하고 있다. 그러다 보니 혼자 밥을 먹는 '혼밥족', 혼자서 술을 마시는 '혼술족'이라는 신조어가 등장한 지도 오래다. 우리 사회는 전통적으로 가족이 모여 밥을 먹고, 혼자 식사하는 것을 금기시해 왔다. 그런데 학업과 직장 등의 이유로, 또는 가족 해체의 가속화로 혼자 밥을 먹는 사람들이 급속히 증가했고, 이들이 텔레비전 화면 속의 음식과 출연자들을 통해 대리충족을 하며 외로움을 해소한다는 것이 하나의 요인으로 제시되고 있다.

주창윤(2013)은 그의 저서에서 아무리 먹어도 해결되지 않는, 자신의 무기력증이나 욕구 불만으로 나타나는 마음의 문제를 '정서적 허기'로, 사회 구성원 다수가 갈증의 배고픔을 겪고 있는 우리 사회를 '허기 사회'라고 진단한 바 있다. 그는 이러한 정서적 허기가 경제적 결핍과 관계적(문화적) 결핍에서 생겨나며 이러한 허기는 배제나 과잉으로 맥락화된다고 설명했다. 특히 정서적 허기가 커뮤니케이션과 연결의 과잉으로 이어진다는 그의 논의는 실생활에서 점차 심화되는 관계의 결핍이 먹방·쿡방의 시청을 통한 대리충족이라는 사회적·심리적 현상과도 연결될 수 있음을 시사한다. 먹기 공동체가 갖는 사회학적 의미는 맛을 공유하는 것이 아니라 그것이 만들어내는 감정적 유대이며, 먹기 행위의 공유는 사람들을 하나의 공동체로 만들어낸다는 럽턴(Lupton, 1996/2015)의 주장도 유사한 맥락이라 하겠다.

'집밥 열풍' 역시 1인 가구의 급증이라는 인구사회학적 요인과 연관되는데, 김형우(2015)는 "식사의 상당 부분을 외식이나 배달식, 또는 인스턴트 음식에 의존하고 있는 1인 가구에게 '집밥'은 하나의 위안의 대상이자 그들이 회귀하고자 하는 궁극적 지점"이라고 지적했다. 박형신(2015) 또한 어머니의 손맛에 대한 향수는 먹기의 공동체성의 상실에 따른 개별화·파편화된 현인의 감정적 반응이며, 맛에 대한 갈망이 아니라 '정 '과 옛 시절에 대한 갈망이라고 보았다. 이러한 집밥 열풍은 단순한 보여주기식 '먹방'에서 집에 있는 소박한 재료를 이용한 간단한 레시피를 소개하는 '쿡방'으로의 진화를 이끌었으며, 특히 젊은 층에서는 방송에서 소개되는 레시피를 배우고 시청 후 해당 식당을 찾아가는 것이 보편적 현상으로 자리 잡고 있다.

둘째, 2000년 들어 건강하고 아름다운 몸을 지상 목표로 하는 웰빙과 루키즘lookism의 성행으로 다이어트를 하는 이들(특히 여성들)이 먹방·쿡방 프로그램을 보며 '대리 폭식vicarious gluttony'을 통해 스트레스를 해소하고 사회적 억압으로부터 벗어나고자 한다는 것이다(김혜진, 2015; Pope, Latimer, and Wansink, 2015). 김혜진(2015)은 먹방의 시초라 할 수 있는 아프리카TV의 인터넷 먹방을 일종의 푸드 포르노food porn라 규정하고, 식탐과 먹성을 과시하는 개인 BJbroadcast jockey들의 가학적인 행위를 보면서 식욕의 대리만족뿐 아니라 무의식중에 일상을 규율하는 권력과 금욕주의적 삶에 한 반발과 폭력성이 표출된다고 지적했다.

셋째, 장기 불황과 무한경쟁, 불행과 좌절감의 확산 속에서 청년 세대가 먹방·쿡방을 보며 잠시 현실을 잊고 소소한 사치에 집착해 위로와 위안을 받는 일종의 문화적 실천이자, '셀프 힐링'이라는 지적도 있다(류웅재, 2015). 류웅재는 음식에 관한 대중의 관심과 열기가 한국인의 일상과 (무)의식에 깊이 침윤된 만성적 피로감과 허기, 근원적 외로움과 이로부터의 탈주, 또는 위안을 갈망하는 사회적 욕망 등의 시대정신과 맞닿아 있다고 보았다. 인터넷 먹방이 TV방송에 도입되는 과정에서의 헤게모니 과정을 주목한 홍석경과 박소정(2016)도 먹방이 실질적 허기와 정서적 허기를 함께 충족시켜주는 '힐링 요법'의 하나이며, 허기사회를 살아가는 현인들에게 퇴행적 위로의 한 양상이라고 보았다. 문화평론가인 풀(Poole, 2012/2015) 역시 음식은 특히 궁핍한 시기에 위로를 주며, 다른 모든 상황이 예측할 수 없이 돌아갈 때 기댈 만한 위안물이라고 말한다.

이러한 사회문화적 요인 외에도 나은경(2015)은 케이블 방송의 약진, 소셜 미디어 이용의 적응이라는 우리 사회 특유의 매체 환경 변화를 음식 프로그램 열풍의 요인으로 제시했다. 뉴미디어 환경 속에서 음식점 및 요리 정보를 공유하는 것이 새로운 라이프 스타일로 일상화되고 이들이 일상의 '대화적 자원'으로 기능하면서 먹방·쿡방 프로그램 확산에 기여해 왔다는 것이다. 또 먹방·쿡방의 성행을 산업적·경제적 맥락에서 보는 시각도 있다. 류웅재(2015)는 이들 프로그램이 그동안 예능 프로그램의 주류를 형성해 왔던 야외 버라이어티 프로그램보다 70% 수준의 저렴한 제작비에다 간접 광고PPL: product placement 수주도 수월하기에, 산업으로서의 방송 기제와 작동 원리를 고려할 때 이런 현상이 당분간 지속될 것으로 보았다. 이처럼 먹방·쿡방의 인기에 대해 다양한 요인이 제시되고 있지만, 주로 1인 가구, 다이어트, 불황과 경쟁 등 현실 속의 불만족, 결핍 요소가 먹방·쿡방의 시청과 연관 지어 제시되고 있다. 특히 이 논문에서는 김형우(2015), 나은경(2015), 박형신(2015), 홍석경과 박소정(2016) 등 최근 연구에서 일관되게 정서적 결핍 내지 외로움을 먹방·쿡방 시청과 관련짓고 있다는 점에 주목했다.

사회문화적 맥락 아래서 경험하는 정서적 결핍 내지 외로움을 해소하거나 관련 욕구를 대리충족하기 위해 먹방·쿡방을 시청한다는 논의는 이용과 충족 이론의 관점에 맞닿아 있다. 이용과 충족 이론(Katz, Blumler, & Gurevitch, 1974)에서는 수용자가 수동적으로 프로그램을 흘러 다니는 것이 아니라 특정한 동기를 가지고 욕구 충족을 위해 능동적으로 선택한다고 설명한다. 초기의 이용과 충족 연구는 TV 전반을 대상으로 시청동기를 밝히는 연구들이 주류를 이뤘으나, 이후 뉴스, 드라마, 다큐멘터리, 리얼리티쇼 등 특정 장르의 시청동기를 밝히는 연구가 진행되면서(예, 김동우·이영주, 2014; 반옥숙·박주연, 2013; 임양준, 2008) 연구 결과에 대한 설득력이 높아지고 있다. 따라서 먹방·쿡방과 관련해서도 특유의 동기가 존재하는지 규명해볼 필요가 있다. 먹방·쿡방은 요리 레시피나 식당 정보를 제공하는가 하면, 경연 등을 통해 재미를 제공하는 오락적 성격도 갖는 교차 장르적 프로그램이고, 지속적으로 논의돼온 것처럼 정서적 허기라는 사회적 현상과 관련해 독특한 시청동기가 존재할 수 있기 때문이다.

장윤재·김미라, 「정서적 허기인가 정보와 오락의 추구인가? 먹방 쿡방 시청동기와 시청경험, 만족도의 관계」, 『한국방송학보』 30(4), 한국방송학회, 2016, 155~158쪽.

5) 일상-없는 삶과 대중문화의 징후 : (비)일상-예능의 유행을 중심으로

(1) 일상의 (불)가능

일상이란 보잘 것 없으면서도 견고한 것이고, 당연한 이야기지만 부분과 단편들이 하나의 일과표 속에서 서로 연결되어 있는 어떤 것이다. (…) 그것은 과감하며 덧없고, 자신을 주장하며 갈채 받는 모험이다. (…) 헤르만 브로흐의 표현에 따르면, 이 시대의 일상생활은 현대성의 이면이고 시대정신이다.[8)]

최근 예능의 무대는 좁은 방송국을 벗어난 듯 보인다. 스튜디오에서 대본을 주고받던 토크쇼에서 야외 집단 토크로 변하더니, 버라이어티를 거쳐 이제는 방송의 중심이 여행과 맛집 탐방 등으로 확장되었다. 스튜디오 안에서 연예인에게 준비된 개인기나 작위적인 에피소드를 강요하던 토크쇼를 넘어, 이제는 결혼, 육아, 요리, 먹방(먹는 방송) 같은 일상의 모습이 주요한 테마가 된 것이다. 대중은 연예인의 꾸며진 화려한 모습 대신 민낯을 원하며 카메라는 집안으로 들어가 그들의 먹고 자는 모습, 살아가는 일상을 그저 관찰한다. 스타라고 해서 무대 밖에서의 사는 모습이 별다르겠냐만 사람들은 오히려 그 평범함에 열광한다.

90년대 후반 MBC <이경규가 간다>를 통해 교통법규를 지키지 않는 시민들의 양심을 준엄하게 꾸짖으며 '양심냉장고'를 포상하던 이경규는 이제 케이블채널의 <한끼줍쇼>에서 이 집 저 집을 떠돌며 시민에게 냉장고 속 음식을 내어 한 끼를 대접해줄 것을 간청한다. 공영방송의 교양예능을 이끌며 공익의 수호자를 자처했던 이경규가 종편의 나그네로 변모한 모습만큼이나 변한 예능은 이제 한없이 일상화·미시화되는 듯 보인다. 그렇다면 최근 들어 사람들이 타인의 일상에 관심을 쏟게 된 이유는 무엇일까? 여가가 증대되면서 일상을 더욱 잘 즐기기 위함일까?

여가餘暇는 '남겨진 틈'을 의미한다. 여가는 경제활동 시간들 사이의 시간으로, 출근이나 집안일, 육아처럼 생활에 필수적으로 사용해야 하는 시간을 제외한 시간이다. 즉 개인이 자유롭게 사용할 수 있는 잉여로써의 남는 시간을 뜻한다. 여가는 대개 휴식이나 TV시청 등 집안 내에서의 정적인 활동부터 레저나 스포츠, 혹은 여행 등 야외에서 행해지는 동적인 활동을 포괄적으로 지칭할 때 쓰인다. 산업화시대에 여가란 단지 인간-기계의 방전된 배터리를 재충전하는 시간일 뿐이었다. 휴식 없는 노동이 오히려 생산성을 떨어뜨리기에 노동자에게 최소한의 휴식을 제공하여 생산을 증대시키기 위한 시간인 셈이다. 하지만 사회가 발전하면서 여가가 단순히 잉여나 생산을 위한 충전이 아니라 오히려 주主가 되어야 하며, 여가를 즐기기 위해 경제활동을 하는 것이라는 의식이 확산되었다. 그러나 한국 사회에서 여가란 여전히 실낱같은 '틈'에 불과하다.

OECD에서 발표한 '2017 고용동향'에 따르면 한국인의 연간 노동시간은 2,069시간으로 OECD 35개 회원국 중 두 번째로 긴 시간 노동에 시달리고 있다. OECD 평균에 비해 38일을 더 일하며, 독일에 비해서는 무려 4개월을 더 일하는 셈이지만 소득은 독일의 절반도 채 안 된다.[9] 이런 장시간 노동과 저임금 환경에서 제대로 된 여가생활을 영위하기란 어불성설이다. 과연 문화체육관광부의 '2016 국민여가활동조사'에 따르면 2016년 한국인의 여가시간은 평일 3.1시간, 주말 5시간으로 10년 전보다 오히려 감소한 것으로 나타났으며, 그나마도 비용이 거의 들지 않는 TV시청에 집중되어 있다.[10] 장시간 노동에 시달린 사람들은 집에 와서 아무생각 없이 웃고 즐길 수 있는 TV를 선호했으며, 보다 적극적인 참여가 요구되는 독서를 한다고 응답한 비율은 단지 1.2%에 불과했다.

이는 사상 최대의 높은 실업률에 신음하는 청년들에게 더욱 심각한 문제다. 양극화는 부단히 심화되고 있으며, 수많은 청년들이 최저시급으로 근근이 생활을 이어간다. 네그리와 하트가 지적하듯 신자유주의는 부와 소득을 생성하기보다는 재분배했으며, 그 재분배는 주로 공적인 것과 빈자들의 것을 강탈하여 부자들을 위한 축적의 형태로 이뤄졌다.[11] 토마 피케티를 비롯한 각국의 100여 명의 학자들은 2017년 『세계 불평등 보고서』에서 1980년에서 2016년에 이르기까지 증대된 부의 27%를 상위 1%가 독식하고 있다고 발표했다. 한국 역시 상위 10%가 전체 소득에서 차지하는 비율이 80년대 28.2%에서, 2012년에는 44.9%로 크게 늘어 양극화가 더욱 극심해지고 있음이 드러났다.[12]

미래를 저당 잡힌 채 저임금·불안정 노동에 종사하는 '프레카리아트'[13]들은 일찌감치 평범하고 '일상적인' 삶을 포기한 채 비연애, 비혼, 비출산을 받아들이더니, 이내 취업, 내 집 마련, 인간관계마저 포기하는 'N포 세대'가 되었다. 문화체육관광부의 조사에서 드러나듯 여가생활의 향유 수준은 소득 수준과 정적인 상관관계를 나타내기에,[14] 이들에게 해외여행이나 맛집 탐방은 TV를 통해서만 대리 체험할 수 있는 환상일 뿐, 언감생심의 비현실이다. 저임금은 더 많은 노동을 강요하고, 불안정성은 이직을 위해 시간을 쪼개 취업 준비를 강요하며, 높은 주거비와 생활물가는 가용자원을 마지막까지 앗아간다. N포 세대는 '일상-없는 삶/생명'으로만 존재한다. 과거의 일상은 현재의 비일상이 됐으며 병리적 형태의 (비)일상이 그 자리를 대신한다. 이제 일상은 (불)가능하다.

일상日常은 '날마다' '다른 날들과 다름없는 보통의 날'(평상) '늘 되풀이되는 나날들' '하루하루' 또는 '그날그날'(매일)을 뜻한다.[15] 그리고 하이데거에 따르면 '일상성日常性'이란 현존재가 '우선 대개' 머물고 있는 존재양식, 매일 머물고 있는 실존함의 양식, 나날을 살아가는 방식의 '어떻게'를 뜻한다.[16] 일상의 (불)가능성은 나날을 살아가는 방식의 확정

불가능성, 현존재가 '우선 대개'의 방식으로는 더 이상 머물 수 없음, 매일 되풀이되는 실존함의 양식이 오히려 우리의 실존을 위협하고 있으며 현대성이 파국에 다다랐음을 의미한다.

(2) 대리되는 일상: (비)일상-예능의 유행

일상이 불가능해진 프레카리아트들을 대신해 연예인들의 일상을 중계하는 일상-예능[17]이 이들의 욕망을 대리한다. 연애와 결혼을 <최고의 사랑>과 <우리 결혼했어요>가 대리해주고, 출산과 육아를 <슈퍼맨이 돌아왔다> <아빠! 어디가?>가 대리해주며, 편의점 도시락을 먹는 나를 <맛있는 녀석들> <3대 천왕>이 대리해준다. 원룸에 앉아 최소한의 인간관계마저 포기한 채 전자렌지에다 레토르트 식품을 덥혀 먹지만 TV 속 달콤한 연애, 귀여운 아이들, 맛있는 음식을 보며 위안받는다. 즉 프레카리아트들은 얼마 되지 않는 여가를 연예인들의 일상-예능을 보면서 외주外注한다. 과거에 TV가 일과를 마친 후 가족과 함께 거실에 편안하게 앉아 쉬며 즐기는 여가의 도구였다면, 오늘날 사람들은 누려야 할 일상을 포기한 채, 찰나의 여가시간에 타인의 일상을 관음함으로써 충족은 무한히 지연되고 위임된다.

김형식, 「일상-없는 삶과 대중문화의 징후 (비)일상-예능의 유행을 중심으로」, 『문화과학』 94, 문화과학사, 2018, 212~216쪽.

3. 소비사회와 욕망

1) 기호의 소비

현대사회에서 소비는 기호의 소비를 포함하는 과정으로 설명된다. 즉 사물(상품)이 소비되는 것이 아니라 기호가 소비된다는 것이다. 예를 들어 우리는 상품 그 자체를 소비하는 것이 아니라 광고의 기호, 텔레비전의 기호, 자동차의 기호를 소비하고, 성과 권력의 기호를 소비한다. 그리하여 소비의 사물은 기호로서의 가치를 지니게 된다. 따라서 소비의 대상은 바로 상품-기호이며, 그 상품-기호는 기호체계로 의미되는 사회관계에 속한다.18)

그러면 소비의 사물이 기호가치를 지닌다는 표현과 소비가 기호의 체계적인 조작활동이라는 사실은 무엇을 의미하는가? 기호는 사물 그 자체가 아니라 사물을 대신하거나 재현하며, 사물에 대하여 가치를 나타내는 것이다. 일상생활의 분위기의 구조와 관련하여 설명해 보면, 재료는 그 자체로서는, 즉 자연 성질로서는 더 이상 가치를 지니지 않고 따뜻함을 나타내는 특성 때문에 가치를 지닌다. 요컨대 재료는 기호로 바뀌기 때문에 하나의 체계 속에 통합될 수 있는 것이다. 따라서 소비의 사물은 기호에 대한 이상주의적 용어집을 구성한다. 롤렉스 시계나 몽블랑 만년필은 더 이상 기능을 갖는 것이 아니라 하나의 힘을 갖는다. 그것은 바로 '기호' 이다. 중요한 것은 시계나 만년필의 사용기능이 아니라 명품의 기호를 가졌다는 것을 다른 사람들에게 의미 표시할 수 있는 힘이다. 마찬가지로 루이비통이나 카르티에의 핸드백을 들고 고급 와인을 마시는 사람들에게 명품의 소비는 상품이 지닌 고급스러움과 우아함의 상징을 기호로 소비하는 것일 뿐이다.

이런 관점에서 보면, 기호의 소비는 이미 우리의 무의식 속에 자리잡으며, 모든 소비의 대상은 소비의 기호가 된다. 소비자들은 기호라는 자양분을 취한다. 즉 안락함·행복·사랑·우아함이라는 기호들이다. 가령 소비자들은 최신형 휴대전화나 자동차처럼 더 새롭고 나은 모델을 갖게 되면 그 사물에서 행복을 얻을 수 있으리라 기대하는 것이다. 이렇게 소비의 과정은 마술적인 것으로 경험 되는데, 행복의 기호들이 진정한 만족을 대체하기 때문이다. 보드리야르의 표현을 빌리면, 매일매일 일상적으로 경험하는 소비의 "사물이 마치 '기적'처럼 내 앞에 나타난 것으로 인식된다."[19] 이제 기호와 의미작용은 감각을 대신한다. 현대세계의 일상성 속에서 거대한 대체와 전이가 일어나는 것이다. (…중략…)

세탁기라는 친숙한 예를 들어 보자. 세탁기는 객관적이고 유용한 역할을 갖고 있다. 그것은 도구로 쓰인다. 하지만 세탁기는 도구라는 역할만을 갖고 있는 것이 아니라 다른 의미작용도 나타낸다. 그것은 안락함과 행복 등의 요소로서의 역할을 한다. 마찬가지로 자동차는 실용적이고 감각적인 역할을 갖고 있다. 그것은 운행의 도구이다. 하지만 정말로 이 특이한 사물은 실용적이고 감각적인 동시에 상상적이고 상징적이다. 자동차는 사회적 신분과 위세의 상징으로서의 역할을 한다. 어떻게 보면 오늘날 세탁기와 자동차의 경우 이 두 번째 역할이 더 중요한 자리를 차지하는 듯하다. 보드리야르가 말하는 소비는 바로 이 두 번째 역할을 지칭하는 것이다. 여기에서는 다른 모든 종류의 사물들이 의미표시적 요소로서의 세탁기와 자동차를 대신할 수 있다. 기호의 논리에서는 사물들은 더 이상 명확하게 규정된 기능이나 욕구와 관련이 없다. 사물들이 사회적 논리나 욕망의 논리에 대응하고 있으며, 그러한 논리에 대하여 의미작용의 영역의 구실을 하기 때문이다.

이런 점을 고려해 보면, 사물과 욕구는 서로 대체될 수 있다. 글자 그대로 하나의 욕구를 충족하는 것은 그것을 다른 곳에서 다시 나타나게 하는 것이다. 따라서 사회적 논리는 우리에게 기호로서의 사물을 따라서 움직이게 하는데, 이는 무한히 계속된다. 그러므로 우리는 점점 더 기호를 소비할 수밖에 없게 된다. 기호의 소비와 소비의 기호가 서로 한데 얽히고 강화되고 중화되는 것, 이것이 바로 소비사회의 본질적인 특성이다.

(1) 욕구의 유동성과 차이에의 욕구

소비사회에서 사물의 지위에 대한 중대한 변화를 이해하려면 욕구개념으로부터 출발해야 한다. 우리는 욕구를 만족시키기 위해 사물을 소비하지 않는다. 사물에 대한 욕구에는 특정한 대상이 없다. 사회학자 리스먼에 따르면, 이는 '대상없는 갈망'이라는 개념으로 표현된다. 오늘날 우리가 욕망하는 것은 특정한 대상이 아니다. 실제로 우리는 자연발생적으로 어떤 대상을 욕망한다고 생각한다. 하지만 현대의 소비사회에서, 이는 대체로 사실이 아니다. 우리는 자연발생적인 욕망이 아닌 매개된(간접화된) 욕망을 갖는다. 예컨대 우리는 광고나 텔레비전에 나오는 대중스타들이 소비하는 사물들(옷·액세서리·가방·구두…)을 욕망한다. 이는 말하자면 우리가 스스로 어느 특정한 물건을 욕망하는 것이 아니라 타자의 매개를 통해 욕망하는 것이다. (…중략…)

보드리야르가 보기에, 욕구는 '나는 이 물건을 산다. 왜냐하면 나는 그 물건이 필요하기 때문이다'라는 자연발생적인 욕구가 아니다. 물건은 개별적인 욕구에 따라 전유되는 것이 아니라 사회 전체의 삶과의 연관 속에서 전유된다. 욕구는 특정한 사물에 대한 욕구가 아니라 사회적 의미에서의 욕구, 즉 차이에의 욕구이다. 욕구가 기호와 차이에 대한 객관적인 사회적 요구에 따라 재조직되는 것이다. 따라서 욕구의 유동성에 차이적 의미작용의 유동성이 덧붙여진다. 다시 말하면 욕구는 대체되는 과정 속에서 욕구 그 자체를 넘어서는 의미작용의 진정한 영역, 즉 차이의 영역을 갖는다. 그러므로 "소비의 체계는 욕구와 향유에 근거를 두지 않고 기호(기호로서의 사물)와 차이의 코드에 근거를 둔다."[20]

소비의 사물에 대한 구체적인 예를 들면, 유명 디자이너가 만든 옷은 지위·위엄·유행·고급스러움·우아함 등과 같은 사회적 의미를 지닌다. 하지만 소비의 이 사물은 개별적이고 실용적인 기능을 갖지 않는다. 그것은 다른 사물과의 관계에 따라 기능한다. 달리 말하면 그것은 기호와 차이에 따라 기능한다. 요컨대 기호로서의 사물은 코드화된 차이에 의해 전유된다. 우리는 우리의 욕구를 만족시키려고 유명 디자이너의 옷을 입는 것이 아니라 우리를 둘러싸고 있는 다른 사람들과의 차이를 드러내고자 그런 옷을 입는다는 것이다. 따라서 사물의 소비는 개인적 욕구를 통해 일시적으로 구축되거나 체계화되지 않는다. 그러므로 소비사회에서 우리는 차이와 코드의 영역을 벗어나서는 살아갈 수 없는 상황에 놓여 있는 것이다.

(2) 사회적 차이화의 논리

보드리야르가 말하는 소비는 두 가지 측면에서 고려될 수 있다. 하나는 소비를 코드에 근거를 둔 의미작용과 소통의 과정으로 보는 것이고, 다른 하나는 소비를 사회적 차이화의 과정으로 보는 것이다. 이 두 가지 측면으로부터 보드리야르는 소비의 사회적 차이화의 논리를 만들어 낸다. 앞서 이미 언급된 것처럼, 우리는 사물 그 자체를 소비하지 않는다. 우리는 자신을 타인과 구별짓는 기호로서의 사물을 소비한다. 우리는 자신의 욕구에 따라 자유롭게 소비하는 것처럼 보이지만 실제로는 무의식적이고 구조적인 사회적 강제, 즉 사회적 차이화의 강제에 의해 소비하게 된다. 따라서 소비는 자유로운 선택이 아니다. 소비는 사회 전체의 구조와 질서에 의해 조작되고 강요되고 통제된다. 소비는 집단적인 행위이자 강제이며, 코드화된 체계 속에서 이루어진다.

그러므로 소비행위는 타인과 구별될 것을 강요하는 사회적 요구에 의해 이루어진다. 보드리야르의 표현에 따르면, 이는 사회적 '차이화의 강제'이다. "타인과 자신을 구별짓는 것은 곧바로 사회 전체의 현상이 되고 불가피하게 개인을 초월하는 차이의 전체적인 질서를 만드는 것이다."[21] 소비자는 욕구를 지니고 자신의 선택에 따라 타인과 다른 소비행위를 하지만, 그의 소비행위는 결국 차이화와 코드에 대한 복종이다.

예컨대 우리는 돈을 많이 벌면 벌수록 더 많이 원하고 더 좋은 것을 원한다. 우리는 자신의 생활수준을 감안해서 물건을 사지만 고가의 물건들을 마음대로 살 수 있는 것은 아니다. 그리고 우리는 돈이 있다고 해서 마음대로 물건을 사는 사회에 살고 있지 않다. 여기에는 차이화와 코드(나이에 대한 코드, 신분과 지위에 대한 코드, 위세에 대한 코드 등)가 작용하고 있기 때문이다. 이러한 현상은 소비가 욕구충족이라는 개인적인 논리를 넘어서 차이화라는 사회적 논리를 따를 때만 설명이 가능하다. 그러면 사회적 차이화의 논리란 무엇인가? 그것은 우리가 물건의 구입과 소비를 통해 자신을 돋보이게 하는 동시에 사회적 지위와 신분과 위세를 나타내는 것이다. 이는 말하자면 소비의 대상이 지위와 신분의 계층화를 두드러지게 특징짓는다는 것이다. 즉 소비의 대상은 소비자들을 구별하고 코드에 소비자들을 집단적으로 배정한다. 소비자들은 사회 전체가 정해 놓은 코드에 따라 자신이 속해 있는 집단에게 허용된 물건들만 소비할 뿐이다. 상류층은 중간계층과 구별되기 위해 물건을 구입하고, 중간계층은 하류층과 구별되기 위해 물건을 구입한다. 이때 물건은 욕구를 만족시키기 위해서보다는 지위와 신분과 위세를 의미화하기 위해 소비된다. 사회적 의미를 지닌 물건은 다른 물건과의 차이를 통해 소비되는 것이다.

그러므로 보드리야르가 보기에, 상품은 사용가치와 교환가치를 지닌 물건이 아니라 사회 전체의 구조와 질서에서 생산되는 차이화의 기호이다. 그리고 상품소비의 사회적 차이를 생산하는 것이 기호이다. 기호는 동질한 공간을 가정함으로써 그 공간 위에 차이의 선을 긋는다. 이러한 기호체계코드가 소비사회를 구성한다. 따라서 보드리야르가 생각하는 소비사회는 의미공간으로서의 혹은 가치/기호체계로서의 질서를 지닌다. (…중략…)

'자기 자신이 되라'는 것. '개성을 창조하라'는 것은 바로 현대의 소비이데올로기가 소비자에게 강요하는 집단적 명령이다. 이 집단적 명령에 따라 개성화는 스타일과 지위와 신분을 두드러지게 하는 질적인 차이를 추구하는 것이다. 다시말하면 개성화는 우리를 우리 자신이 되도록 하는 차이를 찾는 것이다.

그러면 개성화하는 차이는 무엇일까? 개성화하는 차이는 개인들을 대립시키는 것이 아니라 개인들을 계층화하고 모델들 속에 나누어서 배치하는 것이다. 자신을 타인과 구별짓는 것은 어느 한 모델에 소속되는 것을 의미한다. 가령 컨버스 신발을 신는 것, 리바이스 진이나 스키니 진을 입는 것, 타투와 피어싱을 하는 것, 뱅 헤어나 소라빵 헤어 같은 헤어스타일을 연출하는 것, MP3플레이어IPOD를 듣는 것은 10대나 20대의 젊음이라는 모델에 속해 있음을 뜻한다.

여기서 개성화하는 차이는 실제적이고 현실적인 차이가 아니다. 개성화하는 차이는 단순히 어느 한 사람의 개인적인 특성을 나타내는 것이 아니라 어느 한 집단의 코드에 대한 복종과 가치기준에의 통합을 나타내는 것이다. 따라서 현대의 소비이데올로기가 강요하는 개성과 개성화에는 더 이상 개인은 없고 집단만이 있을 뿐이다. 그러므로 현대의 소비사회에는 워너 비 스타wanna be star 스타일의 복장·화장·행동을 열광적으로 따라하는 집단적 소비가 도처에서 발견된다.

배영달, 『보드리야르의 아이러니』, 동문선, 2009, 23~32쪽.

2) 비만을 초래한 범인은 식품산업인가?

담배산업과 마찬가지로 식품산업은 분명히 돈을 벌기 위한 목적으로 기업을 만들었다. 좋든 싫든, 그것은 우리가 사는 자본주의 사회에서 게임의 법칙이다. 그러므로 식품회사들은 생산과 판매, 그 외에 합법적으로 이윤을 남길 수 있는 모든 일을 하려고 한다. 장기적으로 소비자의 건강에 미치는 영향은 그것이 기업의 이윤에 위협이 될 때에만 현실적인 우려로 변한다.

냉정하게 말하면, 식품회사가 새로운 상품 즉 지방과 설탕으로 뒤범벅이 된 것이지만 쉽게 만들어 잘 팔 수 있는 상품을 기획할 때마다, 그들의 첫 반응은 그 상품이 영양상의 필요를 충족하는지 묻는 게 아니다. 결국 식품회사는 소비자가 원하는 것을 만들어낼 뿐이다. 그리고 사람들이 원하는 것은 새롭고, 가격이 적당하고, 맛있고, 매력적인 겉모양을 지닌 안전한 상품이다.

만약 사람들이 영양적인 가치에 별로 신경 쓰지 않는다면, 그것은 기업의 수익에도 영향을 미치지 않는다. 격렬한 경쟁체제의 시장경제에서 기업의 일은 자기회사 상품을 살 소비자들을 끌어 모으는 것이며, 적어도 다른 상표보다는 자기 회사의 상표를 더 좋아하게 만드는 것이다. 만약 이 의무를 등한시한다면 주주들은 곧 솔직한 태도를 표명할 것이다.

(1) 맥도날드의 유레카: 많이 주면 많이 먹는다

그러면 어떻게 소비자가 더 많이 사게 만들 수 있을까? 선진국에서 식품산업은 초기에 한 가지 문제에 부딪쳤다. 즉 양껏 먹은 사람들은 더 음식을 사지 않는다는 것이다. 왜냐하면 배가 부르기 때문이다. 오, 이럴 수가! 그런 경제적으로 유감스러운 행동을 바로 잡을 수 있는 방법이 필요했다. 유레카의 순간은 배부른 느낌이 사실상 대단히 주관적인 감정이라는 깨달음에서 비롯되었다.

왜 1960년대 맥도날드의 손님들은 적은 양의 감자튀김에도 만족했을까? 왜 좀처럼 다른 것을 주문하지 않았을까? 이 수수께끼가 홍보 전략가들을 괴롭혔다. 단추 하나만 정확하게 누르면 사람들이 허기를 채우는 양 이상으로 먹게 할 수도 있었다. 그런데 그 단추가 무엇일까? 단추 하나가 1970년대에 발견되었고, 그 결과로 만들어진 전략이 1980년대에 시행되었다. 그것은 단지 더 많은 양을 제공하는 것이었다. 어리석은 것 같지만, 누군가는 생각해내야만 했던 것이다.

그리고 소비자가 이런 특대 사이즈를 사도록 유도하기 위해, 더 싼값에 산다고 느끼도록 만들었다. 실제로 같은 가격으로 더 많은 양의 음식을 제공한 것이다. 그러나 생산자가 손해를 보는 게 아닌 것이, 제품 가격에서 실제 음식 가격의 비율은 매우 낮은 편이다. 5퍼센트밖에 안 될 때도 있다! 그러므로 감자튀김의 양을 2배로 늘린다고 해도 비용이 2배가 들지는 않는다. 그리고 양을 2배로 했을 때 수익이 2배로 늘어나지 않는다고 해도, 여전히 전과 같은 양으로 했을 때보다 많은 이익을 얻게 된다(왜냐하면 가격 인상은 언제나 늘어난 음식에 들어가는 순비용보다 조금 높기 때문이다). 소비자 입장에서는 같은 돈으로 더 많은 양을 먹었다고 말할 수 있어 체면치레를 할 수 있다. '특대' 사이즈를 선택해서 2배의 프렌치프라이를 먹어치우는 돼지처럼 보이는 게 아니라 똑똑하고 요령 있는 소비자로 보일 수 있었던 것이다. 얼마나 절묘한 홍보인가!

제공되는 음식의 양은 점점 더 많아졌다. 처음에는 주저했지만 나중에는 거침이 없었다. 오늘날에는 그 양이 엄청나게 많아져서, 미국의 패스트푸드점에서 파는 음식의 양은 20년 전에 팔던 양보다 2~5배나 많다.[22] 상점에서 팔지만 그러한 경향에 영향을 받는 상품들에게도 같은 일이 일어났다. 미국에서 청량음료와 설탕이 첨가된 다른 음료의 표준 양이 1950년대에는 190밀리리터였지만 1970년대에는 표준 사이즈가 350밀리리터로 늘어났다. 2000년에는 표준 사이즈가 590밀리리터에 이르렀다. 감자칩도 수십 년 전에 비해 3배나 큰 크기로 팔려나간다. 동시에 '당신은 이것들을 모두 ○달러에 먹을 수 있습니다'라는 판에 박힌 홍보들이 레스토랑들과 뷔페들에서 폭발적으로 나타났다. 이 문구는 접시를 채우는 즐거움에 저항할 의지력을 빼앗았고, 그것들이 모두 같은 가격처럼 보이게 만들었다.

가격을 지불하고 접시에 올려놓은 이런 음식들을 정말로 다 먹는 걸까? 슬프게도 그렇다. 여러 연구들은 유아기 이후에 우리의 식욕은 접시 위의 음식 양에 적응한다는 사실을 밝혀냈다. 예를 들어, 성인들이 네 가지 다른 양의 마카로니치즈를 받았다고 하자. 그들이 그것을 1킬로그램 먹을 때의 칼로리 섭취량은 절반인 500그램을 먹을 때보다 30 퍼센트 증가한다. 사실은 500그램도 충분히 많은 양이다.[23] 다른 말로 하면, 꽉 찬 위는 계속해서 채워질 수 있으며, 얼마나 더 채워질 수 있는지는 알 수 없다. 실험자가 피험자에게 음식을 제공하든 피험자들이 자신이 먹을 양을 자유롭게 선택하든 상관없이 같은 현상이 관찰되었다.

좋지 않은 것은 더 많이 먹는다고 해서 사람들이 더욱 포만감을 느끼지는 않는다는 사실이다. 여기에 모순이 있다. 가장 많은 양을 먹은 피험자가 가장 적게 먹은 피험자보다 포만감을 더 느끼지는 않았다. 이 현상은 반 이상의 참가자들이 각자 다른 양의 음식을 받았다는 것을 모르는 상태에서 행한 연구의 막바지에 밝혀졌다.

이것은 생각보다 흔한 일이다. 상당히 많은 실험들이, 소비자가 파스타나 밥처럼 형태가 미리 정해지지 않은 음식 양을 제대로 가늠하지 못한다는 것을 보여준다. 그리고 양이 많을수록 사람들은 양을 파악하기 힘들어 했고, 자신들이 얼마나 먹었는지 판단하지 못했다. 그들은 제공자가 얼마나 많은 양이 그들에게 적당하다고 판단하는지에 상관없이 먹을 준비가 되어 있다. 크기가 다른 샌드위치, 크기가 다른 봉지에 담긴 감자칩, 크기가 다른 통에 담긴 팝콘 등을 사용하여 비슷한 연구들이 행해졌다. 모든 실험들은 한 가지 예측이 사실임을 확인했다. 더 많은 음식이 제공될수록 더 많이 먹는다는 것이다.

그러므로 먹을 수 있는 음식의 양과 열량의 계산은 별개다. 다시 말해서, 당신은 큰 그릇에 담긴 감자칩을 같은 크기의 그릇에 담긴 샐러드처럼 먹어치울 수 있다. 여러 실험 결과에 따르면, 우리는 앞에 놓인 음식이 아무리 많아도 모두 먹을 수 있다. 외식하는 습관이 점점 늘어나는 미국인은, 식당에 앉아서 자기 앞에 놓인 엄청나게 많은 양의 달고 기름진 가공식품이 얼마나 많은지 알지 못한 채, 남김없이 깨끗하게 먹어치운다. 그러므로 언제나 칼로리를 최대한으로 섭취할 수 있는 상황에 놓여 있다. 이와 대조적으로 집에서 가족 식사를 하는 전통이 남아 있는 프랑스인은 이런 현상으로부터 상대적으로 안전한 편이다.

상황을 좀 지나치게 밀어붙였다는 자각과 고액 소송의 위험을 피하기 위해, 최소한 미국의 식품산업에서는 '많을수록 좋다'라는 논리를 조정하고 있다. 예를 들어서 펩시는 최근 미국 학교에서 파는 상품의 크기와 총 열량을 줄이기로 결정했다고 발표했다.

(2) 광고의 힘: 소비자의 합리적 선택이란 망상이다

상당수의 식품들이 '비만을 일으킨다.'는 사실은 이미 오래된 뉴스다. 영양 전문가들은 수십 년 동안 경종을 울렸다. 그러나 1980년대 초부터 주도적이 된 경제모델과 발을 맞추어서, 제조업체들은—물론 그들 중 몇몇은 굳은 신념으로—시장이 문제를 해결해주기를 기대했다. 결국은 소비자들이 분명히 건강한 상품을 선택할 것이고, 아무도 사지 않는 상품은 상업적으로 사망할 것이라고 믿었다. 책임은 확고하게 구매자들의 법정에 놓이게 되었다. 합리적인 선택은 구매자들에게 달린 것이다! 그리고 구매자들이 합리적인 선택을 한다면 유해한 상품들은 대부분 자동적으로 탈락이라는 판결을 받을 것이다. 이 낙관적인 상상은 순진하게도 광고와 홍보의 설득력을 완전히 간과해버린 견해였다.

아직도 의심스럽다면 세계보건기구가 영국의 광고에 대해 언급한 내용을 읽어보라.[24)]

“1992년 영국에서는 초콜릿 과자를 홍보하기 위해 8,620만 파운드(약 1억3,000만 달러)를 쓴 반면, 신선한 과일, 채소, 견과류에는 고작 400만 파운드(약 600만 달러)를 썼다.”

다른 말로 하면, 영국에서는 과일과 채소를 홍보하는 데 쓴 돈보다 20배 많은 돈을 초콜릿 과자를 홍보하는 데 썼다는 것이다. 몸에 좋은 음식과 그렇지 않은 음식이 공정한 경쟁을 벌이고 있다고 진지하게 말할 수는 없다.

(3) 광고계의 빅5: 패스트푸드, 시리얼, 청량음료, 과자, 스낵

텔레비전은 이 게임에서 결정적인 역할을 한다. 텔레비전은 특히 어린이들에게 영향을 주는데, 어린이들은 어른들보다 식품 광고에 더 많이 노출되기 때문이다. 그 다음으로 어린이들에게 직접적으로 끈질기게 광고 공세를 하는 것은 장난감이다. 한 연구는 어린이들이 많이 시청하는 시간에 내보내는 광고 10편 가운데 7편이 음식 광고라는 사실을 밝혔다.[25)] 이러한 음식 광고들은 모두 지방, 설탕, 소금이 많이 들어간 상품을 홍보하고 있었다. 세계보건기구에서도 같은 현상에 관심을 가져서 다음과 같이 보고 했다.[26)]

“미국에서 어린이 시청률이 높은 시간의 음식 광고 91퍼센트가 지방, 설탕, 소금이 많이 들어간 제품을 선전하고 있다. 영국에서도 비율은 비슷하다.”

그러한 광고의 많은 부분이 업계에서 ‘빅 4’라 불리는 상품들이다. 설탕이 많이 함유된 아침용 시리얼, 청량음료, 과자류, 짭짤한 스낵. 이 무시무시한 네 개의 상품들은 최근 몇 년 새 타의 추종을 불허하는 선두가 된 다섯 번째 악당에게 완전히 압도당했다. 그것은 바로 지속적으로 광고비용이 급증하고 있는 패스트푸드다. 1990년에 이미 맥도날드는 세계에서 다섯 번째로 큰 광고주가 되었고, 겨우 2년 뒤에는 두 번째로 올라섰으며, 1997년에는 유럽에서 가장 큰 광고주가 되었다.[27)] 이 일당들은 이제 영양 전문가들에 의해 ‘빅 5’라 불린다.

이러한 다섯 가지의 식품에 대한 광고는 처음에 미국에서 빵, 과일, 채소 같은 기본적인 식품에 대한 광고를 밀어냈고, 그 다음에는 전 세계로 퍼져나갔다. 영국에서는 특히 1990

년대 어린이들이 보는 방송을 건강에 나쁜 식품 광고로 도배해버리는 극단적인 사례들이 나타났다. 이때부터 10년 동안 유아 비만이 감당할 수 없을 만큼 증가한 것은 단지 우연의 일치일까?

(4) 재미있는 광고가 전하는 그릇된 메시지

상품에 대한 최선의 이미지를 전달하기 위해서 빅5는 유익함과 영양적인 가치보다는 즐거움과 맛에 중점을 두었다. 아주 짧은 시간에 이런 내용을 전달하기 위해, 가장 중요한 판매상의 강조점이 '재미'가 되었다. 멋지고 유쾌한 캐릭터들이 시대의 풍조가 되었다. 그리고 이상하게도 아역 배우들은 항상 날씬하고 건강이 좋아 보이고 에너지로 가득 차 있으나 그들이 먹는 음식들은, 순화해서 말하자면 '영양이 매우 부족한 것들'이다.[28)]

정말 그런 광고들이 건강한 음식에 대한 어린이들의 생각에 영향을 미칠까? 이 점에 대해서는 각기 다른 연구들이 각각의 결론을 내놓았다. 예를 들어서, 청량음료 광고는 아주 어린 아이들이 특정 상품에 진짜 과일이 함유되었는지 아닌지를 판단하는 능력에 손상을 줄 수도 있다는 연구 결과가 있었다.

물론, 광고는 말을 조심스럽게 선택해서 사용한다. 시리얼 광고는 보통 그 제품이 균형 잡힌 아침식사의 '한 부분으로서' 도움이 된다고 말하지, 그것 자체가 균형 잡힌 아침식사라고 주장하지는 않는다. 나쁜 것은 매우 세세한 부분 속에 숨어 있다. 그러나 시청자가 그런 미묘한 차이를 알아차릴 수 있을까?

다시 한 번 말하지만, 상품들은 보통 "에너지가 많다."라고 말하지 "설탕이 많다."라고 하지 않는다. 그리고 "이것은 살을 찌게 합니다!"라고 하는 것보다는 "이것은 맛있습니다!"라고 말하는 게 확실히 더 좋게 들린다. "천연섬유가 함유되었습니다."라는 문장은 이도 저도 아닌 애매함 때문에 좀더 유리하지만(소비자가 이런 것들을 찾아내기란 매우 힘들다), 반면에 그것이 매우 건강한 음식이라는 인상을 준다. 그런 용어들은 자유롭게 뒤섞여 있다.

식품과 음료 광고들 중 절반에 가까운 것들이 의도적으로 모호한 정보를 보여주거나 완전히 잘못된 정보를 포함하고 있다. 가끔씩 오해의 소지가 있는 비교를 하기도 한다. "○○초콜릿 바는 우유 한 잔만큼 좋다." 혹은 "과일 한 조각만큼 많은 비타민을 포함하고 있다." 그러나 이 광고들은 비타민에 대해서만 자랑을 할 뿐, 과일과 초콜릿의 열량과 다른 영양소에 대해서는 언급하지 않는다. 이것만은 틀림없다. 한 조각의 과일과 진짜로 동등한 것은 오직 다른 과일 한 조각뿐이다.

텔레비전 광고는 고의적으로 의미의 혼란만 주는 것은 아니다. 유명한 스테이크 체인점의 메뉴에는 2004년부터 쇠고기 대신 먹을 수 있고 지방이 연어를 포함한 어떤 생선들보다도 적은 들소 고기가 포함되어 있다. 그렇게 따지고 보면 사실인 것 같기도 하다. 그러나 무의식적으로 전달되는 메시지인 '쇠고기가 물고기보다 몸에 좋다'가 사실인지는 의문으로 남는다. 평지에서 자유롭게 풀을 뜯으며 자란 들소는 집약적으로 사육된 소와는 공통점이 별로 없다. 들소의 식단은 일반 소와는 완전히 다르며 살점에 포함된 지방도 마찬가지다. 게다가 메뉴의 내용은 연어가 특히 기름진 생선이라는 것, 다양한 지방산들의 비율이 완전히 달라서 '좋은' 콜레스테롤과 '나쁜' 콜레스테롤 사이에서 올바른 균형을 잡기에는 너무 치우쳐 있다는 언급을 생략한다. 우리는 쇠고기에 대해서 같은 말을 할 수는 없다. 비슷한 혼란이 유제품에서도 교묘하게 이어진다. '칼슘이 많다'는 것은 맞는 말이지만, 지방이 많다는 것을 알려주는 게 더욱 사려 깊은 것이다.

프란시스 들프슈 외, 부희령 옮김, 『강요된 비만』, 거름, 2012, 146~154쪽.

3) 사치할 권리

소비 행위들로 제한되지 않는 사치의 주관화 과정은, 소비에 관해서 말하고 정의하는 방식들까지도 포함한다. 일반적인 대화들은 교육적인 관점을 견지하고 있다. 오늘날 개개인은 '진정한' 사치에 대해 자기 나름대로 정의하고 설명할 수 있다. 개인이 사치의 척도가 되었다. 그래서 사치는 자유 시간, 삶의 질, 사랑, 내적 조화, 책임, 자유, 평화, 구호 활동, 지식, 자연 등과 같이 다양한 현상들과 동일시될 수 있다.[29] 개인주의의 출현은 여러 가지 물질 기준들을 통해 정의된 접근 불가능한 영역을 다시 이데올로기적인 방식과 주관주의적인 방식의 바탕 위에 적응시키려는 의도로 이끌었다. 계급 제도의 마지막 보루가 민주적인 상상력의 영향으로 무너졌다—이데올로기적으로 사용되었다. 민주적인 상상력이란 다원적인 사치를 찬양하면서, 개인의 입장을 떠난 가격 기준들에서 선택적으로 벗어나는 것을 말한다. 모든 것은, 현대의 개인들 그리고 이들이 개인적으로 성취하려는 열망이 사치에 관한 제한적인 정의에 둔감해진 것처럼 지나갔다는 점이다. 개인들은 사치에 관한 제한적인 정의 때문에 꿈, 쾌락, 최고의 미와 연관되어 있던 것에 접근하기를 금했을 수 있다. 귀하고 비싼 제품들이 끊임없이 객관적인 장벽과 사회적 격차를 다시 드러나게 했을 때, 포스트모던 문화는 행복할 권리와 사치할 권리에 대한 욕망의 민주적 표현으로서 원근법주의perspectivisme(모든 인식은 인식하는 존재의 삶의 문제와 관련되어 있다는 입장)나 주관주의를 포괄했다.

누구를 위한 사치일까? 아직도 부유층에서 유효한 '사치의 취향'과 서민 계층에서 특징적인 '생필품 취향'의 대립을 통해 소비와 삶의 형태들이 대대적으로 조직된 시대는 그리 오래되지 않았다. 부유층들에게 사치는 세련되고 단순한 오감의 쾌락과는 거리가 있으며 선택의 상징이고, 유쾌함이며 형태에 대한 관심이다. 서민층에게 사치는 동기 없는 '태도들'을 포함하는 행위로, 선택하여 객관적인 속박 상태를 변화시키고, 실용적인 것, 단순한 것, 필요한 것을 체계적으로 선택하도록 이끈다.[30] 이 가능성의 세계에 대한 봉쇄는 일반적으로 소수의 사람들에게 사치는 '우리를 위한 것이 아니다'라는 생각으로 구체화되도록 만들었다. 그렇다고 해도 이러한 에토스가 오늘날에도 남아 있을까?

개인주의적 소비자 문화에서 파생된 중요한 결과들 중의 하나는, 이 문화가 개인들과 물건과의 관계, 개인들과 '필수품'의 관계를 심할 정도로 급작스럽게 변화시켰다는 데 있다. 오늘날에는 제품의 품질에 관한 요구, 환경에 관한 요구, 소비자들의 보호와 정보에 대한 요구 등이 명확하게 대량으로 드러났다. '고품질'이 등장하는 현상은 명확하다, 소비를 관찰하는 모든 사람들이 품질과 '전문적인' 제품을 다루는 시장 때문에 '생필품의 취향'을 드러내는 '대중적인' 제품의 소비가 감소하고 있다는 것을 특기하고 있다. 건강식품과 다이어트 식품에 대한 관심은 일반화되었고, '위에 부담을 주지 않는 식품'이 '위에 부담을 주는 식품'과의 관계에서 끊임없이 그 영역을 넓혀가고 있다. 마찬가지로 여행과 여가 활동 복지 향상과 외관 향상에 대한 이상은, 더는 엘리트주의자들의 규범이 아니다. 이 현상은 틀림없이 행동과 취향을 일반화하여 동질화하는 것이 아니라, 더 유동적인 문화를 분출시켰다. 유동적인 문화란 행동의 사회적 장벽을 없애고, 아주 명확하게 드러나는 계층들 간의 폐쇄적이고 완전한 단절을 감소시키며, 아직도 소수에게만 유효한 것을 드러나게 하는 것을 말한다. 우리 사회에서는 어느 누구도 혹은 거의 모든 사람이 엄밀한 의미에서의 '생필품'을 얻을 목적으로 생활하지는 않는다. 소비와 여가 활동 그리고 행복의 비약적인 향상과 더불어 '필요 이상의 것'이 일반적인 칭호를 얻어 대중의 합법적인 열망이 되었다.

미리 대비하고 교정하는 태도들(건강, 운동, 다이어트, 외과 성형)이 동시에 강화되었다. 모든 집단에서 개인들은 노화의 징표들과 과도한 체중에서 벗어나려 갖은 노력을 다하고 있다. 체념하고 '운명'을 받아들이며 사회적 조건들을 받아들이던 관례적인 태도들, 생활수준의 향상에 대한 끝없는 욕구, 새로움과 명품들에 대한 취향, 품질과 아름다움과 여가 활동의 당위성 등은 적소 적기에 도처에서 필요 불가결했다. 포스트모던의 시대는 계급에 관한 케케묵은 금기 사항들을 제거하고, 사치스런 소비와 관련하여 대중의 억제를 감소시키는 동시대이다. 모든 젊은이들은 지금 '유행하는' 상표에 접근하는 것을 정상으로 생각한다. 소비의 마력, 상표의 마력, 그리고 '늘 좀 더 원하는 것'에 대한 마력은 계층 간의 경계를 뛰어넘었다. 사치와 관련된 예전의 '금기'에 뒤이어, '나를 위한 사치면 어때?'라는 생각이 나타났다.

이러한 경향이 이데올로기적인 것만은 아니다. 1970년대 이후 이 경향은 사회 중산 계층을 겨냥한, 때로는 보잘것없는 계층을 겨냥한 이른바 '중간 단계에 있는' 혹은 '접근할 수 있는' '상황적인' 사치품의 비약적인 소비 성장으로 구체화되었다. 상징들을 선택할 수 있는 '권리'의 향상, 선물로 구매한 사치 품목들의 광범위한 보급, 사치품에 빼앗긴 마음, 미적 열정 등으로 나타나는 포스트모던의 시대는 사치품에 대한 욕망과 구매가 일반화되는 무대이다. 물론, 과시 욕구, 속물근성, '허영심 많은 사람' 등이 여전히 나름대로 기여하고는 있지만, 이것들의 동기 유발 순서가 변한 것을 은폐해서는 안 된다. 상황적인 소비는 계층을 과시하려는 의도보다는 오히려 사람들이 자기 자신에게나 혹은 친지들에게 주려는 선물로서, 빈번한 꿈으로의 여행, '과다지출'로의 여행에 속한다. 이 여행은 일상의 진부함으로부터 벗어날 수 있도록 한다. 이때부터 여행은 '관중을 깜짝 놀라게 하기'보다는 오히려 전대미문의 '경험' 속에 살도록 하고, 스스로를 기쁘게 하며, 특권을 누리는 순간들을 누리는 것이 된다. 몇 차례 언급했지만, 상황적인 소비들은 최고 수준의 이미지를 드러낼 목적으로 이루어지지 않는다. 상황적인 소비들은 부자인 양 처신하며, '역할'을 바꾸어 새로운 옷을 입고 주어진 시간 동안 오로지 즐기도록 할 뿐이다. 도전도 상징적인 현실의 쟁점도 없는 유희적이고 객관적인 소비가 규약에 따른 소비 경쟁에 뒤이어 나타났다. '현재 세상'에 사는 것도 아니고, 그렇다고 완전한 외계 세상도 아닌 세계에 바로 이해할 수 없는 참여만이 남아 있을 뿐이다. 미미크리Mimicry가 아곤agôn의 자리를 빼앗았다.[31] (즉 흉내를 잘 내는 일이 대중적인 관행을 보호하는 신들의 자리를 빼앗았다.)

명확하게 다시 말해보자. 독특한 열정은 전혀 사라지지 않았다. 간단하게 말하면, 파산할 정도의 소비의 중심에 있다는 것은 여러 중심을 가진 전체적인 동기에서 하나의 요인일 뿐이지 그 이상은 아니다. 이러한 세계에서 상징적인 대립은 케케묵은 중요성을 잃었다. 여성들이 패션에 있어서 자신들이 좋아하는 것, 자신들에게 어울리는 것만 입을 뿐 그 이상은 입지 않는 것과 마찬가지로, 모든 사치스런 재화들은 행복의 약속으로서, 기쁨의 오아시스로서, 아름다움의 오아시스로서, 복지 향상의 오아시스로서 취득되었다. 계층의 요구와 계층구분의 논리들이 여전히 남아 있을 수는 있지만, 더는 사치스런 소비의 중심축을 이루지는 못한다. 이때부터 사치의 논리들은 주관적이고 감정적인 활력을 통해 광범위하게 재구성된다. 사회적 인식을 위한 대립의 본질은 다른 곳에서 시작된다.

그 본질은 사치와의 관계를 주관화하고, 일반화하는 데 있다. 즉 상당한 혼란들이 대량 소비와 대량 매체의 시대와 결부되어 있다. 사물과 미디어의 세계는 개인적인 행복의 규범을 대규모로 퍼뜨려 행복과 기쁨과 여가 활동의 좌표들을 확고하게 만들면서, 포기와 희생과 절약의 미덕을 쇠약하게 만들었다. 동시에, 육체에 대한 숭배와 심리주의는 현재의 삶을 절대시했다. 즉 표현과 개인을 성숙시키는데 기여하는 모든 것을 절대시했다. 행복과 자기 사랑이 다수의 합법적인 목표로 인정됨에 따라, 각 개인은 가장 좋고 가장 아름다운 것을 바랄 수 있고, 선험적으로 제한되지 않은 현재와 세상에서 경탄할 만한 것들을 즐길 수 있기를 바란다. 지구상에서 가장 좋은 것을 이용하지 않을 이유가 있을까? 무엇 때문에 그래야 할까? 사치에 대한 새롭고 일반적인 욕구들은 계층들 간의 상징적인 대립 방식에 뿌리를 내리고 있지 않다. 사치 욕구들은 이른바 말하는 더 많은 욕구 상승에서 기인하지도 않고, 부가 증대하고 사회적 격차가 줄어듦에 따라 개인들을 점유했을 수도 있는 욕구 불만과 불만족에서 기인하지도 않는다. 사치에 대한 새롭고 일반적인 욕구들은 단순하게 소비주의, 개인적인 쾌락의 성스러움, 민주적인 행복할 권리를 완성하는 데서 기인한다. 유물론적이고 심리적인 대중문화는 사치와의 관계를 일반화시킨 커다란 요인이었다.

질 리포베츠키·엘리에트 루, 유재명 옮김, 『사치의 문화』, 문예출판사, 2004, 62~67쪽.

4) 플렉스 해버렸지 뭐야

(1) 플렉스 해버렸지 뭐야~ 플렉스 소비 즐기는 MZ세대의 심리 전격 분석

MZ세대를 대표하는 키워드가 2018년 '욜로YOLO'였다면, 2019년은 단연 '플렉스Flex'라고 할 수 있습니다. '플렉스'의 사전적 정의는 '몸을 구부리다', '근육에 힘을 주다' 등의 의미를 가지고 있는데요. 요즘 유행하는 현대판 '플렉스'는 조금 다른 의미로 사용되고 있습니다.

1990년대 미국 힙합 문화에서 래퍼들이 부나 귀중품을 뽐낼 때 사용되던 단어가 국내 힙합에까지 전파되면서 '과시하다', '지르다'라는 뜻으로 통용되고 있죠. 특히 국내 힙합퍼가 자신의 소비를 자랑하는 영상에서 '플렉스 해버렸지 뭐야~'라고 말한 것이 유행어로 번지면서 MZ세대의 음악뿐만 아니라 소비문화에까지 영향을 주었습니다. MZ세대가 열광하는 '플렉스' 소비. 그 트렌드와 유행하는 이유를 통계로 알아볼까요?

* MZ세대란? 1980~1994년생을 일컫는 밀레니얼 세대와 1995~2004년생을 뜻하는 Z세대를 합친 말
* 욜로(You Only Live Once)란? '인생은 한 번뿐이다'라는 뜻으로 현재 자신의 행복을 가장 중시하는 태도

(2) 플렉스 소비, 기존 트렌드와 다른 점은?

MZ세대의 기존 소비 트렌드였던 '욜로'와 비교했을 때, '플렉스' 역시 현재 지향적 소비라는 점에서 비슷하지만 조금 다른 점이 있습니다. '욜로'는 자신의 현재 만족감을 위해서라면 경제적 부담이 있더라도 과감하게 소비하는 행태라면, '플렉스'는 소비를 통해 자신의 재력을 과시하는 행태로 볼 수 있는데요. '욜로'는 일상 속 소소한 만족감을 추구한 반면, '플렉스'는 남들에게 자랑함으로써 얻을 수 있는 만족감을 추구합니다.

이러한 관점에서 플렉스 소비를 하기 위해 비용이 많이 들지 않을까, 또는 단순히 과시하기 위해 소비하는 것은 아닌가 생각하실 수 있습니다. 하지만 MZ세대는 나름 합리적으로 플렉스 소비를 즐기고 있다고 하는데요.

(3) 플렉스 소비 즐기는 MZ세대

사람인, 2020년 플렉스 소비문화 설문조사에 따르면, 2030세대 52.1%가 플렉스 소비를 긍정적으로 생각한다고 합니다. 긍정적으로 생각하는 가장 큰 이유(복수응답)는 '자기만족이 중요해서'가 52.6%로 나타났는데요. 다음으로 '즐기는 것도 다 때가 있어서(43.2%)', '스트레스 해소에 좋을 것 같아서(34.8%)', '인생은 즐기는 것이라 생각해서(32.2%)', '삶에 자극이 되어서(22.2%)' 등의 순으로 나타났습니다.

이들 중 실제로 플렉스를 해본 경험이 있는 응답자는 26.7%였는데요. 이들이 플렉스 한 항목(복수응답)은 '고가의 명품(53.1%)', '세계여행(28.6%)', '음식(26.1)' 등으로 소소한 음식부터 값나가는 명품까지 다양했습니다.

플렉스를 위해 평균적으로 지출한 비용은 한 해 기준으로 840만 원 정도였습니다. 12달로 나누면 약 70만 원 정도죠. 플렉스 소비 비용을 충당하기 위한 방법(복수응답)은 '월급(70%)', '저축(예금)(30.8%)', '카드 할부(13.4%)' 등이 있다고 합니다.

(4) 플렉스 소비, 그 심리는?

얼마 전까지만 해도 '가성비(가격 대비 성능)'을 따지던 이들이 플렉스에 열광하는 이유는 무엇일까요? 이베이코리아가 2020년 소비심리 및 소비계획에 대한 설문조사를 실시한 결과, 올해의 소비 트렌드를 '플렉스하는 자린고비'로 정의했는데요. 언뜻 보면 '플렉스'와 '자린고비'가 역설적인 단어로 보이죠?

이는 자신의 취향과 가치관에 따라 과감히 지갑을 여는 소비심리와 연관돼있습니다. 불황 속에서도 좋아하는 것에 기꺼이 투자하는 현상은 이전에도 있었는데요. 이러한 소비 트렌드는 '욜로', '가심비(가격 대비 심리적 만족)' 등의 신조어로 대변되기도 합니다.

플렉스 소비는 재력을 과시하고 싶은 욕구가 기본이지만, 지갑 사정을 때문에 '가성비'를 고려해야 하기 때문에 '플렉스하는 자린고비'가 탄생한 것입니다. 이에 따라 생필품은 가성비를 따지고, 패션과 명품&가전은 플렉스하는 경우가 많아지고 있습니다. 예를 들어 집에서 혼자 식사를 챙겨 먹을 때에는 편의점 간편식을 먹지만, 또 가끔은 친구들과 유명 맛집에서 밥을 먹고 SNS에 인증을 한다든지, 세제는 가성비 따져서 사지만 신발은 신상 명품으로 고른다든지 등이 있습니다.

(5)플렉스 소비, 이건 주의해요.

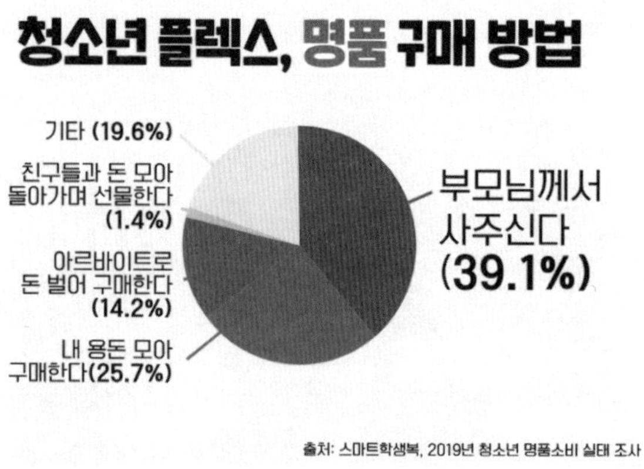

한편, 플렉스 소비가 경제력이 부족한 청소년에게도 퍼지면서 우려의 목소리도 들리고 있는데요. 일각에서는 플렉스 소비가 사치를 조장하는 문화라고 얘기하기도 합니다. 스마트학생복의 2019년 청소년 명품소비 실태 조사에 따르면, 실제로 청소년의 플렉스 소비 방법을 살펴보면 부모님께서 사주는 경우가 39.1%로 가장 높았습니다. 또한, 청소년들 스스로도 플렉스 소비의 문제점은 경제적 능력보다 더 큰 명품소비라고 생각하고 있었습니다.

청소년기의 소비자는 성인과 달리 충동구매와 과시소비에 빠지기 쉬운데요. 또한, 어린 나이에 축적된 소비 경험은 추후 성인이 된 이후에도 지속적으로 반복적으로 나타날 수 있기 때문에 스스로 경제력을 갖출 때까지 올바른 소비관을 키워 주는 것이 매우 중요합니다.

통계청, 「플렉스 해버렸지 뭐야~ 플렉스 소비 즐기는 MZ세대의 심리 전격 분석」, 2020. 5. 13.

더 읽을거리

데버러 럽턴, 박형신 옮김, 『음식과 먹기의 사회학』, 한울, 2015.
박성봉, 『대중예술과 미학』, 일빛, 2006.
배영달, 『보드리야르의 아이러니』, 동문선, 2009,
소스타인 베블런, 김성균 옮김, 『유한계급론』, 우물이 있는 집, 2012.
아르놀트 하우저, 백낙청 옮김, 『문학과 예술의 사회사 1-4』, 창작과비평사, 2016.
오타베 다네히사, 김일림 옮김, 『예술의 역설-근대미학의 성립』, 돌베개, 2011.
원용진, 『새로 쓴 대중문화의 패러다임』, 한나래, 2010.
이와사부로 코소, 서울리다리티 옮김, 『죽음의 도시, 생명의 거리』, 갈무리, 2013.
이유리·임승수, 『세상을 바꾼 예술 작품들』, 시대의 창, 2009.
이태호, 『미술, 세상을 바꾸다』, 미술문화, 2015.
장 보드리아르, 이상률 옮김, 『소비의 사회』, 문예출판사, 1992.
지그문트 바우만, 이수영 옮김, 『새로운 빈곤: 노동, 소비주의 그리고 뉴푸어』, 천지인, 2012.
지그문트 바우만, 이일수 옮김 『액체 근대』, 강, 2009.
진중권, 『현대미학 강의』, 아트북스, 2003.
최태집, 『잉여사회』, 웅진지식하우스, 2013.
파블로 엘게라, 고기탁 옮김, 『사회 참여 예술이란 무엇인가』, 열린책들, 2013.
페터 뷔르거, 최성만 옮김, 『아방가르드의 이론』, 지식을만드는지식, 2009.
프란시스 들프슈 외, 부희령 옮김, 『강요된 비만』, 거름, 2012.
피에르 부르디외, 최종철 옮김, 『구별짓기』 상·하, 새물결, 2005.

7장

과학, 기술, 생태

현대에서 한 국가의 과학기술 수준이 경쟁력 지표임을 부인할 수 없다. 또한, 과학과 기술에 대한 이해와 활용은 각 개인의 경쟁력이기도 하다. 그러나 발전하는 과학기술의 속도와 비교해 볼 때 그 역사적, 철학적 이해는 부족한 상황이다.

과학과 기술에서 보이는 최근의 극단화 현상은 반지성주의의 한 갈래인 "반과학주의적 태도", 그리고 그 대척점에 있는 "과학기술중심주의"로 나타나고 있다. 반과학주의는 주관적 경험을 과신하여 검증되지 않은 비과학적 입장을 견지하는 것이다. 예를 들어 백신이 자폐증의 원인이라든지, 아픈 아이들을 현대 의술이 아닌 반의학적 비법으로 완치시킬 수 있다는 주장 등이다. 또한 코로나19 극복을 위하여 종교시설에 모여 기도와 염원으로 이를 퇴치하고자 하는 행위는 반과학주의의 최신 사례라고 할 수 있다.

한편 과학기술 중심주의는 더 우수한 기술이 기존의 기술을 대체하여 시장에서 승리한다는 믿음이다. 그 지지자들은 더 우수하고 더 효율적인 기술의 추구만이 인간의 삶을 안락하게 보장해주기 때문에 그 직선적 발전만을 독려한다. 그러나 이러한 과학기술 중심주의의 동력에는 자본가의 욕심이 항상 숨어있다. 끊임없이 새로운 기술과 새로운 제품으로 소비자들을 닦달하고 그 구매를 부추긴다. 요즘 유행하는 인공지능 기술로 무장한 각종 제품이 그 대표적인 예이다. 그러나 그런 제품에서 예상치 못한 문제가 생기면 "알고리즘"의 문제, 혹은 "소프트웨어 버그"라는 식으로 과학기술을 "탈인간화"시켜 자본가의 욕심과 의도를 교묘하게 감춘다. 따라서 우리에게는 과학기술 발전의 숨은 동력에 대하여 균형있는 이해가 필요하다.

1절에서는 과학기술이 현실화하는 과정에서 생각해보아야 할 민주적 절차에 대하여 살펴본다. 아무리 좋은 기술이라고 하더라고 이것이 현실에서 구현되기 위해서는 정부 당국의 정책을 통하여 재원과 인력이 투여되어야 한다. 이 과정에서 대중의 참여와 감시는 필수적이지만 대부분 시민은 이런 민주적 절차에 대한 이해와 참여에 무관심한 편이다. 구체적인 사례로 나치의 인종 위생학, 이 어처구니없는 과학이 어떤 논리와 미명하에서 가능하게 되었는지를 우리는 확인해야 한다.

2절은 미래 과학기술에 관한 근원적인 의문을 과학기술중심적 입장에서 조명한다. 예를 들어 빅데이터 시대의 화두인 자료수집 과정에서 간과하기 쉬운 문제, 그리고 인공지능과 결합한 빅데이터 산업이 초래할 수 있는 여러 기술의 오남용 문제를 구체적인 사례를 통하여 조명해본다.

3절에서는 다시 논쟁의 중심에 선 원자력발전 문제에 대한 다양한 시각을 이해하고자 한다. 즉 비용 대비 성능이 우수한 원자력발전의 효율성에만 열광할 것이 아니라 미래의 위험 요소를 어떤 관점으로 고려해야 하는지가 이 문제의 중심주제이다. 끝으로 현대과학의 대표적인 한계인 기후문제나 지금의 전 지구적 코로나19 시대를 이해하는 거시적 관점에 대해서도 살펴볼 것이다.

1. 민주주의와 과학

1) 과학철학은 민주주의의 이상을 코드화해야 하는가?

(1) 코드화된 민주주의의 이상

과학 프로젝트에서 문화적, 사회적, 정치적 요소들을 규명하는 작업이 이뤄지면서 그런 요소들에 주목하게 되고 그에 대한 비판적 탐구가 가능해졌다. 과학은 그것이 이뤄지는 역사적 시대와 "일체성integrity"을 갖는다. 이는 토마스 쿤이 지적한 것으로 잘 알려졌고, 뒤이어 쿤 이후의 페미니즘과 탈식민주의 과학기술학에서 보여 준 바 있다.[1] 그러한 작업은 우리가 문화적, 사회적, 정치적 요소들에 대해 의식적으로 사고할 수 있게 해 주며, 그럼으로써 이러한 요소들이 어떤 주장이 다른 주장보다 일견 더 합리적임을 보이는 무비판적 증거로 기능하지 못하게 한다. 우리는 연구에 지침을 제공하는 과학철학이 어떻게 이미 정치적 우려와 이상을 코드화하고 있는지를 알 수 있다.

그러나 우리가 그러한 우려나 이상 모두를 제거해야만 하는 것은 아니다. 어떤 우려나 이상은 민주주의에 입각하고 있으며, 이러한 민주주의적 요소들은 지식의 성장을 앞당기는 것으로 생각되고 있다. 예를 들어 과학철학에서 관찰자의 사회적 지위가 과학적 관찰이나 논증의 적절성을 평가하는 기준이 되어서는 안 된다고 주장하면, 누구나 이를 제약이 아닌 강점으로 여긴다. 이러한 의미에서 근대과학은 귀족 정치가 아닌 민주주의가 되어야 한다. 갈릴레오는 누구라도 자신의 망원경을 통해 천상의 사실들을 관측할 수 있다고 주장했다. 마찬가지로 오늘날의 과학 활동은 일개 대학원생도 노벨상 수상자 못지않게 중요한 관찰이나 논증을 해낼 수 있다는 가정을 지지한다. 물론 경험 많은 관찰자가 그렇지 못한 관찰자보다 더 믿을 만한 기여를 할 거라고 기대할 수 있다. 그러나 경험이 적은 관찰자가 가치 있는 관찰이나 주장을 계속 내놓는 것을 보면 이러한 민주주의의 이상이 과학적 가치를 갖는다는 믿음이 정당함을 알 수 있다.

이와 관련해서 연구 결과는 그것을 얻어 내기 위해 필요한 엄격한 절차를 수행할 의사가 있는 어떤 개인이나 집단에 의해서도 재현 가능해야 한다. 이는 연구 결과가 공개되어야 함을 의미한다. 연구 결과는 "인류"에 속하는 것이고, 과학적 견지에서 볼 때 그것을 공공이 보지 못하게 숨기는 것은 정당하지 못하다. 이 문제와 혼동할 수 있는, 관련된 외부 민주주의의 문제도 있다. 연구 결과는 또한 누구나 이용할 수 있는 것이어야 한다는 주장이 때때로 공공연하게 제기되어 왔다. 과학지식은 이러한 의미에서도 공공적이어야만 한다는 것이다. 그러한 민주주의 원칙에 대한 호소는 지금도 감지할 수 있다. "인간 지식"의 확장, "인간 복지"의 증진 혹은 "인간 진보"에 대한 기여를 약속하는 프로젝트에 자금을 지원해 달라는 주장에서 이를 볼 수 있다. 과학 연구로부터 혜택은 거의 보지 못하면서 그에 소요되는 비용은 너무 많이 부담하고 있는 집단들이 종종 이러한 주장을 한다. 그러나 오늘날 존재하는 계약, 특허, 사용 허가의 시스템은 사회적 영향력이 매우 큰 과학 연구의 결과가 이러한 의미에서 공공성을 갖지 못하게 만든다. 과학 연구의 결과는 그러한 독점을 강제할 수 있을 만큼 힘센 집단들—국가, 대기업, 그들이 후원하는 연구기관 같은—에 의해 사유화된다. 이에 따라 많은 점에서 그러한 계약, 특허, 사용 허가의 당사자가 되는 특권을 갖지 못한 시민들은 이제 그들의 삶에 매우 큰 영향을 미치는 연구 결과들에 거의 접근할 수 없게 된다. 그러나 이는 과학 정보의 사회적 "이용과 오용"에 관한 문제이다. 반면 이 글에서 내가 주장하는 바는 연구 결과의 공개가 과학적 방법의 한 부분을 이루는 중요한 민주주의의 이상이라는 것이다. 이는 과학 실천의 인지적, 기술적 핵심의 일부이기도 하다.

다시 한번 과거로 돌아가 보면, 초기 근대과학에서 물질이 어디에나 존재하며 동일한 종류의 질료로 이뤄져 있다는 믿음은 근본적으로 민주주의적인 주장으로 인식되었다. 이는 천상계와 지상계가 서로 다른 종류의 법칙을 따르는, 근본적으로 서로 다른 종류의 물질로 이뤄져 있다는 기독교의 논증에 도전했다. 사물의 위계에 도전하는 것은 기독교의 물질관이 모델로 삼은 정치적 위계에 도전하는 것이기도 했다. 초기 근대과학의 도래 이후 기독교적 위계는 "자연의 질서"에 모델을 제공하는 능력을 잃어버리기 시작했고, 그 역도 마찬가지였다. 지상계와 천상계를 구성하는 물질이 점차 동일하고 동등한 것으로 간주되었기 때문이다. 이 사례 역시, 과학의 인지적 핵심—이 경우에는 과학적 존재론—에 정치적 이상이 코드화되는 것에는 별반 새로울 것이 없음을 보여준다. 이는 정치적 중립성이 과학의 정치에 승리를 거둔 사례가 아니라, 하나의 정치가 다른 정치를 대체한 사례로 보아야 할 것이다. "사물의 동등성equality of material bodies"은 페미니즘과 인종 이론가들이 주장해 온 것처럼 민주주의의 정치적 원리이거나 그러한 원리가 되어야 한다. 이 글에서 문제

삼는 것은 그것이 아니라, 현재 과학의 인지적, 기술적 핵심에 코드화된 정치적 이상이 우리가 원하고 또 원해야 하는 정치적 이상인가 하는 것이다.

내가 발하고자 하는 바는 "정치적으로 올바른" 과학철학이 자동적으로 더 나은 과학, 더 민주적인 사회 질서, 혹은 그 둘 사이의 좀 더 효과적인 연결을 보증한다는 것이 아니다. 그보다는, 자연에 대한 과학적 사고와 과학에 대한 기술적, 대중적 사고 속에 코드화된 사회적 이상이 외부의 정치적 실천—바람직한 정치적 실천을 포함해서—에 대한 정당화를 제공해 준다는 것이다. 과학의 인지적 핵심에 나타나는 가치와 이해관계들은 정치적으로, 또 과학적으로 긍정적인 결과를 가져올 수 있다. 예전의 과학철학들이 가정했던 것처럼 부정적인 결과만을 가져오는 것은 아니다. 과학에 긍정적인 영향을 미치는 가치와 이해관계들은 특정한 민주주의의 이상을 매력적인 것으로 만들 수도 있다. 초기 근대과학에서 그러한 가치와 이해관계들은 관찰자의 대등성, 정보의 공개성, 일견 다르게 보이는 사물의 동등성을 자연스럽고 "상식적"이고 바람직한 것으로 보이게 만들었다. 아래에서는 우리에게 친숙한 과학철학에서 또 다른 정치적 요소들이 만들어 내는 정치적으로, 또 과학적으로 부정적인 영향 중 일부를 알아볼 것이다.

그러나 그 전에 먼저, 최대한으로 바람직한 "민주주의의 이상"이란 무엇인지 그 자체가 논쟁적인 쟁점이라는 사실을 지적해 둘 필요가 있다.

민주적 사회관계의 기준들

민주주의 사회의 이상을 과학의 인지적 핵심 속으로 받아들이는 것에는 과학적 기준이 있을 것이다. 그러한 이상은 그것이 가져다 주는 정치적 이점에 더해(앞서 지적했던 친숙한 이상들이 그렇듯) 과학지식의 성장을 앞당길 것을 약속할 수 있어야 한다. 그러나 그러한 민주주의 사회의 이상을 선택할 때의 정치적 기준으로는 어떤 것을 적용해야 하는가? 한 가지 방법은(희망컨대 상대적으로 논란이 적은) 민주주의 일반의 원칙을 찾아낸 후, 그것에 부합하는 사회적 실천을 명시하려 노력하는 것이다. 그러한 원칙 중 하나로, 의사결정의 결과를 감내하는 사람들이 그러한 결정을 내리는 과정에서 그에 맞게 발언권을 행사해야 한다는 익숙한 주장을 들 수 있다. 물론 이러한 일반적 규칙에는 예외가 있을 것이다. 예를 들어 유아들이나 그 외 대단히 신중하게 정의된 집단들은 그러한 결정을 내릴 능력이 없다거나 현명하지 못한 결정을 내릴 거라고 예상할 수 있다. 예외를 명시하는 것은 그 자체로 모든 민주적 과정에서 중요한 일부분을 이룰 것이다. 그럼에도 불구하고 일반적 원칙은 대단히 많은 상이한 종류의 효과적인 민주주의 실천을 이끌어 왔다는 점에서 매력적이다. 그에 맞는 발언권을 행사할 수 있는 제도와 절차는 상이한 사회적 맥락에서 서로 다를 것으로 예상할 수 있다. 작고, 균질적이고, 구전적인 문화에 적합한 실천은 크고, 이질적이고, 여러 가지 문자 언어를 사용하는 문화에 적합한 실천과 달라야 할 것이다.

정치철학자들은 그러한 민주주의의 명령에 부합하는 것으로 생각되어 온 세 가지 종류의 좀 더 구체적인 원칙들이 민주주의에 미치는 다양한 효과를 지적한다. 그 중 하나는 관련 집단들의 이해관계가 의사결정 과정에서 공정하게 대변되어야 한다고 조언한다. 지역적, 국가적, 초국적 과학 심의회에서는 과학기술 결정이 가져올 결과를 감내하게 될 모든 집단들의 이해관계가 정책결정 과정에서 대변되어야 한다. 민주주의 실천에 대한 이러한 개념은 없는 것보다는 낫지만, 비판자들은 이러한 개념이 민주주의에 미치는 효과가 충분치 못하다고 주장한다. 누가 그러한 이해관계들을 대변할 것인가?(권력을 가진 사람들이 그들의 권력 행사 대상인 사람들의 이해관계를 공정하게 대변할 수 있다고 가정해야 하는가?) 어떻게 하면 그러한 심의회들이, 관련 집단은 누구이고, 그들의 이해관계를 가장 공평하게 대변할 수 있는 방법은 무엇이며, 상충하는 이해관계 사이의 갈등을 민주적으로 해소할 수 있는 방법이 무엇인지 알아내는 일에 책임을 지도록 할 수 있을까? 이 원칙은 명백하게 부당한 사회적·정치적 시스템을 정당화하는 데 쓰여 왔다. 이는 종종 정치적·사회적으로 가장 힘이 약한 집단들의 이해관계를 인식하고 적절하게 고려하는 것을 가로막는 온정주의라는 공격을 받아 왔다.

좀 더 강력한 제안은 그러한 관련 이해집단의 구성원들 자신이 의사결정을 하는 심의회에서 자기 집단의 이해관계를 대변할 권리를 가져야 한다는 것이다. 이를 위해서는 과학 기관과 프로젝트를 설계하고 관리하는 집단에 여성과 남성, 백인과 흑인 등이 그 수에 비례해 참여해야 한다. 이러한 실천은 어떤 프로젝트에 내재한 반민주적 성향을 고치는 데서 성공을 거둘 수 있다. 풀뿌리조직, "참여행동연구participatory action research", "아래로부터의" 설계, 그 외 과학기술 프로젝트의 설계에서 "최종 사용자"에게 중요한 발언권을 주는 다른 방법들을 통해 과학기술상의 이득뿐 아니라 정치적 이득도 누릴 수 있다는 풍부한 증거가 있다. 그럼에도 불구하고 이러한 접근은 과학과 정치에 주는 이득을 모두 감소시키는 지나치게 보수적인 방식으로 실행될 수도 있다. 이전까지 여성과 소수집단이 배제되어 왔던 작업장과 정책 집단에 "여성과 소수집단을 추가"하면서 얻은 폭넓은 경험은 그러한 한계를 잘 보여 준다. 어떤 집단이 그렇게 대변될 권리를 갖는지 결정하는 사람은 누구인가? 소수집단 중에서도 가장 덜 위협적인 사람들만 과학정책 심의회에 참여가 허용되는 것은 아닌가? 과학기술 기관 내의 조직 행태에 대한 지배적인 기준 하에서 효과적으로 기능하기 위해 그들이 자신들의 "차이"를 억눌러야—자신들의 요구에 대해서는 침묵하거나 지배적 개념이나 관행에 잘 부합하는 일부 주장만을 제시해야—하는가? 개인들이 다수 집단의 지배적 담론, 제도, 관행에 효과적으로 맞서면서 자기 집단의 이해를 대변할 수 있을 정도로 강력한 담론을 생산할 수 있을까? 이른바 개발이라는 것이 이미 혜택 받은 집단에게 주로 이득을 제공하고 가장 혜택을 받지 못한 사람들의 발전을 저해하거나 잘못된 방향으로 발전시키고 있다는 증거를 내놓는 데만도 수많은 다양한 집단들의 수십 년에 걸친 정치적·지적 작업이 요구되지 않았던가? 이러한 이해는 개발 정책으로 인해 처음부터 불이익을 받은 사람들이 저절로 갖게 된 것이 아니다.

민주적 기준을 달성하기 위한 가장 강력한 제안은 가장 혜택을 받지 못한 사람들이 그러한 결정이 내려지는 제도나 사회 속에서 집단들 간의 진정한 평등을 요구하는 것이다. 성차별주의, 인종주의, 계급 시스템이 사회적, 정치적, 경제적 자원을 더 이상 불공평하게 분배할 수 없게 될 때, 그러한 사회의 제도는 최대한으로 민주적인 의사결정 과정을 비로소 달성할 수 있다. 뿐만 아니라 "진정한 평등"에는 "물질적" 자원뿐만 아니라 상징적 자원도 포함된다. 따라서 어떤 문화의 자민족중심적 기준—여러 집단들과 그들이 지닌 사고 및 전통이 동등하지 않다고 보는—이 과학의 인지적 핵심에서 이상적 모델로 간주된다면, 우리는 과학의 제도와 문화에서 그러한 집단들의 구성원들 사이에 진정한 평등을 기대할 수 없을 것이다. 거시 사회의 정치가 과학의 인지적 핵심에서 모델로 간주되는 한, 그러한 (자민족중심적) 기준이 다른 방식으로 과학의 실천을 형성하지 못하게 막으려는 노력은 실패로 돌아갈 것이다. 과학 제도 내에서 좀더 민주적이고 공개적인 의사결정 과정을 시도하려는 노력은 반민주적 메시지를 널리 퍼뜨리는 이상적 과학 실천의 모델에 의해 좌절되고 만다. 이상적 과학 실천의 모델은—사회적 영향과 비판적인 사회적 분석의 가능성에서 면제되어 있다고들 하는—과학의 인지적, 기술적 핵심 속에 숨겨져 있을 때 더욱 강력해진다.

이러한 견해에 따르면, 비민주적 사회에서는 "더 많은 과학기술"이 연구에 따른 이득과 비용을 민주적으로 전달할 것으로 기대할 수 없다. 그러한 조건에서는 "더 많은 과학기술"이(개별 과학자나 정책결정자의 의도에도 불구하고) 사회적 불평들을 증가시킬 것이 확실하다. 과학의 제도, 문화, 실천만으로는 사회의 다른 제도들에 내재한 비민주적 권력 배분에 대항할 수 없다. 그러한 비민주적 권력 배분은 정치적, 경제적, 사회적으로 이미 혜택 받은 사람들만이 과학기술 연구에서 얻어지는 정보를 활용할 수 있는 위치에 있게 만든다. 과학의 제도, 문화, 실천이 서로 충돌하는 정치적 메시지들을 만들어 내는 경우, 그것이 민주적 사회관계를 앞당기고 있다고 기대하는 것은 더욱 더 불합리한 일이다. 그처럼 민주적이지 못한 조건에는 과학적 대가가 따르는데, 이어지는 절들에서는 이 문제를 다룰 것이다. 이러한 상황은 더 많은 과학기술이 "인류에게" 적어도 약간의 이득이나마 항상 가져다주었다—설사 이미 지나치게 혜택을 입은 사람들이 그 밖의 많은 이득을 모두 빨아들였다 하더라도—고 생각했던 우리들 대부분에게 다소 침울한 시나리오를 예견하고 있다.

대니얼 리 클라인맨, 김명진 외 옮김, 『과학, 기술, 민주주의』, 갈무리, 2012, 213~221쪽.

2) 나쁜 과학자들 - 죽음의 수용소에서

(1) 인종 위생학

아픈 사람들을 치료하라고 교육받은 의사들이 어떻게 이렇게 잔혹한 실험에 가담할 수 있었을까? 이에 답하기 위해 역사학자들은 당시 독일이 처한 상황에 주목해야 한다고 말한다.

독일도 다른 나라들처럼 인구 증가로 인해 빈민가가 급속히 확장되고 있었다. 가난한 사람들이 몰려 살던 빈민가는 위생 환경이 열악해서 전염병이 들끓었고 전파도 빨랐다. 많은 독일인이 이러한 현실을 그곳에 사는 '열등한' 사람들 탓으로 돌렸다. 범죄자와 장애인, 정신적으로 문제가 있는 사람들 때문에 이런 일이 생겼다고 비난했다. 이러한 의견에 동조하는 독일인들은 열등한 사람들이 결혼을 해서 아이를 낳는 것을 막고 싶어 했다. 이 비뚤어진 생각에서 '최고의' 자질을 가진 독일인만이 살아남을 가치가 있다는 그릇된 신념이 생겨났다. 그리고 이 독일인들은 자신들의 자손이 가장 우월한 인간 종이 될 거라고 장담했다.

수많은 독일인 의사들이 인종 위생학(독일의 우생학—옮긴이)에 끌렸다. 위생학 정책이 독일의 미래 세대를 특정 질병으로부터 막아줄 거라고 기대했다. 범죄 행동 같은 사회적 질병도 예방할 수 있을 거라고 생각했다. 독재자 아돌프 히틀러의 지휘 아래, 의사들은 독일 사회에 만연한 '전염병'을 '치료'하라는 격려를 받았다.

나치 정부는 인종 위생학을 실행하기 위한 법률과 정책을 만들었다. 그중에는 실명이나 난청, 신체 기형 같은 유전적 장애를 가지고 태어난 사람들이 아이를 가질 수 없도록 불임 수술을 강요하는 단종법도 있었다. 이 법률에 따라 35만여 명 이상의 독일인이 강제 불임 수술을 받았다. 1939년, 독일 의사들은 히틀러의 명령에 따라 정신 질환자와 장애인, 그리고 계속 살아갈 '가치가 없다'고 판단되는 사람들을 죽음으로 내몰았다.

유대인 또한 열등하다고 생각됐고 '게토'라는 비좁고 더러운 빈민가에 강제로 몰려 살았다. 1941년에 나치는 거리에서 체포한 유대인들을 가스실 안에 몰아놓고 가스를 살포하거나 총으로 쏴서 죽였다. 유대인 수백만 명이 쌍둥이 자매 에바와 미리암처럼 강제 수용소에 갇혔다.

독일 의사들은 인종 위생학을 실행하기 위한 법률과 정책이 마련되자 강제 수용소에 감금된 사람들에게 온갖 잔혹한 실험을 했다. 유대인을 비롯해 집시, 동성애자, 기형과 장애가 있는 사람들, 러시아인과 폴란드인 같은 슬라브인들도 실험에 동원되었다. 나치 정부에 반대하거나 공산주의와 사회주의처럼 다른 정치 이념을 가진 사람들 또한 강제 수용소에 갇혔다. 나치가 볼 때, 이 열등한 사람들은 실험 대상으로 아주 적합했다.

(2) 뉘른베르크 강령

1945년, 독일이 전쟁에 패하면서 강제 수용소에 갇혀 있던 수감자들이 풀려났다. 생존자들의 증언에 의해 강제 수용소에서 벌어진 잔혹 행위가 알려졌고 세계가 경악했다. 1946년 10월부터 1949년 4월까지 미국은 독일 뉘른베르크에서 '의사 재판'이라고 알려진 특별 군사 재판을 열었다. 나치 의사와 군의관 23명이 전쟁 범죄와 반인류 범죄를 저지른 혐의로 법정에 섰다. 이들의 범죄는 사실로 확인되었다. 15명이 유죄 판결을 받았고 7명이 무죄 판결을 받았다. 추가로 기소된 내과 의사 1명은 약한 처벌을 받았다. 유죄 판결을 받은 의사 7명이 교수형에 처해졌다. 나머지 의사들은 징역형을 선고받았고, 그중 일부가 종신형을 받았다. 에바와 미리암에게 실험을 했던 요제프 멩겔레는 1945년, 전쟁이 끝나자마자 체포되었다. 하지만 멩겔레가 했던 실험에 대해 알지 못한 관리들이 그를 풀어줬다. 이후 멩겔레는 남아메리카로 도망쳤다. 그는 브라질의 어느 휴양지에서 수영을 하다가 심장 마비를 일으켜, 1979년 2월 7일에 사망했다.

기소된 나치 의사가 23명뿐이라 소수의 '미치광이'가 끔찍한 인체 실험을 저질렀다고 생각하기 쉽다. 하지만 독일 의료계 전체, 다시 말해 모든 의사와 간호사, 공공 보건 관리들이 잔혹 행위에 가담했음을 기억해야 한다. 이들 모두가 비난을 받아야 한다.

뉘른베르크 재판이 열리는 동안, 나치 의사들은 자신들이 한 일에 대해 유감스러워하거나 부끄러워하지 않았다. 오히려 자신들이 저지른 비인간적인 실험을 옹호했다. 의사들은 전쟁 중에는 나라를 위해서 옳고 그름의 판단을 유보할 수 있어야 한다고 했다. 더 많은 사람을 구할 수 있다면 몇몇 사람에게 해를 끼쳐도 괜찮다고 주장한 것이다. 게다가 잘못은 개인이 아닌 정부가 저질렀다고 했다. 자신들은 정부의 명령을 따랐을 뿐이라고 변명했다.

그에 덧붙여 강제 수용소의 수감자들은 어차피 죽을 운명이었고 실험 대상자들은 다른 사람들보다 나은 대우를 받았다고 했다. 심지어 실험 대상자들에게 "몸을 청결히 할" 기회를 줬다고 말한 의사들도 있었다. 또한 이 의사들은 자신들이 도덕과 윤리 문제에 대해 생각해 볼 수 있도록 하는 교육을 받지 못했다고 주장했다. 자신들은 과학자로서 실험을 한 것뿐이라고 했다. 책임은 옳고 그름을 결정했던 다른 사람들이 져야한다고도 주장했다. 그들은 독일의 건강과 행복을 위협하는 열등한 사람들은 죽어도 된다는 이유를 대기도 했다. 그리고 독일 의사들이 한 실험은 미국 의사들이 죄수에게 했던 실험과 다를 바 없다고 주장했다.

뉘른베르크 의사 재판의 가장 중요한 성과는 뉘른베르크 강령을 선포한 일이었다. 재판부는 사람을 대상으로 실험을 할 때 지켜야 할 윤리 기준 10가지를 작성했다. 첫 번째 조항이자 가장 중요한 기준은 실험 대상자의 동의를 받아야 한다는 것이다. 이 조항은 실험 대상자는 반드시 자발적으로 실험에 참여해야 한다고 규정했다. 이것은 그 누구도 강요나 협박에 의해 실험에 참가해서는 안 된다는 뜻이다.

또 인체 실험을 하기 전에 반드시 실험의 내용과 위험성에 대해 설명해야 한다고 했다. 강령은 또 다른 중요한 조건들도 마련했다. 사람에게 실험하기 전에 동물에게 실험할 것, 실험 대상자에게 정신적·신체적으로 해가 되는 행위를 하지 말 것, 실험 대상자가 원하지 않으면 실험을 즉시 중단할 것 등이 그것이다.

뉘른베르크 강령은 이후 의학 윤리와 인체 실험에 대한 법률을 만드는 데 기본 틀이 되었다. 강제 수용소에서 살아남은 생존자이자 노벨 인권상 신설을 주장하는 엘리 위젤은 이렇게 말했다. "(나치 살인자들은) 선과 악을 구별할 줄 몰랐다. 그들은 현실을 이해하는 것에 장애가 있었다. 그들의 눈에 사람은 사람이 아니었다. 사람은 그저 추상적인 개념일 뿐이었다. 뉘른베르크 재판과 뉘른베르크 강령의 가장 중요한 유산은 바로 이것이다. 인체 실험을 할 때 사람을 유일무이한 존재로 보고 또한 목적 그 자체로 보는 인권 존중을 요구한 것이다."

에바 모제스 코르와 미리암 자매는 요제프 멩겔레의 실험실에서 살아남았다. 어른이 된 에바는 나치 실험으로 희생된 어린이들을 위한 변호사가 되었다. 또 미국 인디애나 주 테러호트에 CANDLES('잔혹한 아우슈비츠 유대인 실험에서 살아남은 어린이들 Children of Auschwitz Nazi Deadly Lab Experiments Survivors'의 줄임말) 홀로코스트 박물관과 교육 센터를 열었고, 전 세계를 돌면서 의학 윤리, 용서와 평화에 대한 강연을 한다. 에바가 말한 인체 실험의 위험성에 대한 경고가 귓가에 맴돈다. "세계의 과학자들은 인류를 위해서 연구해야지 과학을 위해서 연구하면 안 됩니다. 과학자들은 자신과 자신에게 의지하는 사람들을 따로 생각해서는 절대 안 됩니다."

비키 오랜스키 위튼스타인, 안희정 옮김, 『나쁜 과학자들』, 다른, 2014, 50~55쪽.

2. 기술 혁신과 인간의 미래

1) 인간과 기술의 미래에 대한 4가지 질문

기술은 점점 복잡해지고 있지만 사람들이 이에 적응하고 사회 담론과 건강한 문화를 형성할 수 있는 기간은 오히려 짧아지고 있다. 불확실한 미래 사회에 대비하기 위해서는 우리의 현재와 미래 주요 이슈에 대한 종합적인 이해가 필요하다. 또한 기술 발전에 대해 서로 다른 관점을 가진 사람들이 공동의 이해에 바탕을 두고 미래를 함께 창조해나가야 한다. 앞으로 점점 더 빠르게, 더 많은 복잡한 기술들이 밀려올 것이다. 미래 기술로 인한 변화의 물결을 피해갈 수 없다면, 급한 물살로 인한 피해를 줄이고 오히려 그 흐름을 타 멀리 나아갈 수 있도록 하는 현명한 대처 방법을 찾아야 할 것이다.

(1) 미래 기술은 어떤 기회와 위험을 가져올까?

현재 인공지능의 핵심을 이루는 딥러닝Deep Learning 알고리즘의 강력한 점이자 무서운 점은 프로그램을 만든 사람조차 무슨 일이 일어나는지 알 수 없는 '은닉층Hidden Layer'의 존재이다. 이해할 수는 없지만, 항상 최선의 결과를 만들어내는 인공지능을 사람들은 전적으로 신뢰하고, 나아가 신격화하게 될 수 있다. 만약 인공지능이 오류로 인해 잘못된 판단을 내렸을 때도 사람들이 이를 맹신하고 따른다면 큰 문제로 이어질 수도 있다. 인공지능에 대한 또 한 가지 예측할 수 없는 불안은 많은 영화에서 다루어져 온, 인류를 공격하는 인공지능에 대한 것이다. 자율형 살상 로봇이 자아를 가지게 된다면 인류가 통제할 수 없는 살상 무기가 될 수 있다. 아직 인간의 자아에 대한 이해도 이루어지지 않은 상황에서 자아를 가진 인공지능에 대한 논의는 너무 이르다고 말하는 사람들도 있지만, 실현된다면 분명 인류에게 큰 위협이 될 것이다. 한편 인간을 빼닮은 휴머노이드로 인한 관계성 혼란의 문제도 있을 수 있다. 로봇과 인간의 상호작용은 인간 사이의 것과는 다르겠지만, 로봇과 함께 태어나는 세대는 자신에게 도움과 정서적 지지를 제공하는 로봇과의 상호작용을 당연하게 받아들이고, 더 선호하게 될 수도 있지 않을까? 앞으로 어떤 일이 일어날지는 알 수 없지만, 그 때문에 여러 관점에서 이 현상을 논의하고 다양한 가능성을 탐색할 필요가 있다.

(2) 새로운 기술로 예상되는 변화와 위험들

우리가 미래를 전부 예측할 수는 없지만, 어떤 변화들은 우리가 예측할 수 있는 범위 내에서 일어날 것이다. 미래 기술은 우리 삶에 거대한 변화를 만들며 기회와 위험을 제공할 것이다. 인공지능이 인간의 노동을 대체하여 더욱 풍족한 사회를 만들 여유를 제공할 수도 있고, 광범위한 실업을 가져와 경제 체계를 무너뜨릴 수도 있다. 개인화 서비스와 수요 중심형 경제는 시간과 자원의 효율을 높여줄 수 있지만, 정보의 편향과 소득 불균형을 불러올 수도 있다. 사물인터넷과 빅데이터에 기반을 둔 스마트홈이나 자율주행자동차는 혁신적인 편리함을 제공할 것이지만, 프라이버시 침해나 보안 문제, 그리고 윤리적 문제를 동반한다. 기술이 인간을 행복하게 만드는 미래 사회를 위해서는 이러한 위험들을 우선 대비해야 한다.

(3) 미래 기술로 인해 우리의 삶은 어떻게 바뀔까?

기술은 어느 때보다 빠른 혁신을 만들어내고 있다. 지역과 국가의 경계를 넘어 언제 어디서나 연결된 세계 네트워크가 구축되고, 정치 형태가 변화하며, 경제 가치가 실물 자원에서 디지털 자원으로 옮겨가면서 새로운 부와 권력 체계가 나타날 것이다. 인공지능이 처리할 수 있는 업무의 범위가 넓어지면서 보다 값싼 노동력을 제공하는 기계에 의해 노동자들은 일자리를 잃고 새로운 직종을 찾아야 할 것이다. 직업의 의미가 변화하여 소득 체계에 혼란이 나타나고, 사람들의 역할 변화가 지속적으로 일어나면서 극단적으로는 안정된 삶이라는 개념 자체가 허구가 될 수 있다. 인공지능이 인간의 노동력을 대신하고, 새로운 소득 체계를 만들어 사람들이 노동을 하지 않고도 생활을 영위할 수 있다면 우리는 먹고사는 문제에서 시간 개념과 삶 가치의 재구성 문제로 시야를 넓혀야 할 것이다. 미래 기술 발전 양상은 과거의 산업혁명들과 다르게 나타난다. 변화는 더 빠르고 복합적으로 진행되는데 우리 사회의 합의 속도는 이를 따라가지 못하고 있고, 1차 산업혁명 때처럼 시간이 해결해 주기를 기다릴 수는 없을 것이다. 4차 산업혁명의 중심에 있는 인공지능은 인터넷이나 스마트폰, 전기자동차와 같은 새로운 단일 기술이 아닌 인간 사회의 본질을 변화시킬 기술이다. 여기에 대처하기 위해서는 기존의 방식에 안주하지 않고, 더 적극적인 논의를 통해 새로운 돌파구를 찾아야 한다.

(4) 새로운 기술이 가져올 문제를 어떻게 대처해야 할까?

미래 기술은 우리 사회에 커다란 변화를 가져올 것이다. 기술 발전이 인류에게 미칠 영향과 그 대처 방안에 대해 많은 논의가 있어 왔지만, 여전히 풀리지 않은 문제들과 예상치 못한 위험들이 존재한다. 미래 기술은 강력한 기회만큼 위험한 문제를 동반하기도 한다. 그 어느 때보다도 불확실한 미래가 예상되는 지금, 예측가능한, 또는 예측 불가능한 문제들에 대처하기 위해 우리 모두가 함께 더 나은 미래를 위해 고민하고 노력해야 할 시점이다.

(5) 다양한 주체가 함께하는 담론 형성의 필요성

새로운 기술은 보다 연결된 형태로 우리 생활에 침투하고 사회와 경제, 문화에 걸쳐 거대한 변화를 일으키고 있다. 법제도적, 인문학적, 윤리적 문제가 복합적으로 나타날 미래 문제에 대비하기 위해서는 여러 분야의 전문가를 비롯해 공공과 민간 부문의 다양한 이해관계자들이 참여하는 사회 합의 체계와 균형잡힌 관점이 필요하다. 다각적인 논의는 사회 전반에 걸쳐 미래 기술에 대한 인식과 이해를 높이고, 일시적이고 감정적인 대응을 넘어서 실질적인 대안을 탐색함으로써 미래를 구체적으로 설계할 수 있게 도와줄 수 있다.

(6) 미래 문제에 대처하기 위한 노력들

미래 문제를 논의하기 위해 상향식Bottom-up 접근과 하향식Top-down 접근 각각에서 다양한 움직임이 일어나고 있다. 상향식 접근으로는 학술 연구 그룹이 많이 형성되었는데, 유럽 연합의 '인터넷 과학 네트워크', 캐나다의 '오픈 로봇 윤리 이니셔티브', 막스 테그마크의 '삶의 미래 연구소', 엘론 머스크와 샘 알트만의 '오픈AI' 등이 대표적 사례이다. 기술이 빨라지는 만큼 사회 합의 체계 또한 빨라져야 한다. 그러기 위해서는 전 사회에 걸쳐 공동의 이해가 형성되어야하며, 가능한 선택지에 대해 연구하고 통찰을 제공하는 연구 그룹이 필요하다. 국내에서도 '싱귤래리티99', '한국포스트휴먼학회' 등 미래 기술을 연구하고 사회적 담론을 만들기 위한 시도가 이루어지고 있으나 아직 소수에 불과하다. 또한 이들이 사회와 소통할 채널이 부족하며, 실질적인 의사결정권자들에게 영향력을 미치기 어렵다는 한계를 가지고 있다. 학계와 시민들이 주축이 되어 시작하는 변화의 물결을 긍정적인 방향으로 유도하기 위해서는 다양한 목소리들이 공명할 수 있는 연결선을 만들어 주어야 한다. 상향식 논의가 다양한 이해당사자의 관점을 통합할 수 있다는 점에서 중요하지만, 통찰력 있는 논의와 연구 결과를 실제 현실에서 구현하기 위해서는 제도를 변화시킬 수 있는 힘을 가진 상위 기관이 주도하는 하향식 접근 또한 중요하다. 대표적인 하향식 시도로 UN 국제연합이 주도하는 '인터넷 거버넌스 워킹 그룹'이 있고, 국내에서도 최근 미래창조과학부의 주도로 민간 기업이 출자한 '지능정보기술연구소'가 설립되었다. 한편 기술 관련 정책 제정에 자문을 제공하는 유럽 연합의 '유럽의회기술평가위원회'는 전문적 분석과 예측을 정책에 반영할 수 있는 독립적 자문 체계의 사례이다. 기술이 복잡하고 빨라지는 시대에는 고위 의사결정자들의 기술에 대한 폭넓은 이해가 필요하다. 미래 기술 문제는 시스템 자체의 개편을 필요로 하기에 시민 사회 수준에서의 노력만으로는 부족한 부분이 있으므로 정책과 제도로 이를 뒷받침할 수 있어야 한다.

(7) 미래 기술 사회를 대비하기 위해 각 주체들은 무엇을 해야 할까?

미래 기술의 혁신 과정에는 정부와 정책의사결정자, 기술 개발자와 기업, 미디어 미래 기술 사회를 대비하기 위해 각 주체들은 무엇을 해야 할까? 미래 기술의 혁신 과정에는 정부와 정책의사결정자, 기술 개발자와 기업, 미디어, 학계 전문가, 개별 소비자와 서로 다른 이해를 가진 공동체 구성원 등의 주체가 관여하게 된다. 빠르고 넓게 변화하는 기술의 문제는 누구 한 사람의 고민과 노력으로 해결할 수 있는 것이 아닌, 수많은 이해당사자들이 협업해서 풀어야 할 문제다. 국가 차원에서는 경계를 뛰어넘는 세계 문제를 다루기 위해 글로벌 거버넌스를 형성할 필요가 있고, 정부는 미래 기술을 장기적이고 포괄적인 관점으로 바라보고 신속하고 정확한 의사결정력을 키워야 할 것이다. STEM[2)] 교육에 집중된 지금의 교육 체계는 새로운 사회에 대한 적응력과 인간성을 키워주는 방향으로 변화해야 하고, 기술을 개발하는 기업은 신기술의 사회적 영향력을 인지하고 책임의식을 가져야 할 것이다. 이러한 모든 노력을 전파하고 대중의 통찰을 높여주는 밈meme[3)]을 형성하는 것은 미디어의 역할이며, 소비자는 기술에 대한 이해를 높이고 어떤 기술을 어떻게 사용할지 스스로 결정하는 힘을 키워야 한다.

이동만·이원재·도영임·이슬·나정환·임지민 공편, 『인간과 기술의 미래에 대한 세 가지 질문』, KAIST 문화기술대학원-SBS문화재단, 2016, 20~21쪽.

2) 자신의 데이터가 되다

<포케몬 고>처럼 마치 게임을 하듯이 즐겁게 피트니스를 할 수 있다면 얼마나 좋을까. 재미있는 놀이를 하는데 그것이 현실적인 문제를 해결해 주는 것이라면 참으로 매력적인 것이 아닐 수 없을 것이다. 사실 이와 유사한 방식으로 우리의 신체를 지속해서 움직이도록 해주는 것이 있기는 하다. 셀프-트래킹self-tracking, 우리말로 자기-기록이라고 부르는 활동으로, 주로 디지털 웨어러블 기기를 사용하여 자기 신체에 대한 데이터의 기록을 행하는 일을 말한다. 이 용어의 본래 의미를 더 고려한다면 (자기 자신의) 자신에 대한 추적 및 기록이라고 볼 수 있다. 사전적인 정의에 따르면, 자기-기록은 주로 스마트폰을 사용하여 자신의 식습관, 건강, 혹은 활동에 대한 정보를 체계적으로 기록하는 행위로서, 행동의 패턴을 발견하여 자신의 신체적 혹은 정신적 웰빙을 개선하는 데 도움을 얻기 위한 것이다. 앞에 예시 든 것처럼 걷거나 자신이 달린 거리는 물론이고, 체중, 심장박동, 혈압, 혈당량, 운동량과 같은 신체 정보뿐만 아니라 수면 패턴, 섭취한 음식의 열량, 기분과 같은 정보까지도 기록의 대상이 된다. (이러한 자기-기록의 범위를 더 넓힌다면 자동차 주유량, 읽은 책의 수나 내용, 가계부, 시간 관리와 같은 정보의 기록까지도 포함될 수 있다.) 자기-기록은 그것을 사용하는 맥락에 따라서 개인정보 분석personal informatics이나 생활 데이터 기록life-logging이라고 불리기도 하는데, 자기-기록의 수행자들이 그러한 데이터 측정과 기록을 행하는 목적은 우선 자신에 대해서 더 많이 알기 위해서다. 웨어러블 기기로 측정하고 수집한 데이터를 통해서 자신의 신체가 얼마나 활동을 하는지, 어떻게 혹은 어떤 패턴으로 움직이는지, 언제 어디서 무엇을 했는지 등을 더 잘 혹은 자세히 알기 위해서다 자신의 신체와 건강 상태에 대해서 더 잘 알고 패턴을 발견하려는 것은 또한 자신의 신체나 건강을 자신이 원하는 상태로 변화시키기 위한, 때로는 그것을 지속하기 위한 목적을 위해서다. 따라서 대부분의 자기-기록 활동은 건강을 유지하거나 개선하기 위한 피트니스의 목적이 주를 이룬다. 이를 건강 혹은 신체의 최적화optimization를 위한 목적이라고 부를 수 있다.

디지털 웨어러블 기기를 사용하여 자신의 신체와 건강 데이터를 측정하고 기록하는 지금의 자기-기록 행위 이전에도 물론 자기 자신에 대한 관찰과 기록의 습관은 있었다. 손으로 적는 일기나 가계부뿐만 아니라 다이어트를 위해 체중과 음식 칼로리를 적어서 일기처럼 기록하기도 하고 돌보아야 할 환자들이나 유아의 경우 특히 혈압이나 심장박동, 음식 섭취량과 배변량 등 다양한 정보들을 일일이 손으로 적어서 기록을 남기기도 했다. 물론 지금도 그러한 자기-기록 활동은 계속 이루어지고 있다. 하지만 우리가 지금 주목하고 있는 자기-기록의 활동은 주로 자기 스스로의 의지에 따라 디지털 기기를 통해 자동적으로

데이터를 측정하고 기록하며 축적하고 나아가 축적된 데이터로부터 분석된 내용을 다시 자신에게 적용하여 신체에 피드백을 보내는 활동에 한정된다.

자기-기록 혹은 자기-추적은 아직 우리 한국사회에서 그다지 커다란 반향을 일으키거나 영향을 미치고 있지는 않는 것 같다. 달리 말하자면 얼리어답터들을 제외하고는 아직 일상화될 정도로 유행이 되지는 않았다. 하지만 어느새 그것이 자기-기록인지 알지 못한 채, 혹은 자기-기록을 위한 목적을 그다지 인지하지 못한 채, 자기-기록의 기술을 사용하는 사람들이 조금씩 늘어나고 있는 것은 사실이다. 즉 그것이 뭐라고 불리든 점점 많은 사람들이 몇몇 특정한 목적을 위해 일상에서 자기-기록의 기술들을 이용하고 있는 것이다. 그저 운동을 좀 더 열심히 해야겠다는 생각에 혹은 수면시간을 체크하고 아침에 알람 기능을 사용해서 일어나야겠다는 결심으로 스마트와치나 밴드 혹은 애플리케이션을 사용한다. 매우 자의적이고 자발적이고 순수한 개인적 목적으로, 혹은 순전히 기술에 대한 호기심으로 자기-기록 활동을 수행하고 있을 것이다. 웨어러블 기기나 자기-기록은 개인들의 관심사에만 한정되지는 않는다. 아직 열풍이 불지는 않고 있지만, 새로운 성장동력을 찾는 산업에서는 은근한 관심과 기대를 가지고 있는 것으로 보인다. 몇몇 스타트업에서는 아직 기존 시장에 나와 있지 않은 헬스케어를 겸한 웨어러블 기기를 발명하기도 하고, 피트니스나 게임과 함께 자기-기록의 활동을 수행할 수 있는 여러 장치들도 시중에 등장하고 있다.

미국에서는 21%의 사람들이 일종의 디지털 웨어러블 기기를 이용하여 자기-기록을 수행하고 있으며 10%의 사람들이 매일 웨어러블 기기를 실제 사용하고 있다. 자기-기록을 수행하는 가장 주요한 목적은 운동이나 피트니스 그리고 의료나 건강관리에 있다. 많은 사람들이 다양한 목적을 가지고 이용하다 보니 흥미로운 케이스가 종종 발생한다. 2016년 초에는 가장 많이 판매된 웨어러블 기기 중 하나인 핏빗Fitbit 사용자의 경험담이 매셔블Mashable 웹사이트에 올라왔다. 한 남성이 아내의 핏빗 데이터를 보다가 심장박동이 평소보다 빠른 것을 발견하고 레딧Reddit 이나 버즈피드Buzzfeed와 같은 유명 메시지 보드 사이트에 센서의 고장을 의심하는 포스팅을 했는데, 다른 사용자들이 기기의 이상보다는 아내의 임신일 가능성을 제시하자 병원에 다녀와 임신임을 확인하게 되었다는 이야기다.[4] 핏빗이 포착하는 데이터는 사용자 자신보다 더 자신에 대해 빨리 알려주는 셈이다. 이스라엘의 한 남성은 애인에게 절교 선언을 듣고 난 후 한참 지나 피트니스 측정 기록을 확인하다가 절교의 말을 듣는 순간 심장박동이 급격하게 증가했음을 알게 되었다. 그러한 감정적 변화의 순간이 데이터로 고스란히 기록되어 있다는 것에 감격한다.[5] 이런 흥미로운 자기-기록의 예들을 인터넷상에서 어렵지 않게 찾을 수 있을 만큼 서구 사회에서는 웨어러블 기기를 사용한 디지털 자기-기록이 상당히 일상화되어 있다.

자기-기록의 기술과 방식들

디지털 자기-기록이 사람들을 매혹하는 가장 커다란 특징은 무엇보다 기록의 과정이 자동화되어 있다는 점이다. 사용자가 따로 노력을 들여 손수 기기를 조작하거나 매번 특정한 시간이나 활동 공간에서 의식적으로 수치를 기입할 필요가 없기 때문에 그 편의성이 사용자들에게는 매력적이다. 게다가 웨어러블 기기와 같은 자기-기록을 위한 장치들은 정보소통기술ICT의 발전으로 인해 정밀하게 소형화되고 정확도가 뛰어나게 되었다. 사용자들이 신체에 부착하고 일상생활을 하거나 운동하더라도 별다른 불편함을 느끼지 못할 정도로 웨어러블 기기에 집약된 ICT는 뛰어나다. 그야말로 옷을 입는wearable 것처럼 자연스러운 장치들이 가능하다. 그래서 웨어러블의 형태도 가장 흔하게는 손목에 착용하는 밴드나 시계의 형태에서부터 목걸이나 반지의 액세서리 형태까지 시중에 나와 있다. 지금은 개발이 중단되었지만 구글 글래스와 같은 안경에 부착된 웨어러블 기기도 있다. 더 극단적으로는 피부에 바로 부착하는 패치의 형태나 피부 아래에 이식하는 형태까지 개발되고 있는 중이다. 게다가 상대적으로 저렴한 기기의 비용은 일반 사용자들의 기기에 대한 진입장벽을 낮추는 데 기여하고 있다. 웨어러블 기기의 기술적 핵심은 센서sensor에 있는데, 위치를 파악하는 GPS, 압력 센서, 가속도계, 자이로 센서, 모션 트래킹 센서, 심박 센서, 온습도 센서, 산소 측정 센서 등이 사용된다. 이러한 센서들은 웨어러블 기기뿐만 아니라 이미 우리가 일상적으로 소지하고 사용하는 스마트폰과 같은 장치들에도 광범위하게 사용되고 있다. 센서의 크기가 소형화되고 가격이 저렴해지면서 사용자들의 편의성이 증가하고 더 많은 활동이나 환경에서 신체 데이터를 측정하는 것이 가능해지는 것이다. 또한 웨어러블 기기에서 측정, 수집된 데이터는 내장된 극소 통신장치를 통해 스마트폰이나 개인용 컴퓨터에 전달된다. 스마트폰과 컴퓨터의 해당 어플리케이션은 전달된 데이터를 축적하고 분류하고 저장하는 동시에 웨어러블 제작사의 서버로 데이터를 전송한다. 사실 이 과정 이후의 데이터의 행방에 대해서는 사용자들에게 그리 알려진 것이 없다. 다만 사용자는 스마트폰이나 컴퓨터를 통해 저장되고 분석된 데이터를 다시 볼 수 있을 뿐이다. 어플리케이션은 그동안 피트니스 트래킹 수행자들이 어떤 활동을 하면서 얼마나 움직였는지 등의 데이터를 주로 그래프 형태로 시각화하여 보여준다. 거기에 더해 어플리케이션의 알고리즘은 사용자의 활동 정보를 분석하여 앞으로 어떤 활동이 어느 정도로 더 필요한지 추천하거나 보상 메커니즘에 따라 사용자의 지속적인 활동을 독려하기도 한다. 다양한 센서와 데이터 전송 기술을 이용한 자동화된 자기-기록의 기술은 사용자가 자기 신체의 상태를 개선하거나 건강을 향상시키기 위해 자신의 의지에 따라 디지털 기기들을 이용할 수 있는 손쉽고 저렴하며 재미있는 방법을 제공한다. 자기-기록의 기술은 자신의 의지만 충만하다면 열심히 달리고 체중을 조절하거나 질병의 위험 요소들을 점검하고 통제하면서 개인의 건강을 최적화하는 데 매우 유용하고 효율적인 기술임이 틀림없어 보인다. 그러나 이렇게 개인에게 효율적으로 보이는 이 기술이 실제 사용되는 방식은 생각보다 단순하지 않다. 우리가 생각하거나 알고 있는 것 이상으로 자기-기록의 기술은 다양한 방식으로 우리 삶과 문화에 개입하고 있거나 곧 개입할 것이다. 이렇게 작고 저렴한 기술 집약적 물건이 우리의 일상에서 신체에 직접 작용하며 건강과 의료라는 삶의 중요한 요소들을 관리할 수 있게 된다는 것은 대단한 일이 아닐 수 없다. (…중략…)

이렇게 나는 나 자신의 데이터가 된다. 나의 데이터는 나에 대해서 내가 아는 것보다 더 많은 정보를 제공할 수 있다. 페이스북은 내가 알지 못하는 나의 취향과 욕구에 대해 이미 알고 있고 그것을 예측하여 광고를 제공함으로써 내가 그것을 원하도록 만든다. 정보 과잉infoglut의 시대에 특히 감정, 정서, 정동의 데이터를 포착하고 분석하여 활용하려는 경제 트렌드가 지배적인데, 안드레예비치M. Andrejevic는 이를 결국 시장의 예측을 통해 미래를 지배하고자 하는 흐름으로 이해한다.[6] 더 많은 정서가 표현되고 더 많은 행동이 추적되고 수집될수록, 즉 더 많은 데이터가 축적될수록, 그것을 소유하는 자는 시장에서 더 큰 권력을 갖는다. 자기-기록으로 수집되는 데이터는 감정이나 정동보다 훨씬 더 날것의 생체적인 데이터를 제공할 수 있는데, 이러한 데이터의 축적이 가지게 될 "미래정치futarchy" 혹은 "예측통치predictocracy"의 권력은 얼마나 위협적일 것인가.

굳이 아직 오지 않은 미래를 걱정하기 이전에, 우리는 자기-기록 활동을 통해 생산한 신체 데이터가 우리도 모르게 어딘가에 저장되어 있다가 우리의 의사에 반하여 사용될 수 있다는 것을 염려해야 한다. 시사잡지 『아틀랜틱The Atlantic』의 한 기사는 피트니스 트래킹 데이터가 법정에서 사용될 수 있다는 것을 경고한다.[7] 한 개인 트레이너는 자신이 직장에서 4년 전 다친 이후로 현재까지 자기 나이의 동일 직업 종사자들보다 활동 수준이 낮다는 것을 증명하고 보상받기 위해 핏빗 기기의 데이터를 법정에 제출하였다. 그러나 그녀가 법정에서 사용할 데이터는 자신의 핏빗에 저장된 원데이터가 아니라 한 데이터 분석회사에서 제공하는 개인 데이터와 일반인 전체의 데이터의 비교 자료다. 물론 이 경우는 자기-기록 수행자를 지원하기 위해 데이터가 사용되지만, 그 반대의 경우도 얼마든지 가능하다. 예를 들면, 보험회사에서는 보험자의 자기-기록 데이터를 들춰 봄으로써 그의 장애 판정이나 보상금 지급을 부인할 수 있다. 마찬가지로 직장에서 권장한 자기-기록 활동이 보여주는 데이터가 낮은 생산성을 증명할 경우 노동자의—특히 비정규직 노동자의— 실직으로 이어지리라는 것은 불을 보듯 뻔하다. 이렇듯 우리가 생산한 데이터는 완전히 우리의 소유라고 혹은 우리를 위해서 존재한다고 말하기 어렵다. 오히려 데이터는 그 자체의 삶을 살고 그 자체의 진리를 가진다. 그것이 우리 인간의 진리보다 더 높은 수준의 객관성을 지니고 있다고 판단한다면 어떤 일이 벌어질 것인가. 법정에서 "인간의 전언보다 데이터—그것이 비록 불규칙적이고 신뢰하기 어려운 것이라 해도—를 우선시한다는 것은 알고리즘에 권력을 넘겨주는 것을 의미"한다는 점을 기억하고 있어야 할 것이다.

김상민, 「나 자신의 데이터가 되다」, 『문화과학』 87, 문화과학사, 2016, 57~74쪽.

3) 빅데이터 인공지능 그 위험한 만남

최근 10년간 빅데이터로 학습한 인공지능이 빠른 속도로 똑똑해지고 있는 것은 사실이다. 예를 들어보자. 사람이라면 세 살 정도의 시각, 지각 능력만 있으면 개와 고양이 사진을 쉽게 구분할 수 있다. 하지만 인공지능은 이런 일을 오랫동안 제대로 수행하지 못했다. 하지만 수많은 이미지 데이터빅데이터를 학습한 덕분에 이제 인공지능은 개와 고양이는 물론이고 사람보다 정확하게 인간의 얼굴도 구별한다.

미국 로체스터대학교 연구팀이 한국인, 중국인, 일본인 얼굴 자료 4만 건과 40가지 국가별 특성을 분류한 데이터로 인공지능을 교육했다. 그랬더니, 이 인공지능은 무작위로 섞여 있는 한국인, 중국인, 일본인 사진을 약 75%의 정확도로 구분했다. 평범한 미국인이 한국인, 중국인, 일본인을 구분할 확률 39%의 거의 두 배다.

이런 인공지능의 얼굴 구별하기 능력은 앞으로 안면인식을 통한 맞춤형 광고, 범죄나 테러 예방 등에 이용될 가능성이 크다. 〈마이너리티리포트〉(2002) 같은 영화에서 그랬듯이 길을 걷던 사람의 얼굴을 인식하고 나서 맞춤형 광고를 보여주거나, 길거리의 감시카메라가 행인의 얼굴을 인식해 범죄 용의자를 식별하는 일이 가능해질 수도 있다.

그런데 생각지도 못한 문제가 나타났다. 2016년 개최된 한 미인대회에서 있었던 일이다. 주최 측은 얼굴 구별에 능한 인공지능으로 객관적 미모를 평가해보기로 했다. 얼굴 모양이 대칭적인지, 주름이 있는지 등을 포함한 다양한 요소를 고려해서 기준을 정했다. 그러고 나서 인공지능이 100개 나라에서 6,000명의 참가자가 보낸 사진의 미모를 평가했다. 결과는 어땠을까?

주최 측은 깜짝 놀랐다. 44명의 수상자 대부분이 백인이었으며, 몇몇 동양인을 제외한 유색인종은 딱 한 명뿐이었다. 이런 결과가 나온 이유는 명백하다. 인공지능이 미인을 판단하고자 학습했던 데이터가 백인 중심이었던 것이다. 미인의 기준이 백인에 맞춰져 있어서 다른 미모와 매력을 가진 황인종, 흑인종이 판단에서 배제된 것이다. 이 인공지능은 자신도 모르게 '인종차별'을 했다.

비슷한 사례는 또 있다. 수많은 이미지 데이터를 학습한 인공지능을 이용한 서비스 가운데 가장 널리 알려진 것이 바로 '구글포토' 서비스다. 안드로이드 기반의 스마트폰을 사용하는 독자라면, 한번쯤 사용해봤을 이 서비스는 사진을 찍어서 올리기만 하면 인공지능이 날짜별, 장소별, 상황별, 인물별로 분리해준다.

그런데 구글포토 서비스 초기에 웃지 못할 일이 있었다. 2015년 여름, 미국의 한 20대는 다른 친구와 놀러 가서 찍은 사진을 구글포토에 올렸는데, 인공지능이 자동으로 이미지를 인식해 구분해 정리한 결과를 보고서 깜짝 놀랐다. 한 친구의 사진이 엉뚱한 폴더로 분류된 사실을 깨달았다. "구글포토가 제 친구를 인간이 아닌 동물고릴라로 인식했더군요." 그 친구는 흑인이었다.

한때 구글에 흑인, 즉 아프리카계 미국인이 자주 쓰는 이름을 넣으면 범죄자 정보를 찾아주는 회사 광고가 뜰 가능성이 높았다. 악순환이다. 미국에 만연한 인종차별이 수많은 데이터 학습 과정에서 인공지능에 각인되고, 그 인공지능에 기반을 둔 검색엔진을 사람이 쓰면서 그런 차별이 더욱더 심해지는 것이다.

이런 상황에서 인공지능의 얼굴인식 기능이 범죄자 예방에 이용된다면 무슨 일이 생길까? 장담컨대, 단지 피부색이 까맣다는 이유만으로 곳곳에서 선량한 시민이 범죄 용의자로 지목되어 경찰서를 들락날락하면서 자유를 침해당할 가능성이 커질테다. 빅데이터에 기반을 둔 인공지능의 활용이 그렇지 않아도 심한 인종차별을 더욱더 부추기는 것이다.

이뿐만이 아니다. 2014년부터 신입 사원 채용 과정에서 인공지능을 도입하는 일을 모색했던 '아마존'은 2018년 가을 이 프로젝트를 폐기했다. '채용 인공지능'의 판단을 전문가들이 검토하는 과정에서 심각한 문제가 드러났기 때문이다. 인공지능은 채용 과정에서

도저히 용인할 수 없는 어처구니없는 '여성차별'을 했다.

아마존의 채용 인공지능은 이력서에 '여성 체스 동아리'처럼 '여성'이란 단어가 포함된 문구가 있으면 감점을 시켰다. 또 인공지능이 여자대학을 졸업한 지원자 두 명의 점수를 깎은 사례도 발견되었다. 반면에 인공지능은 '실행하다', '포착하다' 같은 남성 기술직이 이력서에 자주 쓰는 동사를 발견하면 가산점을 주었다.

이런 여성차별도 인공지능이 학습한 빅데이터 탓이었다. 채용 인공지능은 지난 10년간 아마존에 제출된 수많은 이력서를 데이터로 학습했다. 짐작하다시피, 아마존 같은 실리콘밸리 기업은 대표적인 남성 기업이다. 2017년 기준 아마존 전체 직원 가운데 남성과 여성의 비율은 6대 4 정도다. 이런 현실에서 채용 인공지능은 아마존에 맞춤한 직원의 성별이 남성이라고 판단했다.

고학수 서울대학교 교수(법학전문대학원)도 일찌감치 인공지능을 채용 과정에 도입할 때 예상하지 못했던 문제가 발생할 가능성을 경고했다. "지난 30년간 국내 대기업의 여성 고용 및 승진 데이터를 훈련 데이터로 학습한 인공지능"이 있다고 가정하자. 이 인공지능은 "대기업에서 여성의 승진 비율이 높지 않은 것을 업무 성과가 좋지 않은 것"으로 학습할 수 있다.

만약 이런 인공지능이 채용에 나선다면 어떻게 될까? "가급적 여성의 고용을 권하지 않는 왜곡된 추천"을 할 것이다. 실제로 여성 사용자가 구글과 같은 검색엔진을 이용하면 급여가 낮은 일자리가 우선 노출된다는 연구결과도 있다. 남성에 비해서 저임금 일자리에 종사하기 쉬운 여성이 낮은 일자리를 자주 검색하면서 인공지능이 편견을 학습한 것이다.

앞으로 의사, 판사, 변호사, 기자 등이 했던 일을 인공지능이 대체할수록 새로운 차별문제가 심각하게 대두될 것이다. 지금 사회적 약자는 어쩔 수 없이 인공지능시대에도 약자가 될 가능성이 크다. 더구나 그동안 사람한테 '갑질'을 당하던 것도 서러운데, 이제 인공지능한테 차별을 당해야 하다니 얼마나 슬픈 일인가.

화제를 바꿔보자. 국내 최대 포털사이트 '네이버'는 2019년 4월 4일부터 이용자가 접하는 뉴스서비스를 100% 인공지능에 맡겼다. 인공지능이 이용자 개인의 평소 뉴스 소비성향을 파악해서 이른바 '개인 맞춤형 뉴스 서비스'를 제공하는 것이다. 네이버는 "이런 서비스를 통해서 이용자의 뉴스 소비가 늘었다"고 자화자찬했다.

인공지능이 보고 싶은 뉴스만 골라서 보여주는 일이 왜 문제일까? 빅데이터에 기반을 둔 인공지능의 학습능력이 뛰어날수록 사람은 자신이 보고 싶은 뉴스에만 노출이 될 가능성이 크다. 어떤 사람은 연예인 스캔들 같은 선정적인 가십에 집중적으로 노출될 테고, 어떤 사람은 자신의 입맛에 맞는 정치적 견해만 접하게 될 테다.

자신의 관심사나 자기가 선호하는 견해의 주장만 접할 때 나타날 수 있는 결과가 바로 '필터버블' 현상이다. 인공지능이 걸러준 자기 입맛에 맞는 뉴스나 주장만 접한 소비자는 마치 자기만의 버블bubble에 갇혀서 살아가는 꼴이 된다. 서로 다른 버블에 갇힌 사람들이 모인 사회에서 공동체 구성원 간의 소통 가능성은 적어질 게 뻔하다.

인공지능 뉴스서비스의 중요한 목적은 이용자의 주의력을 끄는 일이다. 그 결과, 인공지능이 뉴스서비스를 전담하고 나서부터 언론사가 오랫동안 야심차게 준비한 기획기사나 심층보도가 주목을 받지 못하고 있다. 사람 편집자가 뉴스서비스를 담당할 때는 언론사가 공들인 기획기사나 심층보도를 주목도 높은 면에 노출해 많은 사람이 접근하도록 유도했다. 하지만, 인공지능은 그런 기사나 보도를 무시하는 모습을 보인다.

그럴 수밖에 없다. 인공지능 알고리즘이 기사 노출의 가장 중요한 기준으로 여기는 것은 '관심'과 '이슈'이다. 인공지능은 조국 전 법무부 장관 일가를 둘러싼 뉴스처럼 많은 사람이 찾아보는 기사를 우선순위에 두고 노출한다. 그런 기사들이 관심을 받다 보면 해당 이슈의 뉴스는 더욱더 많아진다. 이슈의 쏠림 현상을 인공지능이 부추기는 것이다.

이 과정에서 특정 이슈만 부각함으로써 사회공동체가 진지하게 토론해야 할 다른 중요한 이슈는 묻힌다. 지구온난화가 초래하는 기후위기나 인공지능이 삶에 미치는 영향과 같은 중요한 문제를 둘러싼 기사나 토론을 네이버 같은 포털사이트에서 거의 찾아볼 수 없는 상황이야말로 바로 그 증거다.

강양구, 「빅데이터와 인공지능, 그 위험한 만남」, 『녹색평론』 제170호,
녹색평론사, 2020, 21~30쪽.

4) 인공지능, 노동을 지배한다

돈이 필요한 사람들이 더 효율적으로 일할 수 있게 도와준다는 점에서, 서비스의 품질을 높일 수 있다는 점에서 플랫폼 기업이 인공지능 알고리즘을 이용하는 것을 나쁘다고만 할 순 없다. 문제는 이런 알고리즘이 직접적인 지휘나 지시 관계를 은폐한다는 점이다. 고용관계를 인정받기 어렵게 해 노동권 보호의 사각지대에 놓이게 한다.

우버는 별점이 4.5점 이하일 경우 콜을 주지 않고 재교육을 받도록 하는데, 운전자는 낮은 평점을 준 사람에게 이유를 물어보거나 협의할 방법이 없어 플랫폼의 별점 정책에 일방적으로 휘둘릴 수밖에 없다. 장귀연 소장은 "부업으로 우버 기사로 활동한 마이너리그 선수가 메이저리그에서 성공한 후 한 첫 인터뷰에서 하고 싶은 말을 묻자 '우버 기사할 때 나에게 4점을 준 사람이 누구인지 궁금하다'였다"며 "평점이 앱에서 일감을 얻는 사람에게 얼마나 큰 스트레스가 될 수 있는지 보여준다"고 말했다.

국내 한 인력 중개 플랫폼을 이용하는 프리랜서 사진가 ㄱ씨도 "트러블이 있었던 고객이 악플을 남겼는데 지워달라고 연락할 수가 없어 곤란했다. 고객이 갑이 되고 난 을의 위치를 벗어나지 못하는 구조"라고 말하기도 했다. 기계가 데이터를 토대로 매긴 점수라 공정하다고 말할 수 있지만 데이터 자체가 편견이나 감정에 오염됐을 경우 인공지능의 결정 역시 공정하다고 말할 수 없다.

구글과 페이스북, 마이크로소프트 등 기술기업들의 인공지능 혁신의 밑바닥에도 인간의 노동이 깔려 있다. 인공지능을 학습시키기 위해 사람이나 고양이·개·배·자동차 등 사진과 영상에 짧은 이름표를 달아주는 '데이터 레이블링'이 대표적이다. '21세기형 인형 눈붙이기 아르바이트'로도 불리는 이런 작업에는 글로벌 저임금 노동자들이 동원된다. 여기에 '아마존 메카니컬 터크'AMT나 국내의 '크라우드웍스' 같은 인력 중개 플랫폼이 끼어 있다.

현실에선 이런 인간의 노동은 가려지고 개발자들과 인공지능 기술이 모든 문제를 해결할 수 있다는 듯 선전된다. 하대청 교수는 "기술기업들은 불평등 구조를 이용한 수익 극대화를 정당화하기 위해 '인간의 쓸모없음'이라는 논리를 내세우지만 동의할 필요가 전혀 없는 허위 담론에 불과하다"며 "실제 인간 노동은 여전히 가치가 있고 그 정당한 대가를 제공하도록 기업에 요구해야 한다"고 말했다. 그는 "기술이 도입된다고 노동조건이 반드시 악화되는 것은 아니라 북유럽의 경우 오히려 노동자들이 기술도입을 적극적으로 수용하는 입장이다"면서 "기업 이사회에 노동자가 참여하는 방식이 논의되듯 플랫폼 노동자들이 경영에 참여해 자신들의 근무조건에 영향을 미치는 중요한 정보를 적절한 범위에서 공유할 수 있는 것이 하나의 방법이 될 수 있다"고 말했다.

인공지능 기술을 내세운 플랫폼 노동에 가려진 인간의 노동을 가시화하는 작업이 선행되어야 한다는 제안도 있다. 플랫폼에서 일하는 사람들 역시 보호를 받아야 할 노동자이며 사회적 책임을 회피하는 사용자들이 고용관계를 인정하도록 만드는 것이다. 박가열 한국고용정보원 연구위원은 "기존에는 노동권 보호 대상이 조직된 노동, 고용된 사람 중심으로만 되어 있었는데 사회보험의 개념을 도입해 플랫폼에서 개별적으로 노동하는 사람들도 포함해야 한다"며 "진정한 혁신은 단순히 수익 모델의 혁신이나 제도의 미비를 편법으로 이용한 혁신이 아니라 가치 창출에 기여한 많은 사람의 이해와 요구를 충족시키는 것"이라고 말했다.

AI 면접 직접 해보니

인공지능AI이 인력 채용 과정에 본격적으로 도입되고 있다. AI 면접으로 흔히 불리는 AI 역량검사를 활용하는 국내 기업들은 850여 곳에 이른다. 기자는 지난 1월 중순 국내의 대표적인 AI 역량검사 개발업체인 마이다스아이티를 찾아 취재 목적을 밝히고 AI 면접을 체험했다. 기자는 가상으로 영업직에 지원했는데 최종 등급은 S~D 중 B였다. 업체 측은 지원자의 나이를 생각하면 나쁘지 않다고 설명했다.

AI 면접은 사전 세팅부터 최종 제출까지 다섯 단계를 거치는데 실제 성향과 역량을 확인하는 단계는 질의응답과 역량게임이다. 질의응답은 응시자의 성향을 파악하는 것인데 "사소한 거짓말 정도는 쉽게 하는 편이다", "어떤 일에 실패했어도 반드시 다시 도전한다"와 같은 문항들에 '매우 그렇지 않다'에서 '매우 그렇다'까지 5가지 척도를 골라 답하는 것이다. 좋은 인상을 주기 위해 어떤 걸 골라야 할지 생각하다보면 시간이 어느새 지나가 버린다.

업체 관계자는 "생각할수록 의식적인 답변을 하게 된다"며 "성향체크는 무조건 솔직하게 하는 게 바람직하다"고 말했다. 기자 역시 100문항 중 대여섯 개를 체크하지 못하고 지나쳤는데 심할 경우 '긍정응답 왜곡'이라는 결과를 받을 수 있다. 지원자가 솔직하지 않았다는 부정적인 평가다. '카드 뒤집기'나 '공 무게 맞추기' 등이 나오는 역량게임은 문제를 설명하는 지문을 제대로 읽고 이해하지 않으면 전체 게임을 망치기 쉬웠다. 지능검사와도 비슷해 보였지만 그보다는 위험을 얼마만큼 감수하는지 등 사람의 성향과 집중력을 살피는 측면이 강하다. 업체 측은 "게임은 직무별·개인별로 난이도와 문항이 달라진다"며 "다만 문제를 이해하는 게 중요해 최대한 설명 부분을 주어진 시간이 끝날 때까지 정독하는 게 중요하다"고 설명했다.

카메라가 지원자의 얼굴을 촬영하는데 업체의 설명에 따르면 외모가 아니라 호감도를 보는 것이라고 한다. 경영지원이나 서비스, 영업직에서 높은 평가를 받으려면 무조건 밝고 적극적으로 말하는 게 중요하다. 정동진 마이다스아이티 웹솔루션기획실장은 "면접 영상 데이터를 전문 면접관에게 보여주고 느낌만 볼 때 '괜찮다', '아니다'라고 평가해 달라고 한 후 잘 웃거나 긍정적인 리액션을 하거나 안정적인 목소리 톤 등 호감 평가를 받은 요인들을 추출해 알고리즘을 학습시켰다"며 "이런 과정을 거쳐 호감도 상하 그룹의 평가 정확도가 인간 면접자의 90% 정도 나온다"고 설명했다. 그는 인공지능 면접의 장점이 효율성을 높이고 편향성을 줄인 데 있다고 봤다. 정 실장은 "면접관들은 아무리 최적의 상태로 면접을 본다고 해도 그날 컨디션에 따라서 면접자 한 명에 집중하기 어렵고 집중해도 그 면접관이 갖는 경험과 지식의 한계로 면접자의 역량을 오롯이 반영할 수 없다"며 "AI 면접은 이런 한계를 줄이고 자기소개서 등으로 필터링되어 면접 기회조차 얻지 못한 많은 응시자에게 면접을 볼 수 있는 기회를 줄 수 있다"고 말했다.

주영재, 「인공지능, 노동을 지배한다」, 『경향신문』, 2020. 2. 15.

3. 과학기술의 한계와 위기의 지구

1) 우리나라에서 핵사고가 일어난다면

부산은 가만히 생각해보아도 너무 커다랗지.
너무 커다래서 커다랗다고 말하는 게 어색할 정도로 커다랗지.
당시 해운대에는 약 42만 명의 사람들이 살고 있었다고 자막은 말했다.
사람들은 회사를 다녀야 하고 가게는 장사를 해야 하고 어디에 있건 사람들은 밥을 먹고 얼굴을 바라보며 이야기를 해야 하는데요,
그런데 당장 이사를, 아니 대피를 가거나 어딘가로, 어디로? 대체 어디로?
고리핵발전소에서 서울까지는 고작 300Km 거리인데요.
서울로 가면 우리는 안전합니까?
서울은 안전하다고 누군가는 정말로 믿고 있습니까?
당장 해운대를 빠져나가는 외국인들이 보도되고
그 사람들은 부산을 죽음의 땅이라고 말했는데…….

— 박솔뫼, <겨울의 눈빛>, 2013

<겨울의 눈빛>은 부산 기장군에 있는 **고리 핵발전소**의 방사능 누출 사고를 가정해 황폐화된 부산을 배경으로 쓰인 소설입니다. 서울 다음으로 가장 화려한 도시인 부산이 핵발전소 사고로 어떻게 변했는지를 보여주는 이 소설에는 이미 일상화된 사고 이후의 폐허가 담담하게 담겨 있습니다. 만약 우리나라에서 후쿠시마와 같은 핵발전소 사고가 일어난다면 어떻게 될까요? 별로 상상하고 싶지는 않지만 그래도 이야기를 꺼내는 이유는 핵발전소 사고가 우리에게 미치는 영향이 아주 심각하기 때문입니다.

저의 상상을 잠깐 말해볼까요? 아마 사고 당일은 핵발전소 인근의 주민 말고는 사고에 대해 알지도 못할 것 같습니다. 너무 심각한 상황이다 보니 국민의 동요를 막기 위해 알리

지 않을 가능성이 높기 때문입니다. 후쿠시마도 마찬가지였습니다. 사고에 대한 정확한 정보가 국민에게 전달되지 않아 피해를 더 키웠다는 문제 제기가 계속되고 있습니다. 그렇게 사고 후 며칠이 지나 조금은 구체적인 정보들이 뉴스를 통해 보도되겠지만 피해 상황은 수시로 변할 겁니다. 고농도의 방사능이 누출될 경우, 피폭 문제로 사고 발생 지역으로 들어가기가 어려워 확실한 조사를 진행하기 힘들 테니까요. 이 상황을 책임지고 수습해야 할 정부와 지방자치단체들은 아마 우왕좌왕할 겁니다.

한 달 즈음이 지나고 나서야 사고 지역의 주민들을 다른 지역으로 피난시키는 일이 가능해질 겁니다. 수십만 명의 사람들이 한꺼번에 피난을 갈 수는 없을 테니까요. 실제로 후쿠시마는 피난 과정에서 사망하거나 다친 주민들도 많았습니다. 피난 지역에 임시 가옥이나 생활용품 등을 충분히 준비해놓는 일도 쉽지 않을 겁니다. 또 방사능은 눈에 보이지도 냄새가 나지도 않고 일정하게 확산되는 물질도 아니라서, **비상계획구역** 밖으로 피난했다 하더라도 안전하다고 장담할 수 없습니다. 바람이 그쪽으로 더 많이 분다면 오히려 위험 지역이 됩니다.

그렇게 한 해, 두 해가 지나면 상황이 조금 나아질까요? 아닙니다. 후쿠시마 사고도 3년이 지난 지금까지 현재진행형입니다. 수백 톤의 **방사능 오염수**가 지하수와 바다로 흘러들고, 제염除染 작업으로 걷어낸 방사능 오염 토양이 버젓이 공원과 농지에 쌓이고, 핵발전소에서 수습 작업을 하는 노동자들이 피폭되고, 후쿠시마 지역 어린이들의 갑상선암 발병률이 증가하는 것이 후쿠시마의 현실입니다. 그렇게 시간이 좀 더 지나면요? 잊히겠죠. 원래 살던 곳으로 돌아가는 주민들도 있겠지만 핵발전소는 더 이상 지역을 풍요롭게 하는 존재가 아니라 공포의 대상이 될 겁니다. 폐허가 된 발전소를 보면서 처음 핵발전소가 유치될 때 막지 않은 것을 후회할 테고 자주 고장이 발생했음에도 대수롭지 않게 생각한 일을 후회할 겁니다. 지역 주민이 아닌 사람들은 어떨까요? 누군가는 잊고 살겠고 누군가는 그 사고로 인해 다른 생각을 갖게 될 수도 있겠죠. 그렇게 기억되든 잊히든, 돌이킬 수 없는 끔찍한 사고라는 사실은 달라지지 않을 겁니다.

사실 저는 얼마나 심각한 상황일지 잘 그려지지 않습니다. 그래서 아주 단편적인 상상들만 할뿐입니다. 정부는 무조건 안전하다고만 하니까, 사고가 발생해도 잘 수습할 준비가 돼 있다고 하니까, 그냥 믿어야 하나, 생각도 해봤습니다. 그런데 체르노빌도 후쿠시마도 우리가 예상하지 않은 상황에서 발생한 사고였습니다. 우리나라만 운 좋게 사고가 발생하지 않으리라 믿기보다는 언제라도 발생할 수 있는 사고를 잘 대비하는 일이 더 중요하다고 생각합니다.

탈바꿈프로젝트, 『탈바꿈: 탈핵으로 바꾸고 꿈꾸는 세상』, 오마이북, 2014, 56~58쪽.

2) 기후위기 '비상사태…' 위험하고 긴급하다

최근 100년에 한 번 꼴로 일어날 수 있는, 또는 특정한 연도에 발생할 확률이 1퍼센트인 극단적인 날씨 빈도가 급격하게 증가하고 있다. 지구는 인간이 가하는 온실가스라는 충격을 받아 오늘날 인간에게 기후위기로 되돌려 주고 있기 때문이다. 기후과학은 열역학과 복사전달 법칙 같은 기본적인 과학 원리에 기초하고 있지만, 기후위기는 발생 가능성 확률으로 드러난다. 현실 세계에서 절대적 확실성은 존재하지 않기 때문이다.

우리는 우산을 가지고 나가야 할지와 혼잡한 도로를 언제 건너야 할지 등 다양한 위험을 고민하며 살아간다. 비가 올 가능성이 10퍼센트라면 굳이 우산을 가지고 나가지 않아도 무방할 것이다. 설사 비가 오더라도 약간 젖는 정도는 큰 문제가 아니기 때문이다. 그러나 도로를 건널 때 사고 날 가능성이 1퍼센트라고 해도 그 위험은 감수하지 않을 것이다. 왜냐하면 사고가 났을 때 그 피해는 감당할 수 없는 수준이기 때문이다.

우리는 위험을 고려한 예상 결과에 맞춰 행동을 조절한다. 예컨대 길을 건너기 전에 좌우를 살핀다. 그런 행동에 드는 비용이 자동차에 치이는 손해에 비하여 낮기 때문이다. 위험을 피하는 비용과 위험으로 인한 손해를 따져 허용 가능한 수준의 위험을 정해야 한다.

합리적인 사회라 해도 위험에서 완전히 벗어날 수는 없다. 불확실한 상황에서도 위험을 우연에 맡기지 않으려면 '예측하기 힘든 위험'을 '계산할 수 있는 위험'으로 다룰 수 있어야 한다. 사건 발생 가능성likelihood, 확률과 사고 시 발생하는 영향damage impact, 비용의 곱으로 위험Risk은 표현된다.

위험 = 발생 가능성 × 영향

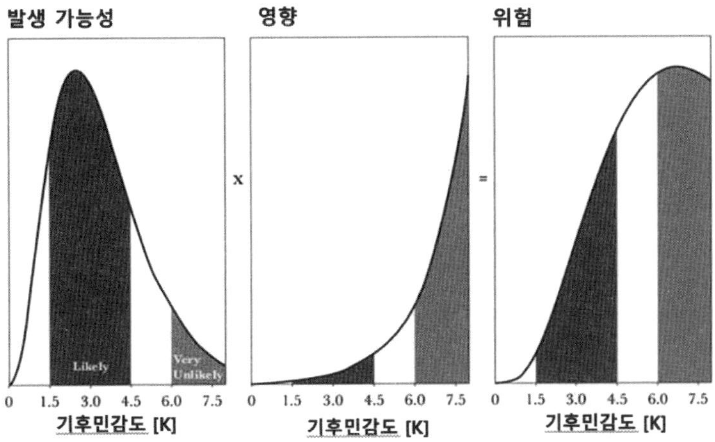

기후변화의 위험, (a) 발생 가능성(likelihood), (b) 영향(Impact), (c) 위험(Risk). 높은 기온 상승은 발생 확률이 낮아도 영향력이 커서 위험이 크다.
출처: Existential climate-related security risk

자연현상의 발생 빈도는 평균값을 중심으로 종 모양의 정규분포로 나타나는 경우가 많다. 평균에서 멀어지는 꼬리 쪽으로 갈수록 그 발생 빈도가 점점 기하급수적으로 줄어든다. 정규분포에서 좌우 양극단 사건은 워낙 적게 발생해 무시할 수 있었다. 그러나 기후위기 측면에서 꼬리에서 일어나는 어떤 특정 사건은 발생 가능성이 작지만 일단 발생하면 그 피해가 매우 크므로 무시할 수 없다. 예를 들어 100년 만의 홍수가 10년 만의 홍수보다 피해가 더 심각한 것처럼 발생 빈도가 낮은 사건일수록 그 영향력은 오히려 더 커지기 때문이다. 온실가스라는 외부 충격에 기후계는 자기 증폭적인 되먹임으로 극단적인 사건이 자주 발생한다. 이렇게 되면 정규분포의 양 끝 부분이 예상하지 못하게 두꺼워지는 '살찐-꼬리 위험fat-tail risk'이 나타난다.

정규분포의 꼬리가 얇아야 평균에서 발생 빈도가 뚜렷해지고 예측 범위가 좁아져 예측 정확도를 높일 수 있다. 반면 꼬리가 두꺼워지면 평균에서 발생 빈도가 모호해져 예측 능력이 낮아진다. 우리는 예상하기 어렵고 과거에는 일어날 법하지 않았지만, 그렇다고 앞으로는 불가능하지는 않은 위험을 평가절하하는 경향이 있다. 그러나 '일어날 법하지 않은'과 '불가능' 사이의 작은 차이로 세상이 달라질 수 있다. 기후위기에서는 꼬리가 점점 더 두꺼워지므로 과거 관측에 기반한 발생 확률probabilities보다 경험한 바 없는 위험의 미래 가능성possibilities으로 판단하는 것이 더 중요하다.

계산할 수 있는 위험이라면 이를 줄이기 위한 통제를 할 수 있다. 그러나 긴급하게 대응하지 않으면, 위험을 피할 수 있는 시간을 넘게 되어 통제 불능 상황에 빠지는 비상사태Emergency가 된다. 비상사태는 위험과 긴급도Urgency의 곱으로 정해진다.

비상사태 = 위험 × 긴급도
긴급도 = 위험에 대응하는 데 걸리는 시간 ÷ 위험을 피할 수 있는 시간

기후위기 비상사태는 자연 재난을 관리하는 능력이 기후위기 증가에 압도당하는 상황이다. 식량 부족, 물 부족, 생물 다양성 파괴와 해수면 상승 등에 대응할 수 없는 상황에 빠지는 것이다. 2018년 정부 간 기후변화협의체IPCC 특별보고서에 따르면 지구 평균기온이 1~2도 상승할 경우 그 위험 피해는 기하급수적으로 증가하여 재난 대응체계를 초과하는 비상사태가 될 수 있다고 했다.

현재의 온실가스 배출량을 지속하면 2040년께 1.5도를 넘고 2060년께 2도를 넘게 될 것이다. 그렇다고 해서 아직 각각 20년과 40년 동안의 위험을 피할 시간 여유가 있는 것은 아니다. 자연에서는 원인과 결과 사이에 지연이 일어나는 경우가 있다. 온실가스가 흡수한 열 대부분이 해양에 흡수되므로 바로 기후위기가 드러나지 않는다. 온실가스 배출 후 기후위기는 수십년 지연돼 나타난다. 우리는 이미 1.5도를 넘을 수 있는 온실가스를 거의 다 배출했다. 우리에게는 이미 기후위기를 피할 수 있는 시간이 거의 없다.

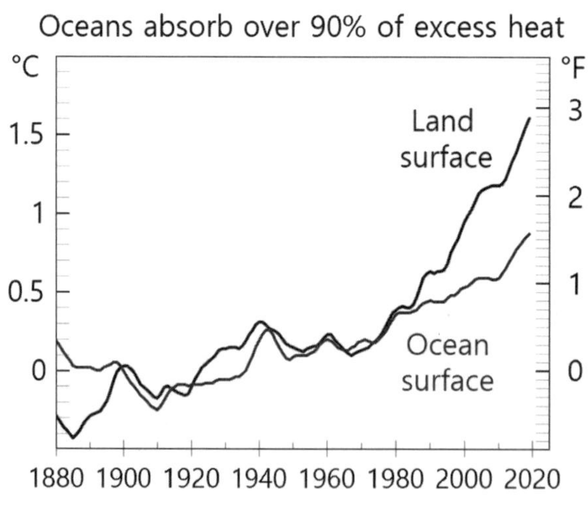

1880년 이후 육지, 해양 온도 변화. 출처: 위키미디어 코먼스

코로나19COVID-19와 같은 감염병 위기는 간헐적으로 일어나며 즉각적이고 직접적으로 식별할 수 있는 위험이다. 사람들은 생명을 위협하는 새롭고, 불확실하고, 통제할 수 없는 위험에 즉각 반응하는 경향이 있다. 코로나19 경험으로 다음 번 또다른 감염병에 더 잘 대응을 할 수도 있다.

반면 기후위기는 점진적이고, 누적되며, 불확실성을 포함한 위험이다. 기후위기는 천천히 드러나겠지만 임계 수준을 넘게 되면 그 재난 결과는 파멸적이다. 지구 평균기온이 상승한다는 건 단순히 더워서 살기 힘들어지는 정도가 아니라 지구 조절 시스템이 붕괴하는 위기다. 가뭄으로 식량과 물이 부족해지고, 해수면 상승으로 거주지가 물에 잠기면서 우리 생존 근거가 무너진다. 미세먼지, 금융위기, 코로나19에서도 먹고 살 수 있고 재난을 막는 여러 조치를 할 수 있었다. 그런데 기후위기는 마트에 갔더니 먹을 게 없고 이 상황이 더 심각하게 진행되는 것이다.

기후위기는 일단 우리 눈앞에 드러나면 다시는 회복되지 않는다. 지구는 인간이 온실가스를 배출하는 것과는 상관없이 기후위기를 증폭시키는 되먹임에 빠지기 때문이다. 이것은 계산이 불가능한 대응할 수 없는 위험이다. 미세먼지, 금융위기, 코로나19처럼 이 또한 지나가 일상으로 되돌아갈 수 없다. 기후위기에서는 인류에게 두 번째 기회는 없다. 지금까지 인류는 시행착오를 통해서 환경에 적응해 왔지만, 기후위기가 일어나면 시행착오로부터 배울 수 없다.

우리는 코로나19가 발생할지에 대해서는 몰랐지만, 기후위기가 우리에게 닥칠 것이라는 사실은 이미 30년 전부터 알고 있었다. 기후위기에서는 우리가 저지른 행동의 결과가 너무 늦게 확인된다. 확실함은 위기가 드러난 다음에야 알 수 있다. 마침내 기후위기가 닥쳐와 우리가 그 재앙을 피할 방법을 알고 싶어졌을 때, 그 답은 이미 알고 있었다는 것을 알게 될 것이다. 그러나 그때 그 답은 기후위기 비상사태에서는 아무런 도움이 되지 않는다.

조천호, 「기후위기 '비상사태' 위험하고 긴급하다」, 『한겨레』, 2020. 8. 17.

3) 후쿠시마에서 부는 바람

만약 '발명'되는 것이 실제로는 '우연'을 기호記號로서 그리고 호기好機로서 여기는 하나의 견해에 불과하다면, 지금이야말로 우리의 전시장을 즉흥으로 즉 과학과 기술의 '비직접적 생산'인 재해와—산업적 혹은 그 밖의— 돌연변이로 열어 갈 때이리라. 만약 아리스토텔레스가 말했듯 "우연성이 실체를 개시한다."고 한다면, '실체'의 발명은 곧 '우연성'의 발명이기도 하다. 이렇게 본다면 난파는 배의 미래주의적 반영이며, 추락은 초음속 비행기의 발명이며, 체르노빌의 용해는 원자력 발전소의 발명이다.

— 폴 비릴리오[8)]

나는 박두한 하나의 죽음에 낙인 찍혔지만 그리하여 나는 진정한 죽음이 두렵지 않다.

저것들이 전진하는 무서운 모습, 그것이 안기는 절망을 나는 생생하게 느끼고 있다. 그곳 너머에 영원으로의 길이 열리는 인생의 결절점이 있다. 절망은 거기로까지 미끄러져 간다. 그곳은 곧 영원한 이별이다. 내가 자신을 인간으로 느끼는 저 중심점에서 저것들의 무서운 모습은 그 칼날이 미끄러져 들어와 나의 명석한 현실에 대한 꿈과 나를 이어 주는 생명의 선을 끊는다.

— 앙토냉 아르토[9)]

(1) 3·11의 불가역성

3·11 대재해 이후, 특히 후쿠시마 원전 사고가 터진 이후, 나는 외지인 뉴욕에 있으면서 동료들과 함께 오로지 일본에서 나온 텍스트를 영역하고, 이 사건에 반응하는 영어 텍스트를 일역해 jfissures.org에 게재하는 일에 몰두했다. 일본 현지에서 생활과 투쟁을 공유할 수는 없지만, 이번 사건으로 내 머릿속은 완전히 뒤집혔다. 전에 생각하던 것들을 실감 있게 생각해 낼 수 없을 정도다. 오로지 이 결정적인 단절과 직면하는 것, 그 단절을 내부와 외부의 시좌視座가 교차하는 지점에서 이해하는 것. 이것이 사이트의 주안점이다.

북부 아프리카/아랍 세계의 혁명, 유럽의 봉기와 학생운동, 미국의 노동운동 등 세계변혁의 추세는 우리 대부분을 고무시켰고 지금도 그러하다. 그러나 3·11과 더불어 거기에 완전히 새로운 차원이 더해졌다. 그리고 그 차원은 인류사적 의미에서 불가역적이다. 지금 이 불가역성을 사고하지 않는다면, 세계를 인식하고 세계변혁을 상상하는 것은 불가능하다. 지금부터 쓸 소론은 그 시도를 위한 단서다.

(2) 그것은 어떤 불가역성인가?

일본이라는 기호는 외부에서 보기에는 지금껏 많든 적든 일종의 선구적 형상을 체현해 왔다. 역사상 유일한 원폭체험, 전후의 기적적 경제부흥, 새로운 기술혁신, 이상적 관리사회, 대중소비사회의 실현, 포스트모더니즘의 한 가지 양상, 애니메이션 등의 대중문화, 10년 이상 지속된 불황 아래서의 사회통제. 그리고 후쿠시마가 도래했다.

후쿠시마는 결정적으로 현대사회의 한 가지 이상형을 내파했다. 원자력 사고를 계기로 가장 선진적인 자본주의 국가가, 그 소비관리사회가 내적 문제와 한계를 더할 나위 없이 묵시록적 형태로 드러냈다. 지금껏 '인류의 진보'로 여겨지던 '장치'[10]의 한 가지 도달점—에너지 공급의 효율화와 생산의 고도화, 정보/과학기술, 그것들과 복합적으로 얽힌 관료 기구와 시민사회—이 재해를 계기로 자기붕괴하여 자본주의적 발전이 구동한 인간 존재의 아슬아슬한 한계를 지구 내재성과의 관계에서 개시해 버린 것이다.

이 개시는 인류에게 새로운 잔혹을 안겨다 주었다. 민중의 일상생활은 전례 없는 강도의 방사선 피폭에 시달리기 시작했다. 피폭이 일상화되었다. 천문학적 시간이 지나야 잦아들 영향은 모든 영역, 예를 들어 일상생활, 노동, 사회관계, 통치, 투쟁에서 나타나고 그것들을 재규정한다. 그것은 한편에서는 인간과 자연환경의 직접적 관계성을 전례 없이 난해하게 만들었고, 다른 한편에서는(일본정부의 통치력이 약화됨과 동시에) '세계 원자력 체제'라고도 불러야 할 새로운 통치와 경제 형태를 낳고 있다. 그것은 지금까지의 생산/관리체제를 유지하기 위해 재해로부터 전면적인 부흥을 꾀하지는 않을 것이다. 원자력을 폐기하지도 않을 것이다. 오히려 그것들과 공존하고, 즉 오로지 붕괴로 향하면서, 붕괴의 사실을 알면서도 지연시키는 기구/장치를 인류에게 강제할 것이다. 즉 문제를 해결하는 게 아니라 이윤화와 관리를 도모할 뿐이다. '재해 자본주의'나오미 클라인의 궁극적 형태라고도 말할 수 있겠다.[11] 이 체제는 자기붕괴를 향한 무제한적 행정을 인류에게 밀어붙이기 시작했다.

한편 여전히 여진이 이어지고 또다시 찾아올 대지진이 우려되는 일본열도, 특히 동부에서는 이제까지의 방식으로 경제를 운영하고 사회질서를 유지하기가 어려워졌다. 이른바 전후 '55년 체제'에 큰 구멍이 나기 시작한 것이다. 그 상황을 감당할 명확한 주체성은 형성되지 않았지만, 사회변동이 도래했다는 실감은 주민층에게 폭넓게 공유되고 있다.

하지만 방사선 피폭을 수반한 기구/장치의 자기붕괴는 동시에 '재해 자본주의'와 쌍을 이루는 듯이 제기된 레베카 솔닛의 '재해 유토피아'에 새로운 도전장을 던지고 있다.[12] 달리 말하자면 회복할 수 없는 재해, 즉 피폭의 일상화는 다른 세계를 창조하려는 '희망의 원리'에른스트 블로흐에 새로운 질곡을 안겼다. 피폭의 가능성은 유토피아적 사고의 시간 개념사정射程을 무제한화하고, 공간 개념장소을 극히 제약한다. 그것은 '아직/없는 의식'에 의

한 '아직/없는 존재'의 실천에 지금껏 없었던 무거운 짐을 지운다.[13)]

물론 우리는 '희망의 원리'를 저버릴 수 없다. 그렇게 할 수는 없다. 하지만 그러려면 바야흐로 어떤 결정적 우회가 요청된다. 그 대목에서 오늘날 일본에서 가장 격렬한 투쟁의 무대가 되고 있는 '풍문 피해'를 둘러싼 '정보전쟁'을 주목할 필요가 있다. 고도 소비사회의 체면을 유지하려는 체제는 애매한 정보를 추잡하게 흘리고, 어용학자를 동원해 한편에서는 전국민 일치의 협력 체제를 장려하고, 다른 한편에서는 현 상황을 조금씩 타개해 '안전'과 '안정'을 회복하자고 민심을 몰아간다.

거기에 맞서 싸우는 민중은 절망을 얻고 절망을 공유하기 위해 정동의 전략을 전개하고 있다. 이것은 살아남기 위한 투쟁이며, 희망에 다가가기 위한 사실의 인식, 즉 '절망의 공유'를 위한 투쟁이다. 여기서는 '희망의 원리'가 지금껏 직면한 적 없는 난관이—자기역설이라는 형태로—가로막고 있다. 즉 싸우는 민중은 성실한 죽음, 병, 절망, 괴로움, 한탄, 슬픔을 공유함으로써만 비로소 희망을 함께 말할 지평을 획득할 수 있는 것이다.

이상의 의미에서 **3·11은 불가역적이다.**

코소 이와사부로, 조정환 엮음, 「3·11 이후의 지구적 아나키즘」, 『후쿠시마에서 부는 바람』, 갈무리, 2012, 149~153쪽.

4) 잠시 멈춘 세계 앞에서

서구 각국이 가장 심각한 코로나-19위기를 겪고 있다. 수많은 사람들이 감염되고 또 수많은 사람들이 생명을 잃었다. 그들이 겪는 고통과 혼란이 빨리 진정되기를 기원한다.

이 위기는 조만간 진정될 것이다. 그리고 일시 멈췄던 세계는 다시 움직일 것이다. 그렇게 움직이기 시작하면 우리는 직전에 겪은 이 전대미문의 바이러스 위기를 어떻게 바라볼까. 그저 불쾌하고 아픈 기억으로 치부하고 외면하며 잊으려고 할 것인가. 우리 개개인이 어떤 태도를 취하든, 이 대유행병은 세계사적 사건일 뿐만 아니라 앞으로 인류 문명에 중대한 영향을 끼칠 것이라는 예감이 든다. 이 위기의 세계사적 의미를 성찰해야 하지만, 그렇다고 일시적인 감정이나 기분으로 재단하거나 판단할 수 없다. 다만 머리에 떠오르는 몇 가지 단상을 적는다.

이 사건은 근대 서구 문명의 우월성에 치명타를 안겨주고 있다. 근대 유럽 문명의 주도

국가인 독일, 프랑스, 영국이 바이러스의 침공에 거의 속수무책으로 당하고 있다. 인간의 삶의 질을 보장하면서도 상당 수준의 국력과 경제력을 갖췄다고 알려진 이들 나라의 국가 시스템이 제대로 대응하지 못하고 있는 것이다. 어떻게 이런 일이 일어날 수 있을까. 여기에 유럽 문명의 상속자인 미국마저 1월만 하더라도 남의 일처럼 방관하다가 바이러스의 치명적인 공격에 허둥대고 있다. 이에 비해 일당 지배국가인 중국은 차치하고라도, 그 주변의 중화권 소국과 우리나라, 한때 아시아 신흥공업국으로 불렸던 작은 규모의 나라들은 중국처럼 모든 국민을 통제 시스템 아래 감시하지 않고서도 어쨌든 위기를 저지하고 사회 안정을 지켜나가고 있다. 이전 같으면 상상조차 할 수 없는 이 대조적인 현상을 어떻게 이해해야 할 것인가.

이러한 현상은 일단 우리의 일상과 사고 속에 깃들어 있는 서구 중심주의에 커다란 충격을 가할 것이다. '서양 다시 보기'가 필요하고 또 그런 분위기가 조성될 것이다. 코로나-19 위기에서 드러난 서구 주요 국가들의 무기력은 근대 국민국가의 전형으로 여겨졌던 이들 나라의 실상으로 그대로 드러냈다. 근대 국민국가는 자기규율적 개인에 기초를 둔 정치적 기제로 알려졌다. 자유, 자율, 공공성 또는 공적 참여는 근대 국민국가의 토대로 알려졌다.

그러나 서구의 실패는 그들이 오랫동안 누려온 자유에 비해 자율과 공적 참여의 가치가 사실상 약화되었음을 단적으로 보여준다. 방역 당국자들의 공적 헌신은 별로 나타나지 않는다. 자유로운 시민의 자율 규제도 찾을 수 없다. 이탈리아와 프랑스는 군 병력까지 동원하고 있다. 미국도 주 방위군을 동원한다고 한다. 이에 비해 한국과 몇몇 중화권 소국들은 어쨌든 시민의 자유와 자율, 그리고 공적 참여에 바탕을 두고 이 위기에 대응한다. 방역 관계자와 관련 공무원들의 헌신적인 자세도 비슷한 것 같다. 공적 헌신이라는 가치가 진하게 묻어 있다.

서구중심주의의 퇴조와 함께 당연히 오리엔탈리즘도 자연 희석될 것이다. 사실, 서구 각국의 정책 담당자들이 대처할 시간 여유가 있었음에도 속수무책으로 당한 것은 그들 내심에 자리 잡은 오만한 오리엔탈리즘 탓이 아니었을까 싶다. 이전 사스, 신종 플루, 조류독감 등이 특히 동아시아 지역에서 나타났기 때문에, 어쩌면 아시아적 전염병이라고 생각했을지 모른다.

아마 더 나가면, 미국 패권주의도 이후에 종국을 맞지 않을까? 이제 서구, 미국 중심의 국제적 표준체계에도 변화의 바람이 일지 않을까? 서구 중심주의의 조락과 미국 헤게모니의 쇠퇴 이후 세계는 어떻게 조정되고 변화할 것인가. 구체적인 전망은 떠오르지 않는다.

코로나-19 이후의 세계에 관하여

이번 코로나 바이러스는 인수공통 감염 바이러스의 한 변종이겠지만, 지금 드러난 통계적 임상적 증거들만 보더라도 2000년 이후 잇달아 출몰한 이전 바이러스에 비해 한층 더 진화한 특징을 보여준다. 지역을 돌아가며 상당 기간 지속적으로 창궐한다. 증세가 나타나기 전에 오히려 전파력이 높고, 대기 중에서도 생존 기간이 길어졌다. 동시에 인간 신체 중 깊은 폐에 직접 침투함으로써 더 빠른 시간 내에 치명적인 손상을 입힐 수 있다.

우리나라도 전염 추세가 꺾였지만 방역 당국에 따르면 잠시도 긴장을 늦출 수 없다는 것이다. 언제 활화산처럼 분출하고 창궐할지 알 수 없다. 그런 위험은 상당 기간 지속된다는 의미다. 선진국으로 여겼던 서유럽 및 북미 국가들이 속수무책으로 치명적인 피해를 겪고 있다. 거의 대책이 없을 정도다. 한편으로 아시아적 질병이라는 오리엔탈리즘의 편견으로 조기 대응의 시점을 놓친 결과다. 이런 점에서는 과학기술뿐만 아니라 정책 결정이 얼마나 중요한지 여실히 보여준다.

최첨단의 기술과 의료와 위생이 한꺼번에 무너졌다. 지칠 줄 모르고 자본의 자기증식에 매진해온 이 전 지구자본주의가 생명체도 아닌, 생명의 기본 물질 중의 하나에 의해 잠시 그 증식을 멈췄다. 상품, 자본, 노동의 자유로운 이동과 시장통합뿐 아니라, 문화 서비스까지 그 통합의 경계를 지구 전체로 넓혀가던 급속한 세계화 추세가 일순간 정지했다. 1, 2차 세계대전의 충격을 넘어선다. 그러나 다른 한편으로, 맹목적인 자본축적과, 이를 위한 인간 활동이 잠시 숨을 고르는 순간에 이 지구가 어떻게 다시 잃었던 생명력과 활력을 되찾고 있는지 여러 외신보도를 통해 목격한다. 대기가 깨끗해지고 한때 사라졌던 희귀동물이 다시 찾아오고 대기 중의 탄산가스 농도가 낮아지는 등 놀라운 기적을 연출하고 있다.

이 팬데믹이 우리에게 보내는 메시지는 무엇인가? 종교인들은 이것을 어떤 섭리라고 생각할 수 있다. 지금까지 지속해온 너희들의 삶의 패턴을 버려라. 그 패턴의 핵심은 욕망의 극대화와 그 충족의 극대화다. 이것도 모든 사람들의 균형 잡힌 충족이 아니라 소수에게로만 집중되는 차별적인 욕구충족의 극대화이다. 어쩌면 이것은 지구가 인류에게 보내는 절규로 보인다. 당장 멈춰라! 그렇지 않으면 파멸이다. 지구는 인간에게 이런 말을 하고 싶었는지 모른다. 멈춰 서서 이후의 세계를 바라보며 무엇을 할 것인가를 고민하지 않으면, 이제 더 진화한 바이러스를 내보낼 수밖에 없다. 지구상에 인류라는 종을 절멸시키지 않고서는 이 지구가 더 이상 존립할 수 없으니까.

팬데믹 위기가 지난 후 우리는 무엇을 생각하고 무엇을 해야 하는가. 대답은 명확하다. 이 위기를 겪으면서 그렇게 자신했던 국제 공조와 협력체제는 무용지물이 되었다. 우리는 다시 국제공조와 협력을 이끌어낼 수 있는 새로운 제도들을 모색해야한다. 그리고 우리 자신의 욕구충족의 극대화와 무한한 자본축적을 위한 이 경제적 사회적 모든 제도들을 스스로 바꿔야 한다는 국민적 합의를 도출해야 한다. 이제 실업률이나 경제성장률이나 증권지수의 변동에 신경을 곤두세우는 삶의 방식에서 벗어나지 않으면 안 된다. 경제 활동의 연령에 도달한 모든 시민이 제 나름의 역할을 맡는 대가로 기본적인 삶을 꾸려나갈 수 있는 기본소독의 보장을 받아야 하고, 이제 특정 소수로 부가 집중되는 이 잔인한 메커니즘을 근본적으로 없애야 한다. 자, 대안에너지, 대안농업, 저에너지 활동, 적정생산과 적정소비, 경쟁을 넘어선 상호부조.

이미 19세기 이래 많은 사회이론가들이 주장했던 슬로건을 단순한 이상주의로 치부할 것이 아니라 우리 앞에 놓인 절체절명의 과제라는 인식의 대전환이 필요하다. 팬데믹은 우리에게 무엇을 전해주고 있는가! 위기를 어떻게 벗어날 것인가 보다, 위기 이후에 우리가 무엇을 어떻게 할 것인가. 이것이 더 절실하고 위중한 과제라는 점을 전해준다.

이영석, 『잠시 멈춘 세계 앞에서 - 역사가 이영석의 코로나 시대 성찰 일기』,
푸른역사, 2020, 200~205쪽.

더 읽을거리

김들풀·김철회·김익성, 『코로나 이후 대전환 시대의 미래기술 전망』, 호이테북스, 2020.

김순강, 『12가지 미래 핵심 유망기술은?』, 과학문화, 2017.

에레즈 에이든·장바티스트 미셸, 김재중 옮김, 『빅데이터 인문학』, 사계절, 2015.

김상현, 『인공지능, 무엇이 문제일까?』, 동아엠앤비, 2020.

김정태·홍성욱, 『적정기술이란 무엇인가 -살림지식총서395』, 살림출판사, 2011.

사피야 노블, 노윤기 옮김, 『구글은 어떻게 여성을 차별하는가』, 한스미디어, 2019.

문혜정·조현석, 「빅 데이터 시대 위험기반의 정책 - 개인정보침해 사례를 중심으로」, 『정보화정책』 19권 4호, 한국정보화진흥원, 2012, pp.63~82.

베르나르 스티글러, 김지현 외 옮김, 『자동화 사회 1. 알고리즘 인문학과 노동의 미래』, 새물결, 2019.

라이언 아벤트, 안진환 옮김, 『노동의 미래 : 디지털 혁명 시대, 일자리와 부의 미래에 대한 분석서』, 민음사, 2018.

김웅진, 『과학 패권과 과학민주주의 열린 사회과학의 모색』, 서강대학교출판부, 2009.

제니퍼 라이트, 이규원 옮김, 『세계사를 바꾼 전염병 13가지』, 산처럼, 2020.

김해창, 『원자력발전의 사회적 비용 에너지전환으로 가는 길』, 미세움, 2018.

박춘근, 『기후위기시대 에너지이야기』, 크레파스북, 2020.

대니얼 보트킨, 박경선 옮김, 『환경을 해치는 25가지 미신 : 환경을 보호하지 못하는 환경주의자들의 어떤 믿음』, 개마고원, 2020.

강은주, 『체르노빌 후쿠시마 한국』, 아카이브, 2012.

8 장

—

생명과 윤리

21세기 들어 생명권에 관한 논의가 그 어느 때보다 활발하게 진행되고 있다. 생명권은 한 개체가 태어나는 순간 주어지며, 모든 개체에게 동등하게 작용한다는 점에서 큰 의미를 지닌다. 그래서 우리나라에서는 생명권을 헌법에 명시된 모든 기본권의 전제로 기능하는 '기본권 중의 기본권'이라고 규정하고 있다. 하지만 법적으로 생명권은 생명을 가진 모든 존재를 대상으로 하지는 않는다. 법적인 생명권은 인권의 범주에서 다루어지기 때문이다. 그래서 생명권은 우리나라를 비롯한 수많은 국가에서 인간에게만 국한된 권리로 작용하고 있다. 바로 이 지점에서 생명권을 둘러싼 갈등과 논쟁이 발생한다.

인간의 생명권을 어느 시점부터 부여할 것인지를 두고는 낙태 허용 여부의 문제로, 또 인간 이외의 생명체에게도 생명체로서의 존엄성이 있다는 생각은 동물권의 요구로 이어져 커다란 사회적 이슈가 되었다. 그리고 생명권의 핵심 중 하나인 인간의 생명을 보호해야 한다는 논리는 존엄사 혹은 안락사를 반대하는 근거로 작용하기도 한다. 생명을 둘러싼 이러한 논쟁은 현재진행형이며 앞으로도 계속될 것이다. 그렇기에 생명과 생명권, 그리고 죽음에 대한 심도 있는 고민과 성찰이 필요하다.

8장의 1절에는 생명과 존엄할 권리에 대한 글들이 수록되어 있다. 인간은 생태계의 일부로서 우리 주변의 생물들이 제공하는 다양한 서비스를 받으며 살아가고 있다. 그러므로 우리는 다른 생물들의 생명을 존중하고 그들과 공존할 수 있는 방안을 모색해야 한다. 그렇게 되었을 때 진정한 생명권이 실현되었다고 할 수 있다.

하지만 현실은 생명체가 하나의 상품으로 거래되고 있으며, 그러한 현상은 자본주의와 과학기술이 결합하면서 더욱 가속화되고 있다. 우리의 몸은 사고 팔 수 있는 물건이 아님에도 불구하고 난자와 배아를 비롯한 인간의 신체는 높은 가격에 거래되고 있다. 그나마 인간의 생명은 법의 보호를 받을 수 있으나 그렇지 못한 생물들, 그 중에서도 우리 주변에서 함께 살아가고 있는 동물들의 권리는 너무나 쉽게 무시되고 있다. 이제 인간과 동물의 가치에 차등을 두는 이분법적 시각에서 벗어나 동일한 생명체로서 각자의 존엄성을 인정하고 본연의 삶을 살 수 있게 해야 한다. 그때 비로소 모든 생명이 생명다워질 수 있을 것이다.

2절에서는 행복한 죽음, 존엄한 죽음이 과연 무엇인지에 대해 질문하고 있다. 과거에는 늙고 죽는 것을 삶의 자연스러운 과정으로 받아들였다. 그러나 과학기술의 발전은 죽음도 늦출 수 있는 것으로 만들었다. 또한 죽음을 '효孝'나 '갖추어진 의례儀禮'로 받아들이는 우리의 문화 역시 죽음의 순간을 결정하는 권리를 죽어가는 당사자가 아닌 주변인들의 손에 맡겨버렸다. 그러다보니 때로는 자연스러운 죽음을 맞지 못한 채, 타인에 의해 강요된 삶을 사는 경우도 발생하게 된다. 그러나 삶의 매 순간이 그렇듯 죽음 역시 개인의 선택이 존중되어야만 한다. 그러므로 우리가 세우는 미래에 대한 계획 속에는 어떤 죽음을 맞이할지에 대한 부분까지도 포함되어야 할 것이다.

생명의 존엄성을 깨닫고 삶과 죽음의 방식에 대해 끊임없이 질문하는 것은 결국 인간답게, 또 나답게 사는 하나의 방법이다.

1. 생명과 존엄할 권리

1) 역사를 호흡하는 생명

노자의 무위사상이 자칫 침잠과 은둔, 초탈과 신령이라는 신비주의적 편협성으로 굴절되지 않도록 하는 일이 중요하다. 무위의 뜻은 아무것도 하지 않는 것이 아니라 생명의 기운을 억지 춘향으로 만들지 말고 저절로 스스로 북돋워지도록 하는 구체적인 행동방법론이다. 마찬가지로 생명사상이 영성과 신령, 탈세관과 청정요소로만 해석된다면 결국 생명도 현대 시장경제의 한 상품으로 전락할 수 있었다. 생명의 기운을 되찾기 위하여 기계적인 이성을 비판하는 것인데, 생명을 핑계대고 우리가 이성으로부터 도피한다면 우리의 생명의 기운은 더 멀어지고 더 약해져 갈 것이다. 기계적인 이성에 매몰된 소외로부터 탈출한다고 말하지만 소외는 더 깊어갈 것이라는 뜻이다.

함석헌은 도교의 초탈성을 핑계 삼아 현실을 외면하는 국면을 우려하고 비판했는데 그런 함석헌의 우려가 현실이 되지 않도록 하는 것이 우리 몫이다. 장일순이 우려했던 무위의 무위가 점차 커지고 있는 현실에도 불구하고 장일순의 우려를 덜어 주는 것은 우리의 일이다. 노자 무위의 진정한 철학은 사라지고, 몸보신하는 양생과 처세술이라는 극도의 현실주의와 침잠과 은둔이라는 극도의 신비주의가 양 끝에 걸쳐 늘어나게 되었다.

사람들은 『대학』에 나오는 "수신제가치국평천하"라는 말을 수신하고 제가한 연후에 치국하고 평천하할 수 있다고 단계적으로 해석하곤 한다. 불행히도 이런 해석은 권력을 쥔 사람들이 만들어놓은 도구적 언어일 뿐이다. 사람이라면 한평생 해도 다 못할 수신이며 제가인데, 그것을 다 이루어야 겨우 다음 단계로 넘어갈 수 있다면, 치국과 평천하는 아예 입에 올리기는커녕 뻥긋도 못하게 될 것이다. 다시 말해 기성권력이 비판세력을 통제하려는 장치로서 수신제가치국평천하는 단계적 해석으로 뒤바꾼 것으로 볼 수 있다. 제 몸 하나 다스리지도 못하는 자가 감히 어디라고 정치권력에 간섭을 하느냐라는 기득권 전술에 말려든 것이다. 권력의 도구로 전락한 생명 없는 도덕의 한 단면이다. 극단의 현실주의와 극단의 신비주의는 결국 이러한 기성권력의 수신제가치국평천하 전략에 속아 넘어간 결과이다.

수신제가치국평천하 전략은 군사독재정권만 사용했던 것이 아니라 조선시대에도 정권유지의 수단으로 사용되어 왔다. 사회의 강령을 지켜주는 군신간·부자간·부부간(三綱) 사랑의 도리는 사람으로서 지켜야 할 당연사이나, 그런 도리가 인간관계를 차별하게 하는 철학적 근거로 남용될 경우 그런 도덕 또한 권력 유지를 위한 사회적 도구이론으로 전락할 수 있다.

함석헌과 장일순의 생명은 우리에게 삶의 원동력이 실천과 양지에 있음을 말하고 있다. 생명이 생명사상으로 고착되어 교조적으로 되어가는 것을 경계하라는 말을 우리에게 전해준 것이다. 혹시라도 생명사상이 교조화되면 그것은 또 하나의 권력이다. 생명권력으로 교조화된 사람들은 생명사상이 너무 좋고 너무 아름답고 너무 숭고한 것이라서 어느 누구도 그것을 비판할 수 없다고 주장할 것이다. 더 나아가 교조화된 생명에 심취한 사람들은 생명 이미지가 갖는 우주적 차원의 포괄성과 전체성에 눈이 가려져서 작은 것을 못 보고 지나치는 경우가 많다. 장일순은 항상 밑으로 기라는 말을 우리에게 던졌다. 큰 것은 존재의 명분이 분명하여 그것을 다루는 사람은 이론가는 될 수 있을지언정, 큰 것을 작은 것에 견주어 보지 못한다면 결코 사상가가 될 수 없다. 생명권력으로 교조화된 사람들은 이론가조차도 되기 어려우며 단지 생명의 전체성을 신앙으로 받드는 신앙가 수준에 머물게 된다. 그것도 자폐적 믿음일 뿐이다. 생명의 의미는 전체와 부분이 상호 소통하는 체계에서 비로소 드러난다. 생명사상의 중점은 전체가 부분에 반영되고 있다는 사실이다. 도道와 신神, 성자와 도인 모두 아주 작고 낮은 것에서 비로소 자신의 모습을 드러낸다. 도와 신, 성자와 도인이 크고 장대한 것을 통해서만 자신의 모습을 드러낸다면, 그것은 이미 성聖과 도道가 아니었다는 사실을 거꾸로 증명하는 꼴이다. 전체로서의 도는 거창한 말과 화려한 색깔로 드러나지 않으며 어느 산골짜기 작은 풀 한 포기에 드러날 뿐이다. 전체와 부분의 상호소통성을 아는 것은 작은 것을 볼 수 있는 눈이 있어야 한다. 다들 눈을 가졌다고 자부하지만 그 눈을 제대로 쓰는 사람은 많지 않기 때문에 그래서 작은 것을 볼 수 없는 모양이다. 겸손해야 한다고 주장을 하지만 그런 주장 자체가 겸손하지 않다면 과연 그 안에 설득력과 진실이 담겨 있는지 의심을 하게 된다. 교조주의의 문제가 바로 여기에 있다. 어떤 사람들이 말하는 것은 다 옳지만, 옳기만 할 뿐 살아 있는 말이 아니다. 생명이 없는 말잔치일 뿐이다.

전체는 전체로 보이는 것이 아니기 때문에 우리는 단지 아주 작은 부분을 통해서 전체를 볼 수밖에 없다. 그래서 작은 것이 중요하고 낮은 것이 소중하다는 뜻이다. 예를 들어 함석헌 사상을 아무리 많이 알고 유영모 사상을 아무리 많이 알아도, 그 큰 사상을 아주 작은 것에서 찾으려는 마음과 남의 입장에서 남을 배려하는 마음이 없다면 그는 생명의 진실을 모르는 셈이 된다. 생명은 자연에서 산천초목으로 드러나듯이, 인간의 역사 속에서 생명은 민중의 삶으로 드러난다고 함석헌은 말한다(김상봉, 2차 씨알사상포럼 발표 자료집, 2008. 10).

함석헌은 틀에 갇혀 있지 않은 생명을 보여주었고, 살아 있는 생활의 생동성을 말해 주었다. 타자를 배려하며, 타자에게 귀를 기울이고 타자와 평등하며, 타자를 훈계하지 않으며, 타자에 벽을 쌓지 않는다면 그때 비로소 생명은 생명다워진다. 타자는 나의 가족과 이웃 안으로만 닫혀 있는 것이 아니라 사회와 세계로 확장된다. 구체적으로 말해서 우리는 정부의 정책을 감시하고, 초등학교의 급식제도에 관심을 두고, FTA의 진실을 알려는 의지로부터 생명의지가 발현될 수 있다. 그런 실천행동이 녹색사회를 사는 시민의 생명선이다. 녹색사회의 생명의식이 살아있을 때 우리는 설악산의 산양, 광양만의 두꺼비, 계양산의 반딧불이, 백령도의 점박이 물범들 그리고 산천초목의 생명을 비로소 살릴 수 있다. 생명이 역사를 호흡하고 있을 때 생명은 생명다워진다.

최종덕, 『비판적 생명철학』, 당대, 2016, 259~262쪽.

2) 생물다양성은 우리 삶에 어떤 혜택을 줄까?

우리는 다양한 생물들과 함께 생태계를 이루며 살아가고 있다. 우리나라뿐만 아니라 전 세계에서 생물들이 살아가는 장소—동물 서식지와 식물 생육지—가 아파트, 운하나 댐의 건설, 기타 토목공사 및 개발 등으로 사라지면서 그곳에 살던 많은 생물들이 한꺼번에 자취를 감추고 있다. 또한 잦은 왕래와 무역 등으로 다른 지역이나 나라에서 들어오는 외래종 때문에 이미 자리 잡고 있던 생물들이 사라지거나 줄어들었다. 게다가 사람들의 소비를 위해 마구잡이로 생물들을 잡아 죽이고 있다. 이러한 서식지와 생육지의 파괴, 외래종 및 남획 등에 의해 많은 생물들이 사라지거나 줄어들고 있는데 이를 '생물다양성의 감소'라고 한다.

생물 다양성이 줄어들면 우리 생활에는 어떤 영향이 미칠까? 생태계를 이루는 생물들은 사람들에게 어떤 혜택을 주고 있을까? 이러한 질문에 대해 답할 수 있게 도와주는 것이 바로 생태계서비스 개념이다. 생태계서비스란 한마디로 생태계가 사람에게 제공하는 서비스를 말한다. 이러한 생태계서비스와 생물다양성과의 연관성을 알아보면서 이들이 우리 삶에 주는 혜택에 대해 살펴보자.

(1) 생태계란?

우리 주변에서 생태계 파괴를 자제하고 생태계를 지키자는 말은 많이 하지만 정작 생태계가 무엇인지 질문한다면 자신 있게 설명할 수 있는 사람은 별로 많지 않다.

생태계라는 용어는 생태계 생태학에 지대한 공헌을 한 오덤E. P. Odum에 의해 1960년대 이후로 널리 쓰이는 말이다. 생물이 포함된 자연을 하나의 열린 시스템으로 보고 생물뿐만 아니라 에너지와 물질까지도 포함하는 개념이다. 따라서 어떤 지역의 생태계라 할 때 그 지역에 살고 있는 여러 생물들과 함께 돌고 도는 에너지와 물질까지 모두를 가리킨다. 그럼에도 불구하고 어떤 생태계에서 가장 핵심적인 부분은 생산자와 소비자 및 분해자와 같은 생물들이며 이러한 생물들에 의해 대부분의 에너지와 물질이 순환한다. 따라서 생태계가 하는 일(생태계의 기능)은 대부분 생물들에 의해 이루어진다.

(2) 생물다양성과 생태계의 기능

생물다양성이 생태계가 하는 일(기능)과 어떤 관계가 있는지에 대한 대답을 하기 위해 생태학자들은 우선 생태계 전체의 기능을 나타내는 특성이 무엇인지를 찾아보았다. 생태계 특성으로 알려진 1차생산성, 호흡, 에너지 흐름 등이 생물다양성이 높은 생태계가 그렇지 않은 생태계보다 더 안정한지 어떤지에 대한 연구는 몇십 년 동안 생태학자들의 관심을 끈 주제였다. 이를 생태계의 복잡성과 안정성의 문제라고 부른다. 생태계가 안정하다는 것은 태풍이나 가뭄 같은 교란이 외부에서 왔을 때 생태계의 기능을 잃지 않고 또 잃었더라도 빨리 회복하는 것을 말한다.

만약 종다양성이 높은 생태계가 종다양성이 낮은 생태계보다 더 안정하다면 생물다양성을 보존해야만 생태계가 붕괴되지 않고 그 기능을 유지할 수 있기 때문에 인류의 생존에도 매우 중요한 이슈가 된다. 이러한 생물다양성, 즉 복잡성과 생태계 안정성에 대한 가장 유명한 연구는 미국의 틸먼D. Tilman이 미네소타 주의 시더크리크Cedar Creek 장기생태연구지에서 1982년부터 장기간 수행한 연구이다. 틸먼은 이 연구에서 초본식물의 종수가 많은 곳일수록 가뭄 등에도 수확량이 크게 줄지 않아, 다양성이 높은 생태계가 교란에 대한 내성이 강하고 안정성이 높음을 보였다.

수많은 실험과 연구결과를 바탕으로 현재에는 생물다양성이 생태계 기능의 유지 즉 안정성에 중요한 기여를 한다는 것이 널리 받아들여지고 있다.

그러면 생물다양성은 어떻게 생태계 안정에 기여할까? 에드워드 윌슨에 따르면 보험원리라는 것이 있다. 만약 어떤 종이 사라졌을 때 그 역할을 대신할 경쟁자가 많다면 생태계의 기능은 큰 변화가 없을 수 있다. 어떤 큰 호수가 있다고 하자. 우리 눈에는 검정말, 부들, 물고기, 물새, 잠자리 등만 보이지만 그 외에도 사람이 볼 수 없는 수없이 다양하고 많은 수의 세균, 원생동물, 플랑크톤 등이 호수 생태계를 이루며, 큰 생물의 몸을 분해하고 영양소를 순환시키며 에너지를 흐르게 한다. 높은 생물다양성이 서로 먹이그물을 이루며 얽혀 있는 생태계는 어떤 종이 사라지거나 수가 줄어도 보험원리에 의해 생태계 전체의 물질 순환과 에너지 흐름은 안정되게 유지될 수 있다.

(3) 생태계서비스란?

생물군집과 생태계가 사람들에게 필요한 서비스를 제공한다는 생각은 오래전부터 있어왔지만 생태학 및 경제학 등 현대적인 학문에 의해 개념이 제안된 것은 최근이다. 1997년에 데일리G. C. Daily가 생물군집이 중심인 자연 생태계가 사람의 삶에 필요한 것을 채워주는 서비스를 제공한다는 의미로 생태계서비스ecosystem services라는 말을 제안하였다. 이러한 생태계서비스에는 토양침식 억제, 수질정화, 꽃가루받이, 야생동물 서식지, 해충 방제를 대표적으로 들 수 있다. 최근에 상영된 <꿀벌 대소동Bee Movie>에서 벌들이 일을 하지 않자 모든 식물들이 번식을 못 하게 되는 장면이 이러한 생태계가 제공하는 서비스의 한 사례를 잘 보여주고 있다.

생태계서비스를 쉽게 이해하기 위해 이 말을 처음 주장한 데일리의 설명을 옮겨보자. 데일리는 생태계서비스의 가치를 이해하기 위한 가상의 예로 달에서 사람이 산다면 필요한 것이 무엇일지 생각해보자고 하였다. 이미 달에는 지구와 비슷한 대기가 조성되고 기후가 준비되어 있다고 가정한다면, 친구들을 초대하고, 가재도구를 챙기며 책도 옮겨야 할 것이다. 그 다음 질문은 지구상의 수많은 생물들 중 어떤 종을 옮겨야 하는가이다. 우선 생활에 직접적으로 필요한 먹을 것, 마실 것, 향료, 섬유, 목재, 약재, 원자재(왁스, 고무, 기름 등)와 관련된 종들을 고르게 될 것이다. 꼭 필요한 종들만 고르더라도 여기에 관련된 종의 수는 수백 수천 가지일 텐데, 이들 종들이 살아가는 데에는 또 다른 수많은 종들이 더 필요하다. 이런 종들을 다 합해서 사람의 생활에 얼마나 많은 종들이 필요한지, 다시 말해서 어느 정도의 생물다양성이 필요한지는 현재로서는 계산이 불가능하다. 때문에 필요한 종들을 알아보는 것보다는 달 기지에 사람이 사는 데 꼭 필요한 서비스가 무엇인지 알아보는 것이 낫다.

생활에 직접적으로 필요한 물자를 생산하는 것 이외의 이러한 서비스의 예는 다음과 같다.

- 공기와 물의 정화
- 홍수와 가뭄 줄이기
- 쓰레기의 분해와 독성 없애기
- 농작물을 포함한 식물의 꽃가루받이
- 농업 해충 막기
- 종자 퍼뜨리기와 양분 옮기기
- 생물다양성의 유지
- 태양의 해로운 자외선 막기
- 기후의 안정화
- 이상기온 막기 및 바람과 파도 만들기
- 다양한 문화
- 사람의 정신을 깨우는 아름다움과 지적인 자극

이러한 서비스 목록을 염두에 두고 각 서비스에 대해 어떤 생물이 필요할지 생각해볼 수 있을 것이다. 하지만 이 작업은 간단하지가 않다. 예를 들어 영양분이 많은 흙을 이루는 생물을 보자. 흙 속의 토양미생물은 중요한 영양분들의 형태를 바꾸어 식물이 이용할 수 있게 해주는데 이러한 토양미생물의 수는 어마어마하다. 덴마크의 초지에서 조사된 바에 의하면 1㎥의 흙 속에 약 5만 마리의 지렁이들과 토양 곤충들, 그리고 약 1,200만 마리의 선충이 산다. 그 외에도 1g의 흙 속에는 3만 개체의 원생생물, 5만 개체의 조류, 40만 개체의 곰팡이, 그리고 세균 10억 마리가 살고 있다. 과연 이 중에서 어떤 종류를 달에 데려가야 할까? 이 모든 종류의 생물종이 다 필요할까? 아니면 어떤 특별한 종들이 더 중요할까? 이에 대한 연구가 진행되고 있지만 틀림없는 사실은 매우 많은 종들이 필요하리라는 것이다.

(4) 생물다양성, 생태계의 기능 및 생태계서비스

생태계서비스는 생태계의 기능과 비슷하게 생각될 수 있지만 생태계의 기능을 바로 생태계서비스로 말하는 것은 적절하지 못하다. 어떤 경우에는 생태계서비스 한 가지를 여러 생태계의 기능이 모여서 제공하기도 하고, 또 다른 경우에는 기능 한 가지가 여러 생태계 서비스를 제공하기도 한다. 예를 들면 생산자인 식물과 조류들이 태양에너지를 이용하여 만드는 물질의 양인 1차생산성은 사람들에게 필요한 식량과 물자를 공급한다. 또한 먹이 그물의 에너지를 제공함으로써 다른 생물들을 유지시키는 서비스를 하는가 하면, 이산화 탄소를 대기 중에서 식물 체내로 옮겨감으로써 탄소순환을 조절하는 기후조절서비스를 하기도 한다.

생물다양성은 보통 생물종의 수로 표현하는 경우가 많다. 하지만 같은 종수라도 매우 다양한 종들의 조합이 있을 수 있다. 한 지역 내에 사는 종들의 목록과 그 상대적인 비율을 종조성이라고 한다. 생태계서비스나 생태계의 기능을 이야기할 때에는 종수보다는 종조성이 무척 중요하다. 특히 가장 많은 수나 양을 차지하고 있는 우점종에 따라 생태계의 기능과 서비스가 달라진다. 따라서 생태계서비스를 유지하고 보존하려면 종수를 최대한 많이 만들기보다는 자연적인 생태계의 종조성을 복원하고 보존하는 것이 중요하다. 생태계서비스의 큰 변화를 일으키는 것은 생태계에서 어떤 종들이 사라지거나 침입하여 생물 간의 상호작용이나 생태계의 기능을 교란하는 경우를 들 수 있다. 예를 들면, 열대의 산호초는 수많은 생물종들을 살게 해주는 생물다양성의 보고인데, 이 산호초에서 핵심적인 상호작용은 산호충(동물)과 광합성조류와의 공생이다. 기후변화와 오염 등 여러 가지 이유로 광합성조류가 죽는 백화현상이 생기면, 공생동물인 산호충도 죽게 되고 산호초 생태계는 제 기능을 못해 이곳에 살던 많은 생물들이 서식처를 잃어버린다. (…중략…)

(5) 돈으로 환산할 수 없는 가치들

이러한 생태계서비스의 가치를 돈으로 환산하는 것에 대해 많은 논란이 있지만, 코스탄자R. Costanza는 1997년에 전 세계의 생물권은 최소한 연간 약 33조 달러에 해당하는 서비스를 제공한다고 추정한 적이 있다. 이 당시 전 세계 국민총생산의 합은 연간 약 18조 달러였다. 이러한 생태계서비스를 돈으로 환산하는 것은 어떤 상황에서 자연을 보존할 것인지 혹은 개발할 것인지를 결정할 때 그 가치를 쉽게 판단할 수 있게 도와주는 장점이 있다. 예를 들면, 미국의 뉴욕시는 최근까지도 다른 지역에 생수를 팔 수 있을 정도로 상당히 깨끗한 물을 이용할 수 있었다. 20세기 후반 사람들이 늘어나면서 숲을 베어내고 집과 농장을 만들고 리조트를 건실하면서 미국 환경보호청의 기준치 이하로 수질이 나빠졌다. 60억에서 80억 달러를 들여 정수장을 만들고 매년 3억 달러의 운영비를 쓸 것인지 아니면 10억 달러를 들여 숲을 복원할 것인지 두 가지 선택이 가능했다. 뉴욕시는 후자를 택했고 아주 싼 비용으로 맑은 물과 쉼터를 다시 찾을 수 있었고 홍수조절도 자연적으로 이루어졌다.

하지만 이런 질문도 가능하다. 생물다양성과 연관된 생태계서비스가 중요하다는 것은 알겠다. 하지만 숲의 모든 생물이 그런 생태계서비스에 과연 필수적일까? 희귀한 꽃이나 이끼가 사라져도 뉴욕시 숲의 수질정화능력은 큰 문제가 없지 않은가? 우리나라 동해에 있는 귀신고래가 43년 만에 다시 나타났다는데 귀신고래 한 종류쯤 사라진다 해도 생태계서비스와 사람의 생존에 큰 영향이 없지 않은가? 그런 질문에는 늘 이렇게 대답하고 싶다. 맞다. 당장 당신의 목숨과는 상관없을지도 모르겠다. 그런데 인간이 꼭 돈이 되는 것이나 쓸모 있는 것만 있다고 살 수 있는 것은 아니다. 당신은 친구가 당신에게 쓸모가 있어서 좋은가? 아니 친구가 아니라 가족이라면 그렇게 경제적인 가치나 나의 생존에 도움을 주는 것, 혜택을 주는 것 등등의 가치를 따질 것인가라고 질문하고 싶다. 다른 생물들은 40억 년을 이 지구상에 함께 살아온 우리의 형제이자 이웃들이다. 그들과 함께 사람은 문화와 종교, 신화를 만들었고 그들을 써서 집과 음식, 옷을 얻었다. 인류 문명은 자연과 생물, 생태계 없이는 존재할 수 없었고, 앞으로도 없을 것이다. 생물다양성의 해 구호처럼 생물다양성은 우리의 삶이기 때문이다.

박상규, 「생물다양성은 우리의 삶에 어떤 혜택을 줄까? -생물다양성과 생태계서비스」, 최재천 외, 『생물다양성은 우리의 생명』, 궁리, 2010, 66~89쪽.

3) 착취와 정의, 그리고 선택의 자유

독일의 철학자이자 경제학자인 카를 마르크스는 착취의 의미에 대해 광범위한 저술을 남겼다. 마르크스는 비록 19세기 산업 시대의 공장에서 생산된 상품에 대해 썼지만, 그의 통찰은 21세기 생명공학 시대 인체조직의 상품화와도 관련이 있다. 19세기 산업사회에 대한 저술이라는 한계를 염두에 두고, 좀 더 극단적인 형태의 인체 쇼핑 사례로 가기 전에, 마르크스가 해야만 했던 이야기를 살짝 들여다볼 필요가 있다.

마르크스는 우선 무엇인가에 '사용가치'를 부여하는 것, 즉 '대상화'와 거기에 덧붙여 그것을 교환 대상으로 삼는 것, 즉 '상품화'를 구분했다. 대상화는 우리 자신 바깥에 있는 무엇인가가 우리의 결핍을 채워주고 우리의 요구를 충족시키도록 하는 과정일 뿐이다. 이것은 본질적으로 반대를 불러일으킬 만한 것이 아니다. 그런데 인체 쇼핑이 충격으로 다가오는 것은 일반적으로 우리 몸이 우리 자신의 바깥에 존재하는 것으로 인식되지 않는다는 점 때문이다. 내가 내 난자나 신장을 판다면, 내 몸 일부분을 대상화하고, 이어서 상품화하여 거래 대상으로 전환하는 것이다. 다시 말하지만 그것은 잘못일 수도 있고 꼭 그렇지 않을 수도 있다. 그러나 오늘날의 생명공학이 등장하기 전까지 이런 일은 거의 알려진 바가 없다. 중세에 성자의 유해가 유럽 전역에서 거래되던 일을 제외하면, 인체조직을 가지고 돈벌이하는 경우는 없었다. 확실히 오늘날과 같이 세계적 규모의 돈벌이는 없었다.

오늘날 생명공학은 우리 몸 밖에 있는 것과 몸 안에 있는 것의 뚜렷한 경계를 희미하게 만들고 있다. 인공호흡기나 심장박동조절기 같은 장치들이 외부에서 몸 안으로 삽입되는가 하면, 조직 샘플이나 면봉으로 채취한 DNA 샘플 등 우리 몸의 일부를 다른 용도로 떼어낼 수 있다. 현대 생명윤리학에서 '바깥'이란 개념은 상당히 모호하다. 이와 같은 상황에서 과거 마르크스가 직면할 필요가 없었던 문제들이 등장했다. 우리 몸의 어느 부분을 사용가치나 교환가치가 있는 대상으로 분류해도 괜찮은 것일까? 반면 괜찮지 않은 것은 어떤 부분일까?

마르크스가 상품화를 본질적으로 옳지 않게 여겼다고 주장하는 분석가들이 있는가 하면, 대상화나 상품화는 마르크스를 비롯해 어느 누구에게도 본질적으로 해로운 것이 아니라고 주장하는 분석가들도 있다.[1] 문제는 용도와 상관없이 그 자체로 가치 있는 것을 매매 가능한 대상으로 만드는 것이다. 사람은 그 자체로 가치 있는 존재인데, 그렇다면 사람의 신체 일부분은 어떨지 의문을 갖지 않을 수 없다. 노예제도처럼 사람을 대상이나 물건으로 취급하는 것이 옳지 않고, 몸이 곧 그 사람이라면, 사람의 몸과 몸의 일부분을 거래하는 것은 잘못된 일일까?

따라서 첫 번째 의문은 사람의 몸과 몸의 일부가 상업적 거래의 영역을 벗어나, 그 자체로 가치 있느냐는 점이다. 사람으로서의 가치를 훼손하지 않고는 인체조직을 상품화할 수 없다면, 가격을 매기고 어떤 형태로 조직이 매매되든지 그 일면에는 착취의 속성이 있다. 사람을 물건처럼 취급하는 것은 인간의 존엄성을 훼손하는 짓이다. 그렇다면 인체조직은 금전적 가치를 매길 수 있는 것이 아니므로, 난자나 장기를 기증한 사람이 보상을 받지 않아도 부당하지 않다. 인체조직에 대가를 지불하는 것이 부당한 일이지, 대가를 누가 얼마나 받았는가는 부당함과 상관이 없다.

그런데 생명공학업체나 영리를 추구하는 브로커, 또는 사설 불임클리닉이 수혜자에게 인체조직을 처리하는 데 들인 노력을 반영한 최소 가격보다 높은 가격을 청구할 경우, 이것은 부당한 것으로 보인다. 이 상황은 착취의 또 다른 정의를 내포한다. 즉 착취란 일을 한 사람에게 돌아가야 할 정당한 보상을 빼앗는 것이다. 따라서 착취는 인체조직 판매자가 장기나 난자 또는 정자에 투입한 노동의 양이나 가치와 구매자(수혜자)가 '완성품'에 지불하는 최종 가격 사이의 불균형과 관련이 있다. 난자 기증과 비교해 정자 제공에 수반되는 노력과 위험이 상당히 적음을 감안할 때, 정자 판매의 수익률이 높은 편이지만, 정자의 이윤 폭은 난자의 경우보다 덜 부당하다.

17세기 영국의 철학자 존 로크는 재산권이란 생산과정에 들어간 원료와 우리의 노동력이 합쳐질 때 나온다고 했다. 마르크스는 이러한 로크의 사상을 근거로, 노동은 원료에 중대한 가치를 부가하는 것이라고 해석했다. 본질적으로 이러한 노동가치설Labour theory of value이 착취에 대한 마르크스의 정의의 토대가 되었다. 만약 노동의 대부분을 이행한 사람이 최종 제품에서 창출된 수익 중 가장 적은 금액을 받는다면, 착취의 요소가 밑바닥에 깔려 있는 것이다.

미국은 난자와 정자의 적정 가격을 놓고 학계에서 수많은 논의가 진행돼왔다.[2] 하지만 우리가 이미 알고 있듯이, '완성품'(아기를 제품이라고 부를 수 있다면)에 대한 가격탄력성은 거의 무한대다. 대리모 출산의 경우, 거래 당사자인 커플이나 불임클리닉을 통해 난자를 사는 불임여성에게 아기의 '사용' 가치는 무한대에 가깝다. 어디에 한계선을 긋느냐 하는 문제는 대가를 지불하려는 의사가 아니라 지불할 능력에 좌우된다. 따라서 '아기 사업'이나 인체 쇼핑은 마르크스가 주로 다루었던 공장 제품에 대한 모델과 완전히 일치하지 않기 때문에, 마르크스의 분석을 적용하는 데 몇 가지 어려움이 따른다. 그렇더라도 '노동자'(예를 들어 난자 공급자)는 고정된 아주 적은 보수를 받고 '제품'은 그토록 크게 부풀려진 가격으로 팔린다는 측면에서 보면 분명히 착취의 가능성이 있다.

마르크스의 이론에 의해 인체 쇼핑의 판매자와 구매자 사이의 권력과 부의 전형적인 격차를 유의할 필요가 있다. 이러한 격차는 파브르 교수가 말했듯이 일반적으로 구매자보다 판매자에게 불리하게 작용한다. 인체조직 거래가 난자 거래처럼 전 세계적으로 확대되고 전반적으로 규제되지 않을 경우, 동유럽의 가난한 여성들이 서유럽의 부유한 커플에게 난자를 공급할 때처럼 판매자와 구매자의 권력과 부의 격차는 더 벌어질 것이다.

제시된 가격에 자의적으로 노동력을 파는 경우라 해도 착취가 성립될 수 있다. 오늘날 서방의 거의 모든 정부가 최저임금을 책정하고 직장 내 건강 및 안전 기준을 따로 마련하는 것도 바로 그 때문이다. 우리 모두 먹고 살아야 한다는 점을 감안할 때 어느 정도까지는 각자의 직업을 자의적으로 선택한다. 하지만 그것이 문제의 끝이 아니다. 고용주나 종업원들이 생각하기에 여전히 정부의 규제를 받아야 하는 적법한 영역이 존재한다. '자유로운 선택'은 일말의 이의 제기도 허락하지 않을 만큼 결정적인 주장이 아니다.

페트라 진료소와 같은 클리닉들은 비록 쥐꼬리만큼 적은 액수지만 적어도 무언가를 난자 공급자에게 지불한다. 하지만 때로는 가장 위엄 있는 기관들이 난자나 다른 형태의 인체조직을 여러 차례 무단으로 적출했다는 기록이 문서로 남아 있다. 난자나 다른 형태의 인체조직의 거래를 합법화하는 것에 찬성하는 사람들이라도 이런 문제 앞에서는 난색을 표할 것이다. 인체조직 시장을 합법화한다면 무단 적출이나 암시장과 같은 불법적 행태가 더욱 횡행할까, 아니면 줄어들까? 합법화를 지지하는 사람들은 합법화가 불법적 형태를 몰아낼 것이라고 낙관한다. 하지만 난자 구매가 합법인 미국에서도 불법적인 사건들은 여전히 일어나고 있다.

캘리포니아대학교 어바인캠퍼스UCI는 1980년대부터 대학 부설 불임클리닉에서 여러 차례 난자와 배아를 무단 적출한 혐의로 고소당한 상태다. 난자와 배아가 무단으로 적출되었다고 주장하는 사람들 중에 레인과 로사린다 엘리슨 부부도 있다. 1987년 당시 로사린다는 26세였고, 두 명의 자녀가 있었다. 로사린다는 난관 봉합을 풀기 위해 UCI의 불임치료 전문의들을 방문했다. 그녀를 담당한 리카도 아스치Ricardo Asch와 호세 발마세다Jose Balmaceda는 별로 위험하지도 않은 수술을 약 18개월이나 미뤘다. 그 기간에 그들은 로사린다에게 난자의 수정 능력이 떨어졌다며 배란촉진제를 최대한 투여했다. “전 실험실의 실험 대상으로 사용됐어요. 실험실의 쥐나 마찬가지였어요.”라고 로사린다가 말했다.

불임클리닉의 기록을 보면, 로사린다도 모르게 그녀 몸에서 난자 7개가 적출되어 다른 여성에게 제공되었고, 그 결과 난자를 제공받은 여성은 쌍둥이를 낳았다.[3] 로사린다는 2002년이 돼서야 난자를 도둑맞았다는 사실을 알게 되었다. 로사린다는 배아나 난자를 도둑맞았다고 주장하는 다른 28쌍과 함께 사기 혐의로 UCI를 고소했다. 대학은 뻔뻔하게도 원고측이 주장하는 범죄행위가 이미 오래전에 일어난 일이라 소송이 성립될 수 없다고 주장했다.

장기 매매를 찬성하고, 심지어는 거래 규제를 찬성하는 사람들이 요즘 속속 드러나는 인체 쇼핑의 극단적인 폐해와 거리를 두고 싶어함은 당연하다. 그러한 폐해 중 일부는 앨리스테어 쿠크Alistair Cooke의 뼈 도난 사건처럼 정말로 엽기적이기 때문에, 장기 매매 찬성자들은 당연한 거리를 둬야 한다. 쿠크의 뼈 도난 사건은 아무리 부유하거나 유명한 사람이라도 이 책에서 다루는 인체 쇼핑의 폐해로부터 완전히 자유로울 수 없다는 것을 보여준다.

빅토리아시대의 시체 도굴꾼으로 더 잘 알려진 ‘부활시키는 사람들resurrection men’은 특히 가난뱅이들의 시체를 노렸다. 그러나 오늘날 민주주의 체제에서는 누구나 평등하게 도굴의 위험에 놓여 있다. 난자 매매의 경우 가장 위험에 처한 사람들은 동유럽 출신의 가난한 여성들인 반면, 인체 쇼핑은 성별이나 지역별 차이가 없음을 쿠크 사건이 잘 보여준다.

도나 디켄슨, 이근애 옮김, 『인체쇼핑』, 소담출판사, 2012, 28~33쪽.

4) 육류의 신화: 육식주의를 정당화하기

어리석은 얘기들을 믿으면 우리는 잔혹한 행위를 저지르게 될 것이다.

— 볼테르(프랑스의 철학자, 작가)

권위에 대한 무분별한 존경은 진실의 가장 큰 적이다.

— 알베르트 아인슈타인(독일 출신 미국 과학자)

어느 화창한 오후, 동네 식료품 가게 밖의 동물 우리에는 늘 그렇듯 사람들이 붐빈다(이런 시설을 '페팅주petting zoo'라고 하는데, 가축과 순한 야생동물을 수용해 관람객, 특히 어린이들이 직접 쓰다듬거나 먹이를 줄 수 있도록 한 동물원이다. 큰 동물원의 한 부분이거나 독립된 시설일 수도 있고, 가족용 식당이나 가게에서 만든 소형 우리일 수도 있다.—옮긴이). 어린아이들과 부모들이 나직한 나무 울타리에 바짝 붙어 섰고, 몇몇은 울타리 너머로 팔을 뻗치고 있다. 나는 준비해 온 당근을 하나 꺼내 아기 돼지에게 내밀면서 그 녀석이 당근에 끌려 내가 쓰다듬을 수 있을 만큼 가까이 오기를 바랐다. 왠지 나는 항상 동물들과 신체적으로 접촉하고 싶어한다. 만지고 싶고 쓰다듬고 싶은 욕구가 거의 본능적인 듯하다.

나만 그런 게 아니다. 천진난만한 아이들은 자기가 주는 걸 아기 돼지가 받아먹거나 돼지의 뺨이나 머리를 쓰다듬을 수 있게라도 되면 기뻐서 소리를 지른다. 이 어린 동물이 주위에서 아우성하는 작은 손들에 개의치 않고 먹이를 냠냠 삼키는 것을 보면서 어른들도 정겹게 웃는다. 한 마리 있는 소도 인기가 높아 사방에서 이리 오라고 부른다. 소가 별다른 이유도 없이 내 손의 풀을 선택하자 마음이 따뜻해진다. 내가 벨벳처럼 부드러운 소의 코를 쓰다듬는 동안 다른 사람들은 소의 머리와 목을 만져 보려고 내 주위로 몰려든다.

사람들은 심지어 닭에게도 관심을 가지고 흥겨워한다. 아이들은 울타리 틈새로 빵 부스러기를 던져 주려고 쪼그려 앉는다. 닭들이 바닥의 모이를 쪼다가 가끔 고개를 들어 사람들을 쳐다보면 아이들은 입을 함박같이 벌리고 웃는다. 털이 보송보송한 병아리들이 삐약삐약 이리저리 뛰어다니는 모습에는 탄성이 절로 나온다.

정말 아름다운 광경이다. 아이들은 킥킥거리며 박수를 치고 엄마 아빠들도 애정 어린 얼굴로 빙긋거린다. 모든 사람이 돼지와 소와 닭을 만지고 그들이 다가오게 하고 싶어 안달이 난 것 같다. 한데, 동물과의 접촉을 그렇게도 절실히 원하는 사람들이—어릴 적 아마도 『샬롯의 거미줄』(돼지 윌버와 그의 목숨을 구해주는 거미 샬롯의 이야기를 그린 E.B. 화이트의 소설—옮긴이)을 읽으며 눈물을 흘렸고, 돼지나 양의 봉제인형을 끌어안고 잠들었을 바로 그 사람들이— 이제 곧 동물 우리 앞 식료품점에 가서는 쇠고기, 햄, 또는 닭고기를 사 들고 나올 것이다. 헛간 앞마당의 동물이 고통 받고 있다면 당장 달려가 도움을 줄 게 틀림없는 이 사람들이, 자신들이 하는 짓에 아무런 책임도 지지 않는 한 업계의 울타리 안에서 해마다 100억 마리의 동물이 불필요하게 고통 받고 죽어 가는 데 대해서는 어쩐 일인지 전혀 분노하지 않는다.

우리의 동정심, 우리의 공감 능력은 도대체 어디로 갔는가?

(1) 정당화의 세 가지 N

불과 몇 분 전에 우리가 껴안고 어루만졌던 바로 그런 동물들의 고기를 먹으려면, 자신이 하고 있는 일을 의식조차 하지 않을 만큼 확고하게 동물을 먹는 일의 정당성을 믿어야 한다. 그래서 우리는 육식주의 시스템을 떠받쳐 주는 일련의 신화들을 받아들이도록, 또한 우리가 스스로에게 되뇌는 말들이 얼마나 앞뒤가 안 맞는지를 무시하도록 배워 왔다. 폭력적 이데올로기는 허구를 사실로 내세움으로써, 그리고 진실을 드러낼 우려가 있는 모든 비판적 사고를 방해함으로써 유지되는 것이다.

육류에 관한 방대한 신화들이 있지만 그 모두는 내가 '정당화의 3N'이라고 부르는 것과 어떤 방식으로든 연관되어 있다. 즉, 육류를 먹는 일은 '정상이며normal, 자연스럽고natural, 필요하다necessary'는 것이다. 3N은 아프리카인들의 노예화에서부터 나치스의 유대인 대학살에 이르는 모든 착취적인 시스템을 정당화하는 데 이용돼 왔다. 한 이데올로기가 전성기에 있을 때는 이런 신화들이 면밀하게 검토되는 일이 거의 없다. 그러나 시스템이 마침내 붕괴하면 그 3N이 말도 안 되는 것이었음을 알게 된다. 예컨대 미국에서 여성에게 투표권을 주지 않으면서 내세운 이유를 생각해 보라. 남성만 투표하는 것은 "선조들이 정해 놓은" 일이며, 여자들이 투표를 하게 되면 "국가에 돌이킬 수 없는 손상을" 입히고 "재앙과 파멸이 온 나라를 덮칠" 거라고 하지 않았는가.

3N은 우리의 사회의식에 아주 깊숙이 뿌리 내려, 우리가 그것을 전혀 떠올리지 않아도 그에 따라 행동하게 된다. 그게 우리를 대신해 생각하는 셈이다. 우리는 3N을 완전히 내면화하여, 그게 단지 널리 퍼진 견해가 아니라 보편적 진리인 듯이 그 신조에 맞추어 산다. 비유컨대 운전과 마찬가지다. 운전도 일단 익히고 나면 차를 몰 때 세부적인 동작 하나하나를 생각할 필요가 없지 않은가. 그러나 3N의 정당화는 단순히 행위를 이끄는 일 이상의 역할을 한다. 고기를 먹을 때 느낄 수도 있는 도덕적인 불편함을 완화해 주는 것이다. 우리가 저지르는 일에 대해 그럴듯한 변명을 할 수 있다면 우리는 그 행위에 죄책감을 덜 느낄 터이다. 3N의 본질적인 임무는 동물에 대한 우리의 믿음과 행동에 내재하는 모순을 감추고 우리가 어쩌다 그걸 알아채게 되면 그럴싸하게 해명하고 넘어가는 정신적이고 정서적인 눈가리개 역할이다.

(2) 신화를 만드는 사람들

거짓된 논리로 심리적이고 정서적인 안전망을 짜놓았음에도 불구하고, 진실을 억누르는 데는 적잖은 힘이 들게 마련이다. 바로 코앞에 놓인 사실에 눈감고, 명명백백한 모순을 인지하지 않고, 우리의 진정한 느낌이 표출되는 것을 막으려면 지속적인 노력이 필요하다. 진실을 이미 깨닫고 있는 자신의 일부를 무시하는 일에 능숙해졌다 하더라도, 그 깨달음과 동물들에 대한 공감 사이의 단절을 유지하기 위해서는 끊임없이 지침을 받아야 한다.

여기에 신화 제작자, 즉 사회적 통념을 만들어 내는 사람들의 역할이 있다. 그들은 사회의 모든 부분을 점거하고 있어서, 어디를 가든 우리에게 주어지는 정보는 3N을 강화하는 것들이다. 신화 제작자란 특정 체제의 기둥 노릇을 하는 기관들과 그 대변자들을 두루 이른다. 한 체제가 확고히 자리 잡으면 의료계에서 교육계에 이르기까지 사회의 주요 기관과 제도가 모두 그것을 받쳐 주게 된다. 의사나 교사가 사람들에게 '육식이 정상이며 자연스럽고 필요한 건지' 따져보라고 격려하겠는가? 그럴 리 없을 테다. 부모도, 교회의 사제도, 선출직 공무원도 마찬가지다. 우리가 익히 신뢰해 온 이들 기관과 전문직업인만큼 우리에게 영향력을 행사할 수 있는 자가 어디 있겠는가. 권위가 인정되는 위치에 있는 사람들보다 누가 더 우리에게 확신을 줄 수 있겠는가.

사실 전문직업인들은 폭력적 이데올로기를 유지하는 데 핵심적인 역할을 한다. 그 한 가지가 해당 이데올로기가 내세우는 신조의 틀을 짜는 것이다. 육식주의의 경우, 전문직업인들은 그들의 정책이나 방침과 제안 사항—그리고 스스로의 행동—을 통해 우리가 동물에게 취하는 태도와 관행의 틀을 만든다. 일례로 미국 수의사협회AVIMA, American Veterinary Medical Association가—이는 '수의사들의 대변자'를 자임하는 조직인데— 소들이 새끼를 밴 기간 중 갇혀 있는 폭 60㎝의 비좁은 임신용 우리를 승인했음을 생각해 보자. 내가 제3장에서 언급했듯이 이 상자는 너무나 비인간적이어서 여러 주와 국가에서 이미 금지되었고, 심지어 맥도날드 같은 회사도 그것에 반대한다. 대부분의 수의사가 동물의 고기를 먹고 동물로 만든 옷과 구두를 입고 신는다는 사실은 또 어떤가.

전문직업인의 육식주의 신조의 틀을 짜는 또 다른 방식은 동물들이 어떻게 취급되어야 하는지에 관한 논쟁에서 '이성의 목소리'로, '합리적인 온건주의자'로 행동하는 것이다.[4] 이들을 '사회화된 비판자'라고도 하는데, 그것은 이들이 육식주의의 일부 관행에 반대하면서도 전반적으로는 그 이데올로기를 지지하기 때문이다. 전문가들의 이 같은 '합리적이고 온건한' 입장 앞에서 시스템에 도전하는 사람들은 '비이성적인 극단주의자'로 비치게 된다. 합리적 온건주의자의 비근한 예가 어떤 사람인가 하면, 공장식 농장의 이런저런 관행에는 반대하면서도 일상적으로 육식을 하는 수의사들이다.

전문직업인이 폭력적 이데올로기의 유지를 돕는 또 다른 방식은 체제를 지지하지 않는 사람을 환자로 취급하거나 방해하는 것이다. 젊은 여자가 고기 먹기를 거부하면 섭식장애 증상이라고 생각하는 심리학자, 숱한 반대증거에도 불구하고 육류가 빠진 식사는 위험하다고 경고하는 의사들처럼. 그러나 육식주의를 유지하는 데 전문가들의 지지가 필수적이긴 해도, 일반적으로 보아 전문가들 스스로가 의식적으로 그 이데올로기를 받쳐주는 것은 아니다. 그들은 단지 자기 일을 할 따름이다. 문제는 그들이 현재의 시스템 안에서 자랐으며, 따라서 다른 사람들과 마찬가지로 육식주의의 렌즈를 통해 세계를 본다는 점이다.

그런다고 신화를 만드는 사람 모두가 자신이 하는 일의 의미를 의식 못하는 것은 아니다. 축산 기업들과 그 경영진은 각종 기관과 전문직업인에게 영향력을 행사하여 정책과 여론을 움직이게 함으로써 육류의 신화를 적극적으로 유지해 간다. 예컨대 미국영양사협회ADA, American Dietetic Association와 전국유제품협의회NDC, National Dairy Council의 제휴 관계를 보자. ADA는 미국 영양사들의 대표적 조직으로, 대학에서 영양학 학위 코스를 운영하려면 이곳의 인가를 받아야 한다. ADA가 인가한 교육기관을 졸업해야 공인 영양사로 등록될 수 있다는 얘기다. 한편 NDC는 ADA의 주요 후원자 중 하나다. ADA에 따르면 그들의 '후원 기업 프로그램'은 기업들이 "식품·영양 관련 시장에서 영향력이 큰 인사들, 지적 리더들, 의사결정권을 가진 사람들과 접촉하는 데" 도움을 준다고 한다. ADA는 또 후원자들이 "제공된 편의를 활용하여 마케팅 목표를 달성할 수 있을 것이며 (…중략…) 중요한 구매 결정에 직간접으로 간여하는 식품·영양 관련 업계의 지도자들에게 접근할 수 있고 (…중략…) (ADA가 제공하는) 매우 바람직한 마케팅 목표 집단에서 브랜드 연관성을 구축할 수 있다."라고 공언한다.[5] 다시 말하면 NDC처럼 권력을 가진 조직이 ADA 같은 전문직업인들의 조직을 '후원'하는 것이다. 이런 관계를 알고 나면 다음과 같은 일도 어렵잖게 설명된다. 유제품을 많이 섭취하면 심혈관 질환과 각종 암 및 당뇨병에 걸릴 위험이 커질 수 있다는 증거에도 불구하고 우유를 하루 세 컵은 마시라고 전문가들이 공식적으로 권장하는 것 말이다.

그런데, 신화를 만드는 사람들이 진실을 왜곡한다 할지라도 그들의 기본적 역할은 새로운 신화의 창조보다는 기존의 신화가 계속 건재하도록 보장하는 데에 있다. 따라서 그들은 대체로 신화를 전하는 '사자使者'의 기능을 수행한다. 육류에 대한 신화의 상당수는 세대를 이어 가며 전수돼 왔다. 시스템이란 본디 그 부분들의 합보다 크기 때문에 자연적으로 소멸하지 않고 무기한으로 존속한다. 시스템은 벌집과 같다. 개개의 벌은 죽어도 벌의 무리는 살아남는다. 그래서 신화 제작자들은 육류의 신화들을 경우에 따라서는 시대의 흐름에 걸맞도록 손질하면서 재순환시킨다.

(3) 신화를 만드는 사람들

육식주의는 현실을 왜곡한다. 우리가 먹는 동물을 직접 보지 않는다고 해서 그들이 존재하지 않는 것은 아니다. 시스템에 이름이 없다고 해서 그게 현실이 아닐 수도 없다. 아무리 널리 퍼지고 아무리 깊이 침투했다 해도 육류의 신화가 육류의 사실이 될 수는 없다.

내면화된 육식주의는 현실에 대한 우리의 '인식'을 왜곡한다. 동물은 살아 있는 생명체임에도 우리는 그들을 살아 있는 물건으로 본다. 또한 그들이 각기 독립된 개체임에도 불구하고 추상적으로 뭉뚱그려서 인식한다. '한 묶음의 물건'이라는 식이다. 그리고 아무런 객관적인 근거도 없이, 그들은 자연히 정한 식용 동물이므로 우리가 그들을 먹는 일은 타당하지 않겠냐고 생각한다. 예컨대, 시스템이 그토록 숨기려고 노력하는데도 불구하고 곧 고기로 바뀔 돼지 한 마리가 어쩌다 눈에 들어올 경우, 우리는 그 돼지를 쾌락과 고통을 느낄 줄 아는 생명체로, 혹은 뚜렷한 개성과 선호를 지닌 존재로 인식하지 않는다. 우리가 떠올리는 것은 그 '돼지다움더러움, 게으름 등'과 '먹을 수 있다는 점' 뿐이다. 이런 방식으로 동물을 보는 데는 내가 '인식의 트리오Cognitive Trio'라고 부르는 세 가지 방어기제가 개입한다.

인식의 트리오란 '대상화와 몰개성화, 이분화'를 말한다. 이 방어기제들은 본디 정상적인 심리 과정이지만 과도하게 사용될 경우 방어적 왜곡을 낳는데, 육식주의를 지키자면 과도한 사용을 피할 수 없다. 그리고 여타의 몇몇 방어기제와 달리 이것들은 보다 내면적이고 덜 의식적, 의도적이다. 무엇을 생각하느냐보다는 어떻게 생각하느냐와 더 연관된다. 세 방어기제는 동물에 대한 우리 인식에 각기 고유의 효과를 미치지만, 이들의 진짜 강점은 셋이 서로 조화를 이루며 작용한다는 데에 있다. 음악의 삼중주가 그렇듯이 전체는 부분의 총합보다 큰 것이다.

(4) 대상화: 동물을 물건으로 본다

> 머리가 잘린 양들을 보면 볼수록 그게 동물로 보이기보다는 내가 만들고 있는 생산품으로 생각돼요.
>
> — 정육공장의 미트 커터(고기 써는 일꾼)인 31세 남성6)

대상화objectification는 살아 있는 존재를 생명이 없는 물체, 하나의 사물로 보게 되는 과정이다. 동물은 여러 가지 방법으로 대상화된다. 아마도 가장 두드러진 방법은 언어를 통해서일 것이다. 대상화하는 언어는 거리두기의 강력한 메커니즘이다. 도축장 작업자들이 자기가 죽이려는 동물을 소니 돼지니 하는 산 동물의 이름으로 지칭하지 않고 그들이 가지고 만든 제품의 이름으로 부르는 것을 생각해 보라. 닭을 '브로일러broiler'로, 돼지는 '래셔rasher' 즉 얇게 저민 베이컨으로, 소는 '비프beef'로 부른다. 그런가 하면 농무부는 암소를 '젖통udder'으로, 동물을 '단위unit'로 지칭하고, 정육업계에서는 '대체 수퇘지replacement boar'와 '대체 송아지replacement calf' 같은 용어를 쓴다. 우리가 흔히 쓰는 말인 '생물' 즉 'living thing'도 따지고 보면 '살아 있는 물건'이란 얘기이니 형용모순이라는 점, 게다가 그걸 깨닫는 사람이 별로 없다는 점도 생각해 보라. 육식주의를 위해서는 우리가 이처럼 대상화하는 언어를 쓰는 게 필요하다. 가령 식당 유리창 안의 회전구이 통닭을 가리키며 '무엇'이냐 묻지 않고 '누구'냐고 묻고, 헛간의 칠면조를 '그것' 대신 '그'나 '그녀'라 부른다고 생각해 보라. 어떤 느낌이 들겠는가?

대상화는 언어를 통해서만이 아니라 제도와 법률, 정책에 의해서도 정당화된다. 예를 들어, 제5장에서 논의했듯이 법에서는 동물을 재산으로 분류한다. 우리가 누군가를 마치 중고차처럼—심지어는 중고차의 부품처럼—사고팔고 교환할 수 있다면 우리는 그를 문자 그대로 '살아 있는 재산'으로 만들어 버린 게 된다. 우리가 동물을 물건으로 보면 그들의 신체도 물건으로 취급할 수 있다. 생명체로 볼 경우에 느낄지 모를 도덕적인 불편함 없이 말이다.

(5) 몰개성화: 동물을 추상적으로 본다

> 아니요(사육된 동물을 독립적인 개체로 생각하지 않는다는 말). 그것들을 그렇게 개인적으로 대하게 되면 내 일을 할 수가 없지요. (…중략…) 개체라고 하면 특별한 사람 같은 것, 자기만의 이름과 특징이 있고 나름대로 이렇게 저렇게 노는 방식도 있는 각각의 녀석들을 말하는 거잖아요. 그렇죠? 근데 난 정말 그런 건 상관 안 했으면 좋겠어요. 그것들이 분명히 그런 무엇을 갖고는 있겠지만 알고 싶지 않아요.
>
> — 정육공장의 미트 커터인 31세 남성

몰개성화deindividualization란 개체를 집단 정체성의 차원에서만 보면서 그 집단의 다른 모든 개체와 똑같은 특성을 지녔다고 생각하는 것을 말한다. 우리가 우리와 다른 사람들을 대하게 됐을 때 그들을, 적어도 어떤 측면에서는, 하나의 집단으로 뭉뚱그려 생각하는 것은 자연스러운 일이다. 그 집단이 크면 클수록 개별적 부분보다 전체를 우선시하기가 쉽다. 이를테면 어느 나라에 대해 생각할 때 우리는 일차적으로 그 시민들을 우리가 생각하는 바 이런저런 공통의 특성을 지닌 한 집단의 구성원으로 생각할 터이다. 그러나 몰개성화는 다른 개체들을 '오로지' 한 집단의 구성원으로만 생각한다. 전체를 구성하는 각 부분의 개별성을 인식하지 못하는 것이다. 우리가 먹는 동물에 대한 인식이 바로 그런 경우다.

예컨대 앞에서도 얘기했듯이, 고기를 위해 사육된 돼지들을 생각할 때 아마 당신은 그들이 각기 개성과 선호를 지닌 개체들이라고 생각하지 않을 것이다. 그저 추상적으로, 하나의 집단으로만 생각한다. 폭력적 이데올로기에 희생된 다른 집단들이 그랬듯이 고기를 위해 키운 돼지는 이름 대신 번호가 붙어 있기 쉬우며, 각기 개성이 있는 존재로 간주되지도 않을 것이다. 돼지는 돼지일 따름, 이놈이나 저놈이나 마찬가지라는 식이다. 그러나 상상해 보자. 당신이 산 핫도그용 소시지의 라벨에 그 고기가 된 돼지의 사진과 이름, 그가 어떤 돼지였나 하는 설명이 쓰여 있다면 어떤 느낌이 들까? 당신의 먹을거리가 될 돼지 중 한 마리와 우연히 친해졌다면? 내 강의를 들은 학생 중 많은 사람이, 그리고 내가 인터뷰한 육식자들과 정육공장 작업자들까지도 개별적인 '식용' 동물과 알게 된 뒤엔 그 개체의 고기를 먹을 수 없었다고 말했다. 일부는 심지어 같은 종의 고기를 계속 먹는 것도 불편하게 느꼈다고 했다. 31세의 한 미트 커터 즉 고기 써는 일꾼은 내게 이렇게 말했다. "내가 만약 돼지 하나를 애완용으로 키우고 있다면 아마 모든 돼지들을 지금과는 달리 보았겠지요. (…중략…) 누가 돼지 갈비니 뭐니 조리하는 걸 볼 때마다 내 애완용 돼지를 떠올렸을 겁니다."

친근한 동물을 소비한다는 (또는 그 고기를 요리한다는) 생각에 대한 부정적 반응은 세계 어디서나 마찬가지이며, 그 정도가 꽤 격렬할 수도 있다. 가령 에콰도르의 키토 지역 인디언 여성들의 닭에 대한 애착은 개나 고양이에 대한 미국인들의 애착과 다를 바 없다. 사정상 어쩔 수 없이 닭을 식용으로 팔게 되면 눈물을 흘리며 울부짖는다.[7] 나는 인터뷰한 사람들에게 자신이 잘 알게 된 사육동물을 먹는 일에 어떻게 반응할지를 묻곤 했는데, 35세의 한 육식 여성은 이렇게 답했다. "그걸(그 고기를) 먹는 게 잘못이라고 느끼겠죠. (…중략…)

그러니까, 마치 내가 그걸 살해한 듯한 느낌이 들겠지요. 직접 죽인 것처럼 말이에요. 왜 그런 짓을 하겠어요? 무슨 말인지 알죠? 생각조차 못할 겁니다. 애완동물이라면 말도 안 돼요. 그렇잖아요? 죽으면 묻어 주기까지 하는데. 가족이나 마찬가지니까요."

58세 푸줏간 주인의 생각도 같았다. "굶어 죽게 된 상황이 아니라면 내 애완동물(돼지)을 먹을 수는 없지요.(…중략…) 일단 아주 잘 알게 되면, 친구를 먹는다는 불쾌한 생각을 할 수 있겠어요?" 그런데 돼지를 가공하는 자신의 일에 대해서는 왜 그렇게 느끼지 않느냐고 묻자 그는 이렇게 대답했다. "그 돼지들은 전부 식품으로 봐야 하지요. 누군가가 애완용으로 기르는 거라면 얘기가 다르지만요."

육식을 하는 31세 한 남자는 자기 고향인 짐바브웨에서 직접 동물을 키우고 잡았다면서 이렇게 말했다. "나는 이름을 지어 준 동물은 먹지 않았어요. (…중략…) 내게 친구나 마찬가지니까요. 친하게 지낸 동물을 먹는 게 되잖아요."

28세의 또 다른 육식 남자는 굳이 동물과 개인적으로 친해지지 않더라도 그들 각자의 개체성을 생각하면 마음이 불편해진다고 말했다. "우리에 갇혀 있는 수백 마리의 동물 하나하나도 그런 식으로(즉 각기 구별되는 개체임을) 생각하면 가족이 키우는 애완동물과 같은 선상에 있는 거나 마찬가지예요. 가족이 키우는 애완동물을 죽일 수 있나요? 그렇다면 우리 속 수백 마리 돼지 하나하나는 또 어떻게 죽이겠습니까?"

대상의 개체성을 인정하는 것은 몰개성화의 과정에 방해가 된다. 그들에게 해를 끼치는 데 필요한 심리적, 감정적 거리를 유지하기가 더 어려워지기 때문이다.

(6) 이분화: 동물을 범주로 가른다

> 글쎄, 어쩌면 순전히 식용으로 사육된 동물을 먹는 일이 더 쉬울지 모르지요. (…중략…) 뒷마당에서 뛰놀던 다람쥐를 저녁 식탁에 올리는 일은 뭐랄까 좀 끔찍하잖아요. (…중략…) 밖에서 뛰어다니는 동물들을 두 종류로 나누는 거라고나 할까요. 그들(다람쥐 같은 동물)은 사람에게 잡아먹힐 염려가 없는 거지요.
>
> —22세의 육식 여성

이분화dichotomization는 다른 사람이나 사물을 두 개의 종종 대립되는 범주로 나누는 것이다. 이는 그들에 관한 우리의 생각과 믿음에 바탕을 둔다. 대상을 이런저런 집단으로 나누는 일 자체에는 아무런 문제도 없다. 제1장에서 이야기했듯이 머릿속에서 사물을 분류하는 것은 정보의 정리를 돕는 자연스러운 과정이다. 문제는 이분법이 단순한 분류가 아니라는 점이다. 그것은 이원론적이어서 현실을 흑과 백으로만 그려낸다. 그 결과, 흔히 빈약하거나 부정확한 정보에 근거해 세계를 경직되고 가치가 실린 범주들로 나누게 된다. 그리하여 이분화는 우리로 하여금 머릿속에서 여러 집단을 갈라 놓고 각각에 대해 매우 다른 감정을 품게 만든다.

육류와 관련해서 우리가 동물에게 적용하는 두 개의 주된 범주는 먹을 수 있는 것과 없는 것이다. 이 이분법 안에는 또 다른 범주쌍들이 있다. 예컨대 우리는 야생동물보다는 가축을 먹고, 육식동물이나 잡식동물보다는 초식동물을 먹는다. 대부분의 사람은 (돌고래처럼) 지적이라고 생각하는 동물은 먹지 않지만, (소나 닭처럼) 그다지 영리하지 않아 보이는 동물은 일상적으로 먹는다. 많은 미국인들은 그들이 귀엽다고 여기는 (토끼 같은) 동물은 먹지 않고 (칠면조처럼) 못생겼다고 생각하는 동물을 먹는다.

우리가 동물들을 분류하는 범주들이 실제로 정확한지 아닌지는 그리 중요하지 않다. 중요한 것은 정확하다는 '믿음'이다. 이분화의 목적은 단지 고기를 먹는 데 대한 불편감에서 놓여나는 데 있기 때문이다. 동물에 대한 우리의 인식을 가치판단이 실린 범주로 여과하면, 예컨대 개를 안고 쓰다듬으며 스테이크를 먹으면서도 그러한 행위의 선택이 함축하는 바를 전혀 모를 수 있다. 그리하여 이분화는 정당화를 지원한다. 우리가 동물을 먹으면서도 괜찮다고 느끼게 만들어 준다는 얘기다. 왜 괜찮으냐고? 영리하지 않으니까, 애완동물이 아니니까, 귀엽지 않으니까— 그래서 먹어도 되니까.

물론 먹을 수 있는 모든 동물이 우리가 배정한 범주들에 꼭 맞아떨어지지는 않는다. 아무튼 육식주의를 현재대로 유지하기 위해 우리는 식용 동물에 대한 잘못된 가정을 견지하면서 계속 그들을 먹을 수 있는 것으로 분류한다. 영리한 돼지와 닭을 멍청한 동물로, 멋지게 생긴 칠면조를 못생긴 동물로 치부한다는 얘기다.

그러나 우리의 가정들을 면밀히 뜯어보면 이분화가 얼마나 자의적이고 비합리적인지가 뚜렷이 드러난다. 그 한 예로, 육식을 하면서도 양고기는 먹지 않는 43세 남자에게 내가 이유를 묻자 혼란스러워하며 대답한 내용을 보자.

> (양은) 온순한 동물이지요. (…중략…) 그들을 죽이고 먹는 건 사실 좀 부끄러운 일이에요. 우리가 먹는 다른 것들 중에서도 온순한 게 많아요. (…중략…) 소도 온순한데 먹고 (…중략…) 어떻게 설명해야 할지 모르겠네. 아무튼 소는 안 먹는 사람이 없는 것 같아요. 값이 싸서 부담 없이 먹을 수 있고, 또 워낙 숫자가 많잖아요. 하지만 양은 사뭇 다르죠. 작고, 귀엽고. 뭐랄까, 소를 귀엽다고 껴안지는 않지요. 어쩐지 소는 먹어도 될 것 같은데 양은 안 그래요. (…중략…) 암튼 뭔가 기묘한 차이가 있어요.

멜라니 조이, 노순옥 옮김, 『우리는 왜 개는 사랑하고 돼지는 먹고 소는 신을까』, 모멘토, 2011, 129~136, 159~169쪽.

5) 동물들의 소송

(1) 구체적인 요구: 동물보호법은 어떤 식으로 개선돼야 할까

여러 부분에서 개선이 요구되지만 특히 독일 같은 경우에는 동물보호법의 개정이 시급하다. 무엇보다도 중요한 것은 동물에 대한 존엄성의 개념을 독일 헌법에 명시함으로써 다른 법 영역에도 영향을 미치도록 하는 것이다. 하지만 독일 헌법의 개정은 아주 시간이 많이 걸리는 일이며, 최근(2012년 초)의 움직임을 보더라도 개정 준비가 제대로 이뤄진 것 같진 않다. 이렇게 헌법 개정이 어렵다면 동물보호법의 범위 안에서라도 많은 개선이 요구된다.

가장 중요한 점은 동물이 보호받아 마땅한 존엄성을 지니고 있는 생명체라는 것을 포함시키는 것이다. 이는 기존의 동물을 괴로움과 고통 혹은 공포(포괄적으로는 스트레스)로부터 보호한다는 동물보호법의 취지를 충분히 수용한다. 또한 제3자에 의해 동물의 존엄성이 훼손당하는 것을 법으로 처벌하는 부분이 명시되어야 하겠다. 우리는 동물보호법의 개정이 쉽거나 간단한 일이 아니라는 것을 이미 알고 있다. 독일의 경우 헌법을 비롯해 동물의 입장을 개선하는 데 일조할 수 있는 법적 영역은 아직도 무수하다. 이 모든 것을 자세히 설명하자면 끝이 없거니와 전문가 외에는 흥미를 끌지도 못할 것이다.

따라서 반드시 개선이 필요한 법적 영역과 주장에 대해서만 다루기로 하겠다.

(2) 존엄성의 보호

동물을 고통이나 괴로움, 상해나 공포로부터 보호하는 것뿐 아니라 이들의 존엄성까지 보호하려면 독일의 동물보호법 제1장이 개정돼야 한다. 현행 동물보호법 제1장은 다음과 같다. '이 법의 목적은 인간이 동료 생명체인 동물의 생명과 복지를 보호할 책임을 갖도록 하는 것에 있다. 누구도 이유 없이 동물에게 고통이나 괴로움, 상해를 가해서는 안 된다.' 이에 대해 나는 다음과 같이 법문을 개정할 것을 제안한다. '이 법의 목적은 인간이 동료 생명체인 동물의 생명과 복지, 그리고 이들의 존엄성을 보호할 책임을 갖도록 하는 것에 있다. 누구도 이유 없이 동물에게 고통이나 괴로움, 상해를 가하고 동물의 존엄성을 해쳐서는 안 된다.' 존엄성의 개념을 설명하기 위해서는 스위스의 동물법(제4조 제2항)을 볼 필요가 있다. 이에 따르면 존엄성은 다음과 같다. '동물의 존엄성은 동물을 대할 때 우리가 지켜줘야 할 본질적 가치다. 인간의 이익을 위해 동물에게 정당하지 않은 부담을 지울 때 동물의 존엄성은 침해된다. 동물이 특히 괴로움을 당하거나 고통이나 상해를 당할 때 두려움이나 모욕에 시달릴 때, 또 동물의 외모나 재능이 인간에 의해 지나치게 이용당할 때 그것은 부담이 될 수 있다.' (…중략…)

(3) 존엄성 보호의 범위

그렇다면 존엄성을 보호받아야 할 동물에는 어떤 종이 있는지 확실히 짚고 넘어가기로 하자. 최근의 독일 동물보호법은 척추동물만을 보호대상으로 제한하지는 않는다. 하지만 98퍼센트를 차지하는 무척추동물의 부상이나 죽음은 처벌 대상이 아니다(동물보호법 제17조). 마찬가지로 동물실험에서 대부분의 법적 보호(제8조)는 오직 척추동물에 한한다. 또한 동물을 고통으로부터 보호한다는 규정도 무척추동물은 보호할 필요가 없다는 뜻을 내포하고 있다. 이제까지는 무척추동물은 고통을 느끼지 못하는 것으로 추정되고 있기 때문이다. 하지만 이들도 보호받아야 할 대상으로 확실히 포함되어야 한다. 그러려면 무척추동물에 대한 동물실험도 미리 신고하도록 동물보호법의 규정이 개정되어야 한다. 또한 미식가들을 위해 천천히 동물을 죽이는 방식(살아 있는 바닷가재나 달팽이 삶기)도 금지되어야 한다.

또한 장난이나 오락거리로 무척추동물을 죽이는 행위도 처벌해야 한다. 현재까지는 동물법에 이에 대한 조항이 없다. 예를 들어 제3자가 전갈 수집가의 전갈을 죽인다면 사유재산 손실죄로 처벌을 받는다. 하지만 수집가가 기르던 전갈을 굶겨 죽여도 법적으로는 처벌받지 않는다. 따라서 미래에는 '악의를 가지고 무자비하게' 무척추동물을 죽이거나 불필요한 동물의 조직이나 신체부분을 없애거나 파괴하거나 찢어버리는 행동도 처벌해야 한다. 법적으로 '악의'를 가진 행동이란 괴롭힐 목적으로 어떤 행동을 하는 것을 말한다.

'장난으로 하는 행동'이란 잠시 동안의 변덕을 만족시키기 위한 개념 없는 행동을 뜻한다. 그러므로 길을 가다고 무심코 곤충을 밟거나 고속도로에서 속도를 내서 달리다가 창문에 부딪히는 날벌레 등을 의도치 않게 죽이는 것 등에 대해서는 전혀 걱정할 필요가 없다. 하지만 의도적으로 이들 동물을 괴롭히거나 방치하는 것은 악의적 행동에 속한다.

(4) 법적 시행 가능성

동물보호 조항이 헌법에 포함됨으로써 그 중요성이 높아지거나 적어도 독일의 동물보호법에 생명체로서의 존엄성이라는 개념이 추가된다면 앞에서 말한 존엄성 보호의 기준을 시행할 수 있는 효과적인 도구를 얻게 되는 셈이다. 동물법의 시행이 늘 처벌이나 벌금만을 부과하는 것으로 생각해서는 안 된다. 가령 모범적으로 동물보호 실천을 하는 회사에 특별보상을 주는 방법도 있다. 예를 들어 스위스에서는 동물 친화적인 농장에는 직접 경제적 보상을 하기도 한다. 또한 집중적인 정보 제공과 교육을 통해 동물보호라는 주제를 부각시킴으로써 소비자들의 구매 방식에 영향을 미치기도 한다.

하지만 적절한 법적 제제가 없다면 이것의 실현은 불가능하다. 또한 '동물을 대신해 고발할 권리'가 없다면 이 또한 실현될 수 없다. 대체로 동물보호단체가 이와 관련된 일을 맡고 있는데, 독일 브레멘 주의 경우는 동물보호 관련 사건에서 행정법의 범위 내에서 집단 소송을 하는 것이 이미 가능하다. 사회적으로 인정받는 동물보호단체는 이 사건에서 공식적인 사후 점검이 이뤄지도록 감시하는 역할을 한다.

독일 노르트라인베스트팔렌 주에서는 이미 2011년 7월부터 주 의회에서 초안을 만들고 전문가와 의견조율을 시작했으나 아직까지 아무것도 결정된 바는 없다(2012년 초). 하지만 동물보호는 행정법의 범주뿐 아니라 형사법의 범주 내에서도 다뤄져야 한다. 예를 들어 동물에게 잔인한 행위를 가할 때 이를 형사 사건, 경범죄, 기타 동물보호 위반죄로 다룰 필요가 있다. 따라서 공식적인 '형사 사건에서 동물보호 전문 변호사'를 지정하고 그것이 불가능하다면 적어도 동물 관련 형사사건에서 수의학 관련 당국의 참여가 이뤄지도록 해야 한다. 동물의 존엄성에 대한 토의는 아직 걸음마 단계에 있다. 따라서 단지 민법과 동물보호법에만 한정시킬 게 아니라 확장시켜야 한다. 또한 농업이나 환경, 수자원보호법이나 사냥, 낚시, 조류 보호법과 같은 다른 영역의 법에도 존엄성 개념을 도입해야 한다.

약 30년 전부터 나는 법 영역에서 동물의 권리 개선을 위해 애써왔다. 그런데 지금까지도 특정 단체에서 종종 동물보호에 관련된 법적 개선에 반대하거나, 특히 모든 관청에 동물법 관련 고문 변호사를 둘 것을 반대하는 움직임을 보면 정말 이해할 수가 없다. 물론 거기에는 경제적 혹은 과학적 이해관계가 상충되는 부분이 있을 수 있다. 하지만 동물들의 목소리를 전해주는 것은 너무나 당연한 일이라고 생각된다. 자신이 받은 불이익에 대해 항의하는 집단과는 달리 동물들은 스스로의 권리를 외치지도 자신들을 변호하지도 못한다. 교통법규를 위반하면 우리는 처벌을 받는다. 그렇다면 동물을 괴롭히는 행위에 대해서는 어째서 책임을 지지 않아도 된단 말인가? 내 말은 동물을 보호하는 것은 아주 중요한 임무라는 것이다. 이는 약자에 대한 인간성의 한 표현인 것이다. 또한 우리 모두와 연관된 문제이기도 하다.

안토니 F. 괴첼, 이덕임 옮김, 『동물들의 소송』, 알마출판사, 2016, 198~209쪽.

2. 삶과 죽음에 대한 질문

1) 죽어가는 자의 고독

우리 시대에 죽어가는 사람들 곁에서 살아 있는 사람들이 느끼는 각별하다고 할 당혹감은 죽음과 죽어가는 사람이 사회생활로부터 최대한 배제되어 있다는 점, 그리고 죽어가는 사람들을 다른 이들로부터 철저히 격리한다는 사실과 밀접하게 연관되어 있다. 죽어가는 사람 앞에서 사람들은 마땅히 할 말을 알지 못한다. 이 상황에 사용될 수 있는 어휘는 상대적으로 빈약하고 고통의 감정이 앞서서 언어를 억제한다. 죽어가는 이들에게 이것은 괴로운 경험일 것이다. 여전히 살아 숨 쉬는데도 그들은 이미 버려진 것이다. 그러나 여기서조차 죽어가는 것과 죽음이 남은 사람들에게 던지는 문제는 분리되어 존재하지 않는다. 위중한 상태에 처한 사람들 앞에서 할 말을 잊고 연민의 감정을 자연스럽게 표현하지 못하는 상황은 꼭 누군가가 죽어가고 있거나 죽음을 슬퍼하고 있는 경우에 국한되는 것은 아니다. 우리 시대가 도달한 문명 단계에서, 자제력을 잃지 않으면서도 강한 감정적 표현을 해야 하는 많은 경우에도 이러한 상황이 발생한다. 사랑과 정을 표현해야 하는 상황에서도 이와 같은 일이 벌어진다.

이 모든 경우에서 자신의 감정에 적합한 표현을 찾는 데 있어 자신이 알고 있는 것에 의존해서 혼자 힘으로 그 표현을 찾아내야 하는 짐을 이전보다 훨씬 큰 정도로 지게 된 사람들은 오늘날의 젊은 세대들이다. 사회적 전통은 그 상황들에 대처하는 것을 용이하게 할 일반적 표현이나 표준적인 형식을 개인들에게 제공하지 않는다. 물론 전통적 표현이나 관행이 여전히 통용될 수 있지만 그것들은 얄팍하고 낡았기 때문에 오늘날 많은 사람들이 그것을 사용하는 데 불편함을 느낀다. 어려운 삶의 상황에 대처하는 것을 보다 쉽도록 해주었던 예전의 의례적 공식들은 오늘날의 많은 젊은이들에게는 낡고 진솔하지 못한 것으로 비친다. 현재의 감정과 행동 기준을 반영하면서 삶 속에서 반복되는 위기들에 대처할 수 있도록 해주는 새로운 의례는 아직 존재하지 않는 것이다. 건강한 사람들과 죽어가는 사람들, 산 자와 죽은 자의 관계에서 나타나는 이 단계 특수적인 문제들이 각각 별도의 문제로 제시된다면 그것은 잘못된 구도일 것이다. 우리는 여기서 현 단계 문명이 안고 있는 전반적인 문제의 한 측면을 볼 수 있다. (…중략…)

죽어가는 사람—그리고 상을 당한 사람— 앞에서 우리는 문명화 과정 현 단계에서 우리가 처해 있는 독특한 딜레마를 매우 분명하게 알 수 있다. 비공식화 과정은 많은 사람들에게 삶의 매우 중대한 위기 상황에서 형식적 문구를 사용하는 것을 포함해 전통적 행위 유형의 전 체계를 의심스럽고 당혹스러운 것으로 만들었다. 적절한 말과 행동을 발견하는 과제는 개인들이 알아서 해야 하는 일이 되었다. 사회적으로 처방된 의례와 문구를 회피하고자 하기 때문에 개인들은 자신들의 감정을 나타낼 수 있는 나름의 표현들을 개발해야 할 필요를 점점 더 절실히 느끼고 있다. 그러나 이 과제는 현 단계 문명화 수준에 있는 개인들에게는 벅찬 것이다. 현 단계를 구성하고 있는 근본적인 삶의 방식은 강력하고 자연발생적인 감정을 억누르는, 상대적으로 높은 정도의 감정적 유보를 요구하고 또 만들어낸다. 강한 감정을 표현하는 행위와 그 언어적 표현을 봉쇄하는 장벽을 넘는 경우란 매우 예외적인 상황에서뿐이다. 따라서 죽어가는 사람과 나누는 대화 혹은 그에게 건네는 당혹스럽지 않은 몇 마디 말이 절실히 필요함에도 불구하고 그것은 쉽지 않은 일이 되었다. 병원에서의 제도화된 일상만이 죽어가는 상황에 대한 사회적인 틀을 제공한다. 그러나 이 틀은 감정이 배제되어 있으며, 죽어가는 사람을 더욱더 고립무원의 상태로 몰아넣는다.

종교적인 형태의 죽음의 의례는 사람들이 자신에 대해 걱정하고 있다는 느낌을 죽어가는 신자들의 마음 속에 불어넣는다. 이것이야말로 그 의례의 실제적 기능이다. 이와 별도로 현재 죽어간다는 것은 상당히 무정형적인 상황에 놓여 있으며 사회적 지형도에서 빈자리로 표시된다. 세속적 의례는 대개 감정과 의미를 결여하고 있다. 전통적이고 세속적인 표현 형식은 설득력이 없다. 설사 강한 감정을 느낀다고 할지라도 사회적 금기들이 감정의 과잉 표출을 금지하고 있다. 그리고 전통과 관련해서 아직도 남아 있는 마술적 행위들—창문을 열고 시계를 멈추는 등—과 같은 죽음을 둘러싼 신비스러운 아우라는 죽음을 일종의 인간적·사회적 문제로 제기하고, 함께 그리고 서로서로를 위해 해결해야 할 문제로 만들지 못하게 하고 있다. 현재 죽어가는 사람과 가까운 이들은 그들이 사랑하고 또 걱정한다는 증거를 보임으로써 죽어가는 사람에게 격려와 위안을 줄 수 있는 능력을 결하고 있는 경우가 종종 있다. 죽어가는 사람의 손을 쥐어주거나 쓰다듬거나 변치 않는 사랑과 보호의 느낌을 주는 등의 행위를 스스럼없이 하지 못하는 것이다. 강력하고 자연스럽게 분출되는 감정 표현을 금하는 문명의 금기가 그들의 혀와 손을 묶어놓았다. 그리고 살아 있는 사람들은 반쯤은 무의식적으로 죽음을 위협적이고 전염적인 어떤 것으로 느끼면서 부지불식 중에 죽어가는 사람들로부터 물러선다. 그러나 친한 사람과 헤어질 때처럼 마지막 길을 떠나는 사람에게 에누리 없는 애정을 보여 주는 것, 그것은 신체적 고통을 완화시켜주는 것과는 별도로, 남아 있는 사람이 줄 수 있는 어떤 것보다 중요한 일일 것이다.

노베르트 엘리아스, 김수정 옮김, 『죽어가는 자의 고독』, 문학동네, 2012, 35~42쪽.

2) 죽음의 존엄까지 짓밟는 나라

심폐정지는 보통 사망진단서에 기록되지 않는 사인이라고 했지만 나는 심폐정지가 사인으로 적힌 사망진단서를 본 기억이 있다. 아버지였던가. 잘 모르겠다. 심장이 멎는 것 말고 다른 이유로 죽는 사람도 있어? 형제들끼리 어이없는 실소를 나누었던 기억만 있다. 뇌출혈로 쓰러졌고, 수술을 했고, 그대로 식물인간이 되었다. 그렇게 22개월을 더 살았다. 병원치료는 4개월쯤 중단했다. 한방병원으로 옮겼으나 이미 치료의 개념은 아니었다. 몇 달 후 아버지는 집으로 왔다. 조금도 나아지지 않은 상태였다. 식물인간을 집에서 돌보기 위한 의료비용도 적지는 않았지만 병원비보다는 덜했다. 그때 우리 가족은 처음으로 연명치료라는 단어를 배웠는데, 앞으로 누구에게 어떤 일이 일어나더라도 연명치료는 절대 하지 말아 달라고 서로에게 당부했다. 죽음의 존엄에 대해서도 그때 처음 생각했던 것 같다.

죽음에 아름다움이라는 말이 허락된다면 시어른 중 한 분의 죽음이 그러했다. 말기암 진단을 받은 후 수술도 항암치료도 받지 않겠다고 하셨다. 대신 그분은 당신의 생을 스스로 정리했다. 여행하며 찍은 사진을 모아 전시회도 하고, 에세이와 함께 책을 만들어 지인들에게 선물하고, 만나지 못했던 이들을 만나고, 병세가 조금 깊어진 즈음에는 다니는 성당의 신부님과 당신의 장례일정에 대해서도 의논했다. 돌아가시기 얼마 전에는 치과치료를 받기도 했다. 그리고 어느 날 주무시던 모습 그대로 떠나셨다. 함께 생을 정리하는 시간을 가져서일까. 장례식 기간 내내 남은 가족들의 모습도 의연하고 덤덤해서 보기에 참 좋았다.

역시 암 진단을 받고 투병 대신 미 대륙 횡단에 나선, 그래서 '드라이빙 미스 노마'로 불리던 91세의 노마 할머니 이야기도 인상 깊었다. 아들 내외와 함께 무려 1년을 여행했다는 사실은 존경을 넘어서 질투까지 불러일으켰다. 여행이 부러운 것이 아니었다. 죽음을 곁에 두고 죽음에 함몰되지 않고, 자신의 자아와 일상을 지킬 수 있다는 그 의연함이 부럽고 또 부러웠다. 노모의 선택을 지지하고 함께한 아들 내외의 의지는 또 얼마나 아름다운가.

백남기 농민의 임종 즈음 자녀의 해외 체류로 구설이 많았다. 나는 그 체류가 여행이었기를 간절히 바랐다. 그것이 일상을 지키는 자의 존엄이라고 믿기 때문이다. 아버지가 누워 있던 22개월 동안 우리 가족에게 여행은 어림도 없는 일이었다. 하루하루 죽음을 준비하고, 하루하루 소생을 기대하면서 우리는 집단 자폐의 시간에 빠져들었다. 환자 가족이라는 심각하고 절박한 정체성 말고는 어떤 자아도 허락되지 않았다. 조금만 다른 표정을 지어도 세상이 물었다. 아빠는 이제 괜찮아? 가면을 쓰고 일터와 집만 오고 가며, 가족만이 유일한 말벗이었다. 가족만이 유일하게 만만했다. 우리는 좁은 공간에 갇힌 쥐들이 그러하듯 서로를 할퀴고 상처 냈다. 그게 시간을 버티는 유일한 방법이었다.

시간이 흐른 후에야 깨달았다. 우리는 그렇게 시간을 보내서는 안됐다. 내일 당장 어떤 상황이 생긴다 하더라도 오늘 하루의 자존과 존엄과 일상을 잃지 말아야 했다. 환자도 그렇지만, 그 옆을 지키는 가족은 더더욱 그러해야 했다. 웃고 울고, 휴가를 즐기고, 일상을 살아야 했다. 슬픔과 고통은 어떠해야 한다고 당사자도 아닌 타인이 만들어놓은 매뉴얼 따위는 신경쓰지 말아야 했다. 중환자 혹은 난치병 환자를 가족으로 두고 있는 경우, 대개의 가정은 해체된다. 막대한 의료비도 문제지만 가족이 환자의 간병을 전적으로 책임져야 하는 상황에서의 정서적 억압이 초래하는 문제도 크다. 현재 우리의 의료 시스템은 장기 치료가 필요한 중, 난치 환자의 돌봄을 전적으로 가족에게 맡기고 있다. 이들을 밖으로 불러내고, 일상을 살게 하는 일은 그래서 매우 중요하다. 그러나 가능할까. 국가가 초래한 억울한 죽음 앞에서 사죄는 커녕 유족의 슬픔까지 간섭하고 비난하고 통제하려 드는 국가에서 존엄이, 살아있다는 것, 살아가야 한다는 것의 존엄을 말하는 일이 과연 가능할까.

한지혜, 「죽음의 존엄까지 짓밟는 나라」, 『경향신문』, 2016. 10. 11.

3) 칼을 쳐서 보습을 만들어야 할 때

> 그가 열방 사이에 판단하시며 많은 백성을 판결하시리니 무리가 그들의 칼을 쳐서 보습을 만들고 그들의 창을 쳐서 낫을 만들 것이며, 이 나라와 저 나라가 다시는 칼을 들고 서로 치지 아니하며 다시는 전쟁을 연습하지 아니하리라.
>
> - 구약성경 이사야서 2장 4절

흔히 평화를 기원하는 문구로 많이 인용되는 이사야의 메시지다. 이 성경 문구 중에서 나는 특히 “그들의 칼을 쳐서 보습을 만들고 그들의 창을 쳐서 낫을 만들 것이며”라는 구절을 좋아한다. 생명을 죽이는 칼과 창을 녹여 생명을 일구는 보습과 낫을 바꾼다는 데 참으로 아름답게 느껴지기 때문이다. 그래서 나는 ‘장례식장을 허물어 완화의료기관을 만들자’는 주장을 할 때마다 이 문구를 인용하곤 한다. 물론, 황당해하는 사람들이 많다. 장례식장을 없애면 대체 어디 가서 장례를 치르라는 얘기냐면서 말이다.

장례 사업이 병원의 큰 수익원이 되면서 갈수록 영안실은 호화로워진다. 오랫동안 임종 환자를 봐온 내 입장에서 보면 이건 주객이 전도된 처사다. 물론 병원 입장에서야 고인을 쾌적한 환경에서 모시고 유족의 편의를 돕는 것이라고 항변할는지도 모르겠지만, 인간을 위하는 마음이 그렇게까지 극진했다면 고인이 죽기 전에 병실 환경부터 개선하는 게 먼저일 것이다. 임종 전에 환자들이 가장 많은 시간을 보내기도 하고 또 가장 많은 스트레스를 받는 곳이 병실이기 때문이다.

특히 아직도 임종 환자들이 6인실에서 생을 마감하는 현실은 정말 끔찍하다. 같은 병실의 환자가 시신이 되어 물건처럼 옮겨지는 모습을 보면서 병실 안에 있던 사람들은 어떤 마음이 들까. 환자가 죽음에 이르는 동안에는 불편한 환경 속에 방치했다가 정작 그가 죽고 나서야 화려한 장례식장으로 옮기는 아이러니를 어떻게 설명해야 하나.

우리나라 장례식장이 이만큼 융성할 수 있었던 이유는 서구와 다른 특수한 임종 환경 때문이다. 과거에는 대부분 급성 질병으로 사망하는 경우가 많았고, 혹여 만성 질환을 앓고 있다고 해도 대가족 제도하에서 환자를 돌볼 식구가 많아 간병 부담을 크게 느끼지 않았다(게다가 노인들 중에는 자식들에게 더 이상 부담을 주고 싶지 않아 곡기를 끊고 빨리 세상을 떠나는 이들도 간혹 있었다).

그러나 의료 기술이 발달하고 만성 질환이 늘어나면서 임종 환경이 점차 바뀌었다. 환자가 병원에서 지내는 기간이 늘어나며 그만큼 가족들의 간병 부담도 커지기 시작했다. 선진국에서는 병원 차원에서 환자를 돌봐주기 때문에 가족의 부담이 크지 않을뿐더러 집으로 모신 환자들을 위해 의료진이 직접 방문해서 돌보아 주기도 한다(임종이 가까운 경우에는 간호사가 환자의 집에 상주하다시피 한다). 이에 반해 우리는 간병인을 별도로 고용해야 하고, 그러면서도 가족이 병원을 지키고 있어야만 한다. 남의 손에 제 가족을 맡겼다가는 금세 불효자라느니 인정머리가 없다느니 하는 소리를 듣기 때문이다.

설령, 환자를 가정에서 돌본다고 해도 바쁜 현대인으로서는 가족 중 누구 하나가 희생하지 않는 이상 그런 상황을 감당하기가 어렵다. 환자의 임종 이후도 문제다. 투병 과정에서 경제적 부담뿐만 아니라 간병으로 지친 가족들이 장례를 치르느라 심신이 더 피로해지는 건 물론이고, 장례식장과 상조회에 돈을 갖다 안겨야 하는 이중 출혈을 감수하는 것이다. 그러나 임종에 이르는 과정에서 환자와 가족을 정신적으로나 경제적으로 좀 더 편안히 돌보는 환경이 조성되지 않는다면 장례식장의 번영은 한낱 유족의 고통을 드러내는 증표일 뿐이다.

선진화된 보건 복지를 자랑하는 나라에서는 이미 콘도처럼 편안하고 쾌적한 호스피스 시설이나 완화의료기관이 보편화돼 있다. 더욱이 우리나라처럼 이런 시설들이 후미지고 어두운 곳에 있는게 아니라 병원 내부에서도 경관이 아주 좋은 곳에 자리하고 있다. 여유롭게 산책할 수 있는 정원이 함께 있는 분위기를 연상하면 된다. 이러한 의료 인프라를 이용하는 데 따르는 환자 측의 부담도 크지 않아 환자가 편안한 마음으로 생의 마지막을 준비할 수 있고, 가족은 가족대로 심신을 추스르며 차분히 이별을 준비할 수 있다. 우리도 이러한 아름다운 삶의 마무리 공간인 완화의료기관을 갖추게 된다면 시설 운영에 따르는 새로운 소득원이 생길 터이니 장례식장을 없앤다고 해서 병원 측에 큰 손해가 가는 건 아니다.

내가 암 환자, 가족, 의사 그리고 일반인을 대상으로 조사한 바에 따르면 500병상 이상의 병원에 임종실을 두는 방안에 대해서 응답자의 80% 이상이 찬성 의견을 보였다. 하지만 아직까지도 우리 병원계는 이 문제를 해결할 의지가 없거니와 혹시 있다 해도 사회적 공감대를 형성할 만한 리더십이 없다. 무관심하기는 정부도 마찬가지여서 재정적 부담을 이유로 임종실 이용에 따른 보험 지원을 해줄 의사를 보이지 않고 있다. 그러다 보니 임종을 기다리는 많은 환자들의 삶은 여전히 6인 병실에 갇혀 있고, 몸과 마음을 추스를 곳 없는 가족들은 병동 안의 삭막한 복도만 거닐 뿐이다. 눈에 보이는 풍경이 암울하고 비참할 땐 죽음을 기다리는 사람들의 내면도 그것을 닮는다. 다인 병실 귀퉁이의 어두운 침상과 정원이 내다보이는 환한 창가, 당신이라면 생의 마지막 순간을 어느 곳에서 보내고 싶은가.

장례식장 폐지를 주장하는 또 하나의 이유는 환자의 가족이 짊어져야 할 임종 전 병원비용 때문이다. 물론 국가적인 대책이 필요하겠지만 국민 스스로도 기존의 임종과 장례 문화를 바꿔 나가려는 노력이 요구된다. 예를 들어 임종 전 병원비용이 환자와 가족을 힘들게 하는 요인이라면 조의금 대신 간병 지원금을 전달하는 방식으로 바꿔 보면 어떨까. 환자가 생존해 있을 때 병실을 방문해 간혹 치료비에 보태라며 봉투를 건네는 손님들도 있잖은가.

물론 아직은 낯선 문화이고, 또 어떤 이들은 조의금이나 간병 지원금이나 어차피 그게 그거 아닌가 하고 생각할 수도 있다. 생각하기에 따라선 간병 지원금을 내는 게 더 부담이 될 수도 있다. 아무리 환자의 생전에 돈을 부조했다고 해도 우리 정서상 임종 후에 모른 척하기도 좀 그렇지 않겠느냐는 것이다. 그리 되면 지인들의 입장에서는 이중의 부담만 지는 꼴이니 맞는 말이기도 하다. 게다가 임종 전 병원비용은 정기적으로 병원에 수납하는 것이니 대비할 시간이라도 있지만 장례비용은 그렇지가 않다. 갑작스럽게 임종을 맞게 되면 급히 목돈을 마련해야 하는 유족의 처지에서 조의금이 더 고맙게 느껴질 수 있는 것이다.

그러나 문제의 핵심은 간병 지원금이나 조의금 중에서 무엇이 더 나은가 하는 데 있는 것이 아니다. 그보다는 갈수록 병원이 임종 장소가 되어간다는 사실이다. 이에 따라 임종 전의 병원비 부담과 열악한 병원 환경이 환자와 가족 모두의 삶의 질을 떨어뜨리고 있음에 주목해야 한다. 지금 필요한 것은 임종 전 단계의 경제적 지원과 의료 혜택, 쾌적한 의료 인프라의 구축이지 환자의 사후에 치러지는 화려한 장례식이 아니다. 간병 지원금 또한 이런 맥락에서 제기된 대안 가운데 하나이며 '조화 없애기'도 마찬가지다. 이 또한 영안실에 조화를 보낼 돈으로 차라리 임종 전의 환자와 가족에게 필요한 비용을 지원하자는 취지에서 고안한 것이다. 만약 당사자들이 경제적 여유가 있어 간병 지원금이나 필요 물품을 끝내 고사한다면 환자의 임종 후에 고인이나 유족의 명의로 완화의료기관에 후원금을 보내는 것도 좋은 방법이다. 그렇게 되면 죽음을 앞두고 환자를 편안한 임종실로 모시지 못하는 가족에게 보탬이 될 수 있을 뿐만 아니라 경제적으로 취약한 말기 환자들을 지원해 줄 수 있어 더욱 의미가 있을 것이다. 지금처럼 '부조 한 번 하고, 밥 한 끼 먹고 가는' 형식적인 조문보다는 그편이 훨씬 낫지 않을까.

윤영호, 『나는 죽음을 이야기하는 의사입니다』, 컬처그라퍼, 2012, 211~216쪽.

4) 연명의료 중단은 누가 결정하는가

의사를 표시할 수 없는 말기환자가 연명의료를 원하지 않는다는 것을 증명하려면 두 명 이상의 가족이 작성한 진술서가 있어야 한다. 더불어 다른 가족의 이의가 없어야 한다. 실제로 가족 모임에서 부모가 그런 이야기를 꺼냈다 하더라도 "엄마, 정말이야? 그냥 그렇게 떠날 수 있어?"라고 다그쳐 물을 자녀는 없을 것이다. 미리 자신의 뜻을 사전연명의료의향서 등의 서류로 남겨놓거나, 남겨놓지 못했더라도 그 생각이 확고하다면 가족의 증언이나 증거자료 등을 의료진에게 전달하면 된다. 환자가 호스피스 완화의료의 도움을 받아 편안하게 임종할 수 있도록 도움을 요청할 수 있게 해야 한다. 그러나 여기에는 나중에 시끄러운 일들이 벌어질 수 있는 많은 변수가 도사리고 있다.

실제 임종을 앞둔 상황에서는 부모의 뜻에 이의를 제기하는 자녀들도 나타나고, 부모를 제대로 치료해드리지 않고 어찌 이렇게 떠나보낼 수 있느냐며 마지막 효도 의무를 강조하는 친척도 생기게 마련이다. 이런 경우 가족 간의 분란은 건잡을 수 없을 정도로 심각해진다. 게다가 말기환자가 된 부모가 어느 정도 재산을 가지고 있다면, 연명의료 중단 여부는 형제간의 우애를 위협할 정도로 효도 경쟁까지 불러일으킨다.

그렇다고 그 반대의 경우가 반드시 매끄럽게 처리되는 것도 아니다. 남겨줄 재산이 별로 없는 환자가 오랫동안 연명의료에 빠졌을 때 자녀들 사이에는 간병과 의료비 분담 문제로 종종 다툼이 벌어진다. 실제로 강남의 한 대학병원에서 무려 5년 동안이나 영안실 냉동고에 시신이 보관된 적이 있었다. 말기환자의 치료를 계속 고집하던 가족이 입원비, 수술비, 검사비, 의약품비, 영안실 사용료 납부를 미뤄오다 일거에 행방을 감추어버린 사건이 발생한 것이다. 병원 측이 가족을 상대로 몇 차례 제기한 소송에도 불구하고 채권 확보에 어려움을 겪었다. 이런 사례가 겹치면서 병원은 연명의료 환자 뒤처리에 신경이 곤두서 있다.

환자가 건강할 때 연명의료 중단이나 거부 의사를 유언 형식으로 분명히 밝혔거나 서류까지 남겼다 하더라도 자녀들이 이를 무시하는 사례가 적지 않다. 회복이 어려울 정도로 병세가 크게 악화되었음에도 의료진에게 환자의 수술이나 신약 투여를 계속 요구하며 죽음의 시간을 늦추는 일이 자주 벌어진다. 차마 환자를 그대로 보낼 수 없다는 것이다. 일부 병원은 가족들의 이런 심리를 이용해 과잉 진료에 나서며 매출을 올리는 방편으로 이용하기도 한다. 그럴수록 환자의 마지막 삶은 고통의 수렁으로 빠져든다.

환자가 연명의료를 하지 말라는 뜻을 전혀 남기지 않았을 때는 자녀들 사이에 의견이 엇갈리고 씻기 어려운 분쟁으로 확대되기도 한다. 이때 큰 부담을 지게 되는 쪽은 맏이인 경우가 많다. 세상 경험이 쌓이고 인생을 들여다볼 여유를 가진 손위 형제들이 엄마 아빠의 편안한 죽음을 받아들이는 쪽으로 기울어진다. 반면 내리사랑을 받고 자란 막내 동생들은 계속 치료를 해드려야 한다는 입장에 서기 쉽다. 치료 중단 움직임을 보인 형에게 돈이 아까워서 그러느냐며 손아래 동생이 못마땅해 하기도 한다. 많은 경우 가족 분란을 막기 위해 결국 형이 동생의 의견에 따른다. 화목을 위해 양보를 선택하는 것이다.

거꾸로 동생들이 부모의 연명의료 중단을 요구하고 손위 형제들이 반대하는 경우도 있고, 모든 결정을 연장자에게 넘겨버리는 만사 위임형도 나타난다. 죽음이라는 어려운 문제를 잘 못 처리했다가는 언젠가 다툼의 씨앗이 될 수 있으므로 윗사람이 알아서 처리하는 것이 좋다는 것이다. 내가 아는 사남매의 맏이는 이를 '폭탄 돌리기'라고 표현했다. 그는 아버지의 뜻에 따라 연명의료 거부 결정을 내렸을 때 친척들이 자신을 매정한 놈이라고 손가락질 할까봐 겁이 났고 뭔가 떳떳치 못한 일을 저지른 것 같은 죄책감에 시달렸다고 고백했다. 동생들 중 어느 누구도 자기편을 들어주지 않아 극심한 압박감을 느꼈다고도 했다.

어쨌거나 연명의료를 거부한다는 부모의 유언을 거스른 것이 두고두고 마음에 걸리지만, 결과적으로 이를 지키지 않는 쪽이 오히려 마음 편하다고 여기는 사람들이 의외로 많다. 그래야 자기체면 유지에 도움이 된다고 생각하는 현실주의자들이다. 이런 유언의 배반은 효도라는 이데올로기가 빚어낸 슬픔이기도 하다.

부모의 유언을 어기면서까지 연명의료를 받아들인다는 것은 결과적으로 죽음의 고통을 연장시키고 존엄마저 파괴하는 일이다. 누가 봐도 위장됐거나 미숙한 효도의 결과다. 우리의 심중에 무심코 흐르는 허위의식이 드러난 것이다. 예의를 중시하고 효도를 전통이라 여기는 우리 문화의 뒤안길에서 그런 셈법이 작동하고 있다는 것은 사실 놀라운 일이 아니다. (…중략…)

내가 어느 여성 말기환자를 만났을 때 그가 기억하고 있는 충격적인 단어는 개구리였다. 중환자실에 들어선 그의 손녀가 "어떡해, 우리 할머니가 개구리 됐어!"라고 비명을 지르며 뛰쳐나갔다는 것이다. 수척해진 얼굴에 사지가 묶여 있는 할머니가 실험실의 개구리처럼 몰골이 형편없어 보였던 것이다.

중환자실에 있는 환자들은 대여섯 가지 이상의 수액 주머니를 몸에 달고 있다. 링거액, 항암제, 수혈액, 진통제, 소변 주머니, 대변 주머니 등 각각의 주머니에는 부피 단위를 측정하는 눈금이 그어져 있다. 투여되는 약과 환자 몸에서 빠져나오는 각종 분비물의 양에 따라 시간을 어림짐작할 수 있기 때문에 '물시계'라고도 불린다. 응급환자로 들어왔다가 회복 단계에 접어든 환자들은 몇 개의 물시계 주머니를 쳐다보며 하루를 계산하고 치료의 결과를 가늠할 수 있어 그나마 다행이다. 의식불명이거나 혼수상태에 빠진 말기환자들은 미래에 닥칠 운명을 알지 못한다. 그들 몸에 주렁주렁 달린 물시계는 단지 약주머니에 지나지 않는다. 자기 몸뿐 아니라 의식에 대한 통제가 불가능하므로 물시계가 오히려 환자 몸을 통제해버리는 단계에 이른 것이다.

일확천금을 노리는 카지노의 도박장에는 시계가 걸려 있지 않다. 아예 시간을 잊고 게임에만 전념하도록 하기 위해서다. 거기에는 거울도 창문도 없다. 도박꾼에게 초췌해진 자신의 얼굴을 쳐다볼 틈도 주지 않거니와 바깥세상과 담을 쌓고 열심히 카드를 받으라는 뜻일 것이다. 그런데 중환자실에는 창문이 없는 대신 거울과 시계가 갖춰져 있다. 회복 단계에 있는 환자는 인체의 모든 기능이 정상으로 돌아오는 시간을 재야 하고, 악화일로에 있는 환자는 비정상적으로 빠져나가는 시간을 측정해야 한다. 증상이 최악의 상태인 환자에 부착된 기기에서는 명멸하는 디지털 시계가 숨이 꺼져가는 시간을 보여준다.

- 최철주, 『존엄한 죽음』, 메디치미디어, 2017, 92~96, 109~111쪽.

5) 아름다운 마지막을 준비하며 - 아들과 며느리에게 보내는 공개서신

사랑하는 중웨이中維와 슈충琇瓊에게

이 글은 <아들과 며느리에게 보내는 공개서신>이라는 제목으로 내가 처음으로 페이스북에 올리는 내 마음의 소리란다. 내 인생에서 가장 중요한 편지이기도 하지.

<나의 아름다운 마지막을 준비하며>는 《금주간今週刊》에서 읽은 글인데, 누구나 한번 읽어볼 만한 글이란다. 이 글을 통해 나는 '환자의 자주권에 관한 법'의 입법이 이미 통과되었으며, 2019년 1월 6일부터 실시될 것이라는 사실을 알게 되었어. 다시 말해 앞으로 환자들은 자신이 어떻게 죽을지 결정할 수 있고, 의사나 가족들에게 결정을 맡길 필요가 없게 되는 거야. 나에게는 정말로 너무나도 기쁜 소식이 아닐 수 없어! 비록 내가 '안락사'의 입법을 더욱 바라고 있기는 하지만, '존엄사'가 없는 것보다는 낫지. 희망이 없는 질환에 있어서는 어쨌거나 큰 진전이 있는 셈이니까.

이제 나는 인터넷에 나의 당부를 공개하려고 해. 비록 중웨이가 내가 바라는 바를 완전히 이해하고 내 생각에 동의하며 내가 원하는 대로 따르겠노라 거듭 말했지만, 막상 그 순간이 오면 너희가 나를 너무 사랑한 나머지 내 '자연사'에 가장 크게 저항하지 않을까 걱정이야. 승낙은 쉬워도 실행은 어려운 법이지. 만일 그 순간이 왔을 때 너희가 후회하고 나를 떠나보내려 하지 않는다면, 그리고 예진촨葉金川이 말한 것처럼 "의사들이 연합하여 나를 능지처참"하려 한다면 어떻게 하겠니? 나는 너희도 내가 얼마나 그런 날이 오는 것을 두려워하는지 너무나 잘 알 거라 믿어. 지금 내가 나의 '권리'를 공개하는 것은 이 편지를 본 모든 사람을 다 증인으로 만들어 너희가 얼마나 큰 아쉬움과 압박에 처했든 나를 몸뚱이만 억지로 붙들고 '살 수도 죽을 수도 없는' 와병 노인으로 만들지 못하게 하려는 거야. 그것이야말로 '대불효'를 저지르는 거니까!

최근 《중국시보中國時報》에 실린 어느 사설에서 타이완의 고령화 사회 문제를 읽고 몹시 놀랐어. 거기서 언급한 바에 따르면 인류의 노화는 '건강 → 건강악화 → 노인성 장애'의 세 단계를 거친다는구나. 불구가 된 노인은 사실상 생명의 마지막 단계에 이른 것이지. 통계수치에 따르면, 타이완의 노인성 장애인의 평균 와병 기간은 7년에 이른다고 해. 이 숫자는 나를 더욱 충격에 빠트렸어. 타이완에서는 왕왕 치매에 걸리거나 노인성 장애에 이른 부모에게 생명 유지관을 꽂아 장기 돌봄센터에 보내는 것을 효를 다하는 것이라고 생각하지. 그곳은 항상 사람은 넘치는데 보살핌은 부족해. 작년 신뎬新店의 려훠樂活 노인 장기 돌봄센터에서 화재 사건으로 6명이 죽고 28명이 다치는 참극이 일어나기도 했지. 얼마 전 타오위안桃園 룽탄龍潭 장기 돌봄센터에서도 화재로 4명이 죽고 13명이 다치는 참극이 발생했고 정부는 장기 돌봄 정책을 더 확충한다지만, 차라리 '존엄사'를 관철시키거나 '안락사'를 입법하는 정책이 더 인도적이야. 세상 어떤 와병 노인도 괴롭고 고통스러운 몸뚱이에 갇혀 천천히 죽음이 자신을 구해 주기만을 기다리고 싶지는 않을 테니까! 하지만 그들은 이미 말을 할 수도 없고 자신의 어떤 바람도 표현할 수 없어.

나는 이미 79세야. 내년이면 80세가 되고, 기나긴 인생살이에도 나는 전쟁이나 가난, 불의의 사고, 천재와 인재, 병고와 같은 이유로 일찍 세상을 하직하지 않았어. 이 나이까지 살았다는 것으로도 이미 하늘이 복을 내려주신 셈이지. 그러니 이제 나는 웃으면서 죽음을 바라보려고 해. 거듭 당부할게.

1. 내가 어떤 중병을 앓든 대수술을 하지 말 것. 내가 빨리 죽음에 이를 수 있게 해 주는 것이 가장 중요함! 내가 결정할 수 있을 때는 스스로 결정권을 가질 수 있게 해 주고, 만약 내가 결정할 수 없을 때는 내가 당부한 대로 따를 것!
2. 나를 '중환자실'에 보내지 말 것.
3. 어떠한 상황에서도 절대로 '비위관'을 삽입하지 말 것! 만약 내가 삼킬 능력을 상실했다면, 이는 먹는 즐거움을 상실한 것과 다름없으며 나는 그렇게 살기를 원치 않음.
4. 위의 항목과 마찬가지로 어떤 상황에도 내 몸에 생명 유지를 위한 각종 관을 삽입하지 말 것. 오줌관, 호흡관 등 각종 이름도 알 수 없는 관들 모두 불가함!
5. 이미 밝혔듯이 기관 절개, 전기 충격, 체외막 산소 공급 따위의 최후의 '응급조치'는 모두 거부함! 내가 고통 없이 죽도록 도와주는 것이 천방백계千方百計를 동원하여 나를 고통 속에서 살게 하는 것보다 훨씬 큰 의미가 있음. 절대로 '생사'의 신화에 사로잡혀 곤혹감을 느끼지 말 것.

예전에 이런 말을 한 적이 있어.

"살아 있을 때는 불꽃처럼 생명의 가장 마지막 순간까지 타오르고 싶다. 죽을 때는 눈꽃처럼 휘날리다가 땅에 떨어져 먼지가 되고 싶다!"

나는 이 편지를 긍정적인 마음으로 썼어. 나는 열심히 나 자신을 돌보면서 잘 살고 있어. 불꽃처럼 타오르면서, 비록 불꽃은 나이를 먹을수록 사그라지고 있지만, 그래도 나는 그 불꽃이 완전히 소멸될 때까지 타오를 거야. 죽을 때가 되면 눈꽃 같기를 바라는 소망은 너희가 도와주어야만 이룰 수 있어. 눈꽃이 하늘에서 땅으로 떨어지는 것은 아주 짧은 순간이지. 몇 년씩 휘날릴 수는 없단다. 내가 나의 소망을 이룰 수 있게 해 주렴!

인생에서 가장 손 쓸 방법이 없는 일은 삶도 죽음도 택할 수 없다는 것이겠지. 수많은 풍속과 견고한 생사의 관념이 우리에게 족쇄를 채웠지만 시대가 끊임없이 앞으로 나아가고 있으니 관념도 변화시켜 갈 때가 되었어.

삶은 우연이고 죽음은 필연이다

'생사'에 대해서는 너희에게 알려줄 것이 있어. 생명에는 온갖 뜻밖의 사고와 변화와 곡절이 존재해. '죽음'은 모든 사람이 반드시 직면하게 되는 것이자 필연적으로 닥치는 일이지. 반대로 '생명'이 인간에게 찾아오는 것은 항상 '우연'이야. 생각해 보렴. 누구나 마찬가지야. 만약 너희의 부모가 서로를 만나지 못했다면, 혹은 특정한 모일 모시 모 순간에 사랑을 나누지 않았더라면, 이 세상에 유일한 너라는 존재는 태어날 수 없었겠지. 내가 생겨나기 전에 몇 억 명의 왕자가 한 명의 공주를 향해 사력을 다해 질주한 것은 더 말할 것도 없지. 그중 어느 탈락자라도 혹시 당대를 격파해 버렸다면, 너라는 사람은 오늘날의 네가 아니겠지. 그래서 내가 입버릇처럼 '삶은 우연'이라고 말하는 거야. 그것도 하나의 우연이 아니라 수없이 많고 많은 우연이 만들어낸 결과물이지. 하지만 죽음은 네가 태어날 때 이미 정해진 일이야! 그런데 어째서 우리는 '탄생'에만 기뻐하고 '죽음'에는 슬퍼하는 걸까? 긍정적인 에너지로 죽음을 맞이할 수는 없는 걸까?

물론 비명횡사, 요절, 자연재해, 불의의 사고, 전쟁, 질병… 이러한 요소들로 인해 사람들이 천수를 누리지 못하는 것은 분명 비극이야. 이런 비극적인 상황은 최선을 다해 피해야 하고, 이를 피해 가지 못한다면 산 자와 죽은 자에게 가장 큰 불행이 되겠지!(내가 신을 믿지 않는 이유란다. 이런 불행이 너무도 빈번하게 발생하니까.) 만약 노년까지 살아 있다면, 죽음으로 향하는 것은 '당연'한 일이야. 다만 늙어서 죽는 과정이 왕왕 길고도 고통스러울 뿐. 가족들의 '구할 수만 있다면 구한다'는 관념도 생명의 고통을 연장시키는 주요 원인이고.

사랑하는 중웨이와 슈충아. 이 편지에서는 다른 사람이 아닌 내 이야기만 할게. 너희를 너무도 사랑하는 엄마가 간절히 부탁한다. 너희는 긍정의 에너지로 나에게 필연코 다가올 죽음을 대해 주렴. 그날이 오면 슬퍼하지 말고 나를 위해 기뻐해 줘! 어쨌거나 이 고단한 여정을 완주한 셈이고, 내가 임종 전에 아마도 겪을 고통에서 벗어나는 일이니까.

경요, 『눈꽃이 떨어지기 전에』, 넥서스, 2018, 22~27쪽.

더 읽을거리

공병호 외, 『생명윤리』, 현문사, 2015.

게르트 미슐러, 유혜자 옮김, 『자살의 문화사』, 시공사, 2002.

로브 레이들로, 박성실 옮김, 『동물원 동물은 행복할까?』, 책공장더불어, 2012.

마르탱 모네스티에, 한명희 옮김, 『자살, 도대체 왜들 죽는가』, 새움, 1999.

마이클 샌델, 강명신 옮김, 『생명윤리를 말하다』, 동녘, 2010.

백영경·박연규, 『프랑켄슈타인의 일상』, 밈, 2008.

생명밥상위원회, 『생명을 살리는 밥상: 생명밥상운동 10년의 기록』, 동연, 2012.

아툴 가완디, 김희정 옮김, 『어떻게 죽을 것인가: 현대 의학이 놓치고 있는 삶의 마지막 순간』, 부키, 2015.

안젤로 E. 볼란데스, 박재영·고주미 옮김, 『우리 앞에 생이 끝나갈 때 꼭 해야 하는 이야기들』, 청년의사, 2016.

애드루 비티·폴에얼릭, 이주영 옮김, 『자연은 알고 있다』, 궁리출판사, 2005.

요제프 H. 라이히홀프, 조홍섭 옮김, 『생물 다양성, 얼마나 더 희생해야 하는가』, 도서출판 길, 2012.

유현식 외, 『죽음아, 날 살려라』, 휴머니스트, 2008.

이경신, 『죽음연습: 잘 늙고 잘 죽는 것을 넘어 잘 사는 것에 대한 사색』, 동녘, 2016.

정동호 외, 『철학, 죽음을 말하다』, 산해, 2004.

지안 도메니코 보라시오, 김영하 옮김, 『스스로 선택하는 죽음-존엄사의 의미와 그 실현 가능성』, 동녘, 2015.

페이션스 코스터, 김기철 옮김, 『동물실험 왜 논란이 될까』, 내인생의책, 2012.

피터 싱어, 김성한 옮김, 『동물해방』, 연암서가, 2012.

피터 싱어, 최정규 옮김, 『다윈주의 좌파: 변하지 않는 인간 본성은 있는가?』, 이음, 2011.

피터 싱어·짐 메이슨, 함규진 옮김, 『죽음의 밥상: 농장에서 식탁까지, 그 길고 잔인한 여정에 대한 논쟁적 탐험』, 산책자, 2008.

피터 싱어 외, 노승영 옮김, 『동물과 인간이 공존해야 하는 합당한 이유들』, 시대의 창, 2012.

EBS <데스> 제작팀, 『좋은 죽음 나쁜 죽음』, 한솔수북, 2019.

미주

* 주석은 원텍스트의 체제를 고스란히 따르는 것을 원칙으로 삼았으나, 필요한 경우 편저자가 바꾼 부분도 여럿 있다.

제1부 1장

1) 장주, 김학주 옮김, 『장자』「추수」편, 연암서가, 2010.
2) 공자, 고전연구회 옮김, 『논어』「자한」편, 더클래식, 2012.
3) 플라톤, 천병희 옮김, 『향연』, 도서출판 숲, 2016, 62~64쪽.
4) 비트겐슈타인, 이영철 옮김, 『철학적 탐구』, 책세상, 2006, 43쪽.
5) 프리모 레비, 이소영 옮김, 『가라앉은 자와 구조된 자』, 돌베개, 2014, 110쪽.
6) 장주, 김학주 옮김, 앞의 책.
7) 공자, 고전연구회 옮김, 앞의 책.
8) 김성일, 『고사성어대사전』, 시대의창, 2013.

제1부 2장

1) 움베르트 에코, 이필렬 옮김, 『논문 어떻게 쓸 것인가』, 이론과실천, 1991, 17~21쪽.
2) 장백일, 『문학비평론』, 인문사, 1981.

제1부 3장

1) 전승봉·손영창·안현수, 『논리로 배우는 비판적 사고와 토론』, 북코리아, 2021, 170쪽.
2) 송재일 외, 『대학생을 위한 발표와 토론』, 박이정, 2017, 99쪽.
3) 한상철, 『토론-비판적 사과를 활용한 토론 분석과 응용』, 커뮤니케이션북스, 2006, 3쪽.
4) 백미숙, 『토론』, 커뮤니케이션북스, 2014, 8~11쪽.
5) 전승봉·손영창·안현수, 『논리로 배우는 비판적 사고와 토론』, 북코리아, 2021, 203쪽.
6) 위의 책, 208쪽.
7) 김보현·김효섭, 『바른 추론 그른 추론』, 북코리아, 2013, 80쪽.

제2부 1장

1) 요시미 순야, 서재길 옮김, 『대학이란 무엇인가: 대학이라는 '미디어'의 역사 그리고 재탄생』, 글항아리, 2014.
2) 브루노 스넬, 김재훈 옮김, 『정신의 발견: 서구적 사유의 그리스적 기원』, 까치 1994 참조.
3) 양승태, 『앎과 잘남: 희랍 지성사와 교육과 정치의 변증법』, 책세상, 2006, 283~297쪽.
4) 탈레스와 아낙시만드로스, 아낙시메네스로 이어지는 스승과 제자의 관계와 이후 헤라클레이토스, 아낙사고라스, 데모크리토스로 이어지는 이오니아학파가 성립된 과정이 그러하다.
5) 양승태, 앞의 책, 288~304쪽 참조.
6) 긴박된 이해관계나 효용성에만 사로잡히지 않고 경험했던 특별한 사건이나 현상에만 긴박되지 않고, 전체로서의 인간과 세계 및 시대에 대해 이해함으로써 자신의 행복과 이해에 이를 수 있다는 이 같은 인식은 칸트I. Kant의 근대 대학의 이념과 훔볼트W. Humboldt의 베를린 대학 설립에서도 엿볼 수 있다.
7) 마쓰모토 시로, 혜원 옮김, 『연기와 공』, 운주사, 1994.
8) Mankiw, N. Gregory. *Principles of Economics*, 3rd edition. Mason, Ohio: Thomson, 2004, pp.224~225.
9) Tilak, Jandhyala B. G. "Higher education; a public good or a commodity for trade?: Commitment to higher education or commitment of higher education to trade" *Prospects* 38, 2008, p.451.
10) Mankiw, N. Gregory. *Principles of Economics*, 3rd edition. Mason, Ohio: Thomson, 2004, p.204.
11) Brian Pusser. "Reconsidering Higher Education and the Public Good: The Role of Public Spheres". Ed. W. Tierney. *Governance and the Public Good*. Albany: NY SUNY Press, 2006. pp.11~28.
12) Simon Marginson. "Higher Education as a Pubic Good in a Marketized East Asian Environment". Ed. A. Yonezawa et al. *Emerging International Dimensions in East Asian Higher Education*. Springer Netherlands, 2014. p.28.
13) Tripple Sinozic and Smith, "The Role of Universities in Regional Development: Conceptual Models and Policy Institutions in the UK, Sweden and Austria". *European Planning Studies*. 23.9, 2015, pp.1722~1740.
14) 「'대학 민주화보다 이젠 경쟁력이 화두' 총장 직선제 폐지론 확산」, 『중앙일보』, 2007. 10. 22.
15) 「중앙대 총장 직선제 폐지, 교수 연봉제 도입」, 『동아일보』, 2008. 8. 28.
16) 강내희, 「정동칼럼: 영혼을 파는 대학」, 『경향신문』, 2009. 9. 24.
17) Thorstein Veblen, *The Higher in America*(New York: B. W. Huebsch, 1918), p.139; Noble, America by Design, p.244, 제니퍼 워시번, 『대학 주식회사: 대학의 상업화에 대한 심층 탐사 르포』(김주연 옮김, 후마니타스, 2011), 78쪽에서 재인용.
18) 「중앙대 대기업보다 '센' 연봉제 도입」, 『교수신문』, 2010. 4. 5; 「중앙대 교수 연봉, 최대 630만원 차이」, 『한국대학신문』, 2010. 6. 7.
19) 「박용성 이사장의 중앙대 개혁 '성공할까?'」, 『이코노미 조선』, 2009. 10. 3; 「두산 법인 2년, 중앙대 대학 개혁 중심에 서다: 연공서열 파괴… 대학 경쟁력 '쑥쑥'」, 『한국경제매거진』 제762호,

2010. 7; 「중앙대 '2년 연속 C등급 받은 교수, 안식년 금지'」, 『중앙일보』, 2011. 6. 11.

20) 「두산의 '중앙대 실험' 1년 관전기: 1라운드는 두산 승, 2라운드는 이제 시작?」, 『신동아』 통권 597호, 2009. 6. 1.

21) 「법인 직원 인건비도 등록금으로 집행」, YTN, 2012. 1. 19.

22) 「[인터뷰] 박용성 중앙대 이사장: 학교에 대해 무슨 규제가 이렇게 많은지…」, 『월간조선』 2008년 11월호.

23) 「유기풍 서강대 총장 - 이우현 OCI 사장 '기업가정신 과목 개설… 시장 알아야 좋은 연구 나온다'」, 『한국일보』, 2013. 7. 23.

24) 「두산의 '중앙대 실험' 1년 관전기: 1라운드는 두산 승, 2라운드는 이제 시작?」, 『신동아』 통권 597호, 2009. 6. 1.

25) 최미랑, 「청소년도 직업 고를 때 '수입'보다는 '안정성'」, 『경향신문』, 2018. 1. 13.

26) 최희석·나현준, 「이유 있는 공시 열풍, '박봉은 옛말, 좋은건 다 누려」, 『매일경제』, 2018. 4. 5.

제2부 2장

1) 박훈, 「지정학적 지옥 한국, 지질학적 지옥 일본」, 『경향신문』, 2017. 6. 29.

2) 에티엔 발리바르, 진태원 옮김, 『우리, 유럽의 시민들?—세계화와 민주주의의 재발명』, 후마니타스, 2010.

3) 에티엔 발리바르, 「세계시민주의와 국제주의—두 가지 모델, 두 가지 유산」, 『사회운동』 75호, 사회진보연대, 2007. 6(http://www.pssp.org/bbs/view.php?board=journal&id=1756#home8).

4) 손희정, 「21세기 한국 영화와 네이션」, 중앙대 박사논문, 2015 등 참조.

5) 이졸데 카림, 이승희 옮김, 『나와 타자들—우리는 어떻게 타자를 혐오하면서 변화를 거부하는가』, 민음사, 2019; 하상복, 「전지구화, 신자유주의, 그리고 인종문화」, 『코기토』 제73호, 부산대학교 인문학연구소, 2013. 2.

6) 임월산, 「신자유주의적 자본주의, 인종주의 그리고 한국의 이주노동자」, 『사회운동』 2011년 7~8월호, 사회진보연대.

7) '대한민국 민족주의'는 강원택 등이 먼저 사용한 용어다. 강원택은 2005년 "한국인은 자신을 한 민족(64%)보다 한국 국민(77%)에 더 가까운 것으로 느끼고 있"으며 또한 "남한과 북한이 현실적으로 별개의 독립적인 국가라 생각하는 사람이 78%"라는 여론조사를 해석하며 "남한만의 민족국가적 정체성이 형성된 것"이라 주장했다. "남한만의 민족국가적 정체성"이라는 표현은 과하다 보이지만, 한국의 국가 중심 민족주의를 해석하는 데 이 용어는 가치가 있다. 강원택 등, 「한국인은 누구인가—창간 40주년 기념 특집 여론조사」, 『중앙일보』, 2005. 10. 13(천정환, 「'황우석 사태'의 대중 현상과 민족주의」, 『역사비평』 2006년 겨울호(통권 77호), 2006. 11. 재인용). 한편 최근 이용기는 이를 대한민국 정통론 이데올로기와 적절히 연결시켰다. 이용기, 「임정 법통론의 신성화와 '대한민국 민족주의'」, 『역사비평』 128호, 2019년 가을호.

8) 이는 단지 대중의 인식이 아니라 지식인 사회나 운동 사회의 인식이 되기도 했다. 그래서 남북을 온전히 동등한 분단 이전과 같은 주체로 바라보거나 북한 중심적이거나 또는 북한을 모델로 하는 변혁론이나 통일 관념이 설 자리가 없어진 사실도 여기 관계된다.

9) 최근 이에 대한 비판적 논의로 홍석률, 「역사전쟁을 성찰하며—정사正史·정통성正統性론의 함정」, 『역사비평』 128호, 2019년 가을호; 임종명, 「건국절 제정론과 비非·몰沒·반反역사성—1948년 8월

직후 대한민국의 자유민주주의성을 중심으로」, 『역사비평』 128호, 2019년 가을호.

10) 이용기, 앞의 글 참조.

11) '대한민국 국민으로서 자부심을 느끼는가?'라는 식의 설문조사에 대한 결과는 시기와 조사 주체에 따라 달리 나타나는 경향이 있다. KBS가 2015년에 한 조사에 의하면 "국민의 10명 가운데 7명 정도가 대한민국 국민으로서 자부심을 느낀다"고 답했다. 「디·퍼: 광복 70년 국민의식조사 … 국민 75% "대한민국에 자부심 느낀다"」, KBS(mn.kbs.co.kr), 2015. 8. 14.

12) 알다시피 '국가'와 '히로뽕'의 합성어로서 과도한 국수주의·민족주의나 그러한 언행을 가리킨다.

13) 「딱풀이: 3050클럽이 뭐야?」, 대한민국 정책브리핑(www.korea.kr), 2019. 1. 24; 「세계에서 3050 클럽 가입 국가는 한국 포함 7개국뿐」, 『한경닷컴』(https://www.hankyung.com), 2019. 3. 18; 「노영민 "한국, 세계 7곳뿐인 '3050클럽'… 자부심 갖자"」, 『연합뉴스』(https://www.yna.co.kr), 2019. 7. 3. 문재인 정부 인사들의 고대사 인식에 대한 논의도 '국뽕'에 관해 참고할 수 있다.

14) 최근 언론이나 학술장에서 생산되는 담론들은 대한민국의 새로운 국가정체성 상상이 '중견국(middle power)'이라는 위치를 중심으로 형성되고 있음을 알려준다. 위 KBS 설문에서 '국제사회에서 대한민국의 위치'를 물었을 때 "중견국"이라는 답이 많았다고 한다. 그리고 설문 대상자들은 한국이 과학기술과 문화예술, 교육, 경제는 "선진국"이지만 정치와 시민의식은 "후진국"이라 답했다고 한다. 「디·퍼: 광복70년 국민의식조사… 국민 75% "대한민국에 자부심 느낀다"」, KBS (mn.kbs.co.kr), 2015. 8. 14.

15) 이 문제와 관련하여 이 논문의 심사를 담당한 한 심사자는 향후 민족주의의 대중정치와 한국 제도정치 사이의 관계, 그리고 다문화주의의 제도 정치적 측면에 대해 논할 필요가 있다고 논평했다. 공감한다. 민주당, 자한당 등의 정당정치와 민족주의, 그리고 한국식 다문화주의의 정치적 측면 등에 대하여 논구할 많은 과제가 있다.

16) James S. Olson and Randy Roberts, *My Lai: A Brief History with Documents*, Bedford Books, 1998.

17) James S. Olson & Randy Roberts, 앞의 책(Robert J. McMahon ed., *Major Problems in the History of the Vietnam War*(3rd edition), Houghton Mifflin Company. 2003, pp.237~241 재인용).

18) 1950년 7월 26일 미군이 충북 영동군 노근리 철교 밑에 양민 500여 명을 '피난시켜주겠다'며 모아 놓고 사살한 사건.

19) 미 육군 법무관 사무실 자료(Guenter Lewy, *America in Vietnam*, Oxford University Press, 1980, 457~458쪽).

20) 김귀옥, 『그곳에 한국군 '위안부'가 있었다』, 선인, 2019, 132쪽.

21) 위의 책, 250쪽.

제2부 3장

1) 프랑코는 1931년 공화제가 수립되자 공화정부에 반대한 이유로 좌천되었다. 모로코로 가서 반정부 쿠데타를 일으키고 세력이 커지자 국민당 정부 수반 및 군 총사령관이 되었다. 이후 내란에 승리, 팔랑헤 당黨의 1당 독재 파시즘 국가를 수립하고 제2차 세계대전에서 실질적으로 독일·이탈리아를 지원해 국제적으로 고립되기도 했다. 그러나 1950년대 초기는 표면적으로는 자유화의 기운이 돌았고 1955년 미국의 반공정책에 따라 국제연합에 가입했다. 1966년 종신주석의 지위를 확립하고 1969년 국회에서 그가 죽거나 집정이 불가능해지면 부르봉 가의 후안 왕자 카를로스가

왕위에 오를 것을 선언한다.

2) Ian Shapiro, "Elements of Democratic Justice," *Political Theory* 24, 1996, p.582, 강조 추가.

3) C. Wright Mills, *The Power Elite*, New York: Oxford University, 1956, pp.298~299.

4) Hannah Arendt, *The Human Condition; Dewey, Public and Its Problems*; Jurgen Habermas, Between Facts and Norms, trans. William Rehg, Cambridge: The MIT Press, 1996.

5) Nancy Fraser, "Rethinking the Public Sphere: A Contribution to the Critique of Actually Existing Democracy," in Craig Calhoun, ed., *Habermas and the Public Sphere*, Cambridge: The MIT Press, 1992, pp.110~111. 시장과 포럼의 차이에 관해서는 Jon Elster, "The Market and the Forum: Three Varieties of Political Theory," in Jon Elster and Aanund Hylland, eds., *Foundation of Social Choice Theory*, New York: Cambridge University Press, 1986, pp.3~33 참조.

6) Jürgen Habermas, *The Structural Transformation of the Public Sphere*[1962] trans. Thomas Burger, Cambridge: The MIT Press, 1989.

7) Immanuel Kant, *Foundations of the Metaphysics of Morals and What is Enlightenment?* Translated with an introduction by Lewis White Beck, New York: Liberal Arts Press, 1959, p.83. "다른 사람의 지도 없이 자신의 오성(지성)을 사용할 수 있는 능력의 부재"

8) Habermas, *The Structural Transformation*, p.104[한승완 옮김, 『공론장의 구조변동』, 나남출판, 2001, 199쪽].

9) Habermas, *The Structural Transformation*, p.176[『공론장의 구조변동』, 287쪽].

10) Bernard Manin, "On Legitimacy and Political Deliberation," *Political Theory*, 15, 1987, p.345, pp.351~352.

11) 앞의 글, p.352, 원저자 강조.

12) Jon Elster, "Introduction," Jon Elster ed., *Deliberation Democracy*, Cambridge: Cambridge University Press, 1998, p.5.

13) 교의적 열정의 시기에 관해서는 Samuel P. Huntington, *American Politics: The Promise of Disharmony*, Cambridge: Belknap Press of Harvard University Press, 1981; Ackerman, We the People 참조. 몇몇 저자는 이러한 민주적 갈구를 비이성적으로 본다. 그러나 그렇지 않다. 대신 공화주의 정신은 미국 민주주의 경험에 있어 핵심이다. Marone, *The Democratic Wish* 참조.

14) 한국의 순혈주의에 근거한 민족주의 담론은 혈통의 순수성에 반하는 혼혈인에 대한 노골적인 차별로 표출되었다. 특히 미군과의 사이에서 태어난 아이들에 대한 한국사회의 철저한 사회적 배제와 폭력은 이들을 보이지 않는 존재로 만들고자 했던 한국의 현대사를 통해 드러난다.

15) 김현미, 「인종주의 확산과 '국가없음'」, 『2014년 한국사회 인종차별 실태 보고대회』, 2014. 8. 12.

16) 출입국·외국인정책본부에 따르면 2014년 12월 말 국내 체류 외국인은 1,797,618명으로 우리나라 인구의 3.5%에 해당된다. "출입국·외국인정책본부 보도자료" 참조. http://www.immigration.go.kr (2015. 11. 22. 검색)

17) 김정규·신동준, 「이민사회와 범죄」, 『사회이론』 39집, 한국사회이론학회, 2011.

18) Howard S. Becker, *Outsiders: Studies in the Sociology of Deviance*, New York: Free Press, 1973.

19) 신동준, 「외국인 체류자 범죄 문제와 사회통합 방안」, 『2010 한국사회학회 특별 심포지움』, 2010; 정지원·차훈진, 「외국인범죄의 대응방안 고찰」, 『한국범죄심리연구』 22호, 한국범죄심리학회, 2014.

20) 박은진, 『호주일요신문』, 재외동포재단, 2013. 11. 21.

21) 법률 제11298호로 2012년 2월 10일 제정되었고 2013년 7월 1일 시행되었다. 이후 2014년과 2016년에 개정되었다.

22) 난민법 제정을 계기로 난민 관련 행정을 발전시키고 난민에 대한 처우를 개선하겠다는 당초 취지가 무색하게 정부가 '난민 지위'를 얻기 더 어렵게 만드는 방안을 제시했기 때문이다. 이하 내용은 김난영, 「제정 난민법, 시행령안도 '허점투성이'」, 『아시아투데이』, 2013. 3. 22.

23) 현재까지 제주에서 난민 신청을 했던 예멘인 중 난민 인정자는 한 명도 없다. 제주출입국청은 난민협약과 난민법상 5대 박해사유에 포함돼야 난민으로 인정받을 수 있는데, 이러한 조건에 해당하는 이들이 아직까지는 없었기 때문이라고 밝혔다. 5대 박해사유는 인종, 종교, 국적, 특정 사회집단 구성원 신분, 정치적 견해 등을 이유로 박해받았을 경우를 말한다. 내전은 난민협약 상 난민사유가 아니라는 것이다. 하지만 난민인권네트워크 등 난민지원단체들은 "예멘은 UN이 지정한 최악의 인도적 위기에 처한 곳으로, 폭격과 전투로 민간인들이 사망하거나 피신하고 있다"라며 "구체적이고 개별적인 심사 결과로 볼 수 없다"고 밝혔다. 박미라, 「5대 박해사유에 내전 빠져 '난민'은 불인정… 취업 활동 가능」, 『경향신문』, 2018. 10. 17.

24) 문경란, 『우리 곁의 난민: 한국의 난민 여성 이야기』, 서울연구원, 2018, 48쪽.

25) 위의 책, 184쪽.

26) 인천공항에서 억류 중인 시리아인 28명에게 내려졌던 난민인정심사 불회부결정이 취소됐다. 인천지법 제2행정부(재판장 김태훈)는 17일 와일 씨(20) 등 시리아 난민 19명이 인천공항출입국관리사무소장을 상대로 낸 난민불회부결정취소 소송에서 원고 승소 판결을 했다. 경태영, 「인천공항 시리아인 난민인정심사 불회부결정 취소 판결」, 『경향신문』, 2016. 6. 18.

27) 김현미, 「정책과 제도에 투영된 인종차별」, 『2018년 7월 20일~21일 인종차별 보고대회: '한국 사회 인종차별을 말하다' 자료집』, 25쪽.

28) 위의 글, 27쪽.

29) 이 같은 상황이 테러방지법에 우호적인 여론을 조성하려는 것이라는 지적도 나온다. 우삼열 아산외국인노동자지원센터 소장은 "'과일 깎는 칼 발견됐다고 테러를 모의했다'고 하는 수준이다. 어설픈 정보를 가지고 속임수 수준의 보도자료를 낸 것"이라며 "프랑스 테러사태 직후고 (체포 후) 김무성 의원(새누리당 대표)부터 박근혜 대통령까지 테러방지법을 굉장히 많이 말했던 것을 볼 때 테러방지법을 위해서 언론플레이를 한 게 아니냐는 의심이 든다"고 지적했다. 손가영, 「IS 추종 인도네시아인? 혐의 입증 실패했다」, 『미디어오늘』, 2015. 12. 18.

30) 중앙선거관리위원회 관계자는 "선거법으로 제한하기는 어렵다"고 말했다. 공직선거법은 허위사실공표죄(250조)와 후보자비방죄(251조)를 두고 있지만 모두 그 대상을 후보자와 그 가족 등으로 제한하고 있다. 이 관계자는 "정책이 마음에 들지 않으면 찍지 않는 수밖에 없다"고 말했다. 이하늬, 「이슬람 반대를 총선 공약으로? 외국에선 감옥 갑니다」, 『미디어오늘』, 2016. 4. 7.

31) 최미랑, 「시민단체들, '동성애 반대' '이슬람 반대' 내세운 기독자유당 인권위 진정」, 『경향신문』, 2016. 5. 24.

32) 김동문, 『우리는 왜 이슬람을 혐오할까?』, 산울, 2017, 157쪽.

33) 올해 상반기 제주도를 통해 입국한 예멘 난민을 둘러싸고 한국 사회는 거대한 논란에 휩싸였다. 여론은 난민 수용과 반대로 나뉘어 대립했다. 이 과정에서 '가짜 뉴스'가 대량 살포됐다. '스웨덴에서 발생한 성폭력의 92퍼센트가 이슬람 난민에 의한 것이고 피해자 절반이 아동이다' '아프간 이민자의 성범죄율이 내국인보다 79배가 높다' '시리아 난민이 동물원에서 조랑말을 강간했다' 등 확인되지 않은 '가짜 뉴스'들이 다양한 판본으로 변주돼 사회관계망서비스SNS에 퍼졌다. 난민에 대한 광범위한 공포와 혐오를 불러온 계기였다. 김완·박준용·변지민, 「동성애·난민 혐오 '가

짜 뉴스 공장'의 이름, 에스더」, 『한겨레』, 2018. 9. 27.

34) 김찬호, 『모멸감: 굴욕과 존엄의 감정 사회학』, 문학과지성사, 2017, 151쪽.

35) 제레미 월드론, 홍성수·이소영 옮김, 『혐오표현, 자유는 어떻게 해악이 되는가?』, 이후, 2017, 16쪽.

36) 위의 책, 17쪽.

37) 윤민혁, 「'증거'는 실족사로 모아진다는데, '난민'을 범인으로 지목하는 사람들」, 『조선일보』, 2018. 8. 3.

38) 파커 J 파머, 김찬호 옮김, 『비통한 자들을 위한 정치』, 글항아리, 2012, 50쪽.

39) 위의 책, 123쪽.

40) 위의 책, 298쪽.

41) 라인 홀드 니버, 이한우 옮김, 『도덕적 인간과 비도덕적 사회』, 문예출판사, 2017, 35쪽.

42) 문경란, 앞의 책, 256쪽.

제2부 4장

1) Richard Tawney, *Equality*, London: Allen and Unwin, 1964. 첫 출간은 1931년, pp.46~47; John Roemer, *Equality of Opportunity*, Cambridge, MA: Harvard University Press, 1998.

2) Ravi Kanbur and Adam Wagstaff, "How Useful is Inequality of Opportunity as a Policy?," *ECINEQ* Working Paper 338, 2014, p.5.

3) Joseph E. Stiglitz, *The Price of Inequality*, London: Allen Lane, 2012; Richard Wilkinson and Kate Pickett, *The Spirit Level*, rev. ed., London: Penguin, 2010.

4) 이주 노동자권리협약에는 "이주 노동자의 체류 또는 취업이 비정규직이라는 이유로 인하여 이 원칙[평등 대우의 원칙]으로부터 파생되는 어떤 권리도 박탈당하지 않을 것을 보장하기 위하여 모든 적절한 조치를 취하여야 한다"(제25조 3항)라고 명시돼 있다. 전 세계 38개국이 비준했다.

5) 2005년 5월 이주노조가 결성된 이후, 초대 위원장인 아노아르 후세인(방글라데시) 씨는 취임 20일 만에 단속에 걸려 구속됐고, 4기 위원장 림부 토르너(네팔) 씨는 한 달 만에 강제 추방되는 등 지도부는 출입국 관리사무소의 표적이 되었다. 게다가 미등록 상태였던 이들과 달리 '합법적 신분의 첫 위원장'이었던 미셸 카투이라(필리핀) 씨조차 법무부에서 제기한 '위장 취업' 의혹에 시달리다 2012년 2월 자진 출국했다. 한편 이주노조는, 2007년 2월 서울고등법원에서 그 합법성을 인정한 바 있지만 그 뒤 관련 소송이 대법원에서 7년간 계류되어 있는 탓에, 현재 법외 노조로 남아있다.

6) 『배니티 페어』, 2011년 5월.

7) 곽노완, 2017a, pp.50~54. 문재인 정부와 박원순 서울시장은 재건축과 재개발 인가를 제한함으로써 이러한 공유지의 역설에 빠지지 않으려는 정책을 시행 중이다. 그러나 문재인 정부나 박원순 서울시장도 향후 환수된 개발이익이 잠실경기장 종합 재개발 내지 도시 재생처럼 부자 동네나 부동산 소유자들을 위해 재투자되어 다시금 공유지의 역설을 낳을 가능성에 대해서는 문제의식이 희미한 것으로 보인다. 공유지의 신설이 불가피하게 부동산 소유자들의 자산 가치를 급등시키는 역설을 극복하려면 플라톤의 분배 정의 원칙대로 각자에게 각자의 것을 주면 된다. 여기서 분배 정의 원칙은 공유지 개발 이익의 현금 환수액의 상당 비율을 우선적으로 관할 지역의 모든 거주자들에게 기본소득으로 분배하고, 나머지 비율은 2차적으로 판 빠레이스(Van Parijs)의 '비우월적 다양성undominated diversity'(Van Parijs, 1995, pp.82~84) 원칙대로 모두가 현 부동산 제도로 불이익을 받는다고 인정할 수 있는 사람들, 곧 무주택자에게 공공 임대 주택을 제공하는 것으로 구체화될 수

있다. 그리고 새로 공유지의 건축이 필요한 경우 그 재원은 모두에게 돌아갈 공유지 수익에서가 아니라 수혜자 부담 원칙에 따라 개발 지역의 기부 채납을 통해 해결하는 게 공정할 것이다.

8) 강남훈, 『기본소득의 경제학』, 박종철출판사, 2019, 108~110쪽.

9) Strengmann-Kuhn, “Arbet 4.0 und Grundeinkommen”, in: *Digital-isieung?* Grundeinkommen! W. Rätz et al. ed., Mandelbaum. 2019, pp.39~40.

10) Ibid., p.45.

11) 이항우, 앞의 책233쪽.

12) 플랫폼 공유지 배당은 가입자 기본소득, 일국적 기본소득, 지구적 기본소득의 형태 중의 한 형태를 취하게 될 것이다. 물론 가입자 기본소득은 경우에 따라 일국적 차원의 가입자에게 또는 지구적 차원의 가입자에게 지급될 수가 있다. 인구 중 가입률이 낮을수록 가입자 기본소득이 타당할 것이며, 가입률이 높을수록 이익을 조세 또는 공유지 배당 형태로 환수하여 일국적 또는 지구적 기본소득으로 지급하는 것이 타당할 것이다. 그러나 조세의 경우 구글 등 글로벌 플레이어들의 조세 회피로 실효성이 떨어지는 걸 감안할 때(Yang, 2018, p.171), 개별 플랫폼별로 플랫폼 공유지 배당 형태의 가입자 기본소득을 요구하는 운동이 효과적일 수도 있다. 각각의 플랫폼이 이러한 형태들 중 어떤 것을 채택할 지는 실행 가능성까지 고려하여 결정할 필요가 있다. 다만 실행 가능한 범위 내에서 수혜자를 확장할수록 분배 정의와 보상적 정의의 원칙에 합당할 것이다. ‘플랫폼 조합주의platform cooperatives’ 운동 또는 ‘개방적 협력주의’ 구상은(이광석, 2017, pp.46~47, Sudararajan, 2017, pp.196~197), 가입자 기본소득과 개별적 노동 기여 보상을 포괄하는 형태라 할 수 있다(Sudararajan, 2017, p.199).

13) 이항우, 『정동 자본주의와 자유노동의 보상』, 한울, 2017, 234쪽.

14) 위의 책, 234쪽.

15) Sudararajan, A. *The Sbaring Economy*, MIT Press, 2017, pp.196~197.

제2부 **5장**

1) 페미니즘 ‘입문서’로서 권할 만한 책은 『젠더 무법자』, 『여성 거세당하다』, 『여성과 남성이 다르지도 똑같지도 않은 이유』, 한국사회 상황으로는 『하늘을 덮다, 민주노총 성폭력 사건의 진실』, 『성폭력을 다시 쓴다: 객관성, 여성운동, 인권』 등이 있다.

2) 이언 해킹, 선혜영 옮김, 『왜 언어가 철학에서 중요한가』, 서광사, 1989.

3) 남녀의 색깔구분이 이 정도에 이른 것은 얼마 되지 않았고 주로 광고의 영향 탓이다. 1970~1980년대만 해도 성별 구분 없이 아이한테 같은 색깔의 우주복을 입히고 같은 색의 세발자전거를 사주었다. 하지만 요즘엔 딸한테는 분홍색 헬로 키티 우주복을 입히고 분홍색 세발자전거를 사주며, 아들한테는 검은색 배트맨 우주복을 입히고 파란색 자전거를 사준다.

4) Rebecca S. Bigler, “The Role of Classification Skill in Moderating Environmental Influences on Children’s Gender Stereotyping A Study of the Functional Use of Gender in the Classroom, *Child Development* 66(4), 1995, S. 1072ff.

5) Number of mass shootings in the United States between 1982 and February 2018, by shooter’s gender.
https://wwv.statista.com/statistics/476445/massshootings-in.the-us-by-shooter-S-gender.

6) Jackson Katz, *The Macho Paradox: Why Some Men Hurt Women and How All Men Can Help.*

Naperville: Sourcebooks, 2006.

7) Thomas A. DiPrete, and Claudia Buchmann, *The Rise of Women. The Growing Gender Gap in Education and What it Means for American Schools*. New York: Russell Sage Foundation, 2013.

8) 「공개석상 나온 성전환 하사 "육군에 돌아갈 때까지 싸울 것"」, 『한겨레』, 2020. 1. 12.

9) 「기갑의 돌파력으로 그런 차별 없애버릴 수 있습니다. 하하.」『한겨레』, 2020. 3. 20.

10) 「숙대 反트랜스젠더 학생들 '생물학적 여성만 입학 가능' 학칙 요구할 것」, 『한국일보』, 2020. 2. 6.

11) 안전과 안보의 정치학은 또한 여성과 소수자에 대한 보호와 공동체의 안전을 그 목적과 대의명분으로 내세우면서 페미니즘을 제국주의와 전쟁, 이슬람포비아, 반이민주의와 자국민중심주의, 그리고 서구 중산층 중심의 이성애규범적 섹슈얼리티와 같은 기성 질서와 규범을 재생산한다. 테러리즘과 난민의 시대를 맞아 미국과 유럽 국가들에 우파 대중주의와 신자유주의적 이주정책은 여성의 안전과 인권을 반이주민 정서와 정책의 논리와 기제로 활용해오고 있다. 여성, 아동, 성소수자 등을 인종화된 젠더폭력의 피해자로 호명하는 담론적 구도는 서구백인중산층 기준의 '문명'과 '진보'를 재소환하면서 페미니즘을 제국주의적 폭력의 알리바이와 공모자로 만든다. Sara Farris. "Femonationalism and the "Regular" Army of Labor Called Migrant Women", *History of the Present*, 2(2), 2012, pp.184~199; Margaret Denike, "The Human Rights of Others: Sovereignty, Legitimacy, and "Just Causes" for the "War on Terror", *Hypatia*, 23(2), 2008, pp.95~121.

12) 최근 한국사회 페미니즘의 지형에서는 양성평등 vs. 성평등 논쟁과 생물학적 여성을 참여 자격으로 요구한 '여성시위'에 이르기까지, 페미니즘과 성소수자 정치학 간의 긴장과 갈등이 반복되면서 젠더 정치학의 새로운 지평과 계보들에 대한 논의를 만들어내고 있다. 나영, 「모순과 혐오를 넘어 페미니즘 정치를 향하여」, 『황해문화』 제97호, 새얼문화재단, 2017, 98~117쪽; 이진옥, 「성평등」, 『여/성이론』 제38호, 여성문화이론연구소, 2018, 188~205쪽.

13) 한국은 물론 영국, 미국, 캐나다 등에서도 나타나는 트랜스젠더 혐오적인 페미니즘의 부상과 생물학적 본질주의의 귀환은 페미니즘과 소수자 정치학의 역사가 일방향적 진보가 아닌, 불연속적으로 단절되고, 변주되고, 재배치되는 담론적 지형들의 계보임을 보여준다. T. B. Daniel, and H. Berwick, "Queer In/Security," *GLQ*, 26(1), 2020. pp.129~140.

14) Joan W. Scott, *The Fantasy of Feminist History*, Durham: Duke University Press. 2011.

15) https://www.barbican.org.uk/about-barbican/people

16) Taunya Lovell Banks, "Toilets as a Feminist Issue: A True Story," *Berkeley Women's Law Journal*, 6:2, 1991, pp.263~289.

17) Clara Greed, "Global gendered toilet provision," in *More Public than Private: Toilet Adoption and Menstrual Hygiene Management IT*, AAG Annual Conference, Tampa, Florida, USA, S-12 April 2014.

18) https://www.ncbi.nlm.nih.gov/pmc/articles/PMC3749018/

19) Greed, 2014.

20) http://www.unric.org/en/latest-un-buzz//2953-one-out-of-three-womenwithout-a-toilet

21) http://womendeliver.org/2016/ yale-study-examines-link-sexual-violenceaccess-sanitation

22) http://indianexpress.com/article/india/india-news-india/india-has-60-4-per-cent-prople-without-acess-to-toilet-study/

23) Greed, 2014.

24) Ibid.

25) http://www.huffingtonpost.com/rose-george/open-defecation-in-dia_b_7898834.html haps://www.theguardian.com/global-development/2014/aug/28/toilets-india-health-rural-women-safety
26) https://www.hrw.org/sites/de-fault/files/report_pdf/wrdsanitation0417_web_0.pdf 2017
27) Marni Sommer, Sa-hani Chandraratna,, Sue Cavill, Therese Mahon, and Penelope Phillips-Howard, “Managing menstruation in the workplace: an overlooked issue in low- and middle-income countries,” *The Equity Health*, 15:86, 2016.
28) https://www.hrw.org/sites/de-fault/files/report_pdf/wrdsanitation0417_web_0.pdf 2017
29) http://ohrh.law.ox.ac.uk/bombay-high-court-makes-right-to-clean-toilets-a-fundamental-right-for-women-in-india/
30) https://www.pri.org/stories/2014-11-25/women-intha-agitate-their-right-pee
31) lbid.
32) http://indianexpress.com/article/cities/mumbai/women-in-slums-forced-to-defecate-in-open-say-community-toilets-are-unsafe-at-night/
33) https://www.theguardian.com/global-development/2014/aug/28/toilets-india-health-rural-women-safety; https://womennewsnetwork.net/2012/12/19/india-women-new-delhi-slum-toilets/
34) https://www.newsdeeply.coin/womenandgirls/arti-des/2017/02/03/without-access-clean-safe-toilets-women-face-assault-illness
35) A. Jadhav, A. Weitzman, and E. Smith-Greenaway, “Household sanitation facilities and women’s risk of non-partner sexual violence in India,” *BMC Public Health*, 2016, p.1139.
36) https://www.npr.org/sections/parallels/2014/06/02/318259419/dou-ble-rape-lynching-in-india-exposes-caste-fault-lines
37) http://www.dnaindia.com/mumbai/report-right-to-pee-bombay-high-court-gives-municipal-corporations-deadline-in-pil-on-toilets-forwomen-2045476
38) https://broadly.vice.com/en_us/article/the-women-in-india-fighting-for-the-right-to-pee
39) http://mumbaimirror.indiatimes.com/mumbai/civic/BMCs-promise-for-womens-toilets-goes-down-the-drain/articleshow/50801316.cms
40) http://journals.plos.org/plosone/ article?id=10.1371/journal. pone.0122244
41) https://www.pri.org/stories/2014-11-25/women-india-agitate-their-right-pee
42) Ceccato and Paz, “Women’s Victimisation and Safety in Transit Environments,” *Crime Prevention and Community Safety*, 19:3-4, 2017, pp.163~167.
43) Cui and Coiacetto Gardner, “Harassment on Public Transport and Its Impacts on Women’s Travel Behaviour,” *Australian Planner* 54:1, 2017, pp.8~15.
44) CiIlmo, Mina and Fiske, Susan T. (2009), “Warmth, competence, and ambivalent sexism: Vertical assault and collateral damage”, in Barreto, Manuela, Ryan, Michelle K. and Schmitt, Michael T. (eds.), *The glass ceiling in the 21st century: Understanding harriers to gender equality*, Washington DC.
45) https://link.springer.com/content/ pdf/10.1007%2Fs00004-000-0015-0.pdf
46) https://www.wired.com/2008/06/pb-theory/
47) http://womenintvfilm.sdsu.edu/wp-content/uploads/2017/01/2016_Celluloid_Ceiling_Report.pdf

48) http://wmc.3cdn.net/ dcdbObcb4b0283f501_mlbres23x.pdf
49) http://www.slate.com/articles/news_and_politics/history/2016/01/popularhistory_why_are_so_many_history_books_about_men_ by_men.html?via=gdpr-consent#methodology
50) https://www_historians.org/publications-and-directories/perspectives-on-history/may-2010/what-the-data-reveals-abaut-women-historians
51) https://www.historians.org/publications-and-directories/perspectives-on-history/december-2015/the-rise-and-decline-of-history-specializations-over-the-past-40-years
52) http://duckorminem.com/2015/08/new-evidence-on-gender-bias-in-ir-syllabi.html
53) https://www.theguardian.com/world/2004/jan/23/gender.uk
54) https://www.fawcettsociety.org.uk/handlers/Download.ashx?IDMF=e473a103-28c1-4a6c-aa43-5099d34c0116
55) Mathias Wullum Nielsen, Jens Peter Andersen, Londa Schiebinger, and Jesper W. Schneider, "One and a half million medical papers reveal a link between author gender and attention to gender and sex analysis," *Nature Human Behaviour*, 1, 2017, pp.791~796.
56) https://www.vox.com/policy-and-politics/2017/7/18/15991020/3-gop-women-tank-obamacare-repeal
57) B. Ransby, "Katrina, Black Women, and the Deadly Discourse on Black Poverty in America," *Du Bois Review: Social Science Research on Race*, 3:1, 2006, pp.215~222.
58) https://grist.org/article/hurricane-maria-hit-women-in-puerto-rico-the-hardest-and-theyre-the-ones-building-it-back/
59) https://www.vogue,com/ projects/13542078/puerto-rico-after-hurricane-maria-2/
60) 록산 게이, 노지양 옮김, 『헝거』, 사이행성, 2018, 147쪽.
61) 위의 책, 234쪽.
62) 위의 책, 332쪽.
63) 지그문트 프로이트, 박종대 옮김, 『성욕에 관한 세 편의 에세이』, 열린책들, 1996, 244~245쪽.
64) 국무조정실, "디지털 성범죄 피해방지 종합대책", 2017. 9. 26.
65) 정희진, 『성폭력을 다시 쓴다 -객관성, 여성운동, 인권』, 한울아카데미, 2003, 8쪽.
66) 김용세·김재민, 「범죄현장에서의 피해자보호와 경찰관 교육방안」, 치안정책연구소, 2006, 16쪽.
67) "Jury Stirs Furor by Citing Dress in Rape Acquittal," *Boston Globe*, vol.1. Oct. 6, 1989.
68) 최혜영, 「고대 로마의 몸과 권력」, 『몸으로 역사를 읽다』, 한국서양사학회 편, 푸른역사, 2011, 166쪽.
69) 보리스 시륄리크, 임희근 옮김, 『불행의 놀라운 치유력』, 북하우스, 2006.
70) Sianne Ngai, "The Cuteness of Avant-Garde," *Critical Inquiry* 31, The University of Chicago, 2005.
71) 제제는 『나의 라임오렌지 나무』에 나오는 소년의 이름이다. 아이유는 <제제> 가사에서 이렇게 말한다. '나쁜 상상이 사랑스러워 제제 어서 나무에 올라와 잎사귀에 입을 맞춰 장난치면 못써 나무를 아프게 하면 못써 제제 어서 나무에 올라와 여기서 제일 어린잎을 가져가 하나뿐인 꽃을 꺾어가 Climb up me Climb up me 꽃을 피운 듯 발그레해진 저 두 뺨을 봐 넌 아주 순진해 그러나 분명 교활하지 어린아이처럼 투명한 듯해도 어딘가는 더러워 알 길이 없어 당장에 머리 위엔 햇살을 띄우지만 어렴풋이 보이는 너의 속은 먹구름과 닮아있네 Oh'
72) Sianne Ngai, 앞의 글 참조.
73) 김홍중, 『마음의 사회학』, 문학동네, 2009, 79~83쪽.

74) 다카시 무라카미는 일본의 앤디 워홀을 지향하는 팝아티스트이자 오타쿠다. 팝아트와 오타쿠의 합성어인 포구Poku를 만들었으며, 루이비통에서 무라카미의 디자인으로 출시된 가방은 공전의 히트상품이 되었다. 그것이 다카시의 루이비통 가방이다. 무라카미가 만든 캐릭터인 돕을 보면 귀여움의 끝에 묘하게 위협적으로 느껴진다. 돕이 공격성의 희생자로 보이면 보일수록, 기이하게도 공격의 행위자로 보인다. 무라카미의 돕 프로젝트는 귀여운 대상이 무기력하고 의존적이면서도 동시에 폭력적이고 공격적으로 보이게 한다. Ngai의 앞의 글 참조.

75) Anne Phillips, *Our Bodies, Whose Property?*, Princeton University Press, 2013, p.22.

76) 제임스 보일James Boyle이 인체 쇼핑을 '인클로저'에 비유하며 한 말이다. 도나 디켄슨, 이근애 옮김, 『인체 쇼핑: 살과 피로 돌아가는 경제』, 소담출판사, 2012, 241~242쪽; Donna Dickenson, *Body Shopping: the economy fuelled by flesh and blood*, Natl Book Network, 2008.

77) 에바 일루즈, 김정아 옮김, 『감정 자본주의』, 돌베개, 2010.

78) Donna Dickenson, *Property, Women & Politics*, Polity, 1997, p.179.

79) Anne Phillips, *Our Bodies, Whose Property?*, Princeton University Press, 2013, p.3.

80) 마이클 샌델, 안기순 옮김, 『돈으로 살 수 없는 것들: 무엇이 가치를 결정하는가』, 와이즈베리, 2012.

81) Anne Phillips, *Our Bodies, Whose Property?*, Princeton University Press, 2013, p.65.

82) Ibid., pp.12, 140, 154.

83) '타인을 수단이 아니라 목적으로 대하라'는 칸트의 정언명령은 근대 이후 기본적인 규범이 되었다. 이리가레Luce Irigaray도 *J'aime à toi*에서, 사랑이라는 새로운 공동체적인 유대가 맺어지려면 '나'라는 주어 또는 주체가 '너'를 목적어 또는 대상으로 취급하면 안 된다고 한다. 윤소영, 『알튀세르를 위한 강의』, 공감, 1996, 191쪽.

84) 푸코가 윤리적 주체화에 의해 발견하려고 했던 것 역시 일반성으로서의 규범으로 환원될 수 없는 주체의 특이성이다. 푸코에게 주체화란 정치의 장, 즉 타자와의 관계에서 자기의 특이성을 행사할 수 있게 하는 자유의 실천을 의미한다. 주체의 특이성 또는 '자기'야말로 통치성에 대한 저항의 지점을 형성한다. 사토 요시유키, 김상운 옮김, 『권력과 저항: 푸코, 들뢰즈, 데리다, 알튀세르』, 난장, 2012, 122, 124, 129쪽.

85) 프리드리히 실러, 안민희 옮김, 『미학 편지: 인간의 미적 교육에 관한 실러의 미학 이론』, 휴먼아트, 2012, 115쪽.

86) 들뢰즈는 "대립들을 해소하고자 한다면, 그것들을 뛰어넘을 어떤 외연적 종합에 기대지 말아야 한다. 오히려 거꾸로 깊이 안으로 들어가야 한다. 이 안에는 구성적 불균등성들이 살고 있고 봉인된 거리들이 살고 있으며 바로 이것들이야말로, 부정적인 것이라는 가상의 원천이자 또한 이 가상에 대한 고발의 원리이다. 오직 깊이만이 그 대립들을 해소할 수 있다"고 한다. 질 들뢰즈, 김상환 옮김, 『차이와 반복』, 민음사, 2004, 504쪽.

87) Anne Phillips, *Our Bodies, Whose Property?*, Princeton University Press, 2013, p.31.

88) Ibid., p.11.

89) 사토 요시유키, 앞의 책, 130쪽.

90) 앤서니 기든스, 배은경·황정미 옮김, 『현대 사회의 성 사랑 에로티시즘: 친밀성의 구조 변동』, 새물결, 1999.

91) 여성주의에서는 이성 간의 법률혼과 같은, 친밀성에 대한 독점적 관념을 신뢰하지 않고 결혼계약의 허구성과 가정폭력 등 사랑이라는 외피에 싸인 부당함을 신랄하게 지적해 오는 한편(캐롤 페이트만, 이충훈·유영근 옮김, 『남과 여, 은폐된 성적 계약』, 이후, 2001), 대안적인 사랑을 강조해

왔다. 즉 여성들은 사랑과 정의는 배치되지 않으며 사회적 차원만이 아니라 가족 및 개인 간의 관계도 공정하고 정의로워야 함을 역설한다(Susan Moller Okin, *Justice, Gender, and the Family*, Basic Books, 1989, pp.6~8).

92) Simon Critchley, *Infinitely Demanding: Ethics of Commitment, Politics of Resistance*, W. W. Norton & Co Inc, 2013.
93) Elizabeth Grosz, *Time Travels: Feminism, Nature, Power*, Duke University Press, 2005, pp.185, 188, 190, 194~195.
94) 실라 로보섬, 최재인 옮김, 『아름다운 외출: 페미니즘, 그 상상과 실천의 역사』, 삼천리, 2012.
95) 서지영, 『경성의 모던걸: 소비·노동·젠더로 본 식민지 근대』, 도서출판 여이연, 2013.
96) Allison Weir, *Sacrificial Logics-Feminist Theory and the Critique of Identity*, Routledge, 1996.
97) 낸시 프레이저·친지아 아루짜·티티 바타차리야, 박지니 옮김, 『99% 페미니즘 선언』, 움직씨, 2020.
98) 니나 파워, 김성준 옮김, 『도둑맞은 페미니즘』, 미셸 퍼거슨 해설, 에디투스, 2018.
99) Catherine Rottenberg, *The Rise of Neoliberal Feminism*, Oxford University Press, 2018.
100) 이리스 라디쉬, 장혜경 옮김, 『여성학교』, 나무생각, 2008, 58쪽.
101) 한국보건사회연구원, 2015년 전국 출산력 및 가족보건 ·복지 실태조사.
102) 김은실, 「여성의 생식력을 둘러싼 국가와 문화권력: 가족계획에서 저출산까지」, 『저출산 정책의 방향과 미래』, 여성가족부, 2006.
103) 김은실(2006), 위의 글.
104) 통계청, 인구주택총조사 전수 집계 결과, 2016.
105) 양육 미혼모 가족에 대한 양육수당은 미혼모 자녀가 만 14세 미만까지 '한부모가족 아동양육비' 월 13만 원이 지원되며, 청소년 미혼모의 경우 '청소년 한부모 아동양육비' 월 18만 원이 지원된다. (2018년 1월부터 적용)
106) 낸시 폴브레, 윤자영 옮김, 『보이지 않는 가슴』, 또하나의문화, 2007.
107) 조은, 「재생산정치와 한국페미니즘의 디레마」, 『저출산 정책의 방향과 미래』, 여성가족부, 2006.
108) 우명숙, 「세계화 과정과 여성의 삶의 구조 변동」, 『후기산업사회, 다양한 가족과 선택』, 한국가족학회 춘계학술대회자료집, 2011.
109) 최숙희, 「국가경쟁력 강화를 위한 저출산 제고방안」, 『여성경제정책포럼자료집』, 한국여성경제학회, 2017.
110) 권김현영·루인·류진희·정희진·한채윤, 정희진 엮음, 『양성평등에 반대한다』, 교양인, 2017, 53~54쪽.

제2부 6장

1) 팬밍아웃: 팬이라는 것을 공개적으로 드러내는 행위, 동의어로 덕밍아웃이 있다.
2) 일반인 코스프레: 팬이라는 자신의 정체성을 감추고 겉으로 스타에 관심이 없는 일반 대중처럼 꾸미는 행위.
3) 이종임 외, 『디지털사회와 커뮤니케이션』, 커뮤니케이션북스, 2011, 122쪽.
4) 데버러 럽턴, 박형신 옮김, 『음식과 먹기의 사회학』, 한울, 2015, 32쪽.
5) 닐 하우. 윌리엄 스트라우스가 1991년 출간한 『세대들. 미국 미래의 역사』에서 처음 사용한 용어로서 청소년 때부터 인터넷을 사용해 모바일, 소셜 네트워크서비스SNS 등 정보기술IT에 능통하며 대학 진학률이 높다는 특징을 가진다. 「네이버 지식백과」 밀레니얼 세대(시사상식사전. 박문각)

6) N가지의 것들을 포기한 세대를 뜻하는 신조어. 2010년대 기준으로 청년실업 등의 문제에 시달리는 20~30대 한국 젊은이들의 암울한 현실을 일컫는 단어이다.

7) 최태집, 『잉여사회』, 웅진지식하우스, 2013, 22쪽.

8) 앙리 르페브르, 박정자 옮김, 『현대세계의 일상성』, 기파랑, 2005, 78~79쪽.

9) 「'OECD 타령' 그렇게 해도… 임금 75%·노동시간 2위」, 『세계일보』, 2017. 8. 16.

10) 「10년 새 줄어든 여가… '쉼표' 필요한 코리아」, 『서울신문』, 2017. 1. 13.

11) 안토니오 네그리·마이클 하트, 정남영·운영광 옮김, 『공통체: 자본과 국가 너머의 세상』, 사월의 책, 2014, 371쪽.

12) 「37년간 세계 소득 증가분, 상위 0.1%가 하위 50% 몫 차지」, 『국민일보』, 2017. 12. 18.

13) 프레카리아트(precariat)는 '불안정한'을 뜻하는 형용사 '프레카리어스(precarious)'와 노동자를 뜻하는 '프롤레타리아트(proletariat)'가 더해진 합성어로 불안정한 노동자 계급을 지칭한다. 이는 현대 자본주의사회에서 감소하는 일자리, 신자유주의의 전지구화, 계급투쟁의 패배라는 세 가지 맥락 속에서 노동자가 더욱 불안과 무기력으로 떠밀리고 있음을 의미한다. 이광일, 「신자유주의 지구화시대, 프레카리아트 형성과 '해방의 정치'」, 『마르크스주의 연구』 10권 3호, 2013 참조.

14) 휴가를 다녀온 경험이 월소득 500만 원 이상 가구는 78.2%인 것에 비해 300만 원 미만의 가구는 절반 이하인 41.5%에 그쳤다(「10년 새 줄어든 여가… '쉼표' 필요한 코리아」).

15) 조형국, 「M. 하이데거: 일상의 발견—<존재와 시간>에 나타난 현존재의 일상성과 결단성에 관한 숙고를 바탕으로」, 『현대유럽철학연구』 15집, 2007, 188쪽에서 재인용.

16) 마르틴 하이데거, 이기상 옮김, 『존재와 시간』, 까치글방, 1997, 485~486쪽.

17) '일상-예능'은 최근 예능의 트렌드인 '관찰예능'과 유사하지만 일부 차이점을 갖는다. 먼저 관찰예능은 제작진이 프로그램의 진행에 크게 개입하지 않고 수많은 카메라를 동원해 연예인들의 일거수일투족을 '관찰'하는 형태다. 관찰예능은 "의도된 부분이나 작위적인 요소를 최대한 배재하며 (…) 실재하는 주제를 다루고 비교적 흔히 접할 수 있는 일상적인 내용"을 다룬다(곽경태·김은경, 「관찰예능 속에 담긴 일상, 집단적 의사소통의 장을 형성하다」, 『예술인문사회융합멀티미디어논문지』 7권 7호, 2017, 814쪽). 일상-예능은 관찰예능 중에서도 제작진의 개입이 더욱 최소화되며 특정한 목적이나 미션을 수행하는 대신 연예인들의 일상을 그저 중계하는 형태다. 관찰예능 역시 일상을 관찰하는 경우가 있지만 모두 그런 것은 아니다. 예컨대 <짝> <꽃보다 할배> <윤식당> 등은 특정한 목표가 주어지고 그것을 수행해나가는 모습을 관찰하는 '관찰예능'이지만 프로그램의 내용이 그들의 일상을 다루고 있지 않기에 일상-예능은 아니다. 반면 최근의 <나 혼자 산다> <미운 우리 새끼> <비행소녀> 같은 일상-예능에는 어떤 목표나 지향 자체가 부재하며 그들의 일상을 드러내는 것만이 프로그램의 목적이다. 일상-예능은 관찰예능에 포함될 수도 있지만, 역으로 모든 관찰예능이 일상-예능에 포함될 수 있는 것은 아니다. 관찰예능은 프로그램의 기법과 제작의 측면에 주목하는 용어라면, 일상-예능은 그 내용에 보다 중점을 둔 용어라 할 수 있다.

18) Jean Baudrillard, Pour une critique de l'economie politique du signe, Gallimard, 1972, p.6O 참조.

19) Ibid., p.28.

20) Ibid., p.110.

21) Ibid., p.80.

22) J. H. Lediwe, J. A. Ello-Martin, B. J. Rolls, 'Portion sizes and the obesity epidemic', *The Journal of Nutrition*, Vol 135 No 4, 2005, pp.905~909.

23) Ibid.

24) WHO, *Obesity: Preventing and Managing the Global Epidemic, Report of a WHO Consultation,* WHO Technical Report Series 894, Geneva: WHO, 2000.

25) S. Dibb, A. Castell, *Easy to Swallow : Results from a Survey of Food Advertising on Television,* London: National Food Alliance, 1995.

26) WHO, *Obesity: Preventing and Managing the Global Epidemic, Report of a WHO Consultation,* WHO Technical Report Series 894, Geneva: WHO, 2000.

27) K. B. Horgen, M. Choate, K.D. Brownell, "Televison food advertising. Targeting children in a toxic environment", in Singer, D. G. And Singer, J. L. (eds) *Handbook of Chidren and the Media*, Thousand Oaks, CA: Sage, 2001.

28) C. Byrd-Bredbenner, D. Grasso, "Trends in US prime-time television food advertising across three decades", *Nutrition and Food Science*, Vol 30 No 2, 2000, pp.59~66.

29) 다음의 저서를 예로 들 수 있다. Saphia Richou et Michel Lombard, *Le Luxe dans tous ses états*, Paris, Economica, 1999, chap. VIII.

30) Pierre Bourdieu, *La Distinction*, Paris, Éd. de Minuit, 1979, pp.198~230.

31) 이 호칭들에 관해서는 로제 카이유와(Roger Caillois, *Les Jeux et les Hommes*, Paris, Gallimard, 1967)를 참조하시오.

제2부 7장

1) S. Harding, *Is science multicultural? Postcolonialisms, Feminisms, and Epistemologies*, Bloomington: Indiana University Press, 1998.

2) Science, Technology, Engineering, Mathematics; 과학, 기술, 공학, 수학.

3) 밈(Meme), 유전적 방법이 아닌 모방을 통해 습득되는 문화 유전자

4) S. Murphy, *Husband learns wife is pregnant from her Fitbit data,* Mashable, 2016. 2. 11. http://mashable.com/2016/02/10/fitbit-pregnant/

5) A. Bogle, *Fitbit captures the exact moment of devastating heartbreak,* Mashable, 2016. 1. 20. https://mashable.com/2016/01/20/fitbit-captures-breakup-moment/

6) M. Andrejevic, *Infoglut: How too much information is changing the way we think and know*(New York: Routledge, 2013).

7) K. Crawford, *When Fitbit is the expert witness,* The Atlantic, 2014. 11. 19. https://www.theatlantic.com/technology/archive/2014/11/when-fitbit-is-the-expert-witness/382936/

8) Paul Virilio, *Unknown Quantity,* London New York : Thomas & Hudson, Paris : Foundation Cartier pour L, Art contemporain, 2003, p.6.

9) Antonin Artaud, *Fragments d'un journal d'enfer*, Marseilles : Cahiers du Sud, 1927.

10) 이 개념은 주로 조르조 아감벤, 「장치란 무엇인가」, (아감벤, 양칭렬 옮김, 『장치란 무엇인가? 장치학을 위한 서론』, 난장, 2010) 및 Tiquun 2, *Critical Metaphysics Could Come About as a Science of Apparatus*(http://apparatus. jottit. com)에 의거하고 있다.

11) Naomi Klein, *The Shock Doctrine : The Rise of Disaster Capitalism*, New York : Picador, 2007 (나오미 클라인, 김소희 옮김, 『쇼크 독트린』, 살림Biz, 2008).

12) Rebecca Solnit, *A Paradise Built in Hell : The Extraordinary Communities that Arise in Disaster*, New York : Viking, 2009.
13) Ernst Bloch, *The Principle of Hope*, Three Volumes, translated by Neville Plaice, Stephen Plaice, and Paul Knight, Cambridge, Mass. : The MIT Press, 1986(에른스트 블로흐, 박설호 옮김, 『희망의 원리』 3권, 열린책들, 1995).

제2부 8장

1) Carolyn McLeod와 Françoise Baylis 공저, "Feminists on the inalienabilitty of human embryos"(2006) 24 *Hyatia* pp.1~24.
2) Jeffrey Kahn, "Can we broker eggs without making omelets?"(2001) 1 *American Journal of Bioethics*, pp.14~15; Gregory Stock, "Eggs for sale: how much is too much?"(2001) 1 *American Journal of Bioethics*, pp.26~27; Bonnie Steinbock, "Payment for egg donation and surrogacy"(2004) 71 *Mount Sinai Journal of Medicine*, pp.255~265; Mark V. Sauer, 'Indecent proposal: $5,000 is not "reasonable compensation" for oocyte donors [editorial]'(1997) 71 *Fertility and Sterility*, pp.7~8; Josephine Johnson, "Paying egg donors: exploring the arguments"(2006) 36 *Hastings Center Report*, pp.28~31; Charis Thompson, 'Why we should, in fact, pay for egg donation'(2007) 2 *Reproductive Medicine*, pp.203~209 참조.
3) Kimi Yoshino, "Fertility scandal at UC Irvine is far from over", *Los Angeles Times*, 2006. 1. 22. 이 참고 문헌을 제공해준 Diane Beeson에게 감사의 마음을 전한다.
4) Robert Jay Lifton과 Eric Markusen은 공저인 *The Genocidal Mentality: Nazi Holocaust and Threat*(New York: Basic Books, 1990)에서 핵개발을 지지하는 전문가들을 묘사하는 데 이런 표현들을 쓴다.
5) 미국영양사협회(ADA)의 후원 기업 프로그램에 관한 정보는 http://www.eatright.org/FNCE/content.aspx?id=8675&term=corporate+sponsorship+program에서 찾을 수 있다.
6) 이 장의 인용구들은 내가 육식의 심리에 관한 박사 논문을 준비하며 인터뷰했던 사람들의 말이다.
7) Farb and Armelagos, *Consuming Passions*.